2017 年

江苏省高等学校社科统计资料汇编

本书课题组 编

东南大学出版社
SOUTHEAST UNIVERSITY PRESS
·南京·

图书在版编目(CIP)数据

2017年江苏省高等学校社科统计资料汇编 /《2017年江苏省高等学校社科统计资料汇编》课题组编. — 南京：东南大学出版社，2019.2

ISBN 978-7-5641-6645-8

Ⅰ.①2… Ⅱ.①2… Ⅲ.①高等学校—社会科学—科学研究—统计资料—汇编—江苏—2017 Ⅳ.①G644-66

中国版本图书馆 CIP 数据核字(2019)第 028001 号

7 年江苏省高等学校社科统计资料汇编

者 本书课题组

行 东南大学出版社

人 江建中

南京市四牌楼 2 号

210096

江苏凤凰数码印务有限公司

787 mm×1092 mm 1/16

8.5

0 千字

9 年 2 月第 1 版

年 2 月第 1 次印刷

978-7-5641-6645-8

元

量问题，请直接与营销部联系。电话：025-83791830）

编委会名单

Contents 目录

一、编写说明

（一）高校名称说明

本报告中的高校名称以2017年年底的名称为准。

（二）指标说明

1. 社科人力：指高等学校职工中，在本年内从事大专以上人文社会科学教学、研究与咨询工作以及直接为教学、研究与咨询工作服务的教师和其他技术职务人员、辅助人员，按年末实有人数统计（校机关行政人员、离退休人员和校外兼职人员不在统计范围内，本年度从事社科活动累计工作时间在一个月以上的外籍和高教系统以外的专家和访问学者只录入数据库，不在统计范围。）

2. 社科研究与发展经费：用于统计本年度各个高校人文、社科R&D经费收入、支出和结余情况。

3. 社科研究与发展机构：用于统计经学校上级主管部门或非上级主管部门批准以及学校自建的人文、社会科学研究机构。

4. 社科研究、课题与成果：用于统计本年度列入学校上级主管部门、非上级主管部门和学校年度计划，以及虽未列入计划但通过签订协议、合同或计划任务书经学校社科研究管理部门确认并在当年开展活动的人文、社会科学各类研究课题。成果部分用于统计本年度人文、社科研究成果情况，包括立项和非立项研究成果。所有研究成果均由第一署名者单位（以成果的版权页为准）填报。

5. 社科研究、课题与成果（来源）：用于统计本年度列入学校上级主管部门、非上级主管部门和学校年度计划，以及虽未列入计划但通过签订协议、合同或计划任务书经学校社科研究管理部门确认并在当年开展活动的人文、社会科学各类研究课题的来源情况。成果部分用于统计本年度列入学校社科计划课题的研究成果来源情况，均由第一署名者单位（以成果的版权页为准）填报。

6. 社科研究成果获奖：用于统计本年度各个高校人文、社会科学立项和非立项研究成果获奖情况，只包括国家级、部级和省级奖。

7. 社科学术交流：用于统计本年度高校人文、社会科学学术交流情况。

8. 社科专利：用于统计本年度高校人文、社会科学专利情况。

二、参与统计的高等学校名单

1. 参与统计的公办本科高等学校名单

高校代码	高校名称	办学类型	办学层次	举办者	所在地
10284	南京大学	公办	本科	教育部	南京
10285	苏州大学	公办	本科	省教育厅	苏州
10286	东南大学	公办	本科	教育部	南京
10287	南京航空航天大学	公办	本科	工业和信息化部	南京
10288	南京理工大学	公办	本科	工业和信息化部	南京
10289	江苏科技大学	公办	本科	省教育厅	镇江
10290	中国矿业大学	公办	本科	教育部	徐州
10291	南京工业大学	公办	本科	省教育厅	南京
10292	常州大学	公办	本科	省教育厅	常州
10293	南京邮电大学	公办	本科	省教育厅	南京
10294	河海大学	公办	本科	教育部	南京
10295	江南大学	公办	本科	教育部	无锡
10298	南京林业大学	公办	本科	省教育厅	南京
10299	江苏大学	公办	本科	省教育厅	镇江
10300	南京信息工程大学	公办	本科	省教育厅	南京
10304	南通大学	公办	本科	省教育厅	南通
10305	盐城工学院	公办	本科	省教育厅	盐城
10307	南京农业大学	公办	本科	教育部	南京
10312	南京医科大学	公办	本科	省教育厅	南京
10313	徐州医学院	公办	本科	省教育厅	徐州
10315	南京中医药大学	公办	本科	省教育厅	南京
10316	中国药科大学	公办	本科	教育部	南京

续表

高校代码	高校名称	办学类型	办学层次	举办者	所在地
10319	南京师范大学	公办	本科	省教育厅	南京
10320	江苏师范大学	公办	本科	省教育厅	徐州
10323	淮阴师范学院	公办	本科	省教育厅	淮安
10324	盐城师范学院	公办	本科	省教育厅	盐城
10327	南京财经大学	公办	本科	省教育厅	南京
10329	江苏警官学院	公办	本科	省公安厅	南京
10330	南京体育学院	公办	本科	省体育局	南京
10331	南京艺术学院	公办	本科	省教育厅	南京
10332	苏州科技大学	公办	本科	省教育厅	苏州
10333	常熟理工学院	公办	本科	省教育厅	苏州
11049	淮阴工学院	公办	本科	省教育厅	淮安
11055	常州工学院	公办	本科	省教育厅	常州
11117	扬州大学	公办	本科	省教育厅	扬州
11276	南京工程学院	公办	本科	省教育厅	南京
11287	南京审计大学	公办	本科	省教育厅	南京
11460	南京晓庄学院	公办	本科	南京市政府	南京
11463	江苏理工学院	公办	本科	省教育厅	常州
11641	淮海工学院	公办	本科	省教育厅	连云港
11998	徐州工程学院	公办	本科	徐州市政府	徐州
12048	南京特殊教育师范学院	公办	本科	省教育厅	南京
12213	南京森林警察学院	公办	本科	国家林业局	南京
12917	泰州学院	公办	本科	泰州市政府	泰州
13573	金陵科技学院	公办	本科	南京市政府	南京
14436	江苏第二师范学院	公办	本科	省教育厅	南京

2. 参与统计的公办专科高等学校名单

高校代码	高校名称	办学类型	办学层次	举办者	所在地
00466	盐城幼儿师范高等专科学校	公办	专科	省教育厅	盐城
00583	苏州幼儿师范高等专科学校	公办	专科	省教育厅	苏州
10848	无锡职业技术学院	公办	专科	省教育厅	无锡
10849	江苏建筑职业技术学院	公办	专科	省教育厅	徐州
10850	南京工业职业技术学院	公办	专科	省教育厅	南京
10958	江苏工程职业技术学院	公办	专科	省教育厅	南通
10960	苏州工艺美术职业技术学院	公办	专科	省教育厅	苏州
11050	连云港职业技术学院	公办	专科	连云港市政府	连云港
11051	镇江市高等专科学校	公办	专科	镇江市政府	镇江
11052	南通职业大学	公办	专科	南通市政府	南通
11054	苏州市职业大学	公办	专科	苏州市政府	苏州
11288	沙洲职业工学院	公办	专科	苏州市政府	苏州
11462	扬州市职业大学	公办	专科	扬州市政府	扬州
11585	连云港师范高等专科学校	公办	专科	连云港市政府	连云港
12047	江苏经贸职业技术学院	公办	专科	省教育厅	南京
12106	泰州职业技术学院	公办	专科	泰州市政府	泰州
12317	常州信息职业技术学院	公办	专科	省经济和信息化委员会	常州
12679	江苏海事职业技术学院	公办	专科	省教育厅	南京
12681	无锡科技职业学院	公办	专科	无锡市政府	无锡
12682	江苏医药职业学院	公办	专科	省卫生和计划生育委员会	盐城
12684	南通科技职业学院	公办	专科	南通市政府	南通
12685	苏州经贸职业技术学院	公办	专科	省教育厅	苏州
12686	苏州工业职业技术学院	公办	专科	苏州市政府	苏州
12688	苏州卫生职业技术学院	公办	专科	省卫生和计划生育委员会	苏州
12702	无锡商业职业技术学院	公办	专科	省教育厅	无锡
12703	南通航运职业技术学院	公办	专科	省交通运输厅	南通
12804	南京交通职业技术学院	公办	专科	省交通运输厅	南京
12805	淮安信息职业技术学院	公办	专科	省经济和信息化委员会	淮安
12806	江苏农牧科技职业学院	公办	专科	省农业委员会	泰州
12807	常州纺织服装职业技术学院	公办	专科	省教育厅	常州
12808	苏州农业职业技术学院	公办	专科	省农业委员会	苏州
12920	南京科技职业学院	公办	专科	省教育厅	南京

续表

高校代码	高校名称	办学类型	办学层次	举办者	所在地
13101	常州轻工职业技术学院	公办	专科	省教育厅	常州
13102	常州工程职业技术学院	公办	专科	省教育厅	常州
13103	江苏农林职业技术学院	公办	专科	省农业委员会	镇江
13104	江苏食品药品职业技术学院	公办	专科	省教育厅	淮安
13106	南京铁道职业技术学院	公办	专科	省教育厅	南京
13107	徐州工业职业技术学院	公办	专科	省教育厅	徐州
13108	江苏信息职业技术学院	公办	专科	省教育厅	无锡
13112	南京信息职业技术学院	公办	专科	省经济和信息化委员会	南京
13114	常州机电职业技术学院	公办	专科	省教育厅	常州
13137	江阴职业技术学院	公办	专科	无锡市政府	无锡
13748	无锡城市职业技术学院	公办	专科	无锡市政府	无锡
13749	无锡工艺职业技术学院	公办	专科	省教育厅	无锡
13751	苏州健雄职业技术学院	公办	专科	苏州市政府	苏州
13752	盐城工业职业技术学院	公办	专科	省教育厅	盐城
13753	江苏财经职业技术学院	公办	专科	省教育厅	淮安
13754	扬州工业职业技术学院	公办	专科	省教育厅	扬州
14000	江苏城市职业学院	公办	专科	省教育厅	南京
14001	南京城市职业学院	公办	专科	南京市政府	南京
14056	南京机电职业技术学院	公办	专科	南京市政府	南京
14180	南京旅游职业学院	公办	专科	省旅游局	南京
14255	江苏卫生健康职业学院	公办	专科	省卫生和计划生育委员会	南京
14256	苏州信息职业技术学院	公办	专科	苏州市政府	苏州
14295	苏州工业园区服务外包职业学院	公办	专科	苏州市政府	苏州
14329	徐州幼儿师范高等专科学校	公办	专科	徐州市政府	徐州
14401	徐州生物工程职业技术学院	公办	专科	徐州市政府	徐州
14475	江苏商贸职业学院	公办	专科	省供销合作总社	南通
14493	南通师范高等专科学校	公办	专科	省教育厅	南通
14541	江苏护理职业学院	公办	专科	省卫生和计划生育委员会	淮安
14542	江苏财会职业学院	公办	专科	省财政厅	连云港
14543	江苏城乡建设职业学院	公办	专科	省住房和城乡建设厅	常州
14568	江苏航空职业技术学院	公办	专科	省教育厅	镇江
14589	江苏安全技术职业学院	公办	专科	省安全生产监督管理局	徐州
14604	江苏旅游职业学院	公办	专科	教科研处	扬州

3. 参与统计的民办及中外合作办学高等学校名单

高校代码	高校名称	办学类型	办学层次	举办者	所在地
10826	明达职业技术学院	民办	专科	民办	盐城
11122	三江学院	民办	本科	民办	南京
12054	九州职业技术学院	民办	专科	民办	徐州
12056	南通理工学院	民办	本科	民办	南通
12078	硅湖职业技术学院	民办	专科	民办	苏州
12680	应天职业技术学院	民办	专科	民办	南京
12687	苏州托普信息职业技术学院	民办	专科	民办	苏州
12689	东南大学成贤学院	民办	专科	民办	南京
12809	苏州工业园区职业技术学院	民办	专科	民办	苏州
12918	太湖创意职业技术学院	民办	专科	民办	无锡
12919	炎黄职业技术学院	民办	专科	民办	淮安
12921	正德职业技术学院	民办	专科	民办	南京
12922	钟山职业技术学院	民办	专科	民办	南京
12923	无锡南洋职业技术学院	民办	专科	民办	无锡
13017	江南影视艺术职业学院	民办	专科	民办	无锡
13100	金肯职业技术学院	民办	专科	民办	南京
13105	建东职业技术学院	民办	专科	民办	常州
13110	宿迁职业技术学院	民办	专科	民办	宿迁
13113	江海职业技术学院	民办	专科	民办	扬州
13571	无锡太湖学院	民办	本科	民办	无锡
13579	中国矿业大学徐海学院	民办	专科	民办	徐州
13646	南京大学金陵学院	民办	专科	民办	南京
13654	南京理工大学紫金学院	民办	专科	民办	南京
13655	南京航空航天大学金城学院	民办	专科	民办	南京
13687	中国传媒大学南广学院	民办	专科	民办	南京
13750	金山职业技术学院	民办	专科	民办	镇江

续表

高校代码	高校名称	办学类型	办学层次	举办者	所在地
13842	南京理工大学泰州科技学院	民办	专科	民办	泰州
13843	南京师范大学泰州学院	民办	专科	民办	泰州
13905	南京工业大学浦江学院	民办	专科	民办	南京
13906	南京师范大学中北学院	民办	专科	民办	南京
13962	苏州百年职业学院	中外合作办学	专科	民办	苏州
13963	昆山登云科技职业学院	民办	专科	民办	苏州
13964	南京视觉艺术职业学院	民办	专科	民办	南京
13980	南京医科大学康达学院	民办	本科	民办	连云港
13981	南京中医药大学翰林学院	民办	专科	民办	泰州
13982	南京信息工程大学滨江学院	民办	专科	民办	南京
13983	苏州大学文正学院	民办	专科	民办	苏州
13984	苏州大学应用技术学院	民办	专科	民办	苏州
13985	苏州科技大学天平学院	民办	专科	民办	苏州
13986	江苏大学京江学院	民办	专科	民办	镇江
13987	扬州大学广陵学院	民办	专科	民办	扬州
13988	江苏师范大学科文学院	民办	专科	民办	徐州
13989	南京邮电大学通达学院	民办	专科	民办	扬州
13990	南京财经大学红山学院	民办	专科	民办	南京
13991	江苏科技大学苏州理工学院	民办	专科	民办	苏州
13992	常州大学怀德学院	民办	专科	民办	泰州
13993	南通大学杏林学院	民办	专科	民办	南通
13994	南京审计大学金审学院	民办	专科	民办	南京
14160	宿迁学院	民办	本科	民办	宿迁
14163	苏州高博软件技术职业学院	民办	专科	民办	苏州
14293	宿迁泽达职业技术学院	民办	专科	民办	宿迁
14528	扬州中瑞酒店职业学院	民办	专科	民办	扬州
16403	西交利物浦大学	中外合作办学	本科	民办	苏州
14606	昆山杜克大学	中外合作办学	本科	民办	苏州

三、社科研究与发展概况

1. 江苏省十三市高等学校人文、社会科学活动人员情况表

各市名称	编号	总计		按职称划分						按最后学历划分			按最后学位划分		其他人员
			女性	小计	教授	副教授	讲师	助教	初级	研究生	本科生	其他	博士	硕士	
		L01	L02	L03	L04	L05	L06	L07	L08	L09	L10	L11	L12	L13	L14
合　计	/	46 028	25 846	46 027	4 726	13 953	22 690	4 133	525	27 706	18 150	171	8 763	23 683	1
南京市	1	18 297	10 110	18 297	2 367	5 611	8 810	1 387	122	12 913	5 333	51	5 172	8 979	0
无锡市	2	3 119	1 979	3 119	199	804	1 465	580	71	1 610	1 503	6	291	1 659	0
徐州市	3	3 226	1 772	3 226	340	1 083	1 582	192	29	1 912	1 312	2	572	1 652	0
常州市	4	2 901	1 641	2 901	245	757	1 584	294	21	1 397	1 496	8	326	1 440	0
苏州市	5	5 412	3 094	5 412	498	1 569	2 612	601	132	3 135	2 270	7	905	2 818	0
南通市	6	2 423	1 408	2 423	202	853	1 258	99	11	1 255	1 159	9	228	1 476	0
连云港市	7	1 315	769	1 315	92	497	571	130	25	485	829	1	65	679	0
淮安市	8	2 163	1 110	2 163	180	622	1 189	153	19	1 074	1 046	43	245	1 155	0
盐城市	9	1 813	969	1 813	195	578	802	227	11	919	873	21	207	978	0
扬州市	10	2 060	1 111	2 059	210	631	975	229	14	1 225	821	13	350	1 034	1
镇江市	11	1 895	1 012	1 895	151	602	988	128	26	1 088	804	3	336	899	0
泰州市	12	1 008	616	1 008	43	256	623	55	31	491	513	4	62	619	0
宿迁市	13	396	255	396	4	90	231	58	13	202	191	3	4	295	0

2. 江苏省十三市高等学校人文、社会科学研究与发展经费情况表

各市名称	编号	总数					基础研究					应用研究					实验与发展				
		课题数(项)	当年投入人数(人年)	其中：研究生	当年拨入经费(千元)	当年支出经费(千元)	课题数(项)	当年投入人数(人年)	其中：研究生	当年拨入经费(千元)	当年支出经费(千元)	课题数(项)	当年投入人数(人年)	其中：研究生	当年拨入经费(千元)	当年支出经费(千元)	课题数(项)	当年投入人数(人年)	其中：研究生	当年拨入经费(千元)	当年支出经费(千元)
		L01	L02	L03	L04	L05	L06	L07	L08	L09	L10	L11	L12	L13	L14	L15	L16	L17	L18	L19	L20
合　计	/	33 113	7 473	643.1	724 673	623 787	14 021	3 379.4	243	262 729	214 414	19 004	4 064.9	385.9	457 131	404 786	88	28.7	13.8	4 813.7	4 587.2
南京市	1	14 889	3 222	390.8	409 119	362 317	6 719	1 582	152	129 868	115 421	8 093	1 614	224.7	274 558	242 350	77	26	13.8	4 684	4 545
无锡市	2	1 744	493.3	94.3	25 732	22 102	347	109	9.5	2 638.1	1 994.1	1 397	384.3	84.8	23 094	20 108	0	0	0	0	0
徐州市	3	2 941	946.7	44.9	62 486	32 927	1472	489.8	33.1	44 991	18 586	1 468	456.6	11.8	17 489	14 337	1	0.3	0	7	3
常州市	4	2 208	538.9	0.6	33 207	29 961	496	124	0	9 032.8	5 663.2	1 709	413.9	0.6	24 130	24 274	3	1	0	44	24
苏州市	5	2 919	615.6	21.7	65 046	57 589	1195	258.8	10.4	23 104	17 711	1 718	355.6	11.3	41 832	39 864	6	1.2	0	60	14
南通市	6	1 445	260.4	1.7	14 699	14 407	627	112.3	1	3 212.2	4 246.4	818	148.1	0.7	11 437	10 161	0	0	0	0	0
连云港市	7	902	139.5	0	6 957.3	4 887.1	193	21	0	1 396.5	958.75	709	118.5	0	5 560.8	3 928.4	0	0	0	0	0
淮安市	8	1 622	266.8	0	32 637	31 422	838	149.6	0	16 872	14310	784	117.2	0	15 765	17 112	0	0	0	0	0
盐城市	9	1 223	308.8	0	37 571	33 297	523	183.4	0	12 242	17 445	700	125.4	0	25 330	15 853	0	0	0	0	0
扬州市	10	1 385	250.2	8.2	169 75	16 232	784	130.6	5.2	10 569	10 146	601	119.6	3	6 405.8	6085.4	0	0	0	0	0
镇江市	11	1 231	285.9	80.9	16 669	16 895	503	143.7	31.9	7 361.1	7 273.8	728	142.2	49	9 308.3	9620.8	0	0	0	0	0
泰州市	12	376	112	0	2 910.9	1 241.6	181	53.9	0	1 111.5	430.74	194	58	0	1 780.4	809.91	1	0.1	0	19	0.95
宿迁市	13	228	32.6	0	661.8	509.8	143	21	0	330.8	226.79	85	11.6	0	331	283.01	0	0	0	0	0

3. 江苏省十三市高等学校人文、社会科学研究与课题来源情况表

各市名称	编号	合计	课题来源														
			国家社科基金项目	国家社科基金单列学科项目	教育部人文社科研究项目	高校古籍整理研究项目	国家自然科学基金项目	中央其他部门社科专门项目	省、市、自治区社科基金项目	省教育厅社科项目	地、市厅、局等政府部门项目	国际合作研究项目	与港、澳、台地区合作研究项目	企事业单位委托项目	学校社科项目	外资项目	其他
		L01	L02	L03	L04	L05	L06	L07	L08	L09	L10	L11	L12	L13	L14	L15	L16
南京市	1	14 889	1207	90	877	15	419	653	1 321	3 072	1 719	34	2	2 112	3 279	5	84
无锡市	2	1 744	37	12	112	0	15	24	115	457	266	0	0	324	351	0	31
徐州市	3	2 941	185	24	146	8	39	65	202	668	713	1	0	273	600	1	16
常州市	4	2 208	62	9	97	0	0	13	131	556	485	3	0	406	427	1	18
苏州市	5	2 919	190	19	133	5	35	41	161	741	704	4	0	573	285	0	28
南通市	6	1 445	52	3	59	4	0	17	79	421	363	0	0	88	357	0	2
连云港市	7	902	6	0	7	0	0	1	123	154	189	0	0	113	304	0	5
淮安市	8	1 622	30	0	28	1	0	15	95	369	372	0	0	442	270	0	0
盐城市	9	1 223	39	7	30	0	0	8	85	299	187	0	0	354	208	0	6
扬州市	10	1 385	97	11	79	1	0	14	68	298	408	0	0	178	230	0	1
镇江市	11	1 231	59	4	84	0	47	31	115	261	176	0	0	313	137	0	4
泰州市	12	376	1	2	3	1	2	1	10	168	75	0	0	20	82	0	11
宿迁市	13	228	1	0	1	0	0	1	4	99	82	0	0	2	36	0	2

4. 江苏省十三市高等学校人文、社会科学研究与发展课题成果表

各市名称	编号	出版著作(部)							古籍整理(部)	译著(部)	发表译文(篇)	电子出版物(件)	发表论文(篇)				获奖成果数(项)				研究与咨询报告(篇)	
		合计	专著	其中:被译成外文	编著教材	工具书参考书	皮书/发展报告	科普读物					合计	国内学术刊物	国外学术刊物	港、澳、台地区刊物	合计	国家级奖	部级奖	省级奖	合计	其中:被采纳数
		L01	L02	L03	L04	L05	L06	L07	L08	L09	L10	L11	L12	L13	L14	L15	L16	L17	L18	L19	L20	L21
合计	/	1 845	1 076	20	695	21	21	32	11	173	42	60	29 044	28 003	1 007	34	5	0	5	0	2 499	1 228
南京市	1	880	487	15	329	15	19	30	8	115	25	57	12 567	11 929	622	15	4	0	4	0	781	522
无锡市	2	124	54	0	69	1	0	0	0	9	11	0	2 285	2 242	42	1	0	0	0	0	90	54
徐州市	3	164	93	2	69	2	0	0	0	10	3	0	2 244	2 151	90	3	0	0	0	0	241	47
常州市	4	89	60	0	28	0	1	0	0	7	0	0	1 935	1 921	14	0	0	0	0	0	269	97
苏州市	5	236	143	2	93	0	0	0	1	20	3	2	3 202	3 096	99	7	1	0	1	0	390	208
南通市	6	72	51	1	18	0	1	2	2	6	0	0	1 452	1 399	49	4	0	0	0	0	65	42
连云港市	7	29	22	0	6	1	0	0	0	0	0	0	630	607	20	3	0	0	0	0	59	38
淮安市	8	58	38	0	20	0	0	0	0	1	0	0	1 221	1 192	29	0	0	0	0	0	81	15
盐城市	9	71	47	0	23	1	0	0	0	2	0	0	1 036	1 015	21	0	0	0	0	0	148	102
扬州市	10	71	46	0	24	1	0	0	0	3	0	0	1 190	1189	1	0	0	0	0	0	328	70
镇江市	11	31	28	0	3	0	0	0	0	0	0	0	641	626	15	0	0	0	0	0	36	24
泰州市	12	14	6	0	8	0	0	0	0	0	0	1	402	399	3	0	0	0	0	0	10	8
宿迁市	13	6	1	0	5	0	0	0	0	0	0	0	239	237	2	0	0	0	0	0	1	1

5. 江苏省十三市高等学校人文、社会科学学术交流情况表

各市名称	编号	校办学术会议		学术会议			受聘讲学		社科考察		进修学习		合作研究		
		本校独办数	与外单位合办数	参加人次		提交论文(篇)	派出人次	来校人次	派出人次	来校人次	派出人次	来校人次	派出人次	来校人次	课题数（项）
				合计	其中：赴境外人次										
		L01	L02	L03	L04	L05	L06	L07	L08	L09	L10	L11	L12	L13	L14
合计	/	663	293	13 169	948	10 052	2 399	4 341	3 813	3 469	5 211	2 903	1 176	1 094	742
南京市	1	445	171	7 510	547	5 239	1 442	1 722	1 432	1 319	1 966	1 165	749	750	488
无锡市	2	21	17	506	33	474	80	421	361	178	296	115	52	10	44
徐州市	3	46	25	1 534	72	1 221	155	559	444	317	511	372	41	35	25
常州市	4	27	19	489	19	415	108	204	289	296	393	336	54	54	62
苏州市	5	60	25	1 072	166	965	212	722	146	512	579	218	153	159	38
南通市	6	15	2	260	50	121	112	219	422	297	355	358	42	20	8
连云港市	7	5	1	275	0	193	11	17	17	10	26	21	0	0	0
淮安市	8	16	0	851	30	775	121	205	202	117	553	157	13	6	14
盐城市	9	4	26	260	15	254	70	109	91	50	125	46	39	32	29
扬州市	10	21	6	293	8	318	43	85	89	67	156	48	21	18	28
镇江市	11	0	0	50	7	39	5	11	47	19	110	2	0	2	2
泰州市	12	1	1	62	1	32	40	59	190	191	101	50	12	8	4
宿迁市	13	2	0	7	0	6	0	8	83	96	40	15	0	0	0

四、社科人力

1. 全省高等学校人文、社会科学活动人员情况表

		总计		按职称划分						按最后学历划分			按最后学位划分		其他人员
			女性	小计	教授	副教授	讲师	助教	初级	研究生	本科生	其他	博士	硕士	
	编号	L01	L02	L03	L04	L05	L06	L07	L08	L09	L10	L11	L12	L13	L14
合计	/	46 028	25 846	46 027	4 726	13 953	22 690	4 133	525	27 706	18 150	171	8 763	23 683	1
管理学	1	7 722	4 042	7 722	893	2 195	3 745	775	114	5 084	2 614	24	1 890	4 034	0
马克思主义	2	1 932	1 015	1 932	238	759	809	116	10	1 270	661	1	416	1 117	0
哲学	3	698	296	698	132	249	274	40	3	589	108	1	328	295	0
逻辑学	4	64	31	64	7	18	38	1	0	30	34	0	5	36	0
宗教学	5	28	7	28	10	13	5	0	0	27	1	0	24	3	0
语言学	6	7 019	5 335	7 019	308	1 838	4 248	563	62	3 848	3 166	5	627	3 933	0
中国文学	7	1 914	1 090	1 914	311	723	764	107	9	1 303	607	4	708	776	0
外国文学	8	1 267	920	1 267	107	346	751	56	7	866	401	0	225	734	0
艺术学	9	5 929	3 215	5 929	514	1 496	2 977	869	73	3 312	2 600	17	577	3 360	0
历史学	10	637	223	637	145	228	239	23	2	527	110	0	332	208	0
考古学	11	33	8	33	16	8	7	2	0	25	8	0	22	3	0
经济学	12	4 644	2 567	4 644	623	1 496	2 076	387	62	3 133	1 503	8	1 332	2 246	0
政治学	13	591	254	591	105	201	248	33	4	412	178	1	171	298	0
法学	14	1 830	817	1 829	270	655	757	143	4	1 241	585	3	534	928	1
社会学	15	816	449	816	98	261	389	54	14	625	169	22	289	396	0
民族学与文化学	16	51	30	51	4	12	25	9	1	31	20	0	14	20	0
新闻学与传播学	17	637	362	637	81	169	318	60	9	462	175	0	155	330	0
图书馆、情报与文献学	18	1 978	1 277	1 978	145	495	1174	114	50	732	1 176	70	208	640	0
教育学	19	4154	2 325	4 154	446	1 235	2 078	333	62	2 528	1614	12	581	2 556	0
统计学	20	239	112	239	39	80	103	13	4	155	84	0	67	113	0
心理学	21	522	344	522	63	140	249	63	7	392	130	0	120	303	0
体育科学	22	3 323	1 127	3 323	171	1 336	1 416	372	28	1 114	2 206	3	138	1 354	0

2. 公办本科高等学校人文、社会科学活动人员情况表

		总计		按职称划分						按最后学历划分			按最后学位划分		其他人员
			女性	小计	教授	副教授	讲师	助教	初级	研究生	本科生	其他	博士	硕士	
	编号	L01	L02	L03	L04	L05	L06	L07	L08	L09	L10	L11	L12	L13	L14
合计	/	27 327	13 951	27 327	3 846	9 362	12 737	1 340	42	19 030	8 232	65	8 138	12 530	0
管理学	1	4 278	1 981	4 278	663	1 364	2 036	204	11	3 308	965	5	1 734	1 784	0
马克思主义	2	1 131	518	1 131	199	475	422	33	2	828	303	0	385	552	0
哲学	3	533	194	533	118	198	202	15	0	472	61	0	313	179	0
逻辑学	4	18	6	18	6	2	10	0	0	14	4	0	5	10	0
宗教学	5	27	7	27	10	12	5	0	0	27	0	0	24	3	0
语言学	6	3 835	2 756	3 835	244	1 152	2 257	176	6	2 599	1 236	0	574	2 213	0
中国文学	7	1 226	605	1 226	257	455	483	30	1	988	235	3	661	379	0
外国文学	8	950	677	950	101	283	532	34	0	690	260	0	215	531	0
艺术学	9	3 138	1 596	3 138	420	973	1 446	294	5	2 069	1 065	4	543	1 734	0
历史学	10	530	177	530	139	187	192	12	0	461	69	0	322	143	0
考古学	11	31	7	31	15	8	7	1	0	23	8	0	21	2	0
经济学	12	2 723	1 249	2 723	506	1 004	1 150	61	2	2 036	684	3	1 196	990	0
政治学	13	434	168	434	94	154	172	14	0	333	101	0	162	202	0
法学	14	1 388	553	1 388	254	534	524	76	0	1 010	377	1	520	627	0
社会学	15	564	278	564	85	204	260	15	0	479	82	3	269	232	0
民族学与文化学	16	40	24	40	4	11	19	6	0	26	14	0	14	12	0
新闻学与传播学	17	414	208	414	68	126	195	25	0	332	82	0	139	200	0
图书馆、情报与文献学	18	1 352	853	1 352	122	385	784	52	9	613	695	44	202	467	0
教育学	19	2 143	1 122	2 143	312	736	987	103	5	1 543	599	1	525	1 226	0
统计学	20	160	68	160	34	62	61	3	0	122	38	0	60	74	0
心理学	21	320	185	320	56	107	143	14	0	275	45	0	118	162	0
体育科学	22	2 092	719	2 092	139	930	850	172	1	782	1 309	1	136	808	0

2.1 管理学人文、社会科学活动人员情况表

高校名称		总计		按职称划分						按最后学历划分			按最后学位划分		其他人员
			女性	小计	教授	副教授	讲师	助教	初级	研究生	本科生	其他	博士	硕士	
	编号	L01	L02	L03	L04	L05	L06	L07	L08	L09	L10	L11	L12	L13	L14
合计	/	4 278	1 981	4 278	663	1 364	2 036	204	11	3 308	965	5	1 734	1 784	0
南京大学	1	130	41	130	44	47	36	3	0	125	5	0	110	15	0
东南大学	2	110	40	110	33	37	40	0	0	99	11	0	71	27	0
江南大学	3	97	62	97	12	41	39	5	0	82	15	0	41	28	0
南京农业大学	4	244	93	244	52	70	103	19	0	197	47	0	102	99	0
中国矿业大学	5	148	59	148	34	52	61	1	0	133	15	0	98	39	0
河海大学	6	144	64	144	30	44	67	3	0	136	8	0	107	32	0
南京理工大学	7	90	43	90	15	36	36	3	0	83	7	0	61	23	0
南京航空航天大学	8	113	43	113	32	35	43	3	0	107	6	0	75	29	0
中国药科大学	9	34	20	34	3	8	19	4	0	27	7	0	9	18	0
南京森林警察学院	10	29	17	29	0	7	14	8	0	8	17	4	3	8	0
苏州大学	11	107	50	107	13	35	56	3	0	66	41	0	28	48	0
江苏科技大学	12	169	77	169	22	50	92	3	2	117	52	0	54	73	0
南京工业大学	13	185	96	185	24	75	82	4	0	158	27	0	63	103	0
常州大学	14	73	25	73	11	15	41	6	0	54	18	1	32	22	0
南京邮电大学	15	98	51	98	22	35	41	0	0	87	11	0	54	33	0
南京林业大学	16	49	17	49	3	10	36	0	0	44	5	0	19	25	0
江苏大学	17	183	63	183	27	68	78	10	0	162	21	0	80	80	0
南京信息工程大学	18	142	63	142	29	42	71	0	0	124	18	0	102	27	0
南通大学	19	94	50	94	4	42	48	0	0	76	18	0	11	73	0
盐城工学院	20	96	48	96	12	41	40	3	0	54	42	0	11	78	0
南京医科大学	21	27	11	27	3	3	19	1	1	26	1	0	14	12	0
徐州医科大学	22	45	19	45	4	8	30	2	1	25	20	0	8	32	0
南京中医药大学	23	63	41	63	6	8	49	0	0	58	5	0	25	35	0

续表

高校名称		总计		按职称划分						按最后学历划分			按最后学位划分		其他人员
			女性	小计	教授	副教授	讲师	助教	初级	研究生	本科生	其他	博士	硕士	
	编号	L01	L02	L03	L04	L05	L06	L07	L08	L09	L10	L11	L12	L13	L14
南京师范大学	24	65	28	65	11	27	21	6	0	62	3	0	31	31	0
江苏师范大学	25	91	33	91	14	34	43	0	0	63	28	0	24	46	0
淮阴师范学院	26	95	45	95	5	24	60	6	0	69	26	0	22	56	0
盐城师范学院	27	51	22	51	5	17	24	5	0	46	5	0	15	32	0
南京财经大学	28	192	86	192	31	55	103	3	0	152	40	0	119	34	0
江苏警官学院	29	41	22	41	2	9	17	12	1	19	22	0	9	15	0
南京体育学院	30	17	6	17	1	1	13	2	0	5	12	0	0	4	0
南京艺术学院	31	20	10	20	2	1	16	1	0	13	7	0	0	16	0
苏州科技大学	32	106	60	106	3	27	53	23	0	70	36	0	22	53	0
常熟理工学院	33	60	31	60	5	25	29	1	0	41	19	0	19	25	0
淮阴工学院	34	80	37	80	10	39	31	0	0	51	29	0	23	48	0
常州工学院	35	64	32	64	9	5	45	5	0	44	20	0	13	36	0
扬州大学	36	82	29	82	12	30	40	0	0	54	28	0	31	26	0
南京工程学院	37	153	91	153	11	44	88	7	3	107	46	0	32	86	0
南京审计大学	38	198	107	198	27	61	80	30	0	171	27	0	98	87	0
南京晓庄学院	39	16	9	16	3	5	8	0	0	15	1	0	7	8	0
江苏理工学院	40	56	30	56	12	15	25	4	0	36	20	0	12	25	0
淮海工学院	41	84	37	84	15	22	47	0	0	42	42	0	15	35	0
徐州工程学院	42	153	64	153	21	61	65	4	2	87	66	0	18	77	0
南京特殊教育师范学院	43	10	7	10	2	2	6	0	0	6	4	0	2	4	0
泰州学院	44	26	14	26	4	7	12	3	0	16	10	0	7	17	0
金陵科技学院	45	135	79	135	23	43	59	9	1	81	54	0	36	54	0
江苏第二师范学院	46	13	9	13	0	1	10	2	0	10	3	0	1	10	0

2.2 马克思主义人文、社会科学活动人员情况表

高校名称		总计		按职称划分						按最后学历划分			按最后学位划分		其他人员
			女性	小计	教授	副教授	讲师	助教	初级	研究生	本科生	其他	博士	硕士	
	编号	L01	L02	L03	L04	L05	L06	L07	L08	L09	L10	L11	L12	L13	L14
合计	/	1 131	518	1 131	199	475	422	33	2	828	303	0	385	552	0
南京大学	1	39	12	39	13	16	10	0	0	34	5	0	32	2	0
东南大学	2	28	11	28	4	8	15	1	0	24	4	0	20	4	0
江南大学	3	37	22	37	5	16	16	0	0	26	11	0	16	11	0
南京农业大学	4	14	4	14	0	5	7	2	0	13	1	0	5	8	0
中国矿业大学	5	42	19	42	5	19	18	0	0	34	8	0	30	7	0
河海大学	6	29	14	29	5	11	13	0	0	27	2	0	21	7	0
南京理工大学	7	15	8	15	3	5	6	1	0	14	1	0	10	4	0
南京航空航天大学	8	22	10	22	2	13	5	2	0	21	1	0	11	10	0
中国药科大学	9	25	10	25	3	7	15	0	0	23	2	0	8	15	0
南京森林警察学院	10	2	1	2	0	1	0	1	0	2	0	0	1	1	0
苏州大学	11	51	23	51	11	26	13	1	0	25	26	0	8	22	0
江苏科技大学	12	31	11	31	5	16	9	0	1	18	13	0	5	16	0
南京工业大学	13	26	15	26	1	9	13	3	0	21	5	0	2	23	0
常州大学	14	15	8	15	4	4	7	0	0	13	2	0	2	13	0
南京邮电大学	15	13	6	13	3	7	3	0	0	11	2	0	9	2	0
南京林业大学	16	33	14	33	4	11	18	0	0	31	2	0	13	18	0
江苏大学	17	16	10	16	2	6	7	1	0	12	4	0	3	9	0
南京信息工程大学	18	49	22	49	11	21	17	0	0	38	11	0	19	24	0
南通大学	19	55	31	55	15	23	17	0	0	43	12	0	12	38	0
盐城工学院	20	52	16	52	10	21	18	3	0	29	23	0	7	38	0
南京医科大学	21	35	22	35	4	14	17	0	0	29	6	0	9	23	0
徐州医科大学	22	10	2	10	0	6	4	0	0	9	1	0	2	7	0
南京中医药大学	23	16	11	16	0	4	12	0	0	14	2	0	4	11	0

续表

高校名称		总计		按职称划分						按最后学历划分			按最后学位划分		其他人员
			女性	小计	教授	副教授	讲师	助教	初级	研究生	本科生	其他	博士	硕士	
	编号	L01	L02	L03	L04	L05	L06	L07	L08	L09	L10	L11	L12	L13	L14
南京师范大学	24	41	14	41	17	14	8	2	0	36	5	0	17	19	0
江苏师范大学	25	21	11	21	2	8	11	0	0	13	8	0	6	10	0
淮阴师范学院	26	17	7	17	5	7	5	0	0	12	5	0	4	10	0
盐城师范学院	27	40	15	40	12	6	20	2	0	35	5	0	14	23	0
南京财经大学	28	23	9	23	5	8	10	0	0	15	8	0	7	12	0
江苏警官学院	29	26	6	26	2	9	9	6	0	10	16	0	4	12	0
南京体育学院	30	7	5	7	2	3	2	0	0	2	5	0	1	2	0
南京艺术学院	31	12	8	12	2	8	2	0	0	10	2	0	3	9	0
苏州科技大学	32	10	2	10	2	2	6	0	0	8	2	0	2	7	0
常熟理工学院	33	26	10	26	1	18	7	0	0	15	11	0	8	14	0
淮阴工学院	34	16	7	16	4	8	4	0	0	9	7	0	7	7	0
常州工学院	35	15	9	15	1	6	6	2	0	5	10	0	2	7	0
扬州大学	36	49	20	49	8	33	8	0	0	33	16	0	18	15	0
南京工程学院	37	21	12	21	4	8	8	1	0	15	6	0	3	13	0
南京审计大学	38	23	10	23	4	6	10	3	0	18	5	0	10	12	0
南京晓庄学院	39	14	8	14	1	6	7	0	0	13	1	0	6	8	0
江苏理工学院	40	17	9	17	4	8	5	0	0	9	8	0	3	6	0
淮海工学院	41	28	11	28	6	13	9	0	0	10	18	0	2	13	0
徐州工程学院	42	22	12	22	3	11	8	0	0	12	10	0	3	14	0
南京特殊教育师范学院	43	12	7	12	2	7	3	0	0	8	4	0	4	5	0
泰州学院	44	6	4	6	1	3	2	0	0	4	2	0	1	3	0
金陵科技学院	45	12	7	12	0	4	6	1	1	11	1	0	3	9	0
江苏第二师范学院	46	18	13	18	1	10	6	1	0	14	4	0	8	9	0

2.3 哲学人文、社会科学活动人员情况表

高校名称		总计		按职称划分						按最后学历划分			按最后学位划分		其他人员
			女性	小计	教授	副教授	讲师	助教	初级	研究生	本科生	其他	博士	硕士	
	编号	L01	L02	L03	L04	L05	L06	L07	L08	L09	L10	L11	L12	L13	L14
合计	/	533	194	533	118	198	202	15	0	472	61	0	313	179	0
南京大学	1	41	10	41	20	9	11	1	0	40	1	0	37	3	0
东南大学	2	44	18	44	10	18	16	0	0	43	1	0	40	3	0
江南大学	3	12	3	12	3	3	6	0	0	11	1	0	10	1	0
南京农业大学	4	9	2	9	1	1	7	0	0	9	0	0	5	4	0
中国矿业大学	5	5	0	5	1	2	2	0	0	5	0	0	4	1	0
河海大学	6	16	7	16	3	6	7	0	0	16	0	0	13	3	0
南京理工大学	7	13	4	13	0	7	6	0	0	11	2	0	9	2	0
南京航空航天大学	8	6	1	6	0	3	3	0	0	6	0	0	3	3	0
中国药科大学	9	1	0	1	0	0	1	0	0	1	0	0	1	0	0
南京森林警察学院	10	4	1	4	1	0	2	1	0	3	1	0	1	3	0
苏州大学	11	24	4	24	13	7	4	0	0	24	0	0	19	4	0
江苏科技大学	12	11	4	11	1	4	6	0	0	9	2	0	3	6	0
南京工业大学	13	5	3	5	2	3	0	0	0	5	0	0	4	1	0
常州大学	14	9	3	9	2	3	4	0	0	8	1	0	7	1	0
南京邮电大学	15	15	5	15	0	10	5	0	0	14	1	0	10	4	0
南京林业大学	16	8	4	8	0	1	7	0	0	8	0	0	5	3	0
江苏大学	17	13	5	13	2	7	4	0	0	12	1	0	7	5	0
南京信息工程大学	18	15	7	15	2	4	8	1	0	15	0	0	10	5	0
南通大学	19	23	4	23	4	13	6	0	0	18	5	0	8	13	0
盐城工学院	20	15	6	15	5	7	3	0	0	8	7	0	0	14	0
南京医科大学	21	1	0	1	0	0	1	0	0	1	0	0	1	0	0
徐州医科大学	22	6	3	6	0	3	2	1	0	4	2	0	0	5	0
南京中医药大学	23	15	6	15	4	8	3	0	0	13	2	0	9	4	0

续表

高校名称		总计		按职称划分						按最后学历划分			按最后学位划分		其他人员
			女性	小计	教授	副教授	讲师	助教	初级	研究生	本科生	其他	博士	硕士	
	编号	L01	L02	L03	L04	L05	L06	L07	L08	L09	L10	L11	L12	L13	L14
南京师范大学	24	40	16	40	13	15	12	0	0	37	3	0	21	16	0
江苏师范大学	25	24	13	24	7	8	9	0	0	18	6	0	10	10	0
淮阴师范学院	26	17	9	17	5	8	4	0	0	17	0	0	10	7	0
盐城师范学院	27	5	2	5	0	1	2	2	0	4	1	0	1	3	0
南京财经大学	28	9	3	9	2	2	5	0	0	5	4	0	5	2	0
江苏警官学院	29	5	1	5	1	4	0	0	0	3	2	0	1	4	0
南京体育学院	30	2	0	2	0	1	0	1	0	1	1	0	0	1	0
南京艺术学院	31	0	0	0	0	0	0	0	0	0	0	0	0	0	0
苏州科技大学	32	20	6	20	3	6	8	3	0	20	0	0	17	3	0
常熟理工学院	33	3	0	3	0	1	2	0	0	3	0	0	2	1	0
淮阴工学院	34	12	3	12	1	5	6	0	0	10	2	0	3	8	0
常州工学院	35	2	0	2	0	0	2	0	0	1	1	0	1	1	0
扬州大学	36	9	2	9	4	1	4	0	0	8	1	0	7	1	0
南京工程学院	37	13	7	13	2	3	8	0	0	8	5	0	6	4	0
南京审计大学	38	14	9	14	0	3	9	2	0	12	2	0	6	6	0
南京晓庄学院	39	13	8	13	2	5	6	0	0	10	3	0	3	7	0
江苏理工学院	40	9	3	9	1	5	2	1	0	8	1	0	6	2	0
淮海工学院	41	4	2	4	1	0	3	0	0	3	1	0	1	2	0
徐州工程学院	42	12	7	12	1	6	4	1	0	12	0	0	1	11	0
南京特殊教育师范学院	43	1	0	1	0	1	0	0	0	1	0	0	0	1	0
泰州学院	44	2	0	2	0	1	1	0	0	2	0	0	2	0	0
金陵科技学院	45	4	2	4	0	2	1	1	0	3	1	0	2	1	0
江苏第二师范学院	46	2	1	2	1	1	0	0	0	2	0	0	2	0	0

2.4 逻辑学人文、社会科学活动人员情况表

高校名称		总计		按职称划分						按最后学历划分			按最后学位划分		其他人员
			女性	小计	教授	副教授	讲师	助教	初级	研究生	本科生	其他	博士	硕士	
	编号	L01	L02	L03	L04	L05	L06	L07	L08	L09	L10	L11	L12	L13	L14
合计	/	18	6	18	6	2	10	0	0	14	4	0	5	10	0
南京大学	1	6	0	6	4	0	2	0	0	5	1	0	4	1	0
东南大学	2	1	1	1	0	0	1	0	0	1	0	0	1	0	0
江南大学	3	0	0	0	0	0	0	0	0	0	0	0	0	0	0
南京农业大学	4	0	0	0	0	0	0	0	0	0	0	0	0	0	0
中国矿业大学	5	0	0	0	0	0	0	0	0	0	0	0	0	0	0
河海大学	6	1	1	1	0	1	0	0	0	1	0	0	0	1	0
南京理工大学	7	0	0	0	0	0	0	0	0	0	0	0	0	0	0
南京航空航天大学	8	0	0	0	0	0	0	0	0	0	0	0	0	0	0
中国药科大学	9	0	0	0	0	0	0	0	0	0	0	0	0	0	0
南京森林警察学院	10	0	0	0	0	0	0	0	0	0	0	0	0	0	0
苏州大学	11	0	0	0	0	0	0	0	0	0	0	0	0	0	0
江苏科技大学	12	1	0	1	0	0	1	0	0	0	1	0	0	0	0
南京工业大学	13	0	0	0	0	0	0	0	0	0	0	0	0	0	0
常州大学	14	0	0	0	0	0	0	0	0	0	0	0	0	0	0
南京邮电大学	15	0	0	0	0	0	0	0	0	0	0	0	0	0	0
南京林业大学	16	0	0	0	0	0	0	0	0	0	0	0	0	0	0
江苏大学	17	1	0	1	0	0	1	0	0	1	0	0	0	1	0
南京信息工程大学	18	0	0	0	0	0	0	0	0	0	0	0	0	0	0
南通大学	19	0	0	0	0	0	0	0	0	0	0	0	0	0	0
盐城工学院	20	0	0	0	0	0	0	0	0	0	0	0	0	0	0
南京医科大学	21	0	0	0	0	0	0	0	0	0	0	0	0	0	0
徐州医科大学	22	0	0	0	0	0	0	0	0	0	0	0	0	0	0
南京中医药大学	23	1	1	1	0	0	1	0	0	1	0	0	0	1	0

续表

高校名称		总计		按职称划分						按最后学历划分			按最后学位划分		其他人员
			女性	小计	教授	副教授	讲师	助教	初级	研究生	本科生	其他	博士	硕士	
	编号	L01	L02	L03	L04	L05	L06	L07	L08	L09	L10	L11	L12	L13	L14
南京师范大学	24	0	0	0	0	0	0	0	0	0	0	0	0	0	0
江苏师范大学	25	1	0	1	1	0	0	0	0	0	1	0	0	0	0
淮阴师范学院	26	2	1	2	1	1	0	0	0	2	0	0	0	2	0
盐城师范学院	27	0	0	0	0	0	0	0	0	0	0	0	0	0	0
南京财经大学	28	0	0	0	0	0	0	0	0	0	0	0	0	0	0
江苏警官学院	29	2	1	2	0	0	2	0	0	2	0	0	0	2	0
南京体育学院	30	0	0	0	0	0	0	0	0	0	0	0	0	0	0
南京艺术学院	31	0	0	0	0	0	0	0	0	0	0	0	0	0	0
苏州科技大学	32	0	0	0	0	0	0	0	0	0	0	0	0	0	0
常熟理工学院	33	0	0	0	0	0	0	0	0	0	0	0	0	0	0
淮阴工学院	34	0	0	0	0	0	0	0	0	0	0	0	0	0	0
常州工学院	35	0	0	0	0	0	0	0	0	0	0	0	0	0	0
扬州大学	36	0	0	0	0	0	0	0	0	0	0	0	0	0	0
南京工程学院	37	1	1	1	0	0	1	0	0	0	1	0	0	1	0
南京审计大学	38	0	0	0	0	0	0	0	0	0	0	0	0	0	0
南京晓庄学院	39	0	0	0	0	0	0	0	0	0	0	0	0	0	0
江苏理工学院	40	0	0	0	0	0	0	0	0	0	0	0	0	0	0
淮海工学院	41	1	0	1	0	0	1	0	0	1	0	0	0	1	0
徐州工程学院	42	0	0	0	0	0	0	0	0	0	0	0	0	0	0
南京特殊教育师范学院	43	0	0	0	0	0	0	0	0	0	0	0	0	0	0
泰州学院	44	0	0	0	0	0	0	0	0	0	0	0	0	0	0
金陵科技学院	45	0	0	0	0	0	0	0	0	0	0	0	0	0	0
江苏第二师范学院	46	0	0	0	0	0	0	0	0	0	0	0	0	0	0

2.5 宗教学人文、社会科学活动人员情况表

高校名称		总计		按职称划分						按最后学历划分			按最后学位划分		其他人员
			女性	小计	教授	副教授	讲师	助教	初级	研究生	本科生	其他	博士	硕士	
	编号	L01	L02	L03	L04	L05	L06	L07	L08	L09	L10	L11	L12	L13	L14
合计	/	27	7	27	10	12	5	0	0	27	0	0	24	3	0
南京大学	1	13	2	13	7	6	0	0	0	13	0	0	13	0	0
东南大学	2	2	1	2	0	1	1	0	0	2	0	0	2	0	0
江南大学	3	0	0	0	0	0	0	0	0	0	0	0	0	0	0
南京农业大学	4	0	0	0	0	0	0	0	0	0	0	0	0	0	0
中国矿业大学	5	1	0	1	1	0	0	0	0	1	0	0	0	1	0
河海大学	6	2	1	2	1	0	1	0	0	2	0	0	2	0	0
南京理工大学	7	0	0	0	0	0	0	0	0	0	0	0	0	0	0
南京航空航天大学	8	0	0	0	0	0	0	0	0	0	0	0	0	0	0
中国药科大学	9	0	0	0	0	0	0	0	0	0	0	0	0	0	0
南京森林警察学院	10	0	0	0	0	0	0	0	0	0	0	0	0	0	0
苏州大学	11	1	0	1	0	1	0	0	0	1	0	0	1	0	0
江苏科技大学	12	0	0	0	0	0	0	0	0	0	0	0	0	0	0
南京工业大学	13	1	1	1	0	1	0	0	0	1	0	0	0	1	0
常州大学	14	0	0	0	0	0	0	0	0	0	0	0	0	0	0
南京邮电大学	15	0	0	0	0	0	0	0	0	0	0	0	0	0	0
南京林业大学	16	0	0	0	0	0	0	0	0	0	0	0	0	0	0
江苏大学	17	0	0	0	0	0	0	0	0	0	0	0	0	0	0
南京信息工程大学	18	0	0	0	0	0	0	0	0	0	0	0	0	0	0
南通大学	19	1	0	1	0	1	0	0	0	1	0	0	1	0	0
盐城工学院	20	0	0	0	0	0	0	0	0	0	0	0	0	0	0
南京医科大学	21	0	0	0	0	0	0	0	0	0	0	0	0	0	0
徐州医科大学	22	0	0	0	0	0	0	0	0	0	0	0	0	0	0
南京中医药大学	23	0	0	0	0	0	0	0	0	0	0	0	0	0	0

续表

高校名称	编号	总计		按职称划分						按最后学历划分			按最后学位划分		其他人员
			女性	小计	教授	副教授	讲师	助教	初级	研究生	本科生	其他	博士	硕士	
		L01	L02	L03	L04	L05	L06	L07	L08	L09	L10	L11	L12	L13	L14
南京师范大学	24	0	0	0	0	0	0	0	0	0	0	0	0	0	0
江苏师范大学	25	1	0	1	1	0	0	0	0	1	0	0	1	0	0
淮阴师范学院	26	0	0	0	0	0	0	0	0	0	0	0	0	0	0
盐城师范学院	27	0	0	0	0	0	0	0	0	0	0	0	0	0	0
南京财经大学	28	0	0	0	0	0	0	0	0	0	0	0	0	0	0
江苏警官学院	29	1	0	1	0	1	0	0	0	1	0	0	1	0	0
南京体育学院	30	0	0	0	0	0	0	0	0	0	0	0	0	0	0
南京艺术学院	31	0	0	0	0	0	0	0	0	0	0	0	0	0	0
苏州科技大学	32	0	0	0	0	0	0	0	0	0	0	0	0	0	0
常熟理工学院	33	0	0	0	0	0	0	0	0	0	0	0	0	0	0
淮阴工学院	34	1	1	1	0	1	0	0	0	1	0	0	0	1	0
常州工学院	35	0	0	0	0	0	0	0	0	0	0	0	0	0	0
扬州大学	36	3	1	3	0	0	3	0	0	3	0	0	3	0	0
南京工程学院	37	0	0	0	0	0	0	0	0	0	0	0	0	0	0
南京审计大学	38	0	0	0	0	0	0	0	0	0	0	0	0	0	0
南京晓庄学院	39	0	0	0	0	0	0	0	0	0	0	0	0	0	0
江苏理工学院	40	0	0	0	0	0	0	0	0	0	0	0	0	0	0
淮海工学院	41	0	0	0	0	0	0	0	0	0	0	0	0	0	0
徐州工程学院	42	0	0	0	0	0	0	0	0	0	0	0	0	0	0
南京特殊教育师范学院	43	0	0	0	0	0	0	0	0	0	0	0	0	0	0
泰州学院	44	0	0	0	0	0	0	0	0	0	0	0	0	0	0
金陵科技学院	45	0	0	0	0	0	0	0	0	0	0	0	0	0	0
江苏第二师范学院	46	0	0	0	0	0	0	0	0	0	0	0	0	0	0

2.6 语言学人文、社会科学活动人员情况表

高校名称		总计		按职称划分						按最后学历划分			按最后学位划分		其他人员
			女性	小计	教授	副教授	讲师	助教	初级	研究生	本科生	其他	博士	硕士	
	编号	L01	L02	L03	L04	L05	L06	L07	L08	L09	L10	L11	L12	L13	L14
合计	/	3 835	2 756	3 835	244	1 152	2 257	176	6	2 599	1 236	0	574	2 213	0
南京大学	1	130	94	130	21	54	53	2	0	119	11	0	66	50	0
东南大学	2	152	107	152	13	57	80	2	0	110	42	0	30	80	0
江南大学	3	110	93	110	6	27	74	3	0	97	13	0	19	78	0
南京农业大学	4	94	78	94	5	29	56	4	0	66	28	0	9	60	0
中国矿业大学	5	53	36	53	2	27	24	0	0	48	5	0	7	43	0
河海大学	6	24	15	24	3	12	7	2	0	21	3	0	10	11	0
南京理工大学	7	60	42	60	5	10	43	2	0	47	13	0	18	26	0
南京航空航天大学	8	82	53	82	6	32	43	1	0	62	20	0	15	47	0
中国药科大学	9	52	34	52	2	11	29	10	0	40	12	0	3	36	0
南京森林警察学院	10	24	18	24	2	11	11	0	0	8	16	0	0	12	0
苏州大学	11	207	142	207	14	58	111	24	0	131	76	0	41	100	0
江苏科技大学	12	100	82	100	1	19	78	0	2	82	18	0	8	72	0
南京工业大学	13	107	86	107	5	32	65	5	0	69	38	0	9	73	0
常州大学	14	80	63	80	4	17	54	5	0	55	25	0	11	52	0
南京邮电大学	15	69	45	69	10	19	39	1	0	50	19	0	12	39	0
南京林业大学	16	76	56	76	5	9	61	1	0	46	30	0	7	38	0
江苏大学	17	152	109	152	7	47	94	4	0	81	71	0	14	68	0
南京信息工程大学	18	107	81	107	3	16	78	10	0	76	31	0	4	76	0
南通大学	19	136	101	136	11	79	46	0	0	84	52	0	18	97	0
盐城工学院	20	62	38	62	4	23	31	4	0	31	31	0	2	50	0
南京医科大学	21	50	42	50	0	14	34	2	0	33	17	0	2	32	0
徐州医科大学	22	39	24	39	1	8	28	2	0	18	21	0	1	17	0
南京中医药大学	23	43	34	43	2	11	30	0	0	22	21	0	6	24	0

续表

高校名称	编号	总计	女性	按职称划分 小计	教授	副教授	讲师	助教	初级	按最后学历划分 研究生	本科生	其他	按最后学位划分 博士	硕士	其他人员
		L01	L02	L03	L04	L05	L06	L07	L08	L09	L10	L11	L12	L13	L14
南京师范大学	24	178	110	178	30	47	97	4	0	164	14	0	69	96	0
江苏师范大学	25	144	83	144	14	42	86	1	1	112	32	0	37	79	0
淮阴师范学院	26	104	72	104	3	29	70	2	0	59	45	0	12	52	0
盐城师范学院	27	86	46	86	7	25	46	8	0	72	14	0	17	55	0
南京财经大学	28	76	48	76	5	28	43	0	0	42	34	0	3	39	0
江苏警官学院	29	33	26	33	0	9	17	4	3	15	18	0	5	19	0
南京体育学院	30	14	10	14	0	3	11	0	0	10	4	0	1	7	0
南京艺术学院	31	15	12	15	0	5	10	0	0	7	8	0	0	7	0
苏州科技大学	32	115	87	115	6	32	60	17	0	85	30	0	15	78	0
常熟理工学院	33	72	51	72	6	25	38	3	0	57	15	0	13	49	0
淮阴工学院	34	68	50	68	4	26	36	2	0	35	33	0	2	48	0
常州工学院	35	66	51	66	2	13	47	4	0	43	23	0	7	39	0
扬州大学	36	161	106	161	13	40	105	3	0	108	53	0	27	82	0
南京工程学院	37	65	47	65	1	13	46	5	0	32	33	0	1	35	0
南京审计大学	38	78	56	78	5	27	38	8	0	63	15	0	14	57	0
南京晓庄学院	39	113	92	113	5	32	76	0	0	62	51	0	7	55	0
江苏理工学院	40	96	73	96	5	20	65	6	0	60	36	0	8	55	0
淮海工学院	41	50	39	50	1	16	32	1	0	25	25	0	3	27	0
徐州工程学院	42	99	75	99	2	30	57	10	0	46	53	0	7	42	0
南京特殊教育师范学院	43	10	9	10	0	5	4	1	0	7	3	0	2	6	0
泰州学院	44	72	52	72	2	17	51	2	0	15	57	0	2	28	0
金陵科技学院	45	68	53	68	0	28	36	4	0	46	22	0	4	44	0
江苏第二师范学院	46	43	35	43	1	18	17	7	0	38	5	0	6	33	0

2.7 中国文学人文、社会科学活动人员情况表

高校名称		总计		按职称划分						按最后学历划分			按最后学位划分		其他人员
			女性	小计	教授	副教授	讲师	助教	初级	研究生	本科生	其他	博士	硕士	
	编号	L01	L02	L03	L04	L05	L06	L07	L08	L09	L10	L11	L12	L13	L14
合计	/	1 226	605	1 226	257	455	483	30	1	988	235	3	661	379	0
南京大学	1	66	18	66	30	17	19	0	0	63	2	1	59	4	0
东南大学	2	24	12	24	2	8	13	1	0	21	3	0	14	7	0
江南大学	3	25	12	25	7	13	5	0	0	21	4	0	14	6	0
南京农业大学	4	3	2	3	0	0	3	0	0	2	1	0	1	1	0
中国矿业大学	5	23	12	23	5	11	7	0	0	19	4	0	15	5	0
河海大学	6	4	1	4	2	1	1	0	0	4	0	0	1	3	0
南京理工大学	7	8	2	8	3	4	1	0	0	7	1	0	4	3	0
南京航空航天大学	8	0	0	0	0	0	0	0	0	0	0	0	0	0	0
中国药科大学	9	0	0	0	0	0	0	0	0	0	0	0	0	0	0
南京森林警察学院	10	0	0	0	0	0	0	0	0	0	0	0	0	0	0
苏州大学	11	83	30	83	27	28	25	3	0	79	4	0	64	18	0
江苏科技大学	12	13	7	13	0	5	8	0	0	6	7	0	3	6	0
南京工业大学	13	5	3	5	2	2	1	0	0	4	1	0	3	1	0
常州大学	14	9	3	9	1	1	6	1	0	9	0	0	4	5	0
南京邮电大学	15	9	6	9	0	6	3	0	0	4	5	0	2	3	0
南京林业大学	16	27	18	27	2	7	18	0	0	22	5	0	7	15	0
江苏大学	17	20	13	20	3	6	11	0	0	17	3	0	12	5	0
南京信息工程大学	18	46	32	46	6	17	23	0	0	41	5	0	34	7	0
南通大学	19	56	23	56	11	24	21	0	0	52	4	0	37	15	0
盐城工学院	20	23	16	23	1	9	13	0	0	13	10	0	3	14	0
南京医科大学	21	1	1	1	0	0	1	0	0	1	0	0	0	1	0
徐州医科大学	22	12	10	12	0	2	9	1	0	8	4	0	0	9	0
南京中医药大学	23	2	1	2	0	0	2	0	0	2	0	0	2	0	0

续表

高校名称		总计		按职称划分						按最后学历划分			按最后学位划分		其他人员
			女性	小计	教授	副教授	讲师	助教	初级	研究生	本科生	其他	博士	硕士	
	编号	L01	L02	L03	L04	L05	L06	L07	L08	L09	L10	L11	L12	L13	L14
南京师范大学	24	94	45	94	27	39	27	1	0	92	2	0	75	17	0
江苏师范大学	25	62	28	62	23	20	19	0	0	55	7	0	37	18	0
淮阴师范学院	26	69	32	69	14	25	30	0	0	50	17	2	27	27	0
盐城师范学院	27	58	28	58	8	20	29	1	0	51	7	0	29	22	0
南京财经大学	28	16	11	16	2	9	5	0	0	11	5	0	7	4	0
江苏警官学院	29	14	2	14	3	5	5	1	0	8	6	0	4	7	0
南京体育学院	30	1	1	1	0	0	0	1	0	1	0	0	0	1	0
南京艺术学院	31	7	4	7	2	4	1	0	0	5	2	0	5	1	0
苏州科技大学	32	32	17	32	8	12	10	2	0	29	3	0	17	13	0
常熟理工学院	33	25	14	25	5	7	7	6	0	22	3	0	15	9	0
淮阴工学院	34	14	8	14	0	4	10	0	0	8	6	0	4	6	0
常州工学院	35	35	17	35	7	10	13	5	0	19	16	0	14	10	0
扬州大学	36	66	20	66	19	27	20	0	0	62	4	0	56	7	0
南京工程学院	37	6	4	6	0	1	5	0	0	4	2	0	1	3	0
南京审计大学	38	19	11	19	2	8	5	4	0	13	6	0	7	6	0
南京晓庄学院	39	51	28	51	12	24	15	0	0	37	14	0	21	16	0
江苏理工学院	40	20	10	20	6	9	4	1	0	19	1	0	10	9	0
淮海工学院	41	31	16	31	7	9	15	0	0	18	13	0	7	16	0
徐州工程学院	42	44	34	44	1	15	27	1	0	29	15	0	7	26	0
南京特殊教育师范学院	43	8	6	8	0	4	4	0	0	7	1	0	1	6	0
泰州学院	44	41	17	41	2	19	19	0	1	8	33	0	7	11	0
金陵科技学院	45	23	14	23	3	12	7	1	0	16	7	0	9	9	0
江苏第二师范学院	46	31	16	31	4	11	16	0	0	29	2	0	22	7	0

2.8 外国文学人文、社会科学活动人员情况表

高校名称		总计		按职称划分					按最后学历划分			按最后学位划分		其他人员
			女性	小计	教授	副教授	讲师	助教	初级	研究生	本科生	其他	博士	硕士	
	编号	L01	L02	L03	L04	L05	L06	L07	L08	L09	L10	L11	L12	L13	L14
合计	/	950	677	950	101	283	532	34	0	690	260	0	215	531	0
南京大学	1	68	36	68	20	21	27	0	0	67	1	0	50	17	0
东南大学	2	10	8	10	2	2	5	1	0	7	3	0	3	4	0
江南大学	3	13	11	13	2	3	8	0	0	12	1	0	3	9	0
南京农业大学	4	1	1	1	0	1	0	0	0	1	0	0	1	0	0
中国矿业大学	5	61	43	61	3	17	40	1	0	54	7	0	6	50	0
河海大学	6	7	3	7	2	3	2	0	0	5	2	0	2	3	0
南京理工大学	7	14	12	14	1	2	10	1	0	12	2	0	5	7	0
南京航空航天大学	8	11	9	11	0	5	6	0	0	11	0	0	6	5	0
中国药科大学	9	11	7	11	0	0	9	2	0	4	7	0	0	4	0
南京森林警察学院	10	3	3	3	0	0	3	0	0	3	0	0	0	3	0
苏州大学	11	47	30	47	11	11	21	4	0	39	8	0	17	19	0
江苏科技大学	12	19	13	19	1	7	11	0	0	16	3	0	1	15	0
南京工业大学	13	7	5	7	0	3	3	1	0	6	1	0	3	4	0
常州大学	14	3	2	3	0	1	0	2	0	3	0	0	1	2	0
南京邮电大学	15	19	13	19	2	10	7	0	0	15	4	0	8	7	0
南京林业大学	16	2	1	2	0	1	1	0	0	1	1	0	1	1	0
江苏大学	17	8	4	8	1	3	4	0	0	7	1	0	3	5	0
南京信息工程大学	18	23	13	23	5	7	11	0	0	18	5	0	5	15	0
南通大学	19	52	37	52	3	21	28	0	0	36	16	0	10	33	0
盐城工学院	20	22	17	22	1	10	10	1	0	7	15	0	0	16	0
南京医科大学	21	3	2	3	0	1	2	0	0	3	0	0	1	2	0
徐州医科大学	22	1	1	1	0	0	1	0	0	1	0	0	0	1	0
南京中医药大学	23	9	6	9	0	2	7	0	0	2	7	0	0	4	0

续表

高校名称		总计		按职称划分						按最后学历划分			按最后学位划分		其他人员
			女性	小计	教授	副教授	讲师	助教	初级	研究生	本科生	其他	博士	硕士	
	编号	L01	L02	L03	L04	L05	L06	L07	L08	L09	L10	L11	L12	L13	L14
南京师范大学	24	78	64	78	16	23	35	4	0	77	1	0	34	43	0
江苏师范大学	25	39	27	39	4	13	22	0	0	33	6	0	7	28	0
淮阴师范学院	26	33	24	33	2	9	22	0	0	20	13	0	4	18	0
盐城师范学院	27	19	13	19	3	7	8	1	0	19	0	0	5	14	0
南京财经大学	28	9	5	9	1	4	4	0	0	7	2	0	1	5	0
江苏警官学院	29	1	1	1	0	0	0	1	0	1	0	0	0	1	0
南京体育学院	30	12	8	12	0	1	6	5	0	4	8	0	0	4	0
南京艺术学院	31	2	1	2	0	0	2	0	0	2	0	0	0	2	0
苏州科技大学	32	22	18	22	3	6	12	1	0	21	1	0	7	14	0
常熟理工学院	33	17	13	17	0	5	12	0	0	15	2	0	1	15	0
淮阴工学院	34	16	13	16	1	5	10	0	0	7	9	0	1	11	0
常州工学院	35	41	32	41	1	7	31	2	0	17	24	0	4	17	0
扬州大学	36	37	22	37	5	8	24	0	0	23	14	0	7	15	0
南京工程学院	37	17	10	17	1	3	9	4	0	13	4	0	3	13	0
南京审计大学	38	20	16	20	2	7	10	1	0	14	6	0	4	13	0
南京晓庄学院	39	7	5	7	1	3	3	0	0	6	1	0	0	6	0
江苏理工学院	40	16	12	16	1	9	6	0	0	8	8	0	1	7	0
淮海工学院	41	73	55	73	0	26	47	0	0	30	43	0	4	35	0
徐州工程学院	42	39	30	39	3	9	27	0	0	19	20	0	2	16	0
南京特殊教育师范学院	43	20	18	20	1	3	15	1	0	11	9	0	0	17	0
泰州学院	44	6	4	6	1	1	4	0	0	1	5	0	1	2	0
金陵科技学院	45	6	4	6	1	1	4	0	0	6	0	0	0	6	0
江苏第二师范学院	46	6	5	6	0	2	3	1	0	6	0	0	3	3	0

2.9 艺术学人文、社会科学活动人员情况表

高校名称		总计		按职称划分						按最后学历划分			按最后学位划分		其他人员
			女性	小计	教授	副教授	讲师	助教	初级	研究生	本科生	其他	博士	硕士	
	编号	L01	L02	L03	L04	L05	L06	L07	L08	L09	L10	L11	L12	L13	L14
合计	/	3 138	1 596	3 138	420	973	1 446	294	5	2 069	1 065	4	543	1 734	0
南京大学	1	41	19	41	13	16	12	0	0	34	6	1	33	2	0
东南大学	2	66	25	66	15	19	29	3	0	62	4	0	45	17	0
江南大学	3	188	94	188	31	82	70	5	0	148	40	0	48	87	0
南京农业大学	4	21	10	21	4	3	13	1	0	15	6	0	5	10	0
中国矿业大学	5	45	24	45	9	15	20	1	0	34	11	0	7	34	0
河海大学	6	4	2	4	1	1	2	0	0	2	2	0	0	2	0
南京理工大学	7	36	16	36	2	8	22	4	0	34	2	0	13	21	0
南京航空航天大学	8	50	24	50	11	14	22	3	0	29	21	0	11	18	0
中国药科大学	9	0	0	0	0	0	0	0	0	0	0	0	0	0	0
南京森林警察学院	10	3	1	3	0	2	0	1	0	2	1	0	0	2	0
苏州大学	11	123	54	123	33	33	48	9	0	53	70	0	15	40	0
江苏科技大学	12	8	6	8	0	1	5	1	1	6	2	0	1	6	0
南京工业大学	13	41	19	41	6	13	19	3	0	41	0	0	13	27	0
常州大学	14	78	39	78	9	15	30	24	0	67	11	0	12	57	0
南京邮电大学	15	29	18	29	4	9	11	5	0	27	2	0	8	19	0
南京林业大学	16	72	44	72	6	20	41	5	0	61	11	0	18	43	0
江苏大学	17	57	24	57	4	19	23	11	0	34	23	0	9	26	0
南京信息工程大学	18	51	22	51	6	8	28	9	0	44	7	0	8	39	0
南通大学	19	106	56	106	8	51	47	0	0	57	49	0	15	62	0
盐城工学院	20	54	21	54	2	18	29	5	0	27	27	0	6	39	0
南京医科大学	21	1	1	1	0	0	1	0	0	0	1	0	0	0	0
徐州医科大学	22	4	4	4	0	0	4	0	0	2	2	0	0	2	0
南京中医药大学	23	3	3	3	0	1	2	0	0	3	0	0	1	2	0

续表

高校名称		总计		按职称划分						按最后学历划分			按最后学位划分		其他人员
			女性	小计	教授	副教授	讲师	助教	初级	研究生	本科生	其他	博士	硕士	
	编号	L01	L02	L03	L04	L05	L06	L07	L08	L09	L10	L11	L12	L13	L14
南京师范大学	24	173	81	173	37	57	54	25	0	132	41	0	38	96	0
江苏师范大学	25	108	54	108	15	46	44	1	2	54	54	0	14	43	0
淮阴师范学院	26	126	56	126	7	25	83	11	0	73	52	1	14	66	0
盐城师范学院	27	84	47	84	3	19	41	21	0	56	28	0	5	47	0
南京财经大学	28	43	22	43	3	14	26	0	0	37	6	0	5	33	0
江苏警官学院	29	0	0	0	0	0	0	0	0	0	0	0	0	0	0
南京体育学院	30	4	3	4	0	0	2	2	0	4	0	0	1	3	0
南京艺术学院	31	477	216	477	113	162	191	11	0	315	160	2	108	270	0
苏州科技大学	32	120	59	120	11	39	46	24	0	80	40	0	15	72	0
常熟理工学院	33	68	40	68	8	23	33	4	0	38	30	0	8	43	0
淮阴工学院	34	53	27	53	2	11	34	6	0	31	22	0	4	40	0
常州工学院	35	84	41	84	8	18	47	11	0	53	31	0	15	44	0
扬州大学	36	89	47	89	12	25	44	8	0	56	33	0	12	45	0
南京工程学院	37	66	37	66	6	21	34	5	0	42	24	0	6	48	0
南京审计大学	38	15	9	15	0	4	9	2	0	7	8	0	1	11	0
南京晓庄学院	39	97	66	97	4	25	65	3	0	60	37	0	6	55	0
江苏理工学院	40	72	38	72	6	23	36	7	0	38	34	0	3	37	0
淮海工学院	41	35	18	35	0	4	27	4	0	24	11	0	0	24	0
徐州工程学院	42	89	52	89	3	28	41	16	1	39	50	0	2	45	0
南京特殊教育师范学院	43	48	31	48	2	16	25	5	0	22	26	0	4	20	0
泰州学院	44	67	40	67	7	21	28	10	1	25	42	0	5	36	0
金陵科技学院	45	63	42	63	5	21	31	6	0	36	27	0	5	44	0
江苏第二师范学院	46	76	44	76	4	23	27	22	0	65	11	0	4	57	0

2.10 历史学人文、社会科学活动人员情况表

高校名称		总计		按职称划分						按最后学历划分			按最后学位划分		其他
			女性	小计	教授	副教授	讲师	助教	初级	研究生	本科生	其他	博士	硕士	人员
	编号	L01	L02	L03	L04	L05	L06	L07	L08	L09	L10	L11	L12	L13	L14
合计	/	530	177	530	139	187	192	12	0	461	69	0	322	143	0
南京大学	1	53	13	53	25	17	11	0	0	53	0	0	49	4	0
东南大学	2	6	1	6	1	0	5	0	0	5	1	0	4	1	0
江南大学	3	4	0	4	1	2	1	0	0	4	0	0	2	2	0
南京农业大学	4	20	4	20	6	8	6	0	0	18	2	0	13	5	0
中国矿业大学	5	3	0	3	1	1	1	0	0	3	0	0	3	0	0
河海大学	6	3	2	3	0	0	3	0	0	3	0	0	3	0	0
南京理工大学	7	8	1	8	2	3	3	0	0	7	1	0	6	1	0
南京航空航天大学	8	3	2	3	0	1	1	1	0	3	0	0	2	1	0
中国药科大学	9	2	1	2	0	0	2	0	0	2	0	0	2	0	0
南京森林警察学院	10	1	0	1	0	0	0	1	0	1	0	0	0	1	0
苏州大学	11	35	10	35	17	9	9	0	0	33	2	0	27	6	0
江苏科技大学	12	6	1	6	0	4	2	0	0	6	0	0	3	3	0
南京工业大学	13	6	2	6	0	4	2	0	0	4	2	0	3	1	0
常州大学	14	8	3	8	3	0	5	0	0	8	0	0	6	2	0
南京邮电大学	15	12	6	12	2	8	2	0	0	9	3	0	8	1	0
南京林业大学	16	3	1	3	1	1	0	1	0	3	0	0	1	2	0
江苏大学	17	15	6	15	1	8	6	0	0	12	3	0	9	4	0
南京信息工程大学	18	17	2	17	4	1	12	0	0	17	0	0	14	3	0
南通大学	19	15	5	15	2	8	5	0	0	14	1	0	9	5	0
盐城工学院	20	5	3	5	3	1	1	0	0	4	1	0	3	2	0
南京医科大学	21	0	0	0	0	0	0	0	0	0	0	0	0	0	0
徐州医科大学	22	1	0	1	0	0	1	0	0	1	0	0	0	1	0
南京中医药大学	23	9	4	9	3	3	3	0	0	8	1	0	6	2	0

续表

高校名称		总计		按职称划分						按最后学历划分			按最后学位划分		其他人员
			女性	小计	教授	副教授	讲师	助教	初级	研究生	本科生	其他	博士	硕士	
	编号	L01	L02	L03	L04	L05	L06	L07	L08	L09	L10	L11	L12	L13	L14
南京师范大学	24	42	15	42	13	13	15	1	0	37	5	0	30	7	0
江苏师范大学	25	35	15	35	11	13	10	1	0	31	4	0	25	6	0
淮阴师范学院	26	23	8	23	4	11	8	0	0	19	4	0	11	8	0
盐城师范学院	27	21	9	21	5	6	9	1	0	18	3	0	5	13	0
南京财经大学	28	10	6	10	0	3	7	0	0	7	3	0	3	4	0
江苏警官学院	29	2	0	2	1	0	0	1	0	2	0	0	2	0	0
南京体育学院	30	1	0	1	0	0	1	0	0	0	1	0	0	0	0
南京艺术学院	31	0	0	0	0	0	0	0	0	0	0	0	0	0	0
苏州科技大学	32	24	7	24	9	7	7	1	0	20	4	0	13	7	0
常熟理工学院	33	6	2	6	2	3	1	0	0	5	1	0	4	1	0
淮阴工学院	34	8	2	8	0	3	5	0	0	8	0	0	3	5	0
常州工学院	35	6	3	6	0	3	2	1	0	3	3	0	1	2	0
扬州大学	36	44	7	44	14	17	13	0	0	40	4	0	33	8	0
南京工程学院	37	3	1	3	0	1	1	1	0	2	1	0	1	1	0
南京审计大学	38	9	2	9	2	2	5	0	0	9	0	0	5	4	0
南京晓庄学院	39	12	4	12	3	6	3	0	0	8	4	0	6	2	0
江苏理工学院	40	5	2	5	1	2	1	1	0	3	2	0	1	2	0
淮海工学院	41	4	0	4	0	0	4	0	0	3	1	0	0	4	0
徐州工程学院	42	19	16	19	0	10	9	0	0	12	7	0	0	12	0
南京特殊教育师范学院	43	0	0	0	0	0	0	0	0	0	0	0	0	0	0
泰州学院	44	10	7	10	0	5	5	0	0	6	4	0	1	5	0
金陵科技学院	45	3	1	3	0	1	2	0	0	3	0	0	3	0	0
江苏第二师范学院	46	8	3	8	2	2	3	1	0	7	1	0	2	5	0

2.11 考古学人文、社会科学活动人员情况表

高校名称		总计		按职称划分						按最后学历划分			按最后学位划分		其他人员
			女性	小计	教授	副教授	讲师	助教	初级	研究生	本科生	其他	博士	硕士	
	编号	L01	L02	L03	L04	L05	L06	L07	L08	L09	L10	L11	L12	L13	L14
合计	/	31	7	31	15	8	7	1	0	23	8	0	21	2	0
南京大学	1	18	3	18	10	5	3	0	0	14	4	0	14	0	0
东南大学	2	0	0	0	0	0	0	0	0	0	0	0	0	0	0
江南大学	3	0	0	0	0	0	0	0	0	0	0	0	0	0	0
南京农业大学	4	0	0	0	0	0	0	0	0	0	0	0	0	0	0
中国矿业大学	5	0	0	0	0	0	0	0	0	0	0	0	0	0	0
河海大学	6	0	0	0	0	0	0	0	0	0	0	0	0	0	0
南京理工大学	7	0	0	0	0	0	0	0	0	0	0	0	0	0	0
南京航空航天大学	8	1	0	1	1	0	0	0	0	1	0	0	1	0	0
中国药科大学	9	0	0	0	0	0	0	0	0	0	0	0	0	0	0
南京森林警察学院	10	0	0	0	0	0	0	0	0	0	0	0	0	0	0
苏州大学	11	0	0	0	0	0	0	0	0	0	0	0	0	0	0
江苏科技大学	12	0	0	0	0	0	0	0	0	0	0	0	0	0	0
南京工业大学	13	0	0	0	0	0	0	0	0	0	0	0	0	0	0
常州大学	14	0	0	0	0	0	0	0	0	0	0	0	0	0	0
南京邮电大学	15	0	0	0	0	0	0	0	0	0	0	0	0	0	0
南京林业大学	16	0	0	0	0	0	0	0	0	0	0	0	0	0	0
江苏大学	17	0	0	0	0	0	0	0	0	0	0	0	0	0	0
南京信息工程大学	18	0	0	0	0	0	0	0	0	0	0	0	0	0	0
南通大学	19	0	0	0	0	0	0	0	0	0	0	0	0	0	0
盐城工学院	20	0	0	0	0	0	0	0	0	0	0	0	0	0	0
南京医科大学	21	0	0	0	0	0	0	0	0	0	0	0	0	0	0
徐州医科大学	22	0	0	0	0	0	0	0	0	0	0	0	0	0	0
南京中医药大学	23	0	0	0	0	0	0	0	0	0	0	0	0	0	0

续表

高校名称		总计		按职称划分						按最后学历划分			按最后学位划分		其他人员
			女性	小计	教授	副教授	讲师	助教	初级	研究生	本科生	其他	博士	硕士	
	编号	L01	L02	L03	L04	L05	L06	L07	L08	L09	L10	L11	L12	L13	L14
南京师范大学	24	6	0	6	3	2	1	0	0	2	4	0	2	0	0
江苏师范大学	25	1	1	1	0	0	1	0	0	1	0	0	1	0	0
淮阴师范学院	26	1	1	1	0	0	1	0	0	1	0	0	0	1	0
盐城师范学院	27	0	0	0	0	0	0	0	0	0	0	0	0	0	0
南京财经大学	28	0	0	0	0	0	0	0	0	0	0	0	0	0	0
江苏警官学院	29	0	0	0	0	0	0	0	0	0	0	0	0	0	0
南京体育学院	30	0	0	0	0	0	0	0	0	0	0	0	0	0	0
南京艺术学院	31	0	0	0	0	0	0	0	0	0	0	0	0	0	0
苏州科技大学	32	0	0	0	0	0	0	0	0	0	0	0	0	0	0
常熟理工学院	33	1	0	1	1	0	0	0	0	1	0	0	1	0	0
淮阴工学院	34	0	0	0	0	0	0	0	0	0	0	0	0	0	0
常州工学院	35	0	0	0	0	0	0	0	0	0	0	0	0	0	0
扬州大学	36	0	0	0	0	0	0	0	0	0	0	0	0	0	0
南京工程学院	37	0	0	0	0	0	0	0	0	0	0	0	0	0	0
南京审计大学	38	0	0	0	0	0	0	0	0	0	0	0	0	0	0
南京晓庄学院	39	0	0	0	0	0	0	0	0	0	0	0	0	0	0
江苏理工学院	40	0	0	0	0	0	0	0	0	0	0	0	0	0	0
淮海工学院	41	0	0	0	0	0	0	0	0	0	0	0	0	0	0
徐州工程学院	42	0	0	0	0	0	0	0	0	0	0	0	0	0	0
南京特殊教育师范学院	43	1	1	1	0	0	1	0	0	1	0	0	1	0	0
泰州学院	44	0	0	0	0	0	0	0	0	0	0	0	0	0	0
金陵科技学院	45	0	0	0	0	0	0	0	0	0	0	0	0	0	0
江苏第二师范学院	46	2	1	2	0	1	0	1	0	2	0	0	1	1	0

2.12 经济学人文、社会科学活动人员情况表

高校名称		总计		按职称划分						按最后学历划分			按最后学位划分		其他人员
			女性	小计	教授	副教授	讲师	助教	初级	研究生	本科生	其他	博士	硕士	
	编号	L01	L02	L03	L04	L05	L06	L07	L08	L09	L10	L11	L12	L13	L14
合计	/	2 723	1 249	2 723	506	1 004	1 150	61	2	2 036	684	3	1 196	990	0
南京大学	1	108	29	108	45	44	18	1	0	107	1	0	100	7	0
东南大学	2	108	43	108	19	49	39	1	0	87	21	0	61	27	0
江南大学	3	37	16	37	4	23	10	0	0	34	3	0	25	8	0
南京农业大学	4	63	29	63	19	19	21	4	0	60	3	0	51	8	0
中国矿业大学	5	35	19	35	6	11	18	0	0	30	5	0	19	15	0
河海大学	6	63	20	63	19	20	22	2	0	60	3	0	41	20	0
南京理工大学	7	58	33	58	14	29	15	0	0	51	7	0	30	25	0
南京航空航天大学	8	30	13	30	11	13	6	0	0	28	2	0	16	12	0
中国药科大学	9	19	8	19	1	8	9	1	0	19	0	0	8	11	0
南京森林警察学院	10	1	0	1	0	0	1	0	0	0	1	0	0	0	0
苏州大学	11	99	48	99	25	49	24	1	0	68	31	0	35	43	0
江苏科技大学	12	71	38	71	5	27	37	0	2	36	35	0	18	26	0
南京工业大学	13	28	14	28	4	11	13	0	0	18	10	0	8	15	0
常州大学	14	42	18	42	7	13	21	1	0	33	9	0	20	15	0
南京邮电大学	15	34	21	34	4	12	18	0	0	30	4	0	12	18	0
南京林业大学	16	39	20	39	10	13	16	0	0	30	9	0	11	20	0
江苏大学	17	97	50	97	10	35	45	7	0	74	23	0	32	42	0
南京信息工程大学	18	62	38	62	10	22	30	0	0	50	12	0	33	19	0
南通大学	19	66	31	66	14	31	21	0	0	54	12	0	21	37	0
盐城工学院	20	55	24	55	4	26	22	3	0	22	33	0	6	36	0
南京医科大学	21	0	0	0	0	0	0	0	0	0	0	0	0	0	0
徐州医科大学	22	2	1	2	1	0	1	0	0	0	2	0	0	1	0
南京中医药大学	23	21	14	21	2	8	11	0	0	20	1	0	6	14	0

续表

高校名称		总计		按职称划分						按最后学历划分			按最后学位划分		其他人员
			女性	小计	教授	副教授	讲师	助教	初级	研究生	本科生	其他	博士	硕士	
	编号	L01	L02	L03	L04	L05	L06	L07	L08	L09	L10	L11	L12	L13	L14
南京师范大学	24	81	31	81	19	31	30	1	0	68	13	0	43	27	0
江苏师范大学	25	88	38	88	23	25	40	0	0	70	18	0	45	33	0
淮阴师范学院	26	52	25	52	8	14	30	0	0	40	11	1	24	21	0
盐城师范学院	27	54	23	54	5	17	26	6	0	46	8	0	14	32	0
南京财经大学	28	371	162	371	65	129	176	1	0	261	110	0	182	81	0
江苏警官学院	29	5	2	5	2	1	1	1	0	2	3	0	1	1	0
南京体育学院	30	8	4	8	1	1	3	3	0	1	7	0	0	1	0
南京艺术学院	31	0	0	0	0	0	0	0	0	0	0	0	0	0	0
苏州科技大学	32	29	14	29	6	8	13	2	0	24	5	0	9	15	0
常熟理工学院	33	18	8	18	2	9	7	0	0	12	6	0	3	14	0
淮阴工学院	34	38	18	38	8	10	17	3	0	17	19	2	9	22	0
常州工学院	35	44	19	44	6	10	23	5	0	25	19	0	13	17	0
扬州大学	36	147	59	147	26	56	65	0	0	99	48	0	42	59	0
南京工程学院	37	51	27	51	3	13	32	3	0	28	23	0	7	27	0
南京审计大学	38	299	130	299	61	107	126	5	0	257	42	0	190	82	0
南京晓庄学院	39	44	23	44	3	15	25	1	0	41	3	0	17	24	0
江苏理工学院	40	87	47	87	14	31	37	5	0	44	43	0	18	37	0
淮海工学院	41	33	14	33	1	13	19	0	0	20	13	0	5	18	0
徐州工程学院	42	76	40	76	9	33	32	2	0	36	40	0	4	39	0
南京特殊教育师范学院	43	1	1	1	0	0	1	0	0	1	0	0	1	0	0
泰州学院	44	15	9	15	4	1	10	0	0	8	7	0	3	5	0
金陵科技学院	45	37	24	37	5	15	16	1	0	19	18	0	10	13	0
江苏第二师范学院	46	7	4	7	1	2	3	1	0	6	1	0	3	3	0

2.13 政治学人文、社会科学活动人员情况表

高校名称		总计		按职称划分						按最后学历划分			按最后学位划分		其他人员
			女性	小计	教授	副教授	讲师	助教	初级	研究生	本科生	其他	博士	硕士	
	编号	L01	L02	L03	L04	L05	L06	L07	L08	L09	L10	L11	L12	L13	L14
合计	/	434	168	434	94	154	172	14	0	333	101	0	162	202	0
南京大学	1	51	16	51	13	15	22	1	0	49	2	0	38	11	0
东南大学	2	16	5	16	1	8	6	1	0	14	2	0	7	7	0
江南大学	3	5	1	5	3	0	2	0	0	5	0	0	4	1	0
南京农业大学	4	6	2	6	1	2	3	0	0	5	1	0	2	4	0
中国矿业大学	5	5	1	5	2	3	0	0	0	5	0	0	5	0	0
河海大学	6	19	10	19	5	6	7	1	0	19	0	0	10	9	0
南京理工大学	7	4	0	4	1	2	1	0	0	4	0	0	4	0	0
南京航空航天大学	8	10	5	10	3	6	1	0	0	10	0	0	7	3	0
中国药科大学	9	0	0	0	0	0	0	0	0	0	0	0	0	0	0
南京森林警察学院	10	9	3	9	1	5	1	2	0	6	3	0	2	5	0
苏州大学	11	27	7	27	11	9	6	1	0	23	4	0	12	10	0
江苏科技大学	12	11	5	11	2	3	5	1	0	8	3	0	3	5	0
南京工业大学	13	4	2	4	0	3	0	1	0	2	2	0	0	3	0
常州大学	14	5	1	5	2	0	3	0	0	4	1	0	3	2	0
南京邮电大学	15	7	2	7	3	2	2	0	0	7	0	0	3	4	0
南京林业大学	16	1	0	1	0	1	0	0	0	1	0	0	0	1	0
江苏大学	17	10	4	10	3	3	4	0	0	7	3	0	5	2	0
南京信息工程大学	18	12	6	12	3	3	6	0	0	9	3	0	4	6	0
南通大学	19	10	4	10	2	7	1	0	0	6	4	0	4	5	0
盐城工学院	20	2	1	2	0	1	1	0	0	2	0	0	0	2	0
南京医科大学	21	0	0	0	0	0	0	0	0	0	0	0	0	0	0
徐州医科大学	22	3	2	3	0	1	2	0	0	2	1	0	2	1	0
南京中医药大学	23	4	2	4	0	0	4	0	0	3	1	0	1	2	0

续表

高校名称	编号	总计		按职称划分						按最后学历划分			按最后学位划分		其他人员
			女性	小计	教授	副教授	讲师	助教	初级	研究生	本科生	其他	博士	硕士	
		L01	L02	L03	L04	L05	L06	L07	L08	L09	L10	L11	L12	L13	L14
南京师范大学	24	24	10	24	7	9	8	0	0	24	0	0	11	13	0
江苏师范大学	25	12	5	12	1	7	4	0	0	10	2	0	4	6	0
淮阴师范学院	26	28	8	28	5	9	13	1	0	22	6	0	4	19	0
盐城师范学院	27	4	0	4	1	0	3	0	0	4	0	0	1	3	0
南京财经大学	28	5	2	5	1	1	3	0	0	4	1	0	0	4	0
江苏警官学院	29	5	1	5	1	3	1	0	0	4	1	0	2	3	0
南京体育学院	30	3	2	3	0	0	2	1	0	3	0	0	0	3	0
南京艺术学院	31	0	0	0	0	0	0	0	0	0	0	0	0	0	0
苏州科技大学	32	19	11	19	1	5	11	2	0	14	5	0	5	10	0
常熟理工学院	33	2	0	2	0	0	1	1	0	2	0	0	1	1	0
淮阴工学院	34	13	5	13	4	3	6	0	0	5	8	0	0	11	0
常州工学院	35	4	2	4	1	0	3	0	0	3	1	0	1	2	0
扬州大学	36	17	7	17	6	6	5	0	0	10	7	0	6	4	0
南京工程学院	37	19	10	19	1	6	11	1	0	11	8	0	2	11	0
南京审计大学	38	9	3	9	2	1	6	0	0	9	0	0	6	3	0
南京晓庄学院	39	5	3	5	2	1	2	0	0	3	2	0	0	3	0
江苏理工学院	40	5	1	5	1	2	2	0	0	3	2	0	1	3	0
淮海工学院	41	3	1	3	0	2	1	0	0	2	1	0	0	3	0
徐州工程学院	42	10	5	10	1	5	4	0	0	2	8	0	0	6	0
南京特殊教育师范学院	43	0	0	0	0	0	0	0	0	0	0	0	0	0	0
泰州学院	44	13	6	13	1	10	2	0	0	0	13	0	0	6	0
金陵科技学院	45	11	6	11	1	4	6	0	0	5	6	0	1	4	0
江苏第二师范学院	46	2	1	2	1	0	1	0	0	2	0	0	1	1	0

2.14　法学人文、社会科学活动人员情况表

高校名称		总计		按职称划分						按最后学历划分			按最后学位划分		其他人员
			女性	小计	教授	副教授	讲师	助教	初级	研究生	本科生	其他	博士	硕士	
	编号	L01	L02	L03	L04	L05	L06	L07	L08	L09	L10	L11	L12	L13	L14
合计	/	1 388	553	1 388	254	534	524	76	0	1 010	377	1	520	627	0
南京大学	1	77	27	77	26	32	19	0	0	72	5	0	58	15	0
东南大学	2	66	24	66	12	31	20	3	0	64	2	0	52	11	0
江南大学	3	34	17	34	3	16	14	1	0	31	3	0	16	15	0
南京农业大学	4	17	6	17	2	6	9	0	0	15	2	0	3	14	0
中国矿业大学	5	13	5	13	2	3	8	0	0	7	6	0	6	3	0
河海大学	6	39	15	39	9	22	8	0	0	39	0	0	29	9	0
南京理工大学	7	24	8	24	3	10	11	0	0	21	3	0	14	6	0
南京航空航天大学	8	23	11	23	2	8	12	1	0	21	2	0	10	10	0
中国药科大学	9	12	4	12	3	2	3	4	0	9	3	0	3	6	0
南京森林警察学院	10	70	33	70	6	28	23	13	0	46	24	0	4	55	0
苏州大学	11	81	22	81	26	31	23	1	0	66	15	0	55	17	0
江苏科技大学	12	8	3	8	1	3	4	0	0	5	3	0	1	5	0
南京工业大学	13	35	16	35	9	16	9	1	0	29	6	0	10	17	0
常州大学	14	30	9	30	7	8	14	1	0	24	6	0	16	11	0
南京邮电大学	15	14	7	14	1	10	3	0	0	11	3	0	4	8	0
南京林业大学	16	13	12	13	1	3	9	0	0	11	2	0	3	8	0
江苏大学	17	54	19	54	8	24	22	0	0	47	7	0	15	32	0
南京信息工程大学	18	31	18	31	4	12	14	1	0	28	3	0	9	20	0
南通大学	19	24	13	24	4	11	9	0	0	16	8	0	3	19	0
盐城工学院	20	9	3	9	1	2	4	2	0	7	2	0	2	5	0
南京医科大学	21	2	1	2	0	1	1	0	0	2	0	0	1	1	0
徐州医科大学	22	14	7	14	0	1	9	4	0	5	9	0	0	9	0
南京中医药大学	23	11	4	11	3	2	6	0	0	10	1	0	4	6	0

续表

高校名称		总计		按职称划分						按最后学历划分			按最后学位划分		其他人员
			女性	小计	教授	副教授	讲师	助教	初级	研究生	本科生	其他	博士	硕士	
	编号	L01	L02	L03	L04	L05	L06	L07	L08	L09	L10	L11	L12	L13	L14
南京师范大学	24	86	20	86	28	29	28	1	0	80	6	0	59	21	0
江苏师范大学	25	34	10	34	8	16	10	0	0	13	21	0	9	17	0
淮阴师范学院	26	37	13	37	6	17	14	0	0	32	4	1	8	26	0
盐城师范学院	27	39	16	39	6	12	18	3	0	32	7	0	14	18	0
南京财经大学	28	45	18	45	12	19	14	0	0	38	7	0	14	25	0
江苏警官学院	29	161	62	161	20	55	61	25	0	51	110	0	18	85	0
南京体育学院	30	2	1	2	1	0	1	0	0	1	1	0	0	1	0
南京艺术学院	31	0	0	0	0	0	0	0	0	0	0	0	0	0	0
苏州科技大学	32	12	5	12	0	6	5	1	0	8	4	0	0	11	0
常熟理工学院	33	1	0	1	0	0	1	0	0	1	0	0	0	1	0
淮阴工学院	34	11	4	11	1	4	6	0	0	10	1	0	2	9	0
常州工学院	35	10	6	10	1	4	5	0	0	3	7	0	1	7	0
扬州大学	36	52	18	52	17	23	12	0	0	37	15	0	23	14	0
南京工程学院	37	12	5	12	1	1	9	1	0	7	5	0	1	7	0
南京审计大学	38	66	34	66	12	24	24	6	0	57	9	0	32	29	0
南京晓庄学院	39	8	4	8	1	1	5	1	0	7	1	0	5	2	0
江苏理工学院	40	7	3	7	1	1	5	0	0	5	2	0	2	3	0
淮海工学院	41	28	12	28	1	11	16	0	0	9	19	0	4	11	0
徐州工程学院	42	35	17	35	1	14	18	2	0	10	25	0	3	13	0
南京特殊教育师范学院	43	0	0	0	0	0	0	0	0	0	0	0	0	0	0
泰州学院	44	15	5	15	2	7	6	0	0	9	6	0	4	9	0
金陵科技学院	45	15	7	15	1	6	7	1	0	6	9	0	0	10	0
江苏第二师范学院	46	11	9	11	1	2	5	3	0	8	3	0	3	6	0

2.15 社会学人文、社会科学活动人员情况表

高校名称		总计		按职称划分						按最后学历划分			按最后学位划分		其他人员
			女性	小计	教授	副教授	讲师	助教	初级	研究生	本科生	其他	博士	硕士	
	编号	L01	L02	L03	L04	L05	L06	L07	L08	L09	L10	L11	L12	L13	L14
合计	/	564	278	564	85	204	260	15	0	479	82	3	269	232	0
南京大学	1	45	13	45	18	20	7	0	0	45	0	0	38	7	0
东南大学	2	16	10	16	2	6	8	0	0	16	0	0	11	5	0
江南大学	3	13	5	13	2	6	5	0	0	13	0	0	9	4	0
南京农业大学	4	19	13	19	2	9	7	1	0	15	4	0	10	5	0
中国矿业大学	5	3	3	3	0	2	0	1	0	2	1	0	1	1	0
河海大学	6	62	23	62	16	17	28	1	0	61	1	0	50	11	0
南京理工大学	7	11	4	11	1	5	5	0	0	11	0	0	8	3	0
南京航空航天大学	8	5	2	5	0	3	2	0	0	5	0	0	4	1	0
中国药科大学	9	0	0	0	0	0	0	0	0	0	0	0	0	0	0
南京森林警察学院	10	4	3	4	0	2	2	0	0	2	1	1	0	3	0
苏州大学	11	30	11	30	10	12	8	0	0	28	2	0	13	15	0
江苏科技大学	12	17	8	17	2	4	11	0	0	12	5	0	4	8	0
南京工业大学	13	10	3	10	0	3	6	1	0	9	1	0	5	5	0
常州大学	14	20	9	20	3	5	11	1	0	19	1	0	12	7	0
南京邮电大学	15	32	16	32	7	13	12	0	0	29	3	0	17	12	0
南京林业大学	16	4	2	4	0	0	4	0	0	4	0	0	2	2	0
江苏大学	17	3	1	3	0	3	0	0	0	2	1	0	0	3	0
南京信息工程大学	18	19	13	19	1	5	13	0	0	18	1	0	10	8	0
南通大学	19	10	4	10	2	6	2	0	0	8	2	0	6	2	0
盐城工学院	20	7	6	7	0	2	2	3	0	6	1	0	1	6	0
南京医科大学	21	4	3	4	0	3	1	0	0	4	0	0	1	3	0
徐州医科大学	22	5	4	5	0	3	1	1	0	3	2	0	0	3	0
南京中医药大学	23	16	12	16	1	5	10	0	0	14	2	0	4	12	0

续表

高校名称		总计		按职称划分						按最后学历划分			按最后学位划分		其他人员
			女性	小计	教授	副教授	讲师	助教	初级	研究生	本科生	其他	博士	硕士	
	编号	L01	L02	L03	L04	L05	L06	L07	L08	L09	L10	L11	L12	L13	L14
南京师范大学	24	22	8	22	7	8	7	0	0	20	2	0	12	8	0
江苏师范大学	25	17	10	17	0	8	9	0	0	11	6	0	6	9	0
淮阴师范学院	26	7	1	7	1	3	3	0	0	5	2	0	2	4	0
盐城师范学院	27	8	3	8	0	3	4	1	0	7	1	0	3	4	0
南京财经大学	28	12	7	12	0	5	7	0	0	11	1	0	7	4	0
江苏警官学院	29	13	6	13	2	2	8	1	0	7	5	1	1	8	0
南京体育学院	30	1	1	1	0	1	0	0	0	1	0	0	0	1	0
南京艺术学院	31	0	0	0	0	0	0	0	0	0	0	0	0	0	0
苏州科技大学	32	11	7	11	0	4	6	1	0	11	0	0	3	8	0
常熟理工学院	33	3	2	3	1	2	0	0	0	3	0	0	3	0	0
淮阴工学院	34	14	7	14	1	4	9	0	0	9	4	1	3	9	0
常州工学院	35	3	1	3	1	0	2	0	0	2	1	0	0	3	0
扬州大学	36	18	9	18	1	9	8	0	0	18	0	0	9	9	0
南京工程学院	37	13	7	13	0	1	12	0	0	12	1	0	3	10	0
南京审计大学	38	4	1	4	0	0	2	2	0	3	1	0	2	2	0
南京晓庄学院	39	11	9	11	1	3	7	0	0	9	2	0	2	7	0
江苏理工学院	40	2	1	2	0	2	0	0	0	2	0	0	1	1	0
淮海工学院	41	1	1	1	0	0	1	0	0	1	0	0	1	0	0
徐州工程学院	42	38	23	38	2	11	25	0	0	10	28	0	0	13	0
南京特殊教育师范学院	43	5	3	5	1	2	2	0	0	5	0	0	2	3	0
泰州学院	44	3	0	3	0	1	2	0	0	3	0	0	1	2	0
金陵科技学院	45	1	1	1	0	0	0	1	0	1	0	0	0	1	0
江苏第二师范学院	46	2	2	2	0	1	1	0	0	2	0	0	2	0	0

2.16 民族学与文化学人文、社会科学活动人员情况表

高校名称		总计		按职称划分						按最后学历划分			按最后学位划分		其他人员
			女性	小计	教授	副教授	讲师	助教	初级	研究生	本科生	其他	博士	硕士	
	编号	L01	L02	L03	L04	L05	L06	L07	L08	L09	L10	L11	L12	L13	L14
合计	/	40	24	40	4	11	19	6	0	26	14	0	14	12	0
南京大学	1	1	0	1	1	0	0	0	0	1	0	0	1	0	0
东南大学	2	2	0	2	0	1	1	0	0	1	1	0	1	0	0
江南大学	3	0	0	0	0	0	0	0	0	0	0	0	0	0	0
南京农业大学	4	3	3	3	0	0	1	2	0	3	0	0	1	2	0
中国矿业大学	5	0	0	0	0	0	0	0	0	0	0	0	0	0	0
河海大学	6	10	7	10	1	4	5	0	0	7	3	0	4	2	0
南京理工大学	7	0	0	0	0	0	0	0	0	0	0	0	0	0	0
南京航空航天大学	8	0	0	0	0	0	0	0	0	0	0	0	0	0	0
中国药科大学	9	0	0	0	0	0	0	0	0	0	0	0	0	0	0
南京森林警察学院	10	0	0	0	0	0	0	0	0	0	0	0	0	0	0
苏州大学	11	0	0	0	0	0	0	0	0	0	0	0	0	0	0
江苏科技大学	12	0	0	0	0	0	0	0	0	0	0	0	0	0	0
南京工业大学	13	1	1	1	0	1	0	0	0	1	0	0	1	0	0
常州大学	14	0	0	0	0	0	0	0	0	0	0	0	0	0	0
南京邮电大学	15	1	0	1	0	1	0	0	0	1	0	0	1	0	0
南京林业大学	16	0	0	0	0	0	0	0	0	0	0	0	0	0	0
江苏大学	17	1	1	1	0	0	1	0	0	1	0	0	1	0	0
南京信息工程大学	18	0	0	0	0	0	0	0	0	0	0	0	0	0	0
南通大学	19	0	0	0	0	0	0	0	0	0	0	0	0	0	0
盐城工学院	20	0	0	0	0	0	0	0	0	0	0	0	0	0	0
南京医科大学	21	0	0	0	0	0	0	0	0	0	0	0	0	0	0
徐州医科大学	22	0	0	0	0	0	0	0	0	0	0	0	0	0	0
南京中医药大学	23	2	2	2	0	2	0	0	0	1	1	0	0	1	0

续表

高校名称		总计		按职称划分						按最后学历划分			按最后学位划分		其他人员
			女性	小计	教授	副教授	讲师	助教	初级	研究生	本科生	其他	博士	硕士	
	编号	L01	L02	L03	L04	L05	L06	L07	L08	L09	L10	L11	L12	L13	L14
南京师范大学	24	0	0	0	0	0	0	0	0	0	0	0	0	0	0
江苏师范大学	25	4	2	4	1	0	2	1	0	4	0	0	3	1	0
淮阴师范学院	26	0	0	0	0	0	0	0	0	0	0	0	0	0	0
盐城师范学院	27	0	0	0	0	0	0	0	0	0	0	0	0	0	0
南京财经大学	28	0	0	0	0	0	0	0	0	0	0	0	0	0	0
江苏警官学院	29	0	0	0	0	0	0	0	0	0	0	0	0	0	0
南京体育学院	30	1	0	1	0	1	0	0	0	0	1	0	0	0	0
南京艺术学院	31	0	0	0	0	0	0	0	0	0	0	0	0	0	0
苏州科技大学	32	0	0	0	0	0	0	0	0	0	0	0	0	0	0
常熟理工学院	33	1	1	1	0	0	1	0	0	1	0	0	0	1	0
淮阴工学院	34	0	0	0	0	0	0	0	0	0	0	0	0	0	0
常州工学院	35	0	0	0	0	0	0	0	0	0	0	0	0	0	0
扬州大学	36	0	0	0	0	0	0	0	0	0	0	0	0	0	0
南京工程学院	37	0	0	0	0	0	0	0	0	0	0	0	0	0	0
南京审计大学	38	0	0	0	0	0	0	0	0	0	0	0	0	0	0
南京晓庄学院	39	0	0	0	0	0	0	0	0	0	0	0	0	0	0
江苏理工学院	40	1	1	1	0	0	0	1	0	1	0	0	0	1	0
淮海工学院	41	0	0	0	0	0	0	0	0	0	0	0	0	0	0
徐州工程学院	42	12	6	12	1	1	8	2	0	4	8	0	1	4	0
南京特殊教育师范学院	43	0	0	0	0	0	0	0	0	0	0	0	0	0	0
泰州学院	44	0	0	0	0	0	0	0	0	0	0	0	0	0	0
金陵科技学院	45	0	0	0	0	0	0	0	0	0	0	0	0	0	0
江苏第二师范学院	46	0	0	0	0	0	0	0	0	0	0	0	0	0	0

2.17 新闻学与传播学人文、社会科学活动人员情况表

高校名称		总计		按职称划分						按最后学历划分			按最后学位划分		其他人员
			女性	小计	教授	副教授	讲师	助教	初级	研究生	本科生	其他	博士	硕士	
	编号	L01	L02	L03	L04	L05	L06	L07	L08	L09	L10	L11	L12	L13	L14
合计	/	414	208	414	68	126	195	25	0	332	82	0	139	200	0
南京大学	1	41	14	41	17	16	8	0	0	36	5	0	29	7	0
东南大学	2	3	1	3	0	1	2	0	0	3	0	0	2	1	0
江南大学	3	5	3	5	0	2	3	0	0	3	2	0	1	2	0
南京农业大学	4	0	0	0	0	0	0	0	0	0	0	0	0	0	0
中国矿业大学	5	1	0	1	0	1	0	0	0	1	0	0	0	1	0
河海大学	6	17	9	17	4	3	10	0	0	17	0	0	10	7	0
南京理工大学	7	15	4	15	2	3	10	0	0	7	8	0	3	5	0
南京航空航天大学	8	10	6	10	0	5	5	0	0	7	3	0	3	4	0
中国药科大学	9	1	1	1	0	0	0	1	0	1	0	0	0	1	0
南京森林警察学院	10	2	1	2	1	0	1	0	0	1	1	0	0	1	0
苏州大学	11	43	21	43	8	12	15	8	0	40	3	0	19	20	0
江苏科技大学	12	1	1	1	0	0	1	0	0	1	0	0	0	1	0
南京工业大学	13	5	4	5	0	3	2	0	0	5	0	0	1	4	0
常州大学	14	1	1	1	0	1	0	0	0	0	1	0	0	1	0
南京邮电大学	15	11	5	11	1	6	4	0	0	10	1	0	4	6	0
南京林业大学	16	7	4	7	0	1	5	1	0	6	1	0	1	5	0
江苏大学	17	0	0	0	0	0	0	0	0	0	0	0	0	0	0
南京信息工程大学	18	6	4	6	0	3	3	0	0	4	2	0	0	4	0
南通大学	19	8	5	8	1	2	5	0	0	8	0	0	1	7	0
盐城工学院	20	7	4	7	1	3	2	1	0	4	3	0	0	5	0
南京医科大学	21	1	1	1	0	0	1	0	0	1	0	0	0	1	0
徐州医科大学	22	1	1	1	0	1	0	0	0	0	1	0	0	0	0
南京中医药大学	23	3	3	3	0	2	1	0	0	0	3	0	0	0	0

续表

高校名称		总计		按职称划分						按最后学历划分			按最后学位划分		其他人员
			女性	小计	教授	副教授	讲师	助教	初级	研究生	本科生	其他	博士	硕士	
	编号	L01	L02	L03	L04	L05	L06	L07	L08	L09	L10	L11	L12	L13	L14
南京师范大学	24	59	21	59	14	21	21	3	0	48	11	0	21	26	0
江苏师范大学	25	15	8	15	5	7	3	0	0	10	5	0	5	6	0
淮阴师范学院	26	10	2	10	2	3	5	0	0	6	4	0	1	5	0
盐城师范学院	27	5	4	5	0	0	4	1	0	5	0	0	0	4	0
南京财经大学	28	17	9	17	3	4	10	0	0	16	1	0	10	6	0
江苏警官学院	29	3	3	3	1	0	2	0	0	1	2	0	1	1	0
南京体育学院	30	4	2	4	0	1	0	3	0	4	0	0	0	4	0
南京艺术学院	31	0	0	0	0	0	0	0	0	0	0	0	0	0	0
苏州科技大学	32	8	4	8	0	3	3	2	0	6	2	0	2	5	0
常熟理工学院	33	4	4	4	0	0	4	0	0	3	1	0	1	2	0
淮阴工学院	34	0	0	0	0	0	0	0	0	0	0	0	0	0	0
常州工学院	35	12	10	12	1	2	9	0	0	5	7	0	0	8	0
扬州大学	36	36	16	36	5	9	20	2	0	28	8	0	9	19	0
南京工程学院	37	1	1	1	0	0	1	0	0	1	0	0	0	1	0
南京审计大学	38	0	0	0	0	0	0	0	0	0	0	0	0	0	0
南京晓庄学院	39	23	12	23	1	5	15	2	0	21	2	0	9	12	0
江苏理工学院	40	0	0	0	0	0	0	0	0	0	0	0	0	0	0
淮海工学院	41	5	3	5	0	0	5	0	0	5	0	0	0	5	0
徐州工程学院	42	4	2	4	0	0	4	0	0	3	1	0	0	3	0
南京特殊教育师范学院	43	1	1	1	0	0	1	0	0	1	0	0	0	1	0
泰州学院	44	4	3	4	1	1	2	0	0	4	0	0	1	3	0
金陵科技学院	45	7	5	7	0	2	4	1	0	4	3	0	2	2	0
江苏第二师范学院	46	7	5	7	0	3	4	0	0	6	1	0	3	4	0

2.18 图书馆、情报与文献学人文、社会科学活动人员情况表

高校名称		总计		按职称划分					按最后学历划分			按最后学位划分		其他人员
			女性	小计	教授	副教授	讲师	助教	初级	研究生	本科生	其他	博士	硕士	
	编号	L01	L02	L03	L04	L05	L06	L07	L08	L09	L10	L11	L12	L13	L14
合计	/	1 352	853	1 352	122	385	784	52	9	613	695	44	202	467	0
南京大学	1	56	19	56	25	14	16	1	0	51	4	1	42	10	0
东南大学	2	98	71	98	3	17	75	3	0	50	40	8	5	46	0
江南大学	3	44	32	44	2	18	22	2	0	18	26	0	2	14	0
南京农业大学	4	58	24	58	6	24	27	1	0	47	11	0	30	18	0
中国矿业大学	5	3	2	3	2	1	0	0	0	2	1	0	1	2	0
河海大学	6	30	9	30	8	12	10	0	0	28	2	0	22	7	0
南京理工大学	7	28	13	28	5	8	15	0	0	27	1	0	25	3	0
南京航空航天大学	8	48	37	48	0	6	37	5	0	15	33	0	1	15	0
中国药科大学	9	55	36	55	4	5	43	3	0	22	24	9	3	22	0
南京森林警察学院	10	10	7	10	2	1	5	2	0	3	7	0	0	4	0
苏州大学	11	39	23	39	8	20	10	1	0	27	12	0	13	12	0
江苏科技大学	12	37	23	37	2	6	24	4	1	8	29	0	1	6	0
南京工业大学	13	37	32	37	2	15	15	5	0	27	10	0	3	22	0
常州大学	14	21	16	21	0	1	15	5	0	8	12	1	1	8	0
南京邮电大学	15	30	20	30	1	16	13	0	0	15	15	0	0	15	0
南京林业大学	16	23	19	23	0	7	15	1	0	2	15	6	0	3	0
江苏大学	17	47	26	47	5	10	32	0	0	27	20	0	7	20	0
南京信息工程大学	18	30	22	30	2	9	17	2	0	14	16	0	4	12	0
南通大学	19	43	26	43	7	15	19	2	0	22	21	0	4	25	0
盐城工学院	20	38	24	38	3	17	17	1	0	9	29	0	1	16	0
南京医科大学	21	30	21	30	1	5	24	0	0	16	14	0	0	19	0
徐州医科大学	22	30	19	30	1	9	20	0	0	5	25	0	0	5	0
南京中医药大学	23	49	36	49	7	11	31	0	0	32	17	0	8	22	0

续表

高校名称		总计		按职称划分						按最后学历划分			按最后学位划分		其他人员
			女性	小计	教授	副教授	讲师	助教	初级	研究生	本科生	其他	博士	硕士	
	编号	L01	L02	L03	L04	L05	L06	L07	L08	L09	L10	L11	L12	L13	L14
南京师范大学	24	43	27	43	2	14	25	2	0	18	25	0	7	15	0
江苏师范大学	25	14	12	14	1	3	9	0	1	7	7	0	0	7	0
淮阴师范学院	26	46	20	46	2	13	31	0	0	16	21	9	2	16	0
盐城师范学院	27	24	14	24	3	4	15	2	0	8	16	0	2	8	0
南京财经大学	28	44	28	44	1	17	26	0	0	5	37	2	2	6	0
江苏警官学院	29	15	10	15	1	4	7	3	0	4	10	1	0	4	0
南京体育学院	30	7	4	7	0	2	5	0	0	2	5	0	0	1	0
南京艺术学院	31	20	16	20	1	7	12	0	0	5	13	2	0	8	0
苏州科技大学	32	16	14	16	1	9	6	0	0	7	9	0	1	7	0
常熟理工学院	33	18	10	18	2	9	7	0	0	3	15	0	1	1	0
淮阴工学院	34	24	11	24	1	6	16	1	0	6	14	4	2	6	0
常州工学院	35	15	11	15	0	6	8	1	0	2	13	0	0	3	0
扬州大学	36	10	5	10	2	3	5	0	0	8	2	0	6	2	0
南京工程学院	37	31	24	31	1	3	25	2	0	10	21	0	2	9	0
南京审计大学	38	21	13	21	2	5	12	2	0	12	9	0	4	12	0
南京晓庄学院	39	6	3	6	0	1	5	0	0	4	2	0	0	4	0
江苏理工学院	40	7	4	7	1	4	2	0	0	2	5	0	0	2	0
淮海工学院	41	48	33	48	1	14	33	0	0	2	46	0	0	7	0
徐州工程学院	42	9	5	9	1	2	6	0	0	2	7	0	0	2	0
南京特殊教育师范学院	43	11	8	11	1	2	8	0	0	3	8	0	0	3	0
泰州学院	44	13	10	13	0	3	10	0	0	2	10	1	0	4	0
金陵科技学院	45	8	3	8	1	3	3	1	0	2	6	0	0	3	0
江苏第二师范学院	46	18	11	18	1	4	6	0	7	8	10	0	0	11	0

2.19 教育学人文、社会科学活动人员情况表

高校名称		总计		按职称划分						按最后学历划分			按最后学位划分		其他人员
			女性	小计	教授	副教授	讲师	助教	初级	研究生	本科生	其他	博士	硕士	
	编号	L01	L02	L03	L04	L05	L06	L07	L08	L09	L10	L11	L12	L13	L14
合计	/	2 143	1 122	2 143	312	736	987	103	5	1 543	599	1	525	1 226	0
南京大学	1	16	8	16	6	5	4	1	0	14	2	0	13	2	0
东南大学	2	21	9	21	2	9	10	0	0	13	8	0	8	7	0
江南大学	3	49	32	49	7	11	29	2	0	44	5	0	24	20	0
南京农业大学	4	16	5	16	1	5	10	0	0	10	6	0	3	9	0
中国矿业大学	5	13	6	13	2	2	9	0	0	13	0	0	5	8	0
河海大学	6	25	11	25	4	8	12	1	0	24	1	0	9	14	0
南京理工大学	7	26	16	26	1	8	15	2	0	21	5	0	6	16	0
南京航空航天大学	8	17	7	17	2	7	7	1	0	15	2	0	4	11	0
中国药科大学	9	9	5	9	0	1	8	0	0	8	1	0	0	8	0
南京森林警察学院	10	8	5	8	1	3	2	2	0	3	5	0	0	4	0
苏州大学	11	55	22	55	14	24	17	0	0	37	18	0	20	20	0
江苏科技大学	12	74	38	74	1	4	58	6	5	61	13	0	2	59	0
南京工业大学	13	48	28	48	0	16	29	3	0	36	12	0	6	37	0
常州大学	14	51	20	51	4	6	37	4	0	36	15	0	7	33	0
南京邮电大学	15	52	32	52	5	24	20	3	0	45	7	0	16	30	0
南京林业大学	16	9	3	9	0	2	6	1	0	6	3	0	0	6	0
江苏大学	17	28	10	28	5	13	9	1	0	18	10	0	14	4	0
南京信息工程大学	18	34	23	34	5	8	20	1	0	29	5	0	7	25	0
南通大学	19	185	98	185	31	75	73	6	0	139	46	0	27	143	0
盐城工学院	20	93	41	93	8	39	42	4	0	37	56	0	6	65	0
南京医科大学	21	8	5	8	1	2	4	1	0	2	6	0	1	2	0
徐州医科大学	22	47	33	47	0	10	31	6	0	30	17	0	1	37	0
南京中医药大学	23	40	25	40	4	13	23	0	0	37	3	0	13	23	0

续表

高校名称		总计		按职称划分						按最后学历划分			按最后学位划分		其他人员
			女性	小计	教授	副教授	讲师	助教	初级	研究生	本科生	其他	博士	硕士	
	编号	L01	L02	L03	L04	L05	L06	L07	L08	L09	L10	L11	L12	L13	L14
南京师范大学	24	187	88	187	64	75	44	4	0	180	7	0	116	63	0
江苏师范大学	25	71	29	71	13	30	28	0	0	58	13	0	24	35	0
淮阴师范学院	26	94	35	94	12	29	53	0	0	61	33	0	16	61	0
盐城师范学院	27	60	33	60	7	20	31	2	0	52	8	0	17	36	0
南京财经大学	28	16	10	16	0	4	12	0	0	8	7	1	4	5	0
江苏警官学院	29	13	4	13	3	0	8	2	0	2	11	0	0	3	0
南京体育学院	30	7	3	7	1	1	5	0	0	5	2	0	0	6	0
南京艺术学院	31	0	0	0	0	0	0	0	0	0	0	0	0	0	0
苏州科技大学	32	50	32	50	2	14	25	9	0	34	16	0	12	27	0
常熟理工学院	33	17	8	17	2	7	7	1	0	12	5	0	3	13	0
淮阴工学院	34	34	11	34	5	7	22	0	0	17	17	0	2	29	0
常州工学院	35	29	17	29	5	10	11	3	0	14	15	0	8	13	0
扬州大学	36	49	19	49	9	22	17	1	0	39	10	0	25	16	0
南京工程学院	37	38	19	38	2	10	23	3	0	28	10	0	5	26	0
南京审计大学	38	57	39	57	2	8	32	15	0	49	8	0	4	48	0
南京晓庄学院	39	82	44	82	12	28	41	1	0	64	18	0	23	46	0
江苏理工学院	40	51	28	51	15	18	16	2	0	37	14	0	12	27	0
淮海工学院	41	6	3	6	1	2	3	0	0	1	5	0	0	4	0
徐州工程学院	42	85	47	85	7	38	37	3	0	36	49	0	5	48	0
南京特殊教育师范学院	43	89	66	89	13	46	26	4	0	58	31	0	13	56	0
泰州学院	44	48	28	48	4	19	24	1	0	21	27	0	6	22	0
金陵科技学院	45	14	10	14	2	1	7	4	0	9	5	0	0	10	0
江苏第二师范学院	46	122	67	122	27	52	40	3	0	80	42	0	38	49	0

2.20 统计学人文、社会科学活动人员情况表

高校名称		总计		按职称划分						按最后学历划分			按最后学位划分		其他人员
			女性	小计	教授	副教授	讲师	助教	初级	研究生	本科生	其他	博士	硕士	
	编号	L01	L02	L03	L04	L05	L06	L07	L08	L09	L10	L11	L12	L13	L14
合计	/	160	68	160	34	62	61	3	0	122	38	0	60	74	0
南京大学	1	3	0	3	3	0	0	0	0	3	0	0	3	0	0
东南大学	2	3	2	3	0	0	3	0	0	3	0	0	1	2	0
江南大学	3	0	0	0	0	0	0	0	0	0	0	0	0	0	0
南京农业大学	4	4	1	4	0	3	1	0	0	3	1	0	1	2	0
中国矿业大学	5	2	1	2	0	0	2	0	0	2	0	0	1	1	0
河海大学	6	23	8	23	9	7	7	0	0	23	0	0	17	6	0
南京理工大学	7	1	0	1	0	1	0	0	0	1	0	0	1	0	0
南京航空航天大学	8	0	0	0	0	0	0	0	0	0	0	0	0	0	0
中国药科大学	9	1	0	1	0	1	0	0	0	1	0	0	1	0	0
南京森林警察学院	10	0	0	0	0	0	0	0	0	0	0	0	0	0	0
苏州大学	11	0	0	0	0	0	0	0	0	0	0	0	0	0	0
江苏科技大学	12	3	2	3	0	2	1	0	0	1	2	0	0	1	0
南京工业大学	13	1	0	1	1	0	0	0	0	1	0	0	0	1	0
常州大学	14	4	2	4	1	1	2	0	0	4	0	0	1	3	0
南京邮电大学	15	2	1	2	1	1	0	0	0	2	0	0	1	1	0
南京林业大学	16	1	0	1	0	1	0	0	0	1	0	0	1	0	0
江苏大学	17	16	6	16	3	6	6	1	0	15	1	0	7	8	0
南京信息工程大学	18	4	3	4	1	0	3	0	0	4	0	0	1	3	0
南通大学	19	5	2	5	0	2	3	0	0	4	1	0	1	3	0
盐城工学院	20	7	5	7	1	4	2	0	0	1	6	0	0	7	0
南京医科大学	21	1	1	1	0	1	0	0	0	1	0	0	0	1	0
徐州医科大学	22	8	3	8	0	3	4	1	0	6	2	0	0	8	0
南京中医药大学	23	2	1	2	1	1	0	0	0	2	0	0	1	1	0

续表

高校名称		总计		按职称划分						按最后学历划分			按最后学位划分		其他人员
			女性	小计	教授	副教授	讲师	助教	初级	研究生	本科生	其他	博士	硕士	
	编号	L01	L02	L03	L04	L05	L06	L07	L08	L09	L10	L11	L12	L13	L14
南京师范大学	24	1	0	1	1	0	0	0	0	1	0	0	1	0	0
江苏师范大学	25	2	1	2	0	1	1	0	0	1	1	0	0	1	0
淮阴师范学院	26	1	1	1	0	0	1	0	0	1	0	0	0	1	0
盐城师范学院	27	1	0	1	0	1	0	0	0	0	1	0	0	0	0
南京财经大学	28	21	7	21	8	7	6	0	0	14	7	0	8	7	0
江苏警官学院	29	2	2	2	0	1	1	0	0	1	1	0	0	1	0
南京体育学院	30	0	0	0	0	0	0	0	0	0	0	0	0	0	0
南京艺术学院	31	0	0	0	0	0	0	0	0	0	0	0	0	0	0
苏州科技大学	32	0	0	0	0	0	0	0	0	0	0	0	0	0	0
常熟理工学院	33	4	2	4	0	2	2	0	0	4	0	0	2	2	0
淮阴工学院	34	6	5	6	0	3	3	0	0	2	4	0	0	4	0
常州工学院	35	3	2	3	0	1	2	0	0	3	0	0	1	2	0
扬州大学	36	1	0	1	0	1	0	0	0	1	0	0	1	0	0
南京工程学院	37	1	1	1	0	1	0	0	0	1	0	0	0	1	0
南京审计大学	38	10	3	10	3	4	3	0	0	6	4	0	5	1	0
南京晓庄学院	39	0	0	0	0	0	0	0	0	0	0	0	0	0	0
江苏理工学院	40	4	3	4	0	2	1	1	0	4	0	0	1	3	0
淮海工学院	41	0	0	0	0	0	0	0	0	0	0	0	0	0	0
徐州工程学院	42	7	2	7	0	4	3	0	0	1	6	0	0	2	0
南京特殊教育师范学院	43	2	0	2	1	0	1	0	0	2	0	0	2	0	0
泰州学院	44	0	0	0	0	0	0	0	0	0	0	0	0	0	0
金陵科技学院	45	3	1	3	0	0	3	0	0	2	1	0	1	1	0
江苏第二师范学院	46	0	0	0	0	0	0	0	0	0	0	0	0	0	0

2.21 心理学人文、社会科学活动人员情况表

高校名称		总计		按职称划分						按最后学历划分			按最后学位划分		其他人员
			女性	小计	教授	副教授	讲师	助教	初级	研究生	本科生	其他	博士	硕士	
	编号	L01	L02	L03	L04	L05	L06	L07	L08	L09	L10	L11	L12	L13	L14
合计	/	320	185	320	56	107	143	14	0	275	45	0	118	162	0
南京大学	1	13	6	13	3	8	2	0	0	10	3	0	10	1	0
东南大学	2	4	3	4	1	0	3	0	0	4	0	0	1	3	0
江南大学	3	0	0	0	0	0	0	0	0	0	0	0	0	0	0
南京农业大学	4	1	1	1	0	0	1	0	0	0	1	0	0	0	0
中国矿业大学	5	1	1	1	1	0	0	0	0	1	0	0	1	0	0
河海大学	6	7	5	7	1	2	4	0	0	7	0	0	5	2	0
南京理工大学	7	3	0	3	1	0	2	0	0	3	0	0	2	1	0
南京航空航天大学	8	2	2	2	0	0	1	1	0	2	0	0	1	1	0
中国药科大学	9	2	1	2	0	0	1	1	0	2	0	0	0	2	0
南京森林警察学院	10	2	2	2	0	0	0	2	0	2	0	0	0	2	0
苏州大学	11	35	16	35	12	15	7	1	0	34	1	0	19	10	0
江苏科技大学	12	6	3	6	0	2	4	0	0	4	2	0	1	3	0
南京工业大学	13	1	1	1	0	1	0	0	0	1	0	0	0	1	0
常州大学	14	3	1	3	1	0	2	0	0	3	0	0	0	3	0
南京邮电大学	15	1	0	1	1	0	0	0	0	1	0	0	1	0	0
南京林业大学	16	2	2	2	0	0	2	0	0	2	0	0	1	1	0
江苏大学	17	7	3	7	2	2	2	1	0	3	4	0	1	4	0
南京信息工程大学	18	6	2	6	0	2	4	0	0	6	0	0	0	6	0
南通大学	19	18	10	18	4	7	7	0	0	14	4	0	9	6	0
盐城工学院	20	0	0	0	0	0	0	0	0	0	0	0	0	0	0
南京医科大学	21	1	1	1	0	0	1	0	0	1	0	0	1	0	0
徐州医科大学	22	10	8	10	0	1	7	2	0	7	3	0	1	7	0
南京中医药大学	23	25	15	25	2	6	17	0	0	23	2	0	6	17	0

续表

高校名称		总计		按职称划分						按最后学历划分			按最后学位划分		其他人员
			女性	小计	教授	副教授	讲师	助教	初级	研究生	本科生	其他	博士	硕士	
	编号	L01	L02	L03	L04	L05	L06	L07	L08	L09	L10	L11	L12	L13	L14
南京师范大学	24	45	23	45	15	20	10	0	0	44	1	0	33	11	0
江苏师范大学	25	16	9	16	3	3	10	0	0	15	1	0	4	11	0
淮阴师范学院	26	13	7	13	1	6	6	0	0	9	4	0	3	7	0
盐城师范学院	27	9	6	9	2	2	4	1	0	9	0	0	4	3	0
南京财经大学	28	8	6	8	1	2	5	0	0	7	1	0	1	6	0
江苏警官学院	29	5	3	5	0	1	4	0	0	3	2	0	0	4	0
南京体育学院	30	0	0	0	0	0	0	0	0	0	0	0	0	0	0
南京艺术学院	31	1	1	1	0	1	0	0	0	1	0	0	0	1	0
苏州科技大学	32	0	0	0	0	0	0	0	0	0	0	0	0	0	0
常熟理工学院	33	4	2	4	0	2	1	1	0	3	1	0	1	3	0
淮阴工学院	34	6	4	6	0	2	4	0	0	4	2	0	0	6	0
常州工学院	35	5	3	5	0	2	3	0	0	4	1	0	1	3	0
扬州大学	36	1	1	1	0	0	1	0	0	1	0	0	0	1	0
南京工程学院	37	1	1	1	0	1	0	0	0	1	0	0	0	1	0
南京审计大学	38	6	3	6	0	1	4	1	0	5	1	0	1	4	0
南京晓庄学院	39	20	14	20	2	8	10	0	0	15	5	0	3	12	0
江苏理工学院	40	5	2	5	1	2	1	1	0	5	0	0	3	2	0
淮海工学院	41	2	1	2	0	0	2	0	0	2	0	0	0	2	0
徐州工程学院	42	2	1	2	0	1	1	0	0	1	1	0	0	1	0
南京特殊教育师范学院	43	5	4	5	0	1	3	1	0	5	0	0	0	5	0
泰州学院	44	2	0	2	1	1	0	0	0	2	0	0	0	1	0
金陵科技学院	45	5	5	5	0	1	4	0	0	2	3	0	1	3	0
江苏第二师范学院	46	9	6	9	1	4	3	1	0	7	2	0	3	5	0

2.22 体育科学人文、社会科学活动人员情况表

高校名称		总计		按职称划分						按最后学历划分			按最后学位划分		其他人员
			女性	小计	教授	副教授	讲师	助教	初级	研究生	本科生	其他	博士	硕士	
	编号	L01	L02	L03	L04	L05	L06	L07	L08	L09	L10	L11	L12	L13	L14
合计	/	2 092	719	2 092	139	930	850	172	1	782	1 309	1	136	808	0
南京大学	1	44	16	44	3	20	18	3	0	13	31	0	2	15	0
东南大学	2	70	24	70	2	48	19	1	0	20	50	0	5	17	0
江南大学	3	63	26	63	0	26	33	4	0	28	35	0	1	25	0
南京农业大学	4	35	12	35	0	15	14	6	0	17	18	0	0	16	0
中国矿业大学	5	46	15	46	5	24	13	4	0	25	21	0	9	28	0
河海大学	6	18	3	18	5	10	3	0	0	10	8	0	3	7	0
南京理工大学	7	45	15	45	4	24	13	3	1	13	32	0	2	12	0
南京航空航天大学	8	41	7	41	3	16	20	2	0	13	28	0	1	11	0
中国药科大学	9	42	18	42	1	15	21	5	0	12	30	0	0	15	0
南京森林警察学院	10	36	5	36	1	10	8	17	0	8	28	0	2	15	0
苏州大学	11	128	44	128	16	60	43	9	0	58	70	0	16	45	0
江苏科技大学	12	49	18	49	2	24	22	1	0	11	38	0	2	30	0
南京工业大学	13	49	14	49	3	26	19	1	0	10	39	0	1	10	0
常州大学	14	43	14	43	2	13	28	0	0	25	18	0	3	23	0
南京邮电大学	15	36	12	36	3	25	8	0	0	13	23	0	2	12	0
南京林业大学	16	34	9	34	0	13	18	3	0	16	18	0	0	18	0
江苏大学	17	58	24	58	1	28	27	2	0	18	40	0	2	21	0
南京信息工程大学	18	55	25	55	3	20	30	2	0	17	38	0	3	15	0
南通大学	19	91	26	91	6	59	25	1	0	46	45	0	10	50	0
盐城工学院	20	37	11	37	2	21	10	4	0	15	22	0	2	20	0
南京医科大学	21	19	9	19	0	4	11	4	0	5	14	0	0	13	0
徐州医科大学	22	21	9	21	0	8	8	5	0	7	14	0	0	6	0
南京中医药大学	23	21	8	21	0	3	18	0	0	5	16	0	0	13	0

续表

高校名称		总计		按职称划分						按最后学历划分			按最后学位划分		其他人员
			女性	小计	教授	副教授	讲师	助教	初级	研究生	本科生	其他	博士	硕士	
	编号	L01	L02	L03	L04	L05	L06	L07	L08	L09	L10	L11	L12	L13	L14
南京师范大学	24	79	33	79	16	38	19	6	0	48	31	0	16	38	0
江苏师范大学	25	55	20	55	6	28	21	0	0	15	40	0	5	20	0
淮阴师范学院	26	49	11	49	6	27	13	3	0	15	34	0	2	13	0
盐城师范学院	27	45	11	45	4	20	18	3	0	23	22	0	5	20	0
南京财经大学	28	41	18	41	1	20	20	0	0	16	25	0	2	15	0
江苏警官学院	29	32	7	32	3	12	13	4	0	6	25	1	0	13	0
南京体育学院	30	241	99	241	13	75	114	39	0	70	171	0	13	62	0
南京艺术学院	31	12	6	12	2	4	6	0	0	3	9	0	0	6	0
苏州科技大学	32	38	10	38	0	11	22	5	0	19	19	0	1	18	0
常熟理工学院	33	22	7	22	2	12	8	0	0	8	14	0	1	8	0
淮阴工学院	34	31	8	31	0	10	21	0	0	10	21	0	1	11	0
常州工学院	35	33	8	33	1	21	10	1	0	6	27	0	1	7	0
扬州大学	36	45	15	45	10	20	11	4	0	30	15	0	14	16	0
南京工程学院	37	54	20	54	1	20	25	8	0	25	29	0	0	30	0
南京审计大学	38	28	10	28	2	11	10	5	0	14	14	0	2	12	0
南京晓庄学院	39	38	10	38	3	13	20	2	0	19	19	0	5	15	0
江苏理工学院	40	29	11	29	1	14	12	2	0	17	12	0	0	17	0
淮海工学院	41	42	14	42	3	20	19	0	0	3	39	0	1	8	0
徐州工程学院	42	38	12	38	2	17	17	2	0	10	28	0	0	14	0
南京特殊教育师范学院	43	12	5	12	1	4	6	1	0	8	4	0	1	7	0
泰州学院	44	13	5	13	0	4	6	3	0	2	11	0	0	4	0
金陵科技学院	45	20	9	20	0	11	6	3	0	6	14	0	0	8	0
江苏第二师范学院	46	14	6	14	0	6	4	4	0	4	10	0	0	9	0

3. 公办专科高等学校人文、社会科学活动人员情况表

		总计		按职称划分						按最后学历划分			按最后学位划分		其他人员
			女性	小计	教授	副教授	讲师	助教	初级	研究生	本科生	其他	博士	硕士	
	编号	L01	L02	L03	L04	L05	L06	L07	L08	L09	L10	L11	L12	L13	L14
合计	/	13 121	8 152	13 120	706	3 834	6 877	1 532	171	5 268	7 768	84	343	7 415	1
管理学	1	2 344	1 377	2 344	197	664	1 178	277	28	1 097	1 240	7	89	1 538	0
马克思主义	2	558	337	558	35	240	247	34	2	275	282	1	26	374	0
哲学	3	114	70	114	11	41	46	13	3	71	42	1	9	77	0
逻辑学	4	42	22	42	0	15	26	1	0	12	30	0	0	22	0
宗教学	5	1	0	1	0	1	0	0	0	0	1	0	0	0	0
语言学	6	2 208	1 763	2 208	52	567	1 347	230	12	658	1547	3	19	1 037	0
中国文学	7	534	376	534	44	232	205	48	5	208	325	1	29	298	0
外国文学	8	166	125	166	4	50	97	13	2	70	96	0	4	92	0
艺术学	9	1 906	1 082	1 906	61	430	1 046	334	35	782	1 113	11	21	1 033	0
历史学	10	79	35	79	6	37	32	2	2	44	35	0	7	44	0
考古学	11	1	1	1	0	0	0	1	0	1	0	0	0	1	0
经济学	12	1 265	834	1 265	82	400	602	157	24	599	662	4	54	806	0
政治学	13	135	75	135	8	45	64	14	4	62	72	1	7	80	0
法学	14	315	180	314	13	96	165	37	3	151	161	2	9	208	1
社会学	15	202	138	202	9	52	103	33	5	112	71	19	9	140	0
民族学与文化学	16	7	4	7	0	1	5	1	0	2	5	0	0	5	0
新闻学与传播学	17	75	52	75	3	18	38	13	3	34	41	0	1	39	0
图书馆、情报与文献学	18	482	322	482	19	100	314	41	8	86	372	24	2	135	0
教育学	19	1 583	910	1 583	121	457	851	135	19	714	861	8	49	1 025	0
统计学	20	65	36	65	4	17	37	7	0	23	42	0	7	29	0
心理学	21	138	109	138	7	28	75	25	3	74	64	0	0	98	0
体育科学	22	901	304	901	30	343	399	116	13	193	706	2	1	334	0

3.1 管理学人文、社会科学活动人员情况表

高校名称		总计		按职称划分						按最后学历划分			按最后学位划分		其他
			女性	小计	教授	副教授	讲师	助教	初级	研究生	本科生	其他	博士	硕士	人员
	编号	L01	L02	L03	L04	L05	L06	L07	L08	L09	L10	L11	L12	L13	L14
合计	/	2 344	1 377	2 344	197	664	1 178	277	28	1 097	1 240	7	89	1 538	0
盐城幼儿师范高等专科学校	1	5	5	5	0	0	3	2	0	1	4	0	0	2	0
苏州幼儿师范高等专科学校	2	1	0	1	1	0	0	0	0	1	0	0	0	1	0
无锡职业技术学院	3	49	24	49	5	15	25	4	0	38	11	0	9	32	0
江苏建筑职业技术学院	4	46	27	46	2	15	22	7	0	36	10	0	4	36	0
南京工业职业技术学院	5	150	104	150	15	36	73	26	0	91	59	0	9	106	0
江苏工程职业技术学院	6	24	8	24	1	9	14	0	0	14	10	0	1	18	0
苏州工艺美术职业技术学院	7	8	5	8	1	2	2	3	0	4	4	0	0	6	0
连云港职业技术学院	8	45	26	45	4	17	21	3	0	17	28	0	4	29	0
镇江市高等专科学校	9	61	30	61	9	27	22	3	0	17	44	0	2	43	0
南通职业大学	10	21	15	21	2	10	8	1	0	10	11	0	2	9	0
苏州市职业大学	11	89	58	89	3	28	45	13	0	34	55	0	2	55	0
沙洲职业工学院	12	8	3	8	0	4	3	1	0	3	5	0	0	5	0
扬州市职业大学	13	47	26	47	6	16	18	7	0	26	21	0	3	32	0
连云港师范高等专科学校	14	18	6	18	1	6	10	1	0	10	8	0	0	16	0
江苏经贸职业技术学院	15	138	86	138	17	47	64	10	0	81	57	0	11	97	0
泰州职业技术学院	16	20	14	20	0	7	12	1	0	14	6	0	1	17	0
常州信息职业技术学院	17	60	39	60	5	16	28	10	1	22	38	0	4	37	0
江苏海事职业技术学院	18	12	7	12	1	5	5	1	0	3	9	0	0	9	0
无锡科技职业学院	19	35	16	35	3	9	17	6	0	14	21	0	0	21	0
江苏医药职业学院	20	15	8	15	1	1	5	7	1	8	7	0	1	8	0

续表

南通科技职业学院	21	16	10	16	1	3	10	1	1	8	8	0	0	11	0
苏州经贸职业技术学院	22	51	23	51	2	17	30	0	2	24	27	0	5	34	0
苏州工业职业技术学院	23	39	25	39	3	12	22	2	0	10	29	0	5	16	0
苏州卫生职业技术学院	24	26	19	26	1	2	14	8	1	14	12	0	0	15	0
无锡商业职业技术学院	25	116	80	116	7	29	77	3	0	34	82	0	0	90	0
南通航运职业技术学院	26	52	28	52	3	13	35	1	0	14	36	2	1	30	0
南京交通职业技术学院	27	33	22	33	3	12	14	2	2	17	16	0	0	22	0
淮安信息职业技术学院	28	47	18	47	5	11	28	3	0	26	21	0	1	34	0
江苏农牧科技职业学院	29	1	0	1	0	1	0	0	0	1	0	0	0	1	0
常州纺织服装职业技术学院	30	86	48	86	6	26	47	7	0	27	59	0	0	44	0
苏州农业职业技术学院	31	16	9	16	2	6	6	2	0	3	13	0	0	14	0
南京科技职业学院	32	56	30	56	6	12	36	2	0	28	28	0	2	34	0
常州轻工职业技术学院	33	49	30	49	3	10	28	8	0	29	19	1	1	35	0
常州工程职业技术学院	34	11	6	11	0	0	11	0	0	4	7	0	0	4	0
江苏农林职业技术学院	35	12	8	12	0	0	9	3	0	6	6	0	1	8	0
江苏食品药品职业技术学院	36	14	2	14	3	2	9	0	0	2	12	0	0	4	0
南京铁道职业技术学院	37	47	24	47	0	12	31	4	0	17	30	0	4	30	0
徐州工业职业技术学院	38	34	22	34	2	12	14	6	0	23	11	0	1	30	0
江苏信息职业技术学院	39	54	30	54	2	18	30	1	3	22	32	0	1	32	0
南京信息职业技术学院	40	28	17	28	2	9	15	2	0	19	9	0	0	25	0
常州机电职业技术学院	41	66	26	66	17	23	23	3	0	24	42	0	1	45	0
江阴职业技术学院	42	25	16	25	1	12	9	3	0	6	19	0	0	16	0
无锡城市职业技术学院	43	17	14	17	2	4	9	0	2	11	6	0	1	12	0
无锡工艺职业技术学院	44	21	15	21	0	5	8	8	0	13	8	0	0	17	0

续表

高校名称		总计		按职称划分						按最后学历划分			按最后学位划分		其他人员
			女性	小计	教授	副教授	讲师	助教	初级	研究生	本科生	其他	博士	硕士	
	编号	L01	L02	L03	L04	L05	L06	L07	L08	L09	L10	L11	L12	L13	L14
苏州健雄职业技术学院	45	23	17	23	2	8	10	3	0	12	11	0	2	16	0
盐城工业职业技术学院	46	40	16	40	6	12	16	6	0	20	19	1	0	21	0
江苏财经职业技术学院	47	80	39	80	14	26	32	8	0	26	52	2	2	49	0
扬州工业职业技术学院	48	16	7	16	1	4	4	7	0	13	3	0	0	14	0
江苏城市职业学院	49	53	33	53	5	12	31	4	1	25	28	0	2	30	0
南京城市职业学院	50	47	30	47	5	15	21	4	2	28	19	0	0	38	0
南京机电职业技术学院	51	21	17	21	0	0	4	11	6	2	19	0	0	3	0
南京旅游职业学院	52	53	32	53	5	6	27	14	1	40	12	1	5	36	0
江苏卫生健康职业学院	53	21	16	21	2	3	13	3	0	14	7	0	0	17	0
苏州信息职业技术学院	54	28	17	28	1	14	12	0	1	5	23	0	0	13	0
苏州工业园区服务外包职业学院	55	37	25	37	2	6	20	9	0	31	6	0	1	34	0
徐州幼儿师范高等专科学校	56	0	0	0	0	0	0	0	0	0	0	0	0	0	0
徐州生物工程职业技术学院	57	8	4	8	0	5	1	2	0	0	8	0	0	0	0
江苏商贸职业学院	58	39	23	39	1	13	12	13	0	14	25	0	0	21	0
南通师范高等专科学校	59	1	0	1	0	0	1	0	0	0	1	0	0	1	0
江苏护理职业学院	60	3	2	3	0	0	2	1	0	1	2	0	0	1	0
江苏财会职业学院	61	19	10	19	1	3	8	7	0	4	15	0	0	12	0
江苏城乡建设职业学院	62	34	18	34	1	7	22	4	0	5	29	0	0	12	0
江苏航空职业技术学院	63	5	5	5	0	0	4	0	1	2	3	0	0	2	0
江苏安全技术职业学院	64	2	2	2	0	0	1	0	1	1	1	0	0	1	0
江苏旅游职业学院	65	45	35	45	3	9	25	6	2	28	17	0	0	35	0

3.2 马克思主义人文、社会科学活动人员情况表

高校名称		总计		按职称划分						按最后学历划分			按最后学位划分		其他
			女性	小计	教授	副教授	讲师	助教	初级	研究生	本科生	其他	博士	硕士	人员
	编号	L01	L02	L03	L04	L05	L06	L07	L08	L09	L10	L11	L12	L13	L14
合计	/	558	337	558	35	240	247	34	2	275	282	1	26	374	0
盐城幼儿师范高等专科学校	1	1	0	1	0	1	0	0	0	0	1	0	0	1	0
苏州幼儿师范高等专科学校	2	1	0	1	0	0	1	0	0	1	0	0	0	1	0
无锡职业技术学院	3	4	2	4	0	2	1	1	0	3	1	0	0	3	0
江苏建筑职业技术学院	4	8	4	8	1	6	1	0	0	4	4	0	0	8	0
南京工业职业技术学院	5	4	4	4	0	1	3	0	0	2	2	0	2	0	0
江苏工程职业技术学院	6	9	4	9	1	0	8	0	0	6	3	0	0	8	0
苏州工艺美术职业技术学院	7	5	3	5	0	5	0	0	0	4	1	0	0	5	0
连云港职业技术学院	8	6	4	6	0	4	2	0	0	3	3	0	0	4	0
镇江市高等专科学校	9	19	11	19	1	8	8	2	0	3	16	0	0	11	0
南通职业大学	10	9	6	9	3	4	2	0	0	3	6	0	0	8	0
苏州市职业大学	11	33	20	33	0	15	17	1	0	16	17	0	4	14	0
沙洲职业工学院	12	3	0	3	0	2	1	0	0	1	2	0	0	0	0
扬州市职业大学	13	13	4	13	0	9	4	0	0	4	9	0	0	10	0
连云港师范高等专科学校	14	16	11	16	2	12	2	0	0	9	7	0	0	12	0
江苏经贸职业技术学院	15	17	11	17	0	8	7	2	0	11	6	0	1	13	0
泰州职业技术学院	16	12	7	12	0	7	5	0	0	4	8	0	0	8	0
常州信息职业技术学院	17	9	4	9	1	4	4	0	0	3	1	0	3	6	0
江苏海事职业技术学院	18	31	20	31	1	10	19	1	0	18	13	0	2	18	0
无锡科技职业学院	19	4	4	4	1	1	2	0	0	1	3	0	0	3	0
江苏医药职业学院	20	7	5	7	1	2	2	2	0	2	5	0	0	4	0

续表

高校名称		总计		按职称划分						按最后学历划分			按最后学位划分		其他
			女性	小计	教授	副教授	讲师	助教	初级	研究生	本科生	其他	博士	硕士	人员
	编号	L01	L02	L03	L04	L05	L06	L07	L08	L09	L10	L11	L12	L13	L14
南通科技职业学院	21	3	1	3	0	2	0	1	0	1	2	0	0	2	0
苏州经贸职业技术学院	22	3	0	3	0	2	1	0	0	1	2	0	0	2	0
苏州工业职业技术学院	23	12	9	12	0	4	7	1	0	3	9	0	2	7	0
苏州卫生职业技术学院	24	3	2	3	0	1	1	1	0	1	2	0	0	2	0
无锡商业职业技术学院	25	17	11	17	1	7	9	0	0	10	7	0	0	14	0
南通航运职业技术学院	26	22	11	22	5	10	7	0	0	6	15	1	0	15	0
南京交通职业技术学院	27	7	4	7	0	5	2	0	0	2	5	0	1	5	0
淮安信息职业技术学院	28	6	2	6	1	3	2	0	0	2	4	0	0	5	0
江苏农牧科技职业学院	29	8	4	8	0	5	2	1	0	6	2	0	0	6	0
常州纺织服装职业技术学院	30	8	4	8	1	4	3	0	0	6	2	0	0	5	0
苏州农业职业技术学院	31	10	7	10	0	5	5	0	0	4	6	0	0	6	0
南京科技职业学院	32	14	9	14	2	2	10	0	0	7	7	0	0	12	0
常州轻工职业技术学院	33	4	2	4	0	3	1	0	0	2	2	0	1	3	0
常州工程职业技术学院	34	6	6	6	0	3	1	2	0	1	5	0	0	2	0
江苏农林职业技术学院	35	3	2	3	0	2	1	0	0	2	1	0	0	3	0
江苏食品药品职业技术学院	36	15	9	15	0	7	8	0	0	6	9	0	1	10	0
南京铁道职业技术学院	37	13	7	13	1	5	7	0	0	10	3	0	4	8	0
徐州工业职业技术学院	38	10	3	10	1	2	7	0	0	3	7	0	0	5	0
江苏信息职业技术学院	39	12	7	12	0	6	6	0	0	3	9	0	0	7	0
南京信息职业技术学院	40	10	7	10	0	4	6	0	0	6	4	0	0	8	0
常州机电职业技术学院	41	10	3	10	0	5	5	0	0	5	5	0	0	8	0

续表

江阴职业技术学院	42	8	8	8	1	4	3	0	0	2	6	0	0	4	0
无锡城市职业技术学院	43	8	6	8	0	2	6	0	0	3	5	0	1	6	0
无锡工艺职业技术学院	44	6	3	6	2	2	2	0	0	2	4	0	0	4	0
苏州健雄职业技术学院	45	5	2	5	0	3	2	0	0	3	2	0	0	4	0
盐城工业职业技术学院	46	5	4	5	1	2	0	2	0	2	3	0	0	2	0
江苏财经职业技术学院	47	12	8	12	0	6	6	0	0	5	7	0	0	9	0
扬州工业职业技术学院	48	17	11	17	1	4	7	5	0	12	5	0	1	12	0
江苏城市职业学院	49	11	7	11	2	3	6	0	0	6	5	0	2	6	0
南京城市职业学院	50	2	1	2	0	1	1	0	0	1	1	0	0	2	0
南京机电职业技术学院	51	3	1	3	0	1	2	0	0	2	1	0	0	3	0
南京旅游职业学院	52	4	3	4	1	0	3	0	0	3	1	0	0	3	0
江苏卫生健康职业学院	53	4	2	4	0	2	2	0	0	3	1	0	0	3	0
苏州信息职业技术学院	54	6	3	6	0	6	0	0	0	0	6	0	0	0	0
苏州工业园区服务外包职业学院	55	9	7	9	0	0	8	1	0	9	0	0	1	8	0
徐州幼儿师范高等专科学校	56	4	3	4	1	3	0	0	0	1	3	0	0	3	0
徐州生物工程职业技术学院	57	3	2	3	0	2	0	1	0	1	2	0	0	2	0
江苏商贸职业学院	58	25	18	25	1	4	14	6	0	20	5	0	0	19	0
南通师范高等专科学校	59	4	4	4	0	1	3	0	0	1	3	0	0	2	0
江苏护理职业学院	60	3	2	3	0	0	0	3	0	3	0	0	0	3	0
江苏财会职业学院	61	3	2	3	0	2	1	0	0	0	3	0	0	1	0
江苏城乡建设职业学院	62	1	1	1	0	1	0	0	0	1	0	0	0	1	0
江苏航空职业技术学院	63	1	0	1	0	1	0	0	0	0	1	0	0	0	0
江苏安全技术职业学院	64	3	2	3	0	0	0	1	2	3	0	0	0	3	0
江苏旅游职业学院	65	4	3	4	1	2	1	0	0	2	2	0	0	2	0

3.3 哲学人文、社会科学活动人员情况表

高校名称		总计		按职称划分						按最后学历划分			按最后学位划分		其他
			女性	小计	教授	副教授	讲师	助教	初级	研究生	本科生	其他	博士	硕士	人员
	编号	L01	L02	L03	L04	L05	L06	L07	L08	L09	L10	L11	L12	L13	L14
合计	/	114	70	114	11	41	46	13	3	71	42	1	9	77	0
盐城幼儿师范高等专科学校	1	0	0	0	0	0	0	0	0	0	0	0	0	0	0
苏州幼儿师范高等专科学校	2	1	1	1	0	0	1	0	0	1	0	0	0	1	0
无锡职业技术学院	3	6	4	6	1	2	3	0	0	5	1	0	2	3	0
江苏建筑职业技术学院	4	6	5	6	1	3	2	0	0	5	1	0	1	5	0
南京工业职业技术学院	5	10	7	10	0	6	4	0	0	7	3	0	0	9	0
江苏工程职业技术学院	6	1	1	1	0	0	1	0	0	1	0	0	0	1	0
苏州工艺美术职业技术学院	7	0	0	0	0	0	0	0	0	0	0	0	0	0	0
连云港职业技术学院	8	2	0	2	0	0	1	1	0	1	1	0	0	1	0
镇江市高等专科学校	9	0	0	0	0	0	0	0	0	0	0	0	0	0	0
南通职业大学	10	1	0	1	0	0	1	0	0	1	0	0	0	1	0
苏州市职业大学	11	4	3	4	1	2	1	0	0	3	1	0	1	3	0
沙洲职业工学院	12	2	1	2	0	0	2	0	0	0	2	0	0	0	0
扬州市职业大学	13	11	7	11	1	6	3	1	0	2	9	0	0	7	0
连云港师范高等专科学校	14	3	1	3	2	1	0	0	0	1	2	0	0	1	0
江苏经贸职业技术学院	15	2	1	2	0	1	1	0	0	2	0	0	1	1	0
泰州职业技术学院	16	0	0	0	0	0	0	0	0	0	0	0	0	0	0
常州信息职业技术学院	17	6	3	6	1	3	0	2	0	2	4	0	1	4	0
江苏海事职业技术学院	18	1	1	1	0	0	1	0	0	1	0	0	0	1	0
无锡科技职业学院	19	2	2	2	0	1	1	0	0	2	0	0	0	2	0
江苏医药职业学院	20	4	2	4	1	0	0	1	2	3	0	1	1	3	0

南通科技职业学院	21	0	0	0	0	0	0	0	0	0	0	0	0	0	0
苏州经贸职业技术学院	22	3	2	3	0	0	3	0	0	2	1	0	0	2	0
苏州工业职业技术学院	23	0	0	0	0	0	0	0	0	0	0	0	0	0	0
苏州卫生职业技术学院	24	1	1	1	0	0	1	0	0	1	0	0	0	1	0
无锡商业职业技术学院	25	0	0	0	0	0	0	0	0	0	0	0	0	0	0
南通航运职业技术学院	26	0	0	0	0	0	0	0	0	0	0	0	0	0	0
南京交通职业技术学院	27	0	0	0	0	0	0	0	0	0	0	0	0	0	0
淮安信息职业技术学院	28	1	1	1	0	0	1	0	0	1	0	0	0	1	0
江苏农牧科技职业学院	29	0	0	0	0	0	0	0	0	0	0	0	0	0	0
常州纺织服装职业技术学院	30	2	2	2	0	0	2	0	0	1	1	0	0	1	0
苏州农业职业技术学院	31	1	1	1	0	0	1	0	0	1	0	0	0	1	0
南京科技职业学院	32	4	1	4	0	1	2	1	0	4	0	0	0	4	0
常州轻工职业技术学院	33	0	0	0	0	0	0	0	0	0	0	0	0	0	0
常州工程职业技术学院	34	0	0	0	0	0	0	0	0	0	0	0	0	0	0
江苏农林职业技术学院	35	0	0	0	0	0	0	0	0	0	0	0	0	0	0
江苏食品药品职业技术学院	36	0	0	0	0	0	0	0	0	0	0	0	0	0	0
南京铁道职业技术学院	37	2	1	2	0	0	1	1	0	2	0	0	1	1	0
徐州工业职业技术学院	38	1	0	1	0	0	1	0	0	1	0	0	0	1	0
江苏信息职业技术学院	39	0	0	0	0	0	0	0	0	0	0	0	0	0	0
南京信息职业技术学院	40	1	0	1	0	1	0	0	0	0	1	0	0	0	0
常州机电职业技术学院	41	1	0	1	0	0	1	0	0	1	0	0	0	1	0
江阴职业技术学院	42	0	0	0	0	0	0	0	0	0	0	0	0	0	0
无锡城市职业技术学院	43	1	0	1	0	1	0	0	0	0	1	0	0	0	0
无锡工艺职业技术学院	44	1	1	1	0	0	0	1	0	1	0	0	0	1	0

续表

高校名称		总计		按职称划分						按最后学历划分			按最后学位划分		其他人员
			女性	小计	教授	副教授	讲师	助教	初级	研究生	本科生	其他	博士	硕士	
	编号	L01	L02	L03	L04	L05	L06	L07	L08	L09	L10	L11	L12	L13	L14
苏州健雄职业技术学院	45	1	1	1	0	1	0	0	0	0	1	0	0	1	0
盐城工业职业技术学院	46	3	2	3	2	0	1	0	0	1	2	0	0	1	0
江苏财经职业技术学院	47	5	1	5	0	3	2	0	0	3	2	0	0	3	0
扬州工业职业技术学院	48	2	2	2	0	0	0	2	0	2	0	0	0	2	0
江苏城市职业学院	49	1	1	1	0	1	0	0	0	1	0	0	0	1	0
南京城市职业学院	50	2	1	2	1	0	0	0	1	2	0	0	0	1	0
南京机电职业技术学院	51	2	2	2	0	0	1	1	0	0	2	0	0	0	0
南京旅游职业学院	52	1	1	1	0	0	0	1	0	0	1	0	0	0	0
江苏卫生健康职业学院	53	3	1	3	0	2	1	0	0	2	1	0	1	1	0
苏州信息职业技术学院	54	0	0	0	0	0	0	0	0	0	0	0	0	0	0
苏州工业园区服务外包职业学院	55	1	1	1	0	0	1	0	0	1	0	0	0	1	0
徐州幼儿师范高等专科学校	56	5	5	5	0	2	3	0	0	4	1	0	0	5	0
徐州生物工程职业技术学院	57	3	1	3	0	2	1	0	0	1	2	0	0	2	0
江苏商贸职业学院	58	2	1	2	0	0	1	1	0	2	0	0	0	2	0
南通师范高等专科学校	59	0	0	0	0	0	0	0	0	0	0	0	0	0	0
江苏护理职业学院	60	1	0	1	0	1	0	0	0	0	1	0	0	0	0
江苏财会职业学院	61	0	0	0	0	0	0	0	0	0	0	0	0	0	0
江苏城乡建设职业学院	62	1	1	1	0	1	0	0	0	0	1	0	0	0	0
江苏航空职业技术学院	63	0	0	0	0	0	0	0	0	0	0	0	0	0	0
江苏安全技术职业学院	64	0	0	0	0	0	0	0	0	0	0	0	0	0	0
江苏旅游职业学院	65	0	0	0	0	0	0	0	0	0	0	0	0	0	0

3.4 逻辑学人文、社会科学活动人员情况表

高校名称		总计		按职称划分						按最后学历划分			按最后学位划分		其他人员
			女性	小计	教授	副教授	讲师	助教	初级	研究生	本科生	其他	博士	硕士	
	编号	L01	L02	L03	L04	L05	L06	L07	L08	L09	L10	L11	L12	L13	L14
合计	/	42	22	42	0	15	26	1	0	12	30	0	0	22	0
盐城幼儿师范高等专科学校	1	0	0	0	0	0	0	0	0	0	0	0	0	0	0
苏州幼儿师范高等专科学校	2	9	5	9	0	4	5	0	0	6	3	0	0	7	0
无锡职业技术学院	3	0	0	0	0	0	0	0	0	0	0	0	0	0	0
江苏建筑职业技术学院	4	0	0	0	0	0	0	0	0	0	0	0	0	0	0
南京工业职业技术学院	5	0	0	0	0	0	0	0	0	0	0	0	0	0	0
江苏工程职业技术学院	6	0	0	0	0	0	0	0	0	0	0	0	0	0	0
苏州工艺美术职业技术学院	7	0	0	0	0	0	0	0	0	0	0	0	0	0	0
连云港职业技术学院	8	0	0	0	0	0	0	0	0	0	0	0	0	0	0
镇江市高等专科学校	9	0	0	0	0	0	0	0	0	0	0	0	0	0	0
南通职业大学	10	0	0	0	0	0	0	0	0	0	0	0	0	0	0
苏州市职业大学	11	1	1	1	0	0	1	0	0	1	0	0	0	1	0
沙洲职业工学院	12	0	0	0	0	0	0	0	0	0	0	0	0	0	0
扬州市职业大学	13	1	0	1	0	0	1	0	0	0	1	0	0	1	0
连云港师范高等专科学校	14	1	1	1	0	0	1	0	0	1	0	0	0	1	0
江苏经贸职业技术学院	15	0	0	0	0	0	0	0	0	0	0	0	0	0	0
泰州职业技术学院	16	0	0	0	0	0	0	0	0	0	0	0	0	0	0
常州信息职业技术学院	17	0	0	0	0	0	0	0	0	0	0	0	0	0	0
江苏海事职业技术学院	18	0	0	0	0	0	0	0	0	0	0	0	0	0	0
无锡科技职业学院	19	0	0	0	0	0	0	0	0	0	0	0	0	0	0
江苏医药职业学院	20	0	0	0	0	0	0	0	0	0	0	0	0	0	0

续表

高校名称		总计		按职称划分						按最后学历划分			按最后学位划分		其他
			女性	小计	教授	副教授	讲师	助教	初级	研究生	本科生	其他	博士	硕士	人员
	编号	L01	L02	L03	L04	L05	L06	L07	L08	L09	L10	L11	L12	L13	L14
南通科技职业学院	21	1	1	1	0	1	0	0	0	0	1	0	0	1	0
苏州经贸职业技术学院	22	0	0	0	0	0	0	0	0	0	0	0	0	0	0
苏州工业职业技术学院	23	0	0	0	0	0	0	0	0	0	0	0	0	0	0
苏州卫生职业技术学院	24	4	2	4	0	0	3	1	0	0	4	0	0	0	0
无锡商业职业技术学院	25	0	0	0	0	0	0	0	0	0	0	0	0	0	0
南通航运职业技术学院	26	0	0	0	0	0	0	0	0	0	0	0	0	0	0
南京交通职业技术学院	27	0	0	0	0	0	0	0	0	0	0	0	0	0	0
淮安信息职业技术学院	28	0	0	0	0	0	0	0	0	0	0	0	0	0	0
江苏农牧科技职业学院	29	0	0	0	0	0	0	0	0	0	0	0	0	0	0
常州纺织服装职业技术学院	30	10	3	10	0	3	7	0	0	3	7	0	0	5	0
苏州农业职业技术学院	31	0	0	0	0	0	0	0	0	0	0	0	0	0	0
南京科技职业学院	32	0	0	0	0	0	0	0	0	0	0	0	0	0	0
常州轻工职业技术学院	33	0	0	0	0	0	0	0	0	0	0	0	0	0	0
常州工程职业技术学院	34	0	0	0	0	0	0	0	0	0	0	0	0	0	0
江苏农林职业技术学院	35	0	0	0	0	0	0	0	0	0	0	0	0	0	0
江苏食品药品职业技术学院	36	11	8	11	0	5	6	0	0	0	11	0	0	5	0
南京铁道职业技术学院	37	0	0	0	0	0	0	0	0	0	0	0	0	0	0
徐州工业职业技术学院	38	0	0	0	0	0	0	0	0	0	0	0	0	0	0
江苏信息职业技术学院	39	0	0	0	0	0	0	0	0	0	0	0	0	0	0
南京信息职业技术学院	40	0	0	0	0	0	0	0	0	0	0	0	0	0	0
常州机电职业技术学院	41	0	0	0	0	0	0	0	0	0	0	0	0	0	0

续表

江阴职业技术学院	42	0	0	0	0	0	0	0	0	0	0	0	0	0	0
无锡城市职业技术学院	43	0	0	0	0	0	0	0	0	0	0	0	0	0	0
无锡工艺职业技术学院	44	1	0	1	0	0	1	0	0	0	1	0	0	0	0
苏州健雄职业技术学院	45	2	1	2	0	1	1	0	0	1	1	0	0	1	0
盐城工业职业技术学院	46	0	0	0	0	0	0	0	0	0	0	0	0	0	0
江苏财经职业技术学院	47	0	0	0	0	0	0	0	0	0	0	0	0	0	0
扬州工业职业技术学院	48	0	0	0	0	0	0	0	0	0	0	0	0	0	0
江苏城市职业学院	49	0	0	0	0	0	0	0	0	0	0	0	0	0	0
南京城市职业学院	50	1	0	1	0	1	0	0	0	0	1	0	0	0	0
南京机电职业技术学院	51	0	0	0	0	0	0	0	0	0	0	0	0	0	0
南京旅游职业学院	52	0	0	0	0	0	0	0	0	0	0	0	0	0	0
江苏卫生健康职业学院	53	0	0	0	0	0	0	0	0	0	0	0	0	0	0
苏州信息职业技术学院	54	0	0	0	0	0	0	0	0	0	0	0	0	0	0
苏州工业园区服务外包职业学院	55	0	0	0	0	0	0	0	0	0	0	0	0	0	0
徐州幼儿师范高等专科学校	56	0	0	0	0	0	0	0	0	0	0	0	0	0	0
徐州生物工程职业技术学院	57	0	0	0	0	0	0	0	0	0	0	0	0	0	0
江苏商贸职业学院	58	0	0	0	0	0	0	0	0	0	0	0	0	0	0
南通师范高等专科学校	59	0	0	0	0	0	0	0	0	0	0	0	0	0	0
江苏护理职业学院	60	0	0	0	0	0	0	0	0	0	0	0	0	0	0
江苏财会职业学院	61	0	0	0	0	0	0	0	0	0	0	0	0	0	0
江苏城乡建设职业学院	62	0	0	0	0	0	0	0	0	0	0	0	0	0	0
江苏航空职业技术学院	63	0	0	0	0	0	0	0	0	0	0	0	0	0	0
江苏安全技术职业学院	64	0	0	0	0	0	0	0	0	0	0	0	0	0	0
江苏旅游职业学院	65	0	0	0	0	0	0	0	0	0	0	0	0	0	0

3.5 宗教学人文、社会科学活动人员情况表

高校名称		总计		按职称划分						按最后学历划分			按最后学位划分		其他人员
			女性	小计	教授	副教授	讲师	助教	初级	研究生	本科生	其他	博士	硕士	
	编号	L01	L02	L03	L04	L05	L06	L07	L08	L09	L10	L11	L12	L13	L14
合计	/	1	0	1	0	1	0	0	0	0	1	0	0	0	0
盐城幼儿师范高等专科学校	1	0	0	0	0	0	0	0	0	0	0	0	0	0	0
苏州幼儿师范高等专科学校	2	0	0	0	0	0	0	0	0	0	0	0	0	0	0
无锡职业技术学院	3	0	0	0	0	0	0	0	0	0	0	0	0	0	0
江苏建筑职业技术学院	4	0	0	0	0	0	0	0	0	0	0	0	0	0	0
南京工业职业技术学院	5	0	0	0	0	0	0	0	0	0	0	0	0	0	0
江苏工程职业技术学院	6	0	0	0	0	0	0	0	0	0	0	0	0	0	0
苏州工艺美术职业技术学院	7	0	0	0	0	0	0	0	0	0	0	0	0	0	0
连云港职业技术学院	8	1	0	1	0	1	0	0	0	0	1	0	0	0	0
镇江市高等专科学校	9	0	0	0	0	0	0	0	0	0	0	0	0	0	0
南通职业大学	10	0	0	0	0	0	0	0	0	0	0	0	0	0	0
苏州市职业大学	11	0	0	0	0	0	0	0	0	0	0	0	0	0	0
沙洲职业工学院	12	0	0	0	0	0	0	0	0	0	0	0	0	0	0
扬州市职业大学	13	0	0	0	0	0	0	0	0	0	0	0	0	0	0
连云港师范高等专科学校	14	0	0	0	0	0	0	0	0	0	0	0	0	0	0
江苏经贸职业技术学院	15	0	0	0	0	0	0	0	0	0	0	0	0	0	0
泰州职业技术学院	16	0	0	0	0	0	0	0	0	0	0	0	0	0	0
常州信息职业技术学院	17	0	0	0	0	0	0	0	0	0	0	0	0	0	0
江苏海事职业技术学院	18	0	0	0	0	0	0	0	0	0	0	0	0	0	0
无锡科技职业学院	19	0	0	0	0	0	0	0	0	0	0	0	0	0	0
江苏医药职业学院	20	0	0	0	0	0	0	0	0	0	0	0	0	0	0

续表

南通科技职业学院	21	0	0	0	0	0	0	0	0	0	0	0	0	0	0
苏州经贸职业技术学院	22	0	0	0	0	0	0	0	0	0	0	0	0	0	0
苏州工业职业技术学院	23	0	0	0	0	0	0	0	0	0	0	0	0	0	0
苏州卫生职业技术学院	24	0	0	0	0	0	0	0	0	0	0	0	0	0	0
无锡商业职业技术学院	25	0	0	0	0	0	0	0	0	0	0	0	0	0	0
南通航运职业技术学院	26	0	0	0	0	0	0	0	0	0	0	0	0	0	0
南京交通职业技术学院	27	0	0	0	0	0	0	0	0	0	0	0	0	0	0
淮安信息职业技术学院	28	0	0	0	0	0	0	0	0	0	0	0	0	0	0
江苏农牧科技职业学院	29	0	0	0	0	0	0	0	0	0	0	0	0	0	0
常州纺织服装职业技术学院	30	0	0	0	0	0	0	0	0	0	0	0	0	0	0
苏州农业职业技术学院	31	0	0	0	0	0	0	0	0	0	0	0	0	0	0
南京科技职业学院	32	0	0	0	0	0	0	0	0	0	0	0	0	0	0
常州轻工职业技术学院	33	0	0	0	0	0	0	0	0	0	0	0	0	0	0
常州工程职业技术学院	34	0	0	0	0	0	0	0	0	0	0	0	0	0	0
江苏农林职业技术学院	35	0	0	0	0	0	0	0	0	0	0	0	0	0	0
江苏食品药品职业技术学院	36	0	0	0	0	0	0	0	0	0	0	0	0	0	0
南京铁道职业技术学院	37	0	0	0	0	0	0	0	0	0	0	0	0	0	0
徐州工业职业技术学院	38	0	0	0	0	0	0	0	0	0	0	0	0	0	0
江苏信息职业技术学院	39	0	0	0	0	0	0	0	0	0	0	0	0	0	0
南京信息职业技术学院	40	0	0	0	0	0	0	0	0	0	0	0	0	0	0
常州机电职业技术学院	41	0	0	0	0	0	0	0	0	0	0	0	0	0	0
江阴职业技术学院	42	0	0	0	0	0	0	0	0	0	0	0	0	0	0
无锡城市职业技术学院	43	0	0	0	0	0	0	0	0	0	0	0	0	0	0
无锡工艺职业技术学院	44	0	0	0	0	0	0	0	0	0	0	0	0	0	0

续表

高校名称		总计		按职称划分						按最后学历划分			按最后学位划分		其他人员
			女性	小计	教授	副教授	讲师	助教	初级	研究生	本科生	其他	博士	硕士	
	编号	L01	L02	L03	L04	L05	L06	L07	L08	L09	L10	L11	L12	L13	L14
苏州健雄职业技术学院	45	0	0	0	0	0	0	0	0	0	0	0	0	0	0
盐城工业职业技术学院	46	0	0	0	0	0	0	0	0	0	0	0	0	0	0
江苏财经职业技术学院	47	0	0	0	0	0	0	0	0	0	0	0	0	0	0
扬州工业职业技术学院	48	0	0	0	0	0	0	0	0	0	0	0	0	0	0
江苏城市职业学院	49	0	0	0	0	0	0	0	0	0	0	0	0	0	0
南京城市职业学院	50	0	0	0	0	0	0	0	0	0	0	0	0	0	0
南京机电职业技术学院	51	0	0	0	0	0	0	0	0	0	0	0	0	0	0
南京旅游职业学院	52	0	0	0	0	0	0	0	0	0	0	0	0	0	0
江苏卫生健康职业学院	53	0	0	0	0	0	0	0	0	0	0	0	0	0	0
苏州信息职业技术学院	54	0	0	0	0	0	0	0	0	0	0	0	0	0	0
苏州工业园区服务外包职业学院	55	0	0	0	0	0	0	0	0	0	0	0	0	0	0
徐州幼儿师范高等专科学校	56	0	0	0	0	0	0	0	0	0	0	0	0	0	0
徐州生物工程职业技术学院	57	0	0	0	0	0	0	0	0	0	0	0	0	0	0
江苏商贸职业学院	58	0	0	0	0	0	0	0	0	0	0	0	0	0	0
南通师范高等专科学校	59	0	0	0	0	0	0	0	0	0	0	0	0	0	0
江苏护理职业学院	60	0	0	0	0	0	0	0	0	0	0	0	0	0	0
江苏财会职业学院	61	0	0	0	0	0	0	0	0	0	0	0	0	0	0
江苏城乡建设职业学院	62	0	0	0	0	0	0	0	0	0	0	0	0	0	0
江苏航空职业技术学院	63	0	0	0	0	0	0	0	0	0	0	0	0	0	0
江苏安全技术职业学院	64	0	0	0	0	0	0	0	0	0	0	0	0	0	0
江苏旅游职业学院	65	0	0	0	0	0	0	0	0	0	0	0	0	0	0

3.6 语言学人文、社会科学活动人员情况表

高校名称		总计		按职称划分						按最后学历划分			按最后学位划分		其他人员
			女性	小计	教授	副教授	讲师	助教	初级	研究生	本科生	其他	博士	硕士	
	编号	L01	L02	L03	L04	L05	L06	L07	L08	L09	L10	L11	L12	L13	L14
合计	/	2 208	1 763	2 208	52	567	1 347	230	12	658	1 547	3	19	1 037	0
盐城幼儿师范高等专科学校	1	86	74	86	8	11	51	16	0	7	79	0	1	31	0
苏州幼儿师范高等专科学校	2	15	13	15	4	4	6	1	0	8	7	0	0	14	0
无锡职业技术学院	3	49	39	49	1	8	29	11	0	28	21	0	3	25	0
江苏建筑职业技术学院	4	42	33	42	2	13	23	4	0	17	25	0	0	23	0
南京工业职业技术学院	5	32	24	32	1	13	16	2	0	21	11	0	4	24	0
江苏工程职业技术学院	6	20	18	20	0	5	15	0	0	7	13	0	0	10	0
苏州工艺美术职业技术学院	7	14	13	14	0	7	7	0	0	6	8	0	0	12	0
连云港职业技术学院	8	45	33	45	0	15	21	9	0	5	40	0	0	13	0
镇江市高等专科学校	9	61	44	61	1	16	38	6	0	17	44	0	0	21	0
南通职业大学	10	35	28	35	0	7	25	3	0	9	25	1	0	18	0
苏州市职业大学	11	76	62	76	0	14	57	5	0	40	36	0	2	46	0
沙洲职业工学院	12	20	18	20	0	7	12	1	0	0	20	0	0	2	0
扬州市职业大学	13	106	82	106	1	30	53	22	0	51	55	0	1	54	0
连云港师范高等专科学校	14	33	23	33	0	22	8	3	0	12	21	0	0	23	0
江苏经贸职业技术学院	15	57	44	57	3	17	31	6	0	20	37	0	0	36	0
泰州职业技术学院	16	23	17	23	0	12	11	0	0	2	21	0	0	5	0
常州信息职业技术学院	17	66	53	66	1	16	41	8	0	23	43	0	2	30	0
江苏海事职业技术学院	18	63	48	63	2	7	52	2	0	21	42	0	0	22	0
无锡科技职业学院	19	58	40	58	0	13	32	13	0	10	48	0	0	23	0
江苏医药职业学院	20	21	16	21	0	6	13	2	0	4	16	1	0	11	0

续表

高校名称		总计		按职称划分						按最后学历划分			按最后学位划分		其他
			女性	小计	教授	副教授	讲师	助教	初级	研究生	本科生	其他	博士	硕士	人员
	编号	L01	L02	L03	L04	L05	L06	L07	L08	L09	L10	L11	L12	L13	L14
南通科技职业学院	21	22	17	22	0	4	15	3	0	11	11	0	0	10	0
苏州经贸职业技术学院	22	32	25	32	0	7	22	3	0	12	20	0	1	17	0
苏州工业职业技术学院	23	51	45	51	2	8	41	0	0	13	38	0	0	20	0
苏州卫生职业技术学院	24	27	25	27	1	7	17	2	0	8	19	0	0	9	0
无锡商业职业技术学院	25	50	36	50	0	12	38	0	0	9	41	0	0	29	0
南通航运职业技术学院	26	39	25	39	1	18	20	0	0	10	29	0	0	22	0
南京交通职业技术学院	27	26	20	26	2	4	20	0	0	8	18	0	0	16	0
淮安信息职业技术学院	28	33	22	33	0	7	21	5	0	5	28	0	0	9	0
江苏农牧科技职业学院	29	6	4	6	1	1	3	1	0	0	6	0	0	1	0
常州纺织服装职业技术学院	30	45	32	45	1	17	22	5	0	9	36	0	1	17	0
苏州农业职业技术学院	31	38	30	38	1	5	30	2	0	4	34	0	0	14	0
南京科技职业学院	32	15	13	15	0	5	8	2	0	8	7	0	0	11	0
常州轻工职业技术学院	33	32	27	32	0	9	23	0	0	2	30	0	0	14	0
常州工程职业技术学院	34	2	2	2	0	1	1	0	0	0	2	0	0	0	0
江苏农林职业技术学院	35	7	5	7	0	1	4	2	0	2	5	0	0	3	0
江苏食品药品职业技术学院	36	40	29	40	2	8	29	1	0	7	33	0	0	13	0
南京铁道职业技术学院	37	16	13	16	0	5	9	2	0	5	11	0	0	10	0
徐州工业职业技术学院	38	16	11	16	0	7	9	0	0	3	13	0	0	6	0
江苏信息职业技术学院	39	34	30	34	0	8	22	4	0	10	24	0	0	20	0
南京信息职业技术学院	40	37	29	37	0	16	17	4	0	17	20	0	1	24	0
常州机电职业技术学院	41	31	26	31	0	8	22	1	0	6	25	0	0	14	0

续表

江阴职业技术学院	42	46	35	46	2	14	26	4	0	1	45	0	0	15	0
无锡城市职业技术学院	43	34	21	34	2	10	22	0	0	7	27	0	0	10	0
无锡工艺职业技术学院	44	28	24	28	0	8	17	3	0	10	18	0	0	13	0
苏州健雄职业技术学院	45	37	32	37	1	7	25	4	0	10	27	0	0	18	0
盐城工业职业技术学院	46	15	15	15	0	7	6	2	0	3	12	0	0	3	0
江苏财经职业技术学院	47	23	19	23	0	6	14	3	0	3	20	0	0	5	0
扬州工业职业技术学院	48	29	24	29	0	7	16	6	0	12	17	0	0	14	0
江苏城市职业学院	49	34	27	34	0	11	23	0	0	20	14	0	0	24	0
南京城市职业学院	50	10	7	10	0	5	5	0	0	2	8	0	0	7	0
南京机电职业技术学院	51	20	20	20	0	0	11	8	1	6	14	0	0	7	0
南京旅游职业学院	52	29	23	29	0	3	22	4	0	21	8	0	0	23	0
江苏卫生健康职业学院	53	4	4	4	0	1	1	2	0	2	2	0	0	2	0
苏州信息职业技术学院	54	29	26	29	0	6	23	0	0	5	24	0	0	13	0
苏州工业园区服务外包职业学院	55	28	25	28	2	5	15	6	0	22	6	0	2	24	0
徐州幼儿师范高等专科学校	56	25	22	25	4	13	7	1	0	6	19	0	1	6	0
徐州生物工程职业技术学院	57	10	8	10	0	2	5	3	0	2	8	0	0	5	0
江苏商贸职业学院	58	40	34	40	0	6	23	11	0	9	31	0	0	19	0
南通师范高等专科学校	59	146	124	146	4	38	95	9	0	22	124	0	0	51	0
江苏护理职业学院	60	16	13	16	0	5	9	2	0	5	10	1	0	7	0
江苏财会职业学院	61	26	23	26	0	6	15	5	0	7	19	0	0	16	0
江苏城乡建设职业学院	62	13	11	13	0	4	9	0	0	1	12	0	0	5	0
江苏航空职业技术学院	63	14	9	14	0	1	7	1	5	2	12	0	0	2	0
江苏安全技术职业学院	64	11	11	11	0	0	5	0	6	5	6	0	0	8	0
江苏旅游职业学院	65	20	18	20	2	1	12	5	0	18	2	0	0	18	0

3.7 中国文学人文、社会科学活动人员情况表

高校名称		总计		按职称划分						按最后学历划分			按最后学位划分		其他
			女性	小计	教授	副教授	讲师	助教	初级	研究生	本科生	其他	博士	硕士	人员
	编号	L01	L02	L03	L04	L05	L06	L07	L08	L09	L10	L11	L12	L13	L14
合计	/	534	376	534	44	232	205	48	5	208	325	1	29	298	0
盐城幼儿师范高等专科学校	1	50	32	50	10	16	14	10	0	10	40	0	1	19	0
苏州幼儿师范高等专科学校	2	11	8	11	1	4	6	0	0	8	3	0	0	9	0
无锡职业技术学院	3	3	3	3	1	1	1	0	0	3	0	0	0	3	0
江苏建筑职业技术学院	4	8	8	8	0	3	4	1	0	4	4	0	0	6	0
南京工业职业技术学院	5	0	0	0	0	0	0	0	0	0	0	0	0	0	0
江苏工程职业技术学院	6	6	5	6	0	4	2	0	0	2	4	0	0	3	0
苏州工艺美术职业技术学院	7	7	3	7	1	3	3	0	0	4	3	0	2	3	0
连云港职业技术学院	8	14	8	14	0	8	5	1	0	3	11	0	1	4	0
镇江市高等专科学校	9	15	10	15	1	9	5	0	0	3	12	0	1	7	0
南通职业大学	10	5	3	5	0	3	2	0	0	2	3	0	0	4	0
苏州市职业大学	11	33	21	33	6	16	10	1	0	16	16	1	6	16	0
沙洲职业工学院	12	2	1	2	0	2	0	0	0	1	1	0	0	1	0
扬州市职业大学	13	26	18	26	2	18	5	1	0	8	18	0	2	15	0
连云港师范高等专科学校	14	24	11	24	5	13	5	1	0	19	5	0	4	17	0
江苏经贸职业技术学院	15	3	3	3	0	0	3	0	0	3	0	0	0	3	0
泰州职业技术学院	16	5	1	5	0	2	3	0	0	2	3	0	1	1	0
常州信息职业技术学院	17	4	3	4	0	1	2	1	0	2	2	0	1	2	0
江苏海事职业技术学院	18	0	0	0	0	0	0	0	0	0	0	0	0	0	0
无锡科技职业学院	19	4	4	4	0	0	4	0	0	1	3	0	1	0	0
江苏医药职业学院	20	9	7	9	3	2	4	0	0	1	8	0	1	2	0

续表

南通科技职业学院	21	8	5	8	0	3	5	0	0	1	7	0	0	5	0
苏州经贸职业技术学院	22	5	4	5	0	5	0	0	0	2	3	0	0	2	0
苏州工业职业技术学院	23	4	2	4	0	0	3	1	0	1	3	0	1	2	0
苏州卫生职业技术学院	24	11	9	11	0	6	4	1	0	4	7	0	0	6	0
无锡商业职业技术学院	25	11	10	11	0	5	6	0	0	2	9	0	0	6	0
南通航运职业技术学院	26	0	0	0	0	0	0	0	0	0	0	0	0	0	0
南京交通职业技术学院	27	4	1	4	0	3	1	0	0	3	1	0	0	3	0
淮安信息职业技术学院	28	7	4	7	0	1	3	3	0	2	5	0	0	3	0
江苏农牧科技职业学院	29	0	0	0	0	0	0	0	0	0	0	0	0	0	0
常州纺织服装职业技术学院	30	4	3	4	0	0	4	0	0	2	2	0	0	2	0
苏州农业职业技术学院	31	4	4	4	0	3	1	0	0	2	2	0	0	4	0
南京科技职业学院	32	3	1	3	0	2	1	0	0	2	1	0	0	2	0
常州轻工职业技术学院	33	5	4	5	1	3	1	0	0	0	5	0	0	0	0
常州工程职业技术学院	34	6	6	6	0	2	4	0	0	2	4	0	0	5	0
江苏农林职业技术学院	35	2	2	2	1	0	0	1	0	0	2	0	0	1	0
江苏食品药品职业技术学院	36	5	3	5	0	4	0	0	1	1	4	0	0	2	0
南京铁道职业技术学院	37	5	5	5	0	3	2	0	0	2	3	0	0	3	0
徐州工业职业技术学院	38	0	0	0	0	0	0	0	0	0	0	0	0	0	0
江苏信息职业技术学院	39	3	2	3	1	1	1	0	0	1	2	0	0	1	0
南京信息职业技术学院	40	4	4	4	0	2	2	0	0	2	2	0	0	4	0
常州机电职业技术学院	41	4	3	4	0	3	1	0	0	2	2	0	0	3	0
江阴职业技术学院	42	13	11	13	2	6	3	2	0	3	10	0	0	6	0
无锡城市职业技术学院	43	4	3	4	0	1	3	0	0	1	3	0	0	4	0
无锡工艺职业技术学院	44	7	6	7	0	3	1	3	0	0	7	0	0	2	0

续表

高校名称		总计		按职称划分						按最后学历划分			按最后学位划分		其他人员
			女性	小计	教授	副教授	讲师	助教	初级	研究生	本科生	其他	博士	硕士	
	编号	L01	L02	L03	L04	L05	L06	L07	L08	L09	L10	L11	L12	L13	L14
苏州健雄职业技术学院	45	2	0	2	0	1	1	0	0	1	1	0	0	1	0
盐城工业职业技术学院	46	1	0	1	0	1	0	0	0	1	0	0	0	1	0
江苏财经职业技术学院	47	16	14	16	1	4	10	1	0	3	13	0	0	8	0
扬州工业职业技术学院	48	3	1	3	0	1	2	0	0	3	0	0	0	3	0
江苏城市职业学院	49	10	7	10	3	4	2	0	1	5	5	0	2	5	0
南京城市职业学院	50	7	7	7	0	3	3	1	0	4	3	0	0	6	0
南京机电职业技术学院	51	3	3	3	0	1	0	1	1	0	3	0	0	0	0
南京旅游职业学院	52	2	2	2	0	0	1	1	0	2	0	0	0	2	0
江苏卫生健康职业学院	53	3	3	3	0	1	1	1	0	2	1	0	0	3	0
苏州信息职业技术学院	54	0	0	0	0	0	0	0	0	0	0	0	0	0	0
苏州工业园区服务外包职业学院	55	6	5	6	0	1	4	1	0	6	0	0	1	5	0
徐州幼儿师范高等专科学校	56	24	18	24	1	17	6	0	0	5	19	0	2	15	0
徐州生物工程职业技术学院	57	14	5	14	1	6	5	2	0	2	12	0	0	8	0
江苏商贸职业学院	58	14	9	14	1	7	5	1	0	7	7	0	0	11	0
南通师范高等专科学校	59	13	9	13	1	1	11	0	0	12	1	0	2	11	0
江苏护理职业学院	60	12	7	12	0	5	3	4	0	3	9	0	0	3	0
江苏财会职业学院	61	19	15	19	0	8	10	1	0	5	14	0	0	11	0
江苏城乡建设职业学院	62	11	10	11	1	3	5	2	0	2	9	0	0	5	0
江苏航空职业技术学院	63	0	0	0	0	0	0	0	0	0	0	0	0	0	0
江苏安全技术职业学院	64	6	5	6	0	0	3	1	2	4	2	0	0	4	0
江苏旅游职业学院	65	20	15	20	0	7	9	4	0	14	6	0	0	15	0

3.8　外国文学人文、社会科学活动人员情况表

高校名称		总计		按职称划分						按最后学历划分			按最后学位划分		其他人员
			女性	小计	教授	副教授	讲师	助教	初级	研究生	本科生	其他	博士	硕士	
	编号	L01	L02	L03	L04	L05	L06	L07	L08	L09	L10	L11	L12	L13	L14
合计	/	166	125	166	4	50	97	13	2	70	96	0	4	92	0
盐城幼儿师范高等专科学校	1	5	4	5	0	3	1	1	0	2	3	0	0	2	0
苏州幼儿师范高等专科学校	2	1	1	1	0	1	0	0	0	1	0	0	0	1	0
无锡职业技术学院	3	1	1	1	0	0	1	0	0	1	0	0	1	0	0
江苏建筑职业技术学院	4	3	2	3	0	1	2	0	0	1	2	0	0	2	0
南京工业职业技术学院	5	0	0	0	0	0	0	0	0	0	0	0	0	0	0
江苏工程职业技术学院	6	4	4	4	0	1	3	0	0	3	1	0	0	3	0
苏州工艺美术职业技术学院	7	4	2	4	0	4	0	0	0	3	1	0	0	4	0
连云港职业技术学院	8	2	2	2	0	0	2	0	0	2	0	0	0	2	0
镇江市高等专科学校	9	9	9	9	0	6	3	0	0	1	8	0	0	1	0
南通职业大学	10	9	5	9	0	2	6	1	0	1	8	0	0	1	0
苏州市职业大学	11	22	13	22	0	3	16	3	0	10	12	0	2	14	0
沙洲职业工学院	12	1	1	1	0	1	0	0	0	0	1	0	0	0	0
扬州市职业大学	13	6	4	6	0	3	2	1	0	3	3	0	0	4	0
连云港师范高等专科学校	14	9	8	9	2	5	2	0	0	6	3	0	0	9	0
江苏经贸职业技术学院	15	0	0	0	0	0	0	0	0	0	0	0	0	0	0
泰州职业技术学院	16	0	0	0	0	0	0	0	0	0	0	0	0	0	0
常州信息职业技术学院	17	1	1	1	0	0	1	0	0	1	0	0	0	1	0
江苏海事职业技术学院	18	0	0	0	0	0	0	0	0	0	0	0	0	0	0
无锡科技职业学院	19	4	4	4	0	0	4	0	0	1	3	0	0	2	0
江苏医药职业学院	20	0	0	0	0	0	0	0	0	0	0	0	0	0	0

续表

高校名称		总计		按职称划分						按最后学历划分			按最后学位划分		其他人员
			女性	小计	教授	副教授	讲师	助教	初级	研究生	本科生	其他	博士	硕士	
	编号	L01	L02	L03	L04	L05	L06	L07	L08	L09	L10	L11	L12	L13	L14
南通科技职业学院	21	5	5	5	0	1	4	0	0	2	3	0	0	2	0
苏州经贸职业技术学院	22	1	0	1	0	0	0	0	1	0	1	0	0	0	0
苏州工业职业技术学院	23	0	0	0	0	0	0	0	0	0	0	0	0	0	0
苏州卫生职业技术学院	24	0	0	0	0	0	0	0	0	0	0	0	0	0	0
无锡商业职业技术学院	25	7	2	7	0	5	2	0	0	1	6	0	0	2	0
南通航运职业技术学院	26	1	0	1	1	0	0	0	0	0	1	0	0	1	0
南京交通职业技术学院	27	0	0	0	0	0	0	0	0	0	0	0	0	0	0
淮安信息职业技术学院	28	0	0	0	0	0	0	0	0	0	0	0	0	0	0
江苏农牧科技职业学院	29	1	0	1	0	0	1	0	0	0	1	0	0	0	0
常州纺织服装职业技术学院	30	5	4	5	0	1	4	0	0	0	5	0	0	0	0
苏州农业职业技术学院	31	1	1	1	0	0	1	0	0	1	0	0	0	1	0
南京科技职业学院	32	0	0	0	0	0	0	0	0	0	0	0	0	0	0
常州轻工职业技术学院	33	2	2	2	0	1	1	0	0	1	1	0	0	2	0
常州工程职业技术学院	34	0	0	0	0	0	0	0	0	0	0	0	0	0	0
江苏农林职业技术学院	35	0	0	0	0	0	0	0	0	0	0	0	0	0	0
江苏食品药品职业技术学院	36	1	1	1	0	0	1	0	0	0	1	0	0	0	0
南京铁道职业技术学院	37	7	6	7	0	0	6	1	0	3	4	0	0	6	0
徐州工业职业技术学院	38	0	0	0	0	0	0	0	0	0	0	0	0	0	0
江苏信息职业技术学院	39	1	0	1	0	0	1	0	0	0	1	0	0	1	0
南京信息职业技术学院	40	2	1	2	0	0	1	1	0	2	0	0	0	2	0
常州机电职业技术学院	41	7	7	7	0	1	6	0	0	0	7	0	0	1	0

续表

江阴职业技术学院	42	0	0	0	0	0	0	0	0	0	0	0	0	0	0
无锡城市职业技术学院	43	0	0	0	0	0	0	0	0	0	0	0	0	0	0
无锡工艺职业技术学院	44	0	0	0	0	0	0	0	0	0	0	0	0	0	0
苏州健雄职业技术学院	45	1	1	1	0	0	1	0	0	0	1	0	0	1	0
盐城工业职业技术学院	46	0	0	0	0	0	0	0	0	0	0	0	0	0	0
江苏财经职业技术学院	47	0	0	0	0	0	0	0	0	0	0	0	0	0	0
扬州工业职业技术学院	48	0	0	0	0	0	0	0	0	0	0	0	0	0	0
江苏城市职业学院	49	4	3	4	0	1	3	0	0	2	2	0	0	3	0
南京城市职业学院	50	4	3	4	0	3	1	0	0	0	4	0	0	1	0
南京机电职业技术学院	51	1	1	1	0	0	0	0	1	1	0	0	0	1	0
南京旅游职业学院	52	4	3	4	0	0	2	2	0	4	0	0	0	4	0
江苏卫生健康职业学院	53	8	6	8	0	4	4	0	0	3	5	0	0	4	0
苏州信息职业技术学院	54	0	0	0	0	0	0	0	0	0	0	0	0	0	0
苏州工业园区服务外包职业学院	55	11	9	11	0	2	9	0	0	9	2	0	1	9	0
徐州幼儿师范高等专科学校	56	0	0	0	0	0	0	0	0	0	0	0	0	0	0
徐州生物工程职业技术学院	57	0	0	0	0	0	0	0	0	0	0	0	0	0	0
江苏商贸职业学院	58	3	3	3	0	0	2	1	0	3	0	0	0	3	0
南通师范高等专科学校	59	2	1	2	0	0	2	0	0	1	1	0	0	1	0
江苏护理职业学院	60	1	1	1	0	0	0	1	0	0	1	0	0	0	0
江苏财会职业学院	61	0	0	0	0	0	0	0	0	0	0	0	0	0	0
江苏城乡建设职业学院	62	0	0	0	0	0	0	0	0	0	0	0	0	0	0
江苏航空职业技术学院	63	0	0	0	0	0	0	0	0	0	0	0	0	0	0
江苏安全技术职业学院	64	0	0	0	0	0	0	0	0	0	0	0	0	0	0
江苏旅游职业学院	65	5	4	5	1	1	2	1	0	1	4	0	0	1	0

3.9 艺术学人文、社会科学活动人员情况表

高校名称		总计		按职称划分						按最后学历划分			按最后学位划分		其他人员
			女性	小计	教授	副教授	讲师	助教	初级	研究生	本科生	其他	博士	硕士	
	编号	L01	L02	L03	L04	L05	L06	L07	L08	L09	L10	L11	L12	L13	L14
合计	/	1 906	1 082	1 906	61	430	1 046	334	35	782	1 113	11	21	1 033	0
盐城幼儿师范高等专科学校	1	92	58	92	11	13	30	38	0	6	77	9	0	8	0
苏州幼儿师范高等专科学校	2	33	25	33	0	10	15	8	0	18	15	0	0	19	0
无锡职业技术学院	3	22	14	22	1	3	13	4	1	17	5	0	1	16	0
江苏建筑职业技术学院	4	42	25	42	3	7	23	9	0	29	13	0	0	32	0
南京工业职业技术学院	5	60	35	60	2	9	41	8	0	36	24	0	0	52	0
江苏工程职业技术学院	6	42	17	42	2	9	31	0	0	12	30	0	1	22	0
苏州工艺美术职业技术学院	7	215	98	215	4	81	101	21	8	106	109	0	3	130	0
连云港职业技术学院	8	26	13	26	0	4	13	9	0	2	24	0	0	6	0
镇江市高等专科学校	9	34	18	34	0	9	20	5	0	5	29	0	0	10	0
南通职业大学	10	34	20	34	2	6	23	3	0	10	24	0	0	15	0
苏州市职业大学	11	82	42	82	6	15	52	8	1	27	55	0	2	32	0
沙洲职业工学院	12	8	3	8	0	1	4	0	3	4	4	0	0	6	0
扬州市职业大学	13	86	43	86	2	20	43	21	0	34	50	2	1	49	0
连云港师范高等专科学校	14	56	25	56	3	40	8	5	0	22	34	0	1	27	0
江苏经贸职业技术学院	15	43	31	43	1	5	29	7	1	28	15	0	0	34	0
泰州职业技术学院	16	22	13	22	0	3	18	0	1	6	16	0	0	7	0
常州信息职业技术学院	17	32	23	32	1	4	23	4	0	16	16	0	1	24	0
江苏海事职业技术学院	18	7	5	7	0	0	3	4	0	7	0	0	0	7	0
无锡科技职业学院	19	16	8	16	1	2	7	6	0	3	13	0	0	4	0
江苏医药职业学院	20	3	2	3	0	0	2	1	0	0	3	0	0	0	0

续表

南通科技职业学院	21	0	0	0	0	0	0	0	0	0	0	0	0	0	0
苏州经贸职业技术学院	22	35	20	35	1	9	25	0	0	10	25	0	0	21	0
苏州工业职业技术学院	23	10	5	10	0	1	6	3	0	5	5	0	4	3	0
苏州卫生职业技术学院	24	0	0	0	0	0	0	0	0	0	0	0	0	0	0
无锡商业职业技术学院	25	33	21	33	2	13	16	2	0	11	22	0	0	20	0
南通航运职业技术学院	26	23	12	23	0	6	16	1	0	5	18	0	0	10	0
南京交通职业技术学院	27	15	9	15	1	3	10	1	0	9	6	0	0	12	0
淮安信息职业技术学院	28	22	12	22	0	4	17	1	0	9	13	0	0	14	0
江苏农牧科技职业学院	29	0	0	0	0	0	0	0	0	0	0	0	0	0	0
常州纺织服装职业技术学院	30	89	48	89	4	15	57	13	0	26	63	0	0	41	0
苏州农业职业技术学院	31	0	0	0	0	0	0	0	0	0	0	0	0	0	0
南京科技职业学院	32	8	4	8	0	0	7	1	0	5	3	0	0	5	0
常州轻工职业技术学院	33	38	20	38	1	6	25	6	0	12	26	0	0	22	0
常州工程职业技术学院	34	2	0	2	0	0	2	0	0	2	0	0	0	2	0
江苏农林职业技术学院	35	9	3	9	0	0	5	4	0	3	6	0	0	4	0
江苏食品药品职业技术学院	36	4	2	4	0	0	4	0	0	0	4	0	0	1	0
南京铁道职业技术学院	37	24	14	24	2	3	14	5	0	11	13	0	1	18	0
徐州工业职业技术学院	38	4	2	4	1	1	2	0	0	2	2	0	0	4	0
江苏信息职业技术学院	39	37	23	37	1	8	20	8	0	21	16	0	1	22	0
南京信息职业技术学院	40	9	7	9	0	0	7	2	0	2	7	0	0	9	0
常州机电职业技术学院	41	17	5	17	1	2	12	2	0	3	9	0	0	11	0
江阴职业技术学院	42	14	8	14	0	3	9	2	0	3	11	0	0	7	0
无锡城市职业技术学院	43	30	19	30	0	3	25	1	1	19	11	0	0	20	0
无锡工艺职业技术学院	44	138	83	138	1	27	64	46	0	81	57	0	0	98	0

续表

高校名称	编号	总计		按职称划分						按最后学历划分			按最后学位划分		其他人员
			女性	小计	教授	副教授	讲师	助教	初级	研究生	本科生	其他	博士	硕士	
		L01	L02	L03	L04	L05	L06	L07	L08	L09	L10	L11	L12	L13	L14
苏州健雄职业技术学院	45	20	8	20	0	5	9	6	0	10	10	0	0	14	0
盐城工业职业技术学院	46	46	33	46	0	17	24	5	0	18	28	0	0	18	0
江苏财经职业技术学院	47	10	9	10	0	2	4	4	0	4	6	0	0	4	0
扬州工业职业技术学院	48	20	14	20	2	4	8	6	0	10	10	0	0	11	0
江苏城市职业学院	49	38	22	38	0	8	26	3	1	23	15	0	3	26	0
南京城市职业学院	50	24	18	24	0	4	12	3	5	12	12	0	0	14	0
南京机电职业技术学院	51	17	15	17	0	0	6	5	6	6	11	0	0	7	0
南京旅游职业学院	52	14	6	14	1	1	6	6	0	10	4	0	0	10	0
江苏卫生健康职业学院	53	2	2	2	0	0	2	0	0	1	1	0	0	1	0
苏州信息职业技术学院	54	0	0	0	0	0	0	0	0	0	0	0	0	0	0
苏州工业园区服务外包职业学院	55	17	8	17	0	1	14	2	0	14	3	0	0	16	0
徐州幼儿师范高等专科学校	56	55	36	55	1	13	27	12	2	17	38	0	2	16	0
徐州生物工程职业技术学院	57	2	2	2	0	0	0	1	1	1	1	0	0	1	0
江苏商贸职业学院	58	23	15	23	0	2	14	7	0	8	15	0	0	13	0
南通师范高等专科学校	59	65	38	65	2	23	31	7	2	9	56	0	0	22	0
江苏护理职业学院	60	1	1	1	0	0	0	1	0	0	1	0	0	0	0
江苏财会职业学院	61	4	4	4	0	1	1	2	0	0	4	0	0	0	0
江苏城乡建设职业学院	62	17	8	17	0	2	12	3	0	2	15	0	0	8	0
江苏航空职业技术学院	63	2	1	2	0	0	0	1	1	1	1	0	0	1	0
江苏安全技术职业学院	64	4	3	4	0	0	2	1	1	3	1	0	0	3	0
江苏旅游职业学院	65	9	4	9	1	2	6	0	0	1	8	0	0	4	0

3.10 历史学人文、社会科学活动人员情况表

高校名称		总计		按职称划分						按最后学历划分			按最后学位划分		其他人员
			女性	小计	教授	副教授	讲师	助教	初级	研究生	本科生	其他	博士	硕士	
	编号	L01	L02	L03	L04	L05	L06	L07	L08	L09	L10	L11	L12	L13	L14
合计	/	79	35	79	6	37	32	2	2	44	35	0	7	44	0
盐城幼儿师范高等专科学校	1	4	2	4	2	1	1	0	0	2	2	0	0	3	0
苏州幼儿师范高等专科学校	2	2	1	2	0	0	2	0	0	1	1	0	0	2	0
无锡职业技术学院	3	5	2	5	0	3	2	0	0	3	2	0	1	2	0
江苏建筑职业技术学院	4	3	2	3	0	2	1	0	0	3	0	0	0	3	0
南京工业职业技术学院	5	0	0	0	0	0	0	0	0	0	0	0	0	0	0
江苏工程职业技术学院	6	0	0	0	0	0	0	0	0	0	0	0	0	0	0
苏州工艺美术职业技术学院	7	5	2	5	0	3	2	0	0	4	1	0	0	5	0
连云港职业技术学院	8	0	0	0	0	0	0	0	0	0	0	0	0	0	0
镇江市高等专科学校	9	4	2	4	1	1	1	1	0	1	3	0	0	1	0
南通职业大学	10	1	1	1	0	0	1	0	0	1	0	0	0	1	0
苏州市职业大学	11	3	0	3	0	3	0	0	0	3	0	0	2	1	0
沙洲职业工学院	12	0	0	0	0	0	0	0	0	0	0	0	0	0	0
扬州市职业大学	13	6	1	6	0	3	3	0	0	2	4	0	0	2	0
连云港师范高等专科学校	14	3	2	3	0	3	0	0	0	2	1	0	0	2	0
江苏经贸职业技术学院	15	1	0	1	1	0	0	0	0	1	0	0	1	0	0
泰州职业技术学院	16	0	0	0	0	0	0	0	0	0	0	0	0	0	0
常州信息职业技术学院	17	0	0	0	0	0	0	0	0	0	0	0	0	0	0
江苏海事职业技术学院	18	0	0	0	0	0	0	0	0	0	0	0	0	0	0
无锡科技职业学院	19	0	0	0	0	0	0	0	0	0	0	0	0	0	0
江苏医药职业学院	20	1	1	1	0	0	1	0	0	1	0	0	0	1	0

续表

高校名称		总计		按职称划分						按最后学历划分			按最后学位划分		其他人员
			女性	小计	教授	副教授	讲师	助教	初级	研究生	本科生	其他	博士	硕士	
	编号	L01	L02	L03	L04	L05	L06	L07	L08	L09	L10	L11	L12	L13	L14
南通科技职业学院	21	0	0	0	0	0	0	0	0	0	0	0	0	0	0
苏州经贸职业技术学院	22	1	1	1	0	0	1	0	0	1	0	0	0	1	0
苏州工业职业技术学院	23	1	0	1	0	0	1	0	0	0	1	0	0	1	0
苏州卫生职业技术学院	24	0	0	0	0	0	0	0	0	0	0	0	0	0	0
无锡商业职业技术学院	25	0	0	0	0	0	0	0	0	0	0	0	0	0	0
南通航运职业技术学院	26	0	0	0	0	0	0	0	0	0	0	0	0	0	0
南京交通职业技术学院	27	0	0	0	0	0	0	0	0	0	0	0	0	0	0
淮安信息职业技术学院	28	2	0	2	0	1	1	0	0	2	0	0	1	1	0
江苏农牧科技职业学院	29	0	0	0	0	0	0	0	0	0	0	0	0	0	0
常州纺织服装职业技术学院	30	1	1	1	0	0	1	0	0	0	1	0	0	0	0
苏州农业职业技术学院	31	0	0	0	0	0	0	0	0	0	0	0	0	0	0
南京科技职业学院	32	1	1	1	0	1	0	0	0	0	1	0	0	0	0
常州轻工职业技术学院	33	0	0	0	0	0	0	0	0	0	0	0	0	0	0
常州工程职业技术学院	34	0	0	0	0	0	0	0	0	0	0	0	0	0	0
江苏农林职业技术学院	35	0	0	0	0	0	0	0	0	0	0	0	0	0	0
江苏食品药品职业技术学院	36	0	0	0	0	0	0	0	0	0	0	0	0	0	0
南京铁道职业技术学院	37	0	0	0	0	0	0	0	0	0	0	0	0	0	0
徐州工业职业技术学院	38	0	0	0	0	0	0	0	0	0	0	0	0	0	0
江苏信息职业技术学院	39	0	0	0	0	0	0	0	0	0	0	0	0	0	0
南京信息职业技术学院	40	0	0	0	0	0	0	0	0	0	0	0	0	0	0
常州机电职业技术学院	41	4	1	4	0	0	3	1	0	3	1	0	0	3	0

续表

江阴职业技术学院	42	2	1	2	0	2	0	0	0	0	2	0	0	0	0
无锡城市职业技术学院	43	5	4	5	1	2	2	0	0	2	3	0	0	4	0
无锡工艺职业技术学院	44	0	0	0	0	0	0	0	0	0	0	0	0	0	0
苏州健雄职业技术学院	45	0	0	0	0	0	0	0	0	0	0	0	0	0	0
盐城工业职业技术学院	46	1	0	1	0	0	1	0	0	1	0	0	0	1	0
江苏财经职业技术学院	47	1	1	1	0	0	1	0	0	0	1	0	0	0	0
扬州工业职业技术学院	48	2	0	2	0	1	1	0	0	2	0	0	1	1	0
江苏城市职业学院	49	1	0	1	0	1	0	0	0	1	0	0	1	0	0
南京城市职业学院	50	1	1	1	0	0	0	0	1	1	0	0	0	1	0
南京机电职业技术学院	51	1	1	1	0	0	0	0	1	1	0	0	0	1	0
南京旅游职业学院	52	0	0	0	0	0	0	0	0	0	0	0	0	0	0
江苏卫生健康职业学院	53	0	0	0	0	0	0	0	0	0	0	0	0	0	0
苏州信息职业技术学院	54	0	0	0	0	0	0	0	0	0	0	0	0	0	0
苏州工业园区服务外包职业学院	55	1	1	1	0	0	1	0	0	1	0	0	0	1	0
徐州幼儿师范高等专科学校	56	2	2	2	0	2	0	0	0	0	2	0	0	0	0
徐州生物工程职业技术学院	57	1	0	1	0	0	1	0	0	0	1	0	0	0	0
江苏商贸职业学院	58	0	0	0	0	0	0	0	0	0	0	0	0	0	0
南通师范高等专科学校	59	8	4	8	0	5	3	0	0	0	8	0	0	2	0
江苏护理职业学院	60	0	0	0	0	0	0	0	0	0	0	0	0	0	0
江苏财会职业学院	61	0	0	0	0	0	0	0	0	0	0	0	0	0	0
江苏城乡建设职业学院	62	1	0	1	0	1	0	0	0	1	0	0	0	1	0
江苏航空职业技术学院	63	0	0	0	0	0	0	0	0	0	0	0	0	0	0
江苏安全技术职业学院	64	0	0	0	0	0	0	0	0	0	0	0	0	0	0
江苏旅游职业学院	65	4	0	4	1	2	1	0	0	4	0	0	0	3	0

3.11 考古学人文、社会科学活动人员情况表

高校名称		总计		按职称划分						按最后学历划分			按最后学位划分		其他人员
			女性	小计	教授	副教授	讲师	助教	初级	研究生	本科生	其他	博士	硕士	
	编号	L01	L02	L03	L04	L05	L06	L07	L08	L09	L10	L11	L12	L13	L14
合计	/	1	1	1	0	0	0	1	0	1	0	0	0	1	0
盐城幼儿师范高等专科学校	1	0	0	0	0	0	0	0	0	0	0	0	0	0	0
苏州幼儿师范高等专科学校	2	0	0	0	0	0	0	0	0	0	0	0	0	0	0
无锡职业技术学院	3	0	0	0	0	0	0	0	0	0	0	0	0	0	0
江苏建筑职业技术学院	4	0	0	0	0	0	0	0	0	0	0	0	0	0	0
南京工业职业技术学院	5	0	0	0	0	0	0	0	0	0	0	0	0	0	0
江苏工程职业技术学院	6	0	0	0	0	0	0	0	0	0	0	0	0	0	0
苏州工艺美术职业技术学院	7	0	0	0	0	0	0	0	0	0	0	0	0	0	0
连云港职业技术学院	8	0	0	0	0	0	0	0	0	0	0	0	0	0	0
镇江市高等专科学校	9	0	0	0	0	0	0	0	0	0	0	0	0	0	0
南通职业大学	10	0	0	0	0	0	0	0	0	0	0	0	0	0	0
苏州市职业大学	11	0	0	0	0	0	0	0	0	0	0	0	0	0	0
沙洲职业工学院	12	0	0	0	0	0	0	0	0	0	0	0	0	0	0
扬州市职业大学	13	0	0	0	0	0	0	0	0	0	0	0	0	0	0
连云港师范高等专科学校	14	0	0	0	0	0	0	0	0	0	0	0	0	0	0
江苏经贸职业技术学院	15	0	0	0	0	0	0	0	0	0	0	0	0	0	0
泰州职业技术学院	16	0	0	0	0	0	0	0	0	0	0	0	0	0	0
常州信息职业技术学院	17	0	0	0	0	0	0	0	0	0	0	0	0	0	0
江苏海事职业技术学院	18	0	0	0	0	0	0	0	0	0	0	0	0	0	0
无锡科技职业学院	19	0	0	0	0	0	0	0	0	0	0	0	0	0	0
江苏医药职业学院	20	0	0	0	0	0	0	0	0	0	0	0	0	0	0

续表

南通科技职业学院	21	0	0	0	0	0	0	0	0	0	0	0	0	0	0
苏州经贸职业技术学院	22	0	0	0	0	0	0	0	0	0	0	0	0	0	0
苏州工业职业技术学院	23	0	0	0	0	0	0	0	0	0	0	0	0	0	0
苏州卫生职业技术学院	24	0	0	0	0	0	0	0	0	0	0	0	0	0	0
无锡商业职业技术学院	25	0	0	0	0	0	0	0	0	0	0	0	0	0	0
南通航运职业技术学院	26	0	0	0	0	0	0	0	0	0	0	0	0	0	0
南京交通职业技术学院	27	0	0	0	0	0	0	0	0	0	0	0	0	0	0
淮安信息职业技术学院	28	0	0	0	0	0	0	0	0	0	0	0	0	0	0
江苏农牧科技职业学院	29	0	0	0	0	0	0	0	0	0	0	0	0	0	0
常州纺织服装职业技术学院	30	0	0	0	0	0	0	0	0	0	0	0	0	0	0
苏州农业职业技术学院	31	0	0	0	0	0	0	0	0	0	0	0	0	0	0
南京科技职业学院	32	0	0	0	0	0	0	0	0	0	0	0	0	0	0
常州轻工职业技术学院	33	0	0	0	0	0	0	0	0	0	0	0	0	0	0
常州工程职业技术学院	34	0	0	0	0	0	0	0	0	0	0	0	0	0	0
江苏农林职业技术学院	35	0	0	0	0	0	0	0	0	0	0	0	0	0	0
江苏食品药品职业技术学院	36	0	0	0	0	0	0	0	0	0	0	0	0	0	0
南京铁道职业技术学院	37	0	0	0	0	0	0	0	0	0	0	0	0	0	0
徐州工业职业技术学院	38	0	0	0	0	0	0	0	0	0	0	0	0	0	0
江苏信息职业技术学院	39	0	0	0	0	0	0	0	0	0	0	0	0	0	0
南京信息职业技术学院	40	0	0	0	0	0	0	0	0	0	0	0	0	0	0
常州机电职业技术学院	41	0	0	0	0	0	0	0	0	0	0	0	0	0	0
江阴职业技术学院	42	0	0	0	0	0	0	0	0	0	0	0	0	0	0
无锡城市职业技术学院	43	0	0	0	0	0	0	0	0	0	0	0	0	0	0
无锡工艺职业技术学院	44	1	1	1	0	0	0	1	0	1	0	0	0	1	0

续表

高校名称		总计		按职称划分						按最后学历划分			按最后学位划分		其他人员
			女性	小计	教授	副教授	讲师	助教	初级	研究生	本科生	其他	博士	硕士	
	编号	L01	L02	L03	L04	L05	L06	L07	L08	L09	L10	L11	L12	L13	L14
苏州健雄职业技术学院	45	0	0	0	0	0	0	0	0	0	0	0	0	0	0
盐城工业职业技术学院	46	0	0	0	0	0	0	0	0	0	0	0	0	0	0
江苏财经职业技术学院	47	0	0	0	0	0	0	0	0	0	0	0	0	0	0
扬州工业职业技术学院	48	0	0	0	0	0	0	0	0	0	0	0	0	0	0
江苏城市职业学院	49	0	0	0	0	0	0	0	0	0	0	0	0	0	0
南京城市职业学院	50	0	0	0	0	0	0	0	0	0	0	0	0	0	0
南京机电职业技术学院	51	0	0	0	0	0	0	0	0	0	0	0	0	0	0
南京旅游职业学院	52	0	0	0	0	0	0	0	0	0	0	0	0	0	0
江苏卫生健康职业学院	53	0	0	0	0	0	0	0	0	0	0	0	0	0	0
苏州信息职业技术学院	54	0	0	0	0	0	0	0	0	0	0	0	0	0	0
苏州工业园区服务外包职业学院	55	0	0	0	0	0	0	0	0	0	0	0	0	0	0
徐州幼儿师范高等专科学校	56	0	0	0	0	0	0	0	0	0	0	0	0	0	0
徐州生物工程职业技术学院	57	0	0	0	0	0	0	0	0	0	0	0	0	0	0
江苏商贸职业学院	58	0	0	0	0	0	0	0	0	0	0	0	0	0	0
南通师范高等专科学校	59	0	0	0	0	0	0	0	0	0	0	0	0	0	0
江苏护理职业学院	60	0	0	0	0	0	0	0	0	0	0	0	0	0	0
江苏财会职业学院	61	0	0	0	0	0	0	0	0	0	0	0	0	0	0
江苏城乡建设职业学院	62	0	0	0	0	0	0	0	0	0	0	0	0	0	0
江苏航空职业技术学院	63	0	0	0	0	0	0	0	0	0	0	0	0	0	0
江苏安全技术职业学院	64	0	0	0	0	0	0	0	0	0	0	0	0	0	0
江苏旅游职业学院	65	0	0	0	0	0	0	0	0	0	0	0	0	0	0

3.12 经济学人文、社会科学活动人员情况表

高校名称		总计		按职称划分						按最后学历划分			按最后学位划分		其他人员
			女性	小计	教授	副教授	讲师	助教	初级	研究生	本科生	其他	博士	硕士	
	编号	L01	L02	L03	L04	L05	L06	L07	L08	L09	L10	L11	L12	L13	L14
合计	/	1 265	834	1 265	82	400	602	157	24	599	662	4	54	806	0
盐城幼儿师范高等专科学校	1	5	4	5	0	0	3	2	0	1	3	1	0	3	0
苏州幼儿师范高等专科学校	2	0	0	0	0	0	0	0	0	0	0	0	0	0	0
无锡职业技术学院	3	23	14	23	2	4	16	1	0	14	9	0	4	12	0
江苏建筑职业技术学院	4	11	5	11	3	4	2	2	0	5	6	0	2	6	0
南京工业职业技术学院	5	42	28	42	3	13	25	1	0	28	14	0	4	30	0
江苏工程职业技术学院	6	19	9	19	1	10	8	0	0	7	12	0	0	14	0
苏州工艺美术职业技术学院	7	0	0	0	0	0	0	0	0	0	0	0	0	0	0
连云港职业技术学院	8	23	17	23	0	7	14	2	0	5	18	0	1	11	0
镇江市高等专科学校	9	8	5	8	1	3	3	1	0	4	4	0	1	4	0
南通职业大学	10	37	19	37	2	14	18	3	0	14	22	1	3	26	0
苏州市职业大学	11	51	33	51	0	16	35	0	0	31	20	0	2	40	0
沙洲职业工学院	12	16	12	16	1	7	6	2	0	5	11	0	1	6	0
扬州市职业大学	13	76	45	76	4	27	38	7	0	35	41	0	2	50	0
连云港师范高等专科学校	14	15	9	15	1	11	3	0	0	6	9	0	0	10	0
江苏经贸职业技术学院	15	26	17	26	5	6	11	4	0	18	8	0	5	16	0
泰州职业技术学院	16	14	6	14	1	5	8	0	0	4	10	0	0	12	0
常州信息职业技术学院	17	17	13	17	3	1	10	3	0	14	3	0	2	12	0
江苏海事职业技术学院	18	13	5	13	2	3	8	0	0	8	5	0	1	8	0
无锡科技职业学院	19	20	17	20	1	4	9	6	0	9	11	0	1	14	0
江苏医药职业学院	20	3	2	3	1	0	1	0	1	1	2	0	0	1	0

续表

高校名称		总计		按职称划分						按最后学历划分			按最后学位划分		其他
			女性	小计	教授	副教授	讲师	助教	初级	研究生	本科生	其他	博士	硕士	人员
	编号	L01	L02	L03	L04	L05	L06	L07	L08	L09	L10	L11	L12	L13	L14
南通科技职业学院	21	14	10	14	0	6	8	0	0	2	12	0	0	8	0
苏州经贸职业技术学院	22	50	24	50	6	19	22	0	3	23	27	0	1	35	0
苏州工业职业技术学院	23	3	3	3	0	2	1	0	0	3	0	0	3	0	0
苏州卫生职业技术学院	24	9	6	9	0	1	3	3	2	5	4	0	0	5	0
无锡商业职业技术学院	25	30	19	30	2	13	13	2	0	16	14	0	2	20	0
南通航运职业技术学院	26	24	14	24	1	8	15	0	0	9	15	0	0	15	0
南京交通职业技术学院	27	5	4	5	1	3	1	0	0	3	2	0	0	3	0
淮安信息职业技术学院	28	10	6	10	0	3	7	0	0	4	6	0	0	5	0
江苏农牧科技职业学院	29	9	5	9	2	3	3	1	0	3	6	0	0	8	0
常州纺织服装职业技术学院	30	21	13	21	1	7	10	3	0	11	10	0	0	13	0
苏州农业职业技术学院	31	22	14	22	2	13	6	1	0	12	10	0	4	16	0
南京科技职业学院	32	15	9	15	0	5	4	6	0	8	7	0	0	9	0
常州轻工职业技术学院	33	11	10	11	0	1	4	6	0	9	2	0	0	10	0
常州工程职业技术学院	34	8	6	8	0	3	4	1	0	4	4	0	0	5	0
江苏农林职业技术学院	35	4	1	4	1	2	1	0	0	1	3	0	0	2	0
江苏食品药品职业技术学院	36	37	21	37	6	6	25	0	0	14	23	0	0	16	0
南京铁道职业技术学院	37	24	17	24	2	2	16	4	0	8	16	0	0	10	0
徐州工业职业技术学院	38	3	1	3	0	2	1	0	0	3	0	0	0	3	0
江苏信息职业技术学院	39	29	22	29	0	6	15	6	2	17	11	1	0	18	0
南京信息职业技术学院	40	16	12	16	3	4	6	3	0	6	10	0	0	10	0
常州机电职业技术学院	41	9	7	9	1	1	7	0	0	6	3	0	0	8	0

续表

江阴职业技术学院	42	22	13	22	0	11	11	0	0	0	22	0	0	7	0
无锡城市职业技术学院	43	40	29	40	2	17	20	0	1	22	18	0	6	26	0
无锡工艺职业技术学院	44	16	8	16	0	6	6	4	0	3	13	0	0	5	0
苏州健雄职业技术学院	45	16	9	16	2	4	10	0	0	8	8	0	0	12	0
盐城工业职业技术学院	46	27	18	27	4	8	9	6	0	14	12	1	0	16	0
江苏财经职业技术学院	47	49	33	49	0	8	24	17	0	29	20	0	0	35	0
扬州工业职业技术学院	48	24	14	24	1	9	9	5	0	13	11	0	0	16	0
江苏城市职业学院	49	31	22	31	2	11	15	2	1	19	12	0	3	23	0
南京城市职业学院	50	32	27	32	3	9	16	2	2	10	22	0	1	18	0
南京机电职业技术学院	51	12	10	12	0	0	2	3	7	1	11	0	0	1	0
南京旅游职业学院	52	29	17	29	1	12	14	2	0	27	2	0	4	23	0
江苏卫生健康职业学院	53	1	0	1	1	0	0	0	0	1	0	0	0	1	0
苏州信息职业技术学院	54	16	13	16	0	5	8	1	2	3	13	0	0	13	0
苏州工业园区服务外包职业学院	55	19	17	19	1	3	11	4	0	17	2	0	1	15	0
徐州幼儿师范高等专科学校	56	1	1	1	0	0	1	0	0	1	0	0	0	1	0
徐州生物工程职业技术学院	57	7	6	7	1	3	2	0	1	2	5	0	0	5	0
江苏商贸职业学院	58	43	29	43	2	17	8	16	0	13	30	0	0	21	0
南通师范高等专科学校	59	1	1	1	0	0	1	0	0	1	0	0	0	1	0
江苏护理职业学院	60	0	0	0	0	0	0	0	0	0	0	0	0	0	0
江苏财会职业学院	61	73	54	73	2	24	27	20	0	21	52	0	0	49	0
江苏城乡建设职业学院	62	6	5	6	0	1	4	1	0	1	5	0	0	2	0
江苏航空职业技术学院	63	0	0	0	0	0	0	0	0	0	0	0	0	0	0
江苏安全技术职业学院	64	0	0	0	0	0	0	0	0	0	0	0	0	0	0
江苏旅游职业学院	65	28	24	28	1	7	14	4	2	17	11	0	0	22	0

3.13 政治学人文、社会科学活动人员情况表

高校名称		总计		按职称划分						按最后学历划分			按最后学位划分		其他
			女性	小计	教授	副教授	讲师	助教	初级	研究生	本科生	其他	博士	硕士	人员
	编号	L01	L02	L03	L04	L05	L06	L07	L08	L09	L10	L11	L12	L13	L14
合计	/	135	75	135	8	45	64	14	4	62	72	1	7	80	0
盐城幼儿师范高等专科学校	1	18	7	18	4	7	6	1	0	5	12	1	1	6	0
苏州幼儿师范高等专科学校	2	4	4	4	0	3	1	0	0	1	3	0	0	4	0
无锡职业技术学院	3	1	0	1	0	1	0	0	0	0	1	0	0	0	0
江苏建筑职业技术学院	4	4	0	4	0	1	3	0	0	2	2	0	0	2	0
南京工业职业技术学院	5	2	1	2	0	0	2	0	0	2	0	0	0	2	0
江苏工程职业技术学院	6	1	1	1	0	1	0	0	0	0	1	0	0	1	0
苏州工艺美术职业技术学院	7	0	0	0	0	0	0	0	0	0	0	0	0	0	0
连云港职业技术学院	8	1	0	1	1	0	0	0	0	1	0	0	1	0	0
镇江市高等专科学校	9	3	1	3	0	1	2	0	0	1	2	0	0	3	0
南通职业大学	10	1	0	1	0	0	1	0	0	0	1	0	0	0	0
苏州市职业大学	11	3	2	3	0	1	1	1	0	3	0	0	1	2	0
沙洲职业工学院	12	2	0	2	0	0	2	0	0	0	2	0	0	0	0
扬州市职业大学	13	1	0	1	0	0	1	0	0	1	0	0	0	1	0
连云港师范高等专科学校	14	7	3	7	2	4	1	0	0	2	5	0	1	4	0
江苏经贸职业技术学院	15	0	0	0	0	0	0	0	0	0	0	0	0	0	0
泰州职业技术学院	16	0	0	0	0	0	0	0	0	0	0	0	0	0	0
常州信息职业技术学院	17	3	1	3	0	1	1	1	0	2	1	0	0	2	0
江苏海事职业技术学院	18	0	0	0	0	0	0	0	0	0	0	0	0	0	0
无锡科技职业学院	19	0	0	0	0	0	0	0	0	0	0	0	0	0	0
江苏医药职业学院	20	1	1	1	0	0	1	0	0	1	0	0	0	1	0

续表

南通科技职业学院	21	0	0	0	0	0	0	0	0	0	0	0	0	0	0
苏州经贸职业技术学院	22	1	1	1	0	0	1	0	0	1	0	0	0	1	0
苏州工业职业技术学院	23	0	0	0	0	0	0	0	0	0	0	0	0	0	0
苏州卫生职业技术学院	24	1	0	1	0	0	1	0	0	1	0	0	1	0	0
无锡商业职业技术学院	25	1	1	1	0	1	0	0	0	0	1	0	0	1	0
南通航运职业技术学院	26	1	1	1	0	0	1	0	0	1	0	0	0	1	0
南京交通职业技术学院	27	3	2	3	0	1	2	0	0	2	1	0	0	3	0
淮安信息职业技术学院	28	1	1	1	0	0	1	0	0	1	0	0	0	1	0
江苏农牧科技职业学院	29	1	0	1	0	0	1	0	0	0	1	0	0	0	0
常州纺织服装职业技术学院	30	1	1	1	0	0	1	0	0	0	1	0	0	1	0
苏州农业职业技术学院	31	0	0	0	0	0	0	0	0	0	0	0	0	0	0
南京科技职业学院	32	4	2	4	0	0	1	3	0	3	1	0	0	4	0
常州轻工职业技术学院	33	2	1	2	0	0	1	1	0	2	0	0	0	2	0
常州工程职业技术学院	34	1	0	1	0	0	1	0	0	1	0	0	0	1	0
江苏农林职业技术学院	35	7	5	7	0	3	4	0	0	3	4	0	0	7	0
江苏食品药品职业技术学院	36	4	1	4	0	0	4	0	0	2	2	0	0	3	0
南京铁道职业技术学院	37	0	0	0	0	0	0	0	0	0	0	0	0	0	0
徐州工业职业技术学院	38	2	1	2	0	2	0	0	0	0	2	0	0	2	0
江苏信息职业技术学院	39	3	0	3	0	1	2	0	0	1	2	0	0	2	0
南京信息职业技术学院	40	0	0	0	0	0	0	0	0	0	0	0	0	0	0
常州机电职业技术学院	41	0	0	0	0	0	0	0	0	0	0	0	0	0	0
江阴职业技术学院	42	3	3	3	0	2	1	0	0	0	3	0	0	0	0
无锡城市职业技术学院	43	0	0	0	0	0	0	0	0	0	0	0	0	0	0
无锡工艺职业技术学院	44	1	1	1	0	0	1	0	0	1	0	0	1	0	0

续表

高校名称	编号	总计		按职称划分						按最后学历划分			按最后学位划分		其他人员
			女性	小计	教授	副教授	讲师	助教	初级	研究生	本科生	其他	博士	硕士	
	编号	L01	L02	L03	L04	L05	L06	L07	L08	L09	L10	L11	L12	L13	L14
苏州健雄职业技术学院	45	1	1	1	0	0	1	0	0	1	0	0	0	1	0
盐城工业职业技术学院	46	0	0	0	0	0	0	0	0	0	0	0	0	0	0
江苏财经职业技术学院	47	1	0	1	0	0	1	0	0	1	0	0	1	0	0
扬州工业职业技术学院	48	4	1	4	0	1	3	0	0	2	2	0	0	2	0
江苏城市职业学院	49	0	0	0	0	0	0	0	0	0	0	0	0	0	0
南京城市职业学院	50	5	3	5	1	1	1	0	2	5	0	0	0	3	0
南京机电职业技术学院	51	0	0	0	0	0	0	0	0	0	0	0	0	0	0
南京旅游职业学院	52	2	2	2	0	0	1	1	0	1	1	0	0	1	0
江苏卫生健康职业学院	53	0	0	0	0	0	0	0	0	0	0	0	0	0	0
苏州信息职业技术学院	54	0	0	0	0	0	0	0	0	0	0	0	0	0	0
苏州工业园区服务外包职业学院	55	3	1	3	0	1	2	0	0	3	0	0	0	3	0
徐州幼儿师范高等专科学校	56	0	0	0	0	0	0	0	0	0	0	0	0	0	0
徐州生物工程职业技术学院	57	0	0	0	0	0	0	0	0	0	0	0	0	0	0
江苏商贸职业学院	58	6	5	6	0	2	1	3	0	2	4	0	0	2	0
南通师范高等专科学校	59	11	8	11	0	6	5	0	0	2	9	0	0	6	0
江苏护理职业学院	60	0	0	0	0	0	0	0	0	0	0	0	0	0	0
江苏财会职业学院	61	4	4	4	0	0	1	3	0	3	1	0	0	3	0
江苏城乡建设职业学院	62	5	5	5	0	3	2	0	0	0	5	0	0	0	0
江苏航空职业技术学院	63	0	0	0	0	0	0	0	0	0	0	0	0	0	0
江苏安全技术职业学院	64	4	3	4	0	1	1	0	2	2	2	0	0	2	0
江苏旅游职业学院	65	0	0	0	0	0	0	0	0	0	0	0	0	0	0

3.14 法学人文、社会科学活动人员情况表

高校名称		总计		按职称划分						按最后学历划分			按最后学位划分		其他人员
			女性	小计	教授	副教授	讲师	助教	初级	研究生	本科生	其他	博士	硕士	
	编号	L01	L02	L03	L04	L05	L06	L07	L08	L09	L10	L11	L12	L13	L14
合计	/	315	180	314	13	96	165	37	3	151	161	2	9	208	1
盐城幼儿师范高等专科学校	1	3	1	3	0	1	1	1	0	1	2	0	0	1	0
苏州幼儿师范高等专科学校	2	0	0	0	0	0	0	0	0	0	0	0	0	0	0
无锡职业技术学院	3	14	7	14	1	4	9	0	0	12	2	0	1	11	0
江苏建筑职业技术学院	4	8	3	8	0	4	3	1	0	4	4	0	0	6	0
南京工业职业技术学院	5	1	0	1	0	0	1	0	0	0	1	0	0	0	0
江苏工程职业技术学院	6	7	4	7	1	2	4	0	0	5	2	0	0	7	0
苏州工艺美术职业技术学院	7	0	0	0	0	0	0	0	0	0	0	0	0	0	0
连云港职业技术学院	8	9	5	9	1	5	3	0	0	3	6	0	0	6	0
镇江市高等专科学校	9	12	6	12	0	2	9	1	0	6	6	0	0	10	0
南通职业大学	10	7	3	7	0	1	4	2	0	1	6	0	0	2	0
苏州市职业大学	11	15	9	15	1	5	9	0	0	7	8	0	0	12	0
沙洲职业工学院	12	4	4	4	0	2	2	0	0	0	4	0	0	0	0
扬州市职业大学	13	18	11	17	2	7	5	3	0	8	9	0	2	13	1
连云港师范高等专科学校	14	3	0	3	1	2	0	0	0	1	2	0	0	2	0
江苏经贸职业技术学院	15	14	5	14	1	5	8	0	0	8	6	0	2	9	0
泰州职业技术学院	16	0	0	0	0	0	0	0	0	0	0	0	0	0	0
常州信息职业技术学院	17	5	4	5	0	0	5	0	0	3	2	0	0	3	0
江苏海事职业技术学院	18	2	1	2	1	1	0	0	0	2	0	0	0	2	0
无锡科技职业学院	19	3	2	3	0	0	3	0	0	1	1	1	0	2	0
江苏医药职业学院	20	2	2	2	0	0	1	1	0	1	1	0	0	2	0

续表

高校名称		总计		按职称划分						按最后学历划分			按最后学位划分		其他
			女性	小计	教授	副教授	讲师	助教	初级	研究生	本科生	其他	博士	硕士	人员
	编号	L01	L02	L03	L04	L05	L06	L07	L08	L09	L10	L11	L12	L13	L14
南通科技职业学院	21	7	5	7	0	4	3	0	0	1	6	0	0	2	0
苏州经贸职业技术学院	22	10	4	10	0	3	6	1	0	4	6	0	0	6	0
苏州工业职业技术学院	23	1	1	1	0	0	1	0	0	0	1	0	0	1	0
苏州卫生职业技术学院	24	5	2	5	0	3	1	1	0	3	2	0	1	2	0
无锡商业职业技术学院	25	8	3	8	2	0	6	0	0	3	5	0	0	7	0
南通航运职业技术学院	26	6	4	6	0	2	3	1	0	4	2	0	0	4	0
南京交通职业技术学院	27	4	1	4	0	3	1	0	0	3	1	0	0	4	0
淮安信息职业技术学院	28	1	1	1	0	0	1	0	0	0	1	0	0	1	0
江苏农牧科技职业学院	29	0	0	0	0	0	0	0	0	0	0	0	0	0	0
常州纺织服装职业技术学院	30	6	5	6	0	0	2	4	0	5	1	0	0	5	0
苏州农业职业技术学院	31	7	2	7	0	5	2	0	0	2	5	0	0	6	0
南京科技职业学院	32	5	3	5	0	1	4	0	0	4	1	0	0	4	0
常州轻工职业技术学院	33	3	1	3	0	0	2	1	0	1	2	0	0	3	0
常州工程职业技术学院	34	3	2	3	0	0	2	1	0	1	2	0	0	1	0
江苏农林职业技术学院	35	4	3	4	0	0	4	0	0	2	2	0	0	4	0
江苏食品药品职业技术学院	36	3	1	3	0	1	2	0	0	3	0	0	0	3	0
南京铁道职业技术学院	37	2	1	2	0	0	2	0	0	1	1	0	0	1	0
徐州工业职业技术学院	38	1	1	1	0	0	1	0	0	1	0	0	0	1	0
江苏信息职业技术学院	39	1	0	1	0	1	0	0	0	0	1	0	0	0	0
南京信息职业技术学院	40	3	3	3	0	1	1	1	0	2	1	0	0	3	0
常州机电职业技术学院	41	0	0	0	0	0	0	0	0	0	0	0	0	0	0

续表

江阴职业技术学院	42	4	2	4	0	1	2	1	0	0	4	0	0	1	0
无锡城市职业技术学院	43	2	1	2	0	2	0	0	0	0	2	0	0	1	0
无锡工艺职业技术学院	44	4	2	4	0	0	1	3	0	2	2	0	0	2	0
苏州健雄职业技术学院	45	4	3	4	0	0	4	0	0	4	0	0	0	4	0
盐城工业职业技术学院	46	1	0	1	0	0	1	0	0	0	1	0	0	0	0
江苏财经职业技术学院	47	15	9	15	0	4	9	2	0	8	7	0	1	9	0
扬州工业职业技术学院	48	4	2	4	0	1	1	2	0	2	2	0	0	2	0
江苏城市职业学院	49	11	6	11	1	6	3	1	0	6	5	0	1	8	0
南京城市职业学院	50	11	9	11	0	4	4	2	1	1	9	1	0	5	0
南京机电职业技术学院	51	5	5	5	0	1	3	1	0	2	3	0	0	2	0
南京旅游职业学院	52	1	0	1	1	0	0	0	0	1	0	0	1	0	0
江苏卫生健康职业学院	53	5	3	5	0	1	3	1	0	2	3	0	0	3	0
苏州信息职业技术学院	54	1	1	1	0	0	1	0	0	0	1	0	0	1	0
苏州工业园区服务外包职业学院	55	4	3	4	0	0	3	1	0	4	0	0	0	4	0
徐州幼儿师范高等专科学校	56	2	1	2	0	1	0	1	0	1	1	0	0	1	0
徐州生物工程职业技术学院	57	4	3	4	0	0	4	0	0	0	4	0	0	1	0
江苏商贸职业学院	58	10	8	10	0	4	4	2	0	4	6	0	0	7	0
南通师范高等专科学校	59	0	0	0	0	0	0	0	0	0	0	0	0	0	0
江苏护理职业学院	60	5	3	5	0	1	3	1	0	2	3	0	0	2	0
江苏财会职业学院	61	5	3	5	0	1	4	0	0	2	3	0	0	2	0
江苏城乡建设职业学院	62	3	1	3	0	2	1	0	0	1	2	0	0	1	0
江苏航空职业技术学院	63	3	3	3	0	0	1	0	2	2	1	0	0	2	0
江苏安全技术职业学院	64	0	0	0	0	0	0	0	0	0	0	0	0	0	0
江苏旅游职业学院	65	4	2	4	0	2	2	0	0	4	0	0	0	4	0

3.15 社会学人文、社会科学活动人员情况表

高校名称		总计		按职称划分						按最后学历划分			按最后学位划分		其他人员
			女性	小计	教授	副教授	讲师	助教	初级	研究生	本科生	其他	博士	硕士	
	编号	L01	L02	L03	L04	L05	L06	L07	L08	L09	L10	L11	L12	L13	L14
合计	/	202	138	202	9	52	103	33	5	112	71	19	9	140	0
盐城幼儿师范高等专科学校	1	2	1	2	0	1	0	1	0	1	1	0	0	0	0
苏州幼儿师范高等专科学校	2	0	0	0	0	0	0	0	0	0	0	0	0	0	0
无锡职业技术学院	3	1	1	1	0	0	0	1	0	1	0	0	0	1	0
江苏建筑职业技术学院	4	4	2	4	0	1	2	1	0	2	2	0	0	3	0
南京工业职业技术学院	5	6	4	6	0	2	4	0	0	6	0	0	0	5	0
江苏工程职业技术学院	6	2	0	2	0	1	1	0	0	1	1	0	0	1	0
苏州工艺美术职业技术学院	7	2	0	2	0	2	0	0	0	1	1	0	0	2	0
连云港职业技术学院	8	3	0	3	1	0	2	0	0	0	3	0	0	2	0
镇江市高等专科学校	9	0	0	0	0	0	0	0	0	0	0	0	0	0	0
南通职业大学	10	3	2	3	0	1	2	0	0	2	0	1	0	2	0
苏州市职业大学	11	3	3	3	0	2	1	0	0	2	1	0	1	2	0
沙洲职业工学院	12	1	1	1	0	0	1	0	0	0	1	0	0	1	0
扬州市职业大学	13	6	3	6	0	3	3	0	0	4	2	0	1	5	0
连云港师范高等专科学校	14	3	1	3	0	3	0	0	0	3	0	0	0	3	0
江苏经贸职业技术学院	15	6	2	6	0	1	4	1	0	6	0	0	2	4	0
泰州职业技术学院	16	1	1	1	0	0	1	0	0	1	0	0	0	1	0
常州信息职业技术学院	17	2	1	2	0	0	1	1	0	2	0	0	0	2	0
江苏海事职业技术学院	18	4	2	4	2	0	2	0	0	2	2	0	1	2	0
无锡科技职业学院	19	0	0	0	0	0	0	0	0	0	0	0	0	0	0
江苏医药职业学院	20	3	3	3	0	0	2	0	1	1	2	0	0	2	0

续表

南通科技职业学院	21	2	2	2	0	0	1	1	0	1	1	0	0	1	0
苏州经贸职业技术学院	22	0	0	0	0	0	0	0	0	0	0	0	0	0	0
苏州工业职业技术学院	23	0	0	0	0	0	0	0	0	0	0	0	0	0	0
苏州卫生职业技术学院	24	0	0	0	0	0	0	0	0	0	0	0	0	0	0
无锡商业职业技术学院	25	1	0	1	0	0	1	0	0	0	1	0	0	0	0
南通航运职业技术学院	26	7	7	7	0	0	7	0	0	1	6	0	0	5	0
南京交通职业技术学院	27	1	0	1	1	0	0	0	0	1	0	0	1	0	0
淮安信息职业技术学院	28	4	2	4	2	2	0	0	0	2	2	0	1	2	0
江苏农牧科技职业学院	29	0	0	0	0	0	0	0	0	0	0	0	0	0	0
常州纺织服装职业技术学院	30	0	0	0	0	0	0	0	0	0	0	0	0	0	0
苏州农业职业技术学院	31	1	1	1	0	0	0	1	0	1	0	0	0	1	0
南京科技职业学院	32	2	2	2	0	1	1	0	0	2	0	0	0	2	0
常州轻工职业技术学院	33	1	1	1	0	0	1	0	0	1	0	0	0	1	0
常州工程职业技术学院	34	0	0	0	0	0	0	0	0	0	0	0	0	0	0
江苏农林职业技术学院	35	3	3	3	0	0	3	0	0	0	3	0	0	1	0
江苏食品药品职业技术学院	36	7	4	7	0	1	6	0	0	2	5	0	0	6	0
南京铁道职业技术学院	37	0	0	0	0	0	0	0	0	0	0	0	0	0	0
徐州工业职业技术学院	38	1	1	1	0	0	0	1	0	1	0	0	0	1	0
江苏信息职业技术学院	39	1	1	1	0	0	0	1	0	1	0	0	0	1	0
南京信息职业技术学院	40	2	1	2	0	1	1	0	0	0	2	0	0	2	0
常州机电职业技术学院	41	2	2	2	0	1	1	0	0	2	0	0	0	2	0
江阴职业技术学院	42	2	1	2	0	2	0	0	0	1	1	0	0	1	0
无锡城市职业技术学院	43	0	0	0	0	0	0	0	0	0	0	0	0	0	0
无锡工艺职业技术学院	44	3	3	3	0	0	1	2	0	3	0	0	1	2	0

续表

高校名称		总计		按职称划分						按最后学历划分			按最后学位划分		其他人员
			女性	小计	教授	副教授	讲师	助教	初级	研究生	本科生	其他	博士	硕士	
	编号	L01	L02	L03	L04	L05	L06	L07	L08	L09	L10	L11	L12	L13	L14
苏州健雄职业技术学院	45	1	1	1	0	0	0	1	0	1	0	0	0	1	0
盐城工业职业技术学院	46	1	1	1	0	0	1	0	0	1	0	0	0	1	0
江苏财经职业技术学院	47	5	3	5	0	1	4	0	0	1	4	0	0	3	0
扬州工业职业技术学院	48	0	0	0	0	0	0	0	0	0	0	0	0	0	0
江苏城市职业学院	49	1	0	1	0	1	0	0	0	1	0	0	0	1	0
南京城市职业学院	50	7	7	7	0	1	2	0	4	6	1	0	0	7	0
南京机电职业技术学院	51	0	0	0	0	0	0	0	0	0	0	0	0	0	0
南京旅游职业学院	52	1	1	1	0	1	0	0	0	1	0	0	1	0	0
江苏卫生健康职业学院	53	1	0	1	0	1	0	0	0	1	0	0	0	1	0
苏州信息职业技术学院	54	0	0	0	0	0	0	0	0	0	0	0	0	0	0
苏州工业园区服务外包职业学院	55	2	1	2	0	0	2	0	0	2	0	0	0	2	0
徐州幼儿师范高等专科学校	56	0	0	0	0	0	0	0	0	0	0	0	0	0	0
徐州生物工程职业技术学院	57	0	0	0	0	0	0	0	0	0	0	0	0	0	0
江苏商贸职业学院	58	2	2	2	0	0	1	1	0	2	0	0	0	2	0
南通师范高等专科学校	59	0	0	0	0	0	0	0	0	0	0	0	0	0	0
江苏护理职业学院	60	78	58	78	3	19	39	17	0	35	25	18	0	46	0
江苏财会职业学院	61	9	6	9	0	2	4	3	0	5	4	0	0	8	0
江苏城乡建设职业学院	62	0	0	0	0	0	0	0	0	0	0	0	0	0	0
江苏航空职业技术学院	63	0	0	0	0	0	0	0	0	0	0	0	0	0	0
江苏安全技术职业学院	64	0	0	0	0	0	0	0	0	0	0	0	0	0	0
江苏旅游职业学院	65	2	0	2	0	1	1	0	0	2	0	0	0	2	0

3.16　民族学与文化学人文、社会科学活动人员情况表

高校名称		总计		按职称划分						按最后学历划分			按最后学位划分		其他人员
			女性	小计	教授	副教授	讲师	助教	初级	研究生	本科生	其他	博士	硕士	
	编号	L01	L02	L03	L04	L05	L06	L07	L08	L09	L10	L11	L12	L13	L14
合计	/	7	4	7	0	1	5	1	0	2	5	0	0	5	0
盐城幼儿师范高等专科学校	1	0	0	0	0	0	0	0	0	0	0	0	0	0	0
苏州幼儿师范高等专科学校	2	0	0	0	0	0	0	0	0	0	0	0	0	0	0
无锡职业技术学院	3	0	0	0	0	0	0	0	0	0	0	0	0	0	0
江苏建筑职业技术学院	4	0	0	0	0	0	0	0	0	0	0	0	0	0	0
南京工业职业技术学院	5	0	0	0	0	0	0	0	0	0	0	0	0	0	0
江苏工程职业技术学院	6	0	0	0	0	0	0	0	0	0	0	0	0	0	0
苏州工艺美术职业技术学院	7	0	0	0	0	0	0	0	0	0	0	0	0	0	0
连云港职业技术学院	8	0	0	0	0	0	0	0	0	0	0	0	0	0	0
镇江市高等专科学校	9	0	0	0	0	0	0	0	0	0	0	0	0	0	0
南通职业大学	10	0	0	0	0	0	0	0	0	0	0	0	0	0	0
苏州市职业大学	11	0	0	0	0	0	0	0	0	0	0	0	0	0	0
沙洲职业工学院	12	0	0	0	0	0	0	0	0	0	0	0	0	0	0
扬州市职业大学	13	1	0	1	0	1	0	0	0	0	1	0	0	1	0
连云港师范高等专科学校	14	1	1	1	0	0	1	0	0	0	1	0	0	1	0
江苏经贸职业技术学院	15	0	0	0	0	0	0	0	0	0	0	0	0	0	0
泰州职业技术学院	16	0	0	0	0	0	0	0	0	0	0	0	0	0	0
常州信息职业技术学院	17	0	0	0	0	0	0	0	0	0	0	0	0	0	0
江苏海事职业技术学院	18	0	0	0	0	0	0	0	0	0	0	0	0	0	0
无锡科技职业学院	19	0	0	0	0	0	0	0	0	0	0	0	0	0	0
江苏医药职业学院	20	0	0	0	0	0	0	0	0	0	0	0	0	0	0

续表

高校名称		总计		按职称划分						按最后学历划分			按最后学位划分		其他
			女性	小计	教授	副教授	讲师	助教	初级	研究生	本科生	其他	博士	硕士	人员
	编号	L01	L02	L03	L04	L05	L06	L07	L08	L09	L10	L11	L12	L13	L14
南通科技职业学院	21	0	0	0	0	0	0	0	0	0	0	0	0	0	0
苏州经贸职业技术学院	22	0	0	0	0	0	0	0	0	0	0	0	0	0	0
苏州工业职业技术学院	23	0	0	0	0	0	0	0	0	0	0	0	0	0	0
苏州卫生职业技术学院	24	0	0	0	0	0	0	0	0	0	0	0	0	0	0
无锡商业职业技术学院	25	0	0	0	0	0	0	0	0	0	0	0	0	0	0
南通航运职业技术学院	26	0	0	0	0	0	0	0	0	0	0	0	0	0	0
南京交通职业技术学院	27	0	0	0	0	0	0	0	0	0	0	0	0	0	0
淮安信息职业技术学院	28	2	1	2	0	0	2	0	0	0	2	0	0	1	0
江苏农牧科技职业学院	29	0	0	0	0	0	0	0	0	0	0	0	0	0	0
常州纺织服装职业技术学院	30	0	0	0	0	0	0	0	0	0	0	0	0	0	0
苏州农业职业技术学院	31	0	0	0	0	0	0	0	0	0	0	0	0	0	0
南京科技职业学院	32	0	0	0	0	0	0	0	0	0	0	0	0	0	0
常州轻工职业技术学院	33	1	0	1	0	0	1	0	0	0	1	0	0	0	0
常州工程职业技术学院	34	0	0	0	0	0	0	0	0	0	0	0	0	0	0
江苏农林职业技术学院	35	0	0	0	0	0	0	0	0	0	0	0	0	0	0
江苏食品药品职业技术学院	36	0	0	0	0	0	0	0	0	0	0	0	0	0	0
南京铁道职业技术学院	37	0	0	0	0	0	0	0	0	0	0	0	0	0	0
徐州工业职业技术学院	38	0	0	0	0	0	0	0	0	0	0	0	0	0	0
江苏信息职业技术学院	39	0	0	0	0	0	0	0	0	0	0	0	0	0	0
南京信息职业技术学院	40	0	0	0	0	0	0	0	0	0	0	0	0	0	0
常州机电职业技术学院	41	0	0	0	0	0	0	0	0	0	0	0	0	0	0

续表

江阴职业技术学院	42	0	0	0	0	0	0	0	0	0	0	0	0	0	0
无锡城市职业技术学院	43	0	0	0	0	0	0	0	0	0	0	0	0	0	0
无锡工艺职业技术学院	44	1	1	1	0	0	0	1	0	1	0	0	0	1	0
苏州健雄职业技术学院	45	0	0	0	0	0	0	0	0	0	0	0	0	0	0
盐城工业职业技术学院	46	0	0	0	0	0	0	0	0	0	0	0	0	0	0
江苏财经职业技术学院	47	0	0	0	0	0	0	0	0	0	0	0	0	0	0
扬州工业职业技术学院	48	0	0	0	0	0	0	0	0	0	0	0	0	0	0
江苏城市职业学院	49	0	0	0	0	0	0	0	0	0	0	0	0	0	0
南京城市职业学院	50	0	0	0	0	0	0	0	0	0	0	0	0	0	0
南京机电职业技术学院	51	0	0	0	0	0	0	0	0	0	0	0	0	0	0
南京旅游职业学院	52	0	0	0	0	0	0	0	0	0	0	0	0	0	0
江苏卫生健康职业学院	53	1	1	1	0	0	1	0	0	1	0	0	0	1	0
苏州信息职业技术学院	54	0	0	0	0	0	0	0	0	0	0	0	0	0	0
苏州工业园区服务外包职业学院	55	0	0	0	0	0	0	0	0	0	0	0	0	0	0
徐州幼儿师范高等专科学校	56	0	0	0	0	0	0	0	0	0	0	0	0	0	0
徐州生物工程职业技术学院	57	0	0	0	0	0	0	0	0	0	0	0	0	0	0
江苏商贸职业学院	58	0	0	0	0	0	0	0	0	0	0	0	0	0	0
南通师范高等专科学校	59	0	0	0	0	0	0	0	0	0	0	0	0	0	0
江苏护理职业学院	60	0	0	0	0	0	0	0	0	0	0	0	0	0	0
江苏财会职业学院	61	0	0	0	0	0	0	0	0	0	0	0	0	0	0
江苏城乡建设职业学院	62	0	0	0	0	0	0	0	0	0	0	0	0	0	0
江苏航空职业技术学院	63	0	0	0	0	0	0	0	0	0	0	0	0	0	0
江苏安全技术职业学院	64	0	0	0	0	0	0	0	0	0	0	0	0	0	0
江苏旅游职业学院	65	0	0	0	0	0	0	0	0	0	0	0	0	0	0

3.17 新闻学与传播学人文、社会科学活动人员情况表

高校名称		总计		按职称划分						按最后学历划分			按最后学位划分		其他人员
			女性	小计	教授	副教授	讲师	助教	初级	研究生	本科生	其他	博士	硕士	
	编号	L01	L02	L03	L04	L05	L06	L07	L08	L09	L10	L11	L12	L13	L14
合计	/	75	52	75	3	18	38	13	3	34	41	0	1	39	0
盐城幼儿师范高等专科学校	1	0	0	0	0	0	0	0	0	0	0	0	0	0	0
苏州幼儿师范高等专科学校	2	0	0	0	0	0	0	0	0	0	0	0	0	0	0
无锡职业技术学院	3	0	0	0	0	0	0	0	0	0	0	0	0	0	0
江苏建筑职业技术学院	4	0	0	0	0	0	0	0	0	0	0	0	0	0	0
南京工业职业技术学院	5	0	0	0	0	0	0	0	0	0	0	0	0	0	0
江苏工程职业技术学院	6	3	2	3	0	0	3	0	0	2	1	0	0	2	0
苏州工艺美术职业技术学院	7	3	0	3	0	3	0	0	0	2	1	0	1	1	0
连云港职业技术学院	8	1	1	1	0	0	1	0	0	1	0	0	0	1	0
镇江市高等专科学校	9	3	3	3	0	1	2	0	0	1	2	0	0	2	0
南通职业大学	10	0	0	0	0	0	0	0	0	0	0	0	0	0	0
苏州市职业大学	11	3	3	3	1	0	0	2	0	2	1	0	0	2	0
沙洲职业工学院	12	0	0	0	0	0	0	0	0	0	0	0	0	0	0
扬州市职业大学	13	6	6	6	0	0	4	2	0	3	3	0	0	3	0
连云港师范高等专科学校	14	11	6	11	1	7	2	1	0	5	6	0	0	6	0
江苏经贸职业技术学院	15	2	2	2	0	0	2	0	0	1	1	0	0	1	0
泰州职业技术学院	16	0	0	0	0	0	0	0	0	0	0	0	0	0	0
常州信息职业技术学院	17	1	0	1	0	0	0	1	0	1	0	0	0	1	0
江苏海事职业技术学院	18	0	0	0	0	0	0	0	0	0	0	0	0	0	0
无锡科技职业学院	19	0	0	0	0	0	0	0	0	0	0	0	0	0	0
江苏医药职业学院	20	1	1	1	0	0	0	0	1	1	0	0	0	1	0

续表

南通科技职业学院	21	0	0	0	0	0	0	0	0	0	0	0	0	0	0
苏州经贸职业技术学院	22	2	1	2	0	2	0	0	0	1	1	0	0	2	0
苏州工业职业技术学院	23	0	0	0	0	0	0	0	0	0	0	0	0	0	0
苏州卫生职业技术学院	24	0	0	0	0	0	0	0	0	0	0	0	0	0	0
无锡商业职业技术学院	25	0	0	0	0	0	0	0	0	0	0	0	0	0	0
南通航运职业技术学院	26	3	1	3	0	0	3	0	0	0	3	0	0	0	0
南京交通职业技术学院	27	0	0	0	0	0	0	0	0	0	0	0	0	0	0
淮安信息职业技术学院	28	0	0	0	0	0	0	0	0	0	0	0	0	0	0
江苏农牧科技职业学院	29	0	0	0	0	0	0	0	0	0	0	0	0	0	0
常州纺织服装职业技术学院	30	1	1	1	0	0	1	0	0	0	1	0	0	0	0
苏州农业职业技术学院	31	1	1	1	0	0	1	0	0	0	1	0	0	1	0
南京科技职业学院	32	2	2	2	0	0	1	1	0	0	2	0	0	0	0
常州轻工职业技术学院	33	2	2	2	0	0	0	2	0	2	0	0	0	2	0
常州工程职业技术学院	34	0	0	0	0	0	0	0	0	0	0	0	0	0	0
江苏农林职业技术学院	35	0	0	0	0	0	0	0	0	0	0	0	0	0	0
江苏食品药品职业技术学院	36	1	1	1	0	0	1	0	0	0	1	0	0	0	0
南京铁道职业技术学院	37	0	0	0	0	0	0	0	0	0	0	0	0	0	0
徐州工业职业技术学院	38	1	1	1	0	0	1	0	0	1	0	0	0	1	0
江苏信息职业技术学院	39	1	1	1	0	0	0	0	1	0	1	0	0	0	0
南京信息职业技术学院	40	0	0	0	0	0	0	0	0	0	0	0	0	0	0
常州机电职业技术学院	41	0	0	0	0	0	0	0	0	0	0	0	0	0	0
江阴职业技术学院	42	1	1	1	0	0	1	0	0	1	0	0	0	1	0
无锡城市职业技术学院	43	0	0	0	0	0	0	0	0	0	0	0	0	0	0
无锡工艺职业技术学院	44	0	0	0	0	0	0	0	0	0	0	0	0	0	0

续表

高校名称		总计		按职称划分						按最后学历划分			按最后学位划分		其他人员
			女性	小计	教授	副教授	讲师	助教	初级	研究生	本科生	其他	博士	硕士	
	编号	L01	L02	L03	L04	L05	L06	L07	L08	L09	L10	L11	L12	L13	L14
苏州健雄职业技术学院	45	1	0	1	0	1	0	0	0	0	1	0	0	0	0
盐城工业职业技术学院	46	0	0	0	0	0	0	0	0	0	0	0	0	0	0
江苏财经职业技术学院	47	2	1	2	0	0	2	0	0	0	2	0	0	0	0
扬州工业职业技术学院	48	0	0	0	0	0	0	0	0	0	0	0	0	0	0
江苏城市职业学院	49	7	6	7	0	3	3	0	1	4	3	0	0	5	0
南京城市职业学院	50	8	5	8	0	1	7	0	0	5	3	0	0	6	0
南京机电职业技术学院	51	4	2	4	0	0	0	4	0	0	4	0	0	0	0
南京旅游职业学院	52	0	0	0	0	0	0	0	0	0	0	0	0	0	0
江苏卫生健康职业学院	53	1	0	1	0	0	1	0	0	0	1	0	0	0	0
苏州信息职业技术学院	54	0	0	0	0	0	0	0	0	0	0	0	0	0	0
苏州工业园区服务外包职业学院	55	0	0	0	0	0	0	0	0	0	0	0	0	0	0
徐州幼儿师范高等专科学校	56	1	1	1	0	0	1	0	0	0	1	0	0	0	0
徐州生物工程职业技术学院	57	0	0	0	0	0	0	0	0	0	0	0	0	0	0
江苏商贸职业学院	58	0	0	0	0	0	0	0	0	0	0	0	0	0	0
南通师范高等专科学校	59	1	0	1	1	0	0	0	0	1	0	0	0	1	0
江苏护理职业学院	60	0	0	0	0	0	0	0	0	0	0	0	0	0	0
江苏财会职业学院	61	0	0	0	0	0	0	0	0	0	0	0	0	0	0
江苏城乡建设职业学院	62	0	0	0	0	0	0	0	0	0	0	0	0	0	0
江苏航空职业技术学院	63	1	1	1	0	0	1	0	0	0	1	0	0	0	0
江苏安全技术职业学院	64	0	0	0	0	0	0	0	0	0	0	0	0	0	0
江苏旅游职业学院	65	0	0	0	0	0	0	0	0	0	0	0	0	0	0

3.18 图书馆、情报与文献学人文、社会科学活动人员情况表

高校名称		总计		按职称划分						按最后学历划分			按最后学位划分		其他人员
			女性	小计	教授	副教授	讲师	助教	初级	研究生	本科生	其他	博士	硕士	
	编号	L01	L02	L03	L04	L05	L06	L07	L08	L09	L10	L11	L12	L13	L14
合计	/	482	322	482	19	100	314	41	8	86	372	24	2	135	0
盐城幼儿师范高等专科学校	1	1	1	1	0	0	1	0	0	0	1	0	0	0	0
苏州幼儿师范高等专科学校	2	1	1	1	0	0	0	0	1	1	0	0	0	1	0
无锡职业技术学院	3	10	7	10	0	4	6	0	0	3	7	0	0	3	0
江苏建筑职业技术学院	4	5	3	5	0	1	3	1	0	3	2	0	0	4	0
南京工业职业技术学院	5	4	3	4	0	2	1	1	0	1	3	0	0	4	0
江苏工程职业技术学院	6	14	7	14	2	4	8	0	0	2	12	0	0	6	0
苏州工艺美术职业技术学院	7	11	7	11	0	3	7	1	0	5	6	0	0	5	0
连云港职业技术学院	8	19	15	19	0	4	13	2	0	0	19	0	0	5	0
镇江市高等专科学校	9	23	20	23	1	7	14	1	0	1	20	2	0	3	0
南通职业大学	10	4	3	4	0	3	1	0	0	0	4	0	0	2	0
苏州市职业大学	11	24	13	24	0	2	22	0	0	9	15	0	0	13	0
沙洲职业工学院	12	7	4	7	0	3	4	0	0	0	7	0	0	0	0
扬州市职业大学	13	14	7	14	0	4	10	0	0	2	9	3	0	2	0
连云港师范高等专科学校	14	13	8	13	2	4	7	0	0	5	7	1	0	7	0
江苏经贸职业技术学院	15	8	2	8	1	3	4	0	0	2	6	0	1	4	0
泰州职业技术学院	16	6	4	6	0	2	4	0	0	0	6	0	0	2	0
常州信息职业技术学院	17	12	5	12	0	0	5	7	0	1	11	0	0	3	0
江苏海事职业技术学院	18	15	12	15	0	2	13	0	0	1	14	0	0	3	0
无锡科技职业学院	19	9	6	9	1	1	6	1	0	1	8	0	0	3	0
江苏医药职业学院	20	6	4	6	0	0	6	0	0	0	3	3	0	0	0

续表

高校名称		总计		按职称划分						按最后学历划分			按最后学位划分		其他人员
			女性	小计	教授	副教授	讲师	助教	初级	研究生	本科生	其他	博士	硕士	
	编号	L01	L02	L03	L04	L05	L06	L07	L08	L09	L10	L11	L12	L13	L14
南通科技职业学院	21	9	8	9	0	5	4	0	0	0	9	0	0	0	0
苏州经贸职业技术学院	22	7	4	7	0	1	4	2	0	2	5	0	0	2	0
苏州工业职业技术学院	23	3	2	3	0	0	3	0	0	0	0	3	0	0	0
苏州卫生职业技术学院	24	8	4	8	1	2	3	2	0	4	4	0	0	4	0
无锡商业职业技术学院	25	8	7	8	0	3	5	0	0	1	7	0	0	4	0
南通航运职业技术学院	26	3	0	3	0	2	1	0	0	0	3	0	0	0	0
南京交通职业技术学院	27	13	7	13	0	0	13	0	0	5	8	0	0	4	0
淮安信息职业技术学院	28	10	4	10	0	1	8	1	0	1	9	0	0	2	0
江苏农牧科技职业学院	29	2	1	2	0	1	1	0	0	1	1	0	0	2	0
常州纺织服装职业技术学院	30	12	7	12	1	1	10	0	0	0	12	0	0	3	0
苏州农业职业技术学院	31	17	12	17	2	3	11	1	0	0	17	0	0	0	0
南京科技职业学院	32	2	2	2	0	0	2	0	0	0	1	1	0	1	0
常州轻工职业技术学院	33	5	3	5	0	3	2	0	0	0	5	0	0	1	0
常州工程职业技术学院	34	12	9	12	0	1	11	0	0	1	11	0	0	1	0
江苏农林职业技术学院	35	12	11	12	0	0	8	4	0	0	12	0	0	1	0
江苏食品药品职业技术学院	36	11	8	11	1	4	6	0	0	1	10	0	0	1	0
南京铁道职业技术学院	37	7	6	7	0	0	7	0	0	3	3	1	0	4	0
徐州工业职业技术学院	38	1	0	1	0	0	1	0	0	1	0	0	0	1	0
江苏信息职业技术学院	39	9	6	9	1	0	7	0	1	3	6	0	0	4	0
南京信息职业技术学院	40	5	3	5	1	1	3	0	0	2	2	1	0	3	0
常州机电职业技术学院	41	5	3	5	0	1	4	0	0	2	3	0	0	2	0

续表

江阴职业技术学院	42	3	3	3	0	1	2	0	0	0	3	0	0	0	0
无锡城市职业技术学院	43	9	6	9	0	2	6	0	1	1	8	0	0	2	0
无锡工艺职业技术学院	44	12	9	12	0	0	5	4	3	1	11	0	0	2	0
苏州健雄职业技术学院	45	5	3	5	1	0	4	0	0	2	3	0	0	2	0
盐城工业职业技术学院	46	4	2	4	0	2	1	1	0	1	2	1	0	1	0
江苏财经职业技术学院	47	6	2	6	0	1	5	0	0	1	5	0	0	1	0
扬州工业职业技术学院	48	12	8	12	1	1	9	1	0	0	12	0	0	0	0
江苏城市职业学院	49	8	5	8	1	3	4	0	0	3	5	0	0	4	0
南京城市职业学院	50	7	6	7	1	2	3	1	0	2	4	1	1	1	0
南京机电职业技术学院	51	4	2	4	0	0	2	2	0	0	4	0	0	1	0
南京旅游职业学院	52	9	6	9	0	0	9	0	0	3	5	1	0	2	0
江苏卫生健康职业学院	53	4	3	4	1	1	2	0	0	1	3	0	0	3	0
苏州信息职业技术学院	54	1	1	1	0	0	1	0	0	0	0	1	0	0	0
苏州工业园区服务外包职业学院	55	2	2	2	0	0	2	0	0	1	1	0	0	0	0
徐州幼儿师范高等专科学校	56	5	5	5	0	1	3	1	0	1	2	2	0	1	0
徐州生物工程职业技术学院	57	2	1	2	0	1	1	0	0	0	2	0	0	0	0
江苏商贸职业学院	58	6	4	6	0	2	3	1	0	1	4	1	0	1	0
南通师范高等专科学校	59	4	3	4	0	2	1	1	0	0	2	2	0	0	0
江苏护理职业学院	60	2	2	2	0	0	1	1	0	1	1	0	0	1	0
江苏财会职业学院	61	3	3	3	0	0	0	3	0	0	3	0	0	0	0
江苏城乡建设职业学院	62	3	3	3	0	1	1	1	0	0	3	0	0	0	0
江苏航空职业技术学院	63	1	1	1	0	0	0	0	1	1	0	0	0	1	0
江苏安全技术职业学院	64	1	1	1	0	0	0	0	1	0	1	0	0	0	0
江苏旅游职业学院	65	2	2	2	0	2	0	0	0	2	0	0	0	2	0

3.19 教育学人文、社会科学活动人员情况表

高校名称		总计		按职称划分						按最后学历划分			按最后学位划分		其他人员
			女性	小计	教授	副教授	讲师	助教	初级	研究生	本科生	其他	博士	硕士	
	编号	L01	L02	L03	L04	L05	L06	L07	L08	L09	L10	L11	L12	L13	L14
合计	/	1 583	910	1 583	121	457	851	135	19	714	861	8	49	1 025	0
盐城幼儿师范高等专科学校	1	27	20	27	0	10	7	10	0	11	15	1	0	17	0
苏州幼儿师范高等专科学校	2	45	33	45	7	11	19	6	2	25	19	1	3	30	0
无锡职业技术学院	3	34	22	34	5	6	21	1	1	23	11	0	3	25	0
江苏建筑职业技术学院	4	12	7	12	0	4	8	0	0	7	5	0	0	9	0
南京工业职业技术学院	5	0	0	0	0	0	0	0	0	0	0	0	0	0	0
江苏工程职业技术学院	6	16	8	16	2	1	13	0	0	9	7	0	0	12	0
苏州工艺美术职业技术学院	7	51	29	51	3	18	26	4	0	31	20	0	1	35	0
连云港职业技术学院	8	37	16	37	5	20	12	0	0	15	22	0	4	25	0
镇江市高等专科学校	9	35	16	35	3	14	17	1	0	5	30	0	0	10	0
南通职业大学	10	27	14	27	3	8	15	1	0	14	13	0	2	18	0
苏州市职业大学	11	39	27	39	4	9	24	2	0	29	10	0	2	32	0
沙洲职业工学院	12	10	9	10	0	2	7	1	0	1	9	0	0	5	0
扬州市职业大学	13	38	27	38	1	7	28	2	0	19	19	0	0	33	0
连云港师范高等专科学校	14	72	43	72	9	35	25	3	0	24	48	0	3	47	0
江苏经贸职业技术学院	15	6	4	6	0	3	3	0	0	3	3	0	0	6	0
泰州职业技术学院	16	3	1	3	1	1	1	0	0	1	2	0	0	2	0
常州信息职业技术学院	17	10	5	10	3	3	2	2	0	4	6	0	1	8	0
江苏海事职业技术学院	18	25	15	25	1	9	13	2	0	13	12	0	0	21	0
无锡科技职业学院	19	14	7	14	1	5	6	2	0	4	10	0	2	6	0
江苏医药职业学院	20	14	7	14	0	1	9	2	2	6	8	0	0	8	0

续表

南通科技职业学院	21	18	10	18	3	3	11	0	1	9	9	0	1	13	0
苏州经贸职业技术学院	22	13	7	13	1	2	9	0	1	8	5	0	0	9	0
苏州工业职业技术学院	23	17	12	17	1	6	10	0	0	2	15	0	0	11	0
苏州卫生职业技术学院	24	15	13	15	0	6	8	1	0	9	6	0	0	13	0
无锡商业职业技术学院	25	9	5	9	0	2	7	0	0	3	6	0	0	6	0
南通航运职业技术学院	26	111	49	111	3	25	74	9	0	57	54	0	2	86	0
南京交通职业技术学院	27	12	8	12	0	2	10	0	0	7	5	0	0	8	0
淮安信息职业技术学院	28	70	31	70	4	18	34	14	0	27	43	0	0	48	0
江苏农牧科技职业学院	29	13	5	13	0	4	9	0	0	7	6	0	1	8	0
常州纺织服装职业技术学院	30	46	25	46	1	16	22	7	0	22	24	0	1	28	0
苏州农业职业技术学院	31	35	14	35	9	11	15	0	0	10	25	0	1	20	0
南京科技职业学院	32	32	18	32	3	13	15	1	0	23	9	0	3	24	0
常州轻工职业技术学院	33	6	4	6	1	1	2	2	0	5	1	0	0	6	0
常州工程职业技术学院	34	72	39	72	0	23	48	1	0	15	56	1	0	24	0
江苏农林职业技术学院	35	2	0	2	0	2	0	0	0	0	2	0	0	2	0
江苏食品药品职业技术学院	36	29	14	29	1	7	21	0	0	14	15	0	3	20	0
南京铁道职业技术学院	37	30	21	30	1	6	20	3	0	17	13	0	3	21	0
徐州工业职业技术学院	38	3	1	3	0	0	2	1	0	3	0	0	0	3	0
江苏信息职业技术学院	39	24	16	24	3	5	13	2	1	14	10	0	0	19	0
南京信息职业技术学院	40	8	5	8	0	1	6	1	0	3	5	0	1	7	0
常州机电职业技术学院	41	88	44	88	9	31	48	0	0	30	58	0	3	51	0
江阴职业技术学院	42	12	6	12	0	9	2	1	0	1	11	0	0	4	0
无锡城市职业技术学院	43	17	11	17	0	4	12	0	1	8	9	0	0	16	0
无锡工艺职业技术学院	44	9	8	9	0	1	5	3	0	2	7	0	0	3	0

续表

高校名称		总计		按职称划分						按最后学历划分			按最后学位划分		其他
			女性	小计	教授	副教授	讲师	助教	初级	研究生	本科生	其他	博士	硕士	人员
	编号	L01	L02	L03	L04	L05	L06	L07	L08	L09	L10	L11	L12	L13	L14
苏州健雄职业技术学院	45	19	11	19	2	4	11	2	0	12	7	0	2	14	0
盐城工业职业技术学院	46	18	6	18	5	6	7	0	0	4	14	0	0	6	0
江苏财经职业技术学院	47	8	6	8	1	1	5	1	0	3	5	0	0	4	0
扬州工业职业技术学院	48	14	7	14	3	1	4	6	0	9	5	0	0	11	0
江苏城市职业学院	49	48	35	48	4	9	20	8	7	36	12	0	1	41	0
南京城市职业学院	50	8	7	8	0	5	2	0	1	4	4	0	0	6	0
南京机电职业技术学院	51	2	1	2	0	1	0	1	0	0	2	0	0	1	0
南京旅游职业学院	52	9	6	9	2	1	5	1	0	6	3	0	1	5	0
江苏卫生健康职业学院	53	12	9	12	0	1	4	7	0	7	5	0	0	7	0
苏州信息职业技术学院	54	6	6	6	0	1	5	0	0	1	5	0	0	3	0
苏州工业园区服务外包职业学院	55	10	6	10	0	2	8	0	0	7	3	0	0	7	0
徐州幼儿师范高等专科学校	56	55	38	55	5	13	27	9	1	37	18	0	3	37	0
徐州生物工程职业技术学院	57	6	2	6	0	3	3	0	0	2	4	0	0	2	0
江苏商贸职业学院	58	24	13	24	2	10	9	3	0	5	19	0	0	6	0
南通师范高等专科学校	59	43	32	43	5	13	25	0	0	10	33	0	0	32	0
江苏护理职业学院	60	7	4	7	1	1	5	0	0	1	6	0	1	1	0
江苏财会职业学院	61	7	6	7	1	1	2	3	0	2	5	0	1	4	0
江苏城乡建设职业学院	62	49	20	49	2	13	27	7	0	5	40	4	0	14	0
江苏航空职业技术学院	63	2	2	2	0	0	1	0	1	1	1	0	0	1	0
江苏安全技术职业学院	64	6	5	6	0	1	4	1	0	1	5	0	0	4	0
江苏旅游职业学院	65	24	12	24	0	5	18	1	0	21	2	1	0	20	0

3.20 统计学人文、社会科学活动人员情况表

高校名称		总计		按职称划分						按最后学历划分			按最后学位划分		其他人员
			女性	小计	教授	副教授	讲师	助教	初级	研究生	本科生	其他	博士	硕士	
	编号	L01	L02	L03	L04	L05	L06	L07	L08	L09	L10	L11	L12	L13	L14
合计	/	65	36	65	4	17	37	7	0	23	42	0	7	29	0
盐城幼儿师范高等专科学校	1	0	0	0	0	0	0	0	0	0	0	0	0	0	0
苏州幼儿师范高等专科学校	2	0	0	0	0	0	0	0	0	0	0	0	0	0	0
无锡职业技术学院	3	0	0	0	0	0	0	0	0	0	0	0	0	0	0
江苏建筑职业技术学院	4	2	1	2	0	2	0	0	0	2	0	0	1	1	0
南京工业职业技术学院	5	0	0	0	0	0	0	0	0	0	0	0	0	0	0
江苏工程职业技术学院	6	1	0	1	0	1	0	0	0	0	1	0	0	1	0
苏州工艺美术职业技术学院	7	1	1	1	0	0	0	1	0	1	0	0	0	1	0
连云港职业技术学院	8	2	0	2	1	0	1	0	0	1	1	0	1	0	0
镇江市高等专科学校	9	0	0	0	0	0	0	0	0	0	0	0	0	0	0
南通职业大学	10	0	0	0	0	0	0	0	0	0	0	0	0	0	0
苏州市职业大学	11	0	0	0	0	0	0	0	0	0	0	0	0	0	0
沙洲职业工学院	12	1	0	1	0	1	0	0	0	0	1	0	0	0	0
扬州市职业大学	13	3	3	3	0	1	1	1	0	1	2	0	0	1	0
连云港师范高等专科学校	14	0	0	0	0	0	0	0	0	0	0	0	0	0	0
江苏经贸职业技术学院	15	0	0	0	0	0	0	0	0	0	0	0	0	0	0
泰州职业技术学院	16	0	0	0	0	0	0	0	0	0	0	0	0	0	0
常州信息职业技术学院	17	0	0	0	0	0	0	0	0	0	0	0	0	0	0
江苏海事职业技术学院	18	0	0	0	0	0	0	0	0	0	0	0	0	0	0
无锡科技职业学院	19	1	0	1	0	1	0	0	0	1	0	0	1	0	0
江苏医药职业学院	20	0	0	0	0	0	0	0	0	0	0	0	0	0	0

续表

高校名称		总计		按职称划分						按最后学历划分			按最后学位划分		其他
			女性	小计	教授	副教授	讲师	助教	初级	研究生	本科生	其他	博士	硕士	人员
	编号	L01	L02	L03	L04	L05	L06	L07	L08	L09	L10	L11	L12	L13	L14
南通科技职业学院	21	2	2	2	0	0	2	0	0	1	1	0	0	1	0
苏州经贸职业技术学院	22	3	1	3	0	2	1	0	0	1	2	0	0	1	0
苏州工业职业技术学院	23	0	0	0	0	0	0	0	0	0	0	0	0	0	0
苏州卫生职业技术学院	24	0	0	0	0	0	0	0	0	0	0	0	0	0	0
无锡商业职业技术学院	25	0	0	0	0	0	0	0	0	0	0	0	0	0	0
南通航运职业技术学院	26	3	1	3	0	0	3	0	0	0	3	0	0	1	0
南京交通职业技术学院	27	5	4	5	0	2	3	0	0	3	2	0	0	3	0
淮安信息职业技术学院	28	4	2	4	0	0	2	2	0	2	2	0	0	3	0
江苏农牧科技职业学院	29	0	0	0	0	0	0	0	0	0	0	0	0	0	0
常州纺织服装职业技术学院	30	2	1	2	2	0	0	0	0	0	2	0	0	0	0
苏州农业职业技术学院	31	0	0	0	0	0	0	0	0	0	0	0	0	0	0
南京科技职业学院	32	0	0	0	0	0	0	0	0	0	0	0	0	0	0
常州轻工职业技术学院	33	1	0	1	0	1	0	0	0	0	1	0	0	0	0
常州工程职业技术学院	34	1	0	1	0	0	1	0	0	0	1	0	0	0	0
江苏农林职业技术学院	35	0	0	0	0	0	0	0	0	0	0	0	0	0	0
江苏食品药品职业技术学院	36	3	2	3	0	0	3	0	0	1	2	0	1	0	0
南京铁道职业技术学院	37	8	7	8	0	1	6	1	0	3	5	0	2	3	0
徐州工业职业技术学院	38	1	0	1	0	1	0	0	0	0	1	0	0	0	0
江苏信息职业技术学院	39	1	0	1	0	0	1	0	0	0	1	0	0	0	0
南京信息职业技术学院	40	11	6	11	1	4	5	1	0	4	7	0	1	7	0
常州机电职业技术学院	41	3	3	3	0	0	3	0	0	0	3	0	0	3	0

续表

江阴职业技术学院	42	0	0	0	0	0	0	0	0	0	0	0	0	0	0
无锡城市职业技术学院	43	0	0	0	0	0	0	0	0	0	0	0	0	0	0
无锡工艺职业技术学院	44	0	0	0	0	0	0	0	0	0	0	0	0	0	0
苏州健雄职业技术学院	45	0	0	0	0	0	0	0	0	0	0	0	0	0	0
盐城工业职业技术学院	46	0	0	0	0	0	0	0	0	0	0	0	0	0	0
江苏财经职业技术学院	47	0	0	0	0	0	0	0	0	0	0	0	0	0	0
扬州工业职业技术学院	48	0	0	0	0	0	0	0	0	0	0	0	0	0	0
江苏城市职业学院	49	1	0	1	0	0	1	0	0	1	0	0	0	1	0
南京城市职业学院	50	0	0	0	0	0	0	0	0	0	0	0	0	0	0
南京机电职业技术学院	51	1	0	1	0	0	1	0	0	0	1	0	0	0	0
南京旅游职业学院	52	1	0	1	0	0	0	1	0	0	1	0	0	0	0
江苏卫生健康职业学院	53	1	0	1	0	0	1	0	0	1	0	0	0	1	0
苏州信息职业技术学院	54	1	1	1	0	0	1	0	0	0	1	0	0	1	0
苏州工业园区服务外包职业学院	55	0	0	0	0	0	0	0	0	0	0	0	0	0	0
徐州幼儿师范高等专科学校	56	0	0	0	0	0	0	0	0	0	0	0	0	0	0
徐州生物工程职业技术学院	57	0	0	0	0	0	0	0	0	0	0	0	0	0	0
江苏商贸职业学院	58	0	0	0	0	0	0	0	0	0	0	0	0	0	0
南通师范高等专科学校	59	0	0	0	0	0	0	0	0	0	0	0	0	0	0
江苏护理职业学院	60	0	0	0	0	0	0	0	0	0	0	0	0	0	0
江苏财会职业学院	61	0	0	0	0	0	0	0	0	0	0	0	0	0	0
江苏城乡建设职业学院	62	0	0	0	0	0	0	0	0	0	0	0	0	0	0
江苏航空职业技术学院	63	0	0	0	0	0	0	0	0	0	0	0	0	0	0
江苏安全技术职业学院	64	1	1	1	0	0	1	0	0	0	1	0	0	0	0
江苏旅游职业学院	65	0	0	0	0	0	0	0	0	0	0	0	0	0	0

3.21 心理学人文、社会科学活动人员情况表

高校名称		总计		按职称划分						按最后学历划分			按最后学位划分		其他人员
			女性	小计	教授	副教授	讲师	助教	初级	研究生	本科生	其他	博士	硕士	
	编号	L01	L02	L03	L04	L05	L06	L07	L08	L09	L10	L11	L12	L13	L14
合计	/	138	109	138	7	28	75	25	3	74	64	0	0	98	0
盐城幼儿师范高等专科学校	1	6	4	6	0	2	4	0	0	1	5	0	0	2	0
苏州幼儿师范高等专科学校	2	0	0	0	0	0	0	0	0	0	0	0	0	0	0
无锡职业技术学院	3	0	0	0	0	0	0	0	0	0	0	0	0	0	0
江苏建筑职业技术学院	4	2	1	2	0	0	0	2	0	2	0	0	0	2	0
南京工业职业技术学院	5	1	1	1	0	0	1	0	0	1	0	0	0	1	0
江苏工程职业技术学院	6	0	0	0	0	0	0	0	0	0	0	0	0	0	0
苏州工艺美术职业技术学院	7	3	3	3	1	0	1	1	0	3	0	0	0	3	0
连云港职业技术学院	8	0	0	0	0	0	0	0	0	0	0	0	0	0	0
镇江市高等专科学校	9	6	4	6	1	3	0	2	0	3	3	0	0	4	0
南通职业大学	10	1	1	1	0	1	0	0	0	0	1	0	0	0	0
苏州市职业大学	11	11	6	11	0	5	6	0	0	3	8	0	0	9	0
沙洲职业工学院	12	1	1	1	0	0	1	0	0	1	0	0	0	1	0
扬州市职业大学	13	4	1	4	0	3	1	0	0	0	4	0	0	3	0
连云港师范高等专科学校	14	7	5	7	2	1	1	3	0	4	3	0	0	5	0
江苏经贸职业技术学院	15	4	4	4	0	0	4	0	0	3	1	0	0	3	0
泰州职业技术学院	16	1	0	1	0	0	1	0	0	1	0	0	0	1	0
常州信息职业技术学院	17	1	1	1	0	0	1	0	0	1	0	0	0	1	0
江苏海事职业技术学院	18	0	0	0	0	0	0	0	0	0	0	0	0	0	0
无锡科技职业学院	19	2	2	2	0	1	1	0	0	0	2	0	0	0	0
江苏医药职业学院	20	7	5	7	0	0	4	2	1	4	3	0	0	4	0

续表

南通科技职业学院	21	3	3	3	1	0	2	0	0	1	2	0	0	2	0
苏州经贸职业技术学院	22	2	1	2	0	1	1	0	0	2	0	0	0	2	0
苏州工业职业技术学院	23	0	0	0	0	0	0	0	0	0	0	0	0	0	0
苏州卫生职业技术学院	24	2	2	2	0	0	0	2	0	1	1	0	0	1	0
无锡商业职业技术学院	25	0	0	0	0	0	0	0	0	0	0	0	0	0	0
南通航运职业技术学院	26	5	5	5	0	0	5	0	0	3	2	0	0	5	0
南京交通职业技术学院	27	2	2	2	0	0	2	0	0	2	0	0	0	2	0
淮安信息职业技术学院	28	6	5	6	1	2	3	0	0	4	2	0	0	4	0
江苏农牧科技职业学院	29	1	1	1	0	0	1	0	0	0	1	0	0	0	0
常州纺织服装职业技术学院	30	4	3	4	0	1	1	2	0	0	4	0	0	0	0
苏州农业职业技术学院	31	1	1	1	0	1	0	0	0	1	0	0	0	1	0
南京科技职业学院	32	1	1	1	0	0	1	0	0	0	1	0	0	1	0
常州轻工职业技术学院	33	3	1	3	0	0	1	2	0	2	1	0	0	2	0
常州工程职业技术学院	34	0	0	0	0	0	0	0	0	0	0	0	0	0	0
江苏农林职业技术学院	35	0	0	0	0	0	0	0	0	0	0	0	0	0	0
江苏食品药品职业技术学院	36	3	3	3	0	0	3	0	0	3	0	0	0	3	0
南京铁道职业技术学院	37	4	4	4	0	0	3	1	0	4	0	0	0	4	0
徐州工业职业技术学院	38	6	5	6	0	1	5	0	0	5	1	0	0	5	0
江苏信息职业技术学院	39	1	1	1	0	1	0	0	0	1	0	0	0	1	0
南京信息职业技术学院	40	5	4	5	0	1	4	0	0	1	4	0	0	4	0
常州机电职业技术学院	41	1	1	1	0	0	1	0	0	0	1	0	0	0	0
江阴职业技术学院	42	1	1	1	0	0	1	0	0	0	1	0	0	0	0
无锡城市职业技术学院	43	2	2	2	0	1	1	0	0	1	1	0	0	2	0
无锡工艺职业技术学院	44	0	0	0	0	0	0	0	0	0	0	0	0	0	0

续表

高校名称		总计		按职称划分						按最后学历划分			按最后学位划分		其他人员
			女性	小计	教授	副教授	讲师	助教	初级	研究生	本科生	其他	博士	硕士	
	编号	L01	L02	L03	L04	L05	L06	L07	L08	L09	L10	L11	L12	L13	L14
苏州健雄职业技术学院	45	2	1	2	0	0	2	0	0	1	1	0	0	1	0
盐城工业职业技术学院	46	1	0	1	0	1	0	0	0	1	0	0	0	1	0
江苏财经职业技术学院	47	1	1	1	0	0	1	0	0	1	0	0	0	1	0
扬州工业职业技术学院	48	1	1	1	0	0	0	1	0	1	0	0	0	1	0
江苏城市职业学院	49	2	2	2	0	1	1	0	0	0	2	0	0	2	0
南京城市职业学院	50	3	2	3	0	0	1	0	2	2	1	0	0	2	0
南京机电职业技术学院	51	0	0	0	0	0	0	0	0	0	0	0	0	0	0
南京旅游职业学院	52	1	1	1	0	0	1	0	0	0	1	0	0	1	0
江苏卫生健康职业学院	53	7	6	7	0	0	5	2	0	3	4	0	0	3	0
苏州信息职业技术学院	54	1	1	1	0	1	0	0	0	0	1	0	0	0	0
苏州工业园区服务外包职业学院	55	1	1	1	0	0	1	0	0	1	0	0	0	1	0
徐州幼儿师范高等专科学校	56	1	1	1	0	0	1	0	0	1	0	0	0	1	0
徐州生物工程职业技术学院	57	1	1	1	0	0	0	1	0	0	1	0	0	0	0
江苏商贸职业学院	58	2	2	2	0	0	0	2	0	2	0	0	0	2	0
南通师范高等专科学校	59	1	1	1	0	0	1	0	0	1	0	0	0	1	0
江苏护理职业学院	60	1	1	1	0	0	0	1	0	0	1	0	0	1	0
江苏财会职业学院	61	0	0	0	0	0	0	0	0	0	0	0	0	0	0
江苏城乡建设职业学院	62	1	1	1	0	0	0	1	0	1	0	0	0	1	0
江苏航空职业技术学院	63	0	0	0	0	0	0	0	0	0	0	0	0	0	0
江苏安全技术职业学院	64	0	0	0	0	0	0	0	0	0	0	0	0	0	0
江苏旅游职业学院	65	1	1	1	1	0	0	0	0	1	0	0	0	1	0

3.22 体育科学人文、社会科学活动人员情况表

高校名称		总计		按职称划分						按最后学历划分			按最后学位划分		其他
			女性	小计	教授	副教授	讲师	助教	初级	研究生	本科生	其他	博士	硕士	人员
	编号	L01	L02	L03	L04	L05	L06	L07	L08	L09	L10	L11	L12	L13	L14
合计	/	901	304	901	30	343	399	116	13	193	706	2	1	334	0
盐城幼儿师范高等专科学校	1	26	7	26	5	10	4	7	0	2	23	1	0	6	0
苏州幼儿师范高等专科学校	2	7	3	7	1	2	2	2	0	5	2	0	0	6	0
无锡职业技术学院	3	16	3	16	0	6	9	1	0	7	9	0	0	9	0
江苏建筑职业技术学院	4	17	4	17	2	5	9	1	0	4	13	0	0	7	0
南京工业职业技术学院	5	19	9	19	1	4	11	3	0	6	13	0	0	11	0
江苏工程职业技术学院	6	9	4	9	0	5	4	0	0	3	6	0	0	4	0
苏州工艺美术职业技术学院	7	14	5	14	0	6	6	2	0	5	9	0	0	8	0
连云港职业技术学院	8	17	4	17	0	14	3	0	0	0	17	0	0	5	0
镇江市高等专科学校	9	21	7	21	0	11	10	0	0	0	21	0	0	6	0
南通职业大学	10	10	5	10	0	8	2	0	0	0	10	0	0	5	0
苏州市职业大学	11	23	12	23	1	12	10	0	0	6	17	0	0	10	0
沙洲职业工学院	12	8	2	8	0	5	3	0	0	0	8	0	0	0	0
扬州市职业大学	13	47	18	47	2	21	19	5	0	5	42	0	1	9	0
连云港师范高等专科学校	14	31	11	31	3	22	3	3	0	2	29	0	0	6	0
江苏经贸职业技术学院	15	26	7	26	1	7	13	4	1	14	12	0	0	16	0
泰州职业技术学院	16	9	3	9	0	8	1	0	0	1	8	0	0	3	0
常州信息职业技术学院	17	18	5	18	0	8	9	1	0	7	11	0	0	10	0
江苏海事职业技术学院	18	20	9	20	0	8	12	0	0	1	19	0	0	2	0
无锡科技职业学院	19	11	5	11	0	1	3	7	0	0	11	0	0	3	0
江苏医药职业学院	20	9	3	9	0	2	3	2	2	4	5	0	0	5	0

续表

高校名称		总计		按职称划分						按最后学历划分			按最后学位划分		其他人员
			女性	小计	教授	副教授	讲师	助教	初级	研究生	本科生	其他	博士	硕士	
	编号	L01	L02	L03	L04	L05	L06	L07	L08	L09	L10	L11	L12	L13	L14
南通科技职业学院	21	8	2	8	0	2	4	2	0	2	6	0	0	2	0
苏州经贸职业技术学院	22	12	5	12	0	4	7	1	0	4	8	0	0	4	0
苏州工业职业技术学院	23	16	4	16	1	3	8	4	0	1	15	0	0	7	0
苏州卫生职业技术学院	24	14	7	14	0	6	8	0	0	3	11	0	0	5	0
无锡商业职业技术学院	25	15	3	15	0	6	8	1	0	2	13	0	0	5	0
南通航运职业技术学院	26	13	2	13	1	2	10	0	0	6	7	0	0	8	0
南京交通职业技术学院	27	19	6	19	0	9	7	3	0	2	17	0	0	7	0
淮安信息职业技术学院	28	13	4	13	0	3	5	5	0	2	11	0	0	3	0
江苏农牧科技职业学院	29	3	2	3	0	2	1	0	0	0	3	0	0	0	0
常州纺织服装职业技术学院	30	12	3	12	0	3	9	0	0	1	11	0	0	3	0
苏州农业职业技术学院	31	9	6	9	0	5	3	1	0	0	9	0	0	5	0
南京科技职业学院	32	15	5	15	0	5	10	0	0	4	11	0	0	6	0
常州轻工职业技术学院	33	15	4	15	0	4	10	1	0	0	15	0	0	2	0
常州工程职业技术学院	34	12	3	12	0	3	7	2	0	2	10	0	0	2	0
江苏农林职业技术学院	35	4	0	4	0	0	2	2	0	0	4	0	0	1	0
江苏食品药品职业技术学院	36	12	3	12	0	4	8	0	0	1	11	0	0	2	0
南京铁道职业技术学院	37	10	6	10	1	1	8	0	0	7	3	0	0	7	0
徐州工业职业技术学院	38	15	6	15	2	7	6	0	0	2	13	0	0	8	0
江苏信息职业技术学院	39	10	2	10	0	3	7	0	0	0	10	0	0	1	0
南京信息职业技术学院	40	18	7	18	1	7	7	3	0	6	12	0	0	11	0
常州机电职业技术学院	41	6	2	6	0	1	5	0	0	5	1	0	0	4	0

续表

江阴职业技术学院	42	24	7	24	1	15	7	1	0	0	24	0	0	9	0
无锡城市职业技术学院	43	10	4	10	0	3	6	1	0	3	7	0	0	4	0
无锡工艺职业技术学院	44	12	3	12	0	3	4	5	0	6	6	0	0	8	0
苏州健雄职业技术学院	45	9	4	9	0	5	3	1	0	1	8	0	0	1	0
盐城工业职业技术学院	46	9	3	9	1	6	1	1	0	1	8	0	0	1	0
江苏财经职业技术学院	47	19	5	19	2	6	9	2	0	3	16	0	0	8	0
扬州工业职业技术学院	48	16	3	16	0	6	9	1	0	4	12	0	0	4	0
江苏城市职业学院	49	9	4	9	0	6	1	2	0	3	6	0	0	7	0
南京城市职业学院	50	6	1	6	0	1	4	0	1	5	1	0	0	5	0
南京机电职业技术学院	51	14	6	14	0	1	8	4	1	1	13	0	0	4	0
南京旅游职业学院	52	13	5	13	0	2	6	5	0	5	8	0	0	6	0
江苏卫生健康职业学院	53	6	2	6	0	3	3	0	0	2	4	0	0	3	0
苏州信息职业技术学院	54	8	3	8	0	3	4	0	1	1	7	0	0	1	0
苏州工业园区服务外包职业学院	55	10	3	10	0	0	9	1	0	10	0	0	0	10	0
徐州幼儿师范高等专科学校	56	10	1	10	1	4	4	1	0	1	9	0	0	2	0
徐州生物工程职业技术学院	57	9	3	9	0	1	5	2	1	0	9	0	0	2	0
江苏商贸职业学院	58	15	9	15	0	5	5	5	0	2	13	0	0	5	0
南通师范高等专科学校	59	29	12	29	3	13	12	1	0	5	24	0	0	8	0
江苏护理职业学院	60	13	5	13	0	2	3	8	0	7	6	0	0	7	0
江苏财会职业学院	61	17	5	17	0	5	8	4	0	0	17	0	0	3	0
江苏城乡建设职业学院	62	17	5	17	0	6	5	6	0	6	11	0	0	7	0
江苏航空职业技术学院	63	6	0	6	0	0	3	2	1	1	4	1	0	1	0
江苏安全技术职业学院	64	9	1	9	0	1	3	0	5	3	6	0	0	3	0
江苏旅游职业学院	65	2	2	2	0	1	1	0	0	1	1	0	0	1	0

4．民办与中外合作办学高等学校人文、社会科学活动人员情况表

		总计		按职称划分						按最后学历划分			按最后学位划分		其他
			女性	小计	教授	副教授	讲师	助教	初级	研究生	本科生	其他	博士	硕士	人员
	编号	L01	L02	L03	L04	L05	L06	L07	L08	L09	L10	L11	L12	L13	L14
合计	/	5 580	3 743	5 580	174	757	3 076	1 261	312	3 408	2 150	22	282	3 738	0
管理学	1	1 100	684	1 100	33	167	531	294	75	679	409	12	67	712	0
马克思主义	2	243	160	243	4	44	140	49	6	167	76	0	5	191	0
哲学	3	51	32	51	3	10	26	12	0	46	5	0	6	39	0
逻辑学	4	4	3	4	1	1	2	0	0	4	0	0	0	4	0
宗教学	5	0	0	0	0	0	0	0	0	0	0	0	0	0	0
语言学	6	976	816	976	12	119	644	157	44	591	383	2	34	683	0
中国文学	7	154	109	154	10	36	76	29	3	107	47	0	18	99	0
外国文学	8	151	118	151	2	13	122	9	5	106	45	0	6	111	0
艺术学	9	885	537	885	33	93	485	241	33	461	422	2	13	593	0
历史学	10	28	11	28	0	4	15	9	0	22	6	0	3	21	0
考古学	11	1	0	1	1	0	0	0	0	1	0	0	1	0	0
经济学	12	656	484	656	35	92	324	169	36	498	157	1	82	450	0
政治学	13	22	11	22	3	2	12	5	0	17	5	0	2	16	0
法学	14	127	84	127	3	25	68	30	1	80	47	0	5	93	0
社会学	15	50	33	50	4	5	26	6	9	34	16	0	11	24	0
民族学与文化学	16	4	2	4	0	0	1	2	1	3	1	0	0	3	0
新闻学与传播学	17	148	102	148	10	25	85	22	6	96	52	0	15	91	0
图书馆、情报与文献学	18	144	102	144	4	10	76	21	33	33	109	2	4	38	0
教育学	19	428	293	428	13	42	240	95	38	271	154	3	7	305	0
统计学	20	14	8	14	1	1	5	3	4	10	4	0	0	10	0
心理学	21	64	50	64	0	5	31	24	4	43	21	0	2	43	0
体育科学	22	330	104	330	2	63	167	84	14	139	191	0	1	212	0

4.1 管理学人文、社会科学活动人员情况表

高校名称		总计		按职称划分						按最后学历划分			按最后学位划分		其他人员
			女性	小计	教授	副教授	讲师	助教	初级	研究生	本科生	其他	博士	硕士	
	编号	L01	L02	L03	L04	L05	L06	L07	L08	L09	L10	L11	L12	L13	L14
合计	/	1 100	684	1 100	33	167	531	294	75	679	409	12	67	712	0
明达职业技术学院	1	2	1	2	0	0	2	0	0	0	2	0	0	0	0
三江学院	2	50	36	50	5	19	23	3	0	37	13	0	7	37	0
九州职业技术学院	3	25	16	25	1	0	17	5	2	15	10	0	0	16	0
南通理工学院	4	43	18	43	4	7	22	10	0	23	20	0	2	32	0
硅湖职业技术学院	5	33	19	33	5	11	9	6	2	18	15	0	4	17	0
应天职业技术学院	6	5	4	5	0	0	4	1	0	3	2	0	0	4	0
苏州托普信息职业技术学院	7	35	25	35	0	1	14	18	2	12	23	0	0	12	0
东南大学成贤学院	8	2	1	2	1	1	0	0	0	2	0	0	1	1	0
苏州工业园区职业技术学院	9	20	13	20	0	7	8	5	0	9	11	0	0	18	0
太湖创意职业技术学院	10	5	1	5	1	1	1	1	1	1	3	1	0	1	0
炎黄职业技术学院	11	7	4	7	0	0	6	0	1	1	6	0	0	2	0
正德职业技术学院	12	19	12	19	0	2	14	3	0	9	10	0	0	12	0
钟山职业技术学院	13	6	4	6	0	3	3	0	0	1	5	0	0	5	0
无锡南洋职业技术学院	14	41	29	41	0	2	28	3	8	6	34	1	0	14	0
江南影视艺术职业学院	15	23	16	23	3	3	1	15	1	13	10	0	0	13	0
金肯职业技术学院	16	9	7	9	0	2	6	1	0	7	2	0	0	9	0
建东职业技术学院	17	10	6	10	0	1	8	1	0	2	8	0	0	3	0
宿迁职业技术学院	18	5	4	5	0	0	1	1	3	0	4	1	0	0	0
江海职业技术学院	19	33	20	33	0	7	23	3	0	11	22	0	0	18	0
无锡太湖学院	20	126	86	126	2	10	45	66	3	84	41	1	1	90	0
中国矿业大学徐海学院	21	12	6	12	0	1	8	3	0	12	0	0	2	10	0
南京大学金陵学院	22	1	0	1	0	1	0	0	0	0	1	0	0	0	0
南京理工大学紫金学院	23	20	14	20	0	1	19	0	0	18	2	0	0	19	0
南京航空航天大学金城学院	24	36	25	36	0	4	20	9	3	26	10	0	1	28	0
中国传媒大学南广学院	25	15	11	15	0	9	5	1	0	14	1	0	0	14	0
金山职业技术学院	26	11	8	11	0	0	2	9	0	2	9	0	0	2	0

续表

高校名称		总计		按职称划分						按最后学历划分			按最后学位划分		其他人员
			女性	小计	教授	副教授	讲师	助教	初级	研究生	本科生	其他	博士	硕士	
	编号	L01	L02	L03	L04	L05	L06	L07	L08	L09	L10	L11	L12	L13	L14
南京理工大学泰州科技学院	27	18	9	18	0	3	12	1	2	10	8	0	0	13	0
南京师范大学泰州学院	28	5	4	5	0	2	3	0	0	5	0	0	1	4	0
南京工业大学浦江学院	29	27	14	27	1	3	6	11	6	23	4	0	5	18	0
南京师范大学中北学院	30	1	0	1	0	0	1	0	0	1	0	0	0	1	0
苏州百年职业学院	31	3	2	3	0	0	2	1	0	2	1	0	0	2	0
昆山登云科技职业学院	32	53	32	53	1	1	22	22	7	18	35	0	0	22	0
南京视觉艺术职业学院	33	2	1	2	0	0	1	1	0	1	1	0	0	1	0
南京医科大学康达学院	34	5	3	5	0	0	3	2	0	4	1	0	0	4	0
南京中医药大学翰林学院	35	23	13	23	0	1	22	0	0	14	9	0	0	14	0
南京信息工程大学滨江学院	36	12	9	12	1	3	4	4	0	10	2	0	2	8	0
苏州大学文正学院	37	42	22	42	1	7	25	8	1	26	15	1	2	30	0
苏州大学应用技术学院	38	20	14	20	0	5	8	7	0	15	5	0	1	15	0
苏州科技大学天平学院	39	9	6	9	0	0	4	5	0	9	0	0	0	9	0
江苏大学京江学院	40	7	7	7	0	0	2	5	0	7	0	0	0	7	0
扬州大学广陵学院	41	16	9	16	1	1	7	7	0	14	2	0	1	15	0
江苏师范大学科文学院	42	9	4	9	0	0	6	3	0	7	2	0	0	8	0
南京邮电大学通达学院	43	10	10	10	0	2	1	7	0	9	1	0	0	9	0
南京财经大学红山学院	44	17	14	17	0	1	3	13	0	17	0	0	0	17	0
江苏科技大学苏州理工学院	45	16	8	16	0	4	12	0	0	13	3	0	4	9	0
常州大学怀德学院	46	17	11	17	0	3	3	10	1	17	0	0	1	16	0
南通大学杏林学院	47	34	20	34	0	6	25	0	3	24	9	1	0	27	0
南京审计大学金审学院	48	17	14	17	0	6	8	3	0	13	4	0	0	14	0
宿迁学院	49	32	16	32	0	9	23	0	0	28	4	0	0	31	0
苏州高博软件技术职业学院	50	23	14	23	0	0	17	4	2	10	13	0	0	13	0
宿迁泽达职业技术学院	51	1	1	1	0	0	1	0	0	0	1	0	0	0	0
扬州中瑞酒店职业学院	52	27	13	27	2	2	2	11	10	6	15	6	0	6	0
西交利物浦大学	53	60	28	60	4	15	19	5	17	50	10	0	32	22	0
昆山杜克大学	54	0	0	0	0	0	0	0	0	0	0	0	0	0	0

4.2 马克思主义人文、社会科学活动人员情况表

高校名称		总计		按职称划分						按最后学历划分			按最后学位划分		其他
			女性	小计	教授	副教授	讲师	助教	初级	研究生	本科生	其他	博士	硕士	人员
	编号	L01	L02	L03	L04	L05	L06	L07	L08	L09	L10	L11	L12	L13	L14
合计	/	243	160	243	4	44	140	49	6	167	76	0	5	191	0
明达职业技术学院	1	1	0	1	0	1	0	0	0	0	1	0	0	1	0
三江学院	2	35	23	35	0	9	26	0	0	14	21	0	1	22	0
九州职业技术学院	3	3	3	3	0	1	2	0	0	2	1	0	0	2	0
南通理工学院	4	6	3	6	0	5	1	0	0	5	1	0	0	6	0
硅湖职业技术学院	5	7	5	7	1	0	3	2	1	3	4	0	1	3	0
应天职业技术学院	6	1	1	1	0	0	1	0	0	0	1	0	0	1	0
苏州托普信息职业技术学院	7	3	2	3	0	2	0	1	0	1	2	0	0	1	0
东南大学成贤学院	8	0	0	0	0	0	0	0	0	0	0	0	0	0	0
苏州工业园区职业技术学院	9	2	1	2	0	0	2	0	0	0	2	0	0	1	0
太湖创意职业技术学院	10	2	0	2	0	0	0	0	2	1	1	0	0	1	0
炎黄职业技术学院	11	1	1	1	0	0	1	0	0	0	1	0	0	1	0
正德职业技术学院	12	4	1	4	0	0	3	1	0	1	3	0	0	3	0
钟山职业技术学院	13	5	4	5	0	4	1	0	0	3	2	0	1	4	0
无锡南洋职业技术学院	14	3	2	3	0	0	1	0	2	0	3	0	0	0	0
江南影视艺术职业学院	15	9	8	9	1	0	1	7	0	8	1	0	1	7	0
金肯职业技术学院	16	9	8	9	0	0	8	1	0	6	3	0	0	8	0
建东职业技术学院	17	3	3	3	0	3	0	0	0	1	2	0	0	2	0
宿迁职业技术学院	18	1	1	1	0	0	0	1	0	1	0	0	0	1	0
江海职业技术学院	19	7	6	7	0	1	5	1	0	5	2	0	0	5	0
无锡太湖学院	20	8	7	8	0	2	4	2	0	8	0	0	0	8	0
中国矿业大学徐海学院	21	4	2	4	0	0	4	0	0	2	2	0	0	3	0
南京大学金陵学院	22	6	1	6	0	0	6	0	0	6	0	0	0	6	0
南京理工大学紫金学院	23	4	2	4	0	1	3	0	0	3	1	0	0	3	0
南京航空航天大学金城学院	24	5	4	5	0	0	4	1	0	5	0	0	0	5	0
中国传媒大学南广学院	25	5	3	5	0	2	3	0	0	5	0	0	0	5	0
金山职业技术学院	26	2	1	2	1	0	0	1	0	1	1	0	0	1	0

续表

高校名称		总计		按职称划分						按最后学历划分			按最后学位划分		其他
			女性	小计	教授	副教授	讲师	助教	初级	研究生	本科生	其他	博士	硕士	人员
	编号	L01	L02	L03	L04	L05	L06	L07	L08	L09	L10	L11	L12	L13	L14
南京理工大学泰州科技学院	27	7	6	7	0	0	7	0	0	4	3	0	0	5	0
南京师范大学泰州学院	28	5	3	5	0	2	3	0	0	5	0	0	0	5	0
南京工业大学浦江学院	29	1	1	1	0	0	0	1	0	1	0	0	0	1	0
南京师范大学中北学院	30	2	1	2	0	0	2	0	0	2	0	0	0	2	0
苏州百年职业学院	31	2	1	2	0	0	2	0	0	2	0	0	0	2	0
昆山登云科技职业学院	32	6	5	6	0	1	1	3	1	5	1	0	0	5	0
南京视觉艺术职业学院	33	3	1	3	0	0	1	2	0	2	1	0	0	2	0
南京医科大学康达学院	34	1	1	1	0	0	0	1	0	1	0	0	0	1	0
南京中医药大学翰林学院	35	1	0	1	0	0	1	0	0	1	0	0	0	1	0
南京信息工程大学滨江学院	36	1	1	1	0	0	1	0	0	1	0	0	0	1	0
苏州大学文正学院	37	11	3	11	1	1	3	6	0	6	5	0	0	6	0
苏州大学应用技术学院	38	1	1	1	0	0	1	0	0	0	1	0	0	1	0
苏州科技大学天平学院	39	1	1	1	0	0	1	0	0	1	0	0	0	1	0
江苏大学京江学院	40	0	0	0	0	0	0	0	0	0	0	0	0	0	0
扬州大学广陵学院	41	8	4	8	0	0	6	2	0	7	1	0	0	7	0
江苏师范大学科文学院	42	2	1	2	0	1	1	0	0	1	1	0	0	1	0
南京邮电大学通达学院	43	1	0	1	0	1	0	0	0	0	1	0	0	1	0
南京财经大学红山学院	44	19	14	19	0	0	8	11	0	18	1	0	0	18	0
江苏科技大学苏州理工学院	45	1	1	1	0	0	1	0	0	1	0	0	0	1	0
常州大学怀德学院	46	3	0	3	0	1	2	0	0	3	0	0	0	3	0
南通大学杏林学院	47	8	8	8	0	0	7	1	0	8	0	0	0	7	0
南京审计大学金审学院	48	3	3	3	0	2	0	1	0	3	0	0	0	3	0
宿迁学院	49	11	7	11	0	4	7	0	0	9	2	0	0	11	0
苏州高博软件技术职业学院	50	2	0	2	0	0	2	0	0	2	0	0	0	2	0
宿迁泽达职业技术学院	51	2	2	2	0	0	0	2	0	1	1	0	0	1	0
扬州中瑞酒店职业学院	52	3	2	3	0	0	3	0	0	0	3	0	0	2	0
西交利物浦大学	53	2	1	2	0	0	1	1	0	2	0	0	1	1	0
昆山杜克大学	54	0	0	0	0	0	0	0	0	0	0	0	0	0	0

4.3 哲学人文、社会科学活动人员情况表

高校名称		总计		按职称划分						按最后学历划分			按最后学位划分		其他
			女性	小计	教授	副教授	讲师	助教	初级	研究生	本科生	其他	博士	硕士	人员
	编号	L01	L02	L03	L04	L05	L06	L07	L08	L09	L10	L11	L12	L13	L14
合计	/	51	32	51	3	10	26	12	0	46	5	0	6	39	0
明达职业技术学院	1	0	0	0	0	0	0	0	0	0	0	0	0	0	0
三江学院	2	6	4	6	0	0	2	4	0	5	1	0	0	5	0
九州职业技术学院	3	1	1	1	0	0	0	1	0	1	0	0	0	1	0
南通理工学院	4	0	0	0	0	0	0	0	0	0	0	0	0	0	0
硅湖职业技术学院	5	0	0	0	0	0	0	0	0	0	0	0	0	0	0
应天职业技术学院	6	0	0	0	0	0	0	0	0	0	0	0	0	0	0
苏州托普信息职业技术学院	7	0	0	0	0	0	0	0	0	0	0	0	0	0	0
东南大学成贤学院	8	0	0	0	0	0	0	0	0	0	0	0	0	0	0
苏州工业园区职业技术学院	9	0	0	0	0	0	0	0	0	0	0	0	0	0	0
太湖创意职业技术学院	10	0	0	0	0	0	0	0	0	0	0	0	0	0	0
炎黄职业技术学院	11	0	0	0	0	0	0	0	0	0	0	0	0	0	0
正德职业技术学院	12	1	1	1	0	0	0	1	0	1	0	0	0	1	0
钟山职业技术学院	13	0	0	0	0	0	0	0	0	0	0	0	0	0	0
无锡南洋职业技术学院	14	0	0	0	0	0	0	0	0	0	0	0	0	0	0
江南影视艺术职业学院	15	3	1	3	0	1	1	1	0	2	1	0	0	2	0
金肯职业技术学院	16	0	0	0	0	0	0	0	0	0	0	0	0	0	0
建东职业技术学院	17	0	0	0	0	0	0	0	0	0	0	0	0	0	0
宿迁职业技术学院	18	1	0	1	0	0	1	0	0	1	0	0	1	0	0
江海职业技术学院	19	0	0	0	0	0	0	0	0	0	0	0	0	0	0
无锡太湖学院	20	0	0	0	0	0	0	0	0	0	0	0	0	0	0
中国矿业大学徐海学院	21	0	0	0	0	0	0	0	0	0	0	0	0	0	0
南京大学金陵学院	22	1	0	1	0	0	0	1	0	1	0	0	0	1	0
南京理工大学紫金学院	23	0	0	0	0	0	0	0	0	0	0	0	0	0	0
南京航空航天大学金城学院	24	2	1	2	0	0	2	0	0	2	0	0	0	2	0
中国传媒大学南广学院	25	1	1	1	0	0	1	0	0	1	0	0	0	1	0
金山职业技术学院	26	0	0	0	0	0	0	0	0	0	0	0	0	0	0

续表

高校名称		总计		按职称划分						按最后学历划分			按最后学位划分		其他
			女性	小计	教授	副教授	讲师	助教	初级	研究生	本科生	其他	博士	硕士	人员
	编号	L01	L02	L03	L04	L05	L06	L07	L08	L09	L10	L11	L12	L13	L14
南京理工大学泰州科技学院	27	0	0	0	0	0	0	0	0	0	0	0	0	0	0
南京师范大学泰州学院	28	5	3	5	0	1	4	0	0	5	0	0	1	4	0
南京工业大学浦江学院	29	0	0	0	0	0	0	0	0	0	0	0	0	0	0
南京师范大学中北学院	30	2	1	2	0	1	1	0	0	2	0	0	0	2	0
苏州百年职业学院	31	0	0	0	0	0	0	0	0	0	0	0	0	0	0
昆山登云科技职业学院	32	3	3	3	0	1	1	1	0	3	0	0	0	3	0
南京视觉艺术职业学院	33	1	1	1	0	0	1	0	0	0	1	0	0	0	0
南京医科大学康达学院	34	1	1	1	0	0	0	1	0	1	0	0	0	1	0
南京中医药大学翰林学院	35	0	0	0	0	0	0	0	0	0	0	0	0	0	0
南京信息工程大学滨江学院	36	2	2	2	0	0	2	0	0	2	0	0	0	2	0
苏州大学文正学院	37	0	0	0	0	0	0	0	0	0	0	0	0	0	0
苏州大学应用技术学院	38	0	0	0	0	0	0	0	0	0	0	0	0	0	0
苏州科技大学天平学院	39	0	0	0	0	0	0	0	0	0	0	0	0	0	0
江苏大学京江学院	40	1	1	1	0	0	1	0	0	1	0	0	0	1	0
扬州大学广陵学院	41	3	2	3	1	0	2	0	0	2	1	0	0	1	0
江苏师范大学科文学院	42	1	0	1	0	0	1	0	0	0	1	0	0	0	0
南京邮电大学通达学院	43	0	0	0	0	0	0	0	0	0	0	0	0	0	0
南京财经大学红山学院	44	2	1	2	0	0	0	2	0	2	0	0	0	2	0
江苏科技大学苏州理工学院	45	4	2	4	0	1	3	0	0	4	0	0	1	3	0
常州大学怀德学院	46	3	2	3	2	0	1	0	0	3	0	0	2	1	0
南通大学杏林学院	47	2	1	2	0	0	2	0	0	2	0	0	0	2	0
南京审计大学金审学院	48	0	0	0	0	0	0	0	0	0	0	0	0	0	0
宿迁学院	49	4	3	4	0	4	0	0	0	4	0	0	0	4	0
苏州高博软件技术职业学院	50	0	0	0	0	0	0	0	0	0	0	0	0	0	0
宿迁泽达职业技术学院	51	0	0	0	0	0	0	0	0	0	0	0	0	0	0
扬州中瑞酒店职业学院	52	0	0	0	0	0	0	0	0	0	0	0	0	0	0
西交利物浦大学	53	1	0	1	0	1	0	0	0	1	0	0	1	0	0
昆山杜克大学	54	0	0	0	0	0	0	0	0	0	0	0	0	0	0

4.4 逻辑学人文、社会科学活动人员情况表

高校名称		总计		按职称划分						按最后学历划分			按最后学位划分		其他人员
			女性	小计	教授	副教授	讲师	助教	初级	研究生	本科生	其他	博士	硕士	
	编号	L01	L02	L03	L04	L05	L06	L07	L08	L09	L10	L11	L12	L13	L14
合计	/	4	3	4	1	1	2	0	0	4	0	0	0	4	0
明达职业技术学院	1	0	0	0	0	0	0	0	0	0	0	0	0	0	0
三江学院	2	0	0	0	0	0	0	0	0	0	0	0	0	0	0
九州职业技术学院	3	0	0	0	0	0	0	0	0	0	0	0	0	0	0
南通理工学院	4	0	0	0	0	0	0	0	0	0	0	0	0	0	0
硅湖职业技术学院	5	2	1	2	1	0	1	0	0	2	0	0	0	2	0
应天职业技术学院	6	0	0	0	0	0	0	0	0	0	0	0	0	0	0
苏州托普信息职业技术学院	7	0	0	0	0	0	0	0	0	0	0	0	0	0	0
东南大学成贤学院	8	0	0	0	0	0	0	0	0	0	0	0	0	0	0
苏州工业园区职业技术学院	9	1	1	1	0	1	0	0	0	1	0	0	0	1	0
太湖创意职业技术学院	10	0	0	0	0	0	0	0	0	0	0	0	0	0	0
炎黄职业技术学院	11	0	0	0	0	0	0	0	0	0	0	0	0	0	0
正德职业技术学院	12	0	0	0	0	0	0	0	0	0	0	0	0	0	0
钟山职业技术学院	13	0	0	0	0	0	0	0	0	0	0	0	0	0	0
无锡南洋职业技术学院	14	0	0	0	0	0	0	0	0	0	0	0	0	0	0
江南影视艺术职业学院	15	0	0	0	0	0	0	0	0	0	0	0	0	0	0
金肯职业技术学院	16	0	0	0	0	0	0	0	0	0	0	0	0	0	0
建东职业技术学院	17	0	0	0	0	0	0	0	0	0	0	0	0	0	0
宿迁职业技术学院	18	0	0	0	0	0	0	0	0	0	0	0	0	0	0
江海职业技术学院	19	0	0	0	0	0	0	0	0	0	0	0	0	0	0
无锡太湖学院	20	0	0	0	0	0	0	0	0	0	0	0	0	0	0
中国矿业大学徐海学院	21	0	0	0	0	0	0	0	0	0	0	0	0	0	0
南京大学金陵学院	22	0	0	0	0	0	0	0	0	0	0	0	0	0	0
南京理工大学紫金学院	23	0	0	0	0	0	0	0	0	0	0	0	0	0	0
南京航空航天大学金城学院	24	0	0	0	0	0	0	0	0	0	0	0	0	0	0
中国传媒大学南广学院	25	0	0	0	0	0	0	0	0	0	0	0	0	0	0
金山职业技术学院	26	0	0	0	0	0	0	0	0	0	0	0	0	0	0

续表

高校名称		总计		按职称划分						按最后学历划分			按最后学位划分		其他人员
			女性	小计	教授	副教授	讲师	助教	初级	研究生	本科生	其他	博士	硕士	
	编号	L01	L02	L03	L04	L05	L06	L07	L08	L09	L10	L11	L12	L13	L14
南京理工大学泰州科技学院	27	0	0	0	0	0	0	0	0	0	0	0	0	0	0
南京师范大学泰州学院	28	0	0	0	0	0	0	0	0	0	0	0	0	0	0
南京工业大学浦江学院	29	0	0	0	0	0	0	0	0	0	0	0	0	0	0
南京师范大学中北学院	30	0	0	0	0	0	0	0	0	0	0	0	0	0	0
苏州百年职业学院	31	0	0	0	0	0	0	0	0	0	0	0	0	0	0
昆山登云科技职业学院	32	0	0	0	0	0	0	0	0	0	0	0	0	0	0
南京视觉艺术职业学院	33	0	0	0	0	0	0	0	0	0	0	0	0	0	0
南京医科大学康达学院	34	0	0	0	0	0	0	0	0	0	0	0	0	0	0
南京中医药大学翰林学院	35	0	0	0	0	0	0	0	0	0	0	0	0	0	0
南京信息工程大学滨江学院	36	0	0	0	0	0	0	0	0	0	0	0	0	0	0
苏州大学文正学院	37	0	0	0	0	0	0	0	0	0	0	0	0	0	0
苏州大学应用技术学院	38	0	0	0	0	0	0	0	0	0	0	0	0	0	0
苏州科技大学天平学院	39	0	0	0	0	0	0	0	0	0	0	0	0	0	0
江苏大学京江学院	40	0	0	0	0	0	0	0	0	0	0	0	0	0	0
扬州大学广陵学院	41	0	0	0	0	0	0	0	0	0	0	0	0	0	0
江苏师范大学科文学院	42	0	0	0	0	0	0	0	0	0	0	0	0	0	0
南京邮电大学通达学院	43	0	0	0	0	0	0	0	0	0	0	0	0	0	0
南京财经大学红山学院	44	1	1	1	0	0	1	0	0	1	0	0	0	1	0
江苏科技大学苏州理工学院	45	0	0	0	0	0	0	0	0	0	0	0	0	0	0
常州大学怀德学院	46	0	0	0	0	0	0	0	0	0	0	0	0	0	0
南通大学杏林学院	47	0	0	0	0	0	0	0	0	0	0	0	0	0	0
南京审计大学金审学院	48	0	0	0	0	0	0	0	0	0	0	0	0	0	0
宿迁学院	49	0	0	0	0	0	0	0	0	0	0	0	0	0	0
苏州高博软件技术职业学院	50	0	0	0	0	0	0	0	0	0	0	0	0	0	0
宿迁泽达职业技术学院	51	0	0	0	0	0	0	0	0	0	0	0	0	0	0
扬州中瑞酒店职业学院	52	0	0	0	0	0	0	0	0	0	0	0	0	0	0
西交利物浦大学	53	0	0	0	0	0	0	0	0	0	0	0	0	0	0
昆山杜克大学	54	0	0	0	0	0	0	0	0	0	0	0	0	0	0

4.5 语言学人文、社会科学活动人员情况表

高校名称		总计		按职称划分						按最后学历划分			按最后学位划分		其他人员
			女性	小计	教授	副教授	讲师	助教	初级	研究生	本科生	其他	博士	硕士	
	编号	L01	L02	L03	L04	L05	L06	L07	L08	L09	L10	L11	L12	L13	L14
合计	/	976	816	976	12	119	644	157	44	591	383	2	34	683	0
明达职业技术学院	1	0	0	0	0	0	0	0	0	0	0	0	0	0	0
三江学院	2	58	49	58	2	10	46	0	0	41	17	0	3	46	0
九州职业技术学院	3	6	5	6	0	4	2	0	0	2	4	0	0	5	0
南通理工学院	4	33	28	33	1	3	16	13	0	18	15	0	0	18	0
硅湖职业技术学院	5	13	12	13	0	2	8	3	0	4	9	0	0	5	0
应天职业技术学院	6	4	4	4	0	0	4	0	0	2	2	0	0	1	0
苏州托普信息职业技术学院	7	15	13	15	0	0	9	6	0	6	9	0	0	6	0
东南大学成贤学院	8	18	15	18	1	1	16	0	0	11	7	0	0	14	0
苏州工业园区职业技术学院	9	24	20	24	0	2	15	6	1	8	16	0	0	15	0
太湖创意职业技术学院	10	6	6	6	0	0	3	0	3	2	4	0	0	2	0
炎黄职业技术学院	11	15	12	15	0	2	9	2	2	2	13	0	0	3	0
正德职业技术学院	12	13	11	13	0	3	10	0	0	1	12	0	0	8	0
钟山职业技术学院	13	6	3	6	0	4	2	0	0	0	6	0	0	6	0
无锡南洋职业技术学院	14	16	15	16	0	0	13	1	2	1	15	0	0	5	0
江南影视艺术职业学院	15	22	20	22	0	0	8	13	1	4	18	0	0	4	0
金肯职业技术学院	16	3	3	3	0	1	2	0	0	2	1	0	0	2	0
建东职业技术学院	17	12	8	12	0	4	5	3	0	2	10	0	0	3	0
宿迁职业技术学院	18	4	3	4	0	0	2	1	1	3	0	1	0	3	0
江海职业技术学院	19	29	20	29	0	4	25	0	0	5	24	0	0	9	0
无锡太湖学院	20	85	71	85	2	8	42	32	1	57	28	0	2	59	0
中国矿业大学徐海学院	21	27	21	27	0	2	23	2	0	23	4	0	0	25	0
南京大学金陵学院	22	5	4	5	0	1	3	1	0	5	0	0	1	4	0
南京理工大学紫金学院	23	21	21	21	0	2	19	0	0	19	2	0	0	20	0
南京航空航天大学金城学院	24	50	46	50	0	0	48	2	0	45	5	0	0	50	0
中国传媒大学南广学院	25	31	30	31	2	7	18	4	0	27	4	0	1	25	0
金山职业技术学院	26	4	4	4	0	0	2	2	0	0	4	0	0	0	0

续表

高校名称		总计		按职称划分						按最后学历划分			按最后学位划分		其他
			女性	小计	教授	副教授	讲师	助教	初级	研究生	本科生	其他	博士	硕士	人员
	编号	L01	L02	L03	L04	L05	L06	L07	L08	L09	L10	L11	L12	L13	L14
南京理工大学泰州科技学院	27	18	15	18	0	2	16	0	0	12	6	0	0	15	0
南京师范大学泰州学院	28	44	37	44	0	3	40	1	0	24	20	0	1	38	0
南京工业大学浦江学院	29	19	15	19	0	1	4	7	7	15	3	1	0	15	0
南京师范大学中北学院	30	1	1	1	0	0	1	0	0	1	0	0	0	1	0
苏州百年职业学院	31	3	2	3	0	0	2	0	1	1	2	0	0	1	0
昆山登云科技职业学院	32	16	12	16	0	0	13	3	0	2	14	0	0	2	0
南京视觉艺术职业学院	33	3	1	3	0	1	2	0	0	2	1	0	0	2	0
南京医科大学康达学院	34	18	15	18	0	0	3	13	2	17	1	0	0	17	0
南京中医药大学翰林学院	35	8	7	8	0	0	8	0	0	6	2	0	1	5	0
南京信息工程大学滨江学院	36	33	28	33	0	1	30	2	0	25	8	0	1	26	0
苏州大学文正学院	37	17	8	17	0	3	11	3	0	15	2	0	3	12	0
苏州大学应用技术学院	38	6	5	6	0	0	2	4	0	6	0	0	1	5	0
苏州科技大学天平学院	39	27	25	27	0	0	25	2	0	25	2	0	0	25	0
江苏大学京江学院	40	13	13	13	0	0	8	5	0	13	0	0	0	13	0
扬州大学广陵学院	41	15	11	15	0	3	7	5	0	14	1	0	2	12	0
江苏师范大学科文学院	42	5	5	5	0	0	3	2	0	5	0	0	0	5	0
南京邮电大学通达学院	43	10	9	10	0	0	8	2	0	9	1	0	0	9	0
南京财经大学红山学院	44	5	5	5	0	0	1	4	0	5	0	0	0	5	0
江苏科技大学苏州理工学院	45	7	5	7	0	2	5	0	0	4	3	0	0	4	0
常州大学怀德学院	46	22	18	22	0	6	11	4	1	11	11	0	2	18	0
南通大学杏林学院	47	15	15	15	0	0	13	0	2	13	2	0	0	13	0
南京审计大学金审学院	48	15	13	15	1	4	10	0	0	5	10	0	0	11	0
宿迁学院	49	68	56	68	1	25	42	0	0	21	47	0	0	58	0
苏州高博软件技术职业学院	50	24	19	24	0	3	15	5	1	16	8	0	0	15	0
宿迁泽达职业技术学院	51	5	4	5	0	0	2	3	0	2	3	0	0	2	0
扬州中瑞酒店职业学院	52	0	0	0	0	0	0	0	0	0	0	0	0	0	0
西交利物浦大学	53	32	24	32	1	5	8	0	18	25	7	0	14	11	0
昆山杜克大学	54	7	4	7	1	0	4	1	1	7	0	0	2	5	0

4.6 中国文学人文、社会科学活动人员情况表

高校名称		总计		按职称划分						按最后学历划分			按最后学位划分		其他人员
			女性	小计	教授	副教授	讲师	助教	初级	研究生	本科生	其他	博士	硕士	
	编号	L01	L02	L03	L04	L05	L06	L07	L08	L09	L10	L11	L12	L13	L14
合计	/	154	109	154	10	36	76	29	3	107	47	0	18	99	0
明达职业技术学院	1	0	0	0	0	0	0	0	0	0	0	0	0	0	0
三江学院	2	12	5	12	2	3	6	1	0	11	1	0	3	8	0
九州职业技术学院	3	4	2	4	0	1	3	0	0	0	4	0	0	1	0
南通理工学院	4	0	0	0	0	0	0	0	0	0	0	0	0	0	0
硅湖职业技术学院	5	2	2	2	0	1	1	0	0	1	1	0	0	1	0
应天职业技术学院	6	1	1	1	0	0	0	1	0	0	1	0	0	0	0
苏州托普信息职业技术学院	7	1	0	1	0	1	0	0	0	0	1	0	0	0	0
东南大学成贤学院	8	1	0	1	0	1	0	0	0	0	1	0	0	1	0
苏州工业园区职业技术学院	9	1	0	1	0	1	0	0	0	0	1	0	0	1	0
太湖创意职业技术学院	10	0	0	0	0	0	0	0	0	0	0	0	0	0	0
炎黄职业技术学院	11	3	2	3	0	1	1	0	1	1	2	0	0	3	0
正德职业技术学院	12	2	2	2	0	0	0	2	0	1	1	0	0	1	0
钟山职业技术学院	13	0	0	0	0	0	0	0	0	0	0	0	0	0	0
无锡南洋职业技术学院	14	0	0	0	0	0	0	0	0	0	0	0	0	0	0
江南影视艺术职业学院	15	28	23	28	6	6	3	12	1	12	16	0	0	12	0
金肯职业技术学院	16	1	0	1	0	0	1	0	0	1	0	0	0	1	0
建东职业技术学院	17	0	0	0	0	0	0	0	0	0	0	0	0	0	0
宿迁职业技术学院	18	0	0	0	0	0	0	0	0	0	0	0	0	0	0
江海职业技术学院	19	4	4	4	0	0	3	1	0	2	2	0	0	4	0
无锡太湖学院	20	0	0	0	0	0	0	0	0	0	0	0	0	0	0
中国矿业大学徐海学院	21	4	4	4	1	0	3	0	0	4	0	0	0	4	0
南京大学金陵学院	22	6	5	6	0	0	5	1	0	4	2	0	0	4	0
南京理工大学紫金学院	23	0	0	0	0	0	0	0	0	0	0	0	0	0	0
南京航空航天大学金城学院	24	2	1	2	0	0	2	0	0	2	0	0	0	2	0
中国传媒大学南广学院	25	12	10	12	0	3	9	0	0	12	0	0	1	11	0
金山职业技术学院	26	3	2	3	0	1	2	0	0	0	3	0	0	0	0

续表

高校名称		总计		按职称划分						按最后学历划分			按最后学位划分		其他
			女性	小计	教授	副教授	讲师	助教	初级	研究生	本科生	其他	博士	硕士	人员
	编号	L01	L02	L03	L04	L05	L06	L07	L08	L09	L10	L11	L12	L13	L14
南京理工大学泰州科技学院	27	0	0	0	0	0	0	0	0	0	0	0	0	0	0
南京师范大学泰州学院	28	15	11	15	0	5	9	1	0	14	1	0	3	11	0
南京工业大学浦江学院	29	3	1	3	1	0	0	2	0	3	0	0	1	2	0
南京师范大学中北学院	30	1	1	1	0	1	0	0	0	1	0	0	0	1	0
苏州百年职业学院	31	0	0	0	0	0	0	0	0	0	0	0	0	0	0
昆山登云科技职业学院	32	2	1	2	0	0	1	1	0	0	2	0	0	0	0
南京视觉艺术职业学院	33	3	2	3	0	1	1	1	0	3	0	0	1	2	0
南京医科大学康达学院	34	0	0	0	0	0	0	0	0	0	0	0	0	0	0
南京中医药大学翰林学院	35	1	0	1	0	0	1	0	0	1	0	0	0	1	0
南京信息工程大学滨江学院	36	0	0	0	0	0	0	0	0	0	0	0	0	0	0
苏州大学文正学院	37	3	2	3	0	1	1	1	0	3	0	0	3	0	0
苏州大学应用技术学院	38	0	0	0	0	0	0	0	0	0	0	0	0	0	0
苏州科技大学天平学院	39	1	1	1	0	0	1	0	0	1	0	0	0	1	0
江苏大学京江学院	40	0	0	0	0	0	0	0	0	0	0	0	0	0	0
扬州大学广陵学院	41	5	4	5	0	0	4	1	0	5	0	0	1	4	0
江苏师范大学科文学院	42	3	2	3	0	0	3	0	0	3	0	0	0	3	0
南京邮电大学通达学院	43	1	0	1	0	0	1	0	0	0	1	0	0	0	0
南京财经大学红山学院	44	1	1	1	0	0	0	1	0	1	0	0	0	1	0
江苏科技大学苏州理工学院	45	0	0	0	0	0	0	0	0	0	0	0	0	0	0
常州大学怀德学院	46	0	0	0	0	0	0	0	0	0	0	0	0	0	0
南通大学杏林学院	47	5	4	5	0	0	5	0	0	5	0	0	0	5	0
南京审计大学金审学院	48	0	0	0	0	0	0	0	0	0	0	0	0	0	0
宿迁学院	49	14	9	14	0	8	6	0	0	9	5	0	2	9	0
苏州高博软件技术职业学院	50	1	0	1	0	0	0	1	0	0	1	0	0	0	0
宿迁泽达职业技术学院	51	0	0	0	0	0	0	0	0	0	0	0	0	0	0
扬州中瑞酒店职业学院	52	0	0	0	0	0	0	0	0	0	0	0	0	0	0
西交利物浦大学	53	8	7	8	0	1	4	2	1	7	1	0	3	5	0
昆山杜克大学	54	0	0	0	0	0	0	0	0	0	0	0	0	0	0

4.7 外国文学人文、社会科学活动人员情况表

高校名称		总计		按职称划分						按最后学历划分			按最后学位划分		其他
			女性	小计	教授	副教授	讲师	助教	初级	研究生	本科生	其他	博士	硕士	人员
	编号	L01	L02	L03	L04	L05	L06	L07	L08	L09	L10	L11	L12	L13	L14
合计	/	151	118	151	2	13	122	9	5	106	45	0	6	111	0
明达职业技术学院	1	0	0	0	0	0	0	0	0	0	0	0	0	0	0
三江学院	2	7	5	7	1	3	3	0	0	6	1	0	1	5	0
九州职业技术学院	3	0	0	0	0	0	0	0	0	0	0	0	0	0	0
南通理工学院	4	0	0	0	0	0	0	0	0	0	0	0	0	0	0
硅湖职业技术学院	5	0	0	0	0	0	0	0	0	0	0	0	0	0	0
应天职业技术学院	6	0	0	0	0	0	0	0	0	0	0	0	0	0	0
苏州托普信息职业技术学院	7	1	1	1	0	0	1	0	0	1	0	0	0	1	0
东南大学成贤学院	8	0	0	0	0	0	0	0	0	0	0	0	0	0	0
苏州工业园区职业技术学院	9	1	1	1	0	0	1	0	0	1	0	0	0	1	0
太湖创意职业技术学院	10	0	0	0	0	0	0	0	0	0	0	0	0	0	0
炎黄职业技术学院	11	1	1	1	0	0	0	0	1	0	1	0	0	0	0
正德职业技术学院	12	3	1	3	0	0	2	1	0	0	3	0	0	2	0
钟山职业技术学院	13	1	1	1	0	0	1	0	0	0	1	0	0	1	0
无锡南洋职业技术学院	14	0	0	0	0	0	0	0	0	0	0	0	0	0	0
江南影视艺术职业学院	15	7	5	7	1	3	0	3	0	4	3	0	0	4	0
金肯职业技术学院	16	0	0	0	0	0	0	0	0	0	0	0	0	0	0
建东职业技术学院	17	0	0	0	0	0	0	0	0	0	0	0	0	0	0
宿迁职业技术学院	18	0	0	0	0	0	0	0	0	0	0	0	0	0	0
江海职业技术学院	19	0	0	0	0	0	0	0	0	0	0	0	0	0	0
无锡太湖学院	20	0	0	0	0	0	0	0	0	0	0	0	0	0	0
中国矿业大学徐海学院	21	1	0	1	0	0	0	0	1	1	0	0	0	1	0
南京大学金陵学院	22	61	48	61	0	1	58	2	0	43	13	0	0	48	0
南京理工大学紫金学院	23	0	0	0	0	0	0	0	0	0	0	0	0	0	0
南京航空航天大学金城学院	24	12	12	12	0	1	10	1	0	12	0	0	0	12	0
中国传媒大学南广学院	25	2	2	2	0	0	2	0	0	2	0	0	0	2	0
金山职业技术学院	26	0	0	0	0	0	0	0	0	0	0	0	0	0	0

续表

高校名称		总计		按职称划分						按最后学历划分			按最后学位划分		其他人员
			女性	小计	教授	副教授	讲师	助教	初级	研究生	本科生	其他	博士	硕士	
	编号	L01	L02	L03	L04	L05	L06	L07	L08	L09	L10	L11	L12	L13	L14
南京理工大学泰州科技学院	27	0	0	0	0	0	0	0	0	0	0	0	0	0	0
南京师范大学泰州学院	28	1	1	1	0	0	1	0	0	0	1	0	0	1	0
南京工业大学浦江学院	29	2	2	2	0	0	0	0	2	2	0	0	0	2	0
南京师范大学中北学院	30	0	0	0	0	0	0	0	0	0	0	0	0	0	0
苏州百年职业学院	31	3	3	3	0	0	2	1	0	3	0	0	0	3	0
昆山登云科技职业学院	32	1	0	1	0	0	1	0	0	1	0	0	0	1	0
南京视觉艺术职业学院	33	3	2	3	0	0	3	0	0	3	0	0	0	2	0
南京医科大学康达学院	34	0	0	0	0	0	0	0	0	0	0	0	0	0	0
南京中医药大学翰林学院	35	0	0	0	0	0	0	0	0	0	0	0	0	0	0
南京信息工程大学滨江学院	36	0	0	0	0	0	0	0	0	0	0	0	0	0	0
苏州大学文正学院	37	1	1	1	0	1	0	0	0	1	0	0	0	1	0
苏州大学应用技术学院	38	0	0	0	0	0	0	0	0	0	0	0	0	0	0
苏州科技大学天平学院	39	2	2	2	0	0	2	0	0	2	0	0	0	2	0
江苏大学京江学院	40	1	0	1	0	0	1	0	0	1	0	0	0	1	0
扬州大学广陵学院	41	0	0	0	0	0	0	0	0	0	0	0	0	0	0
江苏师范大学科文学院	42	18	14	18	0	2	16	0	0	6	12	0	0	6	0
南京邮电大学通达学院	43	0	0	0	0	0	0	0	0	0	0	0	0	0	0
南京财经大学红山学院	44	0	0	0	0	0	0	0	0	0	0	0	0	0	0
江苏科技大学苏州理工学院	45	0	0	0	0	0	0	0	0	0	0	0	0	0	0
常州大学怀德学院	46	0	0	0	0	0	0	0	0	0	0	0	0	0	0
南通大学杏林学院	47	4	4	4	0	0	4	0	0	4	0	0	0	4	0
南京审计大学金审学院	48	4	4	4	0	1	3	0	0	1	3	0	0	3	0
宿迁学院	49	8	7	8	0	0	8	0	0	1	7	0	0	7	0
苏州高博软件技术职业学院	50	0	0	0	0	0	0	0	0	0	0	0	0	0	0
宿迁泽达职业技术学院	51	0	0	0	0	0	0	0	0	0	0	0	0	0	0
扬州中瑞酒店职业学院	52	0	0	0	0	0	0	0	0	0	0	0	0	0	0
西交利物浦大学	53	6	1	6	0	1	3	1	1	6	0	0	5	1	0
昆山杜克大学	54	0	0	0	0	0	0	0	0	0	0	0	0	0	0

4.8 艺术学人文、社会科学活动人员情况表

高校名称		总计		按职称划分					按最后学历划分			按最后学位划分		其他
			女性	小计	教授	副教授	讲师	助教	初级	研究生	本科生	其他	博士	硕士	人员
	编号	L01	L02	L03	L04	L05	L06	L07	L08	L09	L10	L11	L12	L13	L14
合计	/	885	537	885	33	93	485	241	33	451	422	2	13	593	0
明达职业技术学院	1	0	0	0	0	0	0	0	0	0	0	0	0	0	0
三江学院	2	35	19	35	4	9	20	2	0	13	22	0	0	29	0
九州职业技术学院	3	3	3	3	0	0	3	0	0	0	3	0	0	0	0
南通理工学院	4	1	1	1	0	0	1	0	0	0	1	0	0	1	0
硅湖职业技术学院	5	18	11	18	1	3	8	2	4	3	15	0	0	5	0
应天职业技术学院	6	9	6	9	0	0	9	0	0	3	6	0	0	7	0
苏州托普信息职业技术学院	7	21	8	21	0	1	10	10	0	1	20	0	0	2	0
东南大学成贤学院	8	0	0	0	0	0	0	0	0	0	0	0	0	0	0
苏州工业园区职业技术学院	9	0	0	0	0	0	0	0	0	0	0	0	0	0	0
太湖创意职业技术学院	10	6	2	6	0	2	1	3	0	3	3	0	0	3	0
炎黄职业技术学院	11	5	3	5	0	0	1	0	4	1	3	1	0	1	0
正德职业技术学院	12	22	14	22	1	1	14	6	0	8	14	0	0	15	0
钟山职业技术学院	13	8	5	8	0	6	2	0	0	3	5	0	0	8	0
无锡南洋职业技术学院	14	12	7	12	0	1	5	1	5	4	8	0	0	5	0
江南影视艺术职业学院	15	135	82	135	20	10	23	77	5	58	77	0	6	53	0
金肯职业技术学院	16	1	1	1	0	0	1	0	0	1	0	0	0	1	0
建东职业技术学院	17	9	7	9	0	0	5	4	0	0	9	0	0	1	0
宿迁职业技术学院	18	5	4	5	0	0	2	2	1	2	3	0	0	2	0
江海职业技术学院	19	15	7	15	0	2	11	2	0	6	9	0	0	9	0
无锡太湖学院	20	73	39	73	3	7	52	11	0	36	37	0	0	51	0
中国矿业大学徐海学院	21	4	2	4	0	1	1	1	1	3	1	0	0	3	0
南京大学金陵学院	22	36	25	36	0	2	31	3	0	29	7	0	1	28	0
南京理工大学紫金学院	23	1	1	1	0	0	1	0	0	0	1	0	0	0	0
南京航空航天大学金城学院	24	29	16	29	0	2	9	18	0	21	8	0	0	26	0
中国传媒大学南广学院	25	115	65	115	2	20	69	23	1	73	42	0	2	95	0
金山职业技术学院	26	0	0	0	0	0	0	0	0	0	0	0	0	0	0

续表

高校名称		总计		按职称划分						按最后学历划分			按最后学位划分		其他
			女性	小计	教授	副教授	讲师	助教	初级	研究生	本科生	其他	博士	硕士	人员
	编号	L01	L02	L03	L04	L05	L06	L07	L08	L09	L10	L11	L12	L13	L14
南京理工大学泰州科技学院	27	8	5	8	0	1	7	0	0	6	2	0	0	6	0
南京师范大学泰州学院	28	65	43	65	0	10	53	2	0	30	35	0	0	57	0
南京工业大学浦江学院	29	21	10	21	0	1	5	11	4	16	5	0	0	20	0
南京师范大学中北学院	30	3	2	3	0	1	2	0	0	3	0	0	0	3	0
苏州百年职业学院	31	1	1	1	0	0	0	1	0	0	1	0	0	1	0
昆山登云科技职业学院	32	15	11	15	0	0	8	4	3	2	13	0	0	5	0
南京视觉艺术职业学院	33	44	27	44	1	2	27	13	1	25	19	0	1	24	0
南京医科大学康达学院	34	0	0	0	0	0	0	0	0	0	0	0	0	0	0
南京中医药大学翰林学院	35	1	1	1	0	0	1	0	0	1	0	0	0	1	0
南京信息工程大学滨江学院	36	1	1	1	0	0	1	0	0	1	0	0	0	1	0
苏州大学文正学院	37	13	11	13	1	0	12	0	0	12	1	0	0	12	0
苏州大学应用技术学院	38	7	4	7	0	1	4	1	1	5	2	0	1	5	0
苏州科技大学天平学院	39	17	11	17	0	0	9	8	0	16	1	0	0	17	0
江苏大学京江学院	40	2	2	2	0	0	0	2	0	2	0	0	0	2	0
扬州大学广陵学院	41	16	11	16	0	0	10	6	0	14	2	0	0	14	0
江苏师范大学科文学院	42	4	3	4	0	0	3	1	0	2	2	0	0	3	0
南京邮电大学通达学院	43	0	0	0	0	0	0	0	0	0	0	0	0	0	0
南京财经大学红山学院	44	1	0	1	0	0	0	1	0	1	0	0	0	1	0
江苏科技大学苏州理工学院	45	0	0	0	0	0	0	0	0	0	0	0	0	0	0
常州大学怀德学院	46	13	9	13	0	0	6	5	2	13	0	0	0	13	0
南通大学杏林学院	47	7	5	7	0	1	6	0	0	6	1	0	0	6	0
南京审计大学金审学院	48	27	20	27	0	2	16	9	0	13	13	1	1	21	0
宿迁学院	49	28	15	28	0	5	22	1	0	12	16	0	0	22	0
苏州高博软件技术职业学院	50	25	16	25	0	2	13	9	1	12	13	0	0	14	0
宿迁泽达职业技术学院	51	1	0	1	0	0	0	1	0	0	1	0	0	0	0
扬州中瑞酒店职业学院	52	1	1	1	0	0	0	1	0	0	1	0	0	0	0
西交利物浦大学	53	1	0	1	0	0	1	0	0	1	0	0	1	0	0
昆山杜克大学	54	0	0	0	0	0	0	0	0	0	0	0	0	0	0

4.9 历史学人文、社会科学活动人员情况表

高校名称		总计		按职称划分						按最后学历划分			按最后学位划分		其他
			女性	小计	教授	副教授	讲师	助教	初级	研究生	本科生	其他	博士	硕士	人员
	编号	L01	L02	L03	L04	L05	L06	L07	L08	L09	L10	L11	L12	L13	L14
合计	/	28	11	28	0	4	15	9	0	22	6	0	3	21	0
明达职业技术学院	1	0	0	0	0	0	0	0	0	0	0	0	0	0	0
三江学院	2	0	0	0	0	0	0	0	0	0	0	0	0	0	0
九州职业技术学院	3	0	0	0	0	0	0	0	0	0	0	0	0	0	0
南通理工学院	4	0	0	0	0	0	0	0	0	0	0	0	0	0	0
硅湖职业技术学院	5	1	1	1	0	0	0	1	0	0	1	0	0	0	0
应天职业技术学院	6	0	0	0	0	0	0	0	0	0	0	0	0	0	0
苏州托普信息职业技术学院	7	0	0	0	0	0	0	0	0	0	0	0	0	0	0
东南大学成贤学院	8	0	0	0	0	0	0	0	0	0	0	0	0	0	0
苏州工业园区职业技术学院	9	0	0	0	0	0	0	0	0	0	0	0	0	0	0
太湖创意职业技术学院	10	0	0	0	0	0	0	0	0	0	0	0	0	0	0
炎黄职业技术学院	11	1	0	1	0	0	0	1	0	0	1	0	0	0	0
正德职业技术学院	12	0	0	0	0	0	0	0	0	0	0	0	0	0	0
钟山职业技术学院	13	0	0	0	0	0	0	0	0	0	0	0	0	0	0
无锡南洋职业技术学院	14	0	0	0	0	0	0	0	0	0	0	0	0	0	0
江南影视艺术职业学院	15	1	1	1	0	0	0	1	0	1	0	0	0	1	0
金肯职业技术学院	16	0	0	0	0	0	0	0	0	0	0	0	0	0	0
建东职业技术学院	17	0	0	0	0	0	0	0	0	0	0	0	0	0	0
宿迁职业技术学院	18	1	0	1	0	0	0	1	0	1	0	0	0	1	0
江海职业技术学院	19	0	0	0	0	0	0	0	0	0	0	0	0	0	0
无锡太湖学院	20	2	1	2	0	0	0	2	0	2	0	0	0	2	0
中国矿业大学徐海学院	21	0	0	0	0	0	0	0	0	0	0	0	0	0	0
南京大学金陵学院	22	0	0	0	0	0	0	0	0	0	0	0	0	0	0
南京理工大学紫金学院	23	0	0	0	0	0	0	0	0	0	0	0	0	0	0
南京航空航天大学金城学院	24	3	2	3	0	0	1	2	0	3	0	0	0	3	0
中国传媒大学南广学院	25	1	0	1	0	1	0	0	0	1	0	0	1	0	0
金山职业技术学院	26	0	0	0	0	0	0	0	0	0	0	0	0	0	0

续表

高校名称		总计		按职称划分						按最后学历划分			按最后学位划分		其他
			女性	小计	教授	副教授	讲师	助教	初级	研究生	本科生	其他	博士	硕士	人员
	编号	L01	L02	L03	L04	L05	L06	L07	L08	L09	L10	L11	L12	L13	L14
南京理工大学泰州科技学院	27	0	0	0	0	0	0	0	0	0	0	0	0	0	0
南京师范大学泰州学院	28	6	3	6	0	1	5	0	0	5	1	0	0	6	0
南京工业大学浦江学院	29	0	0	0	0	0	0	0	0	0	0	0	0	0	0
南京师范大学中北学院	30	0	0	0	0	0	0	0	0	0	0	0	0	0	0
苏州百年职业学院	31	0	0	0	0	0	0	0	0	0	0	0	0	0	0
昆山登云科技职业学院	32	0	0	0	0	0	0	0	0	0	0	0	0	0	0
南京视觉艺术职业学院	33	0	0	0	0	0	0	0	0	0	0	0	0	0	0
南京医科大学康达学院	34	0	0	0	0	0	0	0	0	0	0	0	0	0	0
南京中医药大学翰林学院	35	0	0	0	0	0	0	0	0	0	0	0	0	0	0
南京信息工程大学滨江学院	36	2	0	2	0	0	2	0	0	2	0	0	0	2	0
苏州大学文正学院	37	0	0	0	0	0	0	0	0	0	0	0	0	0	0
苏州大学应用技术学院	38	0	0	0	0	0	0	0	0	0	0	0	0	0	0
苏州科技大学天平学院	39	1	0	1	0	0	1	0	0	1	0	0	0	1	0
江苏大学京江学院	40	0	0	0	0	0	0	0	0	0	0	0	0	0	0
扬州大学广陵学院	41	1	0	1	0	0	1	0	0	1	0	0	0	1	0
江苏师范大学科文学院	42	2	0	2	0	1	1	0	0	0	2	0	0	0	0
南京邮电大学通达学院	43	0	0	0	0	0	0	0	0	0	0	0	0	0	0
南京财经大学红山学院	44	0	0	0	0	0	0	0	0	0	0	0	0	0	0
江苏科技大学苏州理工学院	45	2	1	2	0	1	1	0	0	2	0	0	2	0	0
常州大学怀德学院	46	0	0	0	0	0	0	0	0	0	0	0	0	0	0
南通大学杏林学院	47	0	0	0	0	0	0	0	0	0	0	0	0	0	0
南京审计大学金审学院	48	0	0	0	0	0	0	0	0	0	0	0	0	0	0
宿迁学院	49	2	0	2	0	0	2	0	0	2	0	0	0	2	0
苏州高博软件技术职业学院	50	1	1	1	0	0	1	0	0	1	0	0	0	1	0
宿迁泽达职业技术学院	51	0	0	0	0	0	0	0	0	0	0	0	0	0	0
扬州中瑞酒店职业学院	52	0	0	0	0	0	0	0	0	0	0	0	0	0	0
西交利物浦大学	53	1	1	1	0	0	0	1	0	0	1	0	0	1	0
昆山杜克大学	54	0	0	0	0	0	0	0	0	0	0	0	0	0	0

4.10 考古学人文、社会科学活动人员情况表

高校名称		总计		按职称划分						按最后学历划分			按最后学位划分		其他人员
			女性	小计	教授	副教授	讲师	助教	初级	研究生	本科生	其他	博士	硕士	
	编号	L01	L02	L03	L04	L05	L06	L07	L08	L09	L10	L11	L12	L13	L14
合计	/	1	0	1	1	0	0	0	0	1	0	0	1	0	0
明达职业技术学院	1	0	0	0	0	0	0	0	0	0	0	0	0	0	0
三江学院	2	1	0	1	1	0	0	0	0	1	0	0	1	0	0
九州职业技术学院	3	0	0	0	0	0	0	0	0	0	0	0	0	0	0
南通理工学院	4	0	0	0	0	0	0	0	0	0	0	0	0	0	0
硅湖职业技术学院	5	0	0	0	0	0	0	0	0	0	0	0	0	0	0
应天职业技术学院	6	0	0	0	0	0	0	0	0	0	0	0	0	0	0
苏州托普信息职业技术学院	7	0	0	0	0	0	0	0	0	0	0	0	0	0	0
东南大学成贤学院	8	0	0	0	0	0	0	0	0	0	0	0	0	0	0
苏州工业园区职业技术学院	9	0	0	0	0	0	0	0	0	0	0	0	0	0	0
太湖创意职业技术学院	10	0	0	0	0	0	0	0	0	0	0	0	0	0	0
炎黄职业技术学院	11	0	0	0	0	0	0	0	0	0	0	0	0	0	0
正德职业技术学院	12	0	0	0	0	0	0	0	0	0	0	0	0	0	0
钟山职业技术学院	13	0	0	0	0	0	0	0	0	0	0	0	0	0	0
无锡南洋职业技术学院	14	0	0	0	0	0	0	0	0	0	0	0	0	0	0
江南影视艺术职业学院	15	0	0	0	0	0	0	0	0	0	0	0	0	0	0
金肯职业技术学院	16	0	0	0	0	0	0	0	0	0	0	0	0	0	0
建东职业技术学院	17	0	0	0	0	0	0	0	0	0	0	0	0	0	0
宿迁职业技术学院	18	0	0	0	0	0	0	0	0	0	0	0	0	0	0
江海职业技术学院	19	0	0	0	0	0	0	0	0	0	0	0	0	0	0
无锡太湖学院	20	0	0	0	0	0	0	0	0	0	0	0	0	0	0
中国矿业大学徐海学院	21	0	0	0	0	0	0	0	0	0	0	0	0	0	0
南京大学金陵学院	22	0	0	0	0	0	0	0	0	0	0	0	0	0	0
南京理工大学紫金学院	23	0	0	0	0	0	0	0	0	0	0	0	0	0	0
南京航空航天大学金城学院	24	0	0	0	0	0	0	0	0	0	0	0	0	0	0
中国传媒大学南广学院	25	0	0	0	0	0	0	0	0	0	0	0	0	0	0
金山职业技术学院	26	0	0	0	0	0	0	0	0	0	0	0	0	0	0

续表

高校名称		总计		按职称划分						按最后学历划分			按最后学位划分		其他人员
			女性	小计	教授	副教授	讲师	助教	初级	研究生	本科生	其他	博士	硕士	
	编号	L01	L02	L03	L04	L05	L06	L07	L08	L09	L10	L11	L12	L13	L14
南京理工大学泰州科技学院	27	0	0	0	0	0	0	0	0	0	0	0	0	0	0
南京师范大学泰州学院	28	0	0	0	0	0	0	0	0	0	0	0	0	0	0
南京工业大学浦江学院	29	0	0	0	0	0	0	0	0	0	0	0	0	0	0
南京师范大学中北学院	30	0	0	0	0	0	0	0	0	0	0	0	0	0	0
苏州百年职业学院	31	0	0	0	0	0	0	0	0	0	0	0	0	0	0
昆山登云科技职业学院	32	0	0	0	0	0	0	0	0	0	0	0	0	0	0
南京视觉艺术职业学院	33	0	0	0	0	0	0	0	0	0	0	0	0	0	0
南京医科大学康达学院	34	0	0	0	0	0	0	0	0	0	0	0	0	0	0
南京中医药大学翰林学院	35	0	0	0	0	0	0	0	0	0	0	0	0	0	0
南京信息工程大学滨江学院	36	0	0	0	0	0	0	0	0	0	0	0	0	0	0
苏州大学文正学院	37	0	0	0	0	0	0	0	0	0	0	0	0	0	0
苏州大学应用技术学院	38	0	0	0	0	0	0	0	0	0	0	0	0	0	0
苏州科技大学天平学院	39	0	0	0	0	0	0	0	0	0	0	0	0	0	0
江苏大学京江学院	40	0	0	0	0	0	0	0	0	0	0	0	0	0	0
扬州大学广陵学院	41	0	0	0	0	0	0	0	0	0	0	0	0	0	0
江苏师范大学科文学院	42	0	0	0	0	0	0	0	0	0	0	0	0	0	0
南京邮电大学通达学院	43	0	0	0	0	0	0	0	0	0	0	0	0	0	0
南京财经大学红山学院	44	0	0	0	0	0	0	0	0	0	0	0	0	0	0
江苏科技大学苏州理工学院	45	0	0	0	0	0	0	0	0	0	0	0	0	0	0
常州大学怀德学院	46	0	0	0	0	0	0	0	0	0	0	0	0	0	0
南通大学杏林学院	47	0	0	0	0	0	0	0	0	0	0	0	0	0	0
南京审计大学金审学院	48	0	0	0	0	0	0	0	0	0	0	0	0	0	0
宿迁学院	49	0	0	0	0	0	0	0	0	0	0	0	0	0	0
苏州高博软件技术职业学院	50	0	0	0	0	0	0	0	0	0	0	0	0	0	0
宿迁泽达职业技术学院	51	0	0	0	0	0	0	0	0	0	0	0	0	0	0
扬州中瑞酒店职业学院	52	0	0	0	0	0	0	0	0	0	0	0	0	0	0
西交利物浦大学	53	0	0	0	0	0	0	0	0	0	0	0	0	0	0
昆山杜克大学	54	0	0	0	0	0	0	0	0	0	0	0	0	0	0

4.11 经济学人文、社会科学活动人员情况表

高校名称		总计		按职称划分						按最后学历划分			按最后学位划分		其他
			女性	小计	教授	副教授	讲师	助教	初级	研究生	本科生	其他	博士	硕士	人员
	编号	L01	L02	L03	L04	L05	L06	L07	L08	L09	L10	L11	L12	L13	L14
合计	/	656	484	656	35	92	324	169	36	498	157	1	82	450	0
明达职业技术学院	1	2	2	2	0	0	1	1	0	0	2	0	0	0	0
三江学院	2	19	12	19	4	8	7	0	0	17	2	0	4	14	0
九州职业技术学院	3	12	7	12	2	2	3	3	2	4	8	0	0	4	0
南通理工学院	4	16	12	16	2	4	8	2	0	9	7	0	1	14	0
硅湖职业技术学院	5	6	5	6	0	1	4	1	0	1	5	0	0	4	0
应天职业技术学院	6	3	3	3	0	0	3	0	0	2	1	0	0	3	0
苏州托普信息职业技术学院	7	15	13	15	0	0	4	11	0	6	9	0	0	6	0
东南大学成贤学院	8	20	19	20	1	3	13	3	0	20	0	0	1	19	0
苏州工业园区职业技术学院	9	7	6	7	1	1	3	2	0	1	6	0	0	2	0
太湖创意职业技术学院	10	1	0	1	1	0	0	0	0	0	1	0	0	0	0
炎黄职业技术学院	11	6	4	6	0	0	4	2	0	0	6	0	0	2	0
正德职业技术学院	12	9	6	9	0	0	9	0	0	6	3	0	0	6	0
钟山职业技术学院	13	6	4	6	0	4	2	0	0	2	4	0	0	5	0
无锡南洋职业技术学院	14	7	4	7	0	2	2	1	2	1	6	0	0	4	0
江南影视艺术职业学院	15	6	4	6	2	0	1	3	0	3	3	0	0	3	0
金肯职业技术学院	16	13	11	13	0	2	11	0	0	12	1	0	0	12	0
建东职业技术学院	17	10	9	10	0	3	2	5	0	1	9	0	0	2	0
宿迁职业技术学院	18	7	4	7	0	0	1	3	3	1	6	0	0	1	0
江海职业技术学院	19	14	6	14	0	4	9	1	0	5	9	0	0	6	0
无锡太湖学院	20	63	49	63	1	6	19	34	3	49	14	0	2	48	0
中国矿业大学徐海学院	21	8	7	8	0	0	3	5	0	6	2	0	0	7	0
南京大学金陵学院	22	53	40	53	3	5	45	0	0	45	7	0	7	39	0
南京理工大学紫金学院	23	20	16	20	1	2	15	0	2	17	3	0	1	17	0
南京航空航天大学金城学院	24	23	21	23	0	3	14	6	0	21	2	0	0	21	0
中国传媒大学南广学院	25	3	3	3	0	0	2	1	0	3	0	0	0	3	0
金山职业技术学院	26	0	0	0	0	0	0	0	0	0	0	0	0	0	0

续表

高校名称		总计		按职称划分						按最后学历划分			按最后学位划分		其他
			女性	小计	教授	副教授	讲师	助教	初级	研究生	本科生	其他	博士	硕士	人员
	编号	L01	L02	L03	L04	L05	L06	L07	L08	L09	L10	L11	L12	L13	L14
南京理工大学泰州科技学院	27	31	22	31	5	1	14	1	10	29	2	0	2	27	0
南京师范大学泰州学院	28	11	7	11	0	2	9	0	0	9	2	0	2	7	0
南京工业大学浦江学院	29	9	6	9	0	1	1	3	4	7	2	0	0	7	0
南京师范大学中北学院	30	2	2	2	0	0	2	0	0	2	0	0	0	2	0
苏州百年职业学院	31	11	9	11	1	0	10	0	0	11	0	0	2	9	0
昆山登云科技职业学院	32	6	3	6	0	0	6	0	0	2	4	0	0	3	0
南京视觉艺术职业学院	33	2	2	2	0	0	2	0	0	2	0	0	0	2	0
南京医科大学康达学院	34	0	0	0	0	0	0	0	0	0	0	0	0	0	0
南京中医药大学翰林学院	35	5	4	5	0	0	5	0	0	5	0	0	0	5	0
南京信息工程大学滨江学院	36	9	6	9	0	5	4	0	0	9	0	0	0	8	0
苏州大学文正学院	37	11	9	11	1	5	5	0	0	11	0	0	4	7	0
苏州大学应用技术学院	38	4	4	4	0	1	2	0	1	4	0	0	0	4	0
苏州科技大学天平学院	39	2	2	2	0	0	2	0	0	2	0	0	0	2	0
江苏大学京江学院	40	2	2	2	0	0	1	1	0	2	0	0	0	2	0
扬州大学广陵学院	41	6	3	6	1	0	2	3	0	4	2	0	0	4	0
江苏师范大学科文学院	42	6	6	6	2	0	1	3	0	3	3	0	0	3	0
南京邮电大学通达学院	43	2	1	2	0	0	0	2	0	2	0	0	0	2	0
南京财经大学红山学院	44	34	31	34	0	0	1	33	0	34	0	0	0	34	0
江苏科技大学苏州理工学院	45	9	6	9	0	1	8	0	0	6	3	0	1	5	0
常州大学怀德学院	46	11	7	11	1	4	3	3	0	7	4	0	0	9	0
南通大学杏林学院	47	8	6	8	0	0	7	0	1	7	1	0	0	7	0
南京审计大学金审学院	48	26	25	26	1	2	6	17	0	22	4	0	1	23	0
宿迁学院	49	23	18	23	0	6	9	8	0	20	3	0	1	22	0
苏州高博软件技术职业学院	50	8	7	8	2	0	3	3	0	3	4	1	0	4	0
宿迁泽达职业技术学院	51	0	0	0	0	0	0	0	0	0	0	0	0	0	0
扬州中瑞酒店职业学院	52	4	3	4	0	1	1	2	0	0	4	0	0	0	0
西交利物浦大学	53	65	26	65	3	13	35	6	8	62	3	0	53	10	0
昆山杜克大学	54	0	0	0	0	0	0	0	0	0	0	0	0	0	0

4.12 政治学人文、社会科学活动人员情况表

高校名称		总计		按职称划分						按最后学历划分			按最后学位划分		其他
			女性	小计	教授	副教授	讲师	助教	初级	研究生	本科生	其他	博士	硕士	人员
	编号	L01	L02	L03	L04	L05	L06	L07	L08	L09	L10	L11	L12	L13	L14
合计	/	22	11	22	3	2	12	5	0	17	5	0	2	16	0
明达职业技术学院	1	0	0	0	0	0	0	0	0	0	0	0	0	0	0
三江学院	2	3	2	3	0	1	2	0	0	2	1	0	0	3	0
九州职业技术学院	3	0	0	0	0	0	0	0	0	0	0	0	0	0	0
南通理工学院	4	3	2	3	2	0	1	0	0	2	1	0	1	1	0
硅湖职业技术学院	5	0	0	0	0	0	0	0	0	0	0	0	0	0	0
应天职业技术学院	6	0	0	0	0	0	0	0	0	0	0	0	0	0	0
苏州托普信息职业技术学院	7	0	0	0	0	0	0	0	0	0	0	0	0	0	0
东南大学成贤学院	8	0	0	0	0	0	0	0	0	0	0	0	0	0	0
苏州工业园区职业技术学院	9	0	0	0	0	0	0	0	0	0	0	0	0	0	0
太湖创意职业技术学院	10	0	0	0	0	0	0	0	0	0	0	0	0	0	0
炎黄职业技术学院	11	0	0	0	0	0	0	0	0	0	0	0	0	0	0
正德职业技术学院	12	0	0	0	0	0	0	0	0	0	0	0	0	0	0
钟山职业技术学院	13	0	0	0	0	0	0	0	0	0	0	0	0	0	0
无锡南洋职业技术学院	14	1	1	1	0	0	1	0	0	0	1	0	0	0	0
江南影视艺术职业学院	15	0	0	0	0	0	0	0	0	0	0	0	0	0	0
金肯职业技术学院	16	1	0	1	0	0	1	0	0	1	0	0	0	1	0
建东职业技术学院	17	0	0	0	0	0	0	0	0	0	0	0	0	0	0
宿迁职业技术学院	18	0	0	0	0	0	0	0	0	0	0	0	0	0	0
江海职业技术学院	19	0	0	0	0	0	0	0	0	0	0	0	0	0	0
无锡太湖学院	20	0	0	0	0	0	0	0	0	0	0	0	0	0	0
中国矿业大学徐海学院	21	0	0	0	0	0	0	0	0	0	0	0	0	0	0
南京大学金陵学院	22	1	0	1	0	0	1	0	0	1	0	0	0	1	0
南京理工大学紫金学院	23	2	1	2	0	0	2	0	0	2	0	0	0	2	0
南京航空航天大学金城学院	24	0	0	0	0	0	0	0	0	0	0	0	0	0	0
中国传媒大学南广学院	25	1	1	1	0	1	0	0	0	1	0	0	0	1	0
金山职业技术学院	26	0	0	0	0	0	0	0	0	0	0	0	0	0	0

续表

高校名称		总计		按职称划分						按最后学历划分			按最后学位划分		其他人员
			女性	小计	教授	副教授	讲师	助教	初级	研究生	本科生	其他	博士	硕士	
	编号	L01	L02	L03	L04	L05	L06	L07	L08	L09	L10	L11	L12	L13	L14
南京理工大学泰州科技学院	27	0	0	0	0	0	0	0	0	0	0	0	0	0	0
南京师范大学泰州学院	28	2	2	2	0	0	2	0	0	2	0	0	0	2	0
南京工业大学浦江学院	29	1	0	1	0	0	0	1	0	0	1	0	0	0	0
南京师范大学中北学院	30	0	0	0	0	0	0	0	0	0	0	0	0	0	0
苏州百年职业学院	31	0	0	0	0	0	0	0	0	0	0	0	0	0	0
昆山登云科技职业学院	32	0	0	0	0	0	0	0	0	0	0	0	0	0	0
南京视觉艺术职业学院	33	0	0	0	0	0	0	0	0	0	0	0	0	0	0
南京医科大学康达学院	34	0	0	0	0	0	0	0	0	0	0	0	0	0	0
南京中医药大学翰林学院	35	0	0	0	0	0	0	0	0	0	0	0	0	0	0
南京信息工程大学滨江学院	36	1	0	1	0	0	0	1	0	1	0	0	0	1	0
苏州大学文正学院	37	0	0	0	0	0	0	0	0	0	0	0	0	0	0
苏州大学应用技术学院	38	0	0	0	0	0	0	0	0	0	0	0	0	0	0
苏州科技大学天平学院	39	0	0	0	0	0	0	0	0	0	0	0	0	0	0
江苏大学京江学院	40	0	0	0	0	0	0	0	0	0	0	0	0	0	0
扬州大学广陵学院	41	0	0	0	0	0	0	0	0	0	0	0	0	0	0
江苏师范大学科文学院	42	1	1	1	0	0	1	0	0	0	1	0	0	0	0
南京邮电大学通达学院	43	0	0	0	0	0	0	0	0	0	0	0	0	0	0
南京财经大学红山学院	44	3	1	3	0	0	1	2	0	3	0	0	0	3	0
江苏科技大学苏州理工学院	45	0	0	0	0	0	0	0	0	0	0	0	0	0	0
常州大学怀德学院	46	0	0	0	0	0	0	0	0	0	0	0	0	0	0
南通大学杏林学院	47	0	0	0	0	0	0	0	0	0	0	0	0	0	0
南京审计大学金审学院	48	0	0	0	0	0	0	0	0	0	0	0	0	0	0
宿迁学院	49	0	0	0	0	0	0	0	0	0	0	0	0	0	0
苏州高博软件技术职业学院	50	0	0	0	0	0	0	0	0	0	0	0	0	0	0
宿迁泽达职业技术学院	51	0	0	0	0	0	0	0	0	0	0	0	0	0	0
扬州中瑞酒店职业学院	52	0	0	0	0	0	0	0	0	0	0	0	0	0	0
西交利物浦大学	53	2	0	2	1	0	0	1	0	2	0	0	1	1	0
昆山杜克大学	54	0	0	0	0	0	0	0	0	0	0	0	0	0	0

4.13 法学人文、社会科学活动人员情况表

高校名称		总计		按职称划分						按最后学历划分			按最后学位划分		其他
			女性	小计	教授	副教授	讲师	助教	初级	研究生	本科生	其他	博士	硕士	人员
	编号	L01	L02	L03	L04	L05	L06	L07	L08	L09	L10	L11	L12	L13	L14
合计	/	127	84	127	3	25	68	30	1	30	47	0	5	93	0
明达职业技术学院	1	0	0	0	0	0	0	0	0	0	0	0	0	0	0
三江学院	2	11	9	11	0	6	4	1	0	5	6	0	1	9	0
九州职业技术学院	3	4	3	4	0	0	4	0	0	0	4	0	0	1	0
南通理工学院	4	1	1	1	0	0	1	0	0	0	1	0	0	0	0
硅湖职业技术学院	5	6	4	6	0	0	2	4	0	1	5	0	0	3	0
应天职业技术学院	6	2	2	2	0	0	1	1	0	2	0	0	0	2	0
苏州托普信息职业技术学院	7	1	0	1	0	0	1	0	0	0	1	0	0	0	0
东南大学成贤学院	8	1	0	1	0	0	1	0	0	1	0	0	0	1	0
苏州工业园区职业技术学院	9	1	1	1	0	1	0	0	0	0	1	0	0	1	0
太湖创意职业技术学院	10	0	0	0	0	0	0	0	0	0	0	0	0	0	0
炎黄职业技术学院	11	1	1	1	0	0	1	0	0	0	1	0	0	0	0
正德职业技术学院	12	2	2	2	0	0	1	0	1	1	1	0	0	1	0
钟山职业技术学院	13	1	1	1	0	1	0	0	0	0	1	0	0	0	0
无锡南洋职业技术学院	14	1	0	1	0	0	1	0	0	0	1	0	0	1	0
江南影视艺术职业学院	15	6	3	6	2	1	0	3	0	1	5	0	0	1	0
金肯职业技术学院	16	0	0	0	0	0	0	0	0	0	0	0	0	0	0
建东职业技术学院	17	1	1	1	0	0	1	0	0	0	1	0	0	1	0
宿迁职业技术学院	18	1	1	1	0	0	0	1	0	1	0	0	0	1	0
江海职业技术学院	19	0	0	0	0	0	0	0	0	0	0	0	0	0	0
无锡太湖学院	20	5	5	5	0	0	4	1	0	3	2	0	0	4	0
中国矿业大学徐海学院	21	3	3	3	0	0	3	0	0	2	1	0	0	2	0
南京大学金陵学院	22	0	0	0	0	0	0	0	0	0	0	0	0	0	0
南京理工大学紫金学院	23	5	5	5	0	0	5	0	0	5	0	0	0	5	0
南京航空航天大学金城学院	24	4	3	4	0	2	1	1	0	4	0	0	0	4	0
中国传媒大学南广学院	25	1	0	1	0	0	1	0	0	1	0	0	0	1	0
金山职业技术学院	26	1	0	1	0	1	0	0	0	0	1	0	0	1	0

续表

高校名称		总计		按职称划分						按最后学历划分			按最后学位划分		其他
			女性	小计	教授	副教授	讲师	助教	初级	研究生	本科生	其他	博士	硕士	人员
	编号	L01	L02	L03	L04	L05	L06	L07	L08	L09	L10	L11	L12	L13	L14
南京理工大学泰州科技学院	27	2	2	2	0	0	2	0	0	2	0	0	0	2	0
南京师范大学泰州学院	28	11	4	11	0	3	8	0	0	10	1	0	1	9	0
南京工业大学浦江学院	29	0	0	0	0	0	0	0	0	0	0	0	0	0	0
南京师范大学中北学院	30	0	0	0	0	0	0	0	0	0	0	0	0	0	0
苏州百年职业学院	31	0	0	0	0	0	0	0	0	0	0	0	0	0	0
昆山登云科技职业学院	32	8	5	8	0	0	4	4	0	5	3	0	0	5	0
南京视觉艺术职业学院	33	2	2	2	0	0	0	2	0	2	0	0	0	2	0
南京医科大学康达学院	34	2	2	2	0	0	2	0	0	2	0	0	0	2	0
南京中医药大学翰林学院	35	1	1	1	0	0	1	0	0	1	0	0	0	1	0
南京信息工程大学滨江学院	36	13	8	13	0	3	7	3	0	13	0	0	0	13	0
苏州大学文正学院	37	5	2	5	1	1	1	2	0	4	1	0	2	2	0
苏州大学应用技术学院	38	0	0	0	0	0	0	0	0	0	0	0	0	0	0
苏州科技大学天平学院	39	0	0	0	0	0	0	0	0	0	0	0	0	0	0
江苏大学京江学院	40	0	0	0	0	0	0	0	0	0	0	0	0	0	0
扬州大学广陵学院	41	3	1	3	0	1	2	0	0	2	1	0	0	3	0
江苏师范大学科文学院	42	0	0	0	0	0	0	0	0	0	0	0	0	0	0
南京邮电大学通达学院	43	0	0	0	0	0	0	0	0	0	0	0	0	0	0
南京财经大学红山学院	44	4	4	4	0	0	1	3	0	4	0	0	0	4	0
江苏科技大学苏州理工学院	45	2	1	2	0	0	2	0	0	1	1	0	0	1	0
常州大学怀德学院	46	0	0	0	0	0	0	0	0	0	0	0	0	0	0
南通大学杏林学院	47	1	1	1	0	0	1	0	0	1	0	0	0	1	0
南京审计大学金审学院	48	1	1	1	0	0	1	0	0	0	1	0	0	0	0
宿迁学院	49	6	4	6	0	4	2	0	0	3	3	0	0	6	0
苏州高博软件技术职业学院	50	1	0	1	0	0	1	0	0	0	1	0	0	1	0
宿迁泽达职业技术学院	51	2	1	2	0	0	0	2	0	0	2	0	0	0	0
扬州中瑞酒店职业学院	52	2	0	2	0	0	0	2	0	1	1	0	0	1	0
西交利物浦大学	53	2	0	2	0	1	1	0	0	2	0	0	1	1	0
昆山杜克大学	54	0	0	0	0	0	0	0	0	0	0	0	0	0	0

4.14 社会学人文、社会科学活动人员情况表

高校名称		总计		按职称划分						按最后学历划分			按最后学位划分		其他人员
			女性	小计	教授	副教授	讲师	助教	初级	研究生	本科生	其他	博士	硕士	
	编号	L01	L02	L03	L04	L05	L06	L07	L08	L09	L10	L11	L12	L13	L14
合计	/	50	33	50	4	5	26	6	9	34	16	0	11	24	0
明达职业技术学院	1	0	0	0	0	0	0	0	0	0	0	0	0	0	0
三江学院	2	0	0	0	0	0	0	0	0	0	0	0	0	0	0
九州职业技术学院	3	9	8	9	0	0	2	1	6	0	9	0	0	0	0
南通理工学院	4	0	0	0	0	0	0	0	0	0	0	0	0	0	0
硅湖职业技术学院	5	1	1	1	0	0	0	0	1	1	0	0	0	1	0
应天职业技术学院	6	1	1	1	0	0	1	0	0	1	0	0	0	1	0
苏州托普信息职业技术学院	7	1	1	1	0	0	0	1	0	1	0	0	0	1	0
东南大学成贤学院	8	0	0	0	0	0	0	0	0	0	0	0	0	0	0
苏州工业园区职业技术学院	9	0	0	0	0	0	0	0	0	0	0	0	0	0	0
太湖创意职业技术学院	10	0	0	0	0	0	0	0	0	0	0	0	0	0	0
炎黄职业技术学院	11	3	2	3	0	0	3	0	0	1	2	0	0	1	0
正德职业技术学院	12	0	0	0	0	0	0	0	0	0	0	0	0	0	0
钟山职业技术学院	13	2	2	2	0	0	2	0	0	2	0	0	0	2	0
无锡南洋职业技术学院	14	1	0	1	0	0	0	0	1	0	1	0	0	0	0
江南影视艺术职业学院	15	0	0	0	0	0	0	0	0	0	0	0	0	0	0
金肯职业技术学院	16	0	0	0	0	0	0	0	0	0	0	0	0	0	0
建东职业技术学院	17	0	0	0	0	0	0	0	0	0	0	0	0	0	0
宿迁职业技术学院	18	0	0	0	0	0	0	0	0	0	0	0	0	0	0
江海职业技术学院	19	0	0	0	0	0	0	0	0	0	0	0	0	0	0
无锡太湖学院	20	0	0	0	0	0	0	0	0	0	0	0	0	0	0
中国矿业大学徐海学院	21	0	0	0	0	0	0	0	0	0	0	0	0	0	0
南京大学金陵学院	22	0	0	0	0	0	0	0	0	0	0	0	0	0	0
南京理工大学紫金学院	23	1	1	1	0	0	1	0	0	1	0	0	0	1	0
南京航空航天大学金城学院	24	1	1	1	0	0	1	0	0	1	0	0	0	1	0
中国传媒大学南广学院	25	1	1	1	0	1	0	0	0	1	0	0	0	1	0
金山职业技术学院	26	0	0	0	0	0	0	0	0	0	0	0	0	0	0

续表

高校名称		总计		按职称划分						按最后学历划分			按最后学位划分		其他人员
			女性	小计	教授	副教授	讲师	助教	初级	研究生	本科生	其他	博士	硕士	
	编号	L01	L02	L03	L04	L05	L06	L07	L08	L09	L10	L11	L12	L13	L14
南京理工大学泰州科技学院	27	0	0	0	0	0	0	0	0	0	0	0	0	0	0
南京师范大学泰州学院	28	0	0	0	0	0	0	0	0	0	0	0	0	0	0
南京工业大学浦江学院	29	0	0	0	0	0	0	0	0	0	0	0	0	0	0
南京师范大学中北学院	30	0	0	0	0	0	0	0	0	0	0	0	0	0	0
苏州百年职业学院	31	0	0	0	0	0	0	0	0	0	0	0	0	0	0
昆山登云科技职业学院	32	0	0	0	0	0	0	0	0	0	0	0	0	0	0
南京视觉艺术职业学院	33	1	0	1	0	0	1	0	0	1	0	0	0	1	0
南京医科大学康达学院	34	0	0	0	0	0	0	0	0	0	0	0	0	0	0
南京中医药大学翰林学院	35	1	1	1	0	0	1	0	0	1	0	0	0	1	0
南京信息工程大学滨江学院	36	1	1	1	0	0	1	0	0	1	0	0	0	1	0
苏州大学文正学院	37	3	0	3	2	1	0	0	0	2	1	0	2	0	0
苏州大学应用技术学院	38	0	0	0	0	0	0	0	0	0	0	0	0	0	0
苏州科技大学天平学院	39	0	0	0	0	0	0	0	0	0	0	0	0	0	0
江苏大学京江学院	40	0	0	0	0	0	0	0	0	0	0	0	0	0	0
扬州大学广陵学院	41	1	1	1	1	0	0	0	0	1	0	0	1	0	0
江苏师范大学科文学院	42	2	1	2	0	0	1	1	0	1	1	0	0	1	0
南京邮电大学通达学院	43	0	0	0	0	0	0	0	0	0	0	0	0	0	0
南京财经大学红山学院	44	2	2	2	0	0	0	2	0	2	0	0	0	2	0
江苏科技大学苏州理工学院	45	0	0	0	0	0	0	0	0	0	0	0	0	0	0
常州大学怀德学院	46	0	0	0	0	0	0	0	0	0	0	0	0	0	0
南通大学杏林学院	47	1	1	1	0	0	1	0	0	1	0	0	0	1	0
南京审计大学金审学院	48	1	1	1	0	0	1	0	0	1	0	0	0	1	0
宿迁学院	49	6	2	6	0	0	6	0	0	5	1	0	0	6	0
苏州高博软件技术职业学院	50	0	0	0	0	0	0	0	0	0	0	0	0	0	0
宿迁泽达职业技术学院	51	0	0	0	0	0	0	0	0	0	0	0	0	0	0
扬州中瑞酒店职业学院	52	0	0	0	0	0	0	0	0	0	0	0	0	0	0
西交利物浦大学	53	10	5	10	1	3	4	1	1	9	1	0	8	1	0
昆山杜克大学	54	0	0	0	0	0	0	0	0	0	0	0	0	0	0

4.15 民族学与文化学人文、社会科学活动人员情况表

高校名称		总计		按职称划分						按最后学历划分			按最后学位划分		其他人员
			女性	小计	教授	副教授	讲师	助教	初级	研究生	本科生	其他	博士	硕士	
	编号	L01	L02	L03	L04	L05	L06	L07	L08	L09	L10	L11	L12	L13	L14
合计	/	4	2	4	0	0	1	2	1	3	1	0	0	3	0
明达职业技术学院	1	0	0	0	0	0	0	0	0	0	0	0	0	0	0
三江学院	2	0	0	0	0	0	0	0	0	0	0	0	0	0	0
九州职业技术学院	3	0	0	0	0	0	0	0	0	0	0	0	0	0	0
南通理工学院	4	0	0	0	0	0	0	0	0	0	0	0	0	0	0
硅湖职业技术学院	5	0	0	0	0	0	0	0	0	0	0	0	0	0	0
应天职业技术学院	6	0	0	0	0	0	0	0	0	0	0	0	0	0	0
苏州托普信息职业技术学院	7	0	0	0	0	0	0	0	0	0	0	0	0	0	0
东南大学成贤学院	8	0	0	0	0	0	0	0	0	0	0	0	0	0	0
苏州工业园区职业技术学院	9	1	1	1	0	0	0	1	0	1	0	0	0	1	0
太湖创意职业技术学院	10	0	0	0	0	0	0	0	0	0	0	0	0	0	0
炎黄职业技术学院	11	1	0	1	0	0	0	0	1	0	1	0	0	0	0
正德职业技术学院	12	0	0	0	0	0	0	0	0	0	0	0	0	0	0
钟山职业技术学院	13	0	0	0	0	0	0	0	0	0	0	0	0	0	0
无锡南洋职业技术学院	14	0	0	0	0	0	0	0	0	0	0	0	0	0	0
江南影视艺术职业学院	15	0	0	0	0	0	0	0	0	0	0	0	0	0	0
金肯职业技术学院	16	0	0	0	0	0	0	0	0	0	0	0	0	0	0
建东职业技术学院	17	0	0	0	0	0	0	0	0	0	0	0	0	0	0
宿迁职业技术学院	18	0	0	0	0	0	0	0	0	0	0	0	0	0	0
江海职业技术学院	19	0	0	0	0	0	0	0	0	0	0	0	0	0	0
无锡太湖学院	20	0	0	0	0	0	0	0	0	0	0	0	0	0	0
中国矿业大学徐海学院	21	0	0	0	0	0	0	0	0	0	0	0	0	0	0
南京大学金陵学院	22	1	1	1	0	0	1	0	0	1	0	0	0	1	0
南京理工大学紫金学院	23	0	0	0	0	0	0	0	0	0	0	0	0	0	0
南京航空航天大学金城学院	24	0	0	0	0	0	0	0	0	0	0	0	0	0	0
中国传媒大学南广学院	25	0	0	0	0	0	0	0	0	0	0	0	0	0	0
金山职业技术学院	26	0	0	0	0	0	0	0	0	0	0	0	0	0	0

续表

高校名称		总计		按职称划分						按最后学历划分			按最后学位划分		其他人员
			女性	小计	教授	副教授	讲师	助教	初级	研究生	本科生	其他	博士	硕士	
	编号	L01	L02	L03	L04	L05	L06	L07	L08	L09	L10	L11	L12	L13	L14
南京理工大学泰州科技学院	27	0	0	0	0	0	0	0	0	0	0	0	0	0	0
南京师范大学泰州学院	28	0	0	0	0	0	0	0	0	0	0	0	0	0	0
南京工业大学浦江学院	29	0	0	0	0	0	0	0	0	0	0	0	0	0	0
南京师范大学中北学院	30	0	0	0	0	0	0	0	0	0	0	0	0	0	0
苏州百年职业学院	31	0	0	0	0	0	0	0	0	0	0	0	0	0	0
昆山登云科技职业学院	32	0	0	0	0	0	0	0	0	0	0	0	0	0	0
南京视觉艺术职业学院	33	0	0	0	0	0	0	0	0	0	0	0	0	0	0
南京医科大学康达学院	34	0	0	0	0	0	0	0	0	0	0	0	0	0	0
南京中医药大学翰林学院	35	0	0	0	0	0	0	0	0	0	0	0	0	0	0
南京信息工程大学滨江学院	36	0	0	0	0	0	0	0	0	0	0	0	0	0	0
苏州大学文正学院	37	0	0	0	0	0	0	0	0	0	0	0	0	0	0
苏州大学应用技术学院	38	0	0	0	0	0	0	0	0	0	0	0	0	0	0
苏州科技大学天平学院	39	0	0	0	0	0	0	0	0	0	0	0	0	0	0
江苏大学京江学院	40	0	0	0	0	0	0	0	0	0	0	0	0	0	0
扬州大学广陵学院	41	0	0	0	0	0	0	0	0	0	0	0	0	0	0
江苏师范大学科文学院	42	0	0	0	0	0	0	0	0	0	0	0	0	0	0
南京邮电大学通达学院	43	0	0	0	0	0	0	0	0	0	0	0	0	0	0
南京财经大学红山学院	44	1	0	1	0	0	0	1	0	1	0	0	0	1	0
江苏科技大学苏州理工学院	45	0	0	0	0	0	0	0	0	0	0	0	0	0	0
常州大学怀德学院	46	0	0	0	0	0	0	0	0	0	0	0	0	0	0
南通大学杏林学院	47	0	0	0	0	0	0	0	0	0	0	0	0	0	0
南京审计大学金审学院	48	0	0	0	0	0	0	0	0	0	0	0	0	0	0
宿迁学院	49	0	0	0	0	0	0	0	0	0	0	0	0	0	0
苏州高博软件技术职业学院	50	0	0	0	0	0	0	0	0	0	0	0	0	0	0
宿迁泽达职业技术学院	51	0	0	0	0	0	0	0	0	0	0	0	0	0	0
扬州中瑞酒店职业学院	52	0	0	0	0	0	0	0	0	0	0	0	0	0	0
西交利物浦大学	53	0	0	0	0	0	0	0	0	0	0	0	0	0	0
昆山杜克大学	54	0	0	0	0	0	0	0	0	0	0	0	0	0	0

4.16 新闻学与传播学人文、社会科学活动人员情况表

高校名称		总计		按职称划分						按最后学历划分			按最后学位划分		其他人员
			女性	小计	教授	副教授	讲师	助教	初级	研究生	本科生	其他	博士	硕士	
	编号	L01	L02	L03	L04	L05	L06	L07	L08	L09	L10	L11	L12	L13	L14
合计	/	148	102	148	10	25	85	22	6	96	52	0	15	91	0
明达职业技术学院	1	0	0	0	0	0	0	0	0	0	0	0	0	0	0
三江学院	2	9	4	9	2	5	2	0	0	3	6	0	1	4	0
九州职业技术学院	3	1	1	1	0	0	0	1	0	1	0	0	0	1	0
南通理工学院	4	0	0	0	0	0	0	0	0	0	0	0	0	0	0
硅湖职业技术学院	5	0	0	0	0	0	0	0	0	0	0	0	0	0	0
应天职业技术学院	6	0	0	0	0	0	0	0	0	0	0	0	0	0	0
苏州托普信息职业技术学院	7	1	1	1	0	0	0	0	1	0	1	0	0	0	0
东南大学成贤学院	8	0	0	0	0	0	0	0	0	0	0	0	0	0	0
苏州工业园区职业技术学院	9	0	0	0	0	0	0	0	0	0	0	0	0	0	0
太湖创意职业技术学院	10	0	0	0	0	0	0	0	0	0	0	0	0	0	0
炎黄职业技术学院	11	0	0	0	0	0	0	0	0	0	0	0	0	0	0
正德职业技术学院	12	3	2	3	0	0	2	1	0	1	2	0	0	2	0
钟山职业技术学院	13	0	0	0	0	0	0	0	0	0	0	0	0	0	0
无锡南洋职业技术学院	14	0	0	0	0	0	0	0	0	0	0	0	0	0	0
江南影视艺术职业学院	15	24	16	24	2	2	7	13	0	10	14	0	0	10	0
金肯职业技术学院	16	0	0	0	0	0	0	0	0	0	0	0	0	0	0
建东职业技术学院	17	0	0	0	0	0	0	0	0	0	0	0	0	0	0
宿迁职业技术学院	18	0	0	0	0	0	0	0	0	0	0	0	0	0	0
江海职业技术学院	19	1	1	1	0	0	0	1	0	0	1	0	0	0	0
无锡太湖学院	20	1	0	1	0	0	0	1	0	0	1	0	0	0	0
中国矿业大学徐海学院	21	0	0	0	0	0	0	0	0	0	0	0	0	0	0
南京大学金陵学院	22	27	19	27	2	2	23	0	0	20	7	0	1	19	0
南京理工大学紫金学院	23	0	0	0	0	0	0	0	0	0	0	0	0	0	0
南京航空航天大学金城学院	24	0	0	0	0	0	0	0	0	0	0	0	0	0	0
中国传媒大学南广学院	25	37	31	37	2	10	22	2	1	28	9	0	1	30	0
金山职业技术学院	26	0	0	0	0	0	0	0	0	0	0	0	0	0	0

续表

高校名称		总计		按职称划分						按最后学历划分			按最后学位划分		其他
			女性	小计	教授	副教授	讲师	助教	初级	研究生	本科生	其他	博士	硕士	人员
	编号	L01	L02	L03	L04	L05	L06	L07	L08	L09	L10	L11	L12	L13	L14
南京理工大学泰州科技学院	27	0	0	0	0	0	0	0	0	0	0	0	0	0	0
南京师范大学泰州学院	28	4	2	4	0	1	3	0	0	2	2	0	0	2	0
南京工业大学浦江学院	29	1	1	1	0	0	0	1	0	1	0	0	0	1	0
南京师范大学中北学院	30	2	2	2	0	0	2	0	0	2	0	0	0	2	0
苏州百年职业学院	31	0	0	0	0	0	0	0	0	0	0	0	0	0	0
昆山登云科技职业学院	32	0	0	0	0	0	0	0	0	0	0	0	0	0	0
南京视觉艺术职业学院	33	3	2	3	0	0	1	1	1	2	1	0	0	2	0
南京医科大学康达学院	34	1	1	1	0	0	0	0	1	1	0	0	0	1	0
南京中医药大学翰林学院	35	0	0	0	0	0	0	0	0	0	0	0	0	0	0
南京信息工程大学滨江学院	36	0	0	0	0	0	0	0	0	0	0	0	0	0	0
苏州大学文正学院	37	7	4	7	1	0	5	1	0	5	2	0	0	6	0
苏州大学应用技术学院	38	0	0	0	0	0	0	0	0	0	0	0	0	0	0
苏州科技大学天平学院	39	0	0	0	0	0	0	0	0	0	0	0	0	0	0
江苏大学京江学院	40	0	0	0	0	0	0	0	0	0	0	0	0	0	0
扬州大学广陵学院	41	1	1	1	0	0	1	0	0	1	0	0	0	1	0
江苏师范大学科文学院	42	1	1	1	0	0	1	0	0	0	1	0	0	0	0
南京邮电大学通达学院	43	0	0	0	0	0	0	0	0	0	0	0	0	0	0
南京财经大学红山学院	44	0	0	0	0	0	0	0	0	0	0	0	0	0	0
江苏科技大学苏州理工学院	45	0	0	0	0	0	0	0	0	0	0	0	0	0	0
常州大学怀德学院	46	0	0	0	0	0	0	0	0	0	0	0	0	0	0
南通大学杏林学院	47	2	2	2	0	0	2	0	0	2	0	0	0	2	0
南京审计大学金审学院	48	0	0	0	0	0	0	0	0	0	0	0	0	0	0
宿迁学院	49	5	4	5	0	2	3	0	0	2	3	0	0	3	0
苏州高博软件技术职业学院	50	1	1	1	0	0	1	0	0	1	0	0	0	1	0
宿迁泽达职业技术学院	51	0	0	0	0	0	0	0	0	0	0	0	0	0	0
扬州中瑞酒店职业学院	52	0	0	0	0	0	0	0	0	0	0	0	0	0	0
西交利物浦大学	53	16	6	16	1	3	10	0	2	14	2	0	12	4	0
昆山杜克大学	54	0	0	0	0	0	0	0	0	0	0	0	0	0	0

4.17 图书馆、情报与文献学人文、社会科学活动人员情况表

高校名称		总计		按职称划分						按最后学历划分			按最后学位划分		其他
			女性	小计	教授	副教授	讲师	助教	初级	研究生	本科生	其他	博士	硕士	人员
	编号	L01	L02	L03	L04	L05	L06	L07	L08	L09	L10	L11	L12	L13	L14
合计	/	144	102	144	4	10	76	21	33	33	109	2	4	38	0
明达职业技术学院	1	0	0	0	0	0	0	0	0	0	0	0	0	0	0
三江学院	2	8	7	8	0	3	5	0	0	1	7	0	0	2	0
九州职业技术学院	3	3	1	3	0	0	3	0	0	1	2	0	0	0	0
南通理工学院	4	8	6	8	1	0	7	0	0	0	8	0	0	1	0
硅湖职业技术学院	5	3	0	3	0	0	1	0	2	0	3	0	0	0	0
应天职业技术学院	6	0	0	0	0	0	0	0	0	0	0	0	0	0	0
苏州托普信息职业技术学院	7	1	1	1	0	0	1	0	0	0	1	0	0	0	0
东南大学成贤学院	8	0	0	0	0	0	0	0	0	0	0	0	0	0	0
苏州工业园区职业技术学院	9	4	3	4	1	0	2	1	0	0	4	0	0	1	0
太湖创意职业技术学院	10	0	0	0	0	0	0	0	0	0	0	0	0	0	0
炎黄职业技术学院	11	1	1	1	0	0	1	0	0	1	0	0	0	1	0
正德职业技术学院	12	1	1	1	0	0	1	0	0	0	1	0	0	0	0
钟山职业技术学院	13	1	0	1	0	0	1	0	0	0	1	0	0	1	0
无锡南洋职业技术学院	14	0	0	0	0	0	0	0	0	0	0	0	0	0	0
江南影视艺术职业学院	15	3	1	3	0	0	1	0	2	0	3	0	0	0	0
金肯职业技术学院	16	1	0	1	0	0	1	0	0	0	1	0	0	0	0
建东职业技术学院	17	5	5	5	0	0	5	0	0	0	5	0	0	0	0
宿迁职业技术学院	18	0	0	0	0	0	0	0	0	0	0	0	0	0	0
江海职业技术学院	19	3	3	3	0	1	2	0	0	0	3	0	0	0	0
无锡太湖学院	20	0	0	0	0	0	0	0	0	0	0	0	0	0	0
中国矿业大学徐海学院	21	1	1	1	0	0	0	0	1	0	1	0	0	0	0
南京大学金陵学院	22	2	2	2	0	0	2	0	0	0	2	0	0	0	0
南京理工大学紫金学院	23	0	0	0	0	0	0	0	0	0	0	0	0	0	0
南京航空航天大学金城学院	24	13	13	13	0	0	5	8	0	2	11	0	0	2	0
中国传媒大学南广学院	25	1	1	1	0	0	1	0	0	1	0	0	0	1	0
金山职业技术学院	26	1	1	1	0	0	0	1	0	0	1	0	0	0	0

续表

高校名称		总计		按职称划分						按最后学历划分			按最后学位划分		其他
			女性	小计	教授	副教授	讲师	助教	初级	研究生	本科生	其他	博士	硕士	人员
	编号	L01	L02	L03	L04	L05	L06	L07	L08	L09	L10	L11	L12	L13	L14
南京理工大学泰州科技学院	27	14	11	14	0	0	8	0	6	1	11	2	0	1	0
南京师范大学泰州学院	28	6	5	6	0	1	5	0	0	0	6	0	0	3	0
南京工业大学浦江学院	29	2	1	2	0	0	0	1	1	1	1	0	0	1	0
南京师范大学中北学院	30	1	1	1	0	0	0	0	1	1	0	0	0	1	0
苏州百年职业学院	31	1	1	1	0	0	0	0	1	0	1	0	0	0	0
昆山登云科技职业学院	32	3	1	3	0	0	2	0	1	0	3	0	0	1	0
南京视觉艺术职业学院	33	1	1	1	0	0	0	1	0	0	1	0	0	0	0
南京医科大学康达学院	34	14	10	14	0	0	0	0	14	2	12	0	0	2	0
南京中医药大学翰林学院	35	10	8	10	0	1	9	0	0	2	8	0	0	2	0
南京信息工程大学滨江学院	36	1	0	1	0	0	1	0	0	1	0	0	0	1	0
苏州大学文正学院	37	9	3	9	1	1	3	4	0	5	4	0	1	4	0
苏州大学应用技术学院	38	2	0	2	0	0	1	1	0	0	2	0	0	0	0
苏州科技大学天平学院	39	0	0	0	0	0	0	0	0	0	0	0	0	0	0
江苏大学京江学院	40	0	0	0	0	0	0	0	0	0	0	0	0	0	0
扬州大学广陵学院	41	2	2	2	0	1	1	0	0	2	0	0	1	1	0
江苏师范大学科文学院	42	1	1	1	0	0	1	0	0	1	0	0	0	1	0
南京邮电大学通达学院	43	3	3	3	0	0	1	2	0	2	1	0	0	2	0
南京财经大学红山学院	44	0	0	0	0	0	0	0	0	0	0	0	0	0	0
江苏科技大学苏州理工学院	45	1	1	1	0	0	0	1	0	1	0	0	0	1	0
常州大学怀德学院	46	1	0	1	0	1	0	0	0	0	1	0	0	0	0
南通大学杏林学院	47	0	0	0	0	0	0	0	0	0	0	0	0	0	0
南京审计大学金审学院	48	0	0	0	0	0	0	0	0	0	0	0	0	0	0
宿迁学院	49	3	0	3	0	1	2	0	0	1	2	0	0	3	0
苏州高博软件技术职业学院	50	2	1	2	0	0	2	0	0	0	2	0	0	0	0
宿迁泽达职业技术学院	51	0	0	0	0	0	0	0	0	0	0	0	0	0	0
扬州中瑞酒店职业学院	52	0	0	0	0	0	0	0	0	0	0	0	0	0	0
西交利物浦大学	53	2	1	2	0	0	1	1	0	2	0	0	1	1	0
昆山杜克大学	54	5	4	5	1	0	0	0	4	5	0	0	1	4	0

4.18 教育学人文、社会科学活动人员情况表

高校名称		总计		按职称划分						按最后学历划分			按最后学位划分		其他人员
			女性	小计	教授	副教授	讲师	助教	初级	研究生	本科生	其他	博士	硕士	
	编号	L01	L02	L03	L04	L05	L06	L07	L08	L09	L10	L11	L12	L13	L14
合计	/	428	293	428	13	42	240	95	38	271	154	3	7	305	0
明达职业技术学院	1	0	0	0	0	0	0	0	0	0	0	0	0	0	0
三江学院	2	16	10	16	0	3	8	5	0	5	11	0	0	9	0
九州职业技术学院	3	13	10	13	0	1	9	1	2	4	9	0	0	8	0
南通理工学院	4	23	12	23	5	2	9	7	0	13	10	0	2	14	0
硅湖职业技术学院	5	21	11	21	2	1	5	10	3	7	14	0	1	6	0
应天职业技术学院	6	3	3	3	0	0	2	1	0	2	1	0	0	2	0
苏州托普信息职业技术学院	7	5	5	5	0	0	3	2	0	3	2	0	0	3	0
东南大学成贤学院	8	0	0	0	0	0	0	0	0	0	0	0	0	0	0
苏州工业园区职业技术学院	9	5	3	5	1	1	3	0	0	3	2	0	0	5	0
太湖创意职业技术学院	10	2	1	2	0	1	0	0	1	1	1	0	0	1	0
炎黄职业技术学院	11	4	0	4	1	1	1	0	1	0	4	0	0	1	0
正德职业技术学院	12	6	5	6	1	0	3	2	0	3	3	0	0	4	0
钟山职业技术学院	13	5	5	5	0	2	3	0	0	2	3	0	0	4	0
无锡南洋职业技术学院	14	6	5	6	0	0	2	0	4	2	3	1	0	1	0
江南影视艺术职业学院	15	26	20	26	0	4	0	21	1	18	8	0	0	18	0
金肯职业技术学院	16	2	1	2	0	0	2	0	0	2	0	0	0	1	0
建东职业技术学院	17	6	5	6	0	0	5	1	0	0	6	0	0	0	0
宿迁职业技术学院	18	2	2	2	0	0	2	0	0	2	0	0	0	2	0
江海职业技术学院	19	4	2	4	0	4	0	0	0	1	2	1	0	2	0
无锡太湖学院	20	4	1	4	0	0	1	3	0	2	2	0	0	2	0
中国矿业大学徐海学院	21	3	2	3	0	0	3	0	0	2	1	0	0	3	0
南京大学金陵学院	22	6	6	6	0	0	6	0	0	5	1	0	0	5	0
南京理工大学紫金学院	23	0	0	0	0	0	0	0	0	0	0	0	0	0	0
南京航空航天大学金城学院	24	9	9	9	0	0	7	1	1	6	3	0	0	7	0
中国传媒大学南广学院	25	3	3	3	0	0	2	1	0	2	1	0	0	3	0
金山职业技术学院	26	0	0	0	0	0	0	0	0	0	0	0	0	0	0

续表

高校名称		总计		按职称划分						按最后学历划分			按最后学位划分		其他
			女性	小计	教授	副教授	讲师	助教	初级	研究生	本科生	其他	博士	硕士	人员
	编号	L01	L02	L03	L04	L05	L06	L07	L08	L09	L10	L11	L12	L13	L14
南京理工大学泰州科技学院	27	13	8	13	0	2	7	0	4	3	9	1	0	6	0
南京师范大学泰州学院	28	15	10	15	0	4	10	1	0	13	2	0	0	15	0
南京工业大学浦江学院	29	11	8	11	0	0	3	5	3	8	3	0	1	7	0
南京师范大学中北学院	30	0	0	0	0	0	0	0	0	0	0	0	0	0	0
苏州百年职业学院	31	1	1	1	0	0	0	0	1	1	0	0	0	1	0
昆山登云科技职业学院	32	10	6	10	0	0	5	4	1	5	5	0	0	6	0
南京视觉艺术职业学院	33	5	3	5	0	0	4	1	0	3	2	0	0	4	0
南京医科大学康达学院	34	16	15	16	1	2	4	1	8	8	8	0	0	8	0
南京中医药大学翰林学院	35	17	8	17	0	0	17	0	0	11	6	0	0	12	0
南京信息工程大学滨江学院	36	14	10	14	0	1	11	2	0	14	0	0	0	14	0
苏州大学文正学院	37	6	3	6	1	1	4	0	0	5	1	0	0	6	0
苏州大学应用技术学院	38	10	7	10	1	0	2	7	0	8	2	0	1	7	0
苏州科技大学天平学院	39	1	1	1	0	0	1	0	0	0	1	0	0	1	0
江苏大学京江学院	40	1	1	1	0	0	1	0	0	1	0	0	0	1	0
扬州大学广陵学院	41	13	9	13	0	0	12	1	0	12	1	0	0	12	0
江苏师范大学科文学院	42	6	3	6	0	0	6	0	0	3	3	0	0	4	0
南京邮电大学通达学院	43	1	1	1	0	0	0	1	0	1	0	0	0	1	0
南京财经大学红山学院	44	3	3	3	0	0	1	2	0	3	0	0	0	3	0
江苏科技大学苏州理工学院	45	9	2	9	0	1	8	0	0	8	1	0	0	8	0
常州大学怀德学院	46	1	0	1	0	0	1	0	0	1	0	0	0	1	0
南通大学杏林学院	47	45	29	45	0	1	39	4	1	42	3	0	0	44	0
南京审计大学金审学院	48	14	11	14	0	4	9	1	0	12	2	0	0	13	0
宿迁学院	49	19	14	19	0	6	8	5	0	12	7	0	0	19	0
苏州高博软件技术职业学院	50	7	5	7	0	0	6	1	0	3	4	0	0	4	0
宿迁泽达职业技术学院	51	0	0	0	0	0	0	0	0	0	0	0	0	0	0
扬州中瑞酒店职业学院	52	7	7	7	0	0	3	4	0	3	4	0	0	3	0
西交利物浦大学	53	9	7	9	0	0	2	0	7	6	3	0	2	4	0
昆山杜克大学	54	0	0	0	0	0	0	0	0	0	0	0	0	0	0

4.19 统计学人文、社会科学活动人员情况表

高校名称		总计		按职称划分						按最后学历划分			按最后学位划分		其他
			女性	小计	教授	副教授	讲师	助教	初级	研究生	本科生	其他	博士	硕士	人员
	编号	L01	L02	L03	L04	L05	L06	L07	L08	L09	L10	L11	L12	L13	L14
合计	/	14	8	14	1	1	5	3	4	10	4	0	0	10	0
明达职业技术学院	1	0	0	0	0	0	0	0	0	0	0	0	0	0	0
三江学院	2	0	0	0	0	0	0	0	0	0	0	0	0	0	0
九州职业技术学院	3	0	0	0	0	0	0	0	0	0	0	0	0	0	0
南通理工学院	4	0	0	0	0	0	0	0	0	0	0	0	0	0	0
硅湖职业技术学院	5	0	0	0	0	0	0	0	0	0	0	0	0	0	0
应天职业技术学院	6	0	0	0	0	0	0	0	0	0	0	0	0	0	0
苏州托普信息职业技术学院	7	0	0	0	0	0	0	0	0	0	0	0	0	0	0
东南大学成贤学院	8	0	0	0	0	0	0	0	0	0	0	0	0	0	0
苏州工业园区职业技术学院	9	0	0	0	0	0	0	0	0	0	0	0	0	0	0
太湖创意职业技术学院	10	1	0	1	0	0	0	1	0	0	1	0	0	0	0
炎黄职业技术学院	11	2	1	2	0	0	0	0	2	0	2	0	0	0	0
正德职业技术学院	12	0	0	0	0	0	0	0	0	0	0	0	0	0	0
钟山职业技术学院	13	0	0	0	0	0	0	0	0	0	0	0	0	0	0
无锡南洋职业技术学院	14	0	0	0	0	0	0	0	0	0	0	0	0	0	0
江南影视艺术职业学院	15	1	0	1	0	0	0	1	0	1	0	0	0	1	0
金肯职业技术学院	16	0	0	0	0	0	0	0	0	0	0	0	0	0	0
建东职业技术学院	17	0	0	0	0	0	0	0	0	0	0	0	0	0	0
宿迁职业技术学院	18	0	0	0	0	0	0	0	0	0	0	0	0	0	0
江海职业技术学院	19	0	0	0	0	0	0	0	0	0	0	0	0	0	0
无锡太湖学院	20	0	0	0	0	0	0	0	0	0	0	0	0	0	0
中国矿业大学徐海学院	21	0	0	0	0	0	0	0	0	0	0	0	0	0	0
南京大学金陵学院	22	0	0	0	0	0	0	0	0	0	0	0	0	0	0
南京理工大学紫金学院	23	0	0	0	0	0	0	0	0	0	0	0	0	0	0
南京航空航天大学金城学院	24	0	0	0	0	0	0	0	0	0	0	0	0	0	0
中国传媒大学南广学院	25	0	0	0	0	0	0	0	0	0	0	0	0	0	0
金山职业技术学院	26	0	0	0	0	0	0	0	0	0	0	0	0	0	0

续表

高校名称	编号	总计		按职称划分						按最后学历划分			按最后学位划分		其他人员
			女性	小计	教授	副教授	讲师	助教	初级	研究生	本科生	其他	博士	硕士	
		L01	L02	L03	L04	L05	L06	L07	L08	L09	L10	L11	L12	L13	L14
南京理工大学泰州科技学院	27	0	0	0	0	0	0	0	0	0	0	0	0	0	0
南京师范大学泰州学院	28	1	0	1	0	1	0	0	0	1	0	0	0	1	0
南京工业大学浦江学院	29	0	0	0	0	0	0	0	0	0	0	0	0	0	0
南京师范大学中北学院	30	0	0	0	0	0	0	0	0	0	0	0	0	0	0
苏州百年职业学院	31	0	0	0	0	0	0	0	0	0	0	0	0	0	0
昆山登云科技职业学院	32	0	0	0	0	0	0	0	0	0	0	0	0	0	0
南京视觉艺术职业学院	33	0	0	0	0	0	0	0	0	0	0	0	0	0	0
南京医科大学康达学院	34	1	1	1	0	0	1	0	0	1	0	0	0	1	0
南京中医药大学翰林学院	35	1	1	1	0	0	1	0	0	1	0	0	0	1	0
南京信息工程大学滨江学院	36	0	0	0	0	0	0	0	0	0	0	0	0	0	0
苏州大学文正学院	37	0	0	0	0	0	0	0	0	0	0	0	0	0	0
苏州大学应用技术学院	38	0	0	0	0	0	0	0	0	0	0	0	0	0	0
苏州科技大学天平学院	39	0	0	0	0	0	0	0	0	0	0	0	0	0	0
江苏大学京江学院	40	0	0	0	0	0	0	0	0	0	0	0	0	0	0
扬州大学广陵学院	41	0	0	0	0	0	0	0	0	0	0	0	0	0	0
江苏师范大学科文学院	42	1	1	1	0	0	0	1	0	1	0	0	0	1	0
南京邮电大学通达学院	43	0	0	0	0	0	0	0	0	0	0	0	0	0	0
南京财经大学红山学院	44	0	0	0	0	0	0	0	0	0	0	0	0	0	0
江苏科技大学苏州理工学院	45	1	1	1	0	0	1	0	0	1	0	0	0	1	0
常州大学怀德学院	46	0	0	0	0	0	0	0	0	0	0	0	0	0	0
南通大学杏林学院	47	1	1	1	0	0	1	0	0	1	0	0	0	1	0
南京审计大学金审学院	48	1	0	1	1	0	0	0	0	0	1	0	0	0	0
宿迁学院	49	1	0	1	0	0	1	0	0	1	0	0	0	1	0
苏州高博软件技术职业学院	50	0	0	0	0	0	0	0	0	0	0	0	0	0	0
宿迁泽达职业技术学院	51	0	0	0	0	0	0	0	0	0	0	0	0	0	0
扬州中瑞酒店职业学院	52	0	0	0	0	0	0	0	0	0	0	0	0	0	0
西交利物浦大学	53	2	2	2	0	0	0	0	2	2	0	0	0	2	0
昆山杜克大学	54	0	0	0	0	0	0	0	0	0	0	0	0	0	0

4.20 心理学人文、社会科学活动人员情况表

高校名称		总计		按职称划分						按最后学历划分			按最后学位划分		其他
			女性	小计	教授	副教授	讲师	助教	初级	研究生	本科生	其他	博士	硕士	人员
	编号	L01	L02	L03	L04	L05	L06	L07	L08	L09	L10	L11	L12	L13	L14
合计	/	64	50	64	0	5	31	24	4	43	21	0	2	43	0
明达职业技术学院	1	1	1	1	0	0	1	0	0	0	1	0	0	0	0
三江学院	2	0	0	0	0	0	0	0	0	0	0	0	0	0	0
九州职业技术学院	3	1	1	1	0	0	1	0	0	0	1	0	0	0	0
南通理工学院	4	1	1	1	0	0	0	1	0	1	0	0	0	1	0
硅湖职业技术学院	5	4	3	4	0	0	3	1	0	3	1	0	1	2	0
应天职业技术学院	6	0	0	0	0	0	0	0	0	0	0	0	0	0	0
苏州托普信息职业技术学院	7	1	1	1	0	0	1	0	0	1	0	0	0	1	0
东南大学成贤学院	8	0	0	0	0	0	0	0	0	0	0	0	0	0	0
苏州工业园区职业技术学院	9	1	1	1	0	0	1	0	0	0	1	0	0	1	0
太湖创意职业技术学院	10	0	0	0	0	0	0	0	0	0	0	0	0	0	0
炎黄职业技术学院	11	0	0	0	0	0	0	0	0	0	0	0	0	0	0
正德职业技术学院	12	2	2	2	0	0	1	1	0	2	0	0	0	2	0
钟山职业技术学院	13	1	1	1	0	0	1	0	0	0	1	0	0	1	0
无锡南洋职业技术学院	14	2	1	2	0	0	0	1	1	2	0	0	0	1	0
江南影视艺术职业学院	15	2	2	2	0	0	0	2	0	1	1	0	0	1	0
金肯职业技术学院	16	5	5	5	0	0	4	1	0	5	0	0	0	5	0
建东职业技术学院	17	4	4	4	0	1	1	2	0	0	4	0	0	0	0
宿迁职业技术学院	18	0	0	0	0	0	0	0	0	0	0	0	0	0	0
江海职业技术学院	19	1	1	1	0	0	1	0	0	0	1	0	0	0	0
无锡太湖学院	20	3	3	3	0	0	1	2	0	3	0	0	0	3	0
中国矿业大学徐海学院	21	1	0	1	0	0	1	0	0	1	0	0	0	1	0
南京大学金陵学院	22	0	0	0	0	0	0	0	0	0	0	0	0	0	0
南京理工大学紫金学院	23	1	1	1	0	1	0	0	0	1	0	0	0	1	0
南京航空航天大学金城学院	24	1	1	1	0	0	1	0	0	0	1	0	0	1	0
中国传媒大学南广学院	25	1	0	1	0	0	1	0	0	0	1	0	0	0	0
金山职业技术学院	26	0	0	0	0	0	0	0	0	0	0	0	0	0	0

续表

高校名称		总计		按职称划分						按最后学历划分			按最后学位划分		其他
			女性	小计	教授	副教授	讲师	助教	初级	研究生	本科生	其他	博士	硕士	人员
	编号	L01	L02	L03	L04	L05	L06	L07	L08	L09	L10	L11	L12	L13	L14
南京理工大学泰州科技学院	27	3	1	3	0	0	2	0	1	0	3	0	0	0	0
南京师范大学泰州学院	28	3	1	3	0	3	0	0	0	3	0	0	1	2	0
南京工业大学浦江学院	29	1	1	1	0	0	0	1	0	1	0	0	0	1	0
南京师范大学中北学院	30	0	0	0	0	0	0	0	0	0	0	0	0	0	0
苏州百年职业学院	31	2	1	2	0	0	1	0	1	1	1	0	0	1	0
昆山登云科技职业学院	32	2	0	2	0	0	0	2	0	0	2	0	0	0	0
南京视觉艺术职业学院	33	0	0	0	0	0	0	0	0	0	0	0	0	0	0
南京医科大学康达学院	34	1	1	1	0	0	0	1	0	1	0	0	0	1	0
南京中医药大学翰林学院	35	1	1	1	0	0	1	0	0	1	0	0	0	1	0
南京信息工程大学滨江学院	36	2	2	2	0	0	1	1	0	2	0	0	0	2	0
苏州大学文正学院	37	3	2	3	0	0	2	1	0	3	0	0	0	3	0
苏州大学应用技术学院	38	0	0	0	0	0	0	0	0	0	0	0	0	0	0
苏州科技大学天平学院	39	0	0	0	0	0	0	0	0	0	0	0	0	0	0
江苏大学京江学院	40	0	0	0	0	0	0	0	0	0	0	0	0	0	0
扬州大学广陵学院	41	0	0	0	0	0	0	0	0	0	0	0	0	0	0
江苏师范大学科文学院	42	1	1	1	0	0	1	0	0	1	0	0	0	1	0
南京邮电大学通达学院	43	0	0	0	0	0	0	0	0	0	0	0	0	0	0
南京财经大学红山学院	44	3	3	3	0	0	0	3	0	3	0	0	0	3	0
江苏科技大学苏州理工学院	45	1	1	1	0	0	1	0	0	1	0	0	0	1	0
常州大学怀德学院	46	0	0	0	0	0	0	0	0	0	0	0	0	0	0
南通大学杏林学院	47	1	1	1	0	0	1	0	0	1	0	0	0	1	0
南京审计大学金审学院	48	1	1	1	0	0	0	1	0	1	0	0	0	1	0
宿迁学院	49	1	1	1	0	0	1	0	0	1	0	0	0	1	0
苏州高博软件技术职业学院	50	1	1	1	0	0	1	0	0	0	1	0	0	0	0
宿迁泽达职业技术学院	51	1	0	1	0	0	0	1	0	0	1	0	0	0	0
扬州中瑞酒店职业学院	52	2	2	2	0	0	0	2	0	2	0	0	0	2	0
西交利物浦大学	53	1	0	1	0	0	0	0	1	1	0	0	0	1	0
昆山杜克大学	54	0	0	0	0	0	0	0	0	0	0	0	0	0	0

4.21　体育科学人文、社会科学活动人员情况表

高校名称		总计		按职称划分						按最后学历划分			按最后学位划分		其他
			女性	小计	教授	副教授	讲师	助教	初级	研究生	本科生	其他	博士	硕士	人员
	编号	L01	L02	L03	L04	L05	L06	L07	L08	L09	L10	L11	L12	L13	L14
合计	/	330	104	330	2	63	167	84	14	139	191	0	1	212	0
明达职业技术学院	1	1	0	1	0	0	1	0	0	0	1	0	0	0	0
三江学院	2	20	8	20	0	8	12	0	0	5	15	0	0	19	0
九州职业技术学院	3	5	2	5	0	2	2	1	0	2	3	0	0	4	0
南通理工学院	4	10	3	10	0	4	6	0	0	3	7	0	0	4	0
硅湖职业技术学院	5	8	1	8	0	0	7	1	0	1	7	0	0	1	0
应天职业技术学院	6	1	0	1	0	0	1	0	0	0	1	0	0	0	0
苏州托普信息职业技术学院	7	9	3	9	0	1	2	5	1	1	8	0	0	1	0
东南大学成贤学院	8	0	0	0	0	0	0	0	0	0	0	0	0	0	0
苏州工业园区职业技术学院	9	10	4	10	0	0	3	5	2	6	4	0	0	7	0
太湖创意职业技术学院	10	0	0	0	0	0	0	0	0	0	0	0	0	0	0
炎黄职业技术学院	11	8	1	8	0	0	3	0	5	2	6	0	0	2	0
正德职业技术学院	12	8	2	8	0	4	4	0	0	1	7	0	0	6	0
钟山职业技术学院	13	3	1	3	0	3	0	0	0	0	3	0	0	1	0
无锡南洋职业技术学院	14	2	0	2	0	0	1	0	1	1	1	0	0	1	0
江南影视艺术职业学院	15	9	3	9	0	1	1	7	0	1	8	0	0	1	0
金肯职业技术学院	16	1	0	1	0	0	0	1	0	1	0	0	0	1	0
建东职业技术学院	17	5	2	5	0	2	1	2	0	0	5	0	0	1	0
宿迁职业技术学院	18	1	0	1	0	0	0	0	1	0	1	0	0	0	0
江海职业技术学院	19	6	1	6	0	2	3	1	0	0	6	0	0	2	0
无锡太湖学院	20	25	6	25	0	1	5	18	1	12	13	0	0	12	0
中国矿业大学徐海学院	21	8	2	8	0	0	8	0	0	4	4	0	0	4	0
南京大学金陵学院	22	7	3	7	0	0	7	0	0	7	0	0	0	7	0
南京理工大学紫金学院	23	8	2	8	0	5	3	0	0	4	4	0	0	8	0
南京航空航天大学金城学院	24	7	4	7	0	0	7	0	0	6	1	0	0	7	0
中国传媒大学南广学院	25	8	4	8	0	2	5	1	0	1	7	0	0	7	0
金山职业技术学院	26	3	0	3	0	1	1	1	0	0	3	0	0	1	0

续表

高校名称		总计		按职称划分						按最后学历划分			按最后学位划分		其他人员
			女性	小计	教授	副教授	讲师	助教	初级	研究生	本科生	其他	博士	硕士	
	编号	L01	L02	L03	L04	L05	L06	L07	L08	L09	L10	L11	L12	L13	L14
南京理工大学泰州科技学院	27	10	3	10	0	0	10	0	0	3	7	0	0	7	0
南京师范大学泰州学院	28	13	5	13	0	3	10	0	0	7	6	0	0	13	0
南京工业大学浦江学院	29	9	2	9	0	2	2	3	2	5	4	0	0	7	0
南京师范大学中北学院	30	2	0	2	0	0	0	2	0	2	0	0	0	2	0
苏州百年职业学院	31	2	1	2	0	0	2	0	0	1	1	0	0	2	0
昆山登云科技职业学院	32	6	2	6	0	0	5	1	0	1	5	0	0	3	0
南京视觉艺术职业学院	33	6	1	6	0	0	4	2	0	3	3	0	0	3	0
南京医科大学康达学院	34	9	5	9	1	0	0	8	0	4	5	0	0	4	0
南京中医药大学翰林学院	35	2	2	2	0	0	2	0	0	2	0	0	0	2	0
南京信息工程大学滨江学院	36	1	0	1	0	0	1	0	0	0	1	0	0	1	0
苏州大学文正学院	37	8	2	8	0	2	6	0	0	4	4	0	0	5	0
苏州大学应用技术学院	38	2	1	2	0	0	0	2	0	1	1	0	0	1	0
苏州科技大学天平学院	39	7	3	7	0	3	4	0	0	6	1	0	0	7	0
江苏大学京江学院	40	4	1	4	0	0	0	4	0	4	0	0	0	4	0
扬州大学广陵学院	41	4	3	4	0	0	2	2	0	3	1	0	0	3	0
江苏师范大学科文学院	42	5	1	5	0	0	2	3	0	3	2	0	0	3	0
南京邮电大学通达学院	43	7	1	7	0	3	3	1	0	5	2	0	0	5	0
南京财经大学红山学院	44	3	1	3	0	0	2	1	0	3	0	0	0	3	0
江苏科技大学苏州理工学院	45	2	1	2	0	0	2	0	0	2	0	0	0	2	0
常州大学怀德学院	46	12	6	12	0	3	5	3	1	2	10	0	0	6	0
南通大学杏林学院	47	3	2	3	0	0	3	0	0	3	0	0	0	3	0
南京审计大学金审学院	48	2	0	2	0	0	2	0	0	1	1	0	0	1	0
宿迁学院	49	22	5	22	1	10	11	0	0	8	14	0	0	20	0
苏州高博软件技术职业学院	50	4	1	4	0	1	3	0	0	0	4	0	0	1	0
宿迁泽达职业技术学院	51	3	1	3	0	0	1	2	0	0	3	0	0	0	0
扬州中瑞酒店职业学院	52	2	0	2	0	0	1	1	0	1	1	0	0	1	0
西交利物浦大学	53	7	2	7	0	0	1	6	0	7	0	0	1	6	0
昆山杜克大学	54	0	0	0	0	0	0	0	0	0	0	0	0	0	0

五、社科研究与发展经费

1. 全省高等学校人文、社会科学研究与发展经费情况表

经费名称	编号	单位:千元	经费名称	编号	单位:千元
上年结转经费	1	356 656.6	当年 R&D 经费支出合计	23	1 000 544.3
当年经费收入合计	2	1 103 060.2	转拨给外单位经费	24	17 335.32
政府资金投入	3	668 697.93	其中:对国内研究机构支出	25	1 956.78
科研活动经费	4	469 581.91	对国内高等学校支出	26	6 148.1
其中:教育部科研项目经费	5	27 051	对国内企业支出	27	3 448.3
教育部其他科研经费	6	53 638.33	对境外机构支出	28	92.94
中央高校基本科研业务费	7	28 178.13	R&D 经费内部支出合计	29	983 208.99
中央其他部门科研项目经费	8	197 507.94	其中:基础研究支出	30	356 909.89
省、市、自治区社科基金项目	9	39 421.23	应用研究支出	31	620 155.31
省教育厅科研项目经费	10	33 305.91	试验发展支出	32	6 143.79
省教育厅其他科研经费	11	15 425.8	其中:政府资金	33	528 791.32
其他各类地方政府经费	12	103 231.7	企业资金	34	400 584.84
科技活动人员工资	13	198 997.02	境外资金	35	6 081.08
科研基建费	14	119	其他	36	47 751.75
非政府资金投入	15	434 362.27	科研人员费	37	251 200.94
其中:企事业单位委托项目经费	16	303 669.87	业务费	38	375 078.25
金融机构贷款	17	0	科研基建费	39	88.7
自筹经费	18	109 727.95	仪器设备费	40	63 660.9
境外资金	19	7 040.47	其中:单价在 1 万元以上的设备费	41	8 357.12
其中:港、澳、台地区合作项目经费	20	462.25	图书资料费	42	145 624.51
其他收入	21	3 194.64	间接费	43	83 235.2
科技活动人员工资	22	10 729.34	其中:管理费	44	26 793.71
			其他支出	45	64 320.49
			当年结余经费	46	459 172.49
			银行存款	47	454 653.69
			暂付款	48	4 518.8

2. 公办本科高等学校人文、社会科学研究与发展经费情况表

学校名称	编号	上年结转经费（千元）	当年经费收入合计（千元）	拨入（单位：千元）政府资金投入	其中：科研活动经费	其中：教育部科研项目经费	其中：教育部其他科研经费	其中：中央高校基本科研业务费	其中：中央其他部门科研项目经费	其中：省、市、自治区社科基金项目	其中：省教育厅科研项目经费	其中：省教育厅其他科研经费	其中：其他各类地方政府经费	其中：科技活动人员工资	非政府资金投入	其中：企事业单位委托项目经费	其中：自筹经费	境外资金	其中：港、澳、台地区合作项目经费	其中：其他收入
		L01	L02	L03	L04	L05	L06	L07	L08	L09	L10	L11	L12	L13	L14	L15	L16	L17	L18	L19
合计	/	315 270	951 665	593 204	437 102	26 013	53 598	28 178	195 241	38 073	20 260	14 453	89 465	156 102	358 460	260 232	89 298	6 726	206	2 204
南京大学	1	19 340	110 740	68 925	65 049	4 847	25 520	7 500	28 659	2 440	603	400	2 580	3 876	41 815	33 714	7 800	302	0	0
东南大学	2	20 281	40 848	37 852	32 252	928	5 120	5 120	11 556	10 165	837	0	3 646	5 600	2 996	2 996	0	0	0	0
江南大学	3	16 746	26 128	12 386	7 301	1 578	2 500	2 500	1 352	732	201	0	937.5	5 085	13 743	11 839	1 866	0	0	38
南京农业大学	4	8 032	56 172	47 305	42 099	615	8 452	6 052	23 433	543.7	729	1 500	6 826	5 206	8 868	6 295	2 573	0	0	0
中国矿业大学	5	2 645	23 173	15 659	8 159	987	1 183	1 183	3 890	551.2	322	200	1 026	7 500	7 514	6 814	700	0	0	0
河海大学	6	6 355	61 287	38 502	34 977	901	3 688	3 688	16 323	665	586	500	12 314	3 525	22 785	15 278	0	6 209	0	1 298
南京理工大学	7	5 070	18 383	13 075	10 970	585	0	0	6 948	794	144	0	2 499	2 105	5 307	4 442	865	0	0	0
南京航空航天大学	8	1 586	16 149	11 019	9 006	328	2 135	2 135	4 916	434.8	404	200	588.5	2 013	5 130	3 480	1 650	0	0	0
中国药科大学	9	2 225	11 560	5 301	3 801	40	0	0	2 296	253	180	0	1 032	1 500	6 259	5 903	356	0	0	0
南京森林警察学院	10	2 400	1 511	1 193	500	0	0	0	330	0	170	0	0	693	318	0	318	0	0	0
苏州大学	11	22 268	27 439	18 140	15 790	1 168	0	0	9 675	991.7	465	0	3 491	2 350	9 299	8 078	1 221	0	0	0
江苏科技大学	12	3 695	10 532	7 274	3 044	354	0	0	867	184	596	0	1 043	4 230	3 258	1 482	1 775	0	0	0
南京工业大学	13	4 371	11 733	8 280	6 164	308	0	0	2 826	517.6	398	200	1 914	2 116	3 453	1 075	2 378	0	0	0
常州大学	14	5 308	13 931	11 989	6 446	492	0	0	3 400	879.9	190	0	1 484	5 544	1 942	1 878	64	0	0	0
南京邮电大学	15	4 710	15 696	8 804	5 357	546	0	0	2 457	590	949	0	815	3 447	6 892	6 635	257.3	0	0	0
南京林业大学	16	2 598	4 209	3 543	2 063	661	0	0	570	189.6	603.5	0	39	1 480	666	430	236	0	0	0
江苏大学	17	140	13 968	8 487	5 871	673	0	0	2 441	1 719	562	0	476	2 616	5 481	5 381	100	0	0	0
南京信息工程大学	18	9 601	13 619	11 528	6 296	273	0	0	4 133	1 270	217	0	403	5 232	2 091	2 091	0	0	0	0

续表

南通大学	19	3 412	14 422	10 413	7 957	660	0	0	2 788	529	528	0	3 452	2 456	4 009	3 584	425	0	0	0
盐城工学院	20	553.9	4 907	2 141	1 201	100	0	0	260	213	454	0	174	940	2 766	2 166	600.5	0	0	0
南京医科大学	21	1 116	4 098	2 127	1 347	34	0	0	74	0	290	581	368.5	780	1 972	0	1 949	0	0	23
徐州医科大学	22	265.1	850.9	850.9	315	0	0	0	0	0	303	0	12	535.9	0	0	0	0	0	0
南京中医药大学	23	3 256	7 283	6 196	3 063	164	0	0	2 373	120	400	0	6	3 133	1 087	687	400	0	0	0
南京师范大学	24	38 433	48 462	25 848	17 048	20 49	0	0	10 381	1 454	389	0	2 776	8 800	22 613	20 316	1 562	206	206	530
江苏师范大学	25	13 214	61 201	50 886	33 626	496	0	0	14 095	1 168	512	0	17 355	17 260	10 315	4 416	5 899	0	0	0
淮阴师范学院	26	4 583	16 646	8 990	4958	370	0	0	770	1 222	903	0	1 693	4 032	7 656	6 374	1 282	0	0	0
盐城师范学院	27	12 968	37 648	10 305	4 707	190	0	0	3 060	544	528	0	385	5 598	27 343	26 993	350	0	0	0
南京财经大学	28	15 244	34 787	20 725	16 663	725	0	0	11 060	2978	694	0	1 205	4 062	14 063	10 323	3 740	0	0	0
江苏警官学院	29	4 095	6 012	4 694	2 834	30	0	0	10	124.8	1041	800	828	1 860	1 318	0	1 218	0	0	100
南京体育学院	30	954.6	1 473	1 098	756.4	50	0	0	470	46.4	67	0	123	342	375	0	375	0	0	0
南京艺术学院	31	7 747	26 469	20 872	19 018	228	5 000	0	1 695	360.2	386	5 940	5 408	1 854	5 597	1 238	4 359	0	0	0
苏州科技大学	32	535	16 557	8 033	5 985	190	0	0	3 470	384	240	0	1 701	2 048	8 524	7 225	1 299	0	0	0
常熟理工学院	33	4 194	20 842	8 113	6 340	85	0	0	101.3	210	558	0	5 386	1 773	12 729	11 229	1 500	0	0	0
淮阴工学院	34	6 389	25 944	8 742	4 271	300	0	0	788	590	900	100	1 593	4 471	17 201	13 428	3 774	0	0	0
常州工学院	35	1 877	7 537	3 641	1 209	206	0	0	180	214.8	96	0	512.4	2 432	3 896	3 323	572.4	0	0	0
扬州大学	36	15 260	26 603	13 351	9 104	865	0	0	5 984	1 058	850	0	346.8	4 247	13 253	5 949	7 303	0	0	0
南京工程学院	37	2 046	4 498	2 113	1 414	412	0	0	220	114	550.4	0	118	699	2 384	1 888	496.5	0	0	0
南京审计大学	38	17 913	34 831	16 313	11 783	1 318	0	0	4 769	992	614	3 732	357.8	4 530	18 518	2 576	15 943	0	0	0
南京晓庄学院	39	1 750	7 894	4 804	3 524	215	0	0	2 090	819.5	261.5	0	137.5	1 280	3 090	0	3 090	0	0	0
江苏理工学院	40	8 216	26 562	11 089	3 973	1 060	0	0	1 366	642	160	0	745	7 116	15 473	11 874	3 590	8.5	0	0
淮海工学院	41	1 195	7 987	4 188	2 601	147	0	0	380	410.2	127	0	1 537	1 587	3 799	2 910	888.5	0	0	0
徐州工程学院	42	801	7 868	5 425	2 225	117	0	0	950	178	317	0	662.5	3 200	2 444	406	2 037	1	0	0
南京特殊教育师范学院	43	360.6	3 214	2 364	1514	134	0	0	828	80	310.5	100	61	850	850	50	800	0	0	0
泰州学院	44	910.8	3 302	2 881	585	40	0	0	55	60	330	0	100	2 296	421	0	206	0	0	215
金陵科技学院	45	4 544	8 720	3 891	2251	453	0	0	190	268.8	144	0	1 195	1 640	4 829	4 779	50	0	0	0
江苏第二师范学院	46	6 064	7 971	3 850	1687	92	0	0	760	371	150	200	114.4	2 163	4 120	688.5	3 432	0	0	0

学校名称	经费名称	当年R&D经费支出合计(千元)	支出(单位:千元) 转拨给外单位经费	其中 对国内研究机构支出	其中 对国内高等学校支出	其中 对国内企业支出	其中 对境外机构支出	R&D经费内部支出合计	其中 基础研究支出	其中 应用研究支出	其中 试验发展支出	其中 政府资金	其中 企业资金	其中 境外资金	其中 其他	其中 科研人员费	其中 业务费	其中 仪器设备费	其中 单价在1万元以上的设备费	其中 图书资料费	其中 间接费	其中 管理费	其中 其他支出	当年结余经费(千元)
	编号	L20	L21	L22	L23	L24	L25	L26	L27	L28	L29	L30	L31	L32	L33	L34	L35	L36	L37	L38	L39	L40	L41	L42
合计	/	868 129	17 295.81	952.78	6 142.25	3 441.8	92.94	850 833	325 864	519 221	5 748	467 159	344 727	5 922	33 025	188 215	333 692	60 978	8 262	128 919	78 272	24 843	60 757	398 806
南京大学	1	106 707	1 352.5	620	732.5	0	0	105 355	37 970	65 445	1 939	47 206	57 617	532	0	11 628	3 3618	9 523.4	1 600	33 299	11 686	3 679	5 600	23 374
东南大学	2	41 700	1 530	0	1 530	0	0	40 170	29 596	10 574	0	36 889	2 946	335	0	6 012	12 387	5 902.8	16	5 063.7	9 132	2 004	1 673	19 429
江南大学	3	25 758	15	0.9	0	6	0	25 743	2 081	23 662	0	5 949.8	17 710	0	2 083	6 085	12 634	2 567.6	0	1 527.3	685.2	6.5	2 244	17 116
南京农业大学	4	54 326	4 074.4	59.21	89.19	45.35	29.74	50 251	4 051.1	46 200	0	39 213	7 515.9	0	3 523	5 296	11 575	10 022	507	13 198	3 248	1 773	6 913	9 878.6
中国矿业大学	5	19 956	0	0	0	0	0	19 956	7 412.6	12 543	0	8 713.8	11 098	0.38	143.6	7 700	7 041.8	102.1	0	607.07	3 256	622.4	1 249	5 862.4
河海大学	6	61 370	1 738.9	100	140	1 435.7	63.2	59 632	11 259	44 871	3 502	34 249	19 226	4 966	1 191	3 550	31 111	4 867.6	349	6 493.3	8 119	3 823	5 490	6 271.6
南京理工大学	7	14 913	72.9	0	0	0	0	14 840	7 349.5	7 490.9	0	10 123	3 778	0	939.8	2 419.2	1 941.6	253.9	0	2 470.8	1 773	704.2	5 982	8 538.7
南京航空航天大学	8	15 907	0	0	0	0	0	15 907	7 512.3	8 394.9	0	9 267.9	4 440.5	0	2 199	2 313	6 301.6	260	0	2 390.7	1 856	737.7	2 786	1 828.1
中国药科大学	9	10 576	0	0	0	0	0	10 576	2 614.7	7 961.4	0	4 778.6	5 611.6	0	185.9	1 700	4 956.4	0	0	2 908.7	471	451	540	3 209
南京森林警察学院	10	1 779.3	0	0	0	0	0	1 779.3	630.93	1 148.3	0	1 079.3	175.71	0	524.3	700	712.67	0	0	186.59	180	0	0	2 132
苏州大学	11	24 829	0	0	0	0	0	24 829	11 798	13 030	0	15 087	8 741.2	0	1 000	2 448	9 550	1 803.2	1 425	5 229.8	2 111	1 181	3 687	24 879
江苏科技大学	12	11 005	65	0	0	0	0	10 940	7 811.5	3 128.1	0	8 766.2	2 085.8	0	87.67	4 830	4 226.3	0	0	1 039.3	495.5	117.5	348.5	3 221.6
南京工业大学	13	16 003	4 012.68	542.87	1 232.06	1 632.75	0	11 991	6 143.7	5 665.7	181	10 342	483.83	0	1 165	2 223	4 319.5	1 664.9	749	3 121.2	662.2	0	0	100
常州大学	14	12 127	0	0	0	0	0	12 127	5 922.3	6 204.2	0	8 933.4	3 068.8	0	124.3	5 883	2 067.3	103	0	641.1	199	0	3 233	7 113
南京邮电大学	15	14 911	0	0	0	0	0	14 911	1 111.3	13 800	0	5 854.9	8 195.2	0	8 61.2	4 964.3	7 531.9	180.47	0	101.76	2 113	1 431	20	5 495.6
南京林业大学	16	3 893	0	0	0	0	0	3 893	1 776.4	2 116.6	0	3 475.2	201.41	0	216.4	1 680	1 372.8	219.4	12.8	237.96	40.41	39.69	342.4	2 913.7
江苏大学	17	13 968	310	0	0	0	0	13 658	4 087.9	9 570.3	0	6 951.3	6 706.9	0	0	2 716	4 462.7	0	0	3 947	851.5	509.2	1 681	140
南京信息工程大学	18	13 560	0	0	0	0	0	13 560	2 137.9	11 422	0	10 282	3 278.4	0	0	5 332	6 433.1	122.05	0	137.26	1 528	377.5	8.15	9 660.8

续表

南通大学	19	14 978	0	0	0	0	0	14 978	4 572.3	10 406	0	10 122	4 294.1	0	561.9	2 476	4 179.6	3 214.4	0	2 315.8	1 186	227.2	1 607	2 856.1
盐城工学院	20	4 824.5	0	0	0	0	0	4 824.5	310.34	4 514.1	0	2 017	2 730.5	0	77.01	1 660.9	2 583.2	0	0	503.4	77	26	0	636.4
南京医科大学	21	3 988.6	200	0	0	0	0	3 788.6	1 643.1	2 145.5	0	2 468.3	0	0	1 320	2 493	373.8	55.25	0	236.3	530.3	217.4	99.97	1 225.9
徐州医科大学	22	763.4	0	0	0	0	0	763.4	526.88	226.24	10.3	763.4	0	0	0	540.7	64.9	0	0	148.3	9.5	2.5	0	352.6
南京中医药大学	23	6 523.6	0	0	0	0	0	6 523.6	3 623.8	2 899.9	0	5 413.3	1 070	0	40.28	3 532.5	1 567.8	253.8	0	528.3	327.1	139.1	314.2	4 015.3
南京师范大学	24	38 555	1 045	0	766	279	0	37 510	17 483	20 027	0	20 403	16 889	19.3	199.1	10 300	19 530	336.5	45	1 368.5	2 068	13 20	3 908	48 340
江苏师范大学	25	35 347	0	0	0	0	0	35 347	25 698	9 649.5	0	27 758	2 027.6	0	5 562	17 300	10 510	2 076.9	0	3 380.6	2 080	395.9	0	39 067
淮阴师范学院	26	15 964	10	0	0	0	0	15 954	6 595.7	9 358.4	0	6 478.7	8 650.7	0	824.8	4 174	3 056.1	431.9	0	25 75.9	250	0	466.2	5 264.9
盐城师范学院	27	33 899	0	0	0	0	0	33 899	20 264	13 635	0	4 924	28 791	0	183.7	5 768	13 283	2 233.7	62	10 050	1 420	665.5	1 145	16 717
南京财经大学	28	30 713	0	0	0	0	0	30 713	1 446.9	29 266	0	18 663	12 050	0	0	6 066	14 175	289.2	0	2 015.5	8 157	1 323	10	19 318
江苏警官学院	29	2 723.5	0	0	0	0	0	2 723.5	1 926.4	797.05	0	1 948.1	99.17	0	676.2	1 960	639.03	37.2	0	41.4	22.5	19	23.35	7 382.9
南京体育学院	30	1 059.1	0	0	0	0	0	1 059.1	402.31	656.76	0	710.24	0	0	348.8	846	163.84	13.05	0	20.43	0	0	15.75	1 368.9
南京艺术学院	31	24 922	0	0	0	0	0	24 922	19 837	5 084.8	0	20 334	3 577.7	0	1 010	1 855	12 036	5 462.5	3 122	46 61.8	665	110.3	241.7	9 293.8
苏州科技大学	32	15 727	0	0	0	0	0	15 727	4 490.8	11 236	0	7 183.5	8 543.6	0	0	2 947.2	5 297.1	0	0	4 284.3	1 300	385.4	1 899	1 365
常熟理工学院	33	18 219	0	0	0	0	0	18 219	2 395.8	15 819	4.58	2 411.8	15 807	0	0	2 566	14 375	243.9	0	108.88	919.8	734	5.6	6 817
淮阴工学院	34	27 176	0	0	0	0	0	27 176	13 443	13 733	0	5 658.3	20 871	0	647.4	8 315.8	17 949	18	0	380.32	513	65.4	0	5 156.7
常州工学院	35	54 22.4	0	0	0	0	0	5 422.4	405.82	5 016.6	0	1 826.4	3 149.7	58.9	387.5	2 756	796.31	234.85	0	1 308.9	261.3	226.6	65	3 991
扬州大学	36	26 246	320	0	320	0	0	25 926	17 860	8 066.1	0	14 621	10 940	0	365.6	5 452.2	7 816.6	631	0	890.92	6 488	652.7	4 647	15 617
南京工程学院	37	3 513.9	236.74	0	0	0	0	3 277.2	1 534.2	1 632.3	111	1 341.4	1 533.9	0	401.9	783	1 583.1	156.32	0	197.42	439.6	138.1	117.7	3 030.1
南京审计大学	38	28 203	0	0	0	0	0	28 203	12 785	15 418	0	16 898	11 305	0	0	8 275.7	9 447.4	4 913.3	71	4 897.9	428.5	16.41	240.1	24 541
南京晓庄学院	39	5 873.5	2 290.2	629.8	1 332.5	43	0	3 583.3	3 271.4	311.88	0	3 299.8	94.51	0	189	1 480	1 413.1	107	20	194	379.2	18.96	10	3 770
江苏理工学院	40	28 595	0	0	0	0	0	28 595	2 664	25 931	0	7 576.2	20 065	7.3	946.8	7 230	14 432	1 958.7	0	2 356.6	893.2	18	1 725	6 182.8
淮海工学院	41	5 840.6	0	0	0	0	0	5 840.6	1 259.9	4 580.7	0	2 713.6	2 132.6	0	994.4	1 600	3 733.9	0	0	170	268.8	102.2	67.85	3 340.7
徐州工程学院	42	7 709.7	0	0	0	0	0	7 709.7	2 636.1	5 073.6	0	5 354.3	1 043.9	2.86	1 309	3 306.9	1 932.9	279.3	235	630.84	463	281.4	1 097	959.28
南京特殊教育师范学院	43	2 755.4	0	0	0	0	0	2 755.4	10.25	2 745.1	0	2 386.4	369.02	0	0	950	922.38	208.7	35.4	257.55	408.2	81.7	8.6	818.72
泰州学院	44	2 692.9	0	0	0	0	0	2 692.9	2 325.8	367.14	0	317.33	43.6	0	2 332	2 297	268.83	78.6	0	35.5	9	0	4	1 519.9
金陵科技学院	45	8 312.6	0	0	0	0	0	8 312.6	1 245.6	7 067	0	3 647.6	4 567.8	0	97.19	1 641	2 672.8	72	0	2 591.7	92	15	1 243	4 951.7
江苏第二师范学院	46	4 290.9	22.45	0	0	0	0	4 268.5	3 938.9	329.61	0	2 762.6	1 200.2	0	305.7	2 163	1 647.6	79.36	13	167.18	211.3	204.5	0	9 743.6

3. 公办专科高等学校人文、社会科学研究与发展经费情况表

学校名称	编号	上年结转经费（千元）	当年经费收入合计（千元）	拨入（单位：千元）															
				政府资金投入	其中									非政府资金投入	其中		境外资金	其他收入
					科研活动经费	其中							科技活动人员工资	科研基建费		企事业单位委托项目经费	自筹经费		
						教育部科研项目经费	教育部其他科研经费	中央高校基本科研业务费	中央其他部门科研项目经费	省、市、自治区社科基金项目	省教育厅科研项目经费	省教育厅其他科研经费							
	编号	L01	L02	L03	L04	L05	L06	L07	L08	L09	L10	L11	L12	L13	L14	L15	L16	L17	L18
合计	/	32 551	124 475	66 261	23 356	839	16	399	721	9 101.4	758.6	11 521	42 895	10	58 214	41 305	16 340	9	559.7
盐城幼儿师范高等专科学校	1	5 284	656	654	494	0	0	0	0	196	248	50	160	0	2	2	0	0	0
苏州幼儿师范高等专科学校	2	0	1 497.8	1 223.8	934	0	0	0	0	478	0	456	289.8	0	274	30	244	0	0
无锡职业技术学院	3	979.19	3 284	2 646	1 032	100	0	193	5	131	0	603	1 614	0	638	0	638	0	0
江苏建筑职业技术学院	4	180.95	2 570	1 306	201	30	0	0	0	32	0	139	1 105	0	1 264	673	591	0	0
南京工业职业技术学院	5	1 015	6 356.5	3 517.3	1 037.3	72	0	0	120	632	0	213.26	2 480	0	2 839.2	2 119.7	714.5	0	5
江苏工程职业技术学院	6	250	1 018	818	258	0	0	0	10	48	48	152	560	0	200	0	200	0	0
苏州工艺美术职业技术学院	7	409.34	1 836	1 179	279	32	0	0	0	217	0	30	900	0	657	575	60	0	22
连云港职业技术学院	8	15	864.5	843	27	0	0	0	11	11	0	5	816	0	21.5	15.5	6	0	0
镇江市高等专科学校	9	152.4	1 603.5	1 233	458	0	0	0	42	125	0	291	775	0	370.5	148.2	213.3	0	9
南通职业大学	10	145	1 157	833	233	0	0	0	0	90	0	143	590	10	324	280	44	0	0
苏州市职业大学	11	528.55	2 815.5	2 439.8	669.8	24	0	0	0	146	0	499.8	1 770	0	375.7	190.2	185.5	0	0
沙洲职业工学院	12	119.4	604	305	145	0	0	0	20	40	0	85	160	0	299	0	299	0	0
扬州市职业大学	13	165.08	3 790.2	3 053	1 079	30	0	0	10	11	0	1 028	1 974	0	737.2	337.2	400	0	0
连云港师范高等专科学校	14	117.6	1 106.2	803.2	102.2	0	0	0	14	4	15.6	68.6	701	0	303	0	303	0	0
江苏经贸职业技术学院	15	1 608.9	23 521	963.8	203	0	0	0	0	190	0	13	760.8	0	22 557	22 254	279	0	24
泰州职业技术学院	16	886.84	929.7	425.7	135	0	0	0	0	90	0	45	290.7	0	504	430	74	0	0
常州信息职业技术学院	17	158.1	3 022.8	2 266.4	915	140	0	0	0	191	0	584	1 351.4	0	756.38	0	756.38	0	0

续表

江苏海事职业技术学院	18	1 300.2	3 024.4	1 444.6	535.56	0	0	0	62.2	99.6	0	373.76	909	0	1 579.8	1 461.8	118	0	0
无锡科技职业学院	19	183.2	1 086.4	822.4	110	0	0	0	0	90	0	20	712.4	0	264	162	102	0	0
江苏医药职业学院	20	638.5	2 953.9	2 257.6	875	0	0	0	0	140	280	455	1 382.6	0	696.3	30	666.3	0	0
南通科技职业学院	21	392.05	2 598	1 135	226	0	0	0	22	200	0	4	909	0	1 463	43	1 420	0	0
苏州经贸职业技术学院	22	64.15	4 731.5	2 987.5	1 468.5	167	0	0	40	41	0	1 220.5	1 519	0	1 744	443	1 301	0	0
苏州工业职业技术学院	23	1 164.1	3 392.1	1 476.1	923	0	0	0	0	80	0	843	553.1	0	1 916	1 852	64	0	0
苏州卫生职业技术学院	24	105	759	656	462	0	0	0	0	370	0	92	194	0	103	0	103	0	0
无锡商业职业技术学院	25	343.47	1 941.6	950	372	90	0	0	19	230	0	33	578	0	991.55	907.55	84	0	0
南通航运职业技术学院	26	371.7	1 560.2	1 290.2	698	0	0	0	0	339	0	359	592.2	0	270	0	270	0	0
南京交通职业技术学院	27	1 944.3	1 298.5	748.5	101	25	0	0	0	64	0	12	647.5	0	550	20	530	0	0
淮安信息职业技术学院	28	1 135	2 109	1 865	842	0	0	0	0	330	0	512	1 023	0	244	0	244	0	0
江苏农牧科技职业学院	29	0	131	106	68	0	0	0	0	68	0	0	38	0	25	0	20	0	5
常州纺织服装职业技术学院	30	1 357.6	1 867.5	1 393.5	113.5	0	0	0	0	0	0	113.5	1 280	0	474	10	455	9	0
苏州农业职业技术学院	31	54.3	345.9	345.9	147.2	0	0	0	0	104.5	0	42.7	198.7	0	0	0	0	0	0
南京科技职业学院	32	40	889	500	240	0	0	0	0	117	0	123	260	0	389	385	0	0	4
常州轻工职业技术学院	33	1 516	2 049	1 274	74	0	0	0	0	41	0	33	1 200	0	775	155	440	0	180
常州工程职业技术学院	34	756.35	2 204.8	869	569	0	0	0	0	310	0	259	300	0	1 335.8	1 018.3	317.5	0	0
江苏农林职业技术学院	35	8.8	364	364	300	0	0	0	0	150	150	0	64	0	0	0	0	0	0
江苏食品药品职业技术学院	36	1 108.7	1 542	1 434	1 074	0	0	0	50	218	0	806	360	0	108	0	108	0	0
南京铁道职业技术学院	37	294.6	1 599	696	241	0	0	0	20	190	0	31	455	0	903	300.8	409	0	193.2
徐州工业职业技术学院	38	160.9	781	477	219	0	0	0	0	180	0	39	253	0	304	74	224	0	6
江苏信息职业技术学院	39	90.3	1 347.4	829	171.5	0	0	0	0	160	0	11.5	657.5	0	518.38	498.38	20	0	0
南京信息职业技术学院	40	355.1	1 203.8	1 109	521	0	0	190	62	230	0	39	583	0	94.8	30	64.8	0	0
常州机电职业技术学院	41	863.06	1 554	1 050	272	0	0	0	0	173	0	99	778	0	504	80	424	0	0
江阴职业技术学院	42	51	243	165	81	0	0	3	0	70	0	8	84	0	78	40	38	0	0
无锡城市职业技术学院	43	89.4	608.4	540.4	112.4	0	0	0	0	90	0	22.4	428	0	68	0	68	0	0
无锡工艺职业技术学院	44	116	2 042.5	731	301	0	0	0	0	101	0	200	430	0	1 311.5	1 229.5	54	0	28

续表

学校名称	编号	上年结转经费（千元）	当年经费收入合计（千元）	拨入（单位：千元）															
				政府资金投入	其中									非政府资金投入	其中		境外资金	其他收入
					科研活动经费	其中							科技活动人员工资	科研基建费		企事业单位委托项目经费	自筹经费		
						教育部科研项目经费	教育部其他科研经费	中央高校基本科研业务费	中央其他部门科研项目经费	省、市、自治区社科基金项目	省教育厅科研项目经费	省教育厅其他科研经费							
		L01	L02	L03	L04	L05	L06	L07	L08	L09	L10	L11	L12	L13	L14	L15	L16	L17	L18
苏州健雄职业技术学院	45	208	1181	918	368	0	0	0	0	133	0	235	550	0	263	178	85	0	0
盐城工业职业技术学院	46	756.58	3 117.7	1 469.3	214.3	0	0	10	0	130	0	74.3	1 255	0	1 648.4	1 356.4	292	0	0
江苏财经职业技术学院	47	626.53	886.2	650.2	163	0	0	0	0	102	0	61	487.2	0	236	132	104	0	0
扬州工业职业技术学院	48	186.1	1 797.4	828.8	364	0	0	0	20	203	0	141	464.8	0	968.6	928.1	37.5	0	3
江苏城市职业学院	49	1 184.9	3 952.2	2 319	827	60	0	0	100	637	0	30	1 492	0	1 633.2	60	1 573.2	0	0
南京城市职业学院	50	88.1	505.6	421.6	101.6	0	0	0	0	101.6	0	0	320	0	84	0	84	0	0
南京机电职业技术学院	51	213.8	531	474	124	0	0	0	0	124	0	0	350	0	57	2	10	0	45
南京旅游职业学院	52	920.5	464.5	441.5	39	0	0	0	4	35	0	0	402.5	0	23	0	19	0	4
江苏卫生健康职业学院	53	335.75	901.8	786	176	0	0	0	18	150	0	8	610	0	115.8	0	115.8	0	0
苏州信息职业技术学院	54	22.4	173	151	66	0	0	0	0	50	0	16	85	0	22	2	20	0	0
苏州工业园区服务外包职业学院	55	257.89	3 674.7	1 236	405	0	0	0	0	215	0	190	831	0	2 438.7	2 268.7	170	0	0
徐州幼儿师范高等专科学校	56	185.5	681	666	280	45	0	0	0	130	0	105	386	0	15	0	15	0	0
徐州生物工程职业技术学院	57	91.6	245.3	136	11	0	0	3	8	0	0	0	125	0	109.3	0	109.3	0	0
江苏商贸职业学院	58	158.9	1 631.1	879.2	5	0	0	0	0	0	0	5	874.2	0	751.9	117.9	634	0	0
南通师范高等专科学校	59	81.9	135	117	57	0	16	0	4	0	17	20	60	0	18	0	18	0	0
江苏护理职业学院	60	12.5	296.4	270.4	86.4	0	0	0	0	51.7	0	34.7	184	0	26	0	26	0	0
江苏财会职业学院	61	208	1 383	1 351.5	494	0	0	0	48	81	0	365	857.5	0	31.5	0	20	0	11.5
江苏城乡建设职业学院	62	493	1 952	1 036	226	24	0	0	0	140	0	62	810	0	916	465	451	0	0
江苏航空职业技术学院	63	0	0	0	0	0	0	0	0	0	0	0	0	0	0	0	0	0	0
江苏安全技术职业学院	64	0	107	83	29	0	0	0	12	0	0	17	54	0	24	0	4	0	20
江苏旅游职业学院	65	0	0	0	0	0	0	0	0	0	0	0	0	0	0	0	0	0	0

学校名称	经费名称	当年R&D经费支出合计(千元)	支出(单位:千元) 转拨给外单位经费	其中 对国内研究机构支出	其中 对国内高等学校支出	其中 对国内企业支出	R&D经费内部支出合计	其中 基础研究支出	其中 应用研究支出	其中 试验发展支出	其中 政府资金	其中 企业资金	其中 其他	其中 科研人员费	其中 业务费	其中 科研基建费	其中 仪器设备费	其中 单价在1万元以上的设备费	其中 图书资料费	其中 间接费	其中 管理费	其中 其他支出	当年结余经费(千元)
	编号	L19	L20	L21	L22	L23	L24	L25	L26	L27	L28	L29	L30	L31	L32	L33	L34	L35	L36	L37	L38	L39	L40
合计	/	111 845	19	3	3	2	111 826	24 699	86 818	310	48 802	52 029	10 996	50 556	36 929	2	2 207	55	14 958	4 314	1 681	2 860	45 181
盐城幼儿师范高等专科学校	1	2 196	0	0	0	0	2 196	645.9	1 550	0	2 067	64.59	64.59	170	1 687	0	0	0	155	0	0	184	3 744
苏州幼儿师范高等专科学校	2	624.66	0	0	0	0	624.66	366	258.6	0	584.1	40.54	0	310.8	216.2	0	13.5	0	23.95	0	0	60.3	873.14
无锡职业技术学院	3	2 729.4	0	0	0	0	2 729.4	11.4	2 718	0	2 509	0	220.4	1 696	556.2	0	110	0	137.2	163	68	67	1 533.8
江苏建筑职业技术学院	4	2 594.1	0	0	0	0	2 594.1	102.2	2 492	0	413.9	1 995	185.3	1 285	1 198	0	0	0	46.5	38.2	1	26.2	156.85
南京工业职业技术学院	5	6 408.9	0	0	0	0	6 408.9	2 769	3 640	0	2 140	3 850	4 19.3	2 600	3 667	0	0	0	105.8	23.9	23.9	11.7	962.56
江苏工程职业技术学院	6	1 010	0	0	0	0	1 010	458	552	0	716.4	0	293.6	580	300	0	0	0	95	35	0	0	258
苏州工艺美术职业技术学院	7	1 916.4	0	0	0	0	1 916.4	232.2	1 684	0	667.5	1 152	96.78	960	765	0	10	10	66.25	7.5	4.3	108	328.9
连云港职业技术学院	8	874.95	2	0	0	2	872.95	0	873	0	473.2	288.2	111.6	826	15.7	0	4.3	0	10.35	5.6	1.6	11	4.55
镇江市高等专科学校	9	1 500.2	0	0	0	0	1 500.2	308.6	1 192	0	1 114	214.8	171.7	862.4	373	0	33.3	0	109.8	95.7	26.4	26	255.7
南通职业大学	10	1 157	0	0	0	0	1 157	41.54	1115	0	525.5	540.1	91.4	600	417	0	0	0	96	0	0	44	145
苏州市职业大学	11	2 695.2	0	0	0	0	2 695.2	1 091	1 604	0	1 470	1 035	190.2	1 996	171	0	134	0	81.15	65.4	49.6	248	648.82
沙洲职业工学院	12	548.95	0	0	0	0	548.95	333	216	0	549	0	0	441	58.5	0	1.5	0	14.05	27.4	0	6.5	174.45
扬州市职业大学	13	3 781.2	0	0	0	0	3 781.2	45.43	3736	0	717.7	3 063	0	3 365	316.8	0	0	0	80.41	19	17.8	0	174.08
连云港师范高等专科学校	14	1 172.6	0	0	0	0	1 172.6	129.5	1 043	0	631	0	541.6	779.8	159.8	0	32	0	201	0	0	0	51.2
江苏经贸职业技术学院	15	16 198	0	0	0	0	16 198	423.8	15 774	0	181.2	15 892	125	826.3	6 533	0	0	0	7 610	1 181	63.7	47.7	8 931.9
泰州职业技术学院	16	579.62	4	0	3	0	575.57	0	575.6	0	134.4	307.6	133.5	294.4	144.9	0	0	0	88.92	29.7	22.9	17.7	1 236.9
常州信息职业技术学院	17	2 835.5	0	0	0	0	2 835.5	824.7	2 011	0	2 638	0	197.4	1 833	552.2	0	208	0	120.4	99	85	23	345.4
江苏海事职业技术学院	18	3 070.1	0	0	0	0	3 070.1	127.6	2 942	0	835.4	2 235	0	1 061	1 716	0	0	0	46.92	102	102	144	1 254.5
无锡科技职业学院	19	1 075.4	0	0	0	0	1 075.4	993.7	81.75	0	348.4	727	0	752.4	213.6	0	22	0	26	61.4	59	0	194.2
江苏医药职业学院	20	2 789	0	0	0	0	2 789	814.9	1 974	0	1 326	298.1	1 165	1 612	1 087	0	0	0	84.2	5.76	5.76	0	803.45

续表

学校名称	经费名称	当年R&D经费支出合计(千元)	支出(单位:千元)																			当年结余经费(千元)
			转拨给外单位经费	其中			R&D经费内部支出合计	其中			其中			其中								
				对国内研究机构支出	对国内高等学校支出	对国内企业支出		基础研究支出	应用研究支出	试验发展支出	政府资金	企业资金	其他	科研人员费	业务费	科研基建费	仪器设备费	其中	图书资料费	间接费	其中	其他支出	
																		单价在1万元以上的设备费			管理费		
	编号	L19	L20	L21	L22	L23	L24	L25	L26	L27	L28	L29	L30	L31	L32	L33	L34	L35	L36	L37	L38	L39	L40
南通科技职业学院	21	2 564.3	0	0	0	0	2 564.3	1 016	1 548	0	1 566	684	313.8	2 323	168.9	0	2.2	0	37.8	29.3	2.8	2.85	425.8
苏州经贸职业技术学院	22	4 350.5	0	0	0	0	4 350.5	807.5	3 543	0	3 388	884.6	77.56	1 520	1 246	0	810	0	606	94	90.8	74.6	445.15
苏州工业职业技术学院	23	2 926.4	0	0	0	0	2 926.4	12.48	2 914	0	526.4	2 355	45.3	553.1	1 986	0	7.06	0	98.49	170	167	111	1 629.8
苏州卫生职业技术学院	24	455.8	0	0	0	0	455.8	16.55	439.3	0	419.2	0	36.64	196	174.8	0	36.9	0	48.16	0	0	0	408.2
无锡商业职业技术学院	25	1 244.7	0	0	0	0	1 244.7	36.57	1 208	0	561.2	602.6	80.84	598	285.9	0	0	0	333.6	27.2	27.2	0	1 040.3
南通航运职业技术学院	26	1 124.7	0	0	0	0	1 124.7	23.23	1 101	0	881.6	28.09	215	592.2	252.6	0	0	0	127.6	0	0	152	807.18
南京交通职业技术学院	27	1 734.2	0	0	0	0	1 734.2	30.88	1 703	0	868.8	611.1	254.3	673.5	984.1	0	0	0	25.1	17.5	2.4	34.1	1 508.5
淮安信息职业技术学院	28	2 252.3	0	0	0	0	2 252.3	0	2 252	0	1 904	0	348	1 100	320.1	0	166	0	666.1	0	0	0	991.71
江苏农牧科技职业学院	29	108	0	0	0	0	108	0	108	0	103.9	0	4.15	56	14.5	0	0	0	30	0	0	7.5	23
常州纺织服装职业技术学院	30	1 894.1	0	0	0	0	1 894.1	1 084	810.2	0	737.3	222.6	934.1	1 500	311	0	2.36	0	47.43	19.9	3.64	13.3	1 331.1
苏州农业职业技术学院	31	344.7	0	0	0	0	344.7	275	69.7	0	344.7	0	0	208.7	59.5	0	0	0	35.5	22.5	4	18.5	55.5
南京科技职业学院	32	792	0	0	0	0	792	265.1	273.2	254	242.3	544.8	4.88	280	137	0	145	45	153	43	32	34	137
常州轻工职业技术学院	33	2 126	0	0	0	0	2 126	0	2 126	0	865.4	1 182	79.05	1 600	190	0	0	0	138	66.5	14.5	132	1 439
常州工程职业技术学院	34	1 743.3	0	0	0	0	1 743.3	2.6	1 741	0	395.8	1 322	25.89	362	939	0	0	0	208.3	234	229	0	1 217.9
江苏农林职业技术学院	35	342.8	0	0	0	0	342.8	342.8	0	0	342.8	0	0	64	150	0	0	0	64.4	0	0	64.4	30
江苏食品药品职业技术学院	36	2 105.5	0	0	0	0	2 105.5	1 282	823.5	0	2 023	0	82.05	699.3	295	0	0	0	181	496	259	434	545.2
南京铁道职业技术学院	37	1 358.6	0	0	0	0	1 358.6	113.1	1 246	0	882.3	114.4	361.9	551	392	0	130	0	269.4	12.2	12.2	4	535
徐州工业职业技术学院	38	706	0	0	0	0	706	569.8	136.2	0	393.5	81.37	231.1	283.8	202.7	0	31.5	0	65.9	19.9	18.9	102	235.9
江苏信息职业技术学院	39	1 172.5	0	0	0	0	1 172.5	264.2	908.3	0	281.7	844.8	46.01	662.8	423.9	0	0	0	47.27	31.3	24.5	7.21	265.17
南京信息职业技术学院	40	1 234.9	0	0	0	0	1 234.9	656	578.9	0	992.1	58.89	183.9	605.8	524.3	0	15	0	37.8	44.8	0	7.2	324

续表

常州机电职业技术学院	41	1 655.5	0	0	0	0	1 655.5	165.1	1 490	0	1 100	210.3	345.6	798	398.1	0	95.4	0	313.4	31.3	22.2	19.4	761.57
江阴职业技术学院	42	218	0	0	0	0	218	0	218	0	81.53	70.89	65.58	95	0	0	0	0	123	0	0	0	76
无锡城市职业技术学院	43	577	0	0	0	0	577	270	307	0	407.8	0	169.2	430	45.7	0	42.9	0	44.8	13.6	9.9	0	120.8
无锡工艺职业技术学院	44	1 992.5	0	0	0	0	1 992.5	0	1 993	0	142.5	1 734	115.7	520	1 109	0	0	0	144.8	86.3	76.8	133	166
苏州健雄职业技术学院	45	1 075.5	0	0	0	0	1 075.5	445.3	630.3	0	588.4	424.4	62.71	560	440.9	0	0	0	50.2	23.4	15.5	1	313.5
盐城工业职业技术学院	46	2 220.8	0	0	0	0	2 220.8	135.1	2 086	0	547.3	1 553	120.2	1 372	666.5	0	0	0	123.8	1.5	0	57.1	1 653.5
江苏财经职业技术学院	47	919.1	0	0	0	0	919.1	42.96	876.1	0	502.7	252.3	164.1	501.2	204	0	0	0	95.94	9.7	9.7	108	593.63
扬州工业职业技术学院	48	1 728.1	0	0	0	0	1 728.1	53.12	1 675	0	360.1	1 366	2.21	471	1 094	0	0	0	149.4	13.7	13.7	0	255.4
江苏城市职业学院	49	2 735.9	0	0	0	0	2 735.9	2 304	432.1	0	1 723	110	902.5	1 865	444.1	0	1.12	0	333.7	92	80	0	2 401.2
南京城市职业学院	50	343.6	0	0	0	0	343.6	0	343.6	0	343.6	0	0	335	8.6	0	0	0	0	0	0	0	250.1
南京机电职业技术学院	51	610	0	0	0	0	610	14.64	595.4	0	167.1	82.96	359.9	360	184.7	0	0	0	60.9	4.4	4.4	0	134.8
南京旅游职业学院	52	686.31	0	0	0	0	686.31	564.4	121.9	0	439.8	193	53.44	472.5	110.3	0	5.2	0	67.75	0.3	0	30.3	698.69
江苏卫生健康职业学院	53	861.85	0	0	0	0	861.85	709.4	152.4	0	504.6	25.98	331.2	662.8	161.3	0	6.6	0	16.3	0.65	0	14.2	375.7
苏州信息职业技术学院	54	134.7	0	0	0	0	134.7	0	134.7	0	125.6	9.07	0	105	26.5	0	0.2	0	1.5	0.1	0	1.4	60.7
苏州工业园区服务外包职业学院	55	3 580.8	0	0	0	0	3 580.8	114.4	3 466	0	521.3	2 903	156.3	976	1 404	0	0	0	570.3	630	3	0	351.84
徐州幼儿师范高等专科学校	56	644.35	0	0	0	0	644.35	503	141.3	0	625.4	0	18.93	389	106.6	0	12	0	36.5	2.65	2.65	97.6	222.15
徐州生物工程职业技术学院	57	241.2	0	0	0	0	241.2	97.97	143.2	0	83.98	0	157.2	159.3	69.77	0	1.9	0	4.38	4.85	4.05	1	95.7
江苏商贸职业学院	58	1 453.1	3	3	0	0	1 450.1	1 381	69.12	0	487.5	607.8	354.8	1 194	206.3	0	35.7	0	7	6.91	6.91	0	336.89
南通师范高等专科学校	59	131.6	0	0	0	0	131.6	131.6	0	0	131.6	0	0	61	10	0	0	0	55.6	5	0	0	85.3
江苏护理职业学院	60	293.9	0	0	0	0	293.9	268.9	25	0	293.9	0	0	185	35	2	0.5	0	30.1	13.1	12.3	28.2	15
江苏财会职业学院	61	1 587	0	0	0	0	1 587	0	1 587	0	1 361	60.56	165.7	867.5	385.5	0	90.9	0	122.5	84.6	0	36	4
江苏城乡建设职业学院	62	1 709.5	0	0	0	0	1 709.5	884.6	768.6	56	446.4	1 188	74.99	830	599.7	0	0	0	177.3	0	0	103	735.5
江苏航空职业技术学院	63	0	0	0	0	0	0	0	0	0	0	0	0	0	0	0	0	0	0	0	0	0	0
江苏安全技术职业学院	64	107	10	0	0	0	97	97	0	0	53.19	0	43.81	66	13	0	0	0	9	2	0.5	7	0
江苏旅游职业学院	65	0	0	0	0	0	0	0	0	0	0	0	0	0	0	0	0	0	0	0	0	0	0

4. 民办及中外合作办学高等学校人文、社会科学研究与发展经费情况表

学校名称	编号	上年结转经费（千元）	当年经费收入合计（千元）	拨入（单位：千元）政府资金投入	其中：科研活动经费	其中：教育部科研项目经费	其中：教育部其他科研经费	其中：中央其他部门科研项目经费	其中：省、市、自治区社科基金项目	其中：省教育厅科研项目经费	其中：省教育厅其他科研经费	其中：其他各类地方政府经费	其中：科研基建费	非政府资金投入	其中：企事业单位委托项目经费	其中：自筹经费	境外资金	其中：港、澳、台地区合作项目经费	其中：其他收入	其中：科技活动人员工资
		L01	L02	L03	L04	L05	L06	L07	L08	L09	L10	L11	L12	L13	L14	L15	L16	L17	L18	L19
合计	/	8 836	26 920	9 233	9 124	199	24.2	1 868	627	3 945	215	2 246	109	17 688	2 133	4 090	306	256	431	10 729
明达职业技术学院	1	0	0	0	0	0	0	0	0	0	0	0	0	0	0	0	0	0	0	0
三江学院	2	2 776	3 261	1 053	1 053	89	0	190	58.8	289	0	426	0	2 209	478	421	256	256	4	1 050
九州职业技术学院	3	87	505	166	166	0	0	0	0	150	0	16	0	339	0	0	0	0	0	339
南通理工学院	4	249	877	441	441	0	0	0	53	324	0	63.5	0	436.5	0	170	0	0	4	262.5
硅湖职业技术学院	5	3	857.5	443	443	0	0	0	221	63	119	39.5	0	415	117	33	0	0	116	150
应天职业技术学院	6	0	92	40	40	0	0	0	0	40	0	0	0	52	0	10	0	0	0	42
苏州托普信息职业技术学院	7	1.5	45	20	20	0	0	0	20	0	0	0	0	25	0	5	0	0	0	20
东南大学成贤学院	8	770	566.8	260	260	35	24.2	0	10	181	5.7	3.9	0	307	0	161	0	0	0	145.6
苏州工业园区职业技术学院	9	4.4	337	45	45	0	0	0	0	0	0	45	0	292	215	28	0	0	0	49
太湖创意职业技术学院	10	0	27	5	5	0	0	0	5	0	0	0	0	22	0	2	0	0	0	20
炎黄职业技术学院	11	0	0	0	0	0	0	0	0	0	0	0	0	0	0	0	0	0	0	0
正德职业技术学院	12	16.2	268.5	33	33	0	0	0	0	33	0	0	0	235.5	0	33	0	0	0	202.5
钟山职业技术学院	13	23.5	25	5	5	0	0	0	0	5	0	0	0	20	0	0	0	0	0	20
无锡南洋职业技术学院	14	367	555	15	15	0	0	0	0	0	0	15	0	540	0	136	0	0	0	404
江南影视艺术职业学院	15	13.1	975.4	172	63.1	0	0	0	0	0	0	63.1	109	803.3	0	279	0	0	0	524.8
金肯职业技术学院	16	280	509	41	41	0	0	0	0	41	0	0	0	468	0	195	0	0	0	273
建东职业技术学院	17	1.7	81	11	11	0	0	0	0	11	0	0	0	70	0	22	0	0	0	48
宿迁职业技术学院	18	0	26	3	3	0	0	0	0	1.5	0	1.5	0	23	0	4	0	0	1	18
江海职业技术学院	19	28	520.5	143	143	0	0	0	0	78	0	65	0	377.5	30	10	0	0	0	337.5
无锡太湖学院	20	157	3 307	783	783	0	0	0	0	380	0	403	0	2 524	850	441	0	0	0	1 233
中国矿业大学徐海学院	21	40.3	166.7	0	0	0	0	0	0	0	0	0	0	166.7	0	100	0	0	0	66.7
南京大学金陵学院	22	95.5	683.4	59	59	0	0	0	50	9	0	0	0	624.4	0	138	0	0	0	486.4

续表

南京理工大学紫金学院	23	127	420	0	0	0	0	0	0	0	0	0	0	420	0	170	0	0	0	250
南京航空航天大学金城学院	24	68.9	600.8	267	267	0	0	0	9	163	0	95	0	333.8	0	76.8	0	0	0	256.9
中国传媒大学南广学院	25	182	668.2	326	326	0	0	144	52	113	0	17	0	342	0	6.6	0	0	19.4	316
金山职业技术学院	26	2.1	25	0	0	0	0	0	0	0	0	0	0	25	0	0	0	0	0	25
南京理工大学泰州科技学院	27	115	905.6	198	198	0	0	30	0	90	0	78	0	707.6	40	48.8	0	0	0	618.8
南京师范大学泰州学院	28	255	954	606	606	20	0	190	32.7	37.8	0	325	0	348.5	0	144	0	0	0	205
南京工业大学浦江学院	29	72	398	166	166	0	0	0	0	160	0	6	0	232	0	102	0	0	0	130
南京师范大学中北学院	30	0	66	28	28	0	0	0	0	28	0	0	0	38	0	28	0	0	0	10
苏州百年职业学院	31	0	137	42	42	0	0	0	0	42	0	0	0	95	0	5	0	0	0	90
昆山登云科技职业学院	32	5	165.4	40	40	0	0	0	5	35	0	0	0	125.4	3	29	0	0	7	86.4
南京视觉艺术职业学院	33	33.5	347	135	135	0	0	0	0	135	0	0	0	212	0	0	0	0	0	212
南京医科大学康达学院	34	11	191	91	91	0	0	0	0	77	0	14	0	100	0	0	0	0	0	100
南京中医药大学翰林学院	35	44	625.4	227	227	0	0	0	0	162	0	65	0	398.4	80	7.38	0	0	214	97
南京信息工程大学滨江学院	36	19	693	399	399	0	0	180	105	10	0	104	0	294	0	51	0	0	66	177
苏州大学文正学院	37	56	70	0	0	0	0	0	0	0	0	0	0	70	0	4	0	0	0	66
苏州大学应用技术学院	38	70.8	662.5	287	287	0	0	0	0	0	90	197	0	375.5	291	5	0	0	0	80
苏州科技大学天平学院	39	60	239	96	96	0	0	0	0	96	0	0	0	143	0	19	0	0	0	124
江苏大学京江学院	40	0	0	0	0	0	0	0	0	0	0	0	0	0	0	0	0	0	0	0
扬州大学广陵学院	41	60	382	0	0	0	0	0	0	0	0	0	0	382	0	150	0	0	0	232
江苏师范大学科文学院	42	59	312.8	240	240	0	0	0	0	240	0	0	0	72.8	0	0	0	0	0	72.8
南京邮电大学通达学院	43	0	0	0	0	0	0	0	0	0	0	0	0	0	0	0	0	0	0	0
南京财经大学红山学院	44	14	501	173	173	0	0	0	0	170	0	3	0	328	0	189	0	0	0	139.2
江苏科技大学苏州理工学院	45	0	180	60	60	0	0	0	0	60	0	0	0	120	0	90	0	0	0	30
常州大学怀德学院	46	0	285.2	32	32	0	0	0	0	32	0	0	0	253.2	0	150	0	0	0	103.2
南通大学杏林学院	47	82.6	674.8	175	175	0	0	0	0	174	0	1.2	0	500	0	32	0	0	0	468
南京审计大学金审学院	48	13.5	358.5	169	169	0	0	0	6	163	0	0	0	190	0	20	0	0	0	170
宿迁学院	49	249	1 367	594	594	22.8	0	190	0	352	0	29	0	773	0	221	0	0	0	552.5
苏州高博软件技术职业学院	50	47	403	5	5	0	0	0	0	0	0	5	0	398	30	80	0	0	0	288
宿迁泽达职业技术学院	51	0	0	0	0	0	0	0	0	0	0	0	0	0	0	0	0	0	0	0
扬州中瑞酒店职业学院	52	0	0	0	0	0	0	0	0	0	0	0	0	0	0	0	0	0	0	0
西交利物浦大学	53	2 275	1 603	1 141	1 141	32	0	944	0	0	0	165	0	461.8	0	275	49.3	0	0	138
昆山杜克大学	54	0	0	0	0	0	0	0	0	0	0	0	0	0	0	0	0	0	0	0

学校名称	经费名称	当年R&D经费支出合计(千元)	支出(单位:千元) 转拨给外单位经费	其中 对国内研究机构支出	其中 对国内高等学校支出	其中 对国内企业支出	R&D经费内部支出合计	其中 基础研究支出	其中 应用研究支出	其中 试验发展支出	其中 政府资金	其中 企业资金	其中 境外资金	其中 其他	其中 科研人员费	其中 业务费	其中 科研基建费	其中 仪器设备费	其中 单价在1万元以上的设备费	其中 图书资料费	其中 间接费	其中 管理费	其中 其他支出	当年结余经费(千元)
	编号	L20	L21	L22	L23	L24	L25	L26	L27	L28	L29	L30	L31	L32	L33	L34	L35	L36	L37	L38	L39	L40	L41	L42
合计	/	20 570	21	1	3	5	20 550	6 347	14 117	86	12 830	3 828	159	3 732	12 429	4 457	87	477	40	1 748	648.4	270.5	703.3	15 186
明达职业技术学院	1	0	0	0	0	0	0	0	0	0	0	0	0	0	0	0	0	0	0	0	0	0	0	0
三江学院	2	2 701	0	0	0	0	2 701	69.3	2 632	0	1 779	843	76.2	3.75	1 259	832.1	0	123	0	329.2	91.68	8.49	66.42	3 336.2
九州职业技术学院	3	494.3	0	0	0	0	494.3	0	494.3	0	407.8	66.2	0	20.3	380	84.8	0	9.1	0	13.6	6.8	6.7	0	97.7
南通理工学院	4	524.1	0	0	0	0	524.1	190	334	0	429.6	0	0	94.5	265	155.6	0	0	0	14.6	23.65	23.65	65.2	602.05
硅湖职业技术学院	5	506	0	0	0	0	506	99.1	406.9	0	87.6	205	0	213	180	246	0	40	40	40	0	0	0	354.5
应天职业技术学院	6	59.1	0	0	0	0	59.1	0	59.1	0	59.1	0	0	0	44	1.5	0	1.5	0	9.7	0.7	0	1.7	32.9
苏州托普信息职业技术学院	7	32	0	0	0	0	32	11.4	20.57	0	32	0	0	0	25	4.7	0	0	0	2.3	0	0	0	14.5
东南大学成贤学院	8	507.7	0	0	0	0	507.7	71.5	436.2	0	293.8	55.9	0	158	275.6	9.8	0	25	0	5.8	181.7	10.01	10	829.51
苏州工业园区职业技术学院	9	254.7	0	0	0	0	254.7	0	254.7	0	56.95	198	0	0	55	197.1	0	0	0	0	2.55	2.55	0	86.75
太湖创意职业技术学院	10	27	0	0	0	0	27	0	27	0	27	0	0	0	22	5	0	0	0	0	0	0	0	0
炎黄职业技术学院	11	0	0	0	0	0	0	0	0	0	0	0	0	0	0	0	0	0	0	0	0	0	0	0
正德职业技术学院	12	249.7	0	0	0	0	249.7	0	249.7	0	249.7	0	0	0	235.5	8	0	0	0	6.2	0	0	0	35
钟山职业技术学院	13	39	0	0	0	0	39	15	22	2	17	0	0	22	22	0.8	0	0	0	10	0	0	6.2	9.5
无锡南洋职业技术学院	14	529.3	0	0	0	0	529.3	0	529.3	0	0	0	0	529	500	1	0	0	0	20	0.8	0	7.5	392.4
江南影视艺术职业学院	15	959.7	0	0	0	0	959.7	525	434.9	0	59.98	0	0	900	559.8	120.6	87	46	0	103.8	0	0	42.7	28.8
金肯职业技术学院	16	404	19	1	3	3	385	245	140	0	140	0	0	245	275	76	0	1	0	7.5	4.4	1.9	21.1	385
建东职业技术学院	17	82.7	0	0	0	0	82.7	0	82.7	0	65.82	0	0	16.9	50	8	0	0	0	21.7	3	2	0	0
宿迁职业技术学院	18	26	0	0	0	0	26	26	0	0	26	0	0	0	20	1	0	0	0	1	4	0	0	0
江海职业技术学院	19	509.5	0	0	0	0	509.5	153	357	0	415.2	94.4	0	0	347.5	92.7	0	0	0	69.3	0	0	0	39
无锡太湖学院	20	2 378	0	0	0	0	2 378	532	1 847	0	1 246	1 053	0	79.3	1 629	696.9	0	0	0	27.35	25.5	25.5	0	1 085.3
中国矿业大学徐海学院	21	69.44	0	0	0	0	69.44	0	69.44	0	69.44	0	0	0	66.7	2.74	0	0	0	0	0	0	0	137.59
南京大学金陵学院	22	536.1	0	0	0	0	536.1	42.5	493.7	0	536.1	0	0	0	503.4	28.37	0	0	0	0	3.95	3.95	0.4	242.8
南京理工大学紫金学院	23	378.5	0	0	0	0	378.5	37.9	340.7	0	378.5	0	0	0	300	28.5	0	0	0	50	0	0	0	168

续表

南京航空航天大学金城学院	24	449.7	0	0	0	0	449.7	195	254.9	0	449.7	0	0	0	280.9	109.7	0	0	0	31.57	27.5	11	0	220.03
中国传媒大学南广学院	25	478.8	0	0	0	0	478.8	290	188.6	0	408.4	3	0	67.3	319.1	102.3	0	1.5	0	1	14.4	0	40.5	371.5
金山职业技术学院	26	26.8	0	0	0	0	26.8	0	26.8	0	26.8	0	0	0	26.5	0	0	0	0	0	0	0	0.3	0.3
南京理工大学泰州科技学院	27	853.4	0	0	0	0	853.4	11.5	841.8	0	526.6	327	0	0	638.8	70.22	0	25	0	67.59	33.95	14.75	17.4	167.65
南京师范大学泰州学院	28	593.1	0	0	0	0	593.1	158	432.6	3	306.6	286	0	0	289.3	2.85	0	32	0	43.45	52.13	31.3	173.9	615.91
南京工业大学浦江学院	29	229	0	0	0	0	229	183	46.31	0	118.4	0	0	111	140	86.75	0	0	0	2	0.25	0.25	0	241
南京师范大学中北学院	30	32	0	0	0	0	32	32	0	0	32	0	0	0	12	7	0	0	0	8	5	0	0	34
苏州百年职业学院	31	115	0	0	0	0	115	0	115	0	115	0	0	0	95	1	0	7	0	5	5	5	2	22
昆山登云科技职业学院	32	151.5	0	0	0	0	151.5	62.5	88.98	0	75.12	7.56	0	68.8	87.2	49.61	0	0	0	12.61	0.9	0	1.18	18.9
南京视觉艺术职业学院	33	283.3	0	0	0	0	283.3	218	65.41	0	283.3	0	0	0	214	16.5	0	7	0	24.5	0	0	21.3	97.2
南京医科大学康达学院	34	157.5	0	0	0	0	157.5	99	58.5	0	157.5	0	0	0	105	33.3	0	0	0	10.3	8.9	1.5	0	44.5
南京中医药大学翰林学院	35	383.9	0	0	0	0	383.9	158	225.9	0	204.9	179	0	0	107	80.9	0	0	0	196	0	0	0	285.48
南京信息工程大学滨江学院	36	380.1	0	0	0	0	380.1	146	233.8	0	229.9	0	0	150	180	108.5	0	0	0	36.5	54.09	28.5	1	331.91
苏州大学文正学院	37	122	0	0	0	0	122	4.78	117.2	0	19.14	0	0	103	70	52	0	0	0	0	0	0	0	4
苏州大学应用技术学院	38	581.6	0	0	0	0	581.6	221	360.7	0	231.4	350	0	0	85	368.9	0	33	0	18.85	74.18	74.18	1.87	151.69
苏州科技大学天平学院	39	174	0	0	0	0	174	118	56.13	0	89.81	0	0	84.2	143	13	0	0	0	9	0	0	9	125
江苏大学京江学院	40	0	0	0	0	0	0	0	0	0	0	0	0	0	0	0	0	0	0	0	0	0	0	0
扬州大学广陵学院	41	434	0	0	0	0	434	174	260.4	0	434	0	0	0	308	25	0	0	0	101	0	0	0	8
江苏师范大学科文学院	42	110	0	0	0	0	110	27.5	82.5	0	110	0	0	0	74	26	0	0	0	10	0	0	0	261.8
南京邮电大学通达学院	43	0	0	0	0	0	0	0	0	0	0	0	0	0	0	0	0	0	0	0	0	0	0	0
南京财经大学红山学院	44	342	0	0	0	0	342	171	171	0	0	0	0	342	342	0	0	0	0	0	0	0	0	173
江苏科技大学苏州理工学院	45	121.5	0	0	0	0	121.5	40.5	0	81	121.5	0	0	0	35	62.5	0	0	0	20	4	0	0	58.5
常州大学怀德学院	46	210.5	0	0	0	0	210.5	211	0	0	13.4	0	0	197	129	52.1	0	0	0	26.4	0	0	3	74.7
南通大学杏林学院	47	591.1	0	0	0	0	591.1	528	63.31	0	472.4	0	0	119	494	0	0	0	0	37.4	4	4	55.7	166.3
南京审计大学金审学院	48	254.8	0	0	0	0	254.8	0	254.8	0	254.8	0	0	0	180	18.5	0	6.9	0	43.8	0	0	5.6	117.2
宿迁学院	49	1056	0	0	0	0	1056	518	538	0	1016	0	0	40	625	134.3	0	0	0	292.1	4.44	4.44	0	560.37
苏州高博软件技术职业学院	50	398.5	2	0	0	2	397	66.6	330.4	0	69.27	160	0	168	295.5	60.1	0	0	0	19	10.9	10.8	11.5	51.5
宿迁泽达职业技术学院	51	0	0	0	0	0	0	0	0	0	0	0	0	0	0	0	0	0	0	0	0	0	0	0
扬州中瑞酒店职业学院	52	0	0	0	0	0	0	0	0	0	0	0	0	0	0	0	0	0	0	0	0	0	0	0
西交利物浦大学	53	771.9	0	0	0	0	771.9	699	72.8	0	688.7	0	83.2	0	140	375	0	119	0	0	0	0	137.8	3 106.2
昆山杜克大学	54	0	0	0	0	0	0	0	0	0	0	0	0	0	0	0	0	0	0	0	0	0	0	0

六、社科研究与发展机构

全省高等学校人文、社会科学研究机构一览表

机构名称	编号	成立时间	批准部门	组成方式	机构类型	学科分类	服务的国民经济行业	组成类型	R&D活动人员(人) 合计	其中 博士毕业	硕士毕业	高级职称	中级职称	初级职称	培养研究生数(人)	R&D经费支出(千元)	仪器设备原价(千元)	其中:进口(千元)
		L01	L02	L03	L04	L05	L06	L07	L08	L09	L10	L11	L12	L13	L14	L15	L16	L17
合计									6 323	4 161	1 676	4 260	1 690	143	4 013	126 394	57 543.97	4 715.3
南京大学	001	/	/	/	/	/	/	/	721	521	143	424	187	32	885	25 859.95	3 052.7	515
长江产业经济研究院	1	2017/1/1	非学校上级主管部门	与校外合办所	国家高端智库	经济学	商务服务业	政府部门办	10	8	2	5	4	1	0	1000	200	0
长江三角洲经济社会发展研究中心	2	2000/8/10	学校上级主管部门	独立设置研究所	教育部重点研究基地	经济学	商务服务业	政府部门办	22	20	2	22	0	0	40	1 010	215	0
当代外国文学与文化研究中心	3	2009/12/1	非学校上级主管部门	独立设置研究所	省级重点研究基地	外国文学	教育	政府部门办	15	14	1	15	0	0	41	45	29	0
公共事务与地方治理研究中心	4	2009/12/1	非学校上级主管部门	独立设置研究所	省级重点研究基地	政治学	社会保障	政府部门办	5	2	3	5	0	0	0	20	5	0
国家文化产业研究中心	5	2007/1/1	非学校上级主管部门	与校外合办所	中央其他部委重点研究基地	经济学	文化艺术业	政府部门办	14	10	4	6	8	0	5	100	30	0
江苏省城市现代化研究中心	6	2008/1/1	非学校上级主管部门	跨系所	省级重点研究基地	社会学	公共设施管理业	政府部门办	13	4	8	5	7	0	13	35	28	0
江苏省社会风险管理研究中心	7	2008/1/1	非学校上级主管部门	跨系所	省级重点研究基地	管理学	社会保障	政府部门办	14	12	2	12	2	0	30	100	10	0
江苏省数据工程与知识服务重点实验室	8	2014/7/1	学校上级主管部门	独立设置研究所	省级重点实验室	图书馆、情报与文献学	软件和信息技术服务业	政府部门办	7	4	3	6	1	0	11	700	500	300
江苏紫金传媒智库	9	2015/3/1	非学校上级主管部门	与校外合办所	省级智库	新闻学与传播学	新闻和出版业	政府部门办	29	25	4	17	6	2	0	900	10	0
马克思主义社会理论研究中心	10	2003/9/8	学校上级主管部门	独立设置研究所	教育部重点研究基地	马克思主义	教育	政府部门办	15	10	5	12	3	0	0	800	100	0
区域经济转型与管理变革协同创新中心	11	2013/1/1	非学校上级主管部门	独立设置研究所	省级2011协同创新中心	经济学	商务服务业	政府部门办	185	160	25	88	76	21	54	190.95	50	0
儒佛道与中国传统文化研究中心	12	2010/3/1	非学校上级主管部门	独立设置研究所	省级重点研究基地	宗教学	群众团体、社会团体和其他成员组织	政府部门办	10	7	3	8	2	0	5	400	60	0
社会舆情分析与决策支持研究中心	13	2004/1/1	学校上级主管部门	跨系所	省级重点研究基地	新闻学与传播学	新闻和出版业	政府部门办	34	20	10	17	13	3	31	100	20	0

续表

社会与行为科学实验中心	14	2014/7/1	学校上级主管部门	独立设置研究所	省级重点研究基地	社会学	社会工作	政府部门办	13	12	1	10	3	0	35	300	215	215
苏南率先基本实现现代化研究中心	15	2004/1/1	学校上级主管部门	跨系所	省级重点研究基地	经济学	商务服务业	政府部门办	22	17	5	10	12	0	15	500	150	0
中国抗日战争研究协同创新中心	16	2016/2/1	学校上级主管部门	独立设置研究所	其他2011协同创新中心	历史学	教育	政府部门办	59	49	3	58	1	0	56	1 000	200	0
中国南海研究协同创新中心	17	2013/6/1	学校上级主管部门	与校外合办所	国家级2011协同创新中心	国际问题研究	国际组织	政府部门办	16	9	6	3	8	4	60	12 260	480.7	0
中国特色社会主义理论体系研究基地	18	2004/1/1	学校上级主管部门	跨系所	省级重点研究基地	马克思主义	中国共产党机关	政府部门办	28	20	8	18	10	0	25	200	50	0
中国文学与东亚文明研究协同创新中心	19	2007/1/1	非学校上级主管部门	独立设置研究所	省级2011协同创新中心	中国文学	文化艺术业	政府部门办	70	64	6	50	20	0	85	2 724	280	0
中国新文学研究中心	20	1999/12/31	学校上级主管部门	独立设置研究所	教育部重点研究基地	中国文学	文化艺术业	政府部门办	92	30	27	32	3	0	187	600	15	0
中国语言战略研究中心	21	2007/1/1	非学校上级主管部门	与校外合办所	中央其他部委重点研究基地	语言学	文化艺术业	政府部门办	20	2	12	3	3	0	57	75	5	0
中国智库研究与评价中心	22	2015/3/1	非学校上级主管部门	独立设置研究所	省级智库	图书馆、情报与文献学	软件和信息技术服务业	政府部门办	10	8	2	6	4	0	5	800	200	0
中华民国史研究中心	23	1993/6/18	学校上级主管部门	独立设置研究所	教育部重点研究基地	历史学	教育	政府部门办	18	14	1	16	1	1	130	2 000	200	0
东南大学	002	/	/	/	/	/	/	/	439	293	146	218	166	39	295	6 522	1 170	118.5
道德发展智库	1	2015/12/1	非学校上级主管部门	独立设置研究所	省级智库	哲学	社会工作	政府部门办	12	7	5	7	3	2	12	140	70	0
道德国情调查研究中心	2	2013/5/16	学校上级主管部门	独立设置研究所	省级重点研究基地	哲学	中国共产党机关	政府部门办	13	8	5	7	6	0	12	150	50	0
道德哲学与中国道德发展研究所	3	2009/11/1	非学校上级主管部门	独立设置研究所	省级重点研究基地	哲学	中国共产党机关	单位自办	15	10	5	12	3	0	18	300	98	30
反腐败法治研究中心	4	2015/1/30	非学校上级主管部门	独立设置研究所	省级重点研究基地	法学	国家机构	政府部门办	12	9	3	6	6	0	15	200	70	0
公民道德提升与人的现代化研究中心	5	2013/1/17	学校上级主管部门	独立设置研究所	省级重点研究基地	哲学	社会工作	政府部门办	14	8	6	8	6	0	11	180	20	0
公民道德与社会风尚协同创新中心	6	2014/3/13	非学校上级主管部门	独立设置研究所	省级重点研究基地	哲学	社会工作	政府部门办	25	18	7	15	8	2	19	1 550	95	0
家事审判心理学重点研究基地	7	2016/12/21	非学校上级主管部门	与校外合办所	省级重点研究基地	心理学	社会工作	政府部门办	10	10	0	2	0	8	0	150	0	0
江苏创新驱动研究基地	8	2011/9/10	非学校上级主管部门	独立设置研究所	省级重点研究基地	经济学	其他服务业	单位自办	14	8	6	7	4	3	8	105	59	0
江苏国际智库合作研究基地	9	2013/12/27	学校上级主管部门	独立设置研究所	省级重点研究基地	经济学	社会工作	政府部门办	15	9	6	6	7	2	8	15	6	0
江苏经济全球化研究中心	10	2011/11/17	非学校上级主管部门	与校外合办所	省级重点研究基地	经济学	社会工作	单位自办	14	8	6	9	3	2	11	158	50	0
江苏民生幸福研究基地	11	2011/9/10	非学校上级主管部门	独立设置研究所	省级重点研究基地	经济学	社会工作	单位自办	11	7	4	6	3	2	9	159	43	0

续表

机构名称		成立时间	批准部门	组成方式	机构类型	学科分类	服务的国民经济行业	组成类型	R&D活动人员(人)						培养研究生数(人)	R&D经费支出(千元)	仪器设备原价(千元)	
									合计	其中								其中:进口(千元)
										博士毕业	硕士毕业	高级职称	中级职称	初级职称				
	编号	L01	L02	L03	L04	L05	L06	L07	L08	L09	L10	L11	L12	L13	L14	L15	L16	L17
江苏省非物质文化遗产研究基地	12	2014/6/24	非学校上级主管部门	独立设置研究所	省级重点研究基地	艺术学	文化艺术业	政府部门办	25	15	10	15	9	1	18	106	11	0
江苏省健康产业发展研究基地	13	2017/7/7	非学校上级主管部门	与校外合办所	省级重点研究基地	经济学	社会工作	与境内注册其他企业合办	15	15	0	8	7	0	4	400	0	0
江苏省交通运输行业政策法规重点研究基地	14	2012/9/5	非学校上级主管部门	独立设置研究所	省级重点研究基地	法学	公共设施管理业	政府部门办	46	37	9	19	22	5	24	1 030	62	17.5
江苏省科技创新体系建设思想库	15	2012/10/24	非学校上级主管部门	独立设置研究所	省级重点研究基地	管理学	社会工作	政府部门办	12	7	5	10	2	0	11	165	38	0
江苏省区域经济与发展研究基地	16	2008/8/20	非学校上级主管部门	独立设置研究所	省级重点研究基地	管理学	科技推广和应用服务业	单位自办	25	15	10	16	8	1	15	295	95	24
江苏省重点物流研究基地	17	2011/4/28	非学校上级主管部门	独立设置研究所	省级重点研究基地	管理学	其他服务业	单位自办	17	11	6	10	7	0	10	198	76	23
教育立法研究基地	18	2017/12/7	非学校上级主管部门	与校外合办所	其他重点研究基地	法学	国家机构	政府部门办	10	10	0	5	5	0	35	100	0	0
人民法院司法大数据研究基地	19	2016/7/1	非学校上级主管部门	与校外合办所	其他重点研究基地	法学	国家机构	政府部门办	42	26	16	15	8	3	10	200	0	0
亚太语言政策研究中心	20	2013/10/23	学校上级主管部门	独立设置研究所	省级重点研究基地	语言学	教育	政府部门办	20	6	14	5	14	1	8	93	38	0
艺术学研究中心	21	2010/10/31	非学校上级主管部门	独立设置研究所	省级重点研究基地	艺术学	文化艺术业	政府部门办	22	14	8	8	11	3	9	355	95	24
中国传统艺术的传承与传播研究中心	22	2013/10/23	学校上级主管部门	独立设置研究所	省级重点研究基地	艺术学	文化艺术业	政府部门办	16	9	7	7	8	1	9	168	74	0
中国特色社会主义发展研究院	23	2015/12/1	非学校上级主管部门	独立设置研究所	省级智库	政治学	中国共产党机关	政府部门办	23	18	5	10	11	2	13	150	70	0
中国特色社会主义理论体系研究基地	24	2015/4/2	非学校上级主管部门	独立设置研究所	省级重点研究基地	政治学	中国共产党机关	政府部门办	11	8	3	5	5	1	6	155	50	0
江南大学	003	/	/	/	/	/	/	/	213	141	65	166	43	3	308	10 455.71	4 700	252
汉族服饰类非物质文化遗产研究基地	1	2014/7/21	非学校上级主管部门	独立设置研究所	省级重点研究基地	艺术学	纺织服装、服饰业	政府部门办	16	7	9	6	8	2	86	450	80	50
江南民族音乐研究中心	2	2017/7/1	学校自建	独立设置研究所	校级重点研究基地	艺术学	文化艺术业	单位自办	10	3	7	9	1	0	5	100	60	0
江苏党风廉政建设创新研究基地	3	2011/11/1	非学校上级主管部门	与校外合办所	省级重点研究基地	马克思主义	中国共产党机关	单位自办	18	12	4	17	1	0	5	300	800	17
江苏省产品创意与文化重点研究基地	4	2010/1/1	非学校上级主管部门	跨系所	省级重点研究基地	艺术学	文化艺术业	单位自办	12	9	2	10	1	1	15	600	1 200	0
江苏省中国特色社会主义理论体系研究基地	5	2015/9/7	非学校上级主管部门	跨系所	其他重点研究基地	马克思主义	中国共产党机关	政府部门办	18	15	3	15	3	0	13	1780	200	0

续表

教育信息化研究中心	6	2013/2/1	非学校上级主管部门	独立设置研究所	省级重点研究基地	教育学	教育	单位自办	16	12	4	12	4	0	40	650.71	495	0
金融创新与风险管理研究基地	7	2017/7/1	学校上级主管部门	独立设置研究所	校级重点研究基地	经济学	货币金融服务	单位自办	10	10	0	5	5	0	19	85	55	0
钱钟书及其海外传播研究中心	8	2017/7/1	学校上级主管部门	独立设置研究所	校级重点研究基地	语言学	教育	单位自办	10	7	3	9	1	0	20	150	50	0
食品安全风险治理研究院	9	2016/7/8	非学校上级主管部门	跨系所	省级智库	管理学	社会保障	与国内高校合办	22	10	12	21	0	0	26	3 280	650	185
无锡党的建设研究基地	10	2013/3/6	学校自建	与校外合办所	校级重点研究基地	政治学	中国共产党机关	政府部门办	10	6	2	3	7	0	8	200	20	0
无锡古运河文化创意中心	11	2015/10/12	学校自建	与校外合办所	校级重点研究基地	艺术学	文化艺术业	政府部门办	9	5	4	6	3	0	0	780	500	0
无锡江南文化与影视研究中心	12	2007/12/27	学校自建	与校外合办所	校级重点研究基地	中国文学	文化艺术业	政府部门办	14	8	6	9	5	0	12	100	120	0
无锡老龄科学研究中心	13	2010/11/1	学校自建	与校外合办所	校级重点研究基地	社会学	社会工作	其他	14	10	4	13	1	0	30	230	70	0
无锡旅游与区域发展研究基地	14	2013/3/6	学校自建	与校外合办所	校级重点研究基地	经济学	研究和试验发展	政府部门办	10	5	3	10	0	0	26	850	250	0
无锡人力资源开发研究基地	15	2013/3/8	学校自建	与校外合办所	校级重点研究基地	管理学	商务服务业	与国内高校合办	16	14	2	14	2	0	3	500	40	0
中国物联网发展战略研究基地	16	2012/3/15	非学校上级主管部门	独立设置研究所	省级重点研究基地	管理学	教育	与国内独立研究机构合办	8	8	0	7	1	0	0	400	110	0
南京农业大学	004	/	/	/	/	/	/	/	595	462	117	414	150	4	529	26 983.37	8 134.76	0
不动产研究中心	1	2015/1/1	学校自建	独立设置研究所	校级重点研究基地	管理学	房地产业	单位自办	10	10	0	7	3	0	28	450	60	0
城乡规划设计研究院	2	2004/10/1	学校自建	独立设置研究所	校级重点研究基地	管理学	农业	单位自办	29	20	9	17	3	0	9	36.16	4.52	0
地方治理与政策研究院	3	2017/7/1	非学校上级主管部门	跨系所	其他重点研究基地	管理学	社会工作	政府部门办	22	10	12	9	3	0	12	45	2.3	0
电子商务研究中心	4	2001/6/1	学校自建	独立设置研究所	校级重点研究基地	管理学	农业	单位自办	6	5	1	4	2	0	8	560	28	0
公共政策研究所	5	2004/1/1	学校自建	独立设置研究所	校级重点研究基地	管理学	社会工作	单位自办	2	1	1	1	1	0	6	30	1.5	0
管理工程研究室	6	2004/1/1	学校自建	独立设置研究所	校级重点实验室	管理学	农业	单位自办	13	11	2	9	4	0	18	226	11	0
国际食品与农业经济研究中心	7	2004/6/10	学校自建	独立设置研究所	校级重点研究基地	管理学	农业	单位自办	16	14	2	13	2	1	20	925	46	0
国际资源与环境经济研究所	8	2004/1/1	学校自建	独立设置研究所	校级重点研究基地	管理学	生态保护和环境治理业	单位自办	18	18	0	15	3	0	8	29.26	1.5	0
江苏粮食安全研究中心	9	2015/6/1	非学校上级主管部门	独立设置研究所	省级重点研究基地	管理学	农业	单位自办	16	14	2	13	3	0	30	1520	76	0

续表

机构名称	编号	成立时间	批准部门	组成方式	机构类型	学科分类	服务的国民经济行业	组成类型	R&D活动人员(人) 合计	其中 博士毕业	硕士毕业	高级职称	中级职称	初级职称	培养研究生数(人)	R&D经费支出(千元)	仪器设备原价(千元)	其中:进口(千元)
		L01	L02	L03	L04	L05	L06	L07	L08	L09	L10	L11	L12	L13	L14	L15	L16	L17
江苏农业现代化决策咨询研究基地	10	2011/11/20	非学校上级主管部门	独立设置研究所	省级重点研究基地	管理学	农业	政府部门办	25	25	0	20	5	0	18	1420	71	0
江苏省国土资源利用与管理工程中心	11	2007/1/1	非学校上级主管部门	跨系所	其他重点研究基地	管理学	农业	单位自办	16	14	2	14	2	0	26	195.28	1.98	0
江苏省农村发展与土地政策研究基地	12	2008/10/1	非学校上级主管部门	跨系所	省级重点研究基地	管理学	农业	政府部门办	16	14	2	9	7	0	20	2 250	112	0
江苏省统计科学研究基地	13	2013/12/13	非学校上级主管部门	独立设置研究所	省级重点研究基地	管理学	农业	单位自办	10	8	2	10	0	0	8	585	29	0
江苏省新农村科技创新思想库	14	2012/10/1	非学校上级主管部门	独立设置研究所	省级重点研究基地	管理学	农业	政府部门办	10	10	0	7	3	0	8	650	32	0
金善宝农业现代化研究院	15	2015/11/10	非学校上级主管部门	独立设置研究所	省级重点研究基地	管理学	农业	单位自办	16	14	2	13	2	1	30	1 850	90	0
劳动就业与公共政策研究中心	16	2017/1/1	学校自建	独立设置研究所	校级重点研究基地	管理学	社会保障	单位自办	6	6	0	5	0	1	5	106	5	0
领域知识关联研究中心	17	2004/6/1	学校自建	跨系所	校级重点实验室	图书馆、情报与文献学	软件和信息技术服务业	单位自办	16	11	3	14	2	0	7	1 200	2 000	0
民俗学研究所	18	2016/12/26	学校自建	独立设置研究所	校级重点研究基地	民族学与文化学	农业	单位自办	9	8	1	6	3	0	10	710	7	0
农村土地资源利用与整治国家地方联合工程研究中心	19	2012/10/2	非学校上级主管部门	跨系所	中央其他部委重点研究基地	管理学	农业	单位自办	16	14	2	13	3	0	26	195.28	1.98	0
农业经济研究所	20	1986/10/1	非学校上级主管部门	独立设置研究所	省级重点研究基地	管理学	农业	政府部门办	16	14	2	14	2	0	20	1 910	90	0
农业园区研究中心	21	1995/1/2	学校自建	独立设置研究所	校级重点研究基地	管理学	农业	单位自办	8	4	1	5	3	0	8	1 423	60	0
农业转基因生物安全管理政策研究中心	22	2009/11/2	学校自建	独立设置研究所	校级重点研究基地	管理学	农业	单位自办	16	15	1	13	3	0	10	988	49	0
日语语言文化研究所	23	2000/10/1	学校自建	独立设置研究所	校级重点研究基地	语言学	教育	单位自办	15	2	13	6	9	0	12	1 500	60	0
统筹城乡发展与土地管理创新研究基地	24	2012/1/12	非学校上级主管部门	与校外合班所	省级重点研究基地	管理学	农业	与国内独立研究机构合办	24	18	6	15	3	0	8	9.21	1	0
英语语言文化研究所	25	2000/10/1	学校自建	独立设置研究所	校级重点研究基地	语言学	教育	单位自办	56	12	35	28	27	1	20	1 650	60	0
中国地标文化研究中心	26	2017/8/14	学校自建	独立设置研究所	校级重点研究基地	社会学	农业	单位自办	26	24	2	19	7	0	15	250	7	0
中国国土资源与生态文明建设研究院	27	2013/1/1	学校自建	独立设置研究所	校级重点研究基地	管理学	生态保护和环境治理业	单位自办	5	5	0	4	1	0	5	50	2	0

续表

中国粮食安全保障研究中心	28	2009/1/1	学校自建	独立设置研究所	校级重点研究基地	管理学	农业	单位自办	16	14	2	9	7	0	30	1 825	80	0
中国农业产业链管理研究与发展中心	29	2006/7/14	学校自建	独立设置研究所	校级重点研究基地	管理学	农业	单位自办	16	15	1	13	3	0	10	625	30	0
中国农业遗产研究室	30	1955/8/5	非学校上级主管部门	独立设置研究所	中央其他部委重点研究基地	历史学	农业	政府部门办	26	24	2	19	7	0	15	850	20	0
中国土地问题研究中心	31	2004/10/21	学校自建	独立设置研究所	校级重点研究基地	管理学	农业	单位自办	31	31	0	27	4	0	26	205.28	1.98	0
中荷土地规划与地籍发展中心	32	2007/1/1	学校自建	独立设置研究所	校级重点研究基地	管理学	农业	单位自办	17	17	0	13	4	0	16	27.28	1	0
中华农业文明博物馆	33	2004/10/20	学校自建	独立设置研究所	博物馆	考古学	教育	单位自办	5	2	1	3	2	0	0	100	5 000	0
中华农业文明研究院	34	2014/10/1	非学校上级主管部门	独立设置研究所	省级重点研究基地	历史学	农业	单位自办	26	24	2	19	7	0	15	850	42	0
中外语言比较中心	35	2012/10/1	学校自建	独立设置研究所	校级重点研究基地	语言学	教育	单位自办	20	14	6	8	10	0	22	1 737.62	50	0
中国矿业大学	005	/	/	/	/	/	/	/	119	104	15	97	22	0	117	836.06	32.7	0
澳大利亚研究中心	1	2017/6/13	学校上级主管部门	独立设置研究所	其他重点研究基地	国际问题研究	国家机构	政府部门办	32	21	11	23	9	0	20	20	0.6	0
国际能源政策研究中心	2	2013/7/1	非学校上级主管部门	独立设置研究所	省级重点研究基地	管理学	国家机构	政府部门办	31	31	0	29	2	0	36	116.06	23.1	0
江苏省公共安全创新研究中心	3	2017/11/2	学校上级主管部门	独立设置研究所	省级重点研究基地	管理学	国家机构	与国内独立研究机构合办	25	21	4	16	9	0	25	620	6	0
江苏省能源经济管理研究基地	4	2008/10/1	非学校上级主管部门	独立设置研究所	省级重点研究基地	管理学	国家机构	政府部门办	31	31	0	29	2	0	36	80	3	0
河海大学	006	/	/	/	/	/	/	/	370	256	114	237	133	0	423	4 273	298.8	0
"世界水谷"与水生态文明协同创新中心	1	2014/12/4	非学校上级主管部门	独立设置研究所	省级 2011 协同创新中心	管理学	生态保护和环境治理业	政府部门办	24	15	9	12	12	0	21	400	20	0
长三角环境与社会研究中心	2	2015/2/4	非学校上级主管部门	独立设置研究所	省级重点研究基地	社会学	社会保障	政府部门办	15	10	5	9	6	0	18	200	15	0
东部资源环境与持续发展研究中心	3	1994/12/1	非学校上级主管部门	与校外合办所	中央其他部委重点研究基地	经济学	国家机构	政府部门办	23	12	11	13	10	0	20	300	21	0
国际河流研究中心	4	2013/7/6	非学校上级主管部门	独立设置研究所	省级重点研究基地	国际问题研究	水利管理业	政府部门办	17	10	7	9	8	0	19	180	15	0
国家级人才理论研究基地	5	2014/5/9	非学校上级主管部门	独立设置研究所	中央其他部委重点研究基地	管理学	国家机构	政府部门办	14	9	5	11	3	0	23	200	14.5	0
江苏企业国际化发展研究基地	6	2011/11/20	非学校上级主管部门	独立设置研究所	省级重点研究基地	逻辑学	商务服务业	政府部门办	17	11	6	9	8	0	15	145	11.5	0
江苏省科技体制改革科技思想库	7	2012/9/21	非学校上级主管部门	独立设置研究所	省级重点研究基地	管理学	国家机构	政府部门办	12	10	2	8	4	0	16	150	15	0

续表

机构名称	编号	成立时间	批准部门	组成方式	机构类型	学科分类	服务的国民经济行业	组成类型	R&D活动人员(人) 合计	其中 博士毕业	硕士毕业	高级职称	中级职称	初级职称	培养研究生数(人)	R&D经费支出(千元)	仪器设备原价(千元)	其中:进口(千元)
		L01	L02	L03	L04	L05	L06	L07	L08	L09	L10	L11	L12	L13	L14	L15	L16	L17
江苏省老年学研究与培训基地	8	2015/12/6	非学校上级主管部门	与校外合办所	部省共建教育部重点研究基地,省级重点研究基地	社会学	社会保障	政府部门办	19	12	7	10	9	0	20	150	13	0
江苏省水资源与可持续发展研究中心	9	2010/11/11	非学校上级主管部门	独立设置研究所	省级重点研究基地	经济学	国家机构	政府部门办	20	17	3	15	5	0	30	240	18	0
江苏省循环经济工程研究中心	10	2005/12/1	非学校上级主管部门	独立设置研究所	省级重点研究基地	管理学	国家机构	政府部门办	23	17	6	14	9	0	23	200	13	0
江苏省中国特色社会主义理论体系研究基地	11	2015/4/9	非学校上级主管部门	独立设置研究所	省级重点研究基地	马克思主义	中国共产党机关	政府部门办	20	12	8	15	5	0	19	180	14.5	0
江苏沿海资源经济研究中心	12	2011/12/31	非学校上级主管部门	与校外合办所	省级重点研究基地	经济学	水利管理业	政府部门办	18	14	4	13	5	0	23	185	15.3	0
企业人才研究中心	13	2015/5/12	非学校上级主管部门	独立设置研究所	省级重点研究基地	管理学	商务服务业	政府部门办	16	10	6	10	6	0	18	260	16.2	0
全国性别/妇女研究与培训基地	14	2013/9/16	非学校上级主管部门	与校外合办所	中央其他部委重点研究基地	社会学	群众团体、社会团体和其他成员组织	政府部门办	18	10	8	12	6	0	24	210	13.4	0
人口老龄化科研基地	15	2014/10/16	非学校上级主管部门	独立设置研究所	省级重点研究基地	社会学	社会保障	政府部门办	13	10	3	9	4	0	21	150	11	0
水库移民经济研究中心	16	1992/9/15	非学校上级主管部门	独立设置研究所	中央其他部委重点研究基地	社会学	水利管理业	政府部门办	21	16	5	15	6	0	25	360	13.6	0
水利部人力资源研究院	17	2011/4/29	非学校上级主管部门	与校外合办所	中央其他部委重点研究基地	马克思主义	国家机构	政府部门办	20	15	5	13	7	0	24	200	13	0
水利法治研究中心	18	2017/7/20	学校上级主管部门	与校外合办所	省级重点研究基地	法学	国家机构	政府部门办	13	9	4	7	6	0	0	100	10	0
水利经济研究所	19	1985/12/28	非学校上级主管部门	独立设置研究所	中央其他部委重点研究基地	经济学	国家机构	政府部门办	17	13	4	12	5	0	22	170	12.8	0
水利政策法制研究与培训中心	20	2011/10/18	非学校上级主管部门	独立设置研究所	中央其他部委重点研究基地	法学	生态保护和环境治理业	政府部门办	14	10	4	8	6	0	21	150	10	0
中国(南京)人才发展研究中心	21	2012/3/28	非学校上级主管部门	独立设置研究所	省级重点研究基地	管理学	中国共产党机关	政府部门办	16	14	2	13	3	0	21	143	13	0
南京理工大学	007	/	/	/	/	/	/	/	131	76	55	67	56	7	15	540	254	0
国际经贸问题研究中心	2	2012/12/7	非学校上级主管部门	独立设置研究所	省级基地培育点	经济学	教育	其他	15	8	7	8	7	0	5	50	10	0
江苏产业集群研究基地	3	2011/11/5	非学校上级主管部门	独立设置研究所	省级重点研究基地	经济学	教育	单位自办	13	6	7	5	8	0	2	50	20	0

续表

江苏服务型政府建设研究基地	4	2011/11/5	非学校上级主管部门	独立设置研究所	省级重点研究基地	社会学	教育	其他	15	6	9	5	7	2	2	50	20	0
江苏人才发展战略研究院	5	2016/7/7	非学校上级主管部门	独立设置研究所	省级智库	管理学	国家机构	政府部门办	10	5	5	3	5	2	0	10	50	0
江苏省版权研究中心	6	2017/4/6	非学校上级主管部门	独立设置研究所	省级重点研究基地	法学	教育	政府部门办	8	6	2	6	2	0	0	50	6	0
江苏省军民融合发展研究院	7	2017/8/31	非学校上级主管部门	独立设置研究所	省级重点研究基地	管理学	教育	政府部门办	7	5	2	5	2	0	0	15	50	0
江苏省军民融合科技与产业创新研究中心	8	2016/4/14	非学校上级主管部门	独立设置研究所	省级重点研究基地	管理学	教育	政府部门办	6	4	2	4	2	0	0	50	6	0
江苏省科技人才思想库	9	2012/10/19	非学校上级主管部门	独立设置研究所	省级重点研究基地	统计学	教育	单位自办	12	5	7	5	7	0	0	50	30	0
江苏省知识产权发展研究中心	10	2012/1/1	非学校上级主管部门	独立设置研究所	省级重点研究基地	法学	社会工作	单位自办	12	6	6	4	5	3	2	50	20	0
江苏省知识产权思想库	11	2016/2/3	非学校上级主管部门	独立设置研究所	省级重点研究基地	法学	教育	政府部门办	12	10	2	8	4	0	0	15	20	0
马克思主义与当代中国研究中心	12	2004/9/23	学校自建	独立设置研究所	省级基地培育点	马克思主义	教育	其他	7	5	2	5	2	0	2	50	10	0
沙特研究中心	13	2017/9/29	非学校上级主管部门	独立设置研究所	其他重点研究基地	国际问题研究	教育	单位自办	6	5	1	4	2	0	0	50	6	0
社会计算与舆情分析研究中心	14	2012/4/13	学校上级主管部门	独立设置研究所	省级基地培育点	图书馆、情报与文献学	群众团体、社会团体和其他成员组织	单位自办	8	5	3	5	3	0	2	50	6	0
南京航空航天大学	008	/	/	/	/	/	/	/	161	93	54	75	34	0	127	2 184	633	0
国际战略与安全研究中心	2	2013/6/28	非学校上级主管部门	独立设置研究所	省级重点研究基地	国际问题研究	国家机构	单位自办	14	12	2	9	1	0	19	25	21	0
国家文化产业研究中心	3	2006/12/7	非学校上级主管部门	独立设置研究所	中央其他部委重点研究基地	艺术学	社会工作	与国内独立研究机构合办	24	14	10	6	7	0	1	300	75	0
江苏省非物质文化遗产研究基地	4	2014/6/25	非学校上级主管部门	独立设置研究所	省级重点研究基地	艺术学	文化艺术业	单位自办	24	14	10	6	7	0	1	300	75	0
江苏省后评价研究中心	5	2005/9/6	非学校上级主管部门	独立设置研究所	省级重点研究基地	管理学	社会工作	其他	15	3	6	6	0	0	19	196	85	0
江苏省军民融合产业发展研究中心	6	2016/4/25	非学校上级主管部门	独立设置研究所	省级重点研究基地	经济学	科技推广和应用服务业	单位自办	18	17	1	14	4	0	25	330	39	0
江苏省人力资源发展研究基地	7	2017/7/7	非学校上级主管部门	独立设置研究所	省级重点研究基地	管理学	科技推广和应用服务业	单位自办	16	5	11	8	4	0	15	45	53	0
江苏省中国特色社会主义理论体系研究基地	8	2015/4/2	非学校上级主管部门	独立设置研究所	省级重点研究基地	马克思主义	国家机构	单位自办	16	10	6	10	6	0	8	80	48	0
科学发展研究中心	9	2010/8/5	非学校上级主管部门	独立设置研究所	省级重点研究基地	管理学	科技推广和应用服务业	单位自办	21	5	8	8	0	0	24	760	161	0
能源软科学研究中心	10	2010/8/5	非学校上级主管部门	独立设置研究所	省级重点研究基地	管理学	科技推广和应用服务业	单位自办	13	13	0	8	5	0	15	148	76	0

续表

机构名称	编号	成立时间	批准部门	组成方式	机构类型	学科分类	服务的国民经济行业	组成类型	R&D活动人员(人) 合计	其中：博士毕业	硕士毕业	高级职称	中级职称	初级职称	培养研究生数(人)	R&D经费支出(千元)	仪器设备原价(千元)	其中：进口(千元)
		L01	L02	L03	L04	L05	L06	L07	L08	L09	L10	L11	L12	L13	L14	L15	L16	L17
南京森林警察学院	009	/	/	/	/	/	/	/	4	1	1	1	3	0	0	48.78	216.03	0
国家林业局职业教育研究中心	1	1984/3/1	学校上级主管部门	独立设置研究所	职业教育研究机构	教育学	社会工作	政府部门办	4	1	1	1	3	0	0	48.78	216.03	0
苏州大学	010	/	/	/	/	/	/	/	246	142	74	233	13	0	146	4 820.7	1 348.7	0
东吴智库	1	2015/6/18	学校上级主管部门	跨系所	省级智库,省级重点研究基地	经济学	教育	单位自办	20	16	4	20	0	0	16	560	130	0
公法研究中心	2	2009/10/27	学校上级主管部门	独立设置研究所	省级重点研究基地	法学	教育	单位自办	32	19	13	26	6	0	12	450	50	0
国家体育总局机能评定与体能训练重点实验室	3	2008/8/25	非学校上级主管部门	独立设置研究所	中央其他部委重点实验室	体育科学	体育	单位自办	15	5	10	13	2	0	6	300	250	0
国家体育总局体育社会科学重点研究基地	4	2001/5/18	非学校上级主管部门	独立设置研究所	中央其他部委重点研究基地	体育科学	体育	单位自办	17	6	11	15	2	0	3	300	150	0
江苏省吴文化研究基地	5	1996/12/5	非学校上级主管部门	独立设置研究所	省级重点研究基地	历史学	文化艺术业	单位自办	16	10	5	16	0	0	18	70	100	0
江苏省新型城镇化与社会治理协同创新中心	6	2014/3/20	学校上级主管部门	与校外合办所	省级2011协同创新中心	政治学	教育	与国内高校合办	38	25	13	38	0	0	22	656.1	125	0
老挝—大湄公河次区域国家研究中心	7	2013/6/28	学校上级主管部门	独立设置研究所	校级重点研究基地	国际问题研究	教育	单位自办	21	2	4	21	0	0	13	354.6	45.7	0
社会公共文明研究所	8	2009/6/8	学校自建	与校外合办所	校级重点研究基地	社会学	社会工作	政府部门办	9	6	3	8	1	0	2	60	20	0
苏南发展研究院	9	1997/4/7	学校自建	跨系所	其他重点研究基地	社会学	教育	单位自办	20	15	4	20	0	0	10	500	178	0
苏州基层党建研究所	10	2007/6/26	学校上级主管部门	与校外合办所	省级重点研究基地	马克思主义	社会工作	政府部门办	15	12	1	15	0	0	8	490	50	0
新媒介与青年文化研究中心	11	2012/1/10	学校自建	跨系所	校级重点研究基地	新闻学与传播学	文化艺术业	单位自办	15	11	4	13	2	0	11	80	20	0
中国特色城镇化研究中心	12	2003/4/28	学校上级主管部门	跨系所	教育部重点研究基地	管理学	教育	单位自办	28	15	2	28	0	0	25	1 000	230	0
江苏科技大学	011	/	/	/	/	/	/	/	15	9	6	10	5	0	25	100	10	0
服务制造模式与信息化研究中心	1	2015/5/1	学校上级主管部门	独立设置研究所	省级重点研究基地	管理学	铁路、船舶、航空航天和其他运输设备制造业	与国内独立研究机构合办	15	9	6	10	5	0	25	100	10	0
南京工业大学	012	/	/	/	/	/	/	/	11	5	6	6	5	0	3	200	16	0
江苏产业科技创新研究中心	1	2017/3/5	学校上级主管部门	与校外合办所	省级重点研究基地	管理学	科技推广和应用服务业	与国内独立研究机构合办	11	5	6	6	5	0	3	200	16	0

续表

常州大学	013	/	/	/	/	/	/	/	100	56	44	58	42	0	0	1 140	610	0
常州社科院历史文化研究所	1	2013/4/10	学校自建	与校外合办所	校级重点研究基地	历史学	教育	与国内独立研究机构合办	6	4	2	2	4	0	0	100	20	0
常州现代服务业研究院	2	2014/9/23	非学校上级主管部门	与校外合办所	校级重点研究基地	管理学	商务服务业	单位自办	6	4	2	5	1	0	0	200	30	0
城乡文明研究所	3	2014/6/5	学校自建	独立设置研究所	校级重点研究基地	马克思主义	国家机构	单位自办	4	1	3	3	1	0	0	20	20	0
国家与江苏石油石化发展战略研究基地	4	2013/3/19	学校上级主管部门	与校外合办所	省级重点研究基地	管理学	石油加工、炼焦和核燃料加工业	政府部门办	10	6	4	6	4	0	0	100	50	0
江苏省非物质文化遗产研究基地	5	2014/10/20	学校上级主管部门	跨系所	省级重点研究基地	艺术学	国家机构	政府部门办	10	5	5	6	4	0	0	100	50	0
江苏中国特色社会主义理论研究基地	6	2015/5/6	学校上级主管部门	跨系所	省级重点研究基地	马克思主义	中国共产党机关	政府部门办	10	6	4	7	3	0	0	100	50	0
旅游产业战略研究所	7	2014/1/7	学校自建	跨系所	校级重点研究基地	管理学	商务服务业	单位自办	4	2	2	2	2	0	0	20	20	0
马克思主义研究院	8	2014/4/24	学校自建	独立设置研究所	校级重点研究基地	马克思主义	中国共产党机关	单位自办	10	4	6	6	4	0	0	200	200	0
人力资源管理研究中心	9	2014/2/1	学校自建	与校外合办所	校级重点研究基地	管理学	教育	单位自办	6	4	2	3	3	0	0	20	20	0
书画艺术研究院	10	2014/8/6	学校自建	独立设置研究所	校级重点研究基地	艺术学	文化艺术业	单位自办	4	2	2	2	2	0	0	20	20	0
苏台经贸合作和科技创新研究中心	11	2015/5/18	学校上级主管部门	与校外合办所	省级重点研究基地	管理学	商务服务业	单位自办	10	6	4	5	5	0	0	100	50	0
体育健康教育研究所	12	2011/10/17	学校自建	独立设置研究所	校级重点研究基地	体育科学	体育	单位自办	4	2	2	2	2	0	0	20	20	0
应用语言学研究所	13	2014/1/7	学校自建	独立设置研究所	校级重点研究基地	语言学	教育	单位自办	5	3	2	3	2	0	0	20	20	0
语言应用研究基地	14	2015/10/19	非学校上级主管部门	与校外合办所	省级重点研究基地	语言学	教育	与国内独立研究机构合办	7	5	2	4	3	0	0	100	20	0
中国财经文学研究中心	15	2013/6/5	学校自建	独立设置研究所	校级重点研究基地	中国文学	文化艺术业	单位自办	4	2	2	2	2	0	0	20	20	0
南京邮电大学	014	/	/	/	/	/	/	/	58	33	25	29	29	0	0	544	117	0
大数据与人口流动研究	1	2015/6/15	学校上级主管部门	跨系所	其他	社会学	社会工作	单位自办	8	4	4	4	4	0	0	100	32	0
江苏农业信息化研究基地	2	2011/11/15	非学校上级主管部门	跨系所	省级重点研究基地	经济学	农业	单位自办	14	6	8	5	9	0	0	113	21	0
江苏省统计科学研究基地	3	2010/6/7	非学校上级主管部门	跨系所	省级重点研究基地	统计学	软件和信息技术服务业	单位自办	8	5	3	6	2	0	0	91	13	0
江苏省物联网产业发展研究基地	4	2010/8/5	学校上级主管部门	跨系所	省级重点研究基地	管理学	互联网和相关服务	单位自办	15	11	4	8	7	0	0	130	40	0

续表

机构名称	编号	成立时间	批准部门	组成方式	机构类型	学科分类	服务的国民经济行业	组成类型	R&D活动人员(人) 合计	其中 博士毕业	硕士毕业	高级职称	中级职称	初级职称	培养研究生数(人)	R&D经费支出(千元)	仪器设备原价(千元)	其中:进口(千元)
		L01	L02	L03	L04	L05	L06	L07	L08	L09	L10	L11	L12	L13	L14	L15	L16	L17
江苏现代信息服务业研究基地	5	2011/12/22	非学校上级主管部门	跨系所	省级重点研究基地	管理学	软件和信息技术服务业	单位自办	13	7	6	6	7	0	0	110	11	0
南京林业大学	015	/	/	/	/	/	/	/	31	9	17	21	10	0	0	586.8	1 200.2	281.8
江苏环境与发展研究中心	1	2009/12/15	学校上级主管部门	独立设置研究所	省级重点研究基地	哲学	生态保护和环境治理业	政府部门办	10	4	5	7	3	0	0	334.7	854.2	246
生态经济研究中心	2	2010/10/28	学校上级主管部门	独立设置研究所	省级重点研究基地	经济学	生态保护和环境治理业	政府部门办	21	5	12	14	7	0	0	252.1	346	35.8
江苏大学	016	/	/	/	/	/	/	/	25	16	9	16	0	0	16	845	290	0
高等教育研究所	1	1983/8/1	学校自建	独立设置研究所	研究所	教育学	教育	单位自办	2	1	1	1	0	0	1	40	10	0
江苏省统计应用研究基地	2	2012/1/11	非学校上级主管部门	与校外合办所	省级重点研究基地	统计学	教育	与国内独立研究机构合办	3	3	0	3	0	0	3	100	10	0
江苏省知识产权研究中心	3	2008/9/27	非学校上级主管部门	独立设置研究所	省级重点研究基地	管理学	专业技术服务业	单位自办	4	2	2	2	0	0	2	80	20	0
江苏省中小企业发展研究基地	4	2008/10/3	非学校上级主管部门	跨系所	省级重点研究基地	管理学	专业技术服务业	政府部门办	4	2	2	2	0	0	2	90	10	0
能源发展与环境保护战略研究中心	5	2009/11/11	学校上级主管部门	独立设置研究所	省级重点研究基地	经济学	专业技术服务业	政府部门办	4	4	0	4	0	0	4	280	100	0
现代农业经济研究所	6	2004/5/20	非学校上级主管部门	跨系所	研究所	经济学	农业	单位自办	4	2	2	2	0	0	2	80	10	0
中小企业研究中心	7	2002/9/1	学校自建	跨系所	研究所	管理学	专业技术服务业	单位自办	4	2	2	2	0	0	2	175	130	0
南京信息工程大学	017	/	/	/	/	/	/	/	226	162	52	161	63	2	39	3 102.9	1 422.2	0
国家体育总局体育文化研究基地	1	2013/11/3	非学校上级主管部门	独立设置研究所	省级重点研究基地	体育科学	体育	单位自办	6	2	2	3	3	0	0	138.8	68.1	0
江北新区发展研究院	2	2017/8/29	学校自建	与校外合办所	其他智库	管理学	国家机构	其他	32	25	4	21	9	2	0	660	365	0
江苏人才强省建设研究基地	3	2011/10/22	非学校上级主管部门	与校外合办所	省级重点研究基地	管理学	国家机构	其他	16	10	6	7	9	0	0	150.6	60.3	0
江苏省中国特色社会主义理论体系研究基地	4	2015/4/2	非学校上级主管部门	跨系所	省级重点研究基地	马克思主义	中国共产党机关	单位自办	13	12	1	11	2	0	4	522.5	50.6	0
欧美再工业化战略研究中心	5	2013/7/2	学校上级主管部门	独立设置研究所	省级重点研究基地	管理学	其他制造业	单位自办	14	12	2	8	6	0	0	135.2	58.2	0
气候变化与公共政策研究院	6	2007/3/6	学校上级主管部门	跨系所	省级重点研究基地	政治学	国家机构	单位自办	18	11	4	16	2	0	15	180.6	52.4	0

续表

气候与环境治理研究院	7	2016/7/8	非学校上级主管部门	跨系所	省级智库	管理学	国家机构	单位自办	44	40	0	39	5	0	0	380.1	133.5	0
清华大学技术创新研究中心分中心	8	2008/5/15	非学校上级主管部门	与校外合办所	其他重点研究基地	管理学	专业技术服务业	与国内高校合办	11	8	3	9	2	0	5	100.4	41.1	0
文化遗产科学认知与保护研究基地	9	2017/7/7	学校上级主管部门	与校外合办所	省级重点研究基地	历史学	文化艺术业	与国内独立研究机构合办	21	14	7	12	9	0	0	202	115	0
中国科协科技人力资源研究基地	10	2007/6/3	非学校上级主管部门	与校外合办所	中央其他部委重点研究基地	管理学	科技推广和应用服务业	与国内独立研究机构合办	19	9	10	12	7	0	0	130.5	82.4	0
中国制造业发展研究院	11	2006/5/18	学校上级主管部门	独立设置研究所	省级重点研究基地	经济学	其他制造业	单位自办	32	19	13	23	9	0	15	502.2	395.6	0
南通大学	018	/	/	/	/	/	/	/	77	47	24	55	13	9	46	3 712	1 728.98	50
楚辞研究中心	1	2007/4/12	学校上级主管部门	独立设置研究所	省高校哲学社会科学重点研究基地	中国文学	文化艺术业	单位自办	11	7	2	8	2	1	6	486.2	237.4	0
江苏长江经济带研究院	2	2016/4/20	非学校上级主管部门	与校外合办所	省级智库	管理学	国家机构	与国内独立研究机构合办	9	7	2	4	3	2	7	423.6	352.78	0
江苏省中国特色社会主义理论体系研究基地南通大学研究中心	3	2015/4/10	非学校上级主管部门	跨系所	省级研究基地	马克思主义	中国共产党机关	其他	20	13	7	18	1	1	6	130	36.8	0
江苏先进典型研究中心	4	2011/4/18	学校上级主管部门	与校外合办所	省高校人文社会科学校外研究基地	马克思主义	教育	单位自办	8	5	2	6	1	1	5	481	56.3	0
江苏沿海沿江发展研究中心	5	2009/10/12	学校上级主管部门	与校外合办所	省级重点研究基地	经济学	国家机构	与国内独立研究机构合办	6	4	2	4	1	1	6	453	125.4	0
蓝印花布艺术研究所	6	2016/1/20	学校自建	独立设置研究所	研究所	艺术学	纺织服装、服饰业	单位自办	6	4	2	2	2	2	5	850	563	50
南通廉政文化研究所	7	2007/4/11	学校自建	与校外合办所	省高校哲学社会科学重点研究基地	政治学	中国共产党机关	其他	11	3	5	8	2	1	5	650.2	185	0
张謇研究所	8	2004/10/20	学校自建	独立设置研究所	研究所	历史学	社会工作	单位自办	6	4	2	5	1	0	6	238	172.3	0
南京医科大学	019	/	/	/	/	/	/	/	54	30	21	51	3	0	5	600	10	0
健康江苏建设与发展研究院	1	2016/6/30	非学校上级主管部门	与校外合办所	省级智库	管理学	卫生	与国内高校合办	54	30	21	51	3	0	5	600	10	0
南京中医药大学	020	/	/	/	/	/	/	/	20	20	0	17	3	0	14	270	0	0
中医文化研究中心	1	1994/6/1	学校上级主管部门	独立设置研究所	省级重点研究基地	民族学与文化学	教育	单位自办	20	20	0	17	3	0	14	270	0	0

续表

机构名称	编号	成立时间	批准部门	组成方式	机构类型	学科分类	服务的国民经济行业	组成类型	R&D活动人员(人) 合计	其中 博士毕业	其中 硕士毕业	其中 高级职称	其中 中级职称	其中 初级职称	培养研究生数(人)	R&D经费支出(千元)	仪器设备原价(千元)	其中：进口(千元)
		L01	L02	L03	L04	L05	L06	L07	L08	L09	L10	L11	L12	L13	L14	L15	L16	L17
南京师范大学	021	/	/	/	/	/	/	/	712	514	38	521	190	0	0	3 770.87	6 251.05	73
道德教育研究所	1	2000/1/1	学校上级主管部门	独立设置研究所	教育部重点研究基地	教育学	教育	政府部门办	10	9	1	8	2	0	0	10	4 233	0
东亚国际问题研究中心	2	2013/6/1	学校上级主管部门	独立设置研究所	省级重点研究基地	政治学	教育	政府部门办	10	9	0	8	2	0	0	55	1.5	0
符号认知研究所	3	2013/7/1	学校上级主管部门	独立设置研究所	省级重点研究基地	外国文学	教育	政府部门办	10	10	0	7	3	0	0	50	20	20
高等教育研究所	4	2013/12/1	学校自建	独立设置研究所	校级重点研究基地	教育学	教育	单位自办	7	7	0	7	0	0	0	0.5	1.5	0
国家体育总局体育社科研究中心	5	2003/9/1	非学校上级主管部门	独立设置研究所	省级重点研究基地	体育科学	教育	政府部门办	18	7	5	12	6	0	0	600	11.8	0
国家体育总局体育文化研究中心	6	2007/9/1	非学校上级主管部门	独立设置研究所	省级重点研究基地	体育科学	教育	政府部门办	14	7	5	10	4	0	0	280	1.5	0
江苏城乡一体研究基地	7	2011/11/1	非学校上级主管部门	独立设置研究所	省级重点研究基地	社会学	社会保障	单位自办	7	5	0	7	0	0	0	50	1.5	0
江苏当代作家研究基地	8	2013/10/31	学校上级主管部门	独立设置研究所	省级重点研究基地	中国文学	教育	政府部门办	15	12	0	11	4	0	0	300	100	0
江苏法治发展研究院	9	2008/1/1	学校上级主管部门	独立设置研究所	省级重点研究基地	法学	国家机构	政府部门办	69	62	0	48	21	0	0	370	227.45	0
江苏国际法治动态研究中心	10	2015/3/26	非学校上级主管部门	独立设置研究所	省级重点研究基地	语言学	教育	政府部门办	8	5	0	8	0	0	0	5	1.7	0
江苏省创新经济研究基地	11	2008/6/30	学校上级主管部门	独立设置研究所	省级重点研究基地	经济学	教育	政府部门办	18	6	0	12	6	0	0	50	7	4
江苏省非物质文化遗产研究基地	12	2014/6/24	非学校上级主管部门	跨系所	省级重点研究基地	社会学	教育	政府部门办	19	14	0	12	7	0	0	8.22	1.8	0
江苏省老年学研究基地	13	2006/9/1	非学校上级主管部门	跨系所	省级重点研究基地	社会学	社会保障	其他	35	8	0	22	13	0	0	120	120	18
江苏省民营经济研究基地	14	2011/6/30	非学校上级主管部门	独立设置研究所	省级重点研究基地	经济学	教育	其他	23	4	0	20	3	0	0	0.5	4.5	1
江苏省学生体质健康促进研究中心	15	2011/1/1	学校上级主管部门	独立设置研究所	省级重点研究基地	体育科学	教育	政府部门办	17	14	0	10	7	0	0	100	1.5	0
江苏文学翻译与研究中心	16	2013/11/1	非学校上级主管部门	独立设置研究所	省级重点研究基地	外国文学	教育	政府部门办	4	3	0	4	0	0	0	50	1.5	0
江苏艺术强省建设研究基地	17	2013/1/1	非学校上级主管部门	独立设置研究所	省级重点研究基地	艺术学	文化艺术业	其他	35	15	10	22	13	0	0	50	2	0

续表

教育社会学研究中心	18	2009/6/30	学校上级主管部门	独立设置研究所	省级重点研究基地	教育学	教育	政府部门办	17	16	0	15	2	0	0	2	60	0
教育信息工程研究所	19	2012/3/1	学校自建	独立设置研究所	校级重点研究基地	教育学	教育	单位自办	16	14	0	12	4	0	0	960	630	0
金陵妇女发展研究中心	20	2006/6/1	非学校上级主管部门	独立设置研究所	省级重点研究基地	社会学	社会保障	其他	45	24	0	30	15	0	0	50	40	20
联合国教科文组织国际农村教育研究与培训中心南京基地	21	1999/1/1	非学校上级主管部门	独立设置研究所	省级重点研究基地	教育学	教育	与境外机构合办	5	4	0	5	0	0	0	100	140	0
马克思主义研究院	22	2009/6/30	学校上级主管部门	独立设置研究所	省级重点研究基地	马克思主义	教育	政府部门办	25	20	0	19	6	0	0	16	190	10
全国大学生职业发展教育研发基地	23	2015/7/30	非学校上级主管部门	独立设置研究所	省级重点研究基地	教育学	教育	政府部门办	2	1	0	1	0	0	0	0.7	1.3	0
全国民政政策理论研究基地	24	2016/11/29	学校上级主管部门	独立设置研究所	省级重点研究基地	政治学	教育	政府部门办	15	10	0	12	3	0	0	50	1.6	0
社会主义意识形态研究中心	25	2015/4/1	非学校上级主管部门	独立设置研究所	省级重点研究基地	马克思主义	教育	政府部门办	22	19	3	15	7	0	0	50	1.6	0
司法现代化研究中心	26	2012/3/31	学校上级主管部门	与校外合办所	省级重点研究基地	法学	教育	其他	22	17	0	18	4	0	0	300	428.6	0
语言信息科技研究中心	27	2010/8/1	学校上级主管部门	跨系所	省级重点研究基地	语言学	教育	单位自办	50	45	0	38	12	0	0	50	1.5	0
智慧教育研究院	28	2017/7/7	学校上级主管部门	与校外合办所	省级重点研究基地	教育学	教育	政府部门办	16	9	0	11	5	0	0	3.15	1.8	0
中国法治现代化研究院	29	2015/11/10	非学校上级主管部门	与校外合办所	省级重点研究基地	法学	教育	与国内高校合办	138	120	12	99	39	0	0	85	15	0
中小学课程与教学研究基地	30	2015/1/30	学校上级主管部门	独立设置研究所	省级重点研究基地	教育学	教育	政府部门办	20	18	2	18	2	0	0	4.8	1.4	0
江苏师范大学	022	/	/	/	/	/	/	/	575	472	92	456	108	4	364	12 210	18 413	3 312
“一带一路”研究院	1	2016/7/4	非学校上级主管部门	与校外合办所	省级智库	经济学	科技推广和应用服务业	政府部门办	32	29	3	30	2	0	16	500	120	0
澳大利亚研究中心	2	2013/6/18	学校上级主管部门	独立设置研究所	省级重点研究基地	国际问题研究	国家机构	政府部门办	17	15	2	14	3	0	10	280	150	50
巴基斯坦研究中心	3	2017/6/13	学校上级主管部门	独立设置研究所	其他重点研究基地	国际问题研究	国家机构	单位自办	10	8	2	8	2	0	5	200	90	0
独联体国家研究中心	4	2017/6/13	学校上级主管部门	独立设置研究所	其他重点研究基地	国际问题研究	国家机构	单位自办	20	18	2	16	0	4	15	10	100	0
古籍整理研究所	5	1998/2/1	学校自建	跨系所	校级重点研究基地	中国文学	教育	单位自办	8	7	1	7	1	0	4	10	20	0
国家体育总局体育文化发展中心体育文化研究基地	6	2011/11/1	非学校上级主管部门	与校外合办所	其他重点研究基地	体育科学	教育	政府部门办	15	9	6	10	5	0	10	200	100	0

续表

机构名称	编号	成立时间	批准部门	组成方式	机构类型	学科分类	服务的国民经济行业	组成类型	R&D活动人员(人) 合计	其中 博士毕业	硕士毕业	高级职称	中级职称	初级职称	培养研究生数(人)	R&D经费支出(千元)	仪器设备原价(千元)	其中:进口(千元)
		L01	L02	L03	L04	L05	L06	L07	L08	L09	L10	L11	L12	L13	L14	L15	L16	L17
国务院侨务办公室侨务理论研究江苏基地	7	2013/1/18	非学校上级主管部门	与校外合办所	中央其他部委重点研究基地	历史学	教育	政府部门办	17	15	2	14	3	0	10	280	150	50
汉文化研究院	8	2008/12/12	学校上级主管部门	独立设置研究所	省级重点研究基地	艺术学	教育	政府部门办	20	15	5	16	4	0	12	500	2 000	0
淮海发展研究院	9	1998/7/1	非学校上级主管部门	独立设置研究所	省级重点研究基地	经济学	科技推广和应用服务业	政府部门办	18	15	3	16	2	0	11	900	91	0
基础教育研究中心	10	2008/12/12	学校自建	跨系所	校级重点研究基地	教育学	教育	单位自办	7	6	1	5	0	0	4	10	20	0
江苏省决策咨询研究基地江苏区域协调发展研究基地	11	2011/11/1	非学校上级主管部门	独立设置研究所	省级重点研究基地	经济学	科技推广和应用服务业	政府部门办	12	9	3	8	4	0	5	110	510	0
江苏省中国特色社会主义理论体系研究基地	12	2015/4/2	非学校上级主管部门	独立设置研究所	省级重点研究基地	马克思主义	教育	政府部门办	20	17	3	16	4	0	5	100	100	0
留学生与近代中国研究中心	13	2008/12/12	学校自建	跨系所	校级重点研究基地	政治学	教育	单位自办	8	7	1	7	1	0	3	10	20	0
伦理学与德育研究中心	14	2008/12/12	学校自建	独立设置研究所	校级重点研究基地	哲学	教育	单位自办	10	9	1	9	1	0	5	10	20	0
欧美同学会留学报国研究基地	15	2016/11/22	非学校上级主管部门	与校外合办所	其他重点研究基地	历史学	教育	与国内独立研究机构合办	16	14	2	12	4	0	8	50	50	0
苏北农村治理创新研究基地	16	2009/3/18	学校上级主管部门	与校外合办所	省级重点研究基地	社会学	社会保障	政府部门办	20	18	2	15	5	0	10	100	500	0
苏北三农研究中心	17	2008/12/12	学校自建	独立设置研究所	校级重点研究基地	经济学	科技推广和应用服务业	单位自办	8	6	2	6	2	0	5	10	20	0
苏台合作与发展研究中心	18	2017/10/18	非学校上级主管部门	与校外合办所	其他智库	管理学	社会工作	政府部门办	20	15	5	13	2	0	10	300	200	0
特色镇村建设与土地管理研究基地	19	2017/7/7	学校上级主管部门	与校外合办所	省级重点研究基地	经济学	生态保护和环境治理业	政府部门办	15	12	3	10	5	0	16	400	200	0
语言能力高等研究院	20	2017/6/27	非学校上级主管部门	与校外合办所	省级智库	中国文学	教育	与国内独立研究机构合办	46	46	0	44	2	0	16	100	2 000	0
语言能力协同创新中心	21	2014/3/14	学校上级主管部门	与校外合办所	省级2011协同创新中心	语言学	文化艺术业	与国内高校合办	138	110	24	110	28	0	115	7 200	8 410	2 200
语言研究所	22	1997/3/30	学校上级主管部门	独立设置研究所	省级重点研究基地	语言学	社会工作	政府部门办	36	23	10	19	17	0	35	300	3 000	900
智慧教育研究中心	23	2015/1/30	学校上级主管部门	独立设置研究所	省级重点研究基地	教育学	教育	政府部门办	21	12	5	17	4	0	24	230	242	112

续表

中共中央编译局发展理论研究中心	24	2011/7/1	非学校上级主管部门	与校外合办所	中央其他部委重点研究基地	马克思主义	教育	政府部门办	12	12	0	9	3	0	5	100	110	0
中国—巴基斯坦教育文化研究中心	25	2013/6/18	学校上级主管部门	独立设置研究所	省级重点研究基地	国际问题研究	国家机构	政府部门办	10	8	2	8	2	0	5	100	90	0
中华家文化研究基地	26	2017/6/27	非学校上级主管部门	与校外合办所	省级重点研究基地	哲学	社会工作	政府部门办	19	17	2	17	2	0	0	200	100	0
淮阴师范学院	023	/	/	/	/	/	/	/	85	45	18	57	22	0	23	1300	651	40
淮安市创意设计产业科技公共服务平台	1	2015/3/20	学校上级主管部门	跨系所	其他智库,淮安市政府立项建设	经济学	文化艺术业	单位自办	13	6	4	6	6	0	0	320	241	40
欧美国家边界争端与化解研究中心	2	2013/10/9	学校上级主管部门	独立设置研究所	其他重点研究基地	历史学	教育	政府部门办	5	4	0	4	0	0	0	240	100	0
社会风险评估与治理法治化研究基地	3	2017/7/7	学校上级主管部门	跨系所	省级重点研究基地	法学	社会工作	政府部门办	15	9	3	13	2	0	0	20	15	0
文化创意产业研究中心	4	2015/1/15	学校上级主管部门	跨系所	省级重点研究基地	中国文学	文化艺术业	政府部门办	29	13	6	23	6	0	23	300	75	0
周恩来精神与青少年教育研究中心	5	2010/10/22	学校上级主管部门	独立设置研究所	省级重点研究基地	教育学	教育	政府部门办	23	13	5	11	8	0	0	420	220	0
盐城师范学院	024	/	/	/	/	/	/	/	37	19	18	17	11	9	0	1 320	1 290	0
江苏沿海发展研究基地	1	2011/12/9	非学校上级主管部门	独立设置研究所	省级重点研究基地	经济学	教育	政府部门办	12	6	6	5	4	3	0	350	390	0
江苏沿海开发研究基地	2	2009/3/1	非学校上级主管部门	独立设置研究所	省级重点研究基地	经济学	教育	政府部门办	10	5	5	5	3	2	0	690	420	0
沿海发展智库	3	2016/12/10	非学校上级主管部门	独立设置研究所	省级智库	经济学	教育	单位自办	15	8	7	7	4	4	0	280	480	0
南京财经大学	025	/	/	/	/	/	/	/	49	38	11	34	13	0	43	601	135	0
博弈行为与智能供应链管理研究中心	1	2016/8/1	学校自建	独立设置研究所	校属独立研究机构	管理学	教育	单位自办	4	4	0	1	1	0	0	0	0	0
江苏产业发展研究院	2	2001/1/15	学校上级主管部门	独立设置研究所	省级重点研究基地	经济学	社会工作	单位自办	7	3	4	6	1	0	0	110	50	0
江苏创新发展研究院	3	2017/11/1	学校自建	独立设置研究所	校属独立研究机构	经济学	教育	单位自办	7	3	4	6	1	0	10	50	10	0
江苏现代服务业研究院	4	2012/1/1	非学校上级主管部门	与校外合办所	省级重点研究基地	经济学	其他服务业	其他	2	1	1	2	0	0	2	141	25	0
粮食经济研究院	5	2009/1/2	学校上级主管部门	独立设置研究所	校属独立研究机构	政治学	教育	政府部门办	29	27	2	19	10	0	31	300	50	0
南京艺术学院	026	/	/	/	/	/	/	/	63	32	23	36	24	2	39	2 972.5	121.51	23
江苏省文化创意与综合设计重点实验室	1	2014/9/1	学校上级主管部门	独立设置研究所	省级重点实验室	艺术学	文化艺术业	单位自办	15	1	6	3	10	1	6	6.8	21.32	0

续表

机构名称		成立时间	批准部门	组成方式	机构类型	学科分类	服务的国民经济行业	组成类型	R&D活动人员(人)						培养研究生数(人)	R&D经费支出(千元)	仪器设备原价(千元)	其中：进口(千元)
									合计	其中								
										博士毕业	硕士毕业	高级职称	中级职称	初级职称				
	编号	L01	L02	L03	L04	L05	L06	L07	L08	L09	L10	L11	L12	L13	L14	L15	L16	L17
江苏文艺产业决策咨询研究基地	2	2015/4/15	非学校上级主管部门	独立设置研究所	省级重点研究基地	艺术学	文化艺术业	单位自办	5	4	1	3	2	0	4	25	12	0
文化创意协同创新中心	3	2011/9/15	学校上级主管部门	与校外合办所	省级2011协同创新中心	艺术学	文化艺术业	与国内高校合办	20	12	8	15	5	0	12	1 242.46	5.77	0
艺术学研究所	4	2004/10/19	学校自建	独立设置研究所	研究所	艺术学	文化艺术业	单位自办	12	9	3	9	2	1	15	55	16	3
音乐学研究所	5	2002/7/1	学校自建	独立设置研究所	研究中心	艺术学	文化艺术业	单位自办	3	2	1	2	1	0	2	40	6.5	0
紫金文创研究院	6	2015/11/10	学校上级主管部门	跨系所	省级智库	艺术学	文化艺术业	单位自办	8	4	4	4	4	0	0	1 603.24	59.92	20
苏州科技大学	027	/	/	/	/	/	/	/	155	67	65	101	48	6	197	994	452.7	50
苏南地方音乐文化艺术研究所	1	2008/1/18	学校自建	与校外合办所	校级重点研究基地	艺术学	教育	单位自办	14	4	4	13	1	0	30	30	5	0
苏州城乡一体化改革发展研究院	2	2012/1/17	学校上级主管部门	与校外合办所	省级重点研究基地	管理学	生态保护和环境治理业	政府部门办	60	22	35	35	25	0	70	300	200	50
苏州国家历史文化名城保护研究院	3	2014/3/26	学校上级主管部门	与校外合办所	校级重点研究基地	管理学	生态保护和环境治理业	政府部门办	49	21	14	28	15	6	42	304	212.7	0
苏州与国内外先进地区创新竞争力比较研究中心	4	2016/5/19	学校上级主管部门	与校外合办所	校级重点研究基地	政治学	商务服务业	政府部门办	21	14	7	16	5	0	0	150	20	0
亚太国家现代化与国际问题研究中心	5	2013/6/3	学校上级主管部门	与校外合办所	省级重点研究基地	历史学	国际组织	政府部门办	11	6	5	9	2	0	55	210	15	0
常熟理工学院	028	/	/	/	/	/	/	/	90	46	36	79	11	0	15	400	250	0
“琴川清风”预防职务犯罪研究中心	1	2014/12/1	学校自建	与校外合办所	校级重点研究基地	社会学	国家机构	单位自办	6	3	2	5	1	0	0	10	20	0
苏南经济与社会发展研究基地	2	2012/9/2	学校自建	与校外合办所	校级重点研究基地	社会学	国家机构	单位自办	18	11	6	18	0	0	6	10	60	0
苏南区域文化建设研究中心	3	2009/7/1	学校自建	与校外合办所	校级重点研究基地	中国文学	文化艺术业	单位自办	16	5	5	15	1	0	4	60	10	0
苏州农业现代化研究中心	4	2017/7/7	学校上级主管部门	与校外合办所	省级重点研究基地	管理学	农业	政府部门办	15	8	7	12	3	0	0	20	10	0
苏州农业现代化中心	5	2013/7/4	非学校上级主管部门	与校外合办所	校级重点研究基地	管理学	农业	单位自办	11	7	4	10	1	0	2	150	80	0
现代民政研究中心	6	2015/4/30	学校自建	与校外合办所	校级重点研究基地	社会学	社会保障	单位自办	7	4	3	6	1	0	3	80	20	0
县域科技体制综合改革与发展研究中心	7	2015/11/30	学校自建	与校外合办所	校级重点研究基地	管理学	国家机构	单位自办	10	6	4	8	2	0	0	10	10	0
中国县域金融研究中心	8	2014/12/1	学校自建	与校外合办所	校级重点研究基地	经济学	其他金融业	单位自办	7	2	5	5	2	0	0	60	40	0

续表

淮阴工学院	029	/	/	/	/	/	/	/	44	20	19	23	2	0	15	1 532.45	89.65	0
苏北发展研究院	1	2015/2/3	非学校上级主管部门	与校外合办所	省级智库	经济学	教育	与国内独立研究机构合办	44	20	19	23	2	0	15	1 532.45	89.65	0
常州工学院	030	/	/	/	/	/	/	/	17	7	10	17	0	0	0	1000	116	0
常州市创新创业与改革发展研究中心	1	2016/3/29	非学校上级主管部门	与校外合办所	市级科技平台	经济学	专业技术服务业	政府部门办	10	4	6	10	0	0	0	150	8	0
江苏高校文化创意协同创新中心	2	2014/3/13	非学校上级主管部门	与校外合办所	省级 2011 协同创新中心	艺术学	文化艺术业	政府部门办	1	1	0	1	0	0	0	800	100	0
数据科学与经济发展研究中心	3	2016/10/26	非学校上级主管部门	独立设置研究所	市级科研平台	经济学	专业技术服务业	其他	6	2	4	6	0	0	0	50	8	0
扬州大学	031	/	/	/	/	/	/	/	182	119	46	170	9	1	205	1 028	244.8	0
"美声之林"声乐艺术中心	1	2016/9/15	学校自建	独立设置研究所	校研究机构	艺术学	文化艺术业	单位自办	7	0	7	3	1	1	12	100	0	0
当代中国民主政治研究中心	2	2014/3/28	学校自建	独立设置研究所	校级重点研究基地	马克思主义	教育	单位自办	12	10	2	12	0	0	32	100	0	0
淮扬文化研究中心	3	2010/8/5	学校上级主管部门	独立设置研究所	省级重点研究基地	历史学	教育	单位自办	15	2	4	15	0	0	26	50	80	0
江苏省学生心理健康运动干预研究中心	4	2016/4/6	学校上级主管部门	独立设置研究所	其他重点研究基地	体育科学	教育	单位自办	6	0	2	4	2	0	4	100	30	0
江苏苏中发展研究基地	5	2013/8/6	非学校上级主管部门	独立设置研究所	其他重点研究基地	管理学	国家机构	单位自办	3	3	0	3	0	0	0	12	6.8	0
马克思主义大众化研究与传播中心	6	2012/11/30	学校上级主管部门	跨系所	其他重点研究基地	马克思主义	教育	单位自办	16	12	4	16	0	0	32	100	28	0
儒家经典诠释与东亚传播研究中心	7	2014/3/28	学校自建	独立设置研究所	校级重点研究基地	中国文学	教育	单位自办	16	14	2	16	0	0	34	100	0	0
苏中发展研究院	8	1997/1/1	学校上级主管部门	独立设置研究所	其他重点研究基地	经济学	科技推广和应用服务业	政府部门办	5	5	0	5	0	0	0	90	30	0
中国大运河研究院	9	2017/5/12	学校上级主管部门	独立设置研究所	其他重点研究基地	管理学	生态保护和环境治理业	单位自办	18	8	6	18	0	0	0	100	30	0
中国法律文化与法治发展研究中心	10	2014/3/28	学校自建	独立设置研究所	校级重点研究基地	法学	教育	单位自办	15	13	2	14	1	0	8	100	0	0
中国近代史研究中心	11	1999/1/10	学校自建	独立设置研究所	校级重点研究基地	历史学	教育	单位自办	5	4	1	5	0	0	18	56	40	0
中国特色社会主义研究中心	12	2012/12/22	学校上级主管部门	跨系所	其他重点研究基地	马克思主义	教育	单位自办	50	40	10	45	5	0	15	20	0	0
中外语言文化比较研究中心	13	2014/3/28	学校自建	独立设置研究所	校级重点研究基地	语言学	教育	单位自办	14	8	6	14	0	0	24	100	0	0
南京审计大学	032	/	/	/	/	/	/	/	107	107	0	61	46	0	119	1 604	2 700	0
城市发展研究院	1	2016/12/1	学校自建	独立设置研究所	校级研究院	管理学	教育	单位自办	11	11	0	6	5	0	2	50	0	0

续表

机构名称	编号	成立时间	批准部门	组成方式	机构类型	学科分类	服务的国民经济行业	组成类型	R&D活动人员(人) 合计	其中 博士毕业	硕士毕业	高级职称	中级职称	初级职称	培养研究生数(人)	R&D经费支出(千元)	仪器设备原价(千元)	其中:进口(千元)
		L01	L02	L03	L04	L05	L06	L07	L08	L09	L10	L11	L12	L13	L14	L15	L16	L17
国家审计大数据研究中心	2	2015/9/1	学校自建	独立设置研究所	校级研究中心	管理学	教育	单位自办	6	6	0	2	4	0	5	43	2 450	0
国家治理与国家审计研究院	3	2016/9/30	学校自建	独立设置研究所	校级研究中心	管理学	教育	单位自办	15	15	0	10	5	0	0	286	0	0
江苏科技金融体系创新研究基地	4	2012/1/16	学校上级主管部门	独立设置研究所	省级重点研究基地	经济学	教育	政府部门办	10	10	0	7	3	0	11	234	100	0
金融风险管理研究中心	5	2010/11/1	学校上级主管部门	独立设置研究所	省级重点研究基地	经济学	教育	政府部门办	10	10	0	7	3	0	8	320	150	0
经济与金融研究院	6	2015/10/27	学校自建	独立设置研究所	校级研究中心	经济学	教育	单位自办	16	16	0	1	15	0	0	190	0	0
社会经济研究院	7	2016/9/30	学校自建	独立设置研究所	校级研究中心	经济学	教育	单位自办	9	9	0	7	2	0	8	5	0	0
审计科学研究院	8	2014/3/1	学校自建	独立设置研究所	校级研究中心	经济学	教育	单位自办	17	17	0	13	4	0	58	171	0	0
政治与经济研究院	9	2016/4/1	学校自建	独立设置研究所	校级研究院	管理学	教育	单位自办	10	10	0	6	4	0	22	5	0	0
中国审计情报中心	10	2014/9/1	学校自建	独立设置研究所	校级研究院	管理学	教育	单位自办	3	3	0	2	1	0	5	300	0	0
南京晓庄学院	033	/	/	/	/	/	/	/	6	3	3	4	2	0	0	6	30	0
陶行知研究所	1	2000/10/6	学校自建	独立设置研究所	其他	教育学	社会工作	单位自办	6	3	3	4	2	0	0	6	30	0
江苏理工学院	034	/	/	/	/	/	/	/	104	42	33	82	17	0	0	362	166.1	0
常州画派研究所	1	2009/3/27	学校自建	独立设置研究所	校级重点研究基地	艺术学	文化艺术业	单位自办	5	0	2	4	1	0	0	10	3.5	0
常州民营经济研究所	2	2006/6/2	学校自建	独立设置研究所	校级重点研究基地	经济学	商务服务业	单位自办	8	2	5	7	1	0	0	20	5.2	0
常州市名人研究院	3	2015/10/16	学校上级主管部门	独立设置研究所	校级重点研究基地	民族学与文化学	文化艺术业	单位自办	7	7	0	6	1	0	0	20	5	0
常州市青少年心理研究与指导中心	4	2015/3/2	学校自建	独立设置研究所	校级重点研究基地	教育学	教育	单位自办	8	5	0	5	3	0	0	20	4.6	0
传统文化艺术研究所	5	2006/4/6	学校自建	独立设置研究所	校级重点研究基地	艺术学	文化艺术业	单位自办	7	1	4	7	0	0	0	10	3.7	0
江苏省职业技术教育科学研究中心	6	1989/5/1	学校上级主管部门	独立设置研究所	其他	教育学	教育	政府部门办	16	4	7	6	5	0	0	182	110	0
江苏职业教育与终身教育研究基地	7	2011/11/1	学校上级主管部门	独立设置研究所	其他	教育学	教育	政府部门办	12	4	4	12	0	0	0	25	5.6	0

续表

农村职业教育研究所	8	2006/2/10	学校自建	独立设置研究所	校级重点研究基地	教育学	教育	单位自办	6	1	3	5	1	0	0	20	4.2	0
人力资源开发研究中心	9	2006/10/9	学校自建	独立设置研究所	校级重点研究基地	管理学	商务服务业	单位自办	6	4	1	5	1	0	0	5	3.6	0
心理教育研究所	10	2004/4/8	学校自建	独立设置研究所	校级重点研究基地	心理学	教育	单位自办	8	5	0	5	3	0	0	10	5.6	0
职业教育研究院	11	1989/5/11	学校自建	独立设置研究所	校级重点研究基地	教育学	教育	单位自办	11	5	4	11	0	0	0	20	4.6	0
职业教育与社会发展研究所	12	2006/10/20	学校自建	独立设置研究所	校级重点研究基地	教育学	教育	单位自办	5	4	1	5	0	0	0	10	4.2	0
职业心理研究所	13	2009/3/26	学校自建	独立设置研究所	校级重点研究基地	心理学	教育	其他	5	0	2	4	1	0	0	10	6.3	0
淮海工学院	035	/	/	/	/	/	/	/	116	52	62	72	44	0	0	635	167	0
中国社科院知识社会(连云港)研究基地	1	2016/12/8	非学校上级主管部门	独立设置研究所	中央其他部委重点研究基地	经济学	专业技术服务业	与国内独立研究机构合办	12	6	6	8	4	0	0	15	5	0
国家东中西合作示范区研究基地	2	2013/11/1	非学校上级主管部门	与校外合办所	其他重点研究基地	经济学	专业技术服务业	与国内独立研究机构合办	6	3	3	4	2	0	0	60	5	0
江苏海洋发展研究院	3	2016/11/4	非学校上级主管部门	与校外合办所	其他重点研究基地	经济学	专业技术服务业	与国内独立研究机构合办	14	6	8	10	4	0	0	20	4	0
江苏省"一带一路"法律服务研究中心	4	2015/11/20	非学校上级主管部门	与校外合办所	其他智库	法学	专业技术服务业	与国内独立研究机构合办	12	5	7	5	7	0	0	50	6	0
江苏省大学生村官研究所	5	2009/4/9	非学校上级主管部门	与校外合办所	其他智库,与江苏省选聘高校毕业生到村任职工作领导小组办公室共建研究基地	管理学	教育	其他	26	10	16	18	8	0	0	280	100	0
江苏省海洋经济研究中心	6	2009/11/15	学校上级主管部门	独立设置研究所	省级培育重点研究基地	经济学	专业技术服务业	单位自办	12	7	5	6	6	0	0	30	15	0
江苏省海洋文化产业研究院	7	2012/9/12	非学校上级主管部门	与校外合办所	该院经校批准,由江苏省文联与本校共建	艺术学	文化艺术业	其他	6	1	3	4	2	0	0	100	20	0
连云港市地方立法咨询研究基地	8	2016/7/10	非学校上级主管部门	独立设置研究所	地方立法咨询	法学	专业技术服务业	单位自办	10	4	6	4	6	0	0	60	10	0
中国社科院"一带一路"(连云港)研究基地	9	2016/12/8	非学校上级主管部门	独立设置研究所	中央其他部委重点研究基地	经济学	专业技术服务业	与国内独立研究机构合办	18	10	8	13	5	0	0	20	2	0
徐州工程学院	036	/	/	/	/	/	/	/	15	6	5	8	3	4	0	200	200	0
淮海地区非物质文化遗产研究中心(第二次获批)	1	2017/7/5	学校上级主管部门	跨系所	省级重点研究基地	民族学与文化学	文化艺术业	单位自办	15	6	5	8	3	4	0	200	200	0
金陵科技学院	037	/	/	/	/	/	/	/	80	48	29	21	53	4	0	585	63	0
互联网经济与产业研究中心	2	2015/10/22	学校自建	独立设置研究所	校级重点研究基地	经济学	货币金融服务	单位自办	10	3	7	3	7	0	0	20	5	0

续表

机构名称		成立时间	批准部门	组成方式	机构类型	学科分类	服务的国民经济行业	组成类型	R&D活动人员(人)						培养研究生数(人)	R&D经费支出(千元)	仪器设备原价(千元)	
									合计	其中								其中：进口(千元)
										博士毕业	硕士毕业	高级职称	中级职称	初级职称				
	编号	L01	L02	L03	L04	L05	L06	L07	L08	L09	L10	L11	L12	L13	L14	L15	L16	L17
江苏省企业知识产权战略研究中心	3	2011/5/1	学校自建	独立设置研究所	校级重点研究基地	经济学	其他金融业	与国内独立研究机构合办	15	4	10	3	10	0	0	250	10	0
南京产业协同创新研究院	4	2015/10/8	学校自建	与校外合办所	校级重点研究基地	经济学	科技推广和应用服务业	单位自办	35	28	7	5	30	0	0	10	4	0
南京知识产权人才培训基地	5	2009/11/1	学校自建	独立设置研究所	校级重点研究基地	经济学	软件和信息技术服务业	单位自办	5	4	1	2	3	0	0	200	19	0
数字艺术创意与应用实验室	6	2014/9/10	非学校上级主管部门	跨系所	省级重点实验室	艺术学	文化艺术业	政府部门办	5	0	3	2	3	0	0	55	15	0
智能物流运输与配送技术研究中心	7	2016/12/10	学校上级主管部门	独立设置研究所	校级重点实验室	管理学	道路运输业	单位自办	10	9	1	6	0	4	0	50	10	0
江苏第二师范学院	038	/	/	/	/	/	/	/	7	4	1	7	0	0	0	485.91	52.39	0
教育现代化研究院	1	2016/7/4	学校上级主管部门	独立设置研究所	省级智库	教育学	教育	单位自办	7	4	1	7	0	0	0	485.91	52.39	0
无锡职业技术学院	039	/	/	/	/	/	/	/	58	12	35	28	27	3	0	180	174	0
财经研究所	1	2015/6/15	学校自建	独立设置研究所	校级重点研究基地	经济学	资本市场服务	单位自办	5	3	1	2	3	0	0	10	7	0
高职思想政治教育研究室	2	2015/6/15	学校自建	独立设置研究所	校级重点研究基地	马克思主义	教育	单位自办	8	3	5	7	1	0	0	10	7	0
管理与创新研究所	3	2015/6/15	学校自建	独立设置研究所	校级重点研究基地	管理学	其他服务业	单位自办	10	3	7	8	2	0	0	8	10	0
旅游文化研究所	4	2015/6/15	学校自建	独立设置研究所	校级重点研究基地	管理学	商务服务业	单位自办	9	2	7	2	6	1	0	12	10	0
体育科学与健康指导研究所	5	2015/6/15	学校自建	独立设置研究所	校级重点研究基地	体育科学	体育	单位自办	18	0	8	5	11	2	0	20	100	0
无锡现代职教研究中心	6	2015/1/20	学校自建	独立设置研究所	校级重点研究基地	教育学	教育	单位自办	4	1	3	3	1	0	0	100	30	0
艺术设计研究所	7	2015/6/15	学校自建	独立设置研究所	校级重点研究基地	艺术学	文化艺术业	单位自办	4	0	4	1	3	0	0	20	10	0
南京工业职业技术学院	040	/	/	/	/	/	/	/	23	8	12	19	4	0	0	316	161	0
高等职业教育研究所	1	2002/11/1	学校自建	独立设置研究所	校级重点研究基地	教育学	教育	单位自办	6	3	3	5	1	0	0	116	73	0
国际贸易与物流管理研究所	2	2011/5/11	学校自建	独立设置研究所	校级重点研究基地	管理学	其他金融业	单位自办	9	2	5	8	1	0	0	100	50	0
黄炎培职业教育思想研究会学术中心	3	2013/11/18	非学校上级主管部门	独立设置研究所	校级重点研究基地	教育学	教育	与国内独立研究机构合办	8	3	4	6	2	0	0	100	38	0

续表

苏州工艺美术职业技术学院	041	/	/	/	/	/	/	/	8	1	6	5	2	1	0	268	55	0
高等教育研究所	1	2017/4/15	学校自建	独立设置研究所	校级重点研究基地	教育学	教育	单位自办	4	1	2	3	1	0	0	260	25	0
桃花坞木刻年画研究所	2	2009/4/16	学校自建	与校外合办所	校级重点研究基地	艺术学	文化艺术业	与境内注册其他企业合办	4	0	4	2	1	1	0	8	30	0
南通职业大学	042	/	/	/	/	/	/	/	4	2	2	4	0	0	0	50	20	0
通州湾江海联动发展研究院	1	2017/6/12	学校上级主管部门	独立设置研究所	省级重点研究基地	社会学	社会工作	单位自办	4	2	2	4	0	0	0	50	20	0
苏州市职业大学	043	/	/	/	/	/	/	/	5	2	2	1	3	0	0	37.38	15.5	0
江苏省作家协会儿童文学创研基地	1	2012/1/20	非学校上级主管部门	与校外合办所	其他重点研究基地,省作协基地	中国文学	教育	其他	5	2	2	1	3	0	0	37.38	15.5	0
泰州职业技术学院	044	/	/	/	/	/	/	/	6	1	3	4	2	0	0	8.5	4.6	0
泰州市工业经济研究院	1	2014/7/2	学校上级主管部门	与校外合办所	其他	经济学	研究和试验发展	政府部门办	6	1	3	4	2	0	0	8.5	4.6	0
江苏医药职业学院	045	/	/	/	/	/	/	/	22	6	16	11	6	5	0	376	53	0
江苏基层卫生发展研究中心	1	2015/7/23	学校自建	与校外合办所	其他智库,卫生政策智库	管理学	卫生	单位自办	22	6	16	11	6	5	0	376	53	0
无锡商业职业技术学院	046	/	/	/	/	/	/	/	11	0	11	7	4	0	0	19.3	65	0
江苏省非物质文化遗产研究基地	1	2014/6/18	非学校上级主管部门	独立设置研究所	其他重点研究基地,其他重点研究基地	艺术学	文教、工美、体育和娱乐用品制造业	单位自办	11	0	11	7	4	0	0	19.3	65	0
苏州农业职业技术学院	047	/	/	/	/	/	/	/	25	3	22	13	10	2	0	90	30	0
苏州农村改革与发展研究院	1	2014/6/20	学校自建	独立设置研究所	校级重点研究基地	经济学	农、林、牧、渔服务业	单位自办	25	3	22	13	10	2	0	90	30	0
南京铁道职业技术学院	048	/	/	/	/	/	/	/	4	1	2	2	2	0	0	120	28	0
高等教育研究所	1	2005/3/9	学校自建	独立设置研究所	其他	教育学	教育	单位自办	2	1	1	1	1	0	0	100	20	0
哲社研究中心	2	2013/11/20	学校自建	独立设置研究所	哲社研究	马克思主义	铁路运输业	单位自办	2	0	1	1	1	0	0	20	8	0
南京信息职业技术学院	049	/	/	/	/	/	/	/	15	2	11	5	10	0	0	24.5	0	0
党建与思想政治教育研究会	2	2004/7/1	学校自建	独立设置研究所	校级研究会	马克思主义	教育	单位自办	15	2	11	5	10	0	0	24.5	0	0
江苏财经职业技术学院	050	/	/	/	/	/	/	/	13	2	7	5	8	0	0	28	117.6	0
周恩来文化研究所	1	2014/3/1	学校自建	跨系所	校级重点研究基地	教育学	文化艺术业	单位自办	13	2	7	5	8	0	0	28	117.6	0

续表

机构名称	编号	成立时间	批准部门	组成方式	机构类型	学科分类	服务的国民经济行业	组成类型	R&D活动人员(人) 合计	其中:博士毕业	硕士毕业	高级职称	中级职称	初级职称	培养研究生数(人)	R&D经费支出(千元)	仪器设备原价(千元)	其中:进口(千元)
		L01	L02	L03	L04	L05	L06	L07	L08	L09	L10	L11	L12	L13	L14	L15	L16	L17
扬州工业职业技术学院	051	/	/	/	/	/	/	/	7	1	5	5	2	0	0	2.4	0	0
中国特色社会主义研究中心	1	2017/1/5	学校自建	独立设置研究所	研究中心	马克思主义	教育	单位自办	7	1	5	5	2	0	0	2.4	0	0
江苏城市职业学院	052	/	/	/	/	/	/	/	14	2	10	7	7	0	0	40	21	0
城市形象传播研究所	1	2014/10/31	学校自建	独立设置研究所	校级重点研究基地	新闻学与传播学	广播、电视、电影和影视录音制作业	单位自办	6	2	3	4	2	0	0	20	12	0
供应链与物流信息技术研究所	2	2014/10/31	学校自建	独立设置研究所	校级重点研究基地	管理学	仓储业	单位自办	8	0	7	3	5	0	0	20	9	0
江苏卫生健康职业学院	053	/	/	/	/	/	/	/	4	1	3	1	3	0	0	83	25	0
江苏省卫生职业院校文化研究室	1	2015/2/19	学校上级主管部门	与校外合办所	校级重点研究基地	教育学	教育	政府部门办	4	1	3	1	3	0	0	83	25	0
苏州工业园区服务外包职业学院	054	/	/	/	/	/	/	/	10	3	7	5	5	0	0	20	6	0
江苏服务外包研究中心	1	2017/7/13	学校上级主管部门	与校外合办所	省级重点研究基地	经济学	商务服务业	政府部门办	10	3	7	5	5	0	0	20	6	0
硅湖职业技术学院	055	/	/	/	/	/	/	/	39	5	26	21	12	6	0	110	140	0
电子商务重点实验室	1	2017/9/1	学校自建	独立设置研究所	校级重点实验室	管理学	教育	单位自办	10	1	8	4	4	2	0	10	10	0
丝绸服饰文化创意产业设计研发中心	2	2017/9/11	学校自建	独立设置研究所	校级重点研究基地	艺术学	文化艺术业	与境内注册其他企业合办	11	2	3	7	2	2	0	80	120	0
物流管理研究基地	3	2017/11/1	学校自建	独立设置研究所	校级重点研究基地	管理学	教育	单位自办	8	1	6	4	3	1	0	10	10	0
现代服务业研究室	4	2017/11/15	学校自建	独立设置研究所	校级重点实验室	管理学	商务服务业	与境内注册其他企业合办	10	1	9	6	3	1	0	10	0	0
苏州高博软件技术职业学院	056	/	/	/	/	/	/	/	10	0	6	7	3	0	0	10	0	0
苏南非遗文化传承与创新研究基地	1	2017/9/12	学校上级主管部门	与校外合办所	其他重点研究基地	艺术学	文化艺术业	其他	10	0	6	7	3	0	0	10	0	0

七、社科研究、课题与成果

1. 全省高等学校人文、社会科学研究与课题成果情况表

学科门类	编号	总数：课题数(项)	总数：当年投入人数(人年)	总数：其中：研究生(人年)	总数：当年投入经费(千元)	总数：当年支出经费(千元)	出版著作(部)：合计	出版著作(部)：专著	出版著作(部)：其中：被译成外文	出版著作(部)：编著教材	出版著作(部)：工具书参考书	出版著作(部)：皮书/发展报告	出版著作(部)：科普读物	古籍整理(部)	译著(部)	发表译文(篇)	电子出版物(件)	发表论文(篇)：合计	发表论文(篇)：国内学术刊物	发表论文(篇)：国外学术刊物	发表论文(篇)：港澳、台地区刊物	获奖成果数(项)：合计	获奖成果数(项)：国家级奖	获奖成果数(项)：部级奖	获奖成果数(项)：省级奖	研究与咨询报告(篇)：合计	研究与咨询报告(篇)：其中：被采纳数
	编号	L01	L02	L03	L04	L05	L06	L07	L08	L09	L10	L11	L12	L13	L14	L15	L16	L17	L18	L19	L20	L21	L22	L23	L24	L25	L26
合计	/	33 113	7 473	643.1	724 673	623 787	1 845	1 076	20	695	21	21	32	11	173	42	60	29 044	28 003	1 007	34	5	0	5	0	2 499	1 228
管理学	1	7 125	1 548.8	206.5	195 283	176 333	261	132	4	116	2	6	5	0	8	3	12	4 926	4 562	359	5	0	0	0	0	810	456
马克思主义	2	1 393	330.7	33.6	25 093.5	24 086.5	51	39	1	11	0	0	1	0	0	0	0	1 080	1 070	10	0	0	0	0	0	71	16
哲学	3	480	114	10.1	9 088.7	7 769.02	38	31	0	6	0	0	1	0	8	1	0	642	625	14	3	0	0	0	0	8	3
逻辑学	4	18	5	0.7	553	506.27	2	0	0	2	0	0	0	0	1	0	0	19	17	2	0	0	0	0	0	1	1
宗教学	5	56	12.1	1.2	1 453.5	1 388.35	8	6	0	2	0	0	0	0	0	0	0	50	47	0	3	0	0	0	0	2	2
语言学	6	1 577	378.5	19.4	31 580.8	20 855.8	167	72	4	88	6	1	0	1	29	5	0	1 681	1 606	74	1	1	0	1	0	95	37
中国文学	7	975	240.8	16.5	26 466.1	20 017	161	112	1	42	2	0	5	10	6	4	1	1 276	1 260	13	3	0	0	0	0	24	9
外国文学	8	542	123	4.1	6 957.23	6 620.77	53	31	1	22	0	0	0	0	65	6	2	624	600	23	1	0	0	0	0	9	2
艺术学	9	2761	661.9	59.3	59 679.2	51 054.5	233	120	0	112	1	0	0	0	18	7	7	3 181	3 130	47	4	0	0	0	0	238	74
历史学	10	529	121.7	15.3	16 655.8	13 141.4	57	49	0	7	0	0	1	0	5	1	0	406	396	9	1	0	0	0	0	16	9
考古学	11	89	16.2	7.2	17 753.2	16 248	1	1	0	0	0	0	0	0	0	0	0	34	33	0	1	0	0	0	0	0	0
经济学	12	3 752	816.8	88.4	93 200.9	83 366.3	190	122	2	60	3	3	2	0	2	1	3	2 692	2 534	154	4	1	0	1	0	425	197
政治学	13	609	141.9	14.3	10 992.5	8 527.13	30	21	1	9	0	0	0	0	0	0	0	459	446	10	3	0	0	0	0	28	17
法学	14	1 420	322	29.5	31 201.7	25 079.8	94	61	0	32	0	0	1	0	5	8	0	964	952	12	0	0	0	0	0	92	61
社会学	15	2 032	486.5	51.6	60 631.6	55 526	78	57	1	12	3	2	4	0	7	0	7	1 305	1 277	27	1	1	0	1	0	213	111
民族学与文化学	16	424	106.9	3.5	4 540.9	2 751.32	7	3	0	1	0	1	2	0	0	0	3	192	191	1	0	0	0	0	0	50	7
新闻学与传播学	17	539	118.9	9.9	10 233.6	9 350.16	32	25	1	4	1	1	1	0	1	0	3	477	460	16	1	0	0	0	0	35	24
图书馆、情报与文献学	18	647	143.3	15.7	14 496.3	14 166.4	36	24	1	5	1	2	4	0	2	2	6	925	875	50	0	0	0	0	0	54	33
教育学	19	6 749	1 467	33.5	81 538.8	62 672	237	110	1	121	2	3	1	0	11	2	12	6 603	6 534	66	3	2	0	2	0	227	114
统计学	20	189	47.6	10.7	9 001.3	8 516.98	10	4	0	2	0	2	2	0	0	0	3	149	132	17	0	0	0	0	0	20	15
心理学	21	384	82.5	5.1	4 951.12	4 324.59	26	13	2	11	0	0	2	0	4	0	0	340	288	52	0	0	0	0	0	19	11
体育科学	22	823	186.9	7	13 320.3	11 485	73	43	0	30	0	0	0	0	1	2	1	1 019	968	51	0	0	0	0	0	62	29

2. 公办本科高等学校人文、社会科学研究与课题成果情况表

学科门类	编号	总数 课题数(项)	总数 当年投入人数(人年)	其中:研究生(人年)	当年投入经费(千元)	当年支出经费(千元)	出版著作(部) 合计	专著	其中:被译成外文	编著教材	工具书参考书	皮书/发展报告	科普读物	古籍整理(部)	译著(部)	发表译文(篇)	电子出版物(件)	发表论文(篇) 合计	国内学术刊物	国外学术刊物	港、澳、台地区刊物	获奖成果数(项) 合计	国家级奖	部级奖	省级奖	研究与咨询报告(篇) 合计	其中:被采纳数
		L01	L02	L03	L04	L05	L06	L07	L08	L09	L10	L11	L12	L13	L14	L15	L16	L17	L18	L19	L20	L21	L22	L23	L24	L25	L26
合计	/	23 582	5 431	643.1	648 411	565 272	1 470	943	19	465	14	17	31	11	153	35	58	17 915	16 985	905	25	5	0	5	0	1 605	915
管理学	1	5 441	1 181	206.5	160 529	151 289	201	109	4	81	1	5	5	0	5	3	11	3 240	2 888	347	5	0	0	0	0	539	346
马克思主义	2	1091	264.8	33.6	23 936.6	23 263.7	41	34	1	6	0	0	1	0	0	0	0	855	845	10	0	0	0	0	0	56	15
哲学	3	436	101.3	10.1	8 621.2	7 578.16	37	30	0	6	0	0	1	0	8	1	0	564	547	14	3	0	0	0	0	8	3
逻辑学	4	12	3.3	0.7	543	492	2	0	0	2	0	0	0	0	1	0	0	15	13	2	0	0	0	0	0	1	1
宗教学	5	55	11.7	1.2	1 453.5	1 388.35	7	5	0	2	0	0	0	0	0	0	0	45	42	0	3	0	0	0	0	1	1
语言学	6	1 199	290.4	19.4	29 278.1	18 577.4	130	59	3	67	3	1	0	1	24	2	0	1 051	987	64	0	1	0	1	0	55	21
中国文学	7	880	218.5	16.5	25 934	19 576.2	146	101	1	38	2	0	5	10	5	4	1	1 091	1 079	9	3	0	0	0	0	20	8
外国文学	8	478	109	4.1	6 773.56	6 414.86	52	31	1	21	0	0	0	0	64	2	2	537	515	21	1	0	0	0	0	9	2
艺术学	9	1 990	483.3	59.3	54 036.6	45 854.2	176	103	0	72	1	0	0	0	18	7	7	2 050	2011	38	1	0	0	0	0	127	51
历史学	10	485	113.7	15.3	15 916.8	12 425.5	51	43	0	7	0	0	1	0	5	1	0	364	354	9	1	0	0	0	0	10	7
考古学	11	87	15.7	7.2	17 753.2	16 248	1	1	0	0	0	0	0	0	0	0	0	29	28	0	1	0	0	0	0	0	0
经济学	12	2 828	622.3	88.4	84 686.1	77 476.4	142	110	0	26	1	3	2	0	1	1	3	1 583	1 462	119	2	1	0	1	0	255	140
政治学	13	512	120.3	14.3	10 648.4	8 316.54	28	20	0	8	0	0	0	0	0	0	0	357	344	10	3	0	0	0	0	24	14
法学	14	1 334	302.6	29.5	30 645.2	24 647.7	92	59	0	32	0	0	1	0	5	8	0	865	854	11	0	0	0	0	0	83	57
社会学	15	1 543	377.8	51.6	57 256.4	52 574.8	69	52	0	9	2	2	4	0	7	0	7	782	760	22	0	1	0	1	0	151	89
民族学与文化学	16	292	83.4	3.5	4 258.5	2 503.42	6	2	0	1	0	1	2	0	0	0	3	97	97	0	0	0	0	0	0	24	6
新闻学与传播学	17	457	98.8	9.9	9 461	8 926.66	30	24	0	3	1	1	1	0	1	0	3	391	380	10	1	0	0	0	0	30	22
图书馆、情报与文献学	18	550	122.7	15.7	14 090.7	13 939.7	34	23	0	4	1	2	4	0	2	2	6	719	669	50	0	0	0	0	0	41	33
教育学	19	2 902	666.9	33.5	67 208.3	50 967	136	83	0	50	2	0	1	0	3	2	12	2 282	2 228	53	1	2	0	2	0	110	61
统计学	20	156	41	10.7	8 824.3	8 354.75	9	4	0	1	0	2	2	0	0	0	3	120	104	16	0	0	0	0	0	19	15
心理学	21	237	53.7	5.1	4 356.37	3 877.76	24	13	0	10	0	0	1	0	4	0	0	228	176	52	0	0	0	0	0	13	8
体育科学	22	617	149	7	12 200.3	10 579.8	56	37	0	19	0	0	0	0	0	2	0	650	602	48	0	0	0	0	0	29	15

2.1 管理学人文、社会科学研究与课题成果情况表

高校名称		总数					出版著作(部)							古籍整理(部)	译著(部)	发表译文(篇)	电子出版物(件)	发表论文(篇)				获奖成果数(项)				研究与咨询报告(篇)	
		课题数(项)	当年投入人数(人年)	其中:研究生(人年)	当年投入经费(千元)	当年支出经费(千元)	合计	专著	其中:被译成外文	编著教材	工具书参考书	皮书/发展报告	科普读物					合计	国内学术刊物	国外学术刊物	港、澳、台地区刊物	合计	国家级奖	部级奖	省级奖	合计	其中:被采纳数
	编号	L01	L02	L03	L04	L05	L06	L07	L08	L09	L10	L11	L12	L13	L14	L15	L16	L17	L18	L19	L20	L21	L22	L23	L24	L25	L26
合计	/	5 441	1 181	206.5	160 529	151 289	201	109	4	81	1	5	5	0	5	3	11	3 240	2 888	347	5	0	0	0	0	539	346
南京大学	1	135	17.8	2.4	13 100	11 360.4	33	21	2	11	0	1	0	0	3	3	0	274	229	44	1	0	0	0	0	12	10
东南大学	2	189	84	19.8	2 965.6	4 196.1	0	0	0	0	0	0	0	0	0	0	0	0	0	0	0	0	0	0	0	13	10
江南大学	3	122	37	15.9	2 343.7	2 029.47	6	4	0	2	0	0	0	0	0	0	0	102	85	17	0	0	0	0	0	2	2
南京农业大学	4	844	137.9	43.2	30 855.2	28 580.9	5	2	1	3	0	0	0	0	0	0	0	370	349	21	0	0	0	0	0	23	19
中国矿业大学	5	347	80	9.7	9 174.36	6 880.39	22	14	0	8	0	0	0	0	0	0	0	196	145	51	0	0	0	0	0	36	17
河海大学	6	194	66	31.9	15 633.1	17 500.1	17	7	0	2	1	2	5	0	0	0	11	252	195	57	0	0	0	0	0	57	43
南京理工大学	7	199	47.9	7.6	8 948.93	7 065.33	7	6	0	1	0	0	0	0	0	0	0	56	34	22	0	0	0	0	0	4	2
南京航空航天大学	8	102	26.7	4.9	5 461.5	5 307.74	7	4	0	3	0	0	0	0	0	0	0	68	43	25	0	0	0	0	0	6	2
中国药科大学	9	185	33.3	3.1	7 084	6 849.31	0	0	0	0	0	0	0	0	0	0	0	45	44	1	0	0	0	0	0	22	22
南京森林警察学院	10	19	4.5	0	113	203.39	0	0	0	0	0	0	0	0	0	0	0	10	10	0	0	0	0	0	0	0	0
苏州大学	11	108	13.3	0.8	3 376.8	2 986	3	2	0	1	0	0	0	0	0	0	0	46	46	0	0	0	0	0	0	3	3
江苏科技大学	12	98	51.3	24.1	2 299.1	2 337.6	3	3	0	0	0	0	0	0	0	0	0	73	64	9	0	0	0	0	0	9	9
南京工业大学	13	145	24.7	3.8	4 430.5	6 872.88	9	5	0	4	0	0	0	0	0	0	0	123	107	15	1	0	0	0	0	6	4
常州大学	14	63	23.3	0	2 539	1 578.7	1	1	0	0	0	0	0	0	0	0	0	45	45	0	0	0	0	0	0	24	20
南京邮电大学	15	157	37.8	9.1	2 635.7	2 474.8	2	1	0	1	0	0	0	0	0	0	0	34	34	0	0	0	0	0	0	17	12
南京林业大学	16	46	5.9	0	819	671.19	3	3	0	0	0	0	0	0	0	0	0	68	68	0	0	0	0	0	0	0	0
江苏大学	17	373	55.3	19.9	3 456.2	3 426.2	0	0	0	0	0	0	0	0	0	0	0	99	99	0	0	0	0	0	0	12	8
南京信息工程大学	18	226	66.9	0.8	4 883.1	4 551.8	5	2	0	1	0	2	0	0	0	0	0	105	90	15	0	0	0	0	0	32	23
南通大学	19	82	15.4	0.1	2 514	2 350.46	1	1	0	0	0	0	0	0	0	0	0	64	48	13	3	0	0	0	0	11	6
盐城工学院	20	65	7.8	0	559	753.6	2	2	0	0	0	0	0	0	0	0	0	58	56	2	0	0	0	0	0	7	7
南京医科大学	21	73	9.8	0	348	439.5	0	0	0	0	0	0	0	0	0	0	0	63	63	0	0	0	0	0	0	0	0
徐州医科大学	22	8	2	0	17	14.2	0	0	0	0	0	0	0	0	0	0	0	5	5	0	0	0	0	0	0	0	0

续表

高校名称		总数					出版著作(部)							古籍整理(部)	译著(部)	发表译文(篇)	电子出版物(件)	发表论文(篇)				获奖成果数(项)				研究与咨询报告(篇)	
		课题数(项)	当年投入人数(人年)	其中：研究生(人年)	当年投入经费(千元)	当年支出经费(千元)	合计	专著	其中：被译成外文	编著教材	工具书参考书	皮书/发展报告	科普读物					合计	国内学术刊物	国外学术刊物	港、澳、台地区刊物	合计	国家级奖	部级奖	省级奖	合计	其中：被采纳数
	编号	L01	L02	L03	L04	L05	L06	L07	L08	L09	L10	L11	L12	L13	L14	L15	L16	L17	L18	L19	L20	L21	L22	L23	L24	L25	L26
南京中医药大学	23	64	22.8	0.7	2 043	1 303.98	9	0	0	9	0	0	0	0	0	0	0	20	19	1	0	0	0	0	0	5	5
南京师范大学	24	23	4.1	0.1	453.5	477	3	1	0	2	0	0	0	0	0	0	0	28	24	4	0	0	0	0	0	1	1
江苏师范大学	25	43	24.7	0.2	1 060	486.97	3	0	0	3	0	0	0	0	0	0	0	102	102	0	0	0	0	0	0	2	2
淮阴师范学院	26	76	9.5	0	1 156	944.5	1	1	0	0	0	0	0	0	0	0	0	40	40	0	0	0	0	0	0	0	0
盐城师范学院	27	49	16.3	0	3 674	2 793.6	15	5	0	10	0	0	0	0	0	0	0	62	55	7	0	0	0	0	0	33	27
南京财经大学	28	299	26.5	2.8	7 058.33	7 599.14	13	5	0	8	0	0	0	0	0	0	0	188	158	30	0	0	0	0	0	5	5
江苏警官学院	29	69	9.6	0	929	79.44	0	0	0	0	0	0	0	0	0	0	0	35	35	0	0	0	0	0	0	0	0
南京体育学院	30	1	0.4	0	0	4	0	0	0	0	0	0	0	0	0	0	0	0	0	0	0	0	0	0	0	0	0
南京艺术学院	31	36	7	0	110	57.45	0	0	0	0	0	0	0	0	0	0	0	61	61	0	0	0	0	0	0	0	0
苏州科技大学	32	114	26.3	4.4	1 839.2	1 799.2	7	3	0	4	0	0	0	0	0	0	0	66	65	1	0	0	0	0	0	8	6
常熟理工学院	33	74	11.4	0	3 285.74	3 735.35	1	0	0	1	0	0	0	0	0	0	0	67	65	2	0	0	0	0	0	51	31
淮阴工学院	34	85	15.6	0	3 707	3 394.5	3	3	0	0	0	0	0	0	0	0	0	13	8	5	0	0	0	0	0	5	1
常州工学院	35	31	4	0	40	54.5	1	1	0	0	0	0	0	0	0	0	0	13	13	0	0	0	0	0	0	8	0
扬州大学	36	106	14.9	0.7	2 866.97	2 425.55	2	2	0	0	0	0	0	0	0	0	0	44	44	0	0	0	0	0	0	23	16
南京工程学院	37	8	0.7	0	10	13.22	4	1	0	3	0	0	0	0	0	0	0	28	27	1	0	0	0	0	0	5	5
南京审计大学	38	92	28.9	0.5	2 471	1 317.62	1	1	0	0	0	0	0	0	1	0	0	91	90	1	0	0	0	0	0	17	0
南京晓庄学院	39	0	0	0	0	0	0	0	0	0	0	0	0	0	0	0	0	0	0	0	0	0	0	0	0	0	0
江苏理工学院	40	114	27.4	0	1 200.62	1 954.57	1	1	0	0	0	0	0	0	0	0	0	40	40	0	0	0	0	0	0	23	14
淮海工学院	41	151	14.9	0	2 358	1 787.95	2	2	0	0	0	0	0	0	0	0	0	53	53	0	0	0	0	0	0	16	13
徐州工程学院	42	77	31.8	0	142	181.35	6	4	0	2	0	0	0	0	1	0	0	106	103	3	0	0	0	0	0	29	1
南京特殊教育师范学院	43	1	0.1	0	0	2.7	0	0	0	0	0	0	0	0	0	0	0	5	5	0	0	0	0	0	0	0	0
泰州学院	44	52	18.2	0	320	137.52	0	0	0	0	0	0	0	0	0	0	0	3	3	0	0	0	0	0	0	0	0
金陵科技学院	45	87	15.1	0	2 082.8	2 224.8	3	1	0	2	0	0	0	0	0	0	0	17	17	0	0	0	0	0	0	12	0
江苏第二师范学院	46	9	2.2	0	165	84.19	0	0	0	0	0	0	0	0	0	0	0	2	2	0	0	0	0	0	0	0	0

2.2 马克思主义人文、社会科学研究与课题成果情况表

高校名称		总数					出版著作(部)							古籍整理(部)	译著(部)	发表译文(篇)	电子出版物(件)	发表论文(篇)				获奖成果数(项)				研究与咨询报告(篇)	
		课题数(项)	当年投入人数(人年)	其中:研究生(人年)	当年投入经费(千元)	当年支出经费(千元)	合计	专著	其中:被译成外文	编著教材	工具书参考书	皮书/发展报告	科普读物					合计	国内学术刊物	国外学术刊物	港、澳、台地区刊物	合计	国家级奖	部级奖	省级奖	合计	其中:被采纳数
	编号	L01	L02	L03	L04	L05	L06	L07	L08	L09	L10	L11	L12	L13	L14	L15	L16	L17	L18	L19	L20	L21	L22	L23	L24	L25	L26
合计	/	1 091	264.8	33.6	23 936.6	23 263.7	41	34	1	6	0	0	1	0	0	0	0	855	845	10	0	0	0	0	0	56	15
南京大学	1	60	6.4	0.4	1 335.6	980.6	0	0	0	0	0	0	0	0	0	0	0	66	66	0	0	0	0	0	0	0	0
东南大学	2	98	32.9	7	7 571	10 033.2	3	3	0	0	0	0	0	0	0	0	0	47	47	0	0	0	0	0	0	6	1
江南大学	3	58	18.9	4.9	1 168.91	992.51	7	6	0	1	0	0	0	0	0	0	0	64	62	2	0	0	0	0	0	0	0
南京农业大学	4	8	1.2	0.1	45	45	0	0	0	0	0	0	0	0	0	0	0	7	7	0	0	0	0	0	0	0	0
中国矿业大学	5	129	32.3	4.2	318	254.97	5	5	1	0	0	0	0	0	0	0	0	30	30	0	0	0	0	0	0	0	0
河海大学	6	40	13.2	5.9	602	549	3	1	0	1	0	0	1	0	0	0	0	78	76	2	0	0	0	0	0	5	4
南京理工大学	7	13	2.1	0	50	58	0	0	0	0	0	0	0	0	0	0	0	8	8	0	0	0	0	0	0	0	0
南京航空航天大学	8	13	3.9	0.8	614	647.4	2	2	0	0	0	0	0	0	0	0	0	37	36	1	0	0	0	0	0	0	0
中国药科大学	9	7	1.2	0	50	50	0	0	0	0	0	0	0	0	0	0	0	6	6	0	0	0	0	0	0	0	0
南京森林警察学院	10	2	0.4	0	0	8	0	0	0	0	0	0	0	0	0	0	0	9	9	0	0	0	0	0	0	0	0
苏州大学	11	27	4.1	0.3	1297.5	872.1	0	0	0	0	0	0	0	0	0	0	0	23	23	0	0	0	0	0	0	0	0
江苏科技大学	12	25	9.1	1.8	890	727	1	1	0	0	0	0	0	0	0	0	0	0	0	0	0	0	0	0	0	3	3
南京工业大学	13	26	4	0.3	203	270.64	4	1	0	3	0	0	0	0	0	0	0	14	14	0	0	0	0	0	0	0	0
常州大学	14	18	6.1	0	403.1	249.2	1	1	0	0	0	0	0	0	0	0	0	8	8	0	0	0	0	0	0	0	0
南京邮电大学	15	5	2	0.8	220	174	0	0	0	0	0	0	0	0	0	0	0	9	9	0	0	0	0	0	0	0	0
南京林业大学	16	11	1.4	0	27.48	65.23	0	0	0	0	0	0	0	0	0	0	0	8	8	0	0	0	0	0	0	0	0
江苏大学	17	17	3.9	1.8	700	710	1	1	0	0	0	0	0	0	0	0	0	34	34	0	0	0	0	0	0	0	0
南京信息工程大学	18	16	6.2	1.8	370	207.97	0	0	0	0	0	0	0	0	0	0	0	24	24	0	0	0	0	0	0	0	0
南通大学	19	50	10.7	0.3	623	605.19	2	2	0	0	0	0	0	0	0	0	0	54	54	0	0	0	0	0	0	0	0
盐城工学院	20	39	4.6	0	115	205	0	0	0	0	0	0	0	0	0	0	0	12	12	0	0	0	0	0	0	0	0
南京医科大学	21	15	1.9	0	0	18.5	0	0	0	0	0	0	0	0	0	0	0	1	1	0	0	0	0	0	0	0	0
徐州医科大学	22	6	1.5	0	17	15.1	0	0	0	0	0	0	0	0	0	0	0	8	6	2	0	0	0	0	0	0	0

续表

高校名称		总数					出版著作(部)							古籍整理(部)	译著(部)	发表译文(篇)	电子出版物(件)	发表论文(篇)				获奖成果数(项)				研究与咨询报告(篇)	
		课题数(项)	当年投入人数(人年)	其中:研究生(人年)	当年投入经费(千元)	当年支出经费(千元)	合计	专著	其中:被译成外文	编著教材	工具书参考书	皮书/发展报告	科普读物					合计	国内学术刊物	国外学术刊物	港、澳、台地区刊物	合计	国家级奖	部级奖	省级奖	合计	其中:被采纳数
	编号	L01	L02	L03	L04	L05	L06	L07	L08	L09	L10	L11	L12	L13	L14	L15	L16	L17	L18	L19	L20	L21	L22	L23	L24	L25	L26
南京中医药大学	23	4	1.5	0	10	6.1	0	0	0	0	0	0	0	0	0	0	0	1	1	0	0	0	0	0	0	0	0
南京师范大学	24	54	10.2	1.2	934	975.6	3	2	0	1	0	0	0	0	0	0	0	52	49	3	0	0	0	0	0	0	0
江苏师范大学	25	34	16.7	0.5	1136.8	734.43	0	0	0	0	0	0	0	0	0	0	0	19	19	0	0	0	0	0	0	0	0
淮阴师范学院	26	38	6.9	0	674	625.5	0	0	0	0	0	0	0	0	0	0	0	21	21	0	0	0	0	0	0	0	0
盐城师范学院	27	21	9.1	0	1054	801.5	1	1	0	0	0	0	0	0	0	0	0	21	21	0	0	0	0	0	0	0	0
南京财经大学	28	25	3.5	0.4	795.8	687.8	0	0	0	0	0	0	0	0	0	0	0	12	12	0	0	0	0	0	0	0	0
江苏警官学院	29	10	1.7	0	211	0	0	0	0	0	0	0	0	0	0	0	0	6	6	0	0	0	0	0	0	0	0
南京体育学院	30	1	0.1	0	3	0	0	0	0	0	0	0	0	0	0	0	0	0	0	0	0	0	0	0	0	0	0
南京艺术学院	31	13	2.1	0	128	53.9	0	0	0	0	0	0	0	0	0	0	0	3	3	0	0	0	0	0	0	0	0
苏州科技大学	32	5	1.7	0.2	32	72	0	0	0	0	0	0	0	0	0	0	0	7	7	0	0	0	0	0	0	0	0
常熟理工学院	33	9	2.3	0	79.8	70.5	0	0	0	0	0	0	0	0	0	0	0	20	20	0	0	0	0	0	0	9	3
淮阴工学院	34	12	1.7	0	118	82.6	0	0	0	0	0	0	0	0	0	0	0	23	23	0	0	0	0	0	0	1	1
常州工学院	35	18	3.1	0	110	97.8	0	0	0	0	0	0	0	0	0	0	0	17	17	0	0	0	0	0	0	2	1
扬州大学	36	42	7.6	0.9	711.5	570.49	3	3	0	0	0	0	0	0	0	0	0	17	17	0	0	0	0	0	0	0	0
南京工程学院	37	3	0.3	0	15	12.42	0	0	0	0	0	0	0	0	0	0	0	2	2	0	0	0	0	0	0	0	0
南京审计大学	38	18	4.1	0	338.57	73.46	0	0	0	0	0	0	0	0	0	0	0	7	7	0	0	0	0	0	0	0	0
南京晓庄学院	39	11	3.2	0	159.5	87.5	0	0	0	0	0	0	0	0	0	0	0	0	0	0	0	0	0	0	0	0	0
江苏理工学院	40	20	4	0	618	395.65	1	1	0	0	0	0	0	0	0	0	0	10	10	0	0	0	0	0	0	3	1
淮海工学院	41	24	2.4	0	70.5	45.25	1	1	0	0	0	0	0	0	0	0	0	19	19	0	0	0	0	0	0	2	0
徐州工程学院	42	30	10.2	0	85.5	75.62	3	3	0	0	0	0	0	0	0	0	0	22	22	0	0	0	0	0	0	24	0
南京特殊教育师范学院	43	0	0	0	0	0	0	0	0	0	0	0	0	0	0	0	0	10	10	0	0	0	0	0	0	0	0
泰州学院	44	2	0.8	0	0	0	0	0	0	0	0	0	0	0	0	0	0	2	2	0	0	0	0	0	0	0	0
金陵科技学院	45	8	0.9	0	31	57.01	0	0	0	0	0	0	0	0	0	0	0	7	7	0	0	0	0	0	0	1	1
江苏第二师范学院	46	6	2.7	0	0	0	0	0	0	0	0	0	0	0	0	0	0	10	10	0	0	0	0	0	0	0	0

2.3 哲学人文、社会科学研究与课题成果情况表

高校名称		总数					出版著作(部)							古籍整理(部)	译著(部)	发表译文(篇)	电子出版物(件)	发表论文(篇)				获奖成果数(项)				研究与咨询报告(篇)	
		课题数(项)	当年投入人数(人年)	其中:研究生(人年)	当年投入经费(千元)	当年支出经费(千元)	合计	专著	其中:被译成外文	编著教材	工具书参考书	皮书/发展报告	科普读物					合计	国内学术刊物	国外学术刊物	港、澳、台地区刊物	合计	国家级奖	部级奖	省级奖	合计	其中:被采纳数
	编号	L01	L02	L03	L04	L05	L06	L07	L08	L09	L10	L11	L12	L13	L14	L15	L16	L17	L18	L19	L20	L21	L22	L23	L24	L25	L26
合计	/	436	101.3	10.1	8 621.2	7 578.16	37	30	0	6	0	0	1	0	8	1	0	564	547	14	3	0	0	0	0	8	3
南京大学	1	39	4.7	0.8	1 410	1 002.8	11	8	0	3	0	0	0	0	3	1	0	250	239	11	0	0	0	0	0	0	0
东南大学	2	50	14.7	3.4	1 195	1 719	2	2	0	0	0	0	0	0	0	0	0	7	7	0	0	0	0	0	0	0	0
江南大学	3	19	5.5	0.2	626	499.8	2	2	0	0	0	0	0	0	1	0	0	10	9	0	1	0	0	0	0	0	0
南京农业大学	4	20	2.6	0.4	0	66	0	0	0	0	0	0	0	0	0	0	0	13	13	0	0	0	0	0	0	0	0
中国矿业大学	5	18	4.5	0	40	41.01	0	0	0	0	0	0	0	0	2	0	0	7	6	1	0	0	0	0	0	1	0
河海大学	6	21	6.2	2.5	405	193.5	2	1	0	0	0	0	1	0	0	0	0	43	41	2	0	0	0	0	0	4	3
南京理工大学	7	6	1.6	0.2	90	50	2	1	0	1	0	0	0	0	0	0	0	6	6	0	0	0	0	0	0	1	0
南京航空航天大学	8	1	0.3	0	0	4	1	1	0	0	0	0	0	0	0	0	0	1	1	0	0	0	0	0	0	0	0
中国药科大学	9	3	0.4	0	30	30.4	0	0	0	0	0	0	0	0	0	0	0	1	1	0	0	0	0	0	0	0	0
南京森林警察学院	10	1	0.1	0	19	19	0	0	0	0	0	0	0	0	0	0	0	4	4	0	0	0	0	0	0	0	0
苏州大学	11	16	2.6	0.3	569	359.9	4	4	0	0	0	0	0	0	0	0	0	53	53	0	0	0	0	0	0	0	0
江苏科技大学	12	1	0.5	0	190	85	0	0	0	0	0	0	0	0	0	0	0	0	0	0	0	0	0	0	0	0	0
南京工业大学	13	7	1.3	0.2	55	82.99	2	2	0	0	0	0	0	0	1	0	0	4	4	0	0	0	0	0	0	0	0
常州大学	14	5	1.5	0	85	75	0	0	0	0	0	0	0	0	0	0	0	0	0	0	0	0	0	0	0	0	0
南京邮电大学	15	7	1.3	0	0	29	0	0	0	0	0	0	0	0	0	0	0	5	5	0	0	0	0	0	0	0	0
南京林业大学	16	26	3.4	0	309.6	256.92	2	2	0	0	0	0	0	0	0	0	0	8	8	0	0	0	0	0	0	0	0
江苏大学	17	15	1.5	0.1	0	0	0	0	0	0	0	0	0	0	0	0	0	0	0	0	0	0	0	0	0	0	0
南京信息工程大学	18	16	4.4	0.3	270	302.35	0	0	0	0	0	0	0	0	0	0	0	7	6	0	1	0	0	0	0	0	0
南通大学	19	9	2.8	0	40	70.51	0	0	0	0	0	0	0	0	0	0	0	3	3	0	0	0	0	0	0	0	0
盐城工学院	20	5	0.7	0	1.5	1.5	0	0	0	0	0	0	0	0	0	0	0	0	0	0	0	0	0	0	0	0	0
南京医科大学	21	6	0.9	0	66	35	0	0	0	0	0	0	0	0	0	0	0	4	4	0	0	0	0	0	0	0	0
徐州医科大学	22	1	0.3	0	7	2	0	0	0	0	0	0	0	0	0	0	0	0	0	0	0	0	0	0	0	0	0

续表

高校名称	编号	总数：课题数(项)	总数：当年投入人数(人年)	总数：其中：研究生(人年)	总数：当年投入经费(千元)	总数：当年支出经费(千元)	出版著作(部)：合计	出版著作(部)：专著	出版著作(部)：其中：被译成外文	出版著作(部)：编著教材	出版著作(部)：工具书参考书	出版著作(部)：皮书/发展报告	出版著作(部)：科普读物	古籍整理(部)	译著(部)	发表译文(篇)	电子出版物(件)	发表论文(篇)：合计	发表论文(篇)：国内学术刊物	发表论文(篇)：国外学术刊物	发表论文(篇)：港、澳、台地区刊物	获奖成果数(项)：合计	获奖成果数(项)：国家级奖	获奖成果数(项)：部级奖	获奖成果数(项)：省级奖	研究与咨询报告(篇)：合计	研究与咨询报告(篇)：其中：被采纳数
		L01	L02	L03	L04	L05	L06	L07	L08	L09	L10	L11	L12	L13	L14	L15	L16	L17	L18	L19	L20	L21	L22	L23	L24	L25	L26
南京中医药大学	23	9	3.4	0	10	42.8	0	0	0	0	0	0	0	0	0	0	0	14	14	0	0	0	0	0	0	0	0
南京师范大学	24	31	8	1.2	570	744	2	1	0	1	0	0	0	0	0	0	0	29	28	0	1	0	0	0	0	0	0
江苏师范大学	25	29	11.4	0	1 854.6	837.2	3	2	0	1	0	0	0	0	0	0	0	30	30	0	0	0	0	0	0	0	0
淮阴师范学院	26	9	1.1	0	138	193	0	0	0	0	0	0	0	0	0	0	0	4	4	0	0	0	0	0	0	0	0
盐城师范学院	27	0	0	0	0	0	0	0	0	0	0	0	0	0	0	0	0	2	2	0	0	0	0	0	0	0	0
南京财经大学	28	1	0.1	0.1	5	5	0	0	0	0	0	0	0	0	0	0	0	1	1	0	0	0	0	0	0	0	0
江苏警官学院	29	6	1.1	0	10	11.3	0	0	0	0	0	0	0	0	0	0	0	8	8	0	0	0	0	0	0	0	0
南京体育学院	30	0	0	0	0	0	0	0	0	0	0	0	0	0	0	0	0	0	0	0	0	0	0	0	0	0	0
南京艺术学院	31	0	0	0	0	0	0	0	0	0	0	0	0	0	0	0	0	1	1	0	0	0	0	0	0	0	0
苏州科技大学	32	17	4.3	0.4	250	300	3	3	0	0	0	0	0	0	1	0	0	10	10	0	0	0	0	0	0	0	0
常熟理工学院	33	3	1.3	0	0	85.6	0	0	0	0	0	0	0	0	0	0	0	7	7	0	0	0	0	0	0	0	0
淮阴工学院	34	5	0.8	0	0	56	1	1	0	0	0	0	0	0	0	0	0	0	0	0	0	0	0	0	0	0	0
常州工学院	35	0	0	0	0	0	0	0	0	0	0	0	0	0	0	0	0	0	0	0	0	0	0	0	0	0	0
扬州大学	36	10	1.8	0	20	111.2	0	0	0	0	0	0	0	0	0	0	0	18	18	0	0	0	0	0	0	0	0
南京工程学院	37	2	0.3	0	10	8.05	0	0	0	0	0	0	0	0	0	0	0	1	1	0	0	0	0	0	0	0	0
南京审计大学	38	1	1.3	0	0	0	0	0	0	0	0	0	0	0	0	0	0	0	0	0	0	0	0	0	0	0	0
南京晓庄学院	39	2	0.7	0	16	4	0	0	0	0	0	0	0	0	0	0	0	0	0	0	0	0	0	0	0	0	0
江苏理工学院	40	5	0.9	0	200	118.09	0	0	0	0	0	0	0	0	0	0	0	5	5	0	0	0	0	0	0	0	0
淮海工学院	41	2	0.2	0	11.5	6.5	0	0	0	0	0	0	0	0	0	0	0	0	0	0	0	0	0	0	0	0	0
徐州工程学院	42	1	0.3	0	0	4	0	0	0	0	0	0	0	0	0	0	0	5	5	0	0	0	0	0	0	2	0
南京特殊教育师范学院	43	0	0	0	0	0	0	0	0	0	0	0	0	0	0	0	0	1	1	0	0	0	0	0	0	0	0
泰州学院	44	0	0	0	0	0	0	0	0	0	0	0	0	0	0	0	0	0	0	0	0	0	0	0	0	0	0
金陵科技学院	45	8	1.6	0	40	98.7	0	0	0	0	0	0	0	0	0	0	0	2	2	0	0	0	0	0	0	0	0
江苏第二师范学院	46	3	0.9	0	78	27.04	0	0	0	0	0	0	0	0	0	0	0	0	0	0	0	0	0	0	0	0	0

2.4 逻辑学人文、社会科学研究与课题成果情况表

高校名称		总数					出版著作(部)							古籍整理(部)	译著(部)	发表译文(篇)	电子出版物(件)	发表论文(篇)				获奖成果数(项)				研究与咨询报告(篇)	
		课题数(项)	当年投入人数(人年)	其中:研究生(人年)	当年投入经费(千元)	当年支出经费(千元)	合计	专著	其中:被译成外文	编著教材	工具书参考书	皮书/发展报告	科普读物					合计	国内学术刊物	国外学术刊物	港、澳、台地区刊物	合计	国家级奖	部级奖	省级奖	合计	其中:被采纳数
	编号	L01	L02	L03	L04	L05	L06	L07	L08	L09	L10	L11	L12	L13	L14	L15	L16	L17	L18	L19	L20	L21	L22	L23	L24	L25	L26
合计	/	12	3.3	0.7	543	492	2	0	0	2	0	0	0	0	1	0	0	15	13	2	0	0	0	0	0	1	1
南京大学	1	5	0.5	0	0	0	1	0	0	1	0	0	0	0	1	0	0	7	5	2	0	0	0	0	0	0	0
东南大学	2	2	1.4	0.3	0	0	0	0	0	0	0	0	0	0	0	0	0	0	0	0	0	0	0	0	0	0	0
江南大学	3	0	0	0	0	0	0	0	0	0	0	0	0	0	0	0	0	0	0	0	0	0	0	0	0	0	0
南京农业大学	4	0	0	0	0	0	0	0	0	0	0	0	0	0	0	0	0	0	0	0	0	0	0	0	0	0	0
中国矿业大学	5	0	0	0	0	0	0	0	0	0	0	0	0	0	0	0	0	0	0	0	0	0	0	0	0	0	0
河海大学	6	2	0.7	0.4	511	460	0	0	0	0	0	0	0	0	0	0	0	5	5	0	0	0	0	0	0	1	1
南京理工大学	7	0	0	0	0	0	0	0	0	0	0	0	0	0	0	0	0	0	0	0	0	0	0	0	0	0	0
南京航空航天大学	8	0	0	0	0	0	0	0	0	0	0	0	0	0	0	0	0	0	0	0	0	0	0	0	0	0	0
中国药科大学	9	0	0	0	0	0	0	0	0	0	0	0	0	0	0	0	0	0	0	0	0	0	0	0	0	0	0
南京森林警察学院	10	0	0	0	0	0	0	0	0	0	0	0	0	0	0	0	0	0	0	0	0	0	0	0	0	0	0
苏州大学	11	0	0	0	0	0	0	0	0	0	0	0	0	0	0	0	0	0	0	0	0	0	0	0	0	0	0
江苏科技大学	12	0	0	0	0	0	0	0	0	0	0	0	0	0	0	0	0	0	0	0	0	0	0	0	0	0	0
南京工业大学	13	0	0	0	0	0	0	0	0	0	0	0	0	0	0	0	0	0	0	0	0	0	0	0	0	0	0
常州大学	14	0	0	0	0	0	0	0	0	0	0	0	0	0	0	0	0	0	0	0	0	0	0	0	0	0	0
南京邮电大学	15	0	0	0	0	0	0	0	0	0	0	0	0	0	0	0	0	0	0	0	0	0	0	0	0	0	0
南京林业大学	16	0	0	0	0	0	0	0	0	0	0	0	0	0	0	0	0	0	0	0	0	0	0	0	0	0	0
江苏大学	17	0	0	0	0	0	0	0	0	0	0	0	0	0	0	0	0	0	0	0	0	0	0	0	0	0	0
南京信息工程大学	18	1	0.5	0	32	22	0	0	0	0	0	0	0	0	0	0	0	0	0	0	0	0	0	0	0	0	0
南通大学	19	0	0	0	0	0	0	0	0	0	0	0	0	0	0	0	0	0	0	0	0	0	0	0	0	0	0
盐城工学院	20	0	0	0	0	0	0	0	0	0	0	0	0	0	0	0	0	0	0	0	0	0	0	0	0	0	0
南京医科大学	21	0	0	0	0	0	0	0	0	0	0	0	0	0	0	0	0	0	0	0	0	0	0	0	0	0	0
徐州医科大学	22	0	0	0	0	0	0	0	0	0	0	0	0	0	0	0	0	0	0	0	0	0	0	0	0	0	0

续表

高校名称		总数					出版著作(部)							古籍整理(部)	译著(部)	发表译文(篇)	电子出版物(件)	发表论文(篇)				获奖成果数(项)				研究与咨询报告(篇)	
		课题数(项)	当年投入人数(人年)	其中：研究生(人年)	当年投入经费(千元)	当年支出经费(千元)	合计	专著	其中：被译成外文	编著教材	工具书参考书	皮书/发展报告	科普读物					合计	国内学术刊物	国外学术刊物	港、澳、台地区刊物	合计	国家级奖	部级奖	省级奖	合计	其中：被采纳数
	编号	L01	L02	L03	L04	L05	L06	L07	L08	L09	L10	L11	L12	L13	L14	L15	L16	L17	L18	L19	L20	L21	L22	L23	L24	L25	L26
南京中医药大学	23	0	0	0	0	0	0	0	0	0	0	0	0	0	0	0	0	0	0	0	0	0	0	0	0	0	0
南京师范大学	24	1	0.1	0	0	10	1	0	0	1	0	0	0	0	0	0	0	1	1	0	0	0	0	0	0	0	0
江苏师范大学	25	0	0	0	0	0	0	0	0	0	0	0	0	0	0	0	0	0	0	0	0	0	0	0	0	0	0
淮阴师范学院	26	0	0	0	0	0	0	0	0	0	0	0	0	0	0	0	0	0	0	0	0	0	0	0	0	0	0
盐城师范学院	27	0	0	0	0	0	0	0	0	0	0	0	0	0	0	0	0	0	0	0	0	0	0	0	0	0	0
南京财经大学	28	0	0	0	0	0	0	0	0	0	0	0	0	0	0	0	0	0	0	0	0	0	0	0	0	0	0
江苏警官学院	29	0	0	0	0	0	0	0	0	0	0	0	0	0	0	0	0	0	0	0	0	0	0	0	0	0	0
南京体育学院	30	0	0	0	0	0	0	0	0	0	0	0	0	0	0	0	0	0	0	0	0	0	0	0	0	0	0
南京艺术学院	31	0	0	0	0	0	0	0	0	0	0	0	0	0	0	0	0	0	0	0	0	0	0	0	0	0	0
苏州科技大学	32	0	0	0	0	0	0	0	0	0	0	0	0	0	0	0	0	0	0	0	0	0	0	0	0	0	0
常熟理工学院	33	0	0	0	0	0	0	0	0	0	0	0	0	0	0	0	0	0	0	0	0	0	0	0	0	0	0
淮阴工学院	34	0	0	0	0	0	0	0	0	0	0	0	0	0	0	0	0	1	1	0	0	0	0	0	0	0	0
常州工学院	35	0	0	0	0	0	0	0	0	0	0	0	0	0	0	0	0	0	0	0	0	0	0	0	0	0	0
扬州大学	36	0	0	0	0	0	0	0	0	0	0	0	0	0	0	0	0	0	0	0	0	0	0	0	0	0	0
南京工程学院	37	0	0	0	0	0	0	0	0	0	0	0	0	0	0	0	0	0	0	0	0	0	0	0	0	0	0
南京审计大学	38	0	0	0	0	0	0	0	0	0	0	0	0	0	0	0	0	0	0	0	0	0	0	0	0	0	0
南京晓庄学院	39	0	0	0	0	0	0	0	0	0	0	0	0	0	0	0	0	0	0	0	0	0	0	0	0	0	0
江苏理工学院	40	0	0	0	0	0	0	0	0	0	0	0	0	0	0	0	0	1	1	0	0	0	0	0	0	0	0
淮海工学院	41	1	0.1	0	0	0	0	0	0	0	0	0	0	0	0	0	0	0	0	0	0	0	0	0	0	0	0
徐州工程学院	42	0	0	0	0	0	0	0	0	0	0	0	0	0	0	0	0	0	0	0	0	0	0	0	0	0	0
南京特殊教育师范学院	43	0	0	0	0	0	0	0	0	0	0	0	0	0	0	0	0	0	0	0	0	0	0	0	0	0	0
泰州学院	44	0	0	0	0	0	0	0	0	0	0	0	0	0	0	0	0	0	0	0	0	0	0	0	0	0	0
金陵科技学院	45	0	0	0	0	0	0	0	0	0	0	0	0	0	0	0	0	0	0	0	0	0	0	0	0	0	0
江苏第二师范学院	46	0	0	0	0	0	0	0	0	0	0	0	0	0	0	0	0	0	0	0	0	0	0	0	0	0	0

2.5 宗教学人文、社会科学研究与课题成果情况表

高校名称		总数					出版著作(部)							古籍整理(部)	译著(部)	发表译文(篇)	电子出版物(件)	发表论文(篇)				获奖成果数(项)				研究与咨询报告(篇)	
		课题数(项)	当年投入人数(人年)	其中:研究生(人年)	当年投入经费(千元)	当年支出经费(千元)	合计	专著	其中:被译成外文	编著教材	工具书参考书	皮书/发展报告	科普读物					合计	国内学术刊物	国外学术刊物	港、澳、台地区刊物	合计	国家级奖	部级奖	省级奖	合计	其中:被采纳数
	编号	L01	L02	L03	L04	L05	L06	L07	L08	L09	L10	L11	L12	L13	L14	L15	L16	L17	L18	L19	L20	L21	L22	L23	L24	L25	L26
合计	/	55	11.7	1.2	1 453.5	1 388.35	7	5	0	2	0	0	0	0	0	0	0	45	42	0	3	0	0	0	0	1	1
南京大学	1	23	3.1	0.2	914	774	5	3	0	2	0	0	0	0	0	0	0	25	22	0	3	0	0	0	0	0	0
东南大学	2	7	2.4	0.7	422.5	420	1	1	0	0	0	0	0	0	0	0	0	4	4	0	0	0	0	0	0	0	0
江南大学	3	2	0.5	0	0	0	0	0	0	0	0	0	0	0	0	0	0	0	0	0	0	0	0	0	0	0	0
南京农业大学	4	2	0.2	0	0	0	0	0	0	0	0	0	0	0	0	0	0	0	0	0	0	0	0	0	0	0	0
中国矿业大学	5	1	0.3	0	0	0	0	0	0	0	0	0	0	0	0	0	0	0	0	0	0	0	0	0	0	0	0
河海大学	6	1	0.4	0.2	40	36.15	0	0	0	0	0	0	0	0	0	0	0	3	3	0	0	0	0	0	0	1	1
南京理工大学	7	0	0	0	0	0	1	1	0	0	0	0	0	0	0	0	0	0	0	0	0	0	0	0	0	0	0
南京航空航天大学	8	0	0	0	0	0	0	0	0	0	0	0	0	0	0	0	0	0	0	0	0	0	0	0	0	0	0
中国药科大学	9	1	0.1	0	10	10	0	0	0	0	0	0	0	0	0	0	0	0	0	0	0	0	0	0	0	0	0
南京森林警察学院	10	0	0	0	0	0	0	0	0	0	0	0	0	0	0	0	0	0	0	0	0	0	0	0	0	0	0
苏州大学	11	1	0.1	0	5	5	0	0	0	0	0	0	0	0	0	0	0	0	0	0	0	0	0	0	0	0	0
江苏科技大学	12	1	0.3	0	0	0	0	0	0	0	0	0	0	0	0	0	0	0	0	0	0	0	0	0	0	0	0
南京工业大学	13	1	0.2	0	32	32	0	0	0	0	0	0	0	0	0	0	0	0	0	0	0	0	0	0	0	0	0
常州大学	14	2	0.7	0	30	39	0	0	0	0	0	0	0	0	0	0	0	0	0	0	0	0	0	0	0	0	0
南京邮电大学	15	0	0	0	0	0	0	0	0	0	0	0	0	0	0	0	0	0	0	0	0	0	0	0	0	0	0
南京林业大学	16	2	0.7	0	0	16.8	0	0	0	0	0	0	0	0	0	0	0	0	0	0	0	0	0	0	0	0	0
江苏大学	17	0	0	0	0	0	0	0	0	0	0	0	0	0	0	0	0	0	0	0	0	0	0	0	0	0	0
南京信息工程大学	18	1	0.1	0	0	0	0	0	0	0	0	0	0	0	0	0	0	3	3	0	0	0	0	0	0	0	0
南通大学	19	0	0	0	0	0	0	0	0	0	0	0	0	0	0	0	0	4	4	0	0	0	0	0	0	0	0
盐城工学院	20	0	0	0	0	0	0	0	0	0	0	0	0	0	0	0	0	0	0	0	0	0	0	0	0	0	0
南京医科大学	21	0	0	0	0	0	0	0	0	0	0	0	0	0	0	0	0	0	0	0	0	0	0	0	0	0	0
徐州医科大学	22	0	0	0	0	0	0	0	0	0	0	0	0	0	0	0	0	0	0	0	0	0	0	0	0	0	0

续表

高校名称		总数					出版著作(部)							古籍整理(部)	译著(部)	发表译文(篇)	电子出版物(件)	发表论文(篇)				获奖成果数(项)				研究与咨询报告(篇)	
		课题数(项)	当年投入人数(人年)	其中：研究生(人年)	当年投入经费(千元)	当年支出经费(千元)	合计	专著	其中：被译成外文	编著教材	工具书参考书	皮书/发展报告	科普读物					合计	国内学术刊物	国外学术刊物	港、澳、台地区刊物	合计	国家级奖	部级奖	省级奖	合计	其中：被采纳数
	编号	L01	L02	L03	L04	L05	L06	L07	L08	L09	L10	L11	L12	L13	L14	L15	L16	L17	L18	L19	L20	L21	L22	L23	L24	L25	L26
南京中医药大学	23	1	0.5	0	0	13	0	0	0	0	0	0	0	0	0	0	0	0	0	0	0	0	0	0	0	0	0
南京师范大学	24	2	0.7	0.1	0	1	0	0	0	0	0	0	0	0	0	0	0	0	0	0	0	0	0	0	0	0	0
江苏师范大学	25	1	0.2	0	0	6	0	0	0	0	0	0	0	0	0	0	0	1	1	0	0	0	0	0	0	0	0
淮阴师范学院	26	0	0	0	0	0	0	0	0	0	0	0	0	0	0	0	0	0	0	0	0	0	0	0	0	0	0
盐城师范学院	27	0	0	0	0	0	0	0	0	0	0	0	0	0	0	0	0	0	0	0	0	0	0	0	0	0	0
南京财经大学	28	0	0	0	0	0	0	0	0	0	0	0	0	0	0	0	0	0	0	0	0	0	0	0	0	0	0
江苏警官学院	29	1	0.3	0	0	0.4	0	0	0	0	0	0	0	0	0	0	0	0	0	0	0	0	0	0	0	0	0
南京体育学院	30	0	0	0	0	0	0	0	0	0	0	0	0	0	0	0	0	0	0	0	0	0	0	0	0	0	0
南京艺术学院	31	0	0	0	0	0	0	0	0	0	0	0	0	0	0	0	0	0	0	0	0	0	0	0	0	0	0
苏州科技大学	32	0	0	0	0	0	0	0	0	0	0	0	0	0	0	0	0	0	0	0	0	0	0	0	0	0	0
常熟理工学院	33	0	0	0	0	0	0	0	0	0	0	0	0	0	0	0	0	1	1	0	0	0	0	0	0	0	0
淮阴工学院	34	0	0	0	0	0	0	0	0	0	0	0	0	0	0	0	0	0	0	0	0	0	0	0	0	0	0
常州工学院	35	0	0	0	0	0	0	0	0	0	0	0	0	0	0	0	0	0	0	0	0	0	0	0	0	0	0
扬州大学	36	4	0.6	0	0	35	0	0	0	0	0	0	0	0	0	0	0	2	2	0	0	0	0	0	0	0	0
南京工程学院	37	0	0	0	0	0	0	0	0	0	0	0	0	0	0	0	0	0	0	0	0	0	0	0	0	0	0
南京审计大学	38	0	0	0	0	0	0	0	0	0	0	0	0	0	0	0	0	0	0	0	0	0	0	0	0	0	0
南京晓庄学院	39	1	0.3	0	0	0	0	0	0	0	0	0	0	0	0	0	0	0	0	0	0	0	0	0	0	0	0
江苏理工学院	40	0	0	0	0	0	0	0	0	0	0	0	0	0	0	0	0	0	0	0	0	0	0	0	0	0	0
淮海工学院	41	0	0	0	0	0	0	0	0	0	0	0	0	0	0	0	0	0	0	0	0	0	0	0	0	0	0
徐州工程学院	42	0	0	0	0	0	0	0	0	0	0	0	0	0	0	0	0	0	0	0	0	0	0	0	0	0	0
南京特殊教育师范学院	43	0	0	0	0	0	0	0	0	0	0	0	0	0	0	0	0	0	0	0	0	0	0	0	0	0	0
泰州学院	44	0	0	0	0	0	0	0	0	0	0	0	0	0	0	0	0	0	0	0	0	0	0	0	0	0	0
金陵科技学院	45	0	0	0	0	0	0	0	0	0	0	0	0	0	0	0	0	0	0	0	0	0	0	0	0	0	0
江苏第二师范学院	46	0	0	0	0	0	0	0	0	0	0	0	0	0	0	0	0	2	2	0	0	0	0	0	0	0	0

2.6 语言学人文、社会科学研究与课题成果情况表

高校名称		总数					出版著作(部)							古籍整理(部)	译著(部)	发表译文(篇)	电子出版物(件)	发表论文(篇)				获奖成果数(项)				研究与咨询报告(篇)	
		课题数(项)	当年投入人数(人年)	其中:研究生(人年)	当年投入经费(千元)	当年支出经费(千元)	合计	专著	其中:被译成外文	编著教材	工具书参考书	皮书/发展报告	科普读物					合计	国内学术刊物	国外学术刊物	港、澳、台地区刊物	合计	国家级奖	部级奖	省级奖	合计	其中:被采纳数
	编号	L01	L02	L03	L04	L05	L06	L07	L08	L09	L10	L11	L12	L13	L14	L15	L16	L17	L18	L19	L20	L21	L22	L23	L24	L25	L26
合计	/	1 199	290.4	19.4	29 278.1	18 577.4	130	59	3	67	3	1	0	1	24	2	0	1 051	987	64	0	1	0	1	0	55	21
南京大学	1	57	5.9	0.2	1 663.5	1 143.5	12	1	0	11	0	0	0	0	2	0	0	80	78	2	0	0	0	0	0	4	2
东南大学	2	41	15.8	2.4	570	716.9	4	4	0	0	0	0	0	0	1	0	0	30	25	5	0	0	0	0	0	0	0
江南大学	3	16	5.8	1	205	147.04	4	3	0	1	0	0	0	0	2	1	0	33	32	1	0	0	0	0	0	0	0
南京农业大学	4	74	11.2	1.3	20	32	0	0	0	0	0	0	0	0	0	0	0	24	24	0	0	0	0	0	0	1	1
中国矿业大学	5	61	10.7	1.5	199.42	142.75	9	1	0	7	1	0	0	0	1	0	0	28	27	1	0	0	0	0	0	2	0
河海大学	6	13	3.8	1.5	48	44	1	0	0	0	0	1	0	0	0	1	0	24	23	1	0	0	0	0	0	3	2
南京理工大学	7	17	7.6	1.6	310	290.26	3	2	0	1	0	0	0	0	0	0	0	11	8	3	0	0	0	0	0	0	0
南京航空航天大学	8	14	4.4	0.5	170	180.5	11	7	1	4	0	0	0	0	7	0	0	38	34	4	0	0	0	0	0	0	0
中国药科大学	9	37	6.3	0	130	122	2	1	0	1	0	0	0	0	0	0	0	34	34	0	0	0	0	0	0	0	0
南京森林警察学院	10	2	0.6	0	10	0	0	0	0	0	0	0	0	0	0	0	0	6	6	0	0	0	0	0	0	0	0
苏州大学	11	32	5.8	0.7	355.8	508.8	33	5	0	28	0	0	0	0	3	0	0	50	40	10	0	1	0	1	0	0	0
江苏科技大学	12	35	11.8	1.4	199	190.7	0	0	0	0	0	0	0	0	0	0	0	28	27	1	0	0	0	0	0	0	0
南京工业大学	13	27	4	0.1	172	214	4	3	0	1	0	0	0	0	0	0	0	32	31	1	0	0	0	0	0	0	0
常州大学	14	17	5.4	0	133	142.5	1	1	0	0	0	0	0	0	0	0	0	8	6	2	0	0	0	0	0	0	0
南京邮电大学	15	29	7.6	1.4	238	256	0	0	0	0	0	0	0	0	0	0	0	11	11	0	0	0	0	0	0	3	3
南京林业大学	16	18	1.8	0	112	74.34	0	0	0	0	0	0	0	0	0	0	0	6	6	0	0	0	0	0	0	0	0
江苏大学	17	38	6.7	0	201	211	2	2	0	0	0	0	0	0	0	0	0	12	12	0	0	0	0	0	0	0	0
南京信息工程大学	18	20	6.1	0	53	143.04	0	0	0	0	0	0	0	1	4	0	0	38	36	2	0	0	0	0	0	6	4
南通大学	19	24	6.2	0.1	285	491.36	4	3	0	1	0	0	0	0	1	0	0	44	44	0	0	0	0	0	0	0	0
盐城工学院	20	6	0.9	0	20	20	1	1	0	0	0	0	0	0	0	0	0	30	30	0	0	0	0	0	0	2	2
南京医科大学	21	3	0.3	0	10	26	0	0	0	0	0	0	0	0	0	0	0	0	0	0	0	0	0	0	0	0	0
徐州医科大学	22	4	1.2	0	14	9	0	0	0	0	0	0	0	0	0	0	0	2	1	1	0	0	0	0	0	0	0

续表

高校名称		总数					出版著作(部)							古籍整理(部)	译著(部)	发表译文(篇)	电子出版物(件)	发表论文(篇)				获奖成果数(项)				研究与咨询报告(篇)	
		课题数(项)	当年投入人数(人年)	其中：研究生(人年)	当年投入经费(千元)	当年支出经费(千元)	合计	专著	其中：被译成外文	编著教材	工具书参考书	皮书/发展报告	科普读物					合计	国内学术刊物	国外学术刊物	港、澳、台地区刊物	合计	国家级奖	部级奖	省级奖	合计	其中：被采纳数
	编号	L01	L02	L03	L04	L05	L06	L07	L08	L09	L10	L11	L12	L13	L14	L15	L16	L17	L18	L19	L20	L21	L22	L23	L24	L25	L26
南京中医药大学	23	13	6	0	823	148.4	1	0	0	1	0	0	0	0	0	0	0	2	2	0	0	0	0	0	0	0	0
南京师范大学	24	57	17.5	2.3	2 494	1 540.1	13	10	1	1	2	0	0	0	1	0	0	76	64	12	0	0	0	0	0	0	0
江苏师范大学	25	84	36.2	2.4	13 088.5	3 891.13	5	2	0	3	0	0	0	0	0	0	0	84	83	1	0	0	0	0	0	1	1
淮阴师范学院	26	41	7.3	0	1 327	1 094.5	2	1	0	1	0	0	0	0	0	0	0	26	24	2	0	0	0	0	0	0	0
盐城师范学院	27	44	15.5	0	382.66	1 372.66	7	3	0	4	0	0	0	0	1	0	0	45	43	2	0	0	0	0	0	5	5
南京财经大学	28	6	0.5	0.1	100	75	2	1	0	1	0	0	0	0	0	0	0	15	13	2	0	0	0	0	0	0	0
江苏警官学院	29	3	0.5	0	10	9.5	0	0	0	0	0	0	0	0	0	0	0	16	16	0	0	0	0	0	0	0	0
南京体育学院	30	1	0.1	0	0	0	0	0	0	0	0	0	0	0	0	0	0	4	4	0	0	0	0	0	0	0	0
南京艺术学院	31	8	1.3	0	8	4.55	0	0	0	0	0	0	0	0	0	0	0	0	0	0	0	0	0	0	0	0	0
苏州科技大学	32	20	5.4	0.2	650	558	2	2	1	0	0	0	0	0	0	0	0	24	24	0	0	0	0	0	0	0	0
常熟理工学院	33	18	4.6	0	270	282.3	0	0	0	0	0	0	0	0	0	0	0	23	23	0	0	0	0	0	0	8	0
淮阴工学院	34	48	7.1	0	1 559.8	1 460.78	2	1	0	1	0	0	0	0	0	0	0	17	13	4	0	0	0	0	0	1	0
常州工学院	35	26	4.3	0	1 162.4	379.3	0	0	0	0	0	0	0	0	0	0	0	20	20	0	0	0	0	0	0	9	0
扬州大学	36	73	12.5	0.7	622.45	1 392.81	1	1	0	0	0	0	0	0	0	0	0	31	30	1	0	0	0	0	0	3	0
南京工程学院	37	2	0.2	0	5	7.3	0	0	0	0	0	0	0	0	0	0	0	0	0	0	0	0	0	0	0	0	0
南京审计大学	38	29	8.5	0	219	110.82	0	0	0	0	0	0	0	0	1	0	0	7	7	0	0	0	0	0	0	0	0
南京晓庄学院	39	8	2.3	0	33.5	30.5	0	0	0	0	0	0	0	0	0	0	0	0	0	0	0	0	0	0	0	0	0
江苏理工学院	40	31	7.1	0	855.6	635.51	1	1	0	0	0	0	0	0	0	0	0	16	16	0	0	0	0	0	0	2	1
淮海工学院	41	48	4.8	0	385.5	298.5	1	1	0	0	0	0	0	0	0	0	0	21	15	6	0	0	0	0	0	0	0
徐州工程学院	42	27	12.8	0	40	59	0	0	0	0	0	0	0	0	0	0	0	10	10	0	0	0	0	0	0	3	0
南京特殊教育师范学院	43	4	0.6	0	32	42.28	1	1	0	0	0	0	0	0	0	0	0	7	7	0	0	0	0	0	0	0	0
泰州学院	44	6	2.1	0	10	3	0	0	0	0	0	0	0	0	0	0	0	13	13	0	0	0	0	0	0	0	0
金陵科技学院	45	7	0.9	0	78	63	0	0	0	0	0	0	0	0	0	0	0	18	18	0	0	0	0	0	0	2	0
江苏第二师范学院	46	10	2.4	0	3	12.77	1	1	0	0	0	0	0	0	0	0	0	7	7	0	0	0	0	0	0	0	0

2.7 中国文学人文、社会科学研究与课题成果情况表

高校名称		总数					出版著作(部)							古籍整理(部)	译著(部)	发表译文(篇)	电子出版物(件)	发表论文(篇)				获奖成果数(项)				研究与咨询报告(篇)	
		课题数(项)	当年投入人数(人年)	其中：研究生(人年)	当年投入经费(千元)	当年支出经费(千元)	合计	专著	其中：被译成外文	编著教材	工具书参考书	皮书/发展报告	科普读物					合计	国内学术刊物	国外学术刊物	港、澳、台地区刊物	合计	国家级奖	部级奖	省级奖	合计	其中：被采纳数
	编号	L01	L02	L03	L04	L05	L06	L07	L08	L09	L10	L11	L12	L13	L14	L15	L16	L17	L18	L19	L20	L21	L22	L23	L24	L25	L26
合计	/	880	218.5	16.5	25 934	19 576.2	146	101	1	38	2	0	5	10	5	4	1	1 091	1 079	9	3	0	0	0	0	20	8
南京大学	1	79	10.5	2	2 236.8	1 489.8	36	20	0	10	2	0	4	6	3	0	0	214	214	0	0	0	0	0	0	0	0
东南大学	2	20	7.6	0.7	828	736.5	5	5	0	0	0	0	0	0	0	0	0	14	14	0	0	0	0	0	0	0	0
江南大学	3	19	7.4	2.8	208.5	222.3	3	3	0	0	0	0	0	0	0	1	0	40	38	2	0	0	0	0	0	0	0
南京农业大学	4	3	0.3	0	12	12	0	0	0	0	0	0	0	0	0	0	0	0	0	0	0	0	0	0	0	0	0
中国矿业大学	5	33	7.5	0.6	512.6	478.8	4	3	0	1	0	0	0	0	0	0	0	15	15	0	0	0	0	0	0	0	0
河海大学	6	3	1	0.6	440	396	2	1	0	0	0	0	1	0	1	0	0	4	4	0	0	0	0	0	0	2	2
南京理工大学	7	4	0.8	0	238	157	0	0	0	0	0	0	0	0	0	0	0	0	0	0	0	0	0	0	0	0	0
南京航空航天大学	8	0	0	0	0	0	0	0	0	0	0	0	0	0	0	0	0	1	1	0	0	0	0	0	0	0	0
中国药科大学	9	0	0	0	0	0	0	0	0	0	0	0	0	0	0	0	0	0	0	0	0	0	0	0	0	0	0
南京森林警察学院	10	0	0	0	0	0	0	0	0	0	0	0	0	0	0	0	0	3	3	0	0	0	0	0	0	0	0
苏州大学	11	48	8.3	1.1	1 819	1 264.2	14	9	0	5	0	0	0	1	0	0	0	98	97	0	1	0	0	0	0	0	0
江苏科技大学	12	8	2.4	0	36	58	1	1	0	0	0	0	0	0	0	0	0	6	6	0	0	0	0	0	0	0	0
南京工业大学	13	2	0.2	0	0	10	0	0	0	0	0	0	0	0	0	0	0	0	0	0	0	0	0	0	0	0	0
常州大学	14	13	4.5	0	409.5	134	0	0	0	0	0	0	0	0	0	0	0	6	6	0	0	0	0	0	0	0	0
南京邮电大学	15	1	0.1	0	0	0	0	0	0	0	0	0	0	0	0	0	0	0	0	0	0	0	0	0	0	0	0
南京林业大学	16	4	0.4	0	13	25.96	0	0	0	0	0	0	0	0	0	0	0	4	4	0	0	0	0	0	0	0	0
江苏大学	17	20	4.6	2.6	875	905	0	0	0	0	0	0	0	0	0	0	0	17	17	0	0	0	0	0	0	0	0
南京信息工程大学	18	26	5.9	0	40	360.31	1	0	0	1	0	0	0	0	0	0	0	7	7	0	0	0	0	0	0	0	0
南通大学	19	60	15	0.5	843	1 088.32	16	12	0	4	0	0	0	2	0	0	0	57	51	5	1	0	0	0	0	0	0
盐城工学院	20	13	2	0	125	118	0	0	0	0	0	0	0	0	0	0	0	17	17	0	0	0	0	0	0	0	0
南京医科大学	21	0	0	0	0	0	0	0	0	0	0	0	0	0	0	0	0	0	0	0	0	0	0	0	0	0	0
徐州医科大学	22	0	0	0	0	0	0	0	0	0	0	0	0	0	0	0	0	0	0	0	0	0	0	0	0	0	0

续表

高校名称		总数					出版著作(部)							古籍整理(部)	译著(部)	发表译文(篇)	电子出版物(件)	发表论文(篇)				获奖成果数(项)				研究与咨询报告(篇)	
		课题数(项)	当年投入人数(人年)	其中：研究生(人年)	当年投入经费(千元)	当年支出经费(千元)	合计	专著	其中：被译成外文	编著教材	工具书参考书	皮书/发展报告	科普读物					合计	国内学术刊物	国外学术刊物	港、澳、台地区刊物	合计	国家级奖	部级奖	省级奖	合计	其中：被采纳数
	编号	L01	L02	L03	L04	L05	L06	L07	L08	L09	L10	L11	L12	L13	L14	L15	L16	L17	L18	L19	L20	L21	L22	L23	L24	L25	L26
南京中医药大学	23	4	1.6	0	40	12.2	0	0	0	0	0	0	0	0	0	0	0	1	1	0	0	0	0	0	0	0	0
南京师范大学	24	73	15.8	1.9	3 789.6	3 182.07	17	12	0	5	0	0	0	1	0	3	1	81	79	2	0	0	0	0	0	0	0
江苏师范大学	25	56	27.5	1.8	4 330.5	1 807.97	1	0	0	1	0	0	0	0	0	0	0	11	10	0	1	0	0	0	0	0	0
淮阴师范学院	26	45	7.1	0	1 480.42	1 102.42	5	4	0	1	0	0	0	0	0	0	0	64	64	0	0	0	0	0	0	1	0
盐城师范学院	27	30	14.4	0	550	534.4	2	2	0	0	0	0	0	0	0	0	0	66	66	0	0	0	0	0	0	3	3
南京财经大学	28	3	0.3	0	0	0	2	2	0	0	0	0	0	0	0	0	0	12	12	0	0	0	0	0	0	0	0
江苏警官学院	29	5	0.4	0	30	3.6	0	0	0	0	0	0	0	0	0	0	0	5	5	0	0	0	0	0	0	0	0
南京体育学院	30	0	0	0	0	0	0	0	0	0	0	0	0	0	0	0	0	0	0	0	0	0	0	0	0	0	0
南京艺术学院	31	7	1.9	0	80	9.8	0	0	0	0	0	0	0	0	0	0	0	7	7	0	0	0	0	0	0	0	0
苏州科技大学	32	24	4.2	0.8	760	572	4	3	0	1	0	0	0	0	0	0	0	31	31	0	0	0	0	0	0	0	0
常熟理工学院	33	18	5.6	0	120	166.1	2	2	0	0	0	0	0	0	0	0	0	27	27	0	0	0	0	0	0	3	1
淮阴工学院	34	13	2.3	0	320	367.75	1	1	0	0	0	0	0	0	0	0	0	14	14	0	0	0	0	0	0	0	0
常州工学院	35	25	3.7	0	206	120.2	0	0	0	0	0	0	0	0	0	0	0	26	26	0	0	0	0	0	0	2	0
扬州大学	36	82	15.8	1.1	1 874	1 704.22	11	8	0	3	0	0	0	0	0	0	0	83	83	0	0	0	0	0	0	0	0
南京工程学院	37	3	0.4	0	160	41.2	0	0	0	0	0	0	0	0	0	0	0	0	0	0	0	0	0	0	0	0	0
南京审计大学	38	7	2.2	0	36	25.6	0	0	0	0	0	0	0	0	0	0	0	5	5	0	0	0	0	0	0	0	0
南京晓庄学院	39	20	5.9	0	1 764	1 147.9	2	0	0	2	0	0	0	0	0	0	0	23	23	0	0	0	0	0	0	0	0
江苏理工学院	40	21	4.5	0	108	351.13	6	6	0	0	0	0	0	0	0	0	0	10	10	0	0	0	0	0	0	8	2
淮海工学院	41	17	2.2	0	300.5	185	1	1	0	0	0	0	0	0	0	0	0	10	10	0	0	0	0	0	0	0	0
徐州工程学院	42	18	7.9	0	391	213	2	2	0	0	0	0	0	0	0	0	0	28	28	0	0	0	0	0	0	0	0
南京特殊教育师范学院	43	1	0.3	0	0.5	0.5	0	0	0	0	0	0	0	0	0	0	0	5	5	0	0	0	0	0	0	0	0
泰州学院	44	20	6	0	113	44	0	0	0	0	0	0	0	0	0	0	0	18	18	0	0	0	0	0	0	0	0
金陵科技学院	45	5	1.1	0	112.1	63	3	2	0	1	0	0	0	0	0	0	0	11	11	0	0	0	0	0	0	1	0
江苏第二师范学院	46	27	8.9	0	732	465.91	5	2	0	3	0	0	0	0	1	0	0	50	50	0	0	0	0	0	0	0	0

2.8 外国文学人文、社会科学研究与课题成果情况表

高校名称		总数					出版著作(部)							古籍整理(部)	译著(部)	发表译文(篇)	电子出版物(件)	发表论文(篇)				获奖成果数(项)				研究与咨询报告(篇)	
		课题数(项)	当年投入人数(人年)	其中:研究生(人年)	当年投入经费(千元)	当年支出经费(千元)	合计	专著	其中:被译成外文	编著教材	工具书参考书	皮书/发展报告	科普读物					合计	国内学术刊物	国外学术刊物	港、澳、台地区刊物	合计	国家级奖	部级奖	省级奖	合计	其中:被采纳数
	编号	L01	L02	L03	L04	L05	L06	L07	L08	L09	L10	L11	L12	L13	L14	L15	L16	L17	L18	L19	L20	L21	L22	L23	L24	L25	L26
合计	/	478	109	4.1	6 773.56	6 414.86	52	31	1	21	0	0	0	0	64	2	2	537	515	21	1	0	0	0	0	9	2
南京大学	1	52	5.4	0.2	1 145.5	764.5	9	4	0	5	0	0	0	0	40	0	1	105	102	3	0	0	0	0	0	0	0
东南大学	2	11	5.7	0.3	89	154	0	0	0	0	0	0	0	0	0	0	0	0	0	0	0	0	0	0	0	0	0
江南大学	3	9	3.3	0	22	22	0	0	0	0	0	0	0	0	1	0	0	14	14	0	0	0	0	0	0	0	0
南京农业大学	4	14	2.7	0	0	0	0	0	0	0	0	0	0	0	0	0	0	1	1	0	0	0	0	0	0	0	0
中国矿业大学	5	5	0.6	0	124.46	124.46	0	0	0	0	0	0	0	0	1	0	0	23	22	1	0	0	0	0	0	0	0
河海大学	6	2	0.6	0.2	40	36	0	0	0	0	0	0	0	0	0	0	0	7	6	1	0	0	0	0	0	1	0
南京理工大学	7	16	4.3	0.2	260	146	2	2	1	0	0	0	0	0	0	0	1	16	16	0	0	0	0	0	0	0	0
南京航空航天大学	8	14	4	0.6	257	300	0	0	0	0	0	0	0	0	0	0	0	0	0	0	0	0	0	0	0	0	0
中国药科大学	9	0	0	0	0	0	0	0	0	0	0	0	0	0	0	0	0	0	0	0	0	0	0	0	0	0	0
南京森林警察学院	10	0	0	0	0	0	0	0	0	0	0	0	0	0	0	0	0	0	0	0	0	0	0	0	0	0	0
苏州大学	11	35	5.2	0.4	595	612.5	3	2	0	1	0	0	0	0	10	1	0	26	26	0	0	0	0	0	0	1	0
江苏科技大学	12	11	4	0.2	30	81.5	1	1	0	0	0	0	0	0	0	0	0	6	6	0	0	0	0	0	0	0	0
南京工业大学	13	6	0.8	0	14.8	54.8	1	1	0	0	0	0	0	0	0	0	0	3	3	0	0	0	0	0	0	0	0
常州大学	14	12	3.5	0	71.5	41	0	0	0	0	0	0	0	0	0	0	0	4	4	0	0	0	0	0	0	0	0
南京邮电大学	15	14	3.1	0.4	10	29.7	4	3	0	1	0	0	0	0	0	0	0	4	4	0	0	0	0	0	0	0	0
南京林业大学	16	6	0.6	0	40	31.6	1	1	0	0	0	0	0	0	0	0	0	6	6	0	0	0	0	0	0	0	0
江苏大学	17	6	0.6	0	0	0	0	0	0	0	0	0	0	0	0	0	0	3	3	0	0	0	0	0	0	1	1
南京信息工程大学	18	7	2.9	0	0	1.44	0	0	0	0	0	0	0	0	0	0	0	6	6	0	0	0	0	0	0	0	0
南通大学	19	22	5.1	0.1	302	275	3	3	0	0	0	0	0	0	0	0	0	27	27	0	0	0	0	0	0	0	0
盐城工学院	20	4	0.4	0	20	20	0	0	0	0	0	0	0	0	0	0	0	0	0	0	0	0	0	0	0	0	0
南京医科大学	21	3	0.5	0	0	24	1	1	0	0	0	0	0	0	0	0	0	2	2	0	0	0	0	0	0	0	0
徐州医科大学	22	0	0	0	0	0	0	0	0	0	0	0	0	0	0	0	0	0	0	0	0	0	0	0	0	0	0

续表

高校名称		总数					出版著作(部)							古籍整理(部)	译著(部)	发表译文(篇)	电子出版物(件)	发表论文(篇)				获奖成果数(项)				研究与咨询报告(篇)	
		课题数(项)	当年投入人数(人年)	其中：研究生(人年)	当年投入经费(千元)	当年支出经费(千元)	合计	专著	其中：被译成外文	编著教材	工具书参考书	皮书/发展报告	科普读物					合计	国内学术刊物	国外学术刊物	港、澳、台地区刊物	合计	国家级奖	部级奖	省级奖	合计	其中：被采纳数
	编号	L01	L02	L03	L04	L05	L06	L07	L08	L09	L10	L11	L12	L13	L14	L15	L16	L17	L18	L19	L20	L21	L22	L23	L24	L25	L26
南京中医药大学	23	1	0.1	0	0	0	0	0	0	0	0	0	0	0	0	0	0	0	0	0	0	0	0	0	0	0	0
南京师范大学	24	35	7.8	0.5	1 160	1 063	5	3	0	2	0	0	0	0	7	1	0	45	38	7	0	0	0	0	0	0	0
江苏师范大学	25	27	11.9	0.2	1 332.8	655.95	1	0	0	1	0	0	0	0	0	0	0	6	5	0	1	0	0	0	0	0	0
淮阴师范学院	26	4	0.5	0	50	30	0	0	0	0	0	0	0	0	0	0	0	11	11	0	0	0	0	0	0	0	0
盐城师范学院	27	10	4	0	5	27.8	1	1	0	0	0	0	0	0	0	0	0	19	19	0	0	0	0	0	0	0	0
南京财经大学	28	9	1.4	0	0	425.25	0	0	0	0	0	0	0	0	0	0	0	1	1	0	0	0	0	0	0	0	0
江苏警官学院	29	0	0	0	0	0	0	0	0	0	0	0	0	0	0	0	0	0	0	0	0	0	0	0	0	0	0
南京体育学院	30	1	0.5	0.2	0	0	0	0	0	0	0	0	0	0	0	0	0	1	1	0	0	0	0	0	0	0	0
南京艺术学院	31	0	0	0	0	0	0	0	0	0	0	0	0	0	0	0	0	1	1	0	0	0	0	0	0	0	0
苏州科技大学	32	11	2.5	0.6	310	390	0	0	0	0	0	0	0	0	0	0	0	7	7	0	0	0	0	0	0	0	0
常熟理工学院	33	10	2.8	0	40	147.65	1	1	0	0	0	0	0	0	0	0	0	8	8	0	0	0	0	0	0	0	0
淮阴工学院	34	9	1.3	0	16	65	1	1	0	0	0	0	0	0	1	0	0	17	15	2	0	0	0	0	0	0	0
常州工学院	35	10	1.3	0	0	11.9	3	3	0	0	0	0	0	0	0	0	0	7	7	0	0	0	0	0	0	1	0
扬州大学	36	36	5.4	0	546.5	353	1	1	0	0	0	0	0	0	2	0	0	11	11	0	0	0	0	0	0	0	0
南京工程学院	37	4	0.6	0	85	49	2	1	0	1	0	0	0	0	0	0	0	23	22	1	0	0	0	0	0	0	0
南京审计大学	38	7	2.2	0	40	60.36	0	0	0	0	0	0	0	0	0	0	0	1	1	0	0	0	0	0	0	0	0
南京晓庄学院	39	6	1.6	0	41	15	10	0	0	10	0	0	0	0	1	0	0	55	54	1	0	0	0	0	0	1	1
江苏理工学院	40	17	3.8	0	95	298.21	0	0	0	0	0	0	0	0	1	0	0	9	9	0	0	0	0	0	0	0	0
淮海工学院	41	10	1.1	0	5	21	2	2	0	0	0	0	0	0	0	0	0	8	3	5	0	0	0	0	0	0	0
徐州工程学院	42	14	4.8	0	0	27.24	0	0	0	0	0	0	0	0	0	0	0	43	43	0	0	0	0	0	0	3	0
南京特殊教育师范学院	43	0	0	0	0	0	0	0	0	0	0	0	0	0	0	0	0	0	0	0	0	0	0	0	0	0	0
泰州学院	44	4	1.5	0	10	1	0	0	0	0	0	0	0	0	0	0	0	5	5	0	0	0	0	0	0	0	0
金陵科技学院	45	3	0.3	0	16	55	0	0	0	0	0	0	0	0	0	0	0	6	6	0	0	0	0	0	0	1	0
江苏第二师范学院	46	1	0.3	0	0	0	0	0	0	0	0	0	0	0	0	0	0	0	0	0	0	0	0	0	0	0	0

2.9 艺术学人文、社会科学研究与课题成果情况表

高校名称		总数					出版著作(部)							古籍整理(部)	译著(部)	发表译文(篇)	电子出版物(件)	发表论文(篇)				获奖成果数(项)				研究与咨询报告(篇)	
		课题数(项)	当年投入人数(人年)	其中:研究生(人年)	当年投入经费(千元)	当年支出经费(千元)	合计	专著	其中:被译成外文	编著教材	工具书参考书	皮书/发展报告	科普读物					合计	国内学术刊物	国外学术刊物	港、澳、台地区刊物	合计	国家级奖	部级奖	省级奖	合计	其中:被采纳数
	编号	L01	L02	L03	L04	L05	L06	L07	L08	L09	L10	L11	L12	L13	L14	L15	L16	L17	L18	L19	L20	L21	L22	L23	L24	L25	L26
合计	/	1 990	483.3	59.3	54 036.6	45 854.2	176	103	0	72	1	0	0	0	18	7	7	2 050	2 011	38	1	0	0	0	0	127	51
南京大学	1	32	5.8	0.8	2 637	2 168	8	3	0	5	0	0	0	0	2	0	0	84	80	4	0	0	0	0	0	1	1
东南大学	2	79	26.4	3.7	2 317.8	1 483.3	12	11	0	1	0	0	0	0	1	0	0	65	63	2	0	0	0	0	0	1	0
江南大学	3	246	85.4	37.7	9 497.9	9 100.67	30	9	0	21	0	0	0	0	4	7	0	170	168	2	0	0	0	0	0	0	0
南京农业大学	4	28	3.1	0.4	66.8	66.8	0	0	0	0	0	0	0	0	0	0	0	3	3	0	0	0	0	0	0	0	0
中国矿业大学	5	47	7.6	0.9	1 037	739.6	2	0	0	2	0	0	0	0	0	0	0	28	21	7	0	0	0	0	0	6	0
河海大学	6	4	1	0.4	32	29	1	1	0	0	0	0	0	0	0	0	0	12	12	0	0	0	0	0	0	3	3
南京理工大学	7	31	5.7	0	555	397.3	2	2	0	0	0	0	0	0	0	0	0	8	5	3	0	0	0	0	0	2	0
南京航空航天大学	8	29	8.6	0.6	1 042	1 044.5	4	4	0	0	0	0	0	0	0	0	0	23	23	0	0	0	0	0	0	0	0
中国药科大学	9	0	0	0	0	0	0	0	0	0	0	0	0	0	0	0	0	0	0	0	0	0	0	0	0	0	0
南京森林警察学院	10	0	0	0	0	0	0	0	0	0	0	0	0	0	0	0	0	2	2	0	0	0	0	0	0	0	0
苏州大学	11	57	8.4	0.9	1 868.4	2 208.8	8	7	0	1	0	0	0	0	1	0	0	30	30	0	0	0	0	0	0	4	1
江苏科技大学	12	3	1	0	20	16	0	0	0	0	0	0	0	0	0	0	0	0	0	0	0	0	0	0	0	0	0
南京工业大学	13	32	5.4	0.7	155	197.9	1	1	0	0	0	0	0	0	0	0	0	29	29	0	0	0	0	0	0	1	1
常州大学	14	37	10.9	0	358.8	376.5	1	0	0	1	0	0	0	0	0	0	0	29	29	0	0	0	0	0	0	0	0
南京邮电大学	15	27	6	1.8	1 127.24	1 015.94	2	2	0	0	0	0	0	0	0	0	2	7	7	0	0	0	0	0	0	4	4
南京林业大学	16	59	6.4	0	313	368.43	7	6	0	1	0	0	0	0	2	0	0	69	69	0	0	0	0	0	0	0	0
江苏大学	17	54	13.1	7.8	1 633	1 613	3	3	0	0	0	0	0	0	0	0	0	9	9	0	0	0	0	0	0	4	0
南京信息工程大学	18	40	12.1	0	641.8	603.98	0	0	0	0	0	0	0	0	0	0	0	50	50	0	0	0	0	0	0	11	7
南通大学	19	42	6.7	0	2 126.8	2 071.8	3	2	0	1	0	0	0	0	0	0	0	42	42	0	0	0	0	0	0	11	7
盐城工学院	20	23	2.3	0	718.5	479.5	1	1	0	0	0	0	0	0	0	0	0	39	38	1	0	0	0	0	0	1	1
南京医科大学	21	0	0	0	0	0	0	0	0	0	0	0	0	0	0	0	0	0	0	0	0	0	0	0	0	0	0
徐州医科大学	22	0	0	0	0	0	0	0	0	0	0	0	0	0	0	0	0	0	0	0	0	0	0	0	0	0	0

续表

高校名称	编号	总数					出版著作(部)							古籍整理(部)	译著(部)	发表译文(篇)	电子出版物(件)	发表论文(篇)				获奖成果数(项)				研究与咨询报告(篇)	
		课题数(项)	当年投入人数(人年)	其中:研究生(人年)	当年投入经费(千元)	当年支出经费(千元)	合计	专著	其中:被译成外文	编著教材	工具书参考书	皮书/发展报告	科普读物					合计	国内学术刊物	国外学术刊物	港澳、台地区刊物	合计	国家级奖	部级奖	省级奖	合计	其中:被采纳数
		L01	L02	L03	L04	L05	L06	L07	L08	L09	L10	L11	L12	L13	L14	L15	L16	L17	L18	L19	L20	L21	L22	L23	L24	L25	L26
南京中医药大学	23	1	0.2	0	0	30	0	0	0	0	0	0	0	0	0	0	0	3	3	0	0	0	0	0	0	0	0
南京师范大学	24	58	8	0.6	1 729.9	1 259.6	16	6	0	10	0	0	0	0	1	0	3	66	64	2	0	0	0	0	0	1	1
江苏师范大学	25	61	29.6	1.1	1 620	913.15	8	5	0	3	0	0	0	0	0	0	0	124	124	0	0	0	0	0	0	2	2
淮阴师范学院	26	43	8.2	0	1 321.45	1 079.5	1	0	0	1	0	0	0	0	0	0	0	43	43	0	0	0	0	0	0	0	0
盐城师范学院	27	70	26	0	7 094.32	5 072.12	7	5	0	2	0	0	0	0	0	0	0	62	58	4	0	0	0	0	0	8	6
南京财经大学	28	21	2.2	0.3	260	237.4	0	0	0	0	0	0	0	0	0	0	0	25	25	0	0	0	0	0	0	0	0
江苏警官学院	29	4	0.5	0	30	0	1	1	0	0	0	0	0	0	0	0	0	4	4	0	0	0	0	0	0	0	0
南京体育学院	30	1	0.1	0	0	0	0	0	0	0	0	0	0	0	0	0	0	1	1	0	0	0	0	0	0	0	0
南京艺术学院	31	300	75.9	1.4	3 745.56	2 672.22	18	9	0	8	1	0	0	0	5	0	0	452	450	2	0	0	0	0	0	4	2
苏州科技大学	32	59	17.6	0	1366	1 321	6	0	0	6	0	0	0	0	0	0	2	62	62	0	0	0	0	0	0	1	1
常熟理工学院	33	30	6.5	0	430	707.09	1	1	0	0	0	0	0	0	0	0	0	50	50	0	0	0	0	0	0	6	4
淮阴工学院	34	33	5.1	0	566	1 262.15	3	2	0	1	0	0	0	0	0	0	0	23	17	6	0	0	0	0	0	3	1
常州工学院	35	63	10.2	0	1 206.3	497.63	3	3	0	0	0	0	0	0	0	0	0	58	58	0	0	0	0	0	0	16	0
扬州大学	36	67	11.4	0.2	1 137.92	963.57	4	3	0	1	0	0	0	0	1	0	0	87	87	0	0	0	0	0	0	1	0
南京工程学院	37	28	3.5	0	784.8	638.1	2	1	0	1	0	0	0	0	0	0	0	15	15	0	0	0	0	0	0	2	2
南京审计大学	38	2	1	0	40	0	0	0	0	0	0	0	0	0	0	0	0	4	4	0	0	0	0	0	0	0	0
南京晓庄学院	39	20	5.9	0	378	178.5	2	0	0	2	0	0	0	0	0	0	0	52	51	1	0	0	0	0	0	0	0
江苏理工学院	40	32	6	0	761.4	724.49	2	1	0	1	0	0	0	0	0	0	0	18	18	0	0	0	0	0	0	0	0
淮海工学院	41	63	6.4	0	1 096.7	450.3	4	4	0	0	0	0	0	0	0	0	0	52	50	2	0	0	0	0	0	7	7
徐州工程学院	42	38	19.5	0	27	63.09	10	8	0	2	0	0	0	0	1	0	0	70	70	0	0	0	0	0	0	11	0
南京特殊教育师范学院	43	5	0.6	0	0	10.8	0	0	0	0	0	0	0	0	0	0	0	21	20	0	1	0	0	0	0	0	0
泰州学院	44	15	5	0	105	121.91	2	1	0	1	0	0	0	0	0	0	0	21	21	0	0	0	0	0	0	0	0
金陵科技学院	45	81	10.5	0	4 132.83	3 575.33	0	0	0	0	0	0	0	0	0	0	0	21	19	2	0	0	0	0	0	16	0
江苏第二师范学院	46	25	7.5	0	55.4	95.2	1	1	0	0	0	0	0	0	0	0	0	17	17	0	0	0	0	0	0	0	0

2.10 历史学人文、社会科学研究与课题成果情况表

高校名称		总数					出版著作(部)							古籍整理(部)	译著(部)	发表译文(篇)	电子出版物(件)	发表论文(篇)				获奖成果数(项)				研究与咨询报告(篇)	
		课题数(项)	当年投入人数(人年)	其中:研究生(人年)	当年投入经费(千元)	当年支出经费(千元)	合计	专著	其中:被译成外文	编著教材	工具书参考书	皮书/发展报告	科普读物					合计	国内学术刊物	国外学术刊物	港、澳、台地区刊物	合计	国家级奖	部级奖	省级奖	合计	其中:被采纳数
	编号	L01	L02	L03	L04	L05	L06	L07	L08	L09	L10	L11	L12	L13	L14	L15	L16	L17	L18	L19	L20	L21	L22	L23	L24	L25	L26
合计	/	485	113.7	15.3	15 916.8	12 425.5	51	43	0	7	0	0	1	0	5	1	0	364	354	9	1	0	0	0	0	10	7
南京大学	1	88	12.6	3.8	4 691	3 595	7	5	0	2	0	0	0	0	1	0	0	39	32	6	1	0	0	0	0	0	0
东南大学	2	4	1.3	0.4	0	164	2	2	0	0	0	0	0	0	0	0	0	4	4	0	0	0	0	0	0	0	0
江南大学	3	5	1.6	0.2	225	168	4	1	0	3	0	0	0	0	0	0	0	5	5	0	0	0	0	0	0	0	0
南京农业大学	4	69	10.6	3.7	1 287.5	1 281.5	2	2	0	0	0	0	0	0	0	0	0	33	33	0	0	0	0	0	0	0	0
中国矿业大学	5	9	3	0.1	0	12.8	0	0	0	0	0	0	0	0	2	0	0	2	2	0	0	0	0	0	0	0	0
河海大学	6	9	2.7	1.1	670	528	1	1	0	0	0	0	0	0	0	0	0	33	32	1	0	0	0	0	0	3	2
南京理工大学	7	6	0.8	0	80	60	1	0	0	0	0	0	1	0	0	0	0	3	3	0	0	0	0	0	0	0	0
南京航空航天大学	8	0	0	0	0	0	0	0	0	0	0	0	0	0	0	0	0	0	0	0	0	0	0	0	0	0	0
中国药科大学	9	3	0.7	0	32	32	1	1	0	0	0	0	0	0	0	0	0	1	1	0	0	0	0	0	0	0	0
南京森林警察学院	10	0	0	0	0	0	0	0	0	0	0	0	0	0	0	0	0	0	0	0	0	0	0	0	0	0	0
苏州大学	11	32	4.6	0.5	1 160.8	742.5	17	17	0	0	0	0	0	0	1	0	0	74	74	0	0	0	0	0	0	0	0
江苏科技大学	12	0	0	0	0	0	0	0	0	0	0	0	0	0	0	0	0	0	0	0	0	0	0	0	0	0	0
南京工业大学	13	1	0.1	0	40	57	0	0	0	0	0	0	0	0	0	0	0	1	1	0	0	0	0	0	0	0	0
常州大学	14	8	3.2	0	420	144	1	1	0	0	0	0	0	0	0	0	0	1	1	0	0	0	0	0	0	0	0
南京邮电大学	15	19	6.8	1.9	285	222	0	0	0	0	0	0	0	0	0	0	0	6	6	0	0	0	0	0	0	0	0
南京林业大学	16	5	0.5	0	0	6.6	0	0	0	0	0	0	0	0	0	0	0	0	0	0	0	0	0	0	0	0	0
江苏大学	17	8	1.2	0.1	10	10	0	0	0	0	0	0	0	0	0	0	0	3	3	0	0	0	0	0	0	0	0
南京信息工程大学	18	10	2.4	0.3	350	227.83	0	0	0	0	0	0	0	0	0	0	0	4	4	0	0	0	0	0	0	1	1
南通大学	19	5	1.2	0	82	158	1	1	0	0	0	0	0	0	0	0	0	11	11	0	0	0	0	0	0	0	0
盐城工学院	20	2	0.2	0	230	177	0	0	0	0	0	0	0	0	0	0	0	0	0	0	0	0	0	0	0	0	0
南京医科大学	21	0	0	0	0	0	0	0	0	0	0	0	0	0	0	0	0	1	1	0	0	0	0	0	0	0	0
徐州医科大学	22	0	0	0	0	0	0	0	0	0	0	0	0	0	0	0	0	0	0	0	0	0	0	0	0	0	0

续表

高校名称		总数					出版著作(部)							古籍整理(部)	译著(部)	发表译文(篇)	电子出版物(件)	发表论文(篇)				获奖成果数(项)				研究与咨询报告(篇)	
		课题数(项)	当年投入人数(人年)	其中：研究生(人年)	当年投入经费(千元)	当年支出经费(千元)	合计	专著	其中：被译成外文	编著教材	工具书参考书	皮书/发展报告	科普读物					合计	国内学术刊物	国外学术刊物	港、澳、台地区刊物	合计	国家级奖	部级奖	省级奖	合计	其中：被采纳数
	编号	L01	L02	L03	L04	L05	L06	L07	L08	L09	L10	L11	L12	L13	L14	L15	L16	L17	L18	L19	L20	L21	L22	L23	L24	L25	L26
南京中医药大学	23	13	3	0	30	24.25	0	0	0	0	0	0	0	0	0	0	0	11	11	0	0	0	0	0	0	0	0
南京师范大学	24	27	6.3	0	100	850.4	2	2	0	0	0	0	0	0	0	1	0	22	21	1	0	0	0	0	0	0	0
江苏师范大学	25	46	22.3	2.6	3 461.5	1 337.36	1	1	0	0	0	0	0	0	1	0	0	26	26	0	0	0	0	0	0	0	0
淮阴师范学院	26	20	3.6	0	200	283.5	3	2	0	1	0	0	0	0	0	0	0	6	6	0	0	0	0	0	0	0	0
盐城师范学院	27	11	5.9	0	302	281.3	1	0	0	1	0	0	0	0	0	0	0	8	8	0	0	0	0	0	0	1	1
南京财经大学	28	0	0	0	0	0	0	0	0	0	0	0	0	0	0	0	0	1	1	0	0	0	0	0	0	0	0
江苏警官学院	29	2	0.8	0	20	22	0	0	0	0	0	0	0	0	0	0	0	2	2	0	0	0	0	0	0	0	0
南京体育学院	30	0	0	0	0	0	0	0	0	0	0	0	0	0	0	0	0	0	0	0	0	0	0	0	0	0	0
南京艺术学院	31	0	0	0	0	0	0	0	0	0	0	0	0	0	0	0	0	0	0	0	0	0	0	0	0	0	0
苏州科技大学	32	11	2.1	0.4	450	435	1	1	0	0	0	0	0	0	0	0	0	18	17	1	0	0	0	0	0	0	0
常熟理工学院	33	5	1.5	0	35	66.3	1	1	0	0	0	0	0	0	0	0	0	1	1	0	0	0	0	0	0	0	0
淮阴工学院	34	2	0.4	0	0	17.2	0	0	0	0	0	0	0	0	0	0	0	0	0	0	0	0	0	0	0	0	0
常州工学院	35	2	0.3	0	0	6	0	0	0	0	0	0	0	0	0	0	0	2	2	0	0	0	0	0	0	0	0
扬州大学	36	29	5.6	0.2	563	766.06	4	4	0	0	0	0	0	0	0	0	0	30	30	0	0	0	0	0	0	2	1
南京工程学院	37	5	0.5	0	132	91	0	0	0	0	0	0	0	0	0	0	0	1	1	0	0	0	0	0	0	0	0
南京审计大学	38	1	0.8	0	0	0	0	0	0	0	0	0	0	0	0	0	0	0	0	0	0	0	0	0	0	0	0
南京晓庄学院	39	4	1.3	0	345	160	0	0	0	0	0	0	0	0	0	0	0	3	3	0	0	0	0	0	0	0	0
江苏理工学院	40	7	1.2	0	420	345.4	0	0	0	0	0	0	0	0	0	0	0	3	3	0	0	0	0	0	0	3	2
淮海工学院	41	5	0.6	0	50	33	1	1	0	0	0	0	0	0	0	0	0	0	0	0	0	0	0	0	0	0	0
徐州工程学院	42	6	2.6	0	11	14	0	0	0	0	0	0	0	0	0	0	0	2	2	0	0	0	0	0	0	0	0
南京特殊教育师范学院	43	2	0.4	0	10	7.6	0	0	0	0	0	0	0	0	0	0	0	0	0	0	0	0	0	0	0	0	0
泰州学院	44	0	0	0	0	0	0	0	0	0	0	0	0	0	0	0	0	3	3	0	0	0	0	0	0	0	0
金陵科技学院	45	2	0.3	0	224	94	0	0	0	0	0	0	0	0	0	0	0	1	1	0	0	0	0	0	0	0	0
江苏第二师范学院	46	2	0.7	0	0	4.89	0	0	0	0	0	0	0	0	0	0	0	3	3	0	0	0	0	0	0	0	0

2.11 考古学人文、社会科学研究与课题成果情况表

高校名称		总数					出版著作(部)							古籍整理(部)	译著(部)	发表译文(篇)	电子出版物(件)	发表论文(篇)				获奖成果数(项)				研究与咨询报告(篇)	
		课题数(项)	当年投入人数(人年)	其中:研究生(人年)	当年投入经费(千元)	当年支出经费(千元)	合计	专著	其中:被译成外文	编著教材	工具书参考书	皮书/发展报告	科普读物					合计	国内学术刊物	国外学术刊物	港、澳、台地区刊物	合计	国家级奖	部级奖	省级奖	合计	其中:被采纳数
	编号	L01	L02	L03	L04	L05	L06	L07	L08	L09	L10	L11	L12	L13	L14	L15	L16	L17	L18	L19	L20	L21	L22	L23	L24	L25	L26
合计	/	87	15.7	7.2	17 753.2	16 248	1	1	0	0	0	0	0	0	0	0	0	29	28	0	1	0	0	0	0	0	0
南京大学	1	59	9.9	6.8	14 529.6	14 349.6	1	1	0	0	0	0	0	0	0	0	0	10	10	0	0	0	0	0	0	0	0
东南大学	2	0	0	0	0	0	0	0	0	0	0	0	0	0	0	0	0	0	0	0	0	0	0	0	0	0	0
江南大学	3	0	0	0	0	0	0	0	0	0	0	0	0	0	0	0	0	0	0	0	0	0	0	0	0	0	0
南京农业大学	4	0	0	0	0	0	0	0	0	0	0	0	0	0	0	0	0	0	0	0	0	0	0	0	0	0	0
中国矿业大学	5	0	0	0	0	0	0	0	0	0	0	0	0	0	0	0	0	0	0	0	0	0	0	0	0	0	0
河海大学	6	0	0	0	0	0	0	0	0	0	0	0	0	0	0	0	0	0	0	0	0	0	0	0	0	0	0
南京理工大学	7	0	0	0	0	0	0	0	0	0	0	0	0	0	0	0	0	0	0	0	0	0	0	0	0	0	0
南京航空航天大学	8	2	0.5	0	400	400	0	0	0	0	0	0	0	0	0	0	0	0	0	0	0	0	0	0	0	0	0
中国药科大学	9	0	0	0	0	0	0	0	0	0	0	0	0	0	0	0	0	0	0	0	0	0	0	0	0	0	0
南京森林警察学院	10	0	0	0	0	0	0	0	0	0	0	0	0	0	0	0	0	0	0	0	0	0	0	0	0	0	0
苏州大学	11	0	0	0	0	0	0	0	0	0	0	0	0	0	0	0	0	0	0	0	0	0	0	0	0	0	0
江苏科技大学	12	0	0	0	0	0	0	0	0	0	0	0	0	0	0	0	0	0	0	0	0	0	0	0	0	0	0
南京工业大学	13	0	0	0	0	0	0	0	0	0	0	0	0	0	0	0	0	0	0	0	0	0	0	0	0	0	0
常州大学	14	0	0	0	0	0	0	0	0	0	0	0	0	0	0	0	0	0	0	0	0	0	0	0	0	0	0
南京邮电大学	15	0	0	0	0	0	0	0	0	0	0	0	0	0	0	0	0	0	0	0	0	0	0	0	0	0	0
南京林业大学	16	0	0	0	0	0	0	0	0	0	0	0	0	0	0	0	0	0	0	0	0	0	0	0	0	0	0
江苏大学	17	0	0	0	0	0	0	0	0	0	0	0	0	0	0	0	0	0	0	0	0	0	0	0	0	0	0
南京信息工程大学	18	2	0.7	0	20	10	0	0	0	0	0	0	0	0	0	0	0	11	11	0	0	0	0	0	0	0	0
南通大学	19	0	0	0	0	0	0	0	0	0	0	0	0	0	0	0	0	0	0	0	0	0	0	0	0	0	0
盐城工学院	20	0	0	0	0	0	0	0	0	0	0	0	0	0	0	0	0	0	0	0	0	0	0	0	0	0	0
南京医科大学	21	0	0	0	0	0	0	0	0	0	0	0	0	0	0	0	0	0	0	0	0	0	0	0	0	0	0
徐州医科大学	22	0	0	0	0	0	0	0	0	0	0	0	0	0	0	0	0	0	0	0	0	0	0	0	0	0	0

续表

高校名称		总数					出版著作(部)							古籍整理(部)	译著(部)	发表译文(篇)	电子出版物(件)	发表论文(篇)				获奖成果数(项)				研究与咨询报告(篇)	
		课题数(项)	当年投入人数(人年)	其中：研究生(人年)	当年投入经费(千元)	当年支出经费(千元)	合计	专著	其中：被译成外文	编著教材	工具书参考书	皮书/发展报告	科普读物					合计	国内学术刊物	国外学术刊物	港、澳、台地区刊物	合计	国家级奖	部级奖	省级奖	合计	其中：被采纳数
	编号	L01	L02	L03	L04	L05	L06	L07	L08	L09	L10	L11	L12	L13	L14	L15	L16	L17	L18	L19	L20	L21	L22	L23	L24	L25	L26
南京中医药大学	23	0	0	0	0	0	0	0	0	0	0	0	0	0	0	0	0	0	0	0	0	0	0	0	0	0	0
南京师范大学	24	20	2.6	0.4	2 773.63	1 465.11	0	0	0	0	0	0	0	0	0	0	0	4	3	0	1	0	0	0	0	0	0
江苏师范大学	25	3	1.9	0	30	13.5	0	0	0	0	0	0	0	0	0	0	0	0	0	0	0	0	0	0	0	0	0
淮阴师范学院	26	0	0	0	0	0	0	0	0	0	0	0	0	0	0	0	0	1	1	0	0	0	0	0	0	0	0
盐城师范学院	27	0	0	0	0	0	0	0	0	0	0	0	0	0	0	0	0	0	0	0	0	0	0	0	0	0	0
南京财经大学	28	0	0	0	0	0	0	0	0	0	0	0	0	0	0	0	0	0	0	0	0	0	0	0	0	0	0
江苏警官学院	29	0	0	0	0	0	0	0	0	0	0	0	0	0	0	0	0	0	0	0	0	0	0	0	0	0	0
南京体育学院	30	0	0	0	0	0	0	0	0	0	0	0	0	0	0	0	0	0	0	0	0	0	0	0	0	0	0
南京艺术学院	31	0	0	0	0	0	0	0	0	0	0	0	0	0	0	0	0	0	0	0	0	0	0	0	0	0	0
苏州科技大学	32	0	0	0	0	0	0	0	0	0	0	0	0	0	0	0	0	0	0	0	0	0	0	0	0	0	0
常熟理工学院	33	0	0	0	0	0	0	0	0	0	0	0	0	0	0	0	0	0	0	0	0	0	0	0	0	0	0
淮阴工学院	34	0	0	0	0	0	0	0	0	0	0	0	0	0	0	0	0	0	0	0	0	0	0	0	0	0	0
常州工学院	35	0	0	0	0	0	0	0	0	0	0	0	0	0	0	0	0	0	0	0	0	0	0	0	0	0	0
扬州大学	36	0	0	0	0	0	0	0	0	0	0	0	0	0	0	0	0	0	0	0	0	0	0	0	0	0	0
南京工程学院	37	0	0	0	0	0	0	0	0	0	0	0	0	0	0	0	0	2	2	0	0	0	0	0	0	0	0
南京审计大学	38	0	0	0	0	0	0	0	0	0	0	0	0	0	0	0	0	1	1	0	0	0	0	0	0	0	0
南京晓庄学院	39	0	0	0	0	0	0	0	0	0	0	0	0	0	0	0	0	0	0	0	0	0	0	0	0	0	0
江苏理工学院	40	1	0.1	0	0	9.8	0	0	0	0	0	0	0	0	0	0	0	0	0	0	0	0	0	0	0	0	0
淮海工学院	41	0	0	0	0	0	0	0	0	0	0	0	0	0	0	0	0	0	0	0	0	0	0	0	0	0	0
徐州工程学院	42	0	0	0	0	0	0	0	0	0	0	0	0	0	0	0	0	0	0	0	0	0	0	0	0	0	0
南京特殊教育师范学院	43	0	0	0	0	0	0	0	0	0	0	0	0	0	0	0	0	0	0	0	0	0	0	0	0	0	0
泰州学院	44	0	0	0	0	0	0	0	0	0	0	0	0	0	0	0	0	0	0	0	0	0	0	0	0	0	0
金陵科技学院	45	0	0	0	0	0	0	0	0	0	0	0	0	0	0	0	0	0	0	0	0	0	0	0	0	0	0
江苏第二师范学院	46	0	0	0	0	0	0	0	0	0	0	0	0	0	0	0	0	0	0	0	0	0	0	0	0	0	0

2.12 经济学人文、社会科学研究与课题成果情况表

高校名称	编号	总数 课题数(项)	当年投入人数(人年)	其中：研究生(人年)	当年投入经费(千元)	当年支出经费(千元)	出版著作(部) 合计	专著	其中：被译成外文	编著教材	工具书参考书	皮书/发展报告	科普读物	古籍整理(部)	译著(部)	发表译文(篇)	电子出版物(件)	发表论文(篇) 合计	国内学术刊物	国外学术刊物	港、澳、台地区刊物	获奖成果数(项) 合计	国家级奖	部级奖	省级奖	研究与咨询报告(篇) 合计	其中：被采纳数
		L01	L02	L03	L04	L05	L06	L07	L08	L09	L10	L11	L12	L13	L14	L15	L16	L17	L18	L19	L20	L21	L22	L23	L24	L25	L26
合计	/	2 828	622.3	88.4	84 686.1	77 476.4	142	110	2	26	1	3	2	0	1	1	3	1 583	1 462	119	2	1	0	1	0	255	140
南京大学	1	127	17.6	3	7 918.5	7 034	27	25	1	2	0	0	0	0	0	0	0	155	152	3	0	1	0	1	0	16	12
东南大学	2	89	37.8	12.5	2 901.7	2 405.84	24	24	0	0	0	0	0	0	0	0	0	98	98	0	0	0	0	0	0	0	0
江南大学	3	77	27.3	9.2	1 148.78	1 106.94	3	1	0	2	0	0	0	0	0	0	0	50	42	8	0	0	0	0	0	14	14
南京农业大学	4	251	41.3	12.6	3 685.38	4 076.38	2	2	0	0	0	0	0	0	0	0	0	90	81	9	0	0	0	0	0	1	1
中国矿业大学	5	86	19.6	1.1	820.7	533.58	2	1	0	1	0	0	0	0	0	0	0	49	31	18	0	0	0	0	0	5	2
河海大学	6	46	16.3	7.6	7 191	6 781	7	1	0	1	1	2	2	0	0	0	3	82	46	36	0	0	0	0	0	29	22
南京理工大学	7	45	10.8	2	847	801.4	1	0	0	1	0	0	0	0	0	0	0	32	27	5	0	0	0	0	0	3	0
南京航空航天大学	8	29	5.9	0.5	817	912.7	2	2	0	0	0	0	0	0	0	0	0	49	36	13	0	0	0	0	0	0	0
中国药科大学	9	70	12.8	1	1 990	1 238.35	0	0	0	0	0	0	0	0	0	0	0	27	22	5	0	0	0	0	0	3	3
南京森林警察学院	10	2	0.4	0	50	6.23	0	0	0	0	0	0	0	0	0	0	0	1	1	0	0	0	0	0	0	0	0
苏州大学	11	60	9.8	0.9	3 068	1 719.8	5	4	0	1	0	0	0	0	0	0	0	35	33	0	2	0	0	0	0	1	0
江苏科技大学	12	21	6.6	1.4	100	309.5	0	0	0	0	0	0	0	0	0	0	0	5	5	0	0	0	0	0	0	0	0
南京工业大学	13	35	5.7	0.8	342	486.8	0	0	0	0	0	0	0	0	0	0	0	17	15	2	0	0	0	0	0	0	0
常州大学	14	35	12.8	0.6	820	718.3	1	1	0	0	0	0	0	0	0	0	0	25	25	0	0	0	0	0	0	7	6
南京邮电大学	15	61	14.6	3.9	513.7	578.06	0	0	0	0	0	0	0	0	0	0	0	23	23	0	0	0	0	0	0	5	4
南京林业大学	16	21	2.3	0	154	230.66	1	1	0	0	0	0	0	0	0	0	0	34	34	0	0	0	0	0	0	0	0
江苏大学	17	108	20.5	16	2 310	2 340	0	0	0	0	0	0	0	0	0	0	0	6	5	1	0	0	0	0	0	0	0
南京信息工程大学	18	25	6.8	0.6	300.5	381.79	2	2	0	0	0	0	0	0	0	0	0	23	20	3	0	0	0	0	0	0	0
南通大学	19	90	15.3	0.1	1 480.5	1 881.34	4	3	0	0	0	1	0	0	0	0	0	30	30	0	0	0	0	0	0	7	3
盐城工学院	20	22	3.1	0	640	370	1	1	0	0	0	0	0	0	0	0	0	7	6	1	0	0	0	0	0	2	2
南京医科大学	21	0	0	0	0	0	0	0	0	0	0	0	0	0	0	0	0	0	0	0	0	0	0	0	0	0	0
徐州医科大学	22	0	0	0	0	0	0	0	0	0	0	0	0	0	0	0	0	0	0	0	0	0	0	0	0	0	0

续表

高校名称		总数					出版著作(部)							古籍整理(部)	译著(部)	发表译文(篇)	电子出版物(件)	发表论文(篇)				获奖成果数(项)				研究与咨询报告(篇)	
		课题数(项)	当年投入人数(人年)	其中:研究生(人年)	当年投入经费(千元)	当年支出经费(千元)	合计	专著	其中:被译成外文	编著教材	工具书参考书	皮书/发展报告	科普读物					合计	国内学术刊物	国外学术刊物	港、澳、台地区刊物	合计	国家级奖	部级奖	省级奖	合计	其中:被采纳数
	编号	L01	L02	L03	L04	L05	L06	L07	L08	L09	L10	L11	L12	L13	L14	L15	L16	L17	L18	L19	L20	L21	L22	L23	L24	L25	L26
南京中医药大学	23	18	7.8	0	58.16	182.46	1	0	0	1	0	0	0	0	1	0	0	1	1	0	0	0	0	0	0	0	0
南京师范大学	24	79	16.1	3.1	1 638.35	1 368.85	4	2	0	2	0	0	0	0	0	1	0	18	15	3	0	0	0	0	0	0	0
江苏师范大学	25	75	38	3.4	4 609	2 877.06	4	4	0	0	0	0	0	0	0	0	0	65	65	0	0	0	0	0	0	3	3
淮阴师范学院	26	78	9.3	0	1 984	2 134.5	4	4	0	0	0	0	0	0	0	0	0	10	10	0	0	0	0	0	0	3	0
盐城师范学院	27	71	23.3	0	1 234	5 901.86	5	5	0	0	0	0	0	0	0	0	0	48	48	0	0	0	0	0	0	13	13
南京财经大学	28	347	28.5	3.4	17 267.7	14 306.5	12	4	0	8	0	0	0	0	0	0	0	136	126	10	0	0	0	0	0	3	2
江苏警官学院	29	3	0.6	0	30	0	0	0	0	0	0	0	0	0	0	0	0	0	0	0	0	0	0	0	0	0	0
南京体育学院	30	0	0	0	0	0	0	0	0	0	0	0	0	0	0	0	0	0	0	0	0	0	0	0	0	0	0
南京艺术学院	31	0	0	0	0	0	0	0	0	0	0	0	0	0	0	0	0	0	0	0	0	0	0	0	0	0	0
苏州科技大学	32	28	6.5	2.3	717.9	687.9	1	1	0	0	0	0	0	0	0	0	0	25	25	0	0	0	0	0	0	4	4
常熟理工学院	33	23	4.7	0	293.27	161.9	2	2	0	0	0	0	0	0	0	0	0	13	13	0	0	0	0	0	0	9	4
淮阴工学院	34	122	21.1	0	6 119.6	5 442.31	2	2	0	0	0	0	0	0	0	0	0	44	42	2	0	0	0	0	0	20	1
常州工学院	35	102	18.2	0	1 016.8	714.04	0	0	0	0	0	0	0	0	0	0	0	66	66	0	0	0	0	0	0	31	6
扬州大学	36	97	15	1.9	2 805.4	2 933.6	3	3	0	0	0	0	0	0	0	0	0	20	20	0	0	0	0	0	0	31	26
南京工程学院	37	32	3.7	0	458.2	403.31	0	0	0	0	0	0	0	0	0	0	0	4	4	0	0	0	0	0	0	2	2
南京审计大学	38	172	70.9	0.5	5 280.5	2 589.23	3	3	0	0	0	0	0	0	0	0	0	93	93	0	0	0	0	0	0	9	4
南京晓庄学院	39	31	8.6	0	294.5	277	6	0	0	6	0	0	0	0	0	0	0	43	43	0	0	0	0	0	0	0	0
江苏理工学院	40	72	15.9	0	1 996.5	2 097.54	7	6	0	1	0	0	0	0	0	0	0	44	44	0	0	0	0	0	0	13	4
淮海工学院	41	56	5.6	0	866.5	603.3	2	2	0	0	0	0	0	0	0	0	0	39	39	0	0	0	0	0	0	2	2
徐州工程学院	42	92	35.1	0	756	663.2	4	4	0	0	0	0	0	0	0	0	0	46	46	0	0	0	0	0	0	16	0
南京特殊教育师范学院	43	0	0	0	0	0	0	0	0	0	0	0	0	0	0	0	0	2	2	0	0	0	0	0	0	0	0
泰州学院	44	8	2.1	0	25	5	0	0	0	0	0	0	0	0	0	0	0	16	16	0	0	0	0	0	0	0	0
金陵科技学院	45	14	1.9	0	132	211	0	0	0	0	0	0	0	0	0	0	0	12	12	0	0	0	0	0	0	3	0
江苏第二师范学院	46	8	2.1	0	4	3.1	0	0	0	0	0	0	0	0	0	0	0	0	0	0	0	0	0	0	0	0	0

2.13 政治学人文、社会科学研究与课题成果情况表

高校名称		总数					出版著作(部)							古籍整理(部)	译著(部)	发表译文(篇)	电子出版物(件)	发表论文(篇)				获奖成果数(项)				研究与咨询报告(篇)	
		课题数(项)	当年投入人数(人年)	其中:研究生(人年)	当年投入经费(千元)	当年支出经费(千元)	合计	专著	其中:被译成外文	编著教材	工具书参考书	皮书/发展报告	科普读物					合计	国内学术刊物	国外学术刊物	港、澳、台地区刊物	合计	国家级奖	部级奖	省级奖	合计	其中:被采纳数
	编号	L01	L02	L03	L04	L05	L06	L07	L08	L09	L10	L11	L12	L13	L14	L15	L16	L17	L18	L19	L20	L21	L22	L23	L24	L25	L26
合计	/	512	120.3	14.3	10 648.4	8 316.54	28	20	1	8	0	0	0	0	0	0	0	357	344	10	3	0	0	0	0	24	14
南京大学	1	71	7.7	0.6	2 256	1 685	6	5	1	1	0	0	0	0	0	0	0	107	100	4	3	0	0	0	0	5	4
东南大学	2	7	2.1	0.4	190	328	0	0	0	0	0	0	0	0	0	0	0	0	0	0	0	0	0	0	0	0	0
江南大学	3	24	6.6	3.4	465	389	1	0	0	1	0	0	0	0	0	0	0	4	4	0	0	0	0	0	0	0	0
南京农业大学	4	26	5	1.4	320	263	1	1	0	0	0	0	0	0	0	0	0	6	6	0	0	0	0	0	0	0	0
中国矿业大学	5	17	5.2	0.2	397	379.93	2	1	0	1	0	0	0	0	0	0	0	4	4	0	0	0	0	0	0	3	0
河海大学	6	18	5.4	2.4	474.22	251.72	0	0	0	0	0	0	0	0	0	0	0	42	39	3	0	0	0	0	0	6	6
南京理工大学	7	11	2.3	0.1	351.22	97.56	1	1	0	0	0	0	0	0	0	0	0	6	6	0	0	0	0	0	0	0	0
南京航空航天大学	8	7	1.4	0.4	218	234	0	0	0	0	0	0	0	0	0	0	0	2	2	0	0	0	0	0	0	0	0
中国药科大学	9	0	0	0	0	0	0	0	0	0	0	0	0	0	0	0	0	0	0	0	0	0	0	0	0	0	0
南京森林警察学院	10	2	0.5	0	190	120	0	0	0	0	0	0	0	0	0	0	0	0	0	0	0	0	0	0	0	0	0
苏州大学	11	18	3.6	0.8	363	448.7	3	3	0	0	0	0	0	0	0	0	0	21	19	2	0	0	0	0	0	0	0
江苏科技大学	12	2	0.7	0	0	2	0	0	0	0	0	0	0	0	0	0	0	0	0	0	0	0	0	0	0	0	0
南京工业大学	13	11	1.5	0.1	279	301	0	0	0	0	0	0	0	0	0	0	0	3	3	0	0	0	0	0	0	0	0
常州大学	14	9	3.2	0	94.1	141.1	0	0	0	0	0	0	0	0	0	0	0	5	5	0	0	0	0	0	0	0	0
南京邮电大学	15	29	8.2	2.2	516	305.7	0	0	0	0	0	0	0	0	0	0	0	4	4	0	0	0	0	0	0	0	0
南京林业大学	16	3	0.3	0	10	8.78	0	0	0	0	0	0	0	0	0	0	0	4	4	0	0	0	0	0	0	0	0
江苏大学	17	8	0.9	0	0	0	0	0	0	0	0	0	0	0	0	0	0	0	0	0	0	0	0	0	0	0	0
南京信息工程大学	18	8	3.2	0	358	202.7	0	0	0	0	0	0	0	0	0	0	0	1	1	0	0	0	0	0	0	1	1
南通大学	19	24	5.2	0	85	134.57	1	1	0	0	0	0	0	0	0	0	0	5	5	0	0	0	0	0	0	2	1
盐城工学院	20	3	0.3	0	11.5	11.5	0	0	0	0	0	0	0	0	0	0	0	1	1	0	0	0	0	0	0	0	0
南京医科大学	21	2	0.2	0	6	2	0	0	0	0	0	0	0	0	0	0	0	7	7	0	0	0	0	0	0	0	0
徐州医科大学	22	1	0.2	0	0	3.8	0	0	0	0	0	0	0	0	0	0	0	0	0	0	0	0	0	0	0	0	0

续表

高校名称	编号	总数					出版著作(部)							古籍整理(部)	译著(部)	发表译文(篇)	电子出版物(件)	发表论文(篇)				获奖成果数(项)				研究与咨询报告(篇)	
		课题数(项)	当年投入人数(人年)	其中：研究生(人年)	当年投入经费(千元)	当年支出经费(千元)	合计	专著	其中：被译成外文	编著教材	工具书参考书	皮书/发展报告	科普读物					合计	国内学术刊物	国外学术刊物	港、澳、台地区刊物	合计	国家级奖	部级奖	省级奖	合计	其中：被采纳数
		L01	L02	L03	L04	L05	L06	L07	L08	L09	L10	L11	L12	L13	L14	L15	L16	L17	L18	L19	L20	L21	L22	L23	L24	L25	L26
南京中医药大学	23	5	1.8	0	40	14.4	0	0	0	0	0	0	0	0	0	0	0	0	0	0	0	0	0	0	0	0	0
南京师范大学	24	32	8.1	0.7	302	339	4	4	0	0	0	0	0	0	0	0	0	34	34	0	0	0	0	0	0	0	0
江苏师范大学	25	18	11.9	1.1	465	236.05	0	0	0	0	0	0	0	0	0	0	0	5	5	0	0	0	0	0	0	0	0
淮阴师范学院	26	3	0.4	0	0	74	0	0	0	0	0	0	0	0	0	0	0	3	3	0	0	0	0	0	0	0	0
盐城师范学院	27	7	2.3	0	15	68	0	0	0	0	0	0	0	0	0	0	0	0	0	0	0	0	0	0	0	0	0
南京财经大学	28	1	0	0	0	0	0	0	0	0	0	0	0	0	0	0	0	0	0	0	0	0	0	0	0	0	0
江苏警官学院	29	13	2.5	0	145	63.37	0	0	0	0	0	0	0	0	0	0	0	15	14	1	0	0	0	0	0	0	0
南京体育学院	30	1	0.1	0	2	2	0	0	0	0	0	0	0	0	0	0	0	3	3	0	0	0	0	0	0	0	0
南京艺术学院	31	1	0.2	0	0	9.5	0	0	0	0	0	0	0	0	0	0	0	0	0	0	0	0	0	0	0	0	0
苏州科技大学	32	10	2.2	0	400	315	1	1	0	0	0	0	0	0	0	0	0	7	7	0	0	0	0	0	0	1	1
常熟理工学院	33	8	2.3	0	658.8	609	0	0	0	0	0	0	0	0	0	0	0	6	6	0	0	0	0	0	0	0	0
淮阴工学院	34	8	1.2	0	264	192	0	0	0	0	0	0	0	0	0	0	0	3	3	0	0	0	0	0	0	1	0
常州工学院	35	5	0.6	0	0	4.3	0	0	0	0	0	0	0	0	0	0	0	2	2	0	0	0	0	0	0	1	0
扬州大学	36	38	6.3	0.5	401	352.24	4	3	0	1	0	0	0	0	0	0	0	16	16	0	0	0	0	0	0	0	0
南京工程学院	37	2	0.2	0	50	26.23	0	0	0	0	0	0	0	0	0	0	0	0	0	0	0	0	0	0	0	0	0
南京审计大学	38	6	2.5	0	1002.6	528.7	0	0	0	0	0	0	0	0	0	0	0	13	13	0	0	0	0	0	0	0	0
南京晓庄学院	39	7	1.9	0	74	36	4	0	0	4	0	0	0	0	0	0	0	11	11	0	0	0	0	0	0	0	0
江苏理工学院	40	13	2.6	0	58	38.44	0	0	0	0	0	0	0	0	0	0	0	7	7	0	0	0	0	0	0	1	1
淮海工学院	41	13	1.2	0	3	9.1	0	0	0	0	0	0	0	0	0	0	0	3	3	0	0	0	0	0	0	0	0
徐州工程学院	42	7	3.3	0	54	49.3	0	0	0	0	0	0	0	0	0	0	0	4	4	0	0	0	0	0	0	2	0
南京特殊教育师范学院	43	1	0.3	0	50	28.3	0	0	0	0	0	0	0	0	0	0	0	0	0	0	0	0	0	0	0	0	0
泰州学院	44	5	1.8	0	80	2	0	0	0	0	0	0	0	0	0	0	0	0	0	0	0	0	0	0	0	0	0
金陵科技学院	45	1	0.1	0	0	2	0	0	0	0	0	0	0	0	0	0	0	3	3	0	0	0	0	0	0	1	0
江苏第二师范学院	46	6	2.8	0	0	7.55	0	0	0	0	0	0	0	0	0	0	0	0	0	0	0	0	0	0	0	0	0

2.14 法学人文、社会科学研究与课题成果情况表

高校名称	编号	总数：课题数(项)	总数：当年投入人数(人年)	总数：其中：研究生(人年)	总数：当年投入经费(千元)	总数：当年支出经费(千元)	出版著作(部)：合计	出版著作(部)：专著	出版著作(部)：其中：被译成外文	出版著作(部)：编著教材	出版著作(部)：工具书参考书	出版著作(部)：皮书/发展报告	出版著作(部)：科普读物	古籍整理(部)	译著(部)	发表译文(篇)	电子出版物(件)	发表论文(篇)：合计	发表论文(篇)：国内学术刊物	发表论文(篇)：国外学术刊物	发表论文(篇)：港、澳、台地区刊物	获奖成果数(项)：合计	获奖成果数(项)：国家级奖	获奖成果数(项)：部级奖	获奖成果数(项)：省级奖	研究与咨询报告(篇)：合计	研究与咨询报告(篇)：其中：被采纳数
		L01	L02	L03	L04	L05	L06	L07	L08	L09	L10	L11	L12	L13	L14	L15	L16	L17	L18	L19	L20	L21	L22	L23	L24	L25	L26
合计	/	1 334	302.6	29.5	30 645.2	24 647.7	92	59	0	32	0	0	1	0	5	8	0	865	854	11	0	0	0	0	0	83	57
南京大学	1	74	7.6	0	2 779.16	2 480.96	0	0	0	0	0	0	0	0	0	1	0	108	108	0	0	0	0	0	0	0	0
东南大学	2	190	63.1	12.7	4 148.2	4 400.08	11	7	0	4	0	0	0	0	5	0	0	59	59	0	0	0	0	0	0	6	6
江南大学	3	33	12.3	2.1	176.8	176.4	4	1	0	3	0	0	0	0	0	0	0	29	29	0	0	0	0	0	0	0	0
南京农业大学	4	32	3.4	0.2	354.8	359.8	1	1	0	0	0	0	0	0	0	0	0	5	5	0	0	0	0	0	0	0	0
中国矿业大学	5	18	4.4	0.1	110	87.04	0	0	0	0	0	0	0	0	0	0	0	2	2	0	0	0	0	0	0	0	0
河海大学	6	22	9.5	4.5	103	92.47	4	2	0	1	0	0	1	0	0	0	0	50	48	2	0	0	0	0	0	13	10
南京理工大学	7	46	10.9	0.3	1 241	798.45	7	3	0	4	0	0	0	0	0	0	0	14	13	1	0	0	0	0	0	2	1
南京航空航天大学	8	16	4.8	1	1 001	766.6	4	3	0	1	0	0	0	0	0	0	0	17	17	0	0	0	0	0	0	2	2
中国药科大学	9	1	0.8	0.8	0	0	0	0	0	0	0	0	0	0	0	0	0	0	0	0	0	0	0	0	0	0	0
南京森林警察学院	10	42	10	0	279	383.21	1	1	0	0	0	0	0	0	0	4	0	47	44	3	0	0	0	0	0	0	0
苏州大学	11	115	14.9	0.7	4 168	3 258	5	5	0	0	0	0	0	0	0	2	0	70	70	0	0	0	0	0	0	13	9
江苏科技大学	12	3	0.6	0	10	25	0	0	0	0	0	0	0	0	0	0	0	0	0	0	0	0	0	0	0	0	0
南京工业大学	13	53	7.7	0.9	569.5	988.02	8	7	0	1	0	0	0	0	0	0	0	22	22	0	0	0	0	0	0	1	1
常州大学	14	40	13.2	0	1 192.8	1 144.8	2	2	0	0	0	0	0	0	0	0	0	31	31	0	0	0	0	0	0	3	1
南京邮电大学	15	8	2.2	0	0	53.5	1	0	0	1	0	0	0	0	0	0	0	13	13	0	0	0	0	0	0	0	0
南京林业大学	16	3	0.3	0	0	11.3	0	0	0	0	0	0	0	0	0	0	0	5	5	0	0	0	0	0	0	0	0
江苏大学	17	55	9	0	967	967	1	1	0	0	0	0	0	0	0	0	0	24	24	0	0	0	0	0	0	6	2
南京信息工程大学	18	25	6.1	0.4	45	147.44	0	0	0	0	0	0	0	0	0	0	0	7	7	0	0	0	0	0	0	1	1
南通大学	19	1	0.1	0	5	5	0	0	0	0	0	0	0	0	0	0	0	2	2	0	0	0	0	0	0	1	0
盐城工学院	20	5	0.5	0	45	44	0	0	0	0	0	0	0	0	0	0	0	6	6	0	0	0	0	0	0	1	1
南京医科大学	21	4	0.8	0	0	30	2	1	0	1	0	0	0	0	0	0	0	12	12	0	0	0	0	0	0	0	0
徐州医科大学	22	3	0.9	0	21	7.2	0	0	0	0	0	0	0	0	0	0	0	0	0	0	0	0	0	0	0	0	0

续表

高校名称		总数					出版著作(部)							古籍整理(部)	译著(部)	发表译文(篇)	电子出版物(件)	发表论文(篇)				获奖成果数(项)				研究与咨询报告(篇)	
		课题数(项)	当年投入人数(人年)	其中:研究生(人年)	当年投入经费(千元)	当年支出经费(千元)	合计	专著	其中:被译成外文	编著教材	工具书参考书	皮书/发展报告	科普读物					合计	国内学术刊物	国外学术刊物	港、澳、台地区刊物	合计	国家级奖	部级奖	省级奖	合计	其中:被采纳数
	编号	L01	L02	L03	L04	L05	L06	L07	L08	L09	L10	L11	L12	L13	L14	L15	L16	L17	L18	L19	L20	L21	L22	L23	L24	L25	L26
南京中医药大学	23	9	2.6	0.5	41	151.6	5	0	0	5	0	0	0	0	0	0	0	1	1	0	0	0	0	0	0	0	0
南京师范大学	24	87	15.6	1.4	4 092.3	1 993.6	8	4	0	4	0	0	0	0	0	1	0	72	72	0	0	0	0	0	0	7	5
江苏师范大学	25	24	14.5	3.4	1 710.8	569.01	0	0	0	0	0	0	0	0	0	0	0	22	22	0	0	0	0	0	0	0	0
淮阴师范学院	26	31	5	0	682	716.5	1	1	0	0	0	0	0	0	0	0	0	18	18	0	0	0	0	0	0	1	0
盐城师范学院	27	28	10	0	1 475	1 422.91	2	2	0	0	0	0	0	0	0	0	0	19	19	0	0	0	0	0	0	3	2
南京财经大学	28	40	3.8	0.1	767.5	639	6	3	0	3	0	0	0	0	0	0	0	16	13	3	0	0	0	0	0	0	0
江苏警官学院	29	148	28	0	1 076.8	387.8	7	7	0	0	0	0	0	0	0	0	0	96	95	1	0	0	0	0	0	0	0
南京体育学院	30	0	0	0	0	0	0	0	0	0	0	0	0	0	0	0	0	0	0	0	0	0	0	0	0	0	0
南京艺术学院	31	1	0.2	0	0	4.35	0	0	0	0	0	0	0	0	0	0	0	0	0	0	0	0	0	0	0	0	0
苏州科技大学	32	1	0.5	0.2	0	0	0	0	0	0	0	0	0	0	0	0	0	3	3	0	0	0	0	0	0	0	0
常熟理工学院	33	4	0.6	0	20	20	0	0	0	0	0	0	0	0	0	0	0	3	3	0	0	0	0	0	0	0	0
淮阴工学院	34	16	3	0	550	858.5	0	0	0	0	0	0	0	0	0	0	0	2	2	0	0	0	0	0	0	3	1
常州工学院	35	3	0.5	0	20	12	0	0	0	0	0	0	0	0	0	0	0	2	2	0	0	0	0	0	0	0	0
扬州大学	36	27	5.5	0.2	1 170	678.85	6	5	0	1	0	0	0	0	0	0	0	32	32	0	0	0	0	0	0	1	1
南京工程学院	37	1	0.1	0	4	4	1	0	0	1	0	0	0	0	0	0	0	0	0	0	0	0	0	0	0	0	0
南京审计大学	38	58	17.5	0	689.51	245.46	0	0	0	0	0	0	0	0	0	0	0	37	37	0	0	0	0	0	0	4	1
南京晓庄学院	39	0	0	0	0	0	0	0	0	0	0	0	0	0	0	0	0	0	0	0	0	0	0	0	0	0	0
江苏理工学院	40	6	1.5	0	15	124.6	0	0	0	0	0	0	0	0	0	0	0	3	3	0	0	0	0	0	0	4	3
淮海工学院	41	40	4.1	0	933.5	535.65	0	0	0	0	0	0	0	0	0	0	0	8	7	1	0	0	0	0	0	9	9
徐州工程学院	42	2	0.7	0	10	10	0	0	0	0	0	0	0	0	0	0	0	1	1	0	0	0	0	0	0	0	0
南京特殊教育师范学院	43	0	0	0	0	0	0	0	0	0	0	0	0	0	0	0	0	0	0	0	0	0	0	0	0	0	0
泰州学院	44	15	5.2	0	125	24	3	2	0	1	0	0	0	0	0	0	0	4	4	0	0	0	0	0	0	0	0
金陵科技学院	45	3	0.4	0	46.5	22	0	0	0	0	0	0	0	0	0	0	0	1	1	0	0	0	0	0	0	2	1
江苏第二师范学院	46	1	0.2	0	0	1.57	2	1	0	1	0	0	0	0	0	0	0	2	2	0	0	0	0	0	0	0	0

2.15 社会学人文、社会科学研究与课题成果情况表

高校名称		总数					出版著作(部)							古籍整理(部)	译著(部)	发表译文(篇)	电子出版物(件)	发表论文(篇)				获奖成果数(项)				研究与咨询报告(篇)	
		课题数(项)	当年投入人数(人年)	其中:研究生(人年)	当年投入经费(千元)	当年支出经费(千元)	合计	专著	其中:被译成外文	编著教材	工具书参考书	皮书/发展报告	科普读物					合计	国内学术刊物	国外学术刊物	港、澳、台地区刊物	合计	国家级奖	部级奖	省级奖	合计	其中:被采纳数
	编号	L01	L02	L03	L04	L05	L06	L07	L08	L09	L10	L11	L12	L13	L14	L15	L16	L17	L18	L19	L20	L21	L22	L23	L24	L25	L26
合计	/	1 543	377.8	51.6	57 256.4	52 574.8	69	52	1	9	2	2	4	0	7	0	7	782	760	22	0	1	0	1	0	151	89
南京大学	1	99	12.4	2	4 770.56	4 124.06	7	7	0	0	0	0	0	0	3	0	0	142	141	1	0	1	0	1	0	11	11
东南大学	2	122	48.6	8.8	6 178	7 697.37	6	6	0	0	0	0	0	0	0	0	0	64	64	0	0	0	0	0	0	3	3
江南大学	3	34	11.9	4.3	884.7	835.5	2	1	0	0	1	0	0	0	0	0	0	28	28	0	0	0	0	0	0	0	0
南京农业大学	4	57	10.9	3.7	916.52	666.6	1	1	0	0	0	0	0	0	0	0	0	12	12	0	0	0	0	0	0	0	0
中国矿业大学	5	25	4	0.7	111.5	141.5	3	2	0	1	0	0	0	0	0	0	0	2	2	0	0	0	0	0	0	3	0
河海大学	6	114	36.8	18.8	17 404.6	15 482.6	12	3	1	2	1	2	4	0	0	0	7	152	133	19	0	0	0	0	0	46	32
南京理工大学	7	28	5.6	0.4	400.7	369.02	1	0	0	1	0	0	0	0	0	0	0	15	15	0	0	0	0	0	0	4	2
南京航空航天大学	8	15	4.3	0.9	480	526	1	1	0	0	0	0	0	0	0	0	0	1	1	0	0	0	0	0	0	0	0
中国药科大学	9	0	0	0	0	0	0	0	0	0	0	0	0	0	0	0	0	5	5	0	0	0	0	0	0	0	0
南京森林警察学院	10	2	0.5	0	0	0	0	0	0	0	0	0	0	0	0	0	0	0	0	0	0	0	0	0	0	0	0
苏州大学	11	44	5.3	0.4	907	1 148.6	7	7	0	0	0	0	0	0	0	0	0	18	18	0	0	0	0	0	0	0	0
江苏科技大学	12	45	13.8	1.7	462	600.8	2	2	0	0	0	0	0	0	0	0	0	37	37	0	0	0	0	0	0	0	0
南京工业大学	13	46	6.2	0.4	590	796.49	0	0	0	0	0	0	0	0	0	0	0	9	9	0	0	0	0	0	0	1	0
常州大学	14	38	11.7	0	598	417	2	2	0	0	0	0	0	0	2	0	0	20	20	0	0	0	0	0	0	5	5
南京邮电大学	15	80	22.6	3.9	4 695.17	3 757.27	2	2	0	0	0	0	0	0	0	0	0	10	10	0	0	0	0	0	0	14	10
南京林业大学	16	20	2	0	154	114.65	0	0	0	0	0	0	0	0	1	0	0	61	61	0	0	0	0	0	0	0	0
江苏大学	17	4	0.9	0	303	303	0	0	0	0	0	0	0	0	0	0	0	0	0	0	0	0	0	0	0	0	0
南京信息工程大学	18	19	6.1	0.3	634	328.93	0	0	0	0	0	0	0	0	0	0	0	5	5	0	0	0	0	0	0	2	2
南通大学	19	35	5.1	0.1	794	725.1	2	2	0	0	0	0	0	0	0	0	0	14	14	0	0	0	0	0	0	5	2
盐城工学院	20	10	1	0	261	261	0	0	0	0	0	0	0	0	0	0	0	0	0	0	0	0	0	0	0	4	4
南京医科大学	21	2	0.7	0	0	65	0	0	0	0	0	0	0	0	0	0	0	2	2	0	0	0	0	0	0	0	0
徐州医科大学	22	23	5.8	0	60	48.4	0	0	0	0	0	0	0	0	0	0	0	0	0	0	0	0	0	0	0	0	0

续表

高校名称		总数					出版著作(部)							古籍整理(部)	译著(部)	发表译文(篇)	电子出版物(件)	发表论文(篇)				获奖成果数(项)				研究与咨询报告(篇)	
		课题数(项)	当年投入人数(人年)	其中:研究生(人年)	当年投入经费(千元)	当年支出经费(千元)	合计	专著	其中:被译成外文	编著教材	工具书参考书	皮书/发展报告	科普读物					合计	国内学术刊物	国外学术刊物	港、澳、台地区刊物	合计	国家级奖	部级奖	省级奖	合计	其中:被采纳数
	编号	L01	L02	L03	L04	L05	L06	L07	L08	L09	L10	L11	L12	L13	L14	L15	L16	L17	L18	L19	L20	L21	L22	L23	L24	L25	L26
南京中医药大学	23	38	17.8	0.8	335	380.84	0	0	0	0	0	0	0	0	0	0	0	8	8	0	0	0	0	0	0	0	0
南京师范大学	24	100	17.5	1.2	2 902	2 034	0	0	0	0	0	0	0	0	1	0	0	12	11	1	0	0	0	0	0	1	1
江苏师范大学	25	27	13	1.7	560	298.59	1	1	0	0	0	0	0	0	0	0	0	13	13	0	0	0	0	0	0	1	1
淮阴师范学院	26	26	3.4	0	404	403	2	0	0	2	0	0	0	0	0	0	0	2	1	1	0	0	0	0	0	2	2
盐城师范学院	27	18	6.9	0	1 123.88	961.13	2	2	0	0	0	0	0	0	0	0	0	12	12	0	0	0	0	0	0	3	2
南京财经大学	28	10	1.4	0	0	3	1	1	0	0	0	0	0	0	0	0	0	4	4	0	0	0	0	0	0	0	0
江苏警官学院	29	35	6.4	0	136	75.34	0	0	0	0	0	0	0	0	0	0	0	3	3	0	0	0	0	0	0	0	0
南京体育学院	30	2	0.2	0	0	2	0	0	0	0	0	0	0	0	0	0	0	1	1	0	0	0	0	0	0	0	0
南京艺术学院	31	0	0	0	0	0	0	0	0	0	0	0	0	0	0	0	0	1	1	0	0	0	0	0	0	0	0
苏州科技大学	32	61	12.5	1	5 920.77	5 465.77	1	1	0	0	0	0	0	0	0	0	0	5	5	0	0	0	0	0	0	4	2
常熟理工学院	33	31	6.6	0	940.5	774.7	0	0	0	0	0	0	0	0	0	0	0	4	4	0	0	0	0	0	0	3	1
淮阴工学院	34	79	15.3	0	2 209.5	1 832.03	1	1	0	0	0	0	0	0	0	0	0	29	29	0	0	0	0	0	0	5	3
常州工学院	35	10	1.6	0	45	56.41	1	1	0	0	0	0	0	0	0	0	0	4	4	0	0	0	0	0	0	2	0
扬州大学	36	45	6.3	0.5	194	276.1	0	0	0	0	0	0	0	0	0	0	0	17	17	0	0	0	0	0	0	0	0
南京工程学院	37	47	5.2	0	490.5	368.88	2	2	0	0	0	0	0	0	0	0	0	11	11	0	0	0	0	0	0	2	2
南京审计大学	38	0	0	0	0	0	0	0	0	0	0	0	0	0	0	0	0	0	0	0	0	0	0	0	0	0	0
南京晓庄学院	39	8	2.5	0	0	10	3	0	0	3	0	0	0	0	0	0	0	2	2	0	0	0	0	0	0	0	0
江苏理工学院	40	31	7	0	606	613.79	2	2	0	0	0	0	0	0	0	0	0	16	16	0	0	0	0	0	0	14	4
淮海工学院	41	9	0.9	0	91.5	52	0	0	0	0	0	0	0	0	0	0	0	2	2	0	0	0	0	0	0	0	0
徐州工程学院	42	73	30	0	246	292.97	4	4	0	0	0	0	0	0	0	0	0	17	17	0	0	0	0	0	0	16	0
南京特殊教育师范学院	43	20	3.7	0	407	225.6	0	0	0	0	0	0	0	0	0	0	0	12	12	0	0	0	0	0	0	0	0
泰州学院	44	2	0.5	0	0	0	0	0	0	0	0	0	0	0	0	0	0	9	9	0	0	0	0	0	0	0	0
金陵科技学院	45	1	0.1	0	0	1	0	0	0	0	0	0	0	0	0	0	0	1	1	0	0	0	0	0	0	0	0
江苏第二师范学院	46	8	2.8	0	40	38.81	1	1	0	0	0	0	0	0	0	0	0	0	0	0	0	0	0	0	0	0	0

2.16 民族学与文化学人文、社会科学研究与课题成果情况表

高校名称		总数					出版著作(部)							古籍整理(部)	译著(部)	发表译文(篇)	电子出版物(件)	发表论文(篇)				获奖成果数(项)				研究与咨询报告(篇)	
		课题数(项)	当年投入人数(人年)	其中:研究生(人年)	当年投入经费(千元)	当年支出经费(千元)	合计	专著	其中:被译成外文	编著教材	工具书参考书	皮书/发展报告	科普读物					合计	国内学术刊物	国外学术刊物	港、澳、台地区刊物	合计	国家级奖	部级奖	省级奖	合计	其中:被采纳数
	编号	L01	L02	L03	L04	L05	L06	L07	L08	L09	L10	L11	L12	L13	L14	L15	L16	L17	L18	L19	L20	L21	L22	L23	L24	L25	L26
合计	/	292	83.4	3.5	4 258.5	2 503.42	6	2	0	1	0	1	2	0	0	0	3	97	97	0	0	0	0	0	0	24	6
南京大学	1	8	1.2	0.4	134	124	0	0	0	0	0	0	0	0	0	0	0	1	1	0	0	0	0	0	0	0	0
东南大学	2	8	3.8	0.6	21	39.2	0	0	0	0	0	0	0	0	0	0	0	0	0	0	0	0	0	0	0	0	0
江南大学	3	4	0.7	0.2	0	0	1	1	0	0	0	0	0	0	0	0	0	3	3	0	0	0	0	0	0	0	0
南京农业大学	4	11	1.6	0.4	395	159	0	0	0	0	0	0	0	0	0	0	0	4	4	0	0	0	0	0	0	0	0
中国矿业大学	5	6	1.2	0	0	0	0	0	0	0	0	0	0	0	0	0	0	0	0	0	0	0	0	0	0	0	0
河海大学	6	13	3.5	1.7	40	36.15	3	0	0	0	0	1	2	0	0	0	3	27	27	0	0	0	0	0	0	7	6
南京理工大学	7	0	0	0	0	0	0	0	0	0	0	0	0	0	0	0	0	0	0	0	0	0	0	0	0	0	0
南京航空航天大学	8	0	0	0	0	0	0	0	0	0	0	0	0	0	0	0	0	1	1	0	0	0	0	0	0	0	0
中国药科大学	9	0	0	0	0	0	0	0	0	0	0	0	0	0	0	0	0	0	0	0	0	0	0	0	0	0	0
南京森林警察学院	10	0	0	0	0	0	0	0	0	0	0	0	0	0	0	0	0	0	0	0	0	0	0	0	0	0	0
苏州大学	11	0	0	0	0	0	0	0	0	0	0	0	0	0	0	0	0	0	0	0	0	0	0	0	0	0	0
江苏科技大学	12	5	1.3	0.2	0	1.8	0	0	0	0	0	0	0	0	0	0	0	1	1	0	0	0	0	0	0	0	0
南京工业大学	13	1	0.1	0	6	22	0	0	0	0	0	0	0	0	0	0	0	0	0	0	0	0	0	0	0	0	0
常州大学	14	5	1.7	0	40	10.6	0	0	0	0	0	0	0	0	0	0	0	0	0	0	0	0	0	0	0	0	0
南京邮电大学	15	1	0.2	0	0	0	0	0	0	0	0	0	0	0	0	0	0	0	0	0	0	0	0	0	0	0	0
南京林业大学	16	9	0.9	0	320	54.98	0	0	0	0	0	0	0	0	0	0	0	9	9	0	0	0	0	0	0	0	0
江苏大学	17	0	0	0	0	0	0	0	0	0	0	0	0	0	0	0	0	0	0	0	0	0	0	0	0	0	0
南京信息工程大学	18	1	0.2	0	0	0	0	0	0	0	0	0	0	0	0	0	0	0	0	0	0	0	0	0	0	0	0
南通大学	19	28	3.3	0	87	90	0	0	0	0	0	0	0	0	0	0	0	2	2	0	0	0	0	0	0	0	0
盐城工学院	20	1	0.1	0	30	28	0	0	0	0	0	0	0	0	0	0	0	2	2	0	0	0	0	0	0	0	0
南京医科大学	21	0	0	0	0	0	0	0	0	0	0	0	0	0	0	0	0	0	0	0	0	0	0	0	0	0	0
徐州医科大学	22	0	0	0	0	0	0	0	0	0	0	0	0	0	0	0	0	0	0	0	0	0	0	0	0	0	0

续表

高校名称		总数					出版著作(部)							古籍整理(部)	译著(部)	发表译文(篇)	电子出版物(件)	发表论文(篇)				获奖成果数(项)				研究与咨询报告(篇)	
		课题数(项)	当年投入人数(人年)	其中:研究生(人年)	当年投入经费(千元)	当年支出经费(千元)	合计	专著	其中:被译成外文	编著教材	工具书参考书	皮书/发展报告	科普读物					合计	国内学术刊物	国外学术刊物	港、澳、台地区刊物	合计	国家级奖	部级奖	省级奖	合计	其中:被采纳数
	编号	L01	L02	L03	L04	L05	L06	L07	L08	L09	L10	L11	L12	L13	L14	L15	L16	L17	L18	L19	L20	L21	L22	L23	L24	L25	L26
南京中医药大学	23	6	4.1	0	0	129.4	1	0	0	1	0	0	0	0	0	0	0	2	2	0	0	0	0	0	0	0	0
南京师范大学	24	1	0.1	0	0	0	0	0	0	0	0	0	0	0	0	0	0	0	0	0	0	0	0	0	0	0	0
江苏师范大学	25	20	8.6	0	1103	236.26	0	0	0	0	0	0	0	0	0	0	0	2	2	0	0	0	0	0	0	0	0
淮阴师范学院	26	2	0.2	0	58	27.5	0	0	0	0	0	0	0	0	0	0	0	1	1	0	0	0	0	0	0	0	0
盐城师范学院	27	0	0	0	0	0	0	0	0	0	0	0	0	0	0	0	0	0	0	0	0	0	0	0	0	0	0
南京财经大学	28	0	0	0	0	0	0	0	0	0	0	0	0	0	0	0	0	1	1	0	0	0	0	0	0	0	0
江苏警官学院	29	2	0.2	0	20	0	0	0	0	0	0	0	0	0	0	0	0	0	0	0	0	0	0	0	0	0	0
南京体育学院	30	0	0	0	0	0	0	0	0	0	0	0	0	0	0	0	0	0	0	0	0	0	0	0	0	0	0
南京艺术学院	31	0	0	0	0	0	0	0	0	0	0	0	0	0	0	0	0	0	0	0	0	0	0	0	0	0	0
苏州科技大学	32	7	1.8	0	150	150	0	0	0	0	0	0	0	0	0	0	0	2	2	0	0	0	0	0	0	0	0
常熟理工学院	33	1	0.1	0	0	0	0	0	0	0	0	0	0	0	0	0	0	0	0	0	0	0	0	0	0	0	0
淮阴工学院	34	33	5.2	0	798	666	0	0	0	0	0	0	0	0	0	0	0	13	13	0	0	0	0	0	0	3	0
常州工学院	35	3	0.6	0	0	1.5	0	0	0	0	0	0	0	0	0	0	0	2	2	0	0	0	0	0	0	0	0
扬州大学	36	3	0.5	0	0	0	0	0	0	0	0	0	0	0	0	0	0	2	2	0	0	0	0	0	0	0	0
南京工程学院	37	9	0.9	0	28	51.8	0	0	0	0	0	0	0	0	0	0	0	0	0	0	0	0	0	0	0	0	0
南京审计大学	38	0	0	0	0	0	0	0	0	0	0	0	0	0	0	0	0	0	0	0	0	0	0	0	0	0	0
南京晓庄学院	39	0	0	0	0	0	0	0	0	0	0	0	0	0	0	0	0	0	0	0	0	0	0	0	0	0	0
江苏理工学院	40	7	1.2	0	295	119.58	0	0	0	0	0	0	0	0	0	0	0	4	4	0	0	0	0	0	0	1	0
淮海工学院	41	0	0	0	0	0	0	0	0	0	0	0	0	0	0	0	0	0	0	0	0	0	0	0	0	0	0
徐州工程学院	42	94	39.4	0	733.5	553.65	1	1	0	0	0	0	0	0	0	0	0	16	16	0	0	0	0	0	0	13	0
南京特殊教育师范学院	43	0	0	0	0	0	0	0	0	0	0	0	0	0	0	0	0	0	0	0	0	0	0	0	0	0	0
泰州学院	44	0	0	0	0	0	0	0	0	0	0	0	0	0	0	0	0	2	2	0	0	0	0	0	0	0	0
金陵科技学院	45	1	0.2	0	0	2	0	0	0	0	0	0	0	0	0	0	0	0	0	0	0	0	0	0	0	0	0
江苏第二师范学院	46	2	0.5	0	0	0	0	0	0	0	0	0	0	0	0	0	0	0	0	0	0	0	0	0	0	0	0

2.17 新闻学与传播学人文、社会科学研究与课题成果情况表

高校名称	编号	总数：课题数（项）	总数：当年投入人数（人年）	总数：其中：研究生（人年）	总数：当年投入经费（千元）	总数：当年支出经费（千元）	出版著作（部）：合计	出版著作（部）：专著	出版著作（部）：其中：被译成外文	出版著作（部）：编著教材	出版著作（部）：工具书参考书	出版著作（部）：皮书/发展报告	出版著作（部）：科普读物	古籍整理（部）	译著（部）	发表译文（篇）	电子出版物（件）	发表论文（篇）：合计	发表论文（篇）：国内学术刊物	发表论文（篇）：国外学术刊物	发表论文（篇）：港、澳、台地区刊物	获奖成果数（项）：合计	获奖成果数（项）：国家级奖	获奖成果数（项）：部级奖	获奖成果数（项）：省级奖	研究与咨询报告（篇）：合计	研究与咨询报告（篇）：其中：被采纳数
		L01	L02	L03	L04	L05	L06	L07	L08	L09	L10	L11	L12	L13	L14	L15	L16	L17	L18	L19	L20	L21	L22	L23	L24	L25	L26
合计	/	457	98.8	9.9	9 461	8 926.66	30	24	1	3	1	1	1	0	1	0	3	391	380	10	1	0	0	0	0	30	22
南京大学	1	59	6.8	0.8	2 260	2 030	5	3	0	1	0	1	0	0	0	0	0	98	97	0	1	0	0	0	0	4	4
东南大学	2	4	1.1	0.1	50	50	0	0	0	0	0	0	0	0	0	0	0	0	0	0	0	0	0	0	0	0	0
江南大学	3	13	3.8	2.1	22	15.49	0	0	0	0	0	0	0	0	0	0	0	8	8	0	0	0	0	0	0	0	0
南京农业大学	4	7	1.7	0	0	0	0	0	0	0	0	0	0	0	0	0	0	1	1	0	0	0	0	0	0	0	0
中国矿业大学	5	7	2.3	0	30	45.25	1	1	0	0	0	0	0	0	0	0	0	2	2	0	0	0	0	0	0	0	0
河海大学	6	21	6.9	3.2	250	225.15	2	1	0	0	0	0	1	0	0	0	3	49	39	10	0	0	0	0	0	11	10
南京理工大学	7	6	1.2	0.1	10	9.75	0	0	0	0	0	0	0	0	0	0	0	5	5	0	0	0	0	0	0	1	0
南京航空航天大学	8	8	3.1	1.1	311	321	0	0	0	0	0	0	0	0	0	0	0	3	3	0	0	0	0	0	0	0	0
中国药科大学	9	0	0	0	0	0	0	0	0	0	0	0	0	0	0	0	0	0	0	0	0	0	0	0	0	0	0
南京森林警察学院	10	3	0.6	0	32	32	0	0	0	0	0	0	0	0	0	0	0	3	3	0	0	0	0	0	0	1	0
苏州大学	11	72	8.8	0.4	2 059	2 500	4	4	0	0	0	0	0	0	1	0	0	42	42	0	0	0	0	0	0	6	4
江苏科技大学	12	0	0	0	0	0	0	0	0	0	0	0	0	0	0	0	0	0	0	0	0	0	0	0	0	0	0
南京工业大学	13	2	0.3	0	40	40	0	0	0	0	0	0	0	0	0	0	0	2	2	0	0	0	0	0	0	0	0
常州大学	14	2	0.6	0	45	14	0	0	0	0	0	0	0	0	0	0	0	0	0	0	0	0	0	0	0	0	0
南京邮电大学	15	19	5.1	0.9	359	365.4	2	2	0	0	0	0	0	0	0	0	0	1	1	0	0	0	0	0	0	1	1
南京林业大学	16	7	1.1	0	68	74.36	0	0	0	0	0	0	0	0	0	0	0	5	5	0	0	0	0	0	0	0	0
江苏大学	17	0	0	0	0	0	1	1	0	0	0	0	0	0	0	0	0	0	0	0	0	0	0	0	0	0	0
南京信息工程大学	18	3	1	0	40	38.72	0	0	0	0	0	0	0	0	0	0	0	3	3	0	0	0	0	0	0	0	0
南通大学	19	3	0.4	0	0	0	0	0	0	0	0	0	0	0	0	0	0	2	2	0	0	0	0	0	0	0	0
盐城工学院	20	2	0.2	0	150	150	0	0	0	0	0	0	0	0	0	0	0	2	2	0	0	0	0	0	0	0	0
南京医科大学	21	2	0.2	0	10	1	0	0	0	0	0	0	0	0	0	0	0	0	0	0	0	0	0	0	0	0	0
徐州医科大学	22	1	0.3	0	10	2.2	0	0	0	0	0	0	0	0	0	0	0	0	0	0	0	0	0	0	0	0	0

续表

高校名称		总数					出版著作(部)							古籍整理(部)	译著(部)	发表译文(篇)	电子出版物(件)	发表论文(篇)				获奖成果数(项)				研究与咨询报告(篇)	
		课题数(项)	当年投入人数(人年)	其中:研究生(人年)	当年投入经费(千元)	当年支出经费(千元)	合计	专著	其中:被译成外文	编著教材	工具书参考书	皮书/发展报告	科普读物					合计	国内学术刊物	国外学术刊物	港、澳、台地区刊物	合计	国家级奖	部级奖	省级奖	合计	其中:被采纳数
	编号	L01	L02	L03	L04	L05	L06	L07	L08	L09	L10	L11	L12	L13	L14	L15	L16	L17	L18	L19	L20	L21	L22	L23	L24	L25	L26
南京中医药大学	23	0	0	0	0	0	0	0	0	0	0	0	0	0	0	0	0	0	0	0	0	0	0	0	0	0	0
南京师范大学	24	52	13	0.2	1 137	1 139.8	3	2	1	0	1	0	0	0	0	0	0	37	37	0	0	0	0	0	0	1	1
江苏师范大学	25	13	6.7	0	478	349	3	2	0	1	0	0	0	0	0	0	0	28	28	0	0	0	0	0	0	0	0
淮阴师范学院	26	13	1.9	0	320	268	0	0	0	0	0	0	0	0	0	0	0	5	5	0	0	0	0	0	0	0	0
盐城师范学院	27	1	0.2	0	0	10	0	0	0	0	0	0	0	0	0	0	0	8	8	0	0	0	0	0	0	0	0
南京财经大学	28	26	4.1	0.2	646	575.2	3	2	0	1	0	0	0	0	0	0	0	20	20	0	0	0	0	0	0	0	0
江苏警官学院	29	2	0.2	0	80	2.33	0	0	0	0	0	0	0	0	0	0	0	0	0	0	0	0	0	0	0	0	0
南京体育学院	30	3	0.6	0	0	4.68	0	0	0	0	0	0	0	0	0	0	0	0	0	0	0	0	0	0	0	0	0
南京艺术学院	31	1	0.6	0	10	10	0	0	0	0	0	0	0	0	0	0	0	2	2	0	0	0	0	0	0	0	0
苏州科技大学	32	9	2.2	0.1	0	0	1	1	0	0	0	0	0	0	0	0	0	7	7	0	0	0	0	0	0	0	0
常熟理工学院	33	0	0	0	0	0	0	0	0	0	0	0	0	0	0	0	0	0	0	0	0	0	0	0	0	0	0
淮阴工学院	34	1	0.2	0	10	4	0	0	0	0	0	0	0	0	0	0	0	0	0	0	0	0	0	0	0	0	0
常州工学院	35	8	1.3	0	8	11.4	0	0	0	0	0	0	0	0	0	0	0	6	6	0	0	0	0	0	0	0	0
扬州大学	36	23	4.7	0.7	696	394.05	4	4	0	0	0	0	0	0	0	0	0	31	31	0	0	0	0	0	0	1	0
南京工程学院	37	1	0.1	0	10	7	0	0	0	0	0	0	0	0	0	0	0	0	0	0	0	0	0	0	0	0	0
南京审计大学	38	0	0	0	0	0	0	0	0	0	0	0	0	0	0	0	0	0	0	0	0	0	0	0	0	0	0
南京晓庄学院	39	22	5.6	0	242.5	154.5	0	0	0	0	0	0	0	0	0	0	0	0	0	0	0	0	0	0	0	0	0
江苏理工学院	40	4	0.7	0	16	16	0	0	0	0	0	0	0	0	0	0	0	7	7	0	0	0	0	0	0	3	2
淮海工学院	41	11	1.2	0	6.5	10.5	0	0	0	0	0	0	0	0	0	0	0	2	2	0	0	0	0	0	0	0	0
徐州工程学院	42	11	6.4	0	5	5.65	1	1	0	0	0	0	0	0	0	0	0	5	5	0	0	0	0	0	0	1	0
南京特殊教育师范学院	43	0	0	0	0	0	0	0	0	0	0	0	0	0	0	0	0	3	3	0	0	0	0	0	0	0	0
泰州学院	44	3	1.1	0	30	4	0	0	0	0	0	0	0	0	0	0	0	0	0	0	0	0	0	0	0	0	0
金陵科技学院	45	3	0.4	0	6	32	0	0	0	0	0	0	0	0	0	0	0	4	4	0	0	0	0	0	0	0	0
江苏第二师范学院	46	9	2.1	0	14	14.23	0	0	0	0	0	0	0	0	0	0	0	0	0	0	0	0	0	0	0	0	0

2.18 图书馆、情报与文献学人文、社会科学研究与课题成果情况表

高校名称	编号	总数					出版著作(部)							古籍整理(部)	译著(部)	发表译文(篇)	电子出版物(件)	发表论文(篇)				获奖成果数(项)				研究与咨询报告(篇)	
		课题数(项)	当年投入人数(人年)	其中:研究生(人年)	当年投入经费(千元)	当年支出经费(千元)	合计	专著	其中:被译成外文	编著教材	工具书参考书	皮书/发展报告	科普读物					合计	国内学术刊物	国外学术刊物	港、澳、台地区刊物	合计	国家级奖	部级奖	省级奖	合计	其中:被采纳数
		L01	L02	L03	L04	L05	L06	L07	L08	L09	L10	L11	L12	L13	L14	L15	L16	L17	L18	L19	L20	L21	L22	L23	L24	L25	L26
合计	/	550	122.7	15.7	14 090.7	13 939.7	34	23	1	4	1	2	4	0	2	2	6	719	669	50	0	0	0	0	0	41	33
南京大学	1	97	11.9	2	5 261.3	4 132.1	9	8	1	0	0	1	0	0	0	2	0	216	194	22	0	0	0	0	0	7	7
东南大学	2	22	9.8	0.3	206	361	0	0	0	0	0	0	0	0	0	0	0	0	0	0	0	0	0	0	0	0	0
江南大学	3	5	1.5	0.6	51	35.7	0	0	0	0	0	0	0	0	0	0	0	10	10	0	0	0	0	0	0	0	0
南京农业大学	4	75	11.9	2.7	379.8	493.8	1	1	0	0	0	0	0	0	0	0	0	25	24	1	0	0	0	0	0	0	0
中国矿业大学	5	21	4.1	0	0	6.65	0	0	0	0	0	0	0	0	0	0	0	3	3	0	0	0	0	0	0	1	0
河海大学	6	41	11.9	4.6	2 260	4 105	6	2	0	0	0	1	3	0	0	0	6	85	71	14	0	0	0	0	0	22	19
南京理工大学	7	34	8.2	2	2 550.69	1 924.27	1	1	0	0	0	0	0	0	0	0	0	35	32	3	0	0	0	0	0	0	0
南京航空航天大学	8	10	3.7	0.8	10.8	23.8	0	0	0	0	0	0	0	0	0	0	0	17	8	9	0	0	0	0	0	5	5
中国药科大学	9	23	3.5	0	136	96	0	0	0	0	0	0	0	0	0	0	0	14	14	0	0	0	0	0	0	0	0
南京森林警察学院	10	3	0.7	0	0	46.61	0	0	0	0	0	0	0	0	2	0	0	9	9	0	0	0	0	0	0	0	0
苏州大学	11	15	2	0.2	208	331	5	5	0	0	0	0	0	0	0	0	0	28	28	0	0	0	0	0	0	1	0
江苏科技大学	12	2	0.6	0	20	16	0	0	0	0	0	0	0	0	0	0	0	8	8	0	0	0	0	0	0	0	0
南京工业大学	13	9	2.3	0.4	290	380	1	1	0	0	0	0	0	0	0	0	0	38	38	0	0	0	0	0	0	0	0
常州大学	14	4	1.8	0	190	149	0	0	0	0	0	0	0	0	0	0	0	4	4	0	0	0	0	0	0	0	0
南京邮电大学	15	23	6.7	1.2	615	291.8	1	0	0	1	0	0	0	0	0	0	0	2	2	0	0	0	0	0	0	0	0
南京林业大学	16	0	0	0	0	0	0	0	0	0	0	0	0	0	0	0	0	2	2	0	0	0	0	0	0	0	0
江苏大学	17	15	2.4	0.5	230	190	1	1	0	0	0	0	0	0	0	0	0	18	18	0	0	0	0	0	0	1	1
南京信息工程大学	18	8	1.9	0	15	15	1	0	0	1	0	0	0	0	0	0	0	14	13	1	0	0	0	0	0	0	0
南通大学	19	12	2.7	0.1	24	24	1	0	0	0	0	0	1	0	0	0	0	17	17	0	0	0	0	0	0	0	0
盐城工学院	20	10	1.7	0	55	85	0	0	0	0	0	0	0	0	0	0	0	10	10	0	0	0	0	0	0	0	0
南京医科大学	21	4	0.6	0	30	4	2	2	0	0	0	0	0	0	0	0	0	11	11	0	0	0	0	0	0	0	0
徐州医科大学	22	2	0.5	0	5	7.7	0	0	0	0	0	0	0	0	0	0	0	5	5	0	0	0	0	0	0	0	0

续表

高校名称		总数					出版著作(部)							古籍整理(部)	译著(部)	发表译文(篇)	电子出版物(件)	发表论文(篇)				获奖成果数(项)				研究与咨询报告(篇)	
		课题数(项)	当年投入人数(人年)	其中：研究生(人年)	当年投入经费(千元)	当年支出经费(千元)	合计	专著	其中：被译成外文	编著教材	工具书参考书	皮书/发展报告	科普读物					合计	国内学术刊物	国外学术刊物	港、澳、台地区刊物	合计	国家级奖	部级奖	省级奖	合计	其中：被采纳数
	编号	L01	L02	L03	L04	L05	L06	L07	L08	L09	L10	L11	L12	L13	L14	L15	L16	L17	L18	L19	L20	L21	L22	L23	L24	L25	L26
南京中医药大学	23	8	4	0.2	10	25.7	1	0	0	1	0	0	0	0	0	0	0	1	1	0	0	0	0	0	0	0	0
南京师范大学	24	9	1.9	0	290	193.4	0	0	0	0	0	0	0	0	0	0	0	17	17	0	0	0	0	0	0	0	0
江苏师范大学	25	10	6.1	0	400	158.97	0	0	0	0	0	0	0	0	0	0	0	6	6	0	0	0	0	0	0	0	0
淮阴师范学院	26	2	0.3	0	30	25	0	0	0	0	0	0	0	0	0	0	0	15	15	0	0	0	0	0	0	0	0
盐城师范学院	27	6	2.4	0	220	146.7	1	0	0	0	1	0	0	0	0	0	0	33	33	0	0	0	0	0	0	1	1
南京财经大学	28	4	0.3	0.1	5	31	0	0	0	0	0	0	0	0	0	0	0	0	0	0	0	0	0	0	0	0	0
江苏警官学院	29	7	3.4	0	20	60	0	0	0	0	0	0	0	0	0	0	0	6	6	0	0	0	0	0	0	0	0
南京体育学院	30	3	0.7	0	0	7	0	0	0	0	0	0	0	0	0	0	0	1	1	0	0	0	0	0	0	0	0
南京艺术学院	31	6	1.2	0	0	0	1	0	0	1	0	0	0	0	0	0	0	2	2	0	0	0	0	0	0	0	0
苏州科技大学	32	4	1	0	0	0	0	0	0	0	0	0	0	0	0	0	0	9	9	0	0	0	0	0	0	0	0
常熟理工学院	33	3	0.7	0	14	20	0	0	0	0	0	0	0	0	0	0	0	5	5	0	0	0	0	0	0	0	0
淮阴工学院	34	5	0.8	0	23	26	0	0	0	0	0	0	0	0	0	0	0	1	1	0	0	0	0	0	0	1	0
常州工学院	35	4	0.7	0	0	3.7	0	0	0	0	0	0	0	0	0	0	0	3	3	0	0	0	0	0	0	1	0
扬州大学	36	10	1.6	0	217.6	234.6	1	1	0	0	0	0	0	0	0	0	0	8	8	0	0	0	0	0	0	0	0
南京工程学院	37	3	0.3	0	20	13.25	0	0	0	0	0	0	0	0	0	0	0	1	1	0	0	0	0	0	0	0	0
南京审计大学	38	3	1.2	0	55	48.5	0	0	0	0	0	0	0	0	0	0	0	7	7	0	0	0	0	0	0	0	0
南京晓庄学院	39	7	1.7	0	38	24	0	0	0	0	0	0	0	0	0	0	0	0	0	0	0	0	0	0	0	0	0
江苏理工学院	40	7	1.3	0	100	102.76	0	0	0	0	0	0	0	0	0	0	0	13	13	0	0	0	0	0	0	0	0
淮海工学院	41	6	0.6	0	54.5	45	1	1	0	0	0	0	0	0	0	0	0	5	5	0	0	0	0	0	0	0	0
徐州工程学院	42	0	0	0	0	0	0	0	0	0	0	0	0	0	0	0	0	4	4	0	0	0	0	0	0	0	0
南京特殊教育师范学院	43	1	0.1	0	0	2.7	0	0	0	0	0	0	0	0	0	0	0	3	3	0	0	0	0	0	0	0	0
泰州学院	44	3	1	0	0	11	0	0	0	0	0	0	0	0	0	0	0	2	2	0	0	0	0	0	0	0	0
金陵科技学院	45	4	1	0	56	42	0	0	0	0	0	0	0	0	0	0	0	3	3	0	0	0	0	0	0	1	0
江苏第二师范学院	46	0	0	0	0	0	0	0	0	0	0	0	0	0	0	0	0	3	3	0	0	0	0	0	0	0	0

2.19 教育学人文、社会科学研究与课题成果情况表

高校名称		总数					出版著作(部)							古籍整理(部)	译著(部)	发表译文(篇)	电子出版物(件)	发表论文(篇)				获奖成果数(项)				研究与咨询报告(篇)	
		课题数(项)	当年投入人数(人年)	其中:研究生(人年)	当年投入经费(千元)	当年支出经费(千元)	合计	专著	其中:被译成外文	编著教材	工具书参考书	皮书/发展报告	科普读物					合计	国内学术刊物	国外学术刊物	港、澳、台地区刊物	合计	国家级奖	部级奖	省级奖	合计	其中:被采纳数
	编号	L01	L02	L03	L04	L05	L06	L07	L08	L09	L10	L11	L12	L13	L14	L15	L16	L17	L18	L19	L20	L21	L22	L23	L24	L25	L26
合计	/	2 902	666.9	33.5	67 208.3	50 967	136	83	1	50	2	0	1	0	3	2	12	2 282	2 228	53	1	2	0	2	0	110	61
南京大学	1	40	4	0	1 025.8	884.8	4	0	0	4	0	0	0	0	0	0	0	40	38	2	0	0	0	0	0	2	2
东南大学	2	56	22.5	3.9	449	619.45	1	1	0	0	0	0	0	0	0	0	0	5	5	0	0	0	0	0	0	0	0
江南大学	3	78	25.5	7.6	1 054.41	1 009.23	7	5	0	2	0	0	0	0	1	0	0	110	105	5	0	0	0	0	0	1	1
南京农业大学	4	99	11.4	0.4	2 656.39	2421	0	0	0	0	0	0	0	0	0	0	0	17	16	1	0	0	0	0	0	0	0
中国矿业大学	5	58	14.3	1.8	117	155	0	0	0	0	0	0	0	0	0	0	0	42	42	0	0	0	0	0	0	2	0
河海大学	6	36	9.7	4	632	569.25	5	3	0	1	0	0	1	0	0	0	12	57	49	8	0	0	0	0	0	8	7
南京理工大学	7	12	2.6	0.8	105	81.78	0	0	0	0	0	0	0	0	0	0	0	8	8	0	0	0	0	0	0	2	0
南京航空航天大学	8	25	4	0	289	261	0	0	0	0	0	0	0	0	0	0	0	1	1	0	0	0	0	0	0	1	1
中国药科大学	9	14	2.1	0	33	33	0	0	0	0	0	0	0	0	0	0	0	4	4	0	0	0	0	0	0	0	0
南京森林警察学院	10	12	2.7	0	26	202.36	1	1	0	0	0	0	0	0	0	0	0	15	14	1	0	0	0	0	0	0	0
苏州大学	11	42	6.5	0.3	422.3	633.9	5	5	0	0	0	0	0	0	0	0	0	60	60	0	0	0	0	0	0	1	1
江苏科技大学	12	41	13	0	175	190.6	4	4	0	0	0	0	0	0	0	0	0	42	42	0	0	0	0	0	0	0	0
南京工业大学	13	63	7	0.2	193.8	212.57	5	4	0	1	0	0	0	0	0	0	0	46	45	1	0	0	0	0	0	0	0
常州大学	14	69	20.3	0	530	474.3	2	1	0	1	0	0	0	0	0	0	0	49	49	0	0	0	0	0	0	0	0
南京邮电大学	15	91	16.3	1.7	779	385.1	1	1	0	0	0	0	0	0	0	0	0	76	76	0	0	0	0	0	0	2	1
南京林业大学	16	87	8.7	0	189	199.54	0	0	0	0	0	0	0	0	0	0	0	14	14	0	0	0	0	0	0	0	0
江苏大学	17	21	2.8	0.6	432	442	6	6	0	0	0	0	0	0	0	0	0	36	36	0	0	0	0	0	0	0	0
南京信息工程大学	18	114	36.3	0.3	295	613.78	0	0	0	0	0	0	0	0	0	0	0	61	61	0	0	0	0	0	0	8	7
南通大学	19	109	20.5	0.3	1 966.8	1 851.67	5	5	0	0	0	0	0	0	1	0	0	89	77	12	0	0	0	0	0	4	3
盐城工学院	20	64	10.1	0	391.5	395.5	4	4	0	0	0	0	0	0	0	0	0	45	44	1	0	0	0	0	0	3	3
南京医科大学	21	19	3.7	0	99	70.5	4	1	0	3	0	0	0	0	0	0	0	13	13	0	0	0	0	0	0	0	0
徐州医科大学	22	32	8.8	0	139	95.2	0	0	0	0	0	0	0	0	0	0	0	5	5	0	0	0	0	0	0	0	0

续表

高校名称		总数					出版著作(部)							古籍整理(部)	译著(部)	发表译文(篇)	电子出版物(件)	发表论文(篇)				获奖成果数(项)				研究与咨询报告(篇)	
		课题数(项)	当年投入人数(人年)	其中:研究生(人年)	当年投入经费(千元)	当年支出经费(千元)	合计	专著	其中:被译成外文	编著教材	工具书参考书	皮书/发展报告	科普读物					合计	国内学术刊物	国外学术刊物	港、澳、台地区刊物	合计	国家级奖	部级奖	省级奖	合计	其中:被采纳数
	编号	L01	L02	L03	L04	L05	L06	L07	L08	L09	L10	L11	L12	L13	L14	L15	L16	L17	L18	L19	L20	L21	L22	L23	L24	L25	L26
南京中医药大学	23	10	4.4	0	230	99	0	0	0	0	0	0	0	0	0	0	0	58	58	0	0	0	0	0	0	0	0
南京师范大学	24	236	38.6	5.2	12 010.5	8 082.35	13	7	0	5	1	0	0	0	0	2	0	171	157	14	0	2	0	2	0	1	1
江苏师范大学	25	110	53.6	4.3	6 475.3	2 347.25	10	4	1	6	0	0	0	0	0	0	0	152	151	1	0	0	0	0	0	2	2
淮阴师范学院	26	103	17.8	0	2 337	2 290.8	2	1	0	1	0	0	0	0	0	0	0	35	35	0	0	0	0	0	0	0	0
盐城师范学院	27	93	32.7	0	11 805	6 394	6	4	0	2	0	0	0	0	0	0	0	59	59	0	0	0	0	0	0	16	13
南京财经大学	28	9	0.7	0.3	50	40	0	0	0	0	0	0	0	0	0	0	0	17	16	1	0	0	0	0	0	0	0
江苏警官学院	29	27	4.5	0	218	42.4	0	0	0	0	0	0	0	0	0	0	0	33	32	1	0	0	0	0	0	0	0
南京体育学院	30	13	1.8	0	7	7.5	1	1	0	0	0	0	0	0	0	0	0	7	7	0	0	0	0	0	0	0	0
南京艺术学院	31	10	2.7	0	0	17.34	0	0	0	0	0	0	0	0	0	0	0	31	31	0	0	0	0	0	0	0	0
苏州科技大学	32	62	17.6	1.2	364	314	2	1	0	1	0	0	0	0	0	0	0	56	55	1	0	0	0	0	0	0	0
常熟理工学院	33	93	20.4	0	6 261.83	4 895.26	1	1	0	0	0	0	0	0	0	0	0	67	67	0	0	0	0	0	0	3	1
淮阴工学院	34	83	13.8	0	1 196	1 595.55	0	0	0	0	0	0	0	0	0	0	0	100	100	0	0	0	0	0	0	8	1
常州工学院	35	42	7.5	0	399.8	194.45	4	4	0	0	0	0	0	0	0	0	0	34	33	1	0	0	0	0	0	0	0
扬州大学	36	125	18.4	0.6	1 205.9	1 064.05	18	4	0	13	1	0	0	0	0	0	0	167	167	0	0	0	0	0	0	3	2
南京工程学院	37	55	5.3	0	1 006.2	545.76	0	0	0	0	0	0	0	0	0	0	0	35	35	0	0	0	0	0	0	1	1
南京审计大学	38	23	8.1	0	174	228.69	0	0	0	0	0	0	0	0	0	0	0	33	33	0	0	0	0	0	0	0	0
南京晓庄学院	39	71	17.8	0	843	560.1	9	0	0	9	0	0	0	0	1	0	0	91	89	2	0	0	0	0	0	0	0
江苏理工学院	40	199	44.4	0	8 375.59	8 903.29	6	6	0	0	0	0	0	0	0	0	0	100	100	0	0	0	0	0	0	23	12
淮海工学院	41	37	3.7	0	57	41.5	1	1	0	0	0	0	0	0	0	0	0	10	10	0	0	0	0	0	0	0	0
徐州工程学院	42	153	56.6	0	295.5	475.6	6	6	0	0	0	0	0	0	0	0	0	52	51	0	1	0	0	0	0	13	1
南京特殊教育师范学院	43	54	9.4	0	714	489.3	2	2	0	0	0	0	0	0	0	0	0	52	51	1	0	0	0	0	0	0	0
泰州学院	44	32	11	0	175	40.5	0	0	0	0	0	0	0	0	0	0	0	34	34	0	0	0	0	0	0	0	0
金陵科技学院	45	8	1	0	116.72	106.72	1	0	0	1	0	0	0	0	0	0	0	5	5	0	0	0	0	0	0	5	0
江苏第二师范学院	46	72	22.3	0	891	390.07	0	0	0	0	0	0	0	0	0	0	0	48	48	0	0	0	0	0	0	1	1

2.20 统计学人文、社会科学研究与课题成果情况表

高校名称		总数					出版著作(部)							古籍整理(部)	译著(部)	发表译文(篇)	电子出版物(件)	发表论文(篇)				获奖成果数(项)				研究与咨询报告(篇)	
		课题数(项)	当年投入人数(人年)	其中:研究生(人年)	当年投入经费(千元)	当年支出经费(千元)	合计	专著	其中:被译成外文	编著教材	工具书参考书	皮书/发展报告	科普读物					合计	国内学术刊物	国外学术刊物	港、澳、台地区刊物	合计	国家级奖	部级奖	省级奖	合计	其中:被采纳数
	编号	L01	L02	L03	L04	L05	L06	L07	L08	L09	L10	L11	L12	L13	L14	L15	L16	L17	L18	L19	L20	L21	L22	L23	L24	L25	L26
合计	/	156	41	10.7	8 824.3	8 354.75	9	4	0	1	0	2	2	0	0	0	3	120	104	16	0	0	0	0	0	19	15
南京大学	1	5	0.5	0	496	478	0	0	0	0	0	0	0	0	0	0	0	0	0	0	0	0	0	0	0	0	0
东南大学	2	7	2.2	1.3	20	52	0	0	0	0	0	0	0	0	0	0	0	0	0	0	0	0	0	0	0	0	0
江南大学	3	3	2.2	1	20	14.6	0	0	0	0	0	0	0	0	0	0	0	0	0	0	0	0	0	0	0	0	0
南京农业大学	4	2	0.3	0	0	24	0	0	0	0	0	0	0	0	0	0	0	0	0	0	0	0	0	0	0	0	0
中国矿业大学	5	8	1.1	0.2	200	1.3	0	0	0	0	0	0	0	0	0	0	0	1	1	0	0	0	0	0	0	0	0
河海大学	6	48	16	6.6	6 010.5	5 822.5	5	2	0	0	0	1	2	0	0	0	3	82	70	12	0	0	0	0	0	17	14
南京理工大学	7	4	0.6	0	120	120	0	0	0	0	0	0	0	0	0	0	0	2	0	2	0	0	0	0	0	0	0
南京航空航天大学	8	1	0.3	0	190	186	0	0	0	0	0	0	0	0	0	0	0	0	0	0	0	0	0	0	0	0	0
中国药科大学	9	1	0.4	0	0	50	0	0	0	0	0	0	0	0	0	0	0	0	0	0	0	0	0	0	0	0	0
南京森林警察学院	10	1	0.2	0	0	0	0	0	0	0	0	0	0	0	0	0	0	0	0	0	0	0	0	0	0	0	0
苏州大学	11	0	0	0	0	0	0	0	0	0	0	0	0	0	0	0	0	0	0	0	0	0	0	0	0	0	0
江苏科技大学	12	1	0.3	0	0	10	0	0	0	0	0	0	0	0	0	0	0	7	7	0	0	0	0	0	0	0	0
南京工业大学	13	5	0.7	0.2	0	11	0	0	0	0	0	0	0	0	0	0	0	1	1	0	0	0	0	0	0	0	0
常州大学	14	3	1.5	0	220	125	0	0	0	0	0	0	0	0	0	0	0	2	2	0	0	0	0	0	0	1	1
南京邮电大学	15	7	1.7	0.7	8	8	0	0	0	0	0	0	0	0	0	0	0	0	0	0	0	0	0	0	0	0	0
南京林业大学	16	1	0.1	0	0	0.6	0	0	0	0	0	0	0	0	0	0	0	0	0	0	0	0	0	0	0	0	0
江苏大学	17	19	1.9	0.7	0	0	0	0	0	0	0	0	0	0	0	0	0	3	2	1	0	0	0	0	0	0	0
南京信息工程大学	18	4	1.2	0	40	20.9	0	0	0	0	0	0	0	0	0	0	0	1	1	0	0	0	0	0	0	0	0
南通大学	19	5	1.1	0	135	81.6	0	0	0	0	0	0	0	0	0	0	0	2	2	0	0	0	0	0	0	0	0
盐城工学院	20	2	0.6	0	20	20	0	0	0	0	0	0	0	0	0	0	0	0	0	0	0	0	0	0	0	0	0
南京医科大学	21	0	0	0	0	0	0	0	0	0	0	0	0	0	0	0	0	0	0	0	0	0	0	0	0	0	0
徐州医科大学	22	0	0	0	0	0	0	0	0	0	0	0	0	0	0	0	0	0	0	0	0	0	0	0	0	0	0

续表

高校名称		总数					出版著作(部)							古籍整理(部)	译著(部)	发表译文(篇)	电子出版物(件)	发表论文(篇)				获奖成果数(项)				研究与咨询报告(篇)	
		课题数(项)	当年投入人数(人年)	其中:研究生(人年)	当年投入经费(千元)	当年支出经费(千元)	合计	专著	其中:被译成外文	编著教材	工具书参考书	皮书/发展报告	科普读物					合计	国内学术刊物	国外学术刊物	港、澳、台地区刊物	合计	国家级奖	部级奖	省级奖	合计	其中:被采纳数
	编号	L01	L02	L03	L04	L05	L06	L07	L08	L09	L10	L11	L12	L13	L14	L15	L16	L17	L18	L19	L20	L21	L22	L23	L24	L25	L26
南京中医药大学	23	1	0.4	0	10	1.6	0	0	0	0	0	0	0	0	0	0	0	2	2	0	0	0	0	0	0	0	0
南京师范大学	24	4	0.4	0	390	334	0	0	0	0	0	0	0	0	0	0	0	0	0	0	0	0	0	0	0	0	0
江苏师范大学	25	4	2	0	0	175.45	0	0	0	0	0	0	0	0	0	0	0	0	0	0	0	0	0	0	0	0	0
淮阴师范学院	26	2	0.4	0	60	62	0	0	0	0	0	0	0	0	0	0	0	0	0	0	0	0	0	0	0	0	0
盐城师范学院	27	1	0.6	0	190	105	0	0	0	0	0	0	0	0	0	0	0	3	3	0	0	0	0	0	0	0	0
南京财经大学	28	0	0	0	0	0	2	2	0	0	0	0	0	0	0	0	0	4	3	1	0	0	0	0	0	0	0
江苏警官学院	29	1	0.7	0	0	0	0	0	0	0	0	0	0	0	0	0	0	0	0	0	0	0	0	0	0	0	0
南京体育学院	30	0	0	0	0	0	0	0	0	0	0	0	0	0	0	0	0	1	1	0	0	0	0	0	0	0	0
南京艺术学院	31	0	0	0	0	0	0	0	0	0	0	0	0	0	0	0	0	0	0	0	0	0	0	0	0	0	0
苏州科技大学	32	0	0	0	0	0	0	0	0	0	0	0	0	0	0	0	0	0	0	0	0	0	0	0	0	0	0
常熟理工学院	33	0	0	0	0	0	0	0	0	0	0	0	0	0	0	0	0	0	0	0	0	0	0	0	0	0	0
淮阴工学院	34	4	0.8	0	361.8	368.8	0	0	0	0	0	0	0	0	0	0	0	2	2	0	0	0	0	0	0	0	0
常州工学院	35	0	0	0	0	0	0	0	0	0	0	0	0	0	0	0	0	0	0	0	0	0	0	0	0	0	0
扬州大学	36	0	0	0	0	0	0	0	0	0	0	0	0	0	0	0	0	0	0	0	0	0	0	0	0	0	0
南京工程学院	37	0	0	0	0	0	0	0	0	0	0	0	0	0	0	0	0	0	0	0	0	0	0	0	0	0	0
南京审计大学	38	6	1.5	0	90	87.5	0	0	0	0	0	0	0	0	0	0	0	0	0	0	0	0	0	0	0	0	0
南京晓庄学院	39	0	0	0	0	0	0	0	0	0	0	0	0	0	0	0	0	0	0	0	0	0	0	0	0	0	0
江苏理工学院	40	3	0.5	0	3	44.9	0	0	0	0	0	0	0	0	0	0	0	2	2	0	0	0	0	0	0	1	0
淮海工学院	41	0	0	0	0	0	0	0	0	0	0	0	0	0	0	0	0	0	0	0	0	0	0	0	0	0	0
徐州工程学院	42	1	0.5	0	0	0	0	0	0	0	0	0	0	0	0	0	0	2	2	0	0	0	0	0	0	0	0
南京特殊教育师范学院	43	2	0.3	0	240	150	1	0	0	0	0	1	0	0	0	0	0	0	0	0	0	0	0	0	0	0	0
泰州学院	44	0	0	0	0	0	0	0	0	0	0	0	0	0	0	0	0	2	2	0	0	0	0	0	0	0	0
金陵科技学院	45	0	0	0	0	0	1	0	0	1	0	0	0	0	0	0	0	1	1	0	0	0	0	0	0	0	0
江苏第二师范学院	46	0	0	0	0	0	0	0	0	0	0	0	0	0	0	0	0	0	0	0	0	0	0	0	0	0	0

2.21 心理学人文、社会科学研究与课题成果情况表

高校名称		总数					出版著作(部)							古籍整理(部)	译著(部)	发表译文(篇)	电子出版物(件)	发表论文(篇)				获奖成果数(项)				研究与咨询报告(篇)	
		课题数(项)	当年投入人数(人年)	其中:研究生(人年)	当年投入经费(千元)	当年支出经费(千元)	合计	专著	其中:被译成外文	编著教材	工具书参考书	皮书/发展报告	科普读物					合计	国内学术刊物	国外学术刊物	港、澳、台地区刊物	合计	国家级奖	部级奖	省级奖	合计	其中:被采纳数
	编号	L01	L02	L03	L04	L05	L06	L07	L08	L09	L10	L11	L12	L13	L14	L15	L16	L17	L18	L19	L20	L21	L22	L23	L24	L25	L26
合计	/	237	53.7	5.1	4 356.37	3 877.76	24	13	2	10	0	0	1	0	4	0	0	228	176	52	0	0	0	0	0	13	8
南京大学	1	12	1.2	0	382	382	0	0	0	0	0	0	0	0	0	0	0	22	22	0	0	0	0	0	0	0	0
东南大学	2	6	4.6	1.5	0	27	0	0	0	0	0	0	0	0	0	0	0	0	0	0	0	0	0	0	0	0	0
江南大学	3	0	0	0	0	0	0	0	0	0	0	0	0	0	0	0	0	0	0	0	0	0	0	0	0	0	0
南京农业大学	4	0	0	0	0	0	0	0	0	0	0	0	0	0	0	0	0	0	0	0	0	0	0	0	0	0	0
中国矿业大学	5	1	0.1	0	0	0	0	0	0	0	0	0	0	0	0	0	0	1	1	0	0	0	0	0	0	0	0
河海大学	6	15	4.4	2.3	230	205.15	3	2	1	0	0	0	1	0	1	0	0	25	21	4	0	0	0	0	0	5	4
南京理工大学	7	3	0.6	0	40	20	0	0	0	0	0	0	0	0	0	0	0	0	0	0	0	0	0	0	0	1	0
南京航空航天大学	8	0	0	0	0	0	0	0	0	0	0	0	0	0	0	0	0	0	0	0	0	0	0	0	0	0	0
中国药科大学	9	8	2.2	0	341	341	0	0	0	0	0	0	0	0	0	0	0	0	0	0	0	0	0	0	0	0	0
南京森林警察学院	10	0	0	0	0	0	0	0	0	0	0	0	0	0	0	0	0	0	0	0	0	0	0	0	0	0	0
苏州大学	11	36	5	0.2	1 039.88	1 065.78	2	2	0	0	0	0	0	0	1	0	0	82	60	22	0	0	0	0	0	0	0
江苏科技大学	12	1	0.2	0	0	0.5	0	0	0	0	0	0	0	0	0	0	0	2	2	0	0	0	0	0	0	0	0
南京工业大学	13	0	0	0	0	0	0	0	0	0	0	0	0	0	0	0	0	0	0	0	0	0	0	0	0	0	0
常州大学	14	1	0.3	0	0	1.5	0	0	0	0	0	0	0	0	0	0	0	1	1	0	0	0	0	0	0	0	0
南京邮电大学	15	3	0.5	0	0	0	2	2	0	0	0	0	0	0	0	0	0	2	2	0	0	0	0	0	0	0	0
南京林业大学	16	2	0.2	0	0	1.06	0	0	0	0	0	0	0	0	0	0	0	3	3	0	0	0	0	0	0	0	0
江苏大学	17	0	0	0	0	0	0	0	0	0	0	0	0	0	0	0	0	0	0	0	0	0	0	0	0	0	0
南京信息工程大学	18	7	2.4	0	0	20.64	0	0	0	0	0	0	0	0	0	0	0	1	1	0	0	0	0	0	0	0	0
南通大学	19	9	1.8	0	129	137.57	0	0	0	0	0	0	0	0	0	0	0	13	6	7	0	0	0	0	0	0	0
盐城工学院	20	1	0.1	0	0	0	0	0	0	0	0	0	0	0	0	0	0	0	0	0	0	0	0	0	0	0	0
南京医科大学	21	4	0.7	0	16	1	5	0	0	5	0	0	0	0	0	0	0	7	7	0	0	0	0	0	0	0	0
徐州医科大学	22	7	1.8	0	25	17.9	0	0	0	0	0	0	0	0	0	0	0	3	3	0	0	0	0	0	0	0	0

续表

高校名称		总数					出版著作(部)							古籍整理(部)	译著(部)	发表译文(篇)	电子出版物(件)	发表论文(篇)				获奖成果数(项)				研究与咨询报告(篇)	
		课题数(项)	当年投入人数(人年)	其中：研究生(人年)	当年投入经费(千元)	当年支出经费(千元)	合计	专著	其中：被译成外文	编著教材	工具书参考书	皮书/发展报告	科普读物					合计	国内学术刊物	国外学术刊物	港、澳、台地区刊物	合计	国家级奖	部级奖	省级奖	合计	其中：被采纳数
	编号	L01	L02	L03	L04	L05	L06	L07	L08	L09	L10	L11	L12	L13	L14	L15	L16	L17	L18	L19	L20	L21	L22	L23	L24	L25	L26
南京中医药大学	23	18	5.6	0	70	23.4	6	4	1	2	0	0	0	0	0	0	0	3	3	0	0	0	0	0	0	0	0
南京师范大学	24	30	4.6	1.1	536.54	611.8	1	1	0	0	0	0	0	0	1	0	0	41	24	17	0	0	0	0	0	0	0
江苏师范大学	25	4	1.9	0	85	33.99	0	0	0	0	0	0	0	0	0	0	0	0	0	0	0	0	0	0	0	0	0
淮阴师范学院	26	7	1.2	0	72	80.9	0	0	0	0	0	0	0	0	0	0	0	3	1	2	0	0	0	0	0	0	0
盐城师范学院	27	3	1.1	0	0	18.1	0	0	0	0	0	0	0	0	0	0	0	3	3	0	0	0	0	0	0	2	2
南京财经大学	28	2	0.1	0	30	23	0	0	0	0	0	0	0	0	1	0	0	0	0	0	0	0	0	0	0	0	0
江苏警官学院	29	0	0	0	0	0	0	0	0	0	0	0	0	0	0	0	0	0	0	0	0	0	0	0	0	0	0
南京体育学院	30	0	0	0	0	0	0	0	0	0	0	0	0	0	0	0	0	0	0	0	0	0	0	0	0	0	0
南京艺术学院	31	1	0.2	0	0	0	0	0	0	0	0	0	0	0	0	0	0	2	2	0	0	0	0	0	0	0	0
苏州科技大学	32	0	0	0	0	0	0	0	0	0	0	0	0	0	0	0	0	0	0	0	0	0	0	0	0	0	0
常熟理工学院	33	5	1.1	0	20	7.2	0	0	0	0	0	0	0	0	0	0	0	2	2	0	0	0	0	0	0	0	0
淮阴工学院	34	2	0.3	0	50	50	0	0	0	0	0	0	0	0	0	0	0	2	2	0	0	0	0	0	0	0	0
常州工学院	35	1	0.1	0	0	1	0	0	0	0	0	0	0	0	0	0	0	1	1	0	0	0	0	0	0	0	0
扬州大学	36	3	0.3	0	0	7.2	0	0	0	0	0	0	0	0	0	0	0	0	0	0	0	0	0	0	0	0	0
南京工程学院	37	1	0.1	0	4	4.2	0	0	0	0	0	0	0	0	0	0	0	0	0	0	0	0	0	0	0	0	0
南京审计大学	38	1	0.2	0	0	9.5	0	0	0	0	0	0	0	0	0	0	0	1	1	0	0	0	0	0	0	0	0
南京晓庄学院	39	10	2.9	0	489.5	222.5	0	0	0	0	0	0	0	0	0	0	0	0	0	0	0	0	0	0	0	0	0
江苏理工学院	40	12	2.3	0	406	430.96	5	2	0	3	0	0	0	0	0	0	0	4	4	0	0	0	0	0	0	5	2
淮海工学院	41	3	0.3	0	0	0	0	0	0	0	0	0	0	0	0	0	0	0	0	0	0	0	0	0	0	0	0
徐州工程学院	42	2	0.8	0	0	8	0	0	0	0	0	0	0	0	0	0	0	3	3	0	0	0	0	0	0	0	0
南京特殊教育师范学院	43	3	0.5	0	10	7.9	0	0	0	0	0	0	0	0	0	0	0	0	0	0	0	0	0	0	0	0	0
泰州学院	44	2	1	0	10	2	0	0	0	0	0	0	0	0	0	0	0	1	1	0	0	0	0	0	0	0	0
金陵科技学院	45	1	0.1	0	6	2	0	0	0	0	0	0	0	0	0	0	0	0	0	0	0	0	0	0	0	0	0
江苏第二师范学院	46	10	2.9	0	364.45	113.01	0	0	0	0	0	0	0	0	0	0	0	0	0	0	0	0	0	0	0	0	0

2.22 体育科学人文、社会科学研究与课题成果情况表

高校名称		总数					出版著作(部)							古籍整理(部)	译著(部)	发表译文(篇)	电子出版物(件)	发表论文(篇)				获奖成果数(项)				研究与咨询报告(篇)	
		课题数(项)	当年投入人数(人年)	其中:研究生(人年)	当年投入经费(千元)	当年支出经费(千元)	合计	专著	其中:被译成外文	编著教材	工具书参考书	皮书/发展报告	科普读物					合计	国内学术刊物	国外学术刊物	港、澳、台地区刊物	合计	国家级奖	部级奖	省级奖	合计	其中:被采纳数
	编号	L01	L02	L03	L04	L05	L06	L07	L08	L09	L10	L11	L12	L13	L14	L15	L16	L17	L18	L19	L20	L21	L22	L23	L24	L25	L26
合计	/	617	149	7	12 200.3	10 579.8	56	37	0	19	0	0	0	0	0	2	0	650	602	48	0	0	0	0	0	29	15
南京大学	1	11	1.1	0	198	128	1	1	0	0	0	0	0	0	0	0	0	12	12	0	0	0	0	0	0	0	0
东南大学	2	6	1.9	0	5	85	1	0	0	1	0	0	0	0	0	0	0	6	6	0	0	0	0	0	0	0	0
江南大学	3	19	6.6	1.1	423.5	408.2	2	0	0	2	0	0	0	0	0	0	0	7	7	0	0	0	0	0	0	0	0
南京农业大学	4	24	3.2	0	20	20	0	0	0	0	0	0	0	0	0	0	0	1	1	0	0	0	0	0	0	0	0
中国矿业大学	5	30	13.7	1.1	338	347.5	4	1	0	3	0	0	0	0	0	0	0	30	29	1	0	0	0	0	0	2	0
河海大学	6	9	3.2	1.3	532.2	479.2	4	2	0	2	0	0	0	0	0	0	0	20	18	2	0	0	0	0	0	2	2
南京理工大学	7	5	1.6	0.3	80	48	0	0	0	0	0	0	0	0	0	0	0	0	0	0	0	0	0	0	0	0	0
南京航空航天大学	8	13	3.3	0	440	344	3	1	0	2	0	0	0	0	0	0	0	16	16	0	0	0	0	0	0	0	0
中国药科大学	9	6	1	0	24	24	0	0	0	0	0	0	0	0	0	0	0	4	4	0	0	0	0	0	0	0	0
南京森林警察学院	10	7	1.7	0	99	58.46	1	1	0	0	0	0	0	0	0	1	0	32	18	14	0	0	0	0	0	1	0
苏州大学	11	50	9.1	1	1 709	1 694.6	5	2	0	3	0	0	0	0	0	0	0	50	50	0	0	0	0	0	0	2	2
江苏科技大学	12	16	5.4	0	95	217.29	0	0	0	0	0	0	0	0	0	0	0	5	5	0	0	0	0	0	0	0	0
南京工业大学	13	13	2.1	0	340	446	0	0	0	0	0	0	0	0	0	0	0	18	18	0	0	0	0	0	0	0	0
常州大学	14	20	6.3	0	208	268	1	1	0	0	0	0	0	0	0	0	0	19	10	9	0	0	0	0	0	1	1
南京邮电大学	15	4	1.3	0	10	0.7	1	0	0	1	0	0	0	0	0	0	0	0	0	0	0	0	0	0	0	0	0
南京林业大学	16	0	0	0	0	0	0	0	0	0	0	0	0	0	0	0	0	7	7	0	0	0	0	0	0	0	0
江苏大学	17	20	3	0	135	135	0	0	0	0	0	0	0	0	0	0	0	3	0	3	0	0	0	0	0	0	0
南京信息工程大学	18	12	5.8	0	0	27.44	0	0	0	0	0	0	0	0	0	0	0	12	12	0	0	0	0	0	0	0	0
南通大学	19	30	5.9	0	444	460.95	8	8	0	0	0	0	0	0	0	0	0	45	39	6	0	0	0	0	0	3	3
盐城工学院	20	8	0.8	0	24	24	2	2	0	0	0	0	0	0	0	0	0	20	20	0	0	0	0	0	0	0	0
南京医科大学	21	0	0	0	0	0	0	0	0	0	0	0	0	0	0	0	0	0	0	0	0	0	0	0	0	0	0
徐州医科大学	22	0	0	0	0	0	0	0	0	0	0	0	0	0	0	0	0	0	0	0	0	0	0	0	0	0	0

续表

高校名称		总数					出版著作(部)							古籍整理(部)	译著(部)	发表译文(篇)	电子出版物(件)	发表论文(篇)				获奖成果数(项)				研究与咨询报告(篇)	
		课题数(项)	当年投入人数(人年)	其中:研究生(人年)	当年投入经费(千元)	当年支出经费(千元)	合计	专著	其中:被译成外文	编著教材	工具书参考书	皮书/发展报告	科普读物					合计	国内学术刊物	国外学术刊物	港、澳、台地区刊物	合计	国家级奖	部级奖	省级奖	合计	其中:被采纳数
	编号	L01	L02	L03	L04	L05	L06	L07	L08	L09	L10	L11	L12	L13	L14	L15	L16	L17	L18	L19	L20	L21	L22	L23	L24	L25	L26
南京中医药大学	23	2	1.2	0	0	2	0	0	0	0	0	0	0	0	0	0	0	0	0	0	0	0	0	0	0	0	0
南京师范大学	24	39	6.9	0.9	858.5	590.4	1	1	0	0	0	0	0	0	0	1	0	32	27	5	0	0	0	0	0	0	0
江苏师范大学	25	16	5.5	0	140	82.05	2	1	0	1	0	0	0	0	0	0	0	11	11	0	0	0	0	0	0	2	1
淮阴师范学院	26	19	2	0	320	355	0	0	0	0	0	0	0	0	0	0	0	4	4	0	0	0	0	0	0	0	0
盐城师范学院	27	47	16.1	0	2 754.76	2 220.06	4	4	0	0	0	0	0	0	0	0	0	32	29	3	0	0	0	0	0	2	2
南京财经大学	28	1	0.1	0	0	0	0	0	0	0	0	0	0	0	0	0	0	34	34	0	0	0	0	0	0	0	0
江苏警官学院	29	5	0.6	0	36	6	0	0	0	0	0	0	0	0	0	0	0	10	10	0	0	0	0	0	0	0	0
南京体育学院	30	65	12.6	1.3	799.4	185.89	5	3	0	2	0	0	0	0	0	0	0	44	43	1	0	0	0	0	0	2	0
南京艺术学院	31	1	0.4	0	30	25	0	0	0	0	0	0	0	0	0	0	0	3	3	0	0	0	0	0	0	0	0
苏州科技大学	32	13	5.8	0	0	0	0	0	0	0	0	0	0	0	0	0	0	5	5	0	0	0	0	0	0	0	0
常熟理工学院	33	2	0.7	0	100	184	0	0	0	0	0	0	0	0	0	0	0	7	7	0	0	0	0	0	0	0	0
淮阴工学院	34	3	0.7	0	300	308.6	4	3	0	1	0	0	0	0	0	0	0	7	5	2	0	0	0	0	0	1	0
常州工学院	35	15	2.8	0	318	228.3	1	1	0	0	0	0	0	0	0	0	0	9	9	0	0	0	0	0	0	3	0
扬州大学	36	24	3.8	0	58.4	156.43	2	1	0	1	0	0	0	0	0	0	0	27	27	0	0	0	0	0	0	0	0
南京工程学院	37	7	0.9	0	421	425.2	0	0	0	0	0	0	0	0	0	0	0	28	26	2	0	0	0	0	0	2	1
南京审计大学	38	2	0.8	0	190	16.89	0	0	0	0	0	0	0	0	0	0	0	5	5	0	0	0	0	0	0	0	0
南京晓庄学院	39	8	1.8	0	350	141	0	0	0	0	0	0	0	0	0	0	0	35	35	0	0	0	0	0	0	0	0
江苏理工学院	40	14	2.7	0	286	294.46	0	0	0	0	0	0	0	0	0	0	0	10	10	0	0	0	0	0	0	2	2
淮海工学院	41	19	2.6	0	109.5	116	2	2	0	0	0	0	0	0	0	0	0	9	9	0	0	0	0	0	0	1	1
徐州工程学院	42	7	2.9	0	1	1.6	2	2	0	0	0	0	0	0	0	0	0	20	20	0	0	0	0	0	0	1	0
南京特殊教育师范学院	43	0	0	0	0	0	0	0	0	0	0	0	0	0	0	0	0	2	2	0	0	0	0	0	0	0	0
泰州学院	44	1	0.1	0	3	0	0	0	0	0	0	0	0	0	0	0	0	0	0	0	0	0	0	0	0	0	0
金陵科技学院	45	1	0.1	0	0	20	0	0	0	0	0	0	0	0	0	0	0	4	4	0	0	0	0	0	0	2	0
江苏第二师范学院	46	3	0.9	0	0	4.61	0	0	0	0	0	0	0	0	0	0	0	5	5	0	0	0	0	0	0	0	0

3．公办专科高等学校人文、社会科学研究与课题成果情况表

学科门类	编号	总数 课题数(项)	总数 当年投入人数(人年)	总数 其中：研究生(人年)	总数 当年投入经费(千元)	总数 当年支出经费(千元)	出版著作(部) 合计	出版著作(部) 专著	出版著作(部) 其中：被译成外文	出版著作(部) 编著教材	出版著作(部) 工具书参考书	出版著作(部) 皮书/发展报告	出版著作(部) 科普读物	古籍整理(部)	译著(部)	发表译文(篇)	电子出版物(件)	发表论文(篇) 合计	发表论文(篇) 国内学术刊物	发表论文(篇) 国外学术刊物	发表论文(篇) 港、澳、台地区刊物	获奖成果数(项) 合计	获奖成果数(项) 国家级奖	获奖成果数(项) 部级奖	获奖成果数(项) 省级奖	研究与咨询报告(篇) 合计	研究与咨询报告(篇) 其中：被采纳数
		L01	L02	L03	L04	L05	L06	L07	L08	L09	L10	L11	L12	L13	L14	L15	L16	L17	L18	L19	L20	L21	L22	L23	L24	L25	L26
合计	/	7 573	1 607	0	64 250.4	51 891.1	270	94	0	167	5	4	0	0	14	4	0	8 900	8 855	36	9	0	0	0	0	840	297
管理学	1	1 288	281.7	0	31 019.5	22 762	39	9	0	28	1	1	0	0	3	0	0	1 246	1 242	4	0	0	0	0	0	255	108
马克思主义	2	228	48.5	0	858.95	710.67	9	4	0	5	0	0	0	0	0	0	0	162	162	0	0	0	0	0	0	14	1
哲学	3	28	8.9	0	189	140.67	1	1	0	0	0	0	0	0	0	0	0	48	48	0	0	0	0	0	0	0	0
逻辑学	4	5	1.2	0	10	14.27	0	0	0	0	0	0	0	0	0	0	0	3	3	0	0	0	0	0	0	0	0
宗教学	5	1	0.4	0	0	0	1	1	0	0	0	0	0	0	0	0	0	5	5	0	0	0	0	0	0	1	1
语言学	6	247	62.7	0	1 727.85	1 977.54	22	7	0	12	3	0	0	0	1	2	0	426	423	2	1	0	0	0	0	40	16
中国文学	7	65	15.2	0	289.5	396.23	12	10	0	2	0	0	0	0	1	0	0	143	142	1	0	0	0	0	0	4	1
外国文学	8	41	9	0	109	180.25	1	0	0	1	0	0	0	0	0	2	0	65	65	0	0	0	0	0	0	0	0
艺术学	9	537	118.4	0	4 333.1	4 578.48	37	13	0	24	0	0	0	0	0	0	0	796	784	9	3	0	0	0	0	107	22
历史学	10	27	5.6	0	64	83.2	6	6	0	0	0	0	0	0	0	0	0	38	38	0	0	0	0	0	0	6	2
考古学	11	2	0.5	0	0	0	0	0	0	0	0	0	0	0	0	0	0	3	3	0	0	0	0	0	0	0	0
经济学	12	690	139	0	6 789.88	5 019.11	31	8	0	23	0	0	0	0	0	0	0	837	832	3	2	0	0	0	0	159	53
政治学	13	74	17.7	0	263.6	180.43	2	1	0	1	0	0	0	0	0	0	0	88	88	0	0	0	0	0	0	4	3
法学	14	54	11.9	0	262	264.32	2	2	0	0	0	0	0	0	0	0	0	70	70	0	0	0	0	0	0	5	3
社会学	15	418	95.3	0	3 115.35	2 742.92	8	4	0	3	1	0	0	0	0	0	0	482	478	3	1	0	0	0	0	55	18
民族学与文化学	16	123	21.5	0	268.4	214.3	0	0	0	0	0	0	0	0	0	0	0	87	86	1	0	0	0	0	0	26	1
新闻学与传播学	17	38	9.9	0	556	296.6	0	0	0	0	0	0	0	0	0	0	0	38	38	0	0	0	0	0	0	4	2
图书馆、情报与文献学	18	84	17.1	0	127.6	156.53	2	1	0	1	0	0	0	0	0	0	0	184	184	0	0	0	0	0	0	9	0
教育学	19	3 318	685.1	0	12 597.2	10 784	88	25	0	60	0	3	0	0	8	0	0	3 793	3 781	10	2	0	0	0	0	112	49
统计学	20	27	5.5	0	161	154.05	1	0	0	1	0	0	0	0	0	0	0	28	27	1	0	0	0	0	0	1	0
心理学	21	115	22.9	0	504.15	405.95	1	0	0	1	0	0	0	0	0	0	0	84	84	0	0	0	0	0	0	6	3
体育科学	22	163	29.4	0	1 004.3	829.59	7	2	0	5	0	0	0	0	1	0	0	274	272	2	0	0	0	0	0	32	14

3.1 管理学人文、社会科学研究与课题成果情况表

高校名称	编号	总数					出版著作(部)							古籍整理(部)	译著(部)	发表译文(篇)	电子出版物(件)	发表论文(篇)				获奖成果数(项)				研究与咨询报告(篇)	
		课题数(项)	当年投入人数(人年)	其中:研究生(人年)	当年投入经费(千元)	当年支出经费(千元)	合计	专著	其中:被译成外文	编著教材	工具书参考书	皮书/发展报告	科普读物					合计	国内学术刊物	国外学术刊物	港、澳、台地区刊物	合计	国家级奖	部级奖	省级奖	合计	其中:被采纳数
	编号	L01	L02	L03	L04	L05	L06	L07	L08	L09	L10	L11	L12	L13	L14	L15	L16	L17	L18	L19	L20	L21	L22	L23	L24	L25	L26
合计	/	1 288	281.7	0	31 019.5	22 762	39	9	0	28	1	1	0	0	3	0	0	1 246	1 242	4	0	0	0	0	0	255	108
盐城幼儿师范高等专科学校	1	0	0	0	0	0	0	0	0	0	0	0	0	0	0	0	0	1	1	0	0	0	0	0	0	0	0
苏州幼儿师范高等专科学校	2	0	0	0	0	0	0	0	0	0	0	0	0	0	0	0	0	0	0	0	0	0	0	0	0	0	0
无锡职业技术学院	3	27	4.7	0	80	145.2	1	1	0	0	0	0	0	0	0	0	0	25	25	0	0	0	0	0	0	0	0
江苏建筑职业技术学院	4	57	13.3	0	539	478.8	2	1	0	1	0	0	0	0	0	0	0	84	83	1	0	0	0	0	0	4	4
南京工业职业技术学院	5	56	19.9	0	92.6	263.92	0	0	0	0	0	0	0	0	0	0	0	4	4	0	0	0	0	0	0	0	0
江苏工程职业技术学院	6	22	2.7	0	33	26.5	0	0	0	0	0	0	0	0	0	0	0	30	30	0	0	0	0	0	0	0	0
苏州工艺美术职业技术学院	7	1	0.2	0	0	7.7	0	0	0	0	0	0	0	0	0	0	0	11	11	0	0	0	0	0	0	0	0
连云港职业技术学院	8	22	5.4	0	20	20	1	1	0	0	0	0	0	0	0	0	0	12	12	0	0	0	0	0	0	1	1
镇江市高等专科学校	9	43	13.7	0	454.4	420	2	0	0	2	0	0	0	0	0	0	0	34	34	0	0	0	0	0	0	0	0
南通职业大学	10	8	2.1	0	138	63	0	0	0	0	0	0	0	0	0	0	0	31	31	0	0	0	0	0	0	0	0
苏州市职业大学	11	27	9	0	53.5	92.15	1	0	0	1	0	0	0	0	0	0	0	29	29	0	0	0	0	0	0	4	2
沙洲职业工学院	12	7	0.9	0	8	5	0	0	0	0	0	0	0	0	0	0	0	18	18	0	0	0	0	0	0	2	0
扬州市职业大学	13	29	5.1	0	62	62	0	0	0	0	0	0	0	0	0	0	0	12	12	0	0	0	0	0	0	60	1
连云港师范高等专科学校	14	12	1	0	0	1	0	0	0	0	0	0	0	0	0	0	0	13	13	0	0	0	0	0	0	2	0

续表

江苏经贸职业技术学院	15	79	11.6	0	21 775	14 506.3	10	2	0	7	1	0	0	0	0	0	0	38	38	0	0	0	0	0	0	30	30
泰州职业技术学院	16	10	2.5	0	16	66.66	0	0	0	0	0	0	0	0	0	0	0	13	12	1	0	0	0	0	0	2	2
常州信息职业技术学院	17	7	2.8	0	26	34	0	0	0	0	0	0	0	0	1	0	0	38	38	0	0	0	0	0	0	3	0
江苏海事职业技术学院	18	21	7.4	0	833.96	836	0	0	0	0	0	0	0	0	0	0	0	16	16	0	0	0	0	0	0	4	3
无锡科技职业学院	19	23	10.8	0	118	100.8	0	0	0	0	0	0	0	0	0	0	0	30	30	0	0	0	0	0	0	4	0
江苏医药职业学院	20	49	8.2	0	234	43	0	0	0	0	0	0	0	0	0	0	0	12	12	0	0	0	0	0	0	1	1
南通科技职业学院	21	16	5.2	0	62	38	0	0	0	0	0	0	0	0	0	0	0	9	9	0	0	0	0	0	0	0	0
苏州经贸职业技术学院	22	73	28.2	0	1046	807.4	7	2	0	5	0	0	0	0	0	0	0	61	61	0	0	0	0	0	0	66	17
苏州工业职业技术学院	23	35	6.1	0	1006	664.74	1	0	0	1	0	0	0	0	0	0	0	8	8	0	0	0	0	0	0	16	16
苏州卫生职业技术学院	24	2	0.3	0	20	7	0	0	0	0	0	0	0	0	0	0	0	18	18	0	0	0	0	0	0	0	0
无锡商业职业技术学院	25	22	4.6	0	126.25	119.16	1	0	0	1	0	0	0	0	0	0	0	42	42	0	0	0	0	0	0	3	3
南通航运职业技术学院	26	37	6.3	0	175	100.35	0	0	0	0	0	0	0	0	0	0	0	49	49	0	0	0	0	0	0	3	0
南京交通职业技术学院	27	33	4	0	25	378.55	0	0	0	0	0	0	0	0	0	0	0	20	20	0	0	0	0	0	0	2	0
淮安信息职业技术学院	28	14	3.2	0	76	52	1	1	0	0	0	0	0	0	0	0	0	18	18	0	0	0	0	0	0	0	0
江苏农牧科技职业学院	29	0	0	0	0	0	0	0	0	0	0	0	0	0	0	0	0	0	0	0	0	0	0	0	0	0	0
常州纺织服装职业技术学院	30	20	4	0	30	29.05	0	0	0	0	0	0	0	0	0	0	0	33	33	0	0	0	0	0	0	2	1
苏州农业职业技术学院	31	2	0.6	0	10	5	0	0	0	0	0	0	0	0	0	0	0	8	8	0	0	0	0	0	0	0	0
南京科技职业学院	32	10	1.8	0	66	56	1	1	0	0	0	0	0	0	0	0	0	3	3	0	0	0	0	0	0	1	0

续表

高校名称		总数					出版著作(部)							古籍整理(部)	译著(部)	发表译文(篇)	电子出版物(件)	发表论文(篇)				获奖成果数(项)				研究与咨询报告(篇)	
		课题数(项)	当年投入人数(人年)	其中：研究生(人年)	当年投入经费(千元)	当年支出经费(千元)	合计	专著	其中：被译成外文	编著教材	工具书参考书	皮书/发展报告	科普读物					合计	国内学术刊物	国外学术刊物	港澳、台地区刊物	合计	国家级奖	部级奖	省级奖	合计	其中：被采纳数
	编号	L01	L02	L03	L04	L05	L06	L07	L08	L09	L10	L11	L12	L13	L14	L15	L16	L17	L18	L19	L20	L21	L22	L23	L24	L25	L26
常州轻工职业技术学院	33	10	5.2	0	40	39	1	0	0	1	0	0	0	0	0	0	0	8	8	0	0	0	0	0	0	0	0
常州工程职业技术学院	34	15	2	0	0	16	0	0	0	0	0	0	0	0	0	0	0	6	6	0	0	0	0	0	0	0	0
江苏农林职业技术学院	35	3	0.6	0	30	27	0	0	0	0	0	0	0	0	0	0	0	17	17	0	0	0	0	0	0	0	0
江苏食品药品职业技术学院	36	1	0.1	0	0	0.5	0	0	0	0	0	0	0	0	0	0	0	0	0	0	0	0	0	0	0	1	0
南京铁道职业技术学院	37	28	2.9	0	133	41	0	0	0	0	0	0	0	0	0	0	0	29	29	0	0	0	0	0	0	0	0
徐州工业职业技术学院	38	14	1.4	0	10	24	1	0	0	1	0	0	0	0	0	0	0	3	3	0	0	0	0	0	0	0	0
江苏信息职业技术学院	39	8	3	0	75	79.45	1	0	0	1	0	0	0	0	0	0	0	18	18	0	0	0	0	0	0	0	0
南京信息职业技术学院	40	40	5.2	0	255	193.2	1	0	0	1	0	0	0	0	0	0	0	50	50	0	0	0	0	0	0	0	0
常州机电职业技术学院	41	14	2.4	0	12	36.55	0	0	0	0	0	0	0	0	0	0	0	1	1	0	0	0	0	0	0	7	0
江阴职业技术学院	42	1	0.1	0	0	1	0	0	0	0	0	0	0	0	0	0	0	1	1	0	0	0	0	0	0	1	1
无锡城市职业技术学院	43	19	3.7	0	40	28.8	1	0	0	1	0	0	0	0	0	0	0	14	12	2	0	0	0	0	0	0	0
无锡工艺职业技术学院	44	12	1.6	0	148	148	0	0	0	0	0	0	0	0	0	0	0	62	62	0	0	0	0	0	0	4	4
苏州健雄职业技术学院	45	15	3.2	0	134	114	0	0	0	0	0	0	0	0	0	0	0	22	22	0	0	0	0	0	0	5	3
盐城工业职业技术学院	46	57	8.6	0	786	217.9	1	0	0	1	0	0	0	0	1	0	0	15	15	0	0	0	0	0	0	8	1

续表

江苏财经职业技术学院	47	61	6.9	0	143	160.2	0	0	0	0	0	0	0	0	0	0	0	32	32	0	0	0	0	0	0	1	1
扬州工业职业技术学院	48	12	1.7	0	281	281	0	0	0	0	0	0	0	0	0	0	0	10	10	0	0	0	0	0	0	6	6
江苏城市职业学院	49	28	10.4	0	200	136.82	0	0	0	0	0	0	0	0	0	0	0	32	32	0	0	0	0	0	0	0	0
南京城市职业学院	50	18	2.2	0	18	4.4	0	0	0	0	0	0	0	0	0	0	0	5	5	0	0	0	0	0	0	0	0
南京机电职业技术学院	51	15	1.9	0	2	25	0	0	0	0	0	0	0	0	0	0	0	4	4	0	0	0	0	0	0	0	0
南京旅游职业学院	52	59	7	0	17	71.46	0	0	0	0	0	0	0	0	1	0	0	63	63	0	0	0	0	0	0	0	0
江苏卫生健康职业学院	53	6	1.7	0	20	10.9	0	0	0	0	0	0	0	0	0	0	0	5	5	0	0	0	0	0	0	0	0
苏州信息职业技术学院	54	2	0.5	0	0	4.1	1	0	0	1	0	0	0	0	0	0	0	7	7	0	0	0	0	0	0	0	0
苏州工业园区服务外包职业学院	55	41	7.8	0	1 272.87	1 197.58	0	0	0	0	0	0	0	0	0	0	0	45	45	0	0	0	0	0	0	7	7
徐州幼儿师范高等专科学校	56	0	0	0	0	0	0	0	0	0	0	0	0	0	0	0	0	0	0	0	0	0	0	0	0	0	0
徐州生物工程职业技术学院	57	2	0.2	0	0	0	0	0	0	0	0	0	0	0	0	0	0	9	9	0	0	0	0	0	0	1	0
江苏商贸职业学院	58	17	5.7	0	31.4	25.35	3	0	0	3	0	0	0	0	0	0	0	34	34	0	0	0	0	0	0	1	1
南通师范高等专科学校	59	0	0	0	0	0	0	0	0	0	0	0	0	0	0	0	0	3	3	0	0	0	0	0	0	0	0
江苏护理职业学院	60	0	0	0	0	0	0	0	0	0	0	0	0	0	0	0	0	1	1	0	0	0	0	0	0	0	0
江苏财会职业学院	61	13	5.2	0	31.5	41.5	0	0	0	0	0	0	0	0	0	0	0	3	3	0	0	0	0	0	0	0	0
江苏城乡建设职业学院	62	13	4.9	0	214	408	1	0	0	0	0	1	0	0	0	0	0	19	19	0	0	0	0	0	0	3	3
江苏航空职业技术学院	63	0	0	0	0	0	0	0	0	0	0	0	0	0	0	0	0	0	0	0	0	0	0	0	0	0	0
江苏安全技术职业学院	64	0	0	0	0	0	0	0	0	0	0	0	0	0	0	0	0	1	1	0	0	0	0	0	0	0	0
江苏旅游职业学院	65	0	0	0	0	0	0	0	0	0	0	0	0	0	0	0	0	7	7	0	0	0	0	0	0	0	0

3.2 马克思主义人文、社会科学研究与课题成果情况表

高校名称	编号	总数					出版著作(部)							古籍整理(部)	译著(部)	发表译文(篇)	电子出版物(件)	发表论文(篇)				获奖成果数(项)				研究与咨询报告(篇)	
		课题数(项)	当年投入人数(人年)	其中：研究生(人年)	当年投入经费(千元)	当年支出经费(千元)	合计	专著	其中：被译成外文	编著教材	工具书参考书	皮书/发展报告	科普读物					合计	国内学术刊物	国外学术刊物	港、澳、台地区刊物	合计	国家级奖	部级奖	省级奖	合计	其中：被采纳数
		L01	L02	L03	L04	L05	L06	L07	L08	L09	L10	L11	L12	L13	L14	L15	L16	L17	L18	L19	L20	L21	L22	L23	L24	L25	L26
合计	/	228	48.5	0	858.95	710.67	9	4	0	5	0	0	0	0	0	0	0	162	162	0	0	0	0	0	0	14	1
盐城幼儿师范高等专科学校	1	0	0	0	0	0	0	0	0	0	0	0	0	0	0	0	0	0	0	0	0	0	0	0	0	0	0
苏州幼儿师范高等专科学校	2	1	0.1	0	0	0	0	0	0	0	0	0	0	0	0	0	0	0	0	0	0	0	0	0	0	0	0
无锡职业技术学院	3	2	0.4	0	0	1.95	0	0	0	0	0	0	0	0	0	0	0	0	0	0	0	0	0	0	0	0	0
江苏建筑职业技术学院	4	4	1.1	0	0	0	0	0	0	0	0	0	0	0	0	0	0	0	0	0	0	0	0	0	0	0	0
南京工业职业技术学院	5	14	3.8	0	173.25	169.25	0	0	0	0	0	0	0	0	0	0	0	12	12	0	0	0	0	0	0	0	0
江苏工程职业技术学院	6	0	0	0	0	0	0	0	0	0	0	0	0	0	0	0	0	0	0	0	0	0	0	0	0	0	0
苏州工艺美术职业技术学院	7	0	0	0	0	0	0	0	0	0	0	0	0	0	0	0	0	0	0	0	0	0	0	0	0	0	0
连云港职业技术学院	8	5	2.3	0	0	0	0	0	0	0	0	0	0	0	0	0	0	6	6	0	0	0	0	0	0	0	0
镇江市高等专科学校	9	3	0.7	0	9	6	0	0	0	0	0	0	0	0	0	0	0	1	1	0	0	0	0	0	0	0	0
南通职业大学	10	3	0.7	0	8	8	0	0	0	0	0	0	0	0	0	0	0	1	1	0	0	0	0	0	0	0	0
苏州市职业大学	11	5	2.2	0	8	4.8	0	0	0	0	0	0	0	0	0	0	0	2	2	0	0	0	0	0	0	0	0
沙洲职业工学院	12	0	0	0	0	0	0	0	0	0	0	0	0	0	0	0	0	0	0	0	0	0	0	0	0	0	0
扬州市职业大学	13	10	2.6	0	6	6	0	0	0	0	0	0	0	0	0	0	0	0	0	0	0	0	0	0	0	11	1
连云港师范高等专科学校	14	3	0.3	0	0	0	1	1	0	0	0	0	0	0	0	0	0	3	3	0	0	0	0	0	0	0	0

续表

江苏经贸职业技术学院	15	5	1	0	18	16	1	0	0	1	0	0	0	0	0	0	0	1	1	0	0	0	0	0	0	0	0
泰州职业技术学院	16	4	0.7	0	40	4	0	0	0	0	0	0	0	0	0	0	0	0	0	0	0	0	0	0	0	0	0
常州信息职业技术学院	17	1	0.3	0	0	2	0	0	0	0	0	0	0	0	0	0	0	5	5	0	0	0	0	0	0	0	0
江苏海事职业技术学院	18	10	2.2	0	54.2	54.62	0	0	0	0	0	0	0	0	0	0	0	4	4	0	0	0	0	0	0	1	0
无锡科技职业学院	19	1	0.6	0	0	10	0	0	0	0	0	0	0	0	0	0	0	0	0	0	0	0	0	0	0	0	0
江苏医药职业学院	20	0	0	0	0	0	0	0	0	0	0	0	0	0	0	0	0	0	0	0	0	0	0	0	0	0	0
南通科技职业学院	21	5	0.9	0	27	15.8	0	0	0	0	0	0	0	0	0	0	0	4	4	0	0	0	0	0	0	0	0
苏州经贸职业技术学院	22	3	1.4	0	2	1.7	0	0	0	0	0	0	0	0	0	0	0	6	6	0	0	0	0	0	0	0	0
苏州工业职业技术学院	23	2	0.4	0	26	23.24	0	0	0	0	0	0	0	0	0	0	0	0	0	0	0	0	0	0	0	0	0
苏州卫生职业技术学院	24	0	0	0	0	0	0	0	0	0	0	0	0	0	0	0	0	3	3	0	0	0	0	0	0	0	0
无锡商业职业技术学院	25	3	0.9	0	70	16	1	1	0	0	0	0	0	0	0	0	0	1	1	0	0	0	0	0	0	0	0
南通航运职业技术学院	26	1	0.3	0	0	0	0	0	0	0	0	0	0	0	0	0	0	7	7	0	0	0	0	0	0	0	0
南京交通职业技术学院	27	3	0.3	0	0	5	0	0	0	0	0	0	0	0	0	0	0	2	2	0	0	0	0	0	0	0	0
淮安信息职业技术学院	28	0	0	0	0	0	0	0	0	0	0	0	0	0	0	0	0	0	0	0	0	0	0	0	0	0	0
江苏农牧科技职业学院	29	2	0.1	0	4	4	0	0	0	0	0	0	0	0	0	0	0	2	2	0	0	0	0	0	0	0	0
常州纺织服装职业技术学院	30	4	0.6	0	12	14.91	0	0	0	0	0	0	0	0	0	0	0	1	1	0	0	0	0	0	0	0	0
苏州农业职业技术学院	31	0	0	0	0	0	0	0	0	0	0	0	0	0	0	0	0	0	0	0	0	0	0	0	0	0	0
南京科技职业学院	32	3	0.7	0	17	13	1	1	0	0	0	0	0	0	0	0	0	4	4	0	0	0	0	0	0	0	0

续表

高校名称		总数					出版著作(部)							古籍整理(部)	译著(部)	发表译文(篇)	电子出版物(件)	发表论文(篇)				获奖成果数(项)				研究与咨询报告(篇)	
		课题数(项)	当年投入人数(人年)	其中:研究生(人年)	当年投入经费(千元)	当年支出经费(千元)	合计	专著	其中:被译成外文	编著教材	工具书参考书	皮书/发展报告	科普读物					合计	国内学术刊物	国外学术刊物	港、澳、台地区刊物	合计	国家级奖	部级奖	省级奖	合计	其中:被采纳数
	编号	L01	L02	L03	L04	L05	L06	L07	L08	L09	L10	L11	L12	L13	L14	L15	L16	L17	L18	L19	L20	L21	L22	L23	L24	L25	L26
常州轻工职业技术学院	33	2	0.9	0	0	2	1	0	0	1	0	0	0	0	0	0	0	3	3	0	0	0	0	0	0	1	0
常州工程职业技术学院	34	1	0.3	0	0	1	0	0	0	0	0	0	0	0	0	0	0	0	0	0	0	0	0	0	0	0	0
江苏农林职业技术学院	35	1	0.1	0	0	0	0	0	0	0	0	0	0	0	0	0	0	1	1	0	0	0	0	0	0	0	0
江苏食品药品职业技术学院	36	1	0.4	0	5	5	0	0	0	0	0	0	0	0	0	0	0	0	0	0	0	0	0	0	0	1	0
南京铁道职业技术学院	37	4	0.4	0	15	14	0	0	0	0	0	0	0	0	0	0	0	3	3	0	0	0	0	0	0	0	0
徐州工业职业技术学院	38	2	0.2	0	6	3.7	0	0	0	0	0	0	0	0	0	0	0	0	0	0	0	0	0	0	0	0	0
江苏信息职业技术学院	39	1	0.4	0	10	2.8	0	0	0	0	0	0	0	0	0	0	0	0	0	0	0	0	0	0	0	0	0
南京信息职业技术学院	40	41	4.1	0	33.5	55	0	0	0	0	0	0	0	0	0	0	0	13	13	0	0	0	0	0	0	0	0
常州机电职业技术学院	41	3	1.4	0	0	26.85	0	0	0	0	0	0	0	0	0	0	0	0	0	0	0	0	0	0	0	0	0
江阴职业技术学院	42	0	0	0	0	0	0	0	0	0	0	0	0	0	0	0	0	0	0	0	0	0	0	0	0	0	0
无锡城市职业技术学院	43	10	2.2	0	18	15.6	0	0	0	0	0	0	0	0	0	0	0	5	5	0	0	0	0	0	0	0	0
无锡工艺职业技术学院	44	1	0.1	0	0	0	1	0	0	1	0	0	0	0	0	0	0	0	0	0	0	0	0	0	0	0	0
苏州健雄职业技术学院	45	10	2	0	55	27.5	0	0	0	0	0	0	0	0	0	0	0	14	14	0	0	0	0	0	0	0	0
盐城工业职业技术学院	46	6	1.1	0	30	18.5	0	0	0	0	0	0	0	0	0	0	0	2	2	0	0	0	0	0	0	0	0

续表

江苏财经职业技术学院	47	8	0.8	0	38	12	0	0	0	0	0	0	0	0	0	0	0	8	8	0	0	0	0	0	0	0	0
扬州工业职业技术学院	48	14	1.7	0	84	40.3	1	1	0	0	0	0	0	0	0	0	0	13	13	0	0	0	0	0	0	0	0
江苏城市职业学院	49	6	2.7	0	30	34.15	0	0	0	0	0	0	0	0	0	0	0	9	9	0	0	0	0	0	0	0	0
南京城市职业学院	50	0	0	0	0	0	0	0	0	0	0	0	0	0	0	0	0	0	0	0	0	0	0	0	0	0	0
南京机电职业技术学院	51	4	1.4	0	0	20.4	0	0	0	0	0	0	0	0	0	0	0	2	2	0	0	0	0	0	0	0	0
南京旅游职业学院	52	0	0	0	0	0	0	0	0	0	0	0	0	0	0	0	0	0	0	0	0	0	0	0	0	0	0
江苏卫生健康职业学院	53	3	0.7	0	13	6.1	0	0	0	0	0	0	0	0	0	0	0	2	2	0	0	0	0	0	0	0	0
苏州信息职业技术学院	54	1	0.1	0	0	0.7	1	0	0	1	0	0	0	0	0	0	0	0	0	0	0	0	0	0	0	0	0
苏州工业园区服务外包职业学院	55	10	2.4	0	32	39.8	0	0	0	0	0	0	0	0	0	0	0	9	9	0	0	0	0	0	0	0	0
徐州幼儿师范高等专科学校	56	1	0.3	0	10	4	1	0	0	1	0	0	0	0	0	0	0	0	0	0	0	0	0	0	0	0	0
徐州生物工程职业技术学院	57	0	0	0	0	0	0	0	0	0	0	0	0	0	0	0	0	0	0	0	0	0	0	0	0	0	0
江苏商贸职业学院	58	0	0	0	0	0	0	0	0	0	0	0	0	0	0	0	0	2	2	0	0	0	0	0	0	0	0
南通师范高等专科学校	59	0	0	0	0	0	0	0	0	0	0	0	0	0	0	0	0	0	0	0	0	0	0	0	0	0	0
江苏护理职业学院	60	1	0.2	0	5	5	0	0	0	0	0	0	0	0	0	0	0	10	10	0	0	0	0	0	0	0	0
江苏财会职业学院	61	0	0	0	0	0	0	0	0	0	0	0	0	0	0	0	0	1	1	0	0	0	0	0	0	0	0
江苏城乡建设职业学院	62	0	0	0	0	0	0	0	0	0	0	0	0	0	0	0	0	0	0	0	0	0	0	0	0	0	0
江苏航空职业技术学院	63	0	0	0	0	0	0	0	0	0	0	0	0	0	0	0	0	0	0	0	0	0	0	0	0	0	0
江苏安全技术职业学院	64	0	0	0	0	0	0	0	0	0	0	0	0	0	0	0	0	0	0	0	0	0	0	0	0	0	0
江苏旅游职业学院	65	0	0	0	0	0	0	0	0	0	0	0	0	0	0	0	0	0	0	0	0	0	0	0	0	0	0

3.3 哲学人文、社会科学研究与课题成果情况表

高校名称	编号	总数 课题数(项)	当年投入人数(人年)	其中：研究生(人年)	当年投入经费(千元)	当年支出经费(千元)	出版著作(部) 合计	专著	其中：被译成外文	编著教材	工具书参考书	皮书/发展报告	科普读物	古籍整理(部)	译著(部)	发表译文(篇)	电子出版物(件)	发表论文(篇) 合计	国内学术刊物	国外学术刊物	港、澳、台地区刊物	获奖成果数(项) 合计	国家级奖	部级奖	省级奖	研究与咨询报告(篇) 合计	其中：被采纳数
		L01	L02	L03	L04	L05	L06	L07	L08	L09	L10	L11	L12	L13	L14	L15	L16	L17	L18	L19	L20	L21	L22	L23	L24	L25	L26
合计	/	28	8.9	0	189	140.67	1	1	0	0	0	0	0	0	0	0	0	48	48	0	0	0	0	0	0	0	0
盐城幼儿师范高等专科学校	1	0	0	0	0	0	0	0	0	0	0	0	0	0	0	0	0	0	0	0	0	0	0	0	0	0	0
苏州幼儿师范高等专科学校	2	0	0	0	0	0	0	0	0	0	0	0	0	0	0	0	0	0	0	0	0	0	0	0	0	0	0
无锡职业技术学院	3	0	0	0	0	0	0	0	0	0	0	0	0	0	0	0	0	0	0	0	0	0	0	0	0	0	0
江苏建筑职业技术学院	4	0	0	0	0	0	0	0	0	0	0	0	0	0	0	0	0	0	0	0	0	0	0	0	0	0	0
南京工业职业技术学院	5	10	4.4	0	48	52.6	0	0	0	0	0	0	0	0	0	0	0	26	26	0	0	0	0	0	0	0	0
江苏工程职业技术学院	6	0	0	0	0	0	0	0	0	0	0	0	0	0	0	0	0	0	0	0	0	0	0	0	0	0	0
苏州工艺美术职业技术学院	7	0	0	0	0	0	0	0	0	0	0	0	0	0	0	0	0	0	0	0	0	0	0	0	0	0	0
连云港职业技术学院	8	0	0	0	0	0	1	1	0	0	0	0	0	0	0	0	0	2	2	0	0	0	0	0	0	0	0
镇江市高等专科学校	9	0	0	0	0	0	0	0	0	0	0	0	0	0	0	0	0	0	0	0	0	0	0	0	0	0	0
南通职业大学	10	0	0	0	0	0	0	0	0	0	0	0	0	0	0	0	0	0	0	0	0	0	0	0	0	0	0
苏州市职业大学	11	2	0.5	0	4	0.2	0	0	0	0	0	0	0	0	0	0	0	0	0	0	0	0	0	0	0	0	0
沙洲职业工学院	12	0	0	0	0	0	0	0	0	0	0	0	0	0	0	0	0	0	0	0	0	0	0	0	0	0	0
扬州市职业大学	13	1	0.3	0	0	0	0	0	0	0	0	0	0	0	0	0	0	0	0	0	0	0	0	0	0	0	0
连云港师范高等专科学校	14	0	0	0	0	0	0	0	0	0	0	0	0	0	0	0	0	0	0	0	0	0	0	0	0	0	0

续表

江苏经贸职业技术学院	15	0	0	0	0	0	0	0	0	0	0	0	0	0	0	0	0	1	1	0	0	0	0	0	0	0	0
泰州职业技术学院	16	0	0	0	0	0	0	0	0	0	0	0	0	0	0	0	0	0	0	0	0	0	0	0	0	0	0
常州信息职业技术学院	17	1	0.3	0	0	0.4	0	0	0	0	0	0	0	0	0	0	0	0	0	0	0	0	0	0	0	0	0
江苏海事职业技术学院	18	0	0	0	0	0	0	0	0	0	0	0	0	0	0	0	0	0	0	0	0	0	0	0	0	0	0
无锡科技职业学院	19	0	0	0	0	0	0	0	0	0	0	0	0	0	0	0	0	0	0	0	0	0	0	0	0	0	0
江苏医药职业学院	20	0	0	0	0	0	0	0	0	0	0	0	0	0	0	0	0	0	0	0	0	0	0	0	0	0	0
南通科技职业学院	21	0	0	0	0	0	0	0	0	0	0	0	0	0	0	0	0	0	0	0	0	0	0	0	0	0	0
苏州经贸职业技术学院	22	0	0	0	0	0	0	0	0	0	0	0	0	0	0	0	0	0	0	0	0	0	0	0	0	0	0
苏州工业职业技术学院	23	1	0.2	0	0	2.04	0	0	0	0	0	0	0	0	0	0	0	0	0	0	0	0	0	0	0	0	0
苏州卫生职业技术学院	24	0	0	0	0	0	0	0	0	0	0	0	0	0	0	0	0	0	0	0	0	0	0	0	0	0	0
无锡商业职业技术学院	25	0	0	0	0	0	0	0	0	0	0	0	0	0	0	0	0	0	0	0	0	0	0	0	0	0	0
南通航运职业技术学院	26	0	0	0	0	0	0	0	0	0	0	0	0	0	0	0	0	0	0	0	0	0	0	0	0	0	0
南京交通职业技术学院	27	1	0.1	0	0	0	0	0	0	0	0	0	0	0	0	0	0	0	0	0	0	0	0	0	0	0	0
淮安信息职业技术学院	28	0	0	0	0	0	0	0	0	0	0	0	0	0	0	0	0	0	0	0	0	0	0	0	0	0	0
江苏农牧科技职业学院	29	0	0	0	0	0	0	0	0	0	0	0	0	0	0	0	0	0	0	0	0	0	0	0	0	0	0
常州纺织服装职业技术学院	30	0	0	0	0	0	0	0	0	0	0	0	0	0	0	0	0	0	0	0	0	0	0	0	0	0	0
苏州农业职业技术学院	31	0	0	0	0	0	0	0	0	0	0	0	0	0	0	0	0	0	0	0	0	0	0	0	0	0	0
南京科技职业学院	32	0	0	0	0	0	0	0	0	0	0	0	0	0	0	0	0	0	0	0	0	0	0	0	0	0	0

续表

高校名称		总数					出版著作(部)							古籍整理(部)	译著(部)	发表译文(篇)	电子出版物(件)	发表论文(篇)				获奖成果数(项)				研究与咨询报告(篇)	
		课题数(项)	当年投入人数(人年)	其中：研究生(人年)	当年投入经费(千元)	当年支出经费(千元)	合计	专著	其中：被译成外文	编著教材	工具书参考书	皮书/发展报告	科普读物					合计	国内学术刊物	国外学术刊物	港、澳、台地区刊物	合计	国家级奖	部级奖	省级奖	合计	其中：被采纳数
	编号	L01	L02	L03	L04	L05	L06	L07	L08	L09	L10	L11	L12	L13	L14	L15	L16	L17	L18	L19	L20	L21	L22	L23	L24	L25	L26
常州轻工职业技术学院	33	0	0	0	0	0	0	0	0	0	0	0	0	0	0	0	0	0	0	0	0	0	0	0	0	0	0
常州工程职业技术学院	34	1	0.1	0	0	0	0	0	0	0	0	0	0	0	0	0	0	0	0	0	0	0	0	0	0	0	0
江苏农林职业技术学院	35	0	0	0	0	0	0	0	0	0	0	0	0	0	0	0	0	0	0	0	0	0	0	0	0	0	0
江苏食品药品职业技术学院	36	0	0	0	0	0	0	0	0	0	0	0	0	0	0	0	0	0	0	0	0	0	0	0	0	0	0
南京铁道职业技术学院	37	0	0	0	0	0	0	0	0	0	0	0	0	0	0	0	0	5	5	0	0	0	0	0	0	0	0
徐州工业职业技术学院	38	2	0.2	0	20	13.5	0	0	0	0	0	0	0	0	0	0	0	0	0	0	0	0	0	0	0	0	0
江苏信息职业技术学院	39	0	0	0	0	0	0	0	0	0	0	0	0	0	0	0	0	0	0	0	0	0	0	0	0	0	0
南京信息职业技术学院	40	0	0	0	0	0	0	0	0	0	0	0	0	0	0	0	0	0	0	0	0	0	0	0	0	0	0
常州机电职业技术学院	41	1	0.2	0	0	0	0	0	0	0	0	0	0	0	0	0	0	0	0	0	0	0	0	0	0	0	0
江阴职业技术学院	42	0	0	0	0	0	0	0	0	0	0	0	0	0	0	0	0	0	0	0	0	0	0	0	0	0	0
无锡城市职业技术学院	43	0	0	0	0	0	0	0	0	0	0	0	0	0	0	0	0	0	0	0	0	0	0	0	0	0	0
无锡工艺职业技术学院	44	1	0.1	0	0	0	0	0	0	0	0	0	0	0	0	0	0	1	1	0	0	0	0	0	0	0	0
苏州健雄职业技术学院	45	0	0	0	0	0	0	0	0	0	0	0	0	0	0	0	0	0	0	0	0	0	0	0	0	0	0
盐城工业职业技术学院	46	0	0	0	0	0	0	0	0	0	0	0	0	0	0	0	0	0	0	0	0	0	0	0	0	0	0

续表

江苏财经职业技术学院	47	0	0	0	0	0	0	0	0	0	0	0	0	0	0	0	0	0	0	0	0	0	0	0	0	0	0
扬州工业职业技术学院	48	2	0.2	0	13	5.7	0	0	0	0	0	0	0	0	0	0	0	4	4	0	0	0	0	0	0	0	0
江苏城市职业学院	49	3	1.6	0	92	58.73	0	0	0	0	0	0	0	0	0	0	0	0	0	0	0	0	0	0	0	0	0
南京城市职业学院	50	0	0	0	0	0	0	0	0	0	0	0	0	0	0	0	0	0	0	0	0	0	0	0	0	0	0
南京机电职业技术学院	51	0	0	0	0	0	0	0	0	0	0	0	0	0	0	0	0	0	0	0	0	0	0	0	0	0	0
南京旅游职业学院	52	0	0	0	0	0	0	0	0	0	0	0	0	0	0	0	0	4	4	0	0	0	0	0	0	0	0
江苏卫生健康职业学院	53	1	0.2	0	12	3	0	0	0	0	0	0	0	0	0	0	0	2	2	0	0	0	0	0	0	0	0
苏州信息职业技术学院	54	0	0	0	0	0	0	0	0	0	0	0	0	0	0	0	0	0	0	0	0	0	0	0	0	0	0
苏州工业园区服务外包职业学院	55	1	0.5	0	0	4.5	0	0	0	0	0	0	0	0	0	0	0	0	0	0	0	0	0	0	0	0	0
徐州幼儿师范高等专科学校	56	0	0	0	0	0	0	0	0	0	0	0	0	0	0	0	0	2	2	0	0	0	0	0	0	0	0
徐州生物工程职业技术学院	57	0	0	0	0	0	0	0	0	0	0	0	0	0	0	0	0	0	0	0	0	0	0	0	0	0	0
江苏商贸职业学院	58	0	0	0	0	0	0	0	0	0	0	0	0	0	0	0	0	1	1	0	0	0	0	0	0	0	0
南通师范高等专科学校	59	0	0	0	0	0	0	0	0	0	0	0	0	0	0	0	0	0	0	0	0	0	0	0	0	0	0
江苏护理职业学院	60	0	0	0	0	0	0	0	0	0	0	0	0	0	0	0	0	0	0	0	0	0	0	0	0	0	0
江苏财会职业学院	61	0	0	0	0	0	0	0	0	0	0	0	0	0	0	0	0	0	0	0	0	0	0	0	0	0	0
江苏城乡建设职业学院	62	0	0	0	0	0	0	0	0	0	0	0	0	0	0	0	0	0	0	0	0	0	0	0	0	0	0
江苏航空职业技术学院	63	0	0	0	0	0	0	0	0	0	0	0	0	0	0	0	0	0	0	0	0	0	0	0	0	0	0
江苏安全技术职业学院	64	0	0	0	0	0	0	0	0	0	0	0	0	0	0	0	0	0	0	0	0	0	0	0	0	0	0
江苏旅游职业学院	65	0	0	0	0	0	0	0	0	0	0	0	0	0	0	0	0	0	0	0	0	0	0	0	0	0	0

3.4 逻辑学人文、社会科学研究与课题成果情况表

高校名称		总数					出版著作(部)							古籍整理(部)	译著(部)	发表译文(篇)	电子出版物(件)	发表论文(篇)				获奖成果数(项)				研究与咨询报告(篇)	
		课题数(项)	当年投入人数(人年)	其中:研究生(人年)	当年投入经费(千元)	当年支出经费(千元)	合计	专著	其中:被译成外文	编著教材	工具书参考书	皮书/发展报告	科普读物					合计	国内学术刊物	国外学术刊物	港、澳、台地区刊物	合计	国家级奖	部级奖	省级奖	合计	其中:被采纳数
	编号	L01	L02	L03	L04	L05	L06	L07	L08	L09	L10	L11	L12	L13	L14	L15	L16	L17	L18	L19	L20	L21	L22	L23	L24	L25	L26
合计	/	5	1.2	0	10	14.27	0	0	0	0	0	0	0	0	0	0	0	3	3	0	0	0	0	0	0	0	0
盐城幼儿师范高等专科学校	1	0	0	0	0	0	0	0	0	0	0	0	0	0	0	0	0	0	0	0	0	0	0	0	0	0	0
苏州幼儿师范高等专科学校	2	1	0.1	0	0	0	0	0	0	0	0	0	0	0	0	0	0	1	1	0	0	0	0	0	0	0	0
无锡职业技术学院	3	0	0	0	0	0	0	0	0	0	0	0	0	0	0	0	0	0	0	0	0	0	0	0	0	0	0
江苏建筑职业技术学院	4	0	0	0	0	0	0	0	0	0	0	0	0	0	0	0	0	0	0	0	0	0	0	0	0	0	0
南京工业职业技术学院	5	0	0	0	0	0	0	0	0	0	0	0	0	0	0	0	0	0	0	0	0	0	0	0	0	0	0
江苏工程职业技术学院	6	0	0	0	0	0	0	0	0	0	0	0	0	0	0	0	0	0	0	0	0	0	0	0	0	0	0
苏州工艺美术职业技术学院	7	0	0	0	0	0	0	0	0	0	0	0	0	0	0	0	0	0	0	0	0	0	0	0	0	0	0
连云港职业技术学院	8	0	0	0	0	0	0	0	0	0	0	0	0	0	0	0	0	0	0	0	0	0	0	0	0	0	0
镇江市高等专科学校	9	0	0	0	0	0	0	0	0	0	0	0	0	0	0	0	0	0	0	0	0	0	0	0	0	0	0
南通职业大学	10	0	0	0	0	0	0	0	0	0	0	0	0	0	0	0	0	0	0	0	0	0	0	0	0	0	0
苏州市职业大学	11	0	0	0	0	0	0	0	0	0	0	0	0	0	0	0	0	0	0	0	0	0	0	0	0	0	0
沙洲职业工学院	12	0	0	0	0	0	0	0	0	0	0	0	0	0	0	0	0	0	0	0	0	0	0	0	0	0	0
扬州市职业大学	13	0	0	0	0	0	0	0	0	0	0	0	0	0	0	0	0	0	0	0	0	0	0	0	0	0	0
连云港师范高等专科学校	14	0	0	0	0	0	0	0	0	0	0	0	0	0	0	0	0	0	0	0	0	0	0	0	0	0	0

续表

江苏经贸职业技术学院	15	0	0	0	0	0	0	0	0	0	0	0	0	0	0	0	0	0	0	0	0	0	0	0	0	0	0
泰州职业技术学院	16	0	0	0	0	0	0	0	0	0	0	0	0	0	0	0	0	0	0	0	0	0	0	0	0	0	0
常州信息职业技术学院	17	0	0	0	0	0	0	0	0	0	0	0	0	0	0	0	0	0	0	0	0	0	0	0	0	0	0
江苏海事职业技术学院	18	0	0	0	0	0	0	0	0	0	0	0	0	0	0	0	0	0	0	0	0	0	0	0	0	0	0
无锡科技职业学院	19	0	0	0	0	0	0	0	0	0	0	0	0	0	0	0	0	0	0	0	0	0	0	0	0	0	0
江苏医药职业学院	20	0	0	0	0	0	0	0	0	0	0	0	0	0	0	0	0	0	0	0	0	0	0	0	0	0	0
南通科技职业学院	21	0	0	0	0	0	0	0	0	0	0	0	0	0	0	0	0	0	0	0	0	0	0	0	0	0	0
苏州经贸职业技术学院	22	0	0	0	0	0	0	0	0	0	0	0	0	0	0	0	0	0	0	0	0	0	0	0	0	0	0
苏州工业职业技术学院	23	1	0.1	0	10	10	0	0	0	0	0	0	0	0	0	0	0	0	0	0	0	0	0	0	0	0	0
苏州卫生职业技术学院	24	0	0	0	0	0	0	0	0	0	0	0	0	0	0	0	0	0	0	0	0	0	0	0	0	0	0
无锡商业职业技术学院	25	0	0	0	0	0	0	0	0	0	0	0	0	0	0	0	0	0	0	0	0	0	0	0	0	0	0
南通航运职业技术学院	26	0	0	0	0	0	0	0	0	0	0	0	0	0	0	0	0	0	0	0	0	0	0	0	0	0	0
南京交通职业技术学院	27	0	0	0	0	0	0	0	0	0	0	0	0	0	0	0	0	0	0	0	0	0	0	0	0	0	0
淮安信息职业技术学院	28	0	0	0	0	0	0	0	0	0	0	0	0	0	0	0	0	0	0	0	0	0	0	0	0	0	0
江苏农牧科技职业学院	29	0	0	0	0	0	0	0	0	0	0	0	0	0	0	0	0	0	0	0	0	0	0	0	0	0	0
常州纺织服装职业技术学院	30	2	0.9	0	0	4.27	0	0	0	0	0	0	0	0	0	0	0	2	2	0	0	0	0	0	0	0	0
苏州农业职业技术学院	31	0	0	0	0	0	0	0	0	0	0	0	0	0	0	0	0	0	0	0	0	0	0	0	0	0	0
南京科技职业学院	32	0	0	0	0	0	0	0	0	0	0	0	0	0	0	0	0	0	0	0	0	0	0	0	0	0	0

续表

高校名称	编号	总数					出版著作(部)							古籍整理(部)	译著(部)	发表译文(篇)	电子出版物(件)	发表论文(篇)				获奖成果数(项)				研究与咨询报告(篇)	
		课题数(项)	当年投入人数(人年)	其中：研究生(人年)	当年投入经费(千元)	当年支出经费(千元)	合计	专著	其中：被译成外文	编著教材	工具书参考书	皮书/发展报告	科普读物					合计	国内学术刊物	国外学术刊物	港、澳、台地区刊物	合计	国家级奖	部级奖	省级奖	合计	其中：被采纳数
		L01	L02	L03	L04	L05	L06	L07	L08	L09	L10	L11	L12	L13	L14	L15	L16	L17	L18	L19	L20	L21	L22	L23	L24	L25	L26
常州轻工职业技术学院	33	0	0	0	0	0	0	0	0	0	0	0	0	0	0	0	0	0	0	0	0	0	0	0	0	0	0
常州工程职业技术学院	34	1	0.1	0	0	0	0	0	0	0	0	0	0	0	0	0	0	0	0	0	0	0	0	0	0	0	0
江苏农林职业技术学院	35	0	0	0	0	0	0	0	0	0	0	0	0	0	0	0	0	0	0	0	0	0	0	0	0	0	0
江苏食品药品职业技术学院	36	0	0	0	0	0	0	0	0	0	0	0	0	0	0	0	0	0	0	0	0	0	0	0	0	0	0
南京铁道职业技术学院	37	0	0	0	0	0	0	0	0	0	0	0	0	0	0	0	0	0	0	0	0	0	0	0	0	0	0
徐州工业职业技术学院	38	0	0	0	0	0	0	0	0	0	0	0	0	0	0	0	0	0	0	0	0	0	0	0	0	0	0
江苏信息职业技术学院	39	0	0	0	0	0	0	0	0	0	0	0	0	0	0	0	0	0	0	0	0	0	0	0	0	0	0
南京信息职业技术学院	40	0	0	0	0	0	0	0	0	0	0	0	0	0	0	0	0	0	0	0	0	0	0	0	0	0	0
常州机电职业技术学院	41	0	0	0	0	0	0	0	0	0	0	0	0	0	0	0	0	0	0	0	0	0	0	0	0	0	0
江阴职业技术学院	42	0	0	0	0	0	0	0	0	0	0	0	0	0	0	0	0	0	0	0	0	0	0	0	0	0	0
无锡城市职业技术学院	43	0	0	0	0	0	0	0	0	0	0	0	0	0	0	0	0	0	0	0	0	0	0	0	0	0	0
无锡工艺职业技术学院	44	0	0	0	0	0	0	0	0	0	0	0	0	0	0	0	0	0	0	0	0	0	0	0	0	0	0
苏州健雄职业技术学院	45	0	0	0	0	0	0	0	0	0	0	0	0	0	0	0	0	0	0	0	0	0	0	0	0	0	0
盐城工业职业技术学院	46	0	0	0	0	0	0	0	0	0	0	0	0	0	0	0	0	0	0	0	0	0	0	0	0	0	0

续表

江苏财经职业技术学院	47	0	0	0	0	0	0	0	0	0	0	0	0	0	0	0	0	0	0	0	0	0	0	0	0	0	0
扬州工业职业技术学院	48	0	0	0	0	0	0	0	0	0	0	0	0	0	0	0	0	0	0	0	0	0	0	0	0	0	0
江苏城市职业学院	49	0	0	0	0	0	0	0	0	0	0	0	0	0	0	0	0	0	0	0	0	0	0	0	0	0	0
南京城市职业学院	50	0	0	0	0	0	0	0	0	0	0	0	0	0	0	0	0	0	0	0	0	0	0	0	0	0	0
南京机电职业技术学院	51	0	0	0	0	0	0	0	0	0	0	0	0	0	0	0	0	0	0	0	0	0	0	0	0	0	0
南京旅游职业学院	52	0	0	0	0	0	0	0	0	0	0	0	0	0	0	0	0	0	0	0	0	0	0	0	0	0	0
江苏卫生健康职业学院	53	0	0	0	0	0	0	0	0	0	0	0	0	0	0	0	0	0	0	0	0	0	0	0	0	0	0
苏州信息职业技术学院	54	0	0	0	0	0	0	0	0	0	0	0	0	0	0	0	0	0	0	0	0	0	0	0	0	0	0
苏州工业园区服务外包职业学院	55	0	0	0	0	0	0	0	0	0	0	0	0	0	0	0	0	0	0	0	0	0	0	0	0	0	0
徐州幼儿师范高等专科学校	56	0	0	0	0	0	0	0	0	0	0	0	0	0	0	0	0	0	0	0	0	0	0	0	0	0	0
徐州生物工程职业技术学院	57	0	0	0	0	0	0	0	0	0	0	0	0	0	0	0	0	0	0	0	0	0	0	0	0	0	0
江苏商贸职业学院	58	0	0	0	0	0	0	0	0	0	0	0	0	0	0	0	0	0	0	0	0	0	0	0	0	0	0
南通师范高等专科学校	59	0	0	0	0	0	0	0	0	0	0	0	0	0	0	0	0	0	0	0	0	0	0	0	0	0	0
江苏护理职业学院	60	0	0	0	0	0	0	0	0	0	0	0	0	0	0	0	0	0	0	0	0	0	0	0	0	0	0
江苏财会职业学院	61	0	0	0	0	0	0	0	0	0	0	0	0	0	0	0	0	0	0	0	0	0	0	0	0	0	0
江苏城乡建设职业学院	62	0	0	0	0	0	0	0	0	0	0	0	0	0	0	0	0	0	0	0	0	0	0	0	0	0	0
江苏航空职业技术学院	63	0	0	0	0	0	0	0	0	0	0	0	0	0	0	0	0	0	0	0	0	0	0	0	0	0	0
江苏安全技术职业学院	64	0	0	0	0	0	0	0	0	0	0	0	0	0	0	0	0	0	0	0	0	0	0	0	0	0	0
江苏旅游职业学院	65	0	0	0	0	0	0	0	0	0	0	0	0	0	0	0	0	0	0	0	0	0	0	0	0	0	0

3.5 宗教学人文、社会科学研究与课题成果情况表

高校名称		总数					出版著作(部)							古籍整理(部)	译著(部)	发表译文(篇)	电子出版物(件)	发表论文(篇)				获奖成果数(项)				研究与咨询报告(篇)	
		课题数(项)	当年投入人数(人年)	其中:研究生(人年)	当年投入经费(千元)	当年支出经费(千元)	合计	专著	其中:被译成外文	编著教材	工具书参考书	皮书/发展报告	科普读物					合计	国内学术刊物	国外学术刊物	港、澳、台地区刊物	合计	国家级奖	部级奖	省级奖	合计	其中:被采纳数
	编号	L01	L02	L03	L04	L05	L06	L07	L08	L09	L10	L11	L12	L13	L14	L15	L16	L17	L18	L19	L20	L21	L22	L23	L24	L25	L26
合计	/	1	0.4	0	0	0	1	1	0	0	0	0	0	0	0	0	0	5	5	0	0	0	0	0	0	1	1
盐城幼儿师范高等专科学校	1	0	0	0	0	0	0	0	0	0	0	0	0	0	0	0	0	0	0	0	0	0	0	0	0	0	0
苏州幼儿师范高等专科学校	2	0	0	0	0	0	0	0	0	0	0	0	0	0	0	0	0	0	0	0	0	0	0	0	0	0	0
无锡职业技术学院	3	0	0	0	0	0	0	0	0	0	0	0	0	0	0	0	0	0	0	0	0	0	0	0	0	0	0
江苏建筑职业技术学院	4	0	0	0	0	0	0	0	0	0	0	0	0	0	0	0	0	0	0	0	0	0	0	0	0	0	0
南京工业职业技术学院	5	0	0	0	0	0	0	0	0	0	0	0	0	0	0	0	0	1	1	0	0	0	0	0	0	0	0
江苏工程职业技术学院	6	0	0	0	0	0	0	0	0	0	0	0	0	0	0	0	0	0	0	0	0	0	0	0	0	0	0
苏州工艺美术职业技术学院	7	0	0	0	0	0	0	0	0	0	0	0	0	0	0	0	0	0	0	0	0	0	0	0	0	0	0
连云港职业技术学院	8	1	0.4	0	0	0	0	0	0	0	0	0	0	0	0	0	0	3	3	0	0	0	0	0	0	1	1
镇江市高等专科学校	9	0	0	0	0	0	0	0	0	0	0	0	0	0	0	0	0	0	0	0	0	0	0	0	0	0	0
南通职业大学	10	0	0	0	0	0	0	0	0	0	0	0	0	0	0	0	0	0	0	0	0	0	0	0	0	0	0
苏州市职业大学	11	0	0	0	0	0	0	0	0	0	0	0	0	0	0	0	0	0	0	0	0	0	0	0	0	0	0
沙洲职业工学院	12	0	0	0	0	0	0	0	0	0	0	0	0	0	0	0	0	0	0	0	0	0	0	0	0	0	0
扬州市职业大学	13	0	0	0	0	0	0	0	0	0	0	0	0	0	0	0	0	0	0	0	0	0	0	0	0	0	0
连云港师范高等专科学校	14	0	0	0	0	0	0	0	0	0	0	0	0	0	0	0	0	0	0	0	0	0	0	0	0	0	0

续表

江苏经贸职业技术学院	15	0	0	0	0	0	1	1	0	0	0	0	0	0	0	0	0	0	0	0	0	0	0	0	0	0	0
泰州职业技术学院	16	0	0	0	0	0	0	0	0	0	0	0	0	0	0	0	0	0	0	0	0	0	0	0	0	0	0
常州信息职业技术学院	17	0	0	0	0	0	0	0	0	0	0	0	0	0	0	0	0	1	1	0	0	0	0	0	0	0	0
江苏海事职业技术学院	18	0	0	0	0	0	0	0	0	0	0	0	0	0	0	0	0	0	0	0	0	0	0	0	0	0	0
无锡科技职业学院	19	0	0	0	0	0	0	0	0	0	0	0	0	0	0	0	0	0	0	0	0	0	0	0	0	0	0
江苏医药职业学院	20	0	0	0	0	0	0	0	0	0	0	0	0	0	0	0	0	0	0	0	0	0	0	0	0	0	0
南通科技职业学院	21	0	0	0	0	0	0	0	0	0	0	0	0	0	0	0	0	0	0	0	0	0	0	0	0	0	0
苏州经贸职业技术学院	22	0	0	0	0	0	0	0	0	0	0	0	0	0	0	0	0	0	0	0	0	0	0	0	0	0	0
苏州工业职业技术学院	23	0	0	0	0	0	0	0	0	0	0	0	0	0	0	0	0	0	0	0	0	0	0	0	0	0	0
苏州卫生职业技术学院	24	0	0	0	0	0	0	0	0	0	0	0	0	0	0	0	0	0	0	0	0	0	0	0	0	0	0
无锡商业职业技术学院	25	0	0	0	0	0	0	0	0	0	0	0	0	0	0	0	0	0	0	0	0	0	0	0	0	0	0
南通航运职业技术学院	26	0	0	0	0	0	0	0	0	0	0	0	0	0	0	0	0	0	0	0	0	0	0	0	0	0	0
南京交通职业技术学院	27	0	0	0	0	0	0	0	0	0	0	0	0	0	0	0	0	0	0	0	0	0	0	0	0	0	0
淮安信息职业技术学院	28	0	0	0	0	0	0	0	0	0	0	0	0	0	0	0	0	0	0	0	0	0	0	0	0	0	0
江苏农牧科技职业学院	29	0	0	0	0	0	0	0	0	0	0	0	0	0	0	0	0	0	0	0	0	0	0	0	0	0	0
常州纺织服装职业技术学院	30	0	0	0	0	0	0	0	0	0	0	0	0	0	0	0	0	0	0	0	0	0	0	0	0	0	0
苏州农业职业技术学院	31	0	0	0	0	0	0	0	0	0	0	0	0	0	0	0	0	0	0	0	0	0	0	0	0	0	0
南京科技职业学院	32	0	0	0	0	0	0	0	0	0	0	0	0	0	0	0	0	0	0	0	0	0	0	0	0	0	0

续表

高校名称	编号	总数 课题数(项)	当年投入人数(人年)	其中：研究生(人年)	当年投入经费(千元)	当年支出经费(千元)	出版著作(部) 合计	专著	其中：被译成外文	编著教材	工具书参考书	皮书/发展报告	科普读物	古籍整理(部)	译著(部)	发表译文(篇)	电子出版物(件)	发表论文(篇) 合计	国内学术刊物	国外学术刊物	港、澳、台地区刊物	获奖成果数(项) 合计	国家级奖	部级奖	省级奖	研究与咨询报告(篇) 合计	其中：被采纳数
		L01	L02	L03	L04	L05	L06	L07	L08	L09	L10	L11	L12	L13	L14	L15	L16	L17	L18	L19	L20	L21	L22	L23	L24	L25	L26
常州轻工职业技术学院	33	0	0	0	0	0	0	0	0	0	0	0	0	0	0	0	0	0	0	0	0	0	0	0	0	0	0
常州工程职业技术学院	34	0	0	0	0	0	0	0	0	0	0	0	0	0	0	0	0	0	0	0	0	0	0	0	0	0	0
江苏农林职业技术学院	35	0	0	0	0	0	0	0	0	0	0	0	0	0	0	0	0	0	0	0	0	0	0	0	0	0	0
江苏食品药品职业技术学院	36	0	0	0	0	0	0	0	0	0	0	0	0	0	0	0	0	0	0	0	0	0	0	0	0	0	0
南京铁道职业技术学院	37	0	0	0	0	0	0	0	0	0	0	0	0	0	0	0	0	0	0	0	0	0	0	0	0	0	0
徐州工业职业技术学院	38	0	0	0	0	0	0	0	0	0	0	0	0	0	0	0	0	0	0	0	0	0	0	0	0	0	0
江苏信息职业技术学院	39	0	0	0	0	0	0	0	0	0	0	0	0	0	0	0	0	0	0	0	0	0	0	0	0	0	0
南京信息职业技术学院	40	0	0	0	0	0	0	0	0	0	0	0	0	0	0	0	0	0	0	0	0	0	0	0	0	0	0
常州机电职业技术学院	41	0	0	0	0	0	0	0	0	0	0	0	0	0	0	0	0	0	0	0	0	0	0	0	0	0	0
江阴职业技术学院	42	0	0	0	0	0	0	0	0	0	0	0	0	0	0	0	0	0	0	0	0	0	0	0	0	0	0
无锡城市职业技术学院	43	0	0	0	0	0	0	0	0	0	0	0	0	0	0	0	0	0	0	0	0	0	0	0	0	0	0
无锡工艺职业技术学院	44	0	0	0	0	0	0	0	0	0	0	0	0	0	0	0	0	0	0	0	0	0	0	0	0	0	0
苏州健雄职业技术学院	45	0	0	0	0	0	0	0	0	0	0	0	0	0	0	0	0	0	0	0	0	0	0	0	0	0	0
盐城工业职业技术学院	46	0	0	0	0	0	0	0	0	0	0	0	0	0	0	0	0	0	0	0	0	0	0	0	0	0	0

续表

江苏财经职业技术学院	47	0	0	0	0	0	0	0	0	0	0	0	0	0	0	0	0	0	0	0	0	0	0	0	0	0	0
扬州工业职业技术学院	48	0	0	0	0	0	0	0	0	0	0	0	0	0	0	0	0	0	0	0	0	0	0	0	0	0	0
江苏城市职业学院	49	0	0	0	0	0	0	0	0	0	0	0	0	0	0	0	0	0	0	0	0	0	0	0	0	0	0
南京城市职业学院	50	0	0	0	0	0	0	0	0	0	0	0	0	0	0	0	0	0	0	0	0	0	0	0	0	0	0
南京机电职业技术学院	51	0	0	0	0	0	0	0	0	0	0	0	0	0	0	0	0	0	0	0	0	0	0	0	0	0	0
南京旅游职业学院	52	0	0	0	0	0	0	0	0	0	0	0	0	0	0	0	0	0	0	0	0	0	0	0	0	0	0
江苏卫生健康职业学院	53	0	0	0	0	0	0	0	0	0	0	0	0	0	0	0	0	0	0	0	0	0	0	0	0	0	0
苏州信息职业技术学院	54	0	0	0	0	0	0	0	0	0	0	0	0	0	0	0	0	0	0	0	0	0	0	0	0	0	0
苏州工业园区服务外包职业学院	55	0	0	0	0	0	0	0	0	0	0	0	0	0	0	0	0	0	0	0	0	0	0	0	0	0	0
徐州幼儿师范高等专科学校	56	0	0	0	0	0	0	0	0	0	0	0	0	0	0	0	0	0	0	0	0	0	0	0	0	0	0
徐州生物工程职业技术学院	57	0	0	0	0	0	0	0	0	0	0	0	0	0	0	0	0	0	0	0	0	0	0	0	0	0	0
江苏商贸职业学院	58	0	0	0	0	0	0	0	0	0	0	0	0	0	0	0	0	0	0	0	0	0	0	0	0	0	0
南通师范高等专科学校	59	0	0	0	0	0	0	0	0	0	0	0	0	0	0	0	0	0	0	0	0	0	0	0	0	0	0
江苏护理职业学院	60	0	0	0	0	0	0	0	0	0	0	0	0	0	0	0	0	0	0	0	0	0	0	0	0	0	0
江苏财会职业学院	61	0	0	0	0	0	0	0	0	0	0	0	0	0	0	0	0	0	0	0	0	0	0	0	0	0	0
江苏城乡建设职业学院	62	0	0	0	0	0	0	0	0	0	0	0	0	0	0	0	0	0	0	0	0	0	0	0	0	0	0
江苏航空职业技术学院	63	0	0	0	0	0	0	0	0	0	0	0	0	0	0	0	0	0	0	0	0	0	0	0	0	0	0
江苏安全技术职业学院	64	0	0	0	0	0	0	0	0	0	0	0	0	0	0	0	0	0	0	0	0	0	0	0	0	0	0
江苏旅游职业学院	65	0	0	0	0	0	0	0	0	0	0	0	0	0	0	0	0	0	0	0	0	0	0	0	0	0	0

3.6 语言学人文、社会科学研究与课题成果情况表

高校名称	编号	总数					出版著作(部)							古籍整理(部)	译著(部)	发表译文(篇)	电子出版物(件)	发表论文(篇)				获奖成果数(项)				研究与咨询报告(篇)	
		课题数(项)	当年投入人数(人年)	其中:研究生(人年)	当年投入经费(千元)	当年支出经费(千元)	合计	专著	其中:被译成外文	编著教材	工具书参考书	皮书/发展报告	科普读物					合计	国内学术刊物	国外学术刊物	港、澳、台地区刊物	合计	国家级奖	部级奖	省级奖	合计	其中:被采纳数
		L01	L02	L03	L04	L05	L06	L07	L08	L09	L10	L11	L12	L13	L14	L15	L16	L17	L18	L19	L20	L21	L22	L23	L24	L25	L26
合计	/	247	62.7	0	1 727.85	1 977.54	22	7	0	12	3	0	0	0	1	2	0	426	423	2	1	0	0	0	0	40	16
盐城幼儿师范高等专科学校	1	0	0	0	0	0	0	0	0	0	0	0	0	0	0	0	0	0	0	0	0	0	0	0	0	0	0
苏州幼儿师范高等专科学校	2	5	0.6	0	20	6	0	0	0	0	0	0	0	0	0	0	0	2	2	0	0	0	0	0	0	0	0
无锡职业技术学院	3	1	0.1	0	0	0	1	1	0	0	0	0	0	0	0	0	0	8	8	0	0	0	0	0	0	0	0
江苏建筑职业技术学院	4	3	0.8	0	0	0.7	0	0	0	0	0	0	0	0	0	0	0	0	0	0	0	0	0	0	0	0	0
南京工业职业技术学院	5	32	12.4	0	139.75	369.2	2	0	0	2	0	0	0	0	0	0	0	28	28	0	0	0	0	0	0	0	0
江苏工程职业技术学院	6	0	0	0	0	0	0	0	0	0	0	0	0	0	0	0	0	2	2	0	0	0	0	0	0	0	0
苏州工艺美术职业技术学院	7	1	0.2	0	10	5	0	0	0	0	0	0	0	0	0	0	0	0	0	0	0	0	0	0	0	0	0
连云港职业技术学院	8	6	2.1	0	11	15	4	0	0	3	1	0	0	0	0	0	0	10	10	0	0	0	0	0	0	0	0
镇江市高等专科学校	9	3	0.9	0	10	10.2	0	0	0	0	0	0	0	0	0	0	0	8	8	0	0	0	0	0	0	0	0
南通职业大学	10	4	0.7	0	12	12	1	0	0	1	0	0	0	0	0	0	0	12	12	0	0	0	0	0	0	0	0
苏州市职业大学	11	5	1.6	0	0	0	0	0	0	0	0	0	0	0	0	0	0	7	6	0	1	0	0	0	0	0	0
沙洲职业工学院	12	2	0.2	0	10	4.25	0	0	0	0	0	0	0	0	0	0	0	2	2	0	0	0	0	0	0	0	0
扬州市职业大学	13	10	2.1	0	0	0	0	0	0	0	0	0	0	0	0	0	0	27	27	0	0	0	0	0	0	11	0
连云港师范高等专科学校	14	20	2	0	0	0	0	0	0	0	0	0	0	0	0	0	0	7	7	0	0	0	0	0	0	1	0

续表

江苏经贸职业技术学院	15	1	0.6	0	0	0	2	0	0	1	1	0	0	0	0	0	0	16	16	0	0	0	0	0	0	0	0
泰州职业技术学院	16	0	0	0	0	0	0	0	0	0	0	0	0	0	0	0	0	4	4	0	0	0	0	0	0	0	0
常州信息职业技术学院	17	4	2.9	0	150	155	2	2	0	0	0	0	0	0	1	0	0	40	40	0	0	0	0	0	0	0	0
江苏海事职业技术学院	18	13	4.2	0	445.6	446.57	0	0	0	0	0	0	0	0	0	2	0	17	17	0	0	0	0	0	0	0	0
无锡科技职业学院	19	11	4.4	0	6	23.6	0	0	0	0	0	0	0	0	0	0	0	12	12	0	0	0	0	0	0	4	0
江苏医药职业学院	20	2	0.6	0	0	0	1	0	0	1	0	0	0	0	0	0	0	1	1	0	0	0	0	0	0	0	0
南通科技职业学院	21	3	0.6	0	2	6.85	0	0	0	0	0	0	0	0	0	0	0	2	2	0	0	0	0	0	0	0	0
苏州经贸职业技术学院	22	8	2.3	0	183	137.9	0	0	0	0	0	0	0	0	0	0	0	9	9	0	0	0	0	0	0	2	0
苏州工业职业技术学院	23	8	2.2	0	125	170.2	0	0	0	0	0	0	0	0	0	0	0	10	10	0	0	0	0	0	0	5	5
苏州卫生职业技术学院	24	0	0	0	0	0	0	0	0	0	0	0	0	0	0	0	0	8	8	0	0	0	0	0	0	0	0
无锡商业职业技术学院	25	0	0	0	0	0	0	0	0	0	0	0	0	0	0	0	0	2	2	0	0	0	0	0	0	0	0
南通航运职业技术学院	26	1	0.2	0	10	3	0	0	0	0	0	0	0	0	0	0	0	13	12	1	0	0	0	0	0	0	0
南京交通职业技术学院	27	3	0.3	0	0	7.9	0	0	0	0	0	0	0	0	0	0	0	0	0	0	0	0	0	0	0	0	0
淮安信息职业技术学院	28	1	0.3	0	0	0	1	1	0	0	0	0	0	0	0	0	0	0	0	0	0	0	0	0	0	0	0
江苏农牧科技职业学院	29	0	0	0	0	0	0	0	0	0	0	0	0	0	0	0	0	0	0	0	0	0	0	0	0	0	0
常州纺织服装职业技术学院	30	1	0.2	0	0	3.8	0	0	0	0	0	0	0	0	0	0	0	6	6	0	0	0	0	0	0	0	0
苏州农业职业技术学院	31	1	0.3	0	10	5.5	0	0	0	0	0	0	0	0	0	0	0	2	2	0	0	0	0	0	0	0	0
南京科技职业学院	32	0	0	0	0	0	0	0	0	0	0	0	0	0	0	0	0	3	3	0	0	0	0	0	0	0	0

续表

高校名称		总数					出版著作(部)							古籍整理(部)	译著(部)	发表译文(篇)	电子出版物(件)	发表论文(篇)				获奖成果数(项)				研究与咨询报告(篇)	
		课题数(项)	当年投入人数(人年)	其中：研究生(人年)	当年投入经费(千元)	当年支出经费(千元)	合计	专著	其中：被译成外文	编著教材	工具书参考书	皮书/发展报告	科普读物					合计	国内学术刊物	国外学术刊物	港、澳、台地区刊物	合计	国家级奖	部级奖	省级奖	合计	其中：被采纳数
	编号	L01	L02	L03	L04	L05	L06	L07	L08	L09	L10	L11	L12	L13	L14	L15	L16	L17	L18	L19	L20	L21	L22	L23	L24	L25	L26
常州轻工职业技术学院	33	0	0	0	0	0	0	0	0	0	0	0	0	0	0	0	0	0	0	0	0	0	0	0	0	0	0
常州工程职业技术学院	34	1	0.1	0	10	10	0	0	0	0	0	0	0	0	0	0	0	0	0	0	0	0	0	0	0	0	0
江苏农林职业技术学院	35	1	0.2	0	10	9	0	0	0	0	0	0	0	0	0	0	0	12	12	0	0	0	0	0	0	0	0
江苏食品药品职业技术学院	36	0	0	0	0	0	0	0	0	0	0	0	0	0	0	0	0	0	0	0	0	0	0	0	0	0	0
南京铁道职业技术学院	37	3	0.3	0	0	11	0	0	0	0	0	0	0	0	0	0	0	1	1	0	0	0	0	0	0	0	0
徐州工业职业技术学院	38	1	0.1	0	0	1.8	0	0	0	0	0	0	0	0	0	0	0	0	0	0	0	0	0	0	0	0	0
江苏信息职业技术学院	39	0	0	0	0	0	0	0	0	0	0	0	0	0	0	0	0	2	2	0	0	0	0	0	0	0	0
南京信息职业技术学院	40	5	0.5	0	18.5	28.5	0	0	0	0	0	0	0	0	0	0	0	14	14	0	0	0	0	0	0	0	0
常州机电职业技术学院	41	2	0.2	0	6	6	0	0	0	0	0	0	0	0	0	0	0	0	0	0	0	0	0	0	0	2	0
江阴职业技术学院	42	4	0.5	0	22	24	0	0	0	0	0	0	0	0	0	0	0	1	1	0	0	0	0	0	0	1	1
无锡城市职业技术学院	43	0	0	0	0	0	0	0	0	0	0	0	0	0	0	0	0	7	7	0	0	0	0	0	0	0	0
无锡工艺职业技术学院	44	6	0.6	0	20	20	2	0	0	2	0	0	0	0	0	0	0	9	9	0	0	0	0	0	0	2	0
苏州健雄职业技术学院	45	3	0.6	0	5	5.5	0	0	0	0	0	0	0	0	0	0	0	8	8	0	0	0	0	0	0	0	0
盐城工业职业技术学院	46	11	2.2	0	36.8	30.7	1	1	0	0	0	0	0	0	0	0	0	0	0	0	0	0	0	0	0	0	0

续表

江苏财经职业技术学院	47	6	0.6	0	14	10.1	0	0	0	0	0	0	0	0	0	0	0	12	12	0	0	0	0	0	0	0	0
扬州工业职业技术学院	48	3	0.3	0	21	9	0	0	0	0	0	0	0	0	0	0	0	3	3	0	0	0	0	0	0	0	0
江苏城市职业学院	49	11	4	0	59	40.92	2	2	0	0	0	0	0	0	0	0	0	11	11	0	0	0	0	0	0	0	0
南京城市职业学院	50	2	0.2	0	3.2	0	0	0	0	0	0	0	0	0	0	0	0	0	0	0	0	0	0	0	0	2	0
南京机电职业技术学院	51	3	0.3	0	0	4	0	0	0	0	0	0	0	0	0	0	0	0	0	0	0	0	0	0	0	0	0
南京旅游职业学院	52	1	0.2	0	0	0	0	0	0	0	0	0	0	0	0	0	0	10	10	0	0	0	0	0	0	0	0
江苏卫生健康职业学院	53	1	0.3	0	0	1	0	0	0	0	0	0	0	0	0	0	0	2	2	0	0	0	0	0	0	0	0
苏州信息职业技术学院	54	1	0.1	0	0	0.9	0	0	0	0	0	0	0	0	0	0	0	0	0	0	0	0	0	0	0	0	0
苏州工业园区服务外包职业学院	55	12	2	0	295	310.85	0	0	0	0	0	0	0	0	0	0	0	16	16	0	0	0	0	0	0	10	10
徐州幼儿师范高等专科学校	56	5	1.4	0	41	32.5	2	0	0	1	1	0	0	0	0	0	0	5	5	0	0	0	0	0	0	0	0
徐州生物工程职业技术学院	57	0	0	0	0	0	0	0	0	0	0	0	0	0	0	0	0	0	0	0	0	0	0	0	0	0	0
江苏商贸职业学院	58	13	4.3	0	12	18.1	0	0	0	0	0	0	0	0	0	0	0	28	28	0	0	0	0	0	0	0	0
南通师范高等专科学校	59	2	0.5	0	0	16	0	0	0	0	0	0	0	0	0	0	0	7	7	0	0	0	0	0	0	0	0
江苏护理职业学院	60	0	0	0	0	0	0	0	0	0	0	0	0	0	0	0	0	0	0	0	0	0	0	0	0	0	0
江苏财会职业学院	61	0	0	0	0	0	0	0	0	0	0	0	0	0	0	0	0	18	17	1	0	0	0	0	0	0	0
江苏城乡建设职业学院	62	1	0.4	0	10	5	1	0	0	1	0	0	0	0	0	0	0	1	1	0	0	0	0	0	0	0	0
江苏航空职业技术学院	63	0	0	0	0	0	0	0	0	0	0	0	0	0	0	0	0	0	0	0	0	0	0	0	0	0	0
江苏安全技术职业学院	64	0	0	0	0	0	0	0	0	0	0	0	0	0	0	0	0	1	1	0	0	0	0	0	0	0	0
江苏旅游职业学院	65	0	0	0	0	0	0	0	0	0	0	0	0	0	0	0	0	0	0	0	0	0	0	0	0	0	0

3.7 中国文学人文、社会科学研究与课题成果情况表

高校名称	编号	总数					出版著作(部)							古籍整理(部)	译著(部)	发表译文(篇)	电子出版物(件)	发表论文(篇)				获奖成果数(项)				研究与咨询报告(篇)	
		课题数(项)	当年投入人数(人年)	其中：研究生(人年)	当年投入经费(千元)	当年支出经费(千元)	合计	专著	其中：被译成外文	编著教材	工具书参考书	皮书/发展报告	科普读物					合计	国内学术刊物	国外学术刊物	港、澳、台地区刊物	合计	国家级奖	部级奖	省级奖	合计	其中：被采纳数
	编号	L01	L02	L03	L04	L05	L06	L07	L08	L09	L10	L11	L12	L13	L14	L15	L16	L17	L18	L19	L20	L21	L22	L23	L24	L25	L26
合计	/	65	15.2	0	289.5	396.23	12	10	0	2	0	0	0	0	1	0	0	143	142	1	0	0	0	0	0	4	1
盐城幼儿师范高等专科学校	1	1	0.2	0	0	30	0	0	0	0	0	0	0	0	0	0	0	0	0	0	0	0	0	0	0	0	0
苏州幼儿师范高等专科学校	2	1	0.1	0	0	0	0	0	0	0	0	0	0	0	0	0	0	3	3	0	0	0	0	0	0	0	0
无锡职业技术学院	3	0	0	0	0	0	0	0	0	0	0	0	0	0	0	0	0	2	2	0	0	0	0	0	0	0	0
江苏建筑职业技术学院	4	3	0.4	0	21	24.3	1	1	0	0	0	0	0	0	0	0	0	0	0	0	0	0	0	0	0	1	1
南京工业职业技术学院	5	3	2.2	0	2.5	26	0	0	0	0	0	0	0	0	0	0	0	7	7	0	0	0	0	0	0	0	0
江苏工程职业技术学院	6	0	0	0	0	0	0	0	0	0	0	0	0	0	0	0	0	2	2	0	0	0	0	0	0	0	0
苏州工艺美术职业技术学院	7	0	0	0	0	0	0	0	0	0	0	0	0	0	0	0	0	3	3	0	0	0	0	0	0	0	0
连云港职业技术学院	8	0	0	0	0	0	0	0	0	0	0	0	0	0	0	0	0	2	2	0	0	0	0	0	0	0	0
镇江市高等专科学校	9	0	0	0	0	0	0	0	0	0	0	0	0	0	0	0	0	4	4	0	0	0	0	0	0	0	0
南通职业大学	10	0	0	0	0	0	0	0	0	0	0	0	0	0	0	0	0	1	1	0	0	0	0	0	0	0	0
苏州市职业大学	11	11	3.3	0	78	78.5	3	3	0	0	0	0	0	0	0	0	0	13	12	1	0	0	0	0	0	2	0
沙洲职业工学院	12	0	0	0	0	0	0	0	0	0	0	0	0	0	0	0	0	1	1	0	0	0	0	0	0	0	0
扬州市职业大学	13	2	0.6	0	0	0	0	0	0	0	0	0	0	0	0	0	0	5	5	0	0	0	0	0	0	0	0
连云港师范高等专科学校	14	11	1.1	0	27	16	0	0	0	0	0	0	0	0	0	0	0	10	10	0	0	0	0	0	0	1	0

续表

江苏经贸职业技术学院	15	2	0.4	0	0	0	0	0	0	0	0	0	0	0	0	0	0	3	3	0	0	0	0	0	0	0	0
泰州职业技术学院	16	1	0.3	0	0	20	1	1	0	0	0	0	0	0	0	0	0	4	4	0	0	0	0	0	0	0	0
常州信息职业技术学院	17	2	1.1	0	88	88	2	2	0	0	0	0	0	0	0	0	0	2	2	0	0	0	0	0	0	0	0
江苏海事职业技术学院	18	0	0	0	0	0	0	0	0	0	0	0	0	0	0	0	0	0	0	0	0	0	0	0	0	0	0
无锡科技职业学院	19	1	0.6	0	6	1.2	0	0	0	0	0	0	0	0	0	0	0	0	0	0	0	0	0	0	0	0	0
江苏医药职业学院	20	1	0.3	0	0	28.6	1	1	0	0	0	0	0	0	0	0	0	0	0	0	0	0	0	0	0	0	0
南通科技职业学院	21	0	0	0	0	0	0	0	0	0	0	0	0	0	0	0	0	2	2	0	0	0	0	0	0	0	0
苏州经贸职业技术学院	22	1	0.3	0	14	12.12	0	0	0	0	0	0	0	0	0	0	0	0	0	0	0	0	0	0	0	0	0
苏州工业职业技术学院	23	1	0.1	0	5	5	0	0	0	0	0	0	0	0	0	0	0	6	6	0	0	0	0	0	0	0	0
苏州卫生职业技术学院	24	0	0	0	0	0	0	0	0	0	0	0	0	0	0	0	0	2	2	0	0	0	0	0	0	0	0
无锡商业职业技术学院	25	0	0	0	0	0	0	0	0	0	0	0	0	0	0	0	0	5	5	0	0	0	0	0	0	0	0
南通航运职业技术学院	26	0	0	0	0	0	0	0	0	0	0	0	0	0	0	0	0	4	4	0	0	0	0	0	0	0	0
南京交通职业技术学院	27	1	0.1	0	0	2.5	0	0	0	0	0	0	0	0	0	0	0	0	0	0	0	0	0	0	0	0	0
淮安信息职业技术学院	28	1	0.3	0	0	0	0	0	0	0	0	0	0	0	0	0	0	0	0	0	0	0	0	0	0	0	0
江苏农牧科技职业学院	29	0	0	0	0	0	0	0	0	0	0	0	0	0	0	0	0	0	0	0	0	0	0	0	0	0	0
常州纺织服装职业技术学院	30	1	0.2	0	0	4.56	0	0	0	0	0	0	0	0	0	0	0	1	1	0	0	0	0	0	0	0	0
苏州农业职业技术学院	31	0	0	0	0	0	0	0	0	0	0	0	0	0	0	0	0	0	0	0	0	0	0	0	0	0	0
南京科技职业学院	32	1	0.1	0	0	0	0	0	0	0	0	0	0	0	0	0	0	2	2	0	0	0	0	0	0	0	0

续表

高校名称	编号	总数：课题数(项)	总数：当年投入人数(人年)	总数：其中：研究生(人年)	总数：当年投入经费(千元)	总数：当年支出经费(千元)	出版著作(部)：合计	出版著作(部)：专著	出版著作(部)：其中：被译成外文	出版著作(部)：编著教材	出版著作(部)：工具书参考书	出版著作(部)：皮书/发展报告	出版著作(部)：科普读物	古籍整理(部)	译著(部)	发表译文(篇)	电子出版物(件)	发表论文(篇)：合计	发表论文(篇)：国内学术刊物	发表论文(篇)：国外学术刊物	发表论文(篇)：港、澳、台地区刊物	获奖成果数(项)：合计	获奖成果数(项)：国家级奖	获奖成果数(项)：部级奖	获奖成果数(项)：省级奖	研究与咨询报告(篇)：合计	研究与咨询报告(篇)：其中：被采纳数
		L01	L02	L03	L04	L05	L06	L07	L08	L09	L10	L11	L12	L13	L14	L15	L16	L17	L18	L19	L20	L21	L22	L23	L24	L25	L26
常州轻工职业技术学院	33	0	0	0	0	0	0	0	0	0	0	0	0	0	0	0	0	1	1	0	0	0	0	0	0	0	0
常州工程职业技术学院	34	1	0.1	0	0	0	0	0	0	0	0	0	0	0	0	0	0	4	4	0	0	0	0	0	0	0	0
江苏农林职业技术学院	35	0	0	0	0	0	0	0	0	0	0	0	0	0	0	0	0	1	1	0	0	0	0	0	0	0	0
江苏食品药品职业技术学院	36	0	0	0	0	0	0	0	0	0	0	0	0	0	0	0	0	0	0	0	0	0	0	0	0	0	0
南京铁道职业技术学院	37	1	0.1	0	2	1	1	1	0	0	0	0	0	0	0	0	0	1	1	0	0	0	0	0	0	0	0
徐州工业职业技术学院	38	0	0	0	0	0	0	0	0	0	0	0	0	0	0	0	0	0	0	0	0	0	0	0	0	0	0
江苏信息职业技术学院	39	0	0	0	0	0	0	0	0	0	0	0	0	0	0	0	0	1	1	0	0	0	0	0	0	0	0
南京信息职业技术学院	40	0	0	0	0	0	0	0	0	0	0	0	0	0	0	0	0	1	1	0	0	0	0	0	0	0	0
常州机电职业技术学院	41	0	0	0	0	0	0	0	0	0	0	0	0	0	0	0	0	0	0	0	0	0	0	0	0	0	0
江阴职业技术学院	42	0	0	0	0	0	0	0	0	0	0	0	0	0	0	0	0	0	0	0	0	0	0	0	0	0	0
无锡城市职业技术学院	43	1	0.2	0	0	1	0	0	0	0	0	0	0	0	0	0	0	3	3	0	0	0	0	0	0	0	0
无锡工艺职业技术学院	44	1	0.1	0	20	20	0	0	0	0	0	0	0	0	0	0	0	0	0	0	0	0	0	0	0	0	0
苏州健雄职业技术学院	45	1	0.2	0	0	3	1	1	0	0	0	0	0	0	0	0	0	1	1	0	0	0	0	0	0	0	0
盐城工业职业技术学院	46	1	0.1	0	0	6.8	0	0	0	0	0	0	0	0	0	0	0	0	0	0	0	0	0	0	0	0	0

续表

江苏财经职业技术学院	47	3	0.3	0	6	5.5	0	0	0	0	0	0	0	0	0	0	0	3	3	0	0	0	0	0	0	0	0
扬州工业职业技术学院	48	1	0.1	0	0	3	0	0	0	0	0	0	0	0	0	0	0	1	1	0	0	0	0	0	0	0	0
江苏城市职业学院	49	2	0.7	0	0	3.15	0	0	0	0	0	0	0	0	0	0	0	0	0	0	0	0	0	0	0	0	0
南京城市职业学院	50	0	0	0	0	0	0	0	0	0	0	0	0	0	0	0	0	0	0	0	0	0	0	0	0	0	0
南京机电职业技术学院	51	0	0	0	0	0	0	0	0	0	0	0	0	0	0	0	0	0	0	0	0	0	0	0	0	0	0
南京旅游职业学院	52	1	0	0	0	0	0	0	0	0	0	0	0	0	1	0	0	2	2	0	0	0	0	0	0	0	0
江苏卫生健康职业学院	53	1	0.3	0	0	1	0	0	0	0	0	0	0	0	0	0	0	0	0	0	0	0	0	0	0	0	0
苏州信息职业技术学院	54	0	0	0	0	0	0	0	0	0	0	0	0	0	0	0	0	0	0	0	0	0	0	0	0	0	0
苏州工业园区服务外包职业学院	55	2	0.4	0	20	12.5	0	0	0	0	0	0	0	0	0	0	0	0	0	0	0	0	0	0	0	0	0
徐州幼儿师范高等专科学校	56	1	0.2	0	0	2	1	0	0	1	0	0	0	0	0	0	0	5	5	0	0	0	0	0	0	0	0
徐州生物工程职业技术学院	57	0	0	0	0	0	0	0	0	0	0	0	0	0	0	0	0	0	0	0	0	0	0	0	0	0	0
江苏商贸职业学院	58	2	0.7	0	0	0.5	0	0	0	0	0	0	0	0	0	0	0	4	4	0	0	0	0	0	0	0	0
南通师范高等专科学校	59	1	0	0	0	0	0	0	0	0	0	0	0	0	0	0	0	24	24	0	0	0	0	0	0	0	0
江苏护理职业学院	60	0	0	0	0	0	1	0	0	1	0	0	0	0	0	0	0	0	0	0	0	0	0	0	0	0	0
江苏财会职业学院	61	0	0	0	0	0	0	0	0	0	0	0	0	0	0	0	0	5	5	0	0	0	0	0	0	0	0
江苏城乡建设职业学院	62	0	0	0	0	0	0	0	0	0	0	0	0	0	0	0	0	0	0	0	0	0	0	0	0	0	0
江苏航空职业技术学院	63	0	0	0	0	0	0	0	0	0	0	0	0	0	0	0	0	0	0	0	0	0	0	0	0	0	0
江苏安全技术职业学院	64	0	0	0	0	0	0	0	0	0	0	0	0	0	0	0	0	2	2	0	0	0	0	0	0	0	0
江苏旅游职业学院	65	0	0	0	0	0	0	0	0	0	0	0	0	0	0	0	0	0	0	0	0	0	0	0	0	0	0

3.8 外国文学人文、社会科学研究与课题成果情况表

高校名称		总数					出版著作(部)							古籍整理(部)	译著(部)	发表译文(篇)	电子出版物(件)	发表论文(篇)				获奖成果数(项)				研究与咨询报告(篇)	
		课题数(项)	当年投入人数(人年)	其中:研究生(人年)	当年投入经费(千元)	当年支出经费(千元)	合计	专著	其中:被译成外文	编著教材	工具书参考书	皮书/发展报告	科普读物					合计	国内学术刊物	国外学术刊物	港、澳、台地区刊物	合计	国家级奖	部级奖	省级奖	合计	其中:被采纳数
	编号	L01	L02	L03	L04	L05	L06	L07	L08	L09	L10	L11	L12	L13	L14	L15	L16	L17	L18	L19	L20	L21	L22	L23	L24	L25	L26
合计	/	41	9	0	109	180.25	1	0	0	1	0	0	0	0	0	2	0	65	65	0	0	0	0	0	0	0	0
盐城幼儿师范高等专科学校	1	2	0.4	0	10	60	0	0	0	0	0	0	0	0	0	0	0	0	0	0	0	0	0	0	0	0	0
苏州幼儿师范高等专科学校	2	0	0	0	0	0	0	0	0	0	0	0	0	0	0	0	0	0	0	0	0	0	0	0	0	0	0
无锡职业技术学院	3	3	0.4	0	50	46.4	0	0	0	0	0	0	0	0	0	0	0	1	1	0	0	0	0	0	0	0	0
江苏建筑职业技术学院	4	0	0	0	0	0	0	0	0	0	0	0	0	0	0	0	0	0	0	0	0	0	0	0	0	0	0
南京工业职业技术学院	5	2	0.7	0	4	4	0	0	0	0	0	0	0	0	0	0	0	0	0	0	0	0	0	0	0	0	0
江苏工程职业技术学院	6	0	0	0	0	0	0	0	0	0	0	0	0	0	0	0	0	0	0	0	0	0	0	0	0	0	0
苏州工艺美术职业技术学院	7	0	0	0	0	0	0	0	0	0	0	0	0	0	0	0	0	0	0	0	0	0	0	0	0	0	0
连云港职业技术学院	8	0	0	0	0	0	0	0	0	0	0	0	0	0	0	0	0	0	0	0	0	0	0	0	0	0	0
镇江市高等专科学校	9	1	0.4	0	0	5	0	0	0	0	0	0	0	0	0	0	0	1	1	0	0	0	0	0	0	0	0
南通职业大学	10	0	0	0	0	0	0	0	0	0	0	0	0	0	0	0	0	0	0	0	0	0	0	0	0	0	0
苏州市职业大学	11	5	2.2	0	4	7.3	1	0	0	1	0	0	0	0	0	0	0	5	5	0	0	0	0	0	0	0	0
沙洲职业工学院	12	0	0	0	0	0	0	0	0	0	0	0	0	0	0	0	0	0	0	0	0	0	0	0	0	0	0
扬州市职业大学	13	1	0.1	0	0	0	0	0	0	0	0	0	0	0	0	0	0	3	3	0	0	0	0	0	0	0	0
连云港师范高等专科学校	14	8	0.8	0	0	0	0	0	0	0	0	0	0	0	0	0	0	2	2	0	0	0	0	0	0	0	0

续表

江苏经贸职业技术学院	15	1	0.1	0	0	0	0	0	0	0	0	0	0	0	0	0	0	7	7	0	0	0	0	0	0	0	0
泰州职业技术学院	16	1	0.2	0	6	0	0	0	0	0	0	0	0	0	0	0	0	2	2	0	0	0	0	0	0	0	0
常州信息职业技术学院	17	1	0.6	0	4	4	0	0	0	0	0	0	0	0	0	0	0	0	0	0	0	0	0	0	0	0	0
江苏海事职业技术学院	18	0	0	0	0	0	0	0	0	0	0	0	0	0	0	0	0	0	0	0	0	0	0	0	0	0	0
无锡科技职业学院	19	0	0	0	0	0	0	0	0	0	0	0	0	0	0	0	0	1	1	0	0	0	0	0	0	0	0
江苏医药职业学院	20	2	0	0	0	10.5	0	0	0	0	0	0	0	0	0	0	0	0	0	0	0	0	0	0	0	0	0
南通科技职业学院	21	4	1.3	0	20	13.3	0	0	0	0	0	0	0	0	0	0	0	2	2	0	0	0	0	0	0	0	0
苏州经贸职业技术学院	22	0	0	0	0	0	0	0	0	0	0	0	0	0	0	0	0	0	0	0	0	0	0	0	0	0	0
苏州工业职业技术学院	23	0	0	0	0	0	0	0	0	0	0	0	0	0	0	0	0	0	0	0	0	0	0	0	0	0	0
苏州卫生职业技术学院	24	0	0	0	0	0	0	0	0	0	0	0	0	0	0	0	0	3	3	0	0	0	0	0	0	0	0
无锡商业职业技术学院	25	0	0	0	0	0	0	0	0	0	0	0	0	0	0	0	0	0	0	0	0	0	0	0	0	0	0
南通航运职业技术学院	26	0	0	0	0	0	0	0	0	0	0	0	0	0	0	0	0	3	3	0	0	0	0	0	0	0	0
南京交通职业技术学院	27	1	0.1	0	0	3.3	0	0	0	0	0	0	0	0	0	0	0	1	1	0	0	0	0	0	0	0	0
淮安信息职业技术学院	28	0	0	0	0	0	0	0	0	0	0	0	0	0	0	0	0	3	3	0	0	0	0	0	0	0	0
江苏农牧科技职业学院	29	0	0	0	0	0	0	0	0	0	0	0	0	0	0	0	0	0	0	0	0	0	0	0	0	0	0
常州纺织服装职业技术学院	30	2	0.3	0	0	3.95	0	0	0	0	0	0	0	0	0	0	0	1	1	0	0	0	0	0	0	0	0
苏州农业职业技术学院	31	0	0	0	0	0	0	0	0	0	0	0	0	0	0	0	0	0	0	0	0	0	0	0	0	0	0
南京科技职业学院	32	0	0	0	0	0	0	0	0	0	0	0	0	0	0	0	0	0	0	0	0	0	0	0	0	0	0

续表

高校名称		总数					出版著作(部)							古籍整理(部)	译著(部)	发表译文(篇)	电子出版物(件)	发表论文(篇)				获奖成果数(项)				研究与咨询报告(篇)	
		课题数(项)	当年投入人数(人年)	其中:研究生(人年)	当年投入经费(千元)	当年支出经费(千元)	合计	专著	其中:被译成外文	编著教材	工具书参考书	皮书/发展报告	科普读物					合计	国内学术刊物	国外学术刊物	港、澳、台地区刊物	合计	国家级奖	部级奖	省级奖	合计	其中:被采纳数
	编号	L01	L02	L03	L04	L05	L06	L07	L08	L09	L10	L11	L12	L13	L14	L15	L16	L17	L18	L19	L20	L21	L22	L23	L24	L25	L26
常州轻工职业技术学院	33	0	0	0	0	0	0	0	0	0	0	0	0	0	0	0	0	0	0	0	0	0	0	0	0	0	0
常州工程职业技术学院	34	0	0	0	0	0	0	0	0	0	0	0	0	0	0	0	0	0	0	0	0	0	0	0	0	0	0
江苏农林职业技术学院	35	0	0	0	0	0	0	0	0	0	0	0	0	0	0	0	0	0	0	0	0	0	0	0	0	0	0
江苏食品药品职业技术学院	36	1	0.2	0	5	3	0	0	0	0	0	0	0	0	0	0	0	0	0	0	0	0	0	0	0	0	0
南京铁道职业技术学院	37	1	0.1	0	2	1	0	0	0	0	0	0	0	0	0	0	0	1	1	0	0	0	0	0	0	0	0
徐州工业职业技术学院	38	0	0	0	0	0	0	0	0	0	0	0	0	0	0	0	0	0	0	0	0	0	0	0	0	0	0
江苏信息职业技术学院	39	0	0	0	0	0	0	0	0	0	0	0	0	0	0	0	0	0	0	0	0	0	0	0	0	0	0
南京信息职业技术学院	40	0	0	0	0	0	0	0	0	0	0	0	0	0	0	0	0	2	2	0	0	0	0	0	0	0	0
常州机电职业技术学院	41	0	0	0	0	0	0	0	0	0	0	0	0	0	0	0	0	0	0	0	0	0	0	0	0	0	0
江阴职业技术学院	42	0	0	0	0	0	0	0	0	0	0	0	0	0	0	0	0	0	0	0	0	0	0	0	0	0	0
无锡城市职业技术学院	43	0	0	0	0	0	0	0	0	0	0	0	0	0	0	0	0	1	1	0	0	0	0	0	0	0	0
无锡工艺职业技术学院	44	1	0.1	0	0	0	0	0	0	0	0	0	0	0	0	2	0	0	0	0	0	0	0	0	0	0	0
苏州健雄职业技术学院	45	0	0	0	0	0	0	0	0	0	0	0	0	0	0	0	0	1	1	0	0	0	0	0	0	0	0
盐城工业职业技术学院	46	0	0	0	0	0	0	0	0	0	0	0	0	0	0	0	0	0	0	0	0	0	0	0	0	0	0

续表

江苏财经职业技术学院	47	0	0	0	0	0	0	0	0	0	0	0	0	0	0	0	0	0	0	0	0	0	0	0	0	0	0
扬州工业职业技术学院	48	0	0	0	0	0	0	0	0	0	0	0	0	0	0	0	0	0	0	0	0	0	0	0	0	0	0
江苏城市职业学院	49	1	0	0	0	0	0	0	0	0	0	0	0	0	0	0	0	0	0	0	0	0	0	0	0	0	0
南京城市职业学院	50	0	0	0	0	0	0	0	0	0	0	0	0	0	0	0	0	0	0	0	0	0	0	0	0	0	0
南京机电职业技术学院	51	0	0	0	0	0	0	0	0	0	0	0	0	0	0	0	0	0	0	0	0	0	0	0	0	0	0
南京旅游职业学院	52	2	0.3	0	4	0.5	0	0	0	0	0	0	0	0	0	0	0	3	3	0	0	0	0	0	0	0	0
江苏卫生健康职业学院	53	0	0	0	0	0	0	0	0	0	0	0	0	0	0	0	0	0	0	0	0	0	0	0	0	0	0
苏州信息职业技术学院	54	0	0	0	0	0	0	0	0	0	0	0	0	0	0	0	0	0	0	0	0	0	0	0	0	0	0
苏州工业园区服务外包职业学院	55	0	0	0	0	0	0	0	0	0	0	0	0	0	0	0	0	0	0	0	0	0	0	0	0	0	0
徐州幼儿师范高等专科学校	56	0	0	0	0	0	0	0	0	0	0	0	0	0	0	0	0	2	2	0	0	0	0	0	0	0	0
徐州生物工程职业技术学院	57	0	0	0	0	0	0	0	0	0	0	0	0	0	0	0	0	0	0	0	0	0	0	0	0	0	0
江苏商贸职业学院	58	0	0	0	0	0	0	0	0	0	0	0	0	0	0	0	0	8	8	0	0	0	0	0	0	0	0
南通师范高等专科学校	59	0	0	0	0	0	0	0	0	0	0	0	0	0	0	0	0	10	10	0	0	0	0	0	0	0	0
江苏护理职业学院	60	0	0	0	0	0	0	0	0	0	0	0	0	0	0	0	0	0	0	0	0	0	0	0	0	0	0
江苏财会职业学院	61	1	0.7	0	0	18	0	0	0	0	0	0	0	0	0	0	0	2	2	0	0	0	0	0	0	0	0
江苏城乡建设职业学院	62	0	0	0	0	0	0	0	0	0	0	0	0	0	0	0	0	0	0	0	0	0	0	0	0	0	0
江苏航空职业技术学院	63	0	0	0	0	0	0	0	0	0	0	0	0	0	0	0	0	0	0	0	0	0	0	0	0	0	0
江苏安全技术职业学院	64	0	0	0	0	0	0	0	0	0	0	0	0	0	0	0	0	0	0	0	0	0	0	0	0	0	0
江苏旅游职业学院	65	0	0	0	0	0	0	0	0	0	0	0	0	0	0	0	0	0	0	0	0	0	0	0	0	0	0

3.9 艺术学人文、社会科学研究与课题成果情况表

高校名称	编号	总数					出版著作(部)							古籍整理(部)	译著(部)	发表译文(篇)	电子出版物(件)	发表论文(篇)				获奖成果数(项)				研究与咨询报告(篇)	
		课题数(项)	当年投入人数(人年)	其中:研究生(人年)	当年投入经费(千元)	当年支出经费(千元)	合计	专著	其中:被译成外文	编著教材	工具书参考书	皮书/发展报告	科普读物					合计	国内学术刊物	国外学术刊物	港、澳、台地区刊物	合计	国家级奖	部级奖	省级奖	合计	其中:被采纳数
		L01	L02	L03	L04	L05	L06	L07	L08	L09	L10	L11	L12	L13	L14	L15	L16	L17	L18	L19	L20	L21	L22	L23	L24	L25	L26
合计	/	537	118.4	0	4 333.1	4 578.48	37	13	0	24	0	0	0	0	0	0	0	796	784	9	3	0	0	0	0	107	22
盐城幼儿师范高等专科学校	1	1	0.2	0	50	30	0	0	0	0	0	0	0	0	0	0	0	0	0	0	0	0	0	0	0	0	0
苏州幼儿师范高等专科学校	2	1	0.2	0	0	0	0	0	0	0	0	0	0	0	0	0	0	4	4	0	0	0	0	0	0	0	0
无锡职业技术学院	3	9	1.3	0	0	4.56	0	0	0	0	0	0	0	0	0	0	0	18	18	0	0	0	0	0	0	0	0
江苏建筑职业技术学院	4	19	4.1	0	112	126.4	4	2	0	2	0	0	0	0	0	0	0	9	9	0	0	0	0	0	0	0	0
南京工业职业技术学院	5	27	14	0	209.5	351.06	1	0	0	1	0	0	0	0	0	0	0	12	12	0	0	0	0	0	0	7	7
江苏工程职业技术学院	6	7	1	0	3	5.5	3	3	0	0	0	0	0	0	0	0	0	14	14	0	0	0	0	0	0	0	0
苏州工艺美术职业技术学院	7	54	11.7	0	691	704.9	9	2	0	7	0	0	0	0	0	0	0	160	156	1	3	0	0	0	0	0	0
连云港职业技术学院	8	6	1.7	0	0	0	0	0	0	0	0	0	0	0	0	0	0	4	4	0	0	0	0	0	0	0	0
镇江市高等专科学校	9	9	1	0	19	11	0	0	0	0	0	0	0	0	0	0	0	25	25	0	0	0	0	0	0	0	0
南通职业大学	10	7	1.7	0	50	50	0	0	0	0	0	0	0	0	0	0	0	1	1	0	0	0	0	0	0	0	0
苏州市职业大学	11	25	6.5	0	27.8	95.37	1	0	0	1	0	0	0	0	0	0	0	24	23	1	0	0	0	0	0	4	2
沙洲职业工学院	12	0	0	0	0	0	0	0	0	0	0	0	0	0	0	0	0	5	5	0	0	0	0	0	0	0	0
扬州市职业大学	13	32	6.6	0	47	47	0	0	0	0	0	0	0	0	0	0	0	22	22	0	0	0	0	0	0	34	0
连云港师范高等专科学校	14	22	2.1	0	0	0	0	0	0	0	0	0	0	0	0	0	0	10	10	0	0	0	0	0	0	2	0

续表

江苏经贸职业技术学院	15	9	1.8	0	420	439.2	0	0	0	0	0	0	0	0	0	0	0	15	15	0	0	0	0	0	0	1	1
泰州职业技术学院	16	3	0.8	0	10	4.13	0	0	0	0	0	0	0	0	0	0	0	4	4	0	0	0	0	0	0	0	0
常州信息职业技术学院	17	5	2.2	0	17	26	0	0	0	0	0	0	0	0	0	0	0	29	29	0	0	0	0	0	0	0	0
江苏海事职业技术学院	18	4	1.1	0	130.8	130.53	0	0	0	0	0	0	0	0	0	0	0	7	7	0	0	0	0	0	0	1	0
无锡科技职业学院	19	4	1.7	0	35	30	0	0	0	0	0	0	0	0	0	0	0	10	10	0	0	0	0	0	0	1	0
江苏医药职业学院	20	0	0	0	0	0	0	0	0	0	0	0	0	0	0	0	0	0	0	0	0	0	0	0	0	0	0
南通科技职业学院	21	0	0	0	0	0	0	0	0	0	0	0	0	0	0	0	0	0	0	0	0	0	0	0	0	0	0
苏州经贸职业技术学院	22	8	4.1	0	68	67.2	1	1	0	0	0	0	0	0	0	0	0	20	20	0	0	0	0	0	0	2	0
苏州工业职业技术学院	23	4	1.9	0	165	166.1	0	0	0	0	0	0	0	0	0	0	0	5	5	0	0	0	0	0	0	2	2
苏州卫生职业技术学院	24	0	0	0	0	0	0	0	0	0	0	0	0	0	0	0	0	0	0	0	0	0	0	0	0	0	0
无锡商业职业技术学院	25	9	2.2	0	89.3	74.08	1	1	0	0	0	0	0	0	0	0	0	29	29	0	0	0	0	0	0	0	0
南通航运职业技术学院	26	1	0.2	0	7.5	3.5	0	0	0	0	0	0	0	0	0	0	0	13	13	0	0	0	0	0	0	0	0
南京交通职业技术学院	27	14	1.4	0	10	52.6	0	0	0	0	0	0	0	0	0	0	0	5	5	0	0	0	0	0	0	2	0
淮安信息职业技术学院	28	1	0.2	0	8	8	0	0	0	0	0	0	0	0	0	0	0	3	3	0	0	0	0	0	0	0	0
江苏农牧科技职业学院	29	0	0	0	0	0	0	0	0	0	0	0	0	0	0	0	0	0	0	0	0	0	0	0	0	0	0
常州纺织服装职业技术学院	30	9	1.3	0	19	31.1	2	1	0	1	0	0	0	0	0	0	0	14	12	2	0	0	0	0	0	0	0
苏州农业职业技术学院	31	0	0	0	0	0	0	0	0	0	0	0	0	0	0	0	0	0	0	0	0	0	0	0	0	0	0
南京科技职业学院	32	2	0.5	0	40	34	0	0	0	0	0	0	0	0	0	0	0	1	1	0	0	0	0	0	0	0	0

续表

高校名称		总数					出版著作(部)							古籍整理(部)	译著(部)	发表译文(篇)	电子出版物(件)	发表论文(篇)				获奖成果数(项)				研究与咨询报告(篇)	
		课题数(项)	当年投入人数(人年)	其中：研究生(人年)	当年投入经费(千元)	当年支出经费(千元)	合计	专著	其中：被译成外文	编著教材	工具书参考书	皮书/发展报告	科普读物					合计	国内学术刊物	国外学术刊物	港、澳、台地区刊物	合计	国家级奖	部级奖	省级奖	合计	其中：被采纳数
	编号	L01	L02	L03	L04	L05	L06	L07	L08	L09	L10	L11	L12	L13	L14	L15	L16	L17	L18	L19	L20	L21	L22	L23	L24	L25	L26
常州轻工职业技术学院	33	3	2.2	0	0	12	2	0	0	2	0	0	0	0	0	0	0	4	4	0	0	0	0	0	0	1	0
常州工程职业技术学院	34	5	1.3	0	0	16	1	1	0	0	0	0	0	0	0	0	0	6	6	0	0	0	0	0	0	0	0
江苏农林职业技术学院	35	0	0	0	0	0	0	0	0	0	0	0	0	0	0	0	0	4	4	0	0	0	0	0	0	0	0
江苏食品药品职业技术学院	36	0	0	0	0	0	0	0	0	0	0	0	0	0	0	0	0	0	0	0	0	0	0	0	0	0	0
南京铁道职业技术学院	37	11	1.4	0	47.5	47.5	1	1	0	0	0	0	0	0	0	0	0	10	7	3	0	0	0	0	0	0	0
徐州工业职业技术学院	38	0	0	0	0	0	0	0	0	0	0	0	0	0	0	0	0	0	0	0	0	0	0	0	0	0	0
江苏信息职业技术学院	39	6	1.9	0	42	35.6	1	0	0	1	0	0	0	0	0	0	0	23	23	0	0	0	0	0	0	0	0
南京信息职业技术学院	40	8	0.8	0	5.5	33.5	2	0	0	2	0	0	0	0	0	0	0	15	15	0	0	0	0	0	0	0	0
常州机电职业技术学院	41	3	0.4	0	3	5.6	0	0	0	0	0	0	0	0	0	0	0	6	6	0	0	0	0	0	0	1	0
江阴职业技术学院	42	2	0.2	0	0	7	0	0	0	0	0	0	0	0	0	0	0	7	7	0	0	0	0	0	0	1	1
无锡城市职业技术学院	43	4	1.1	0	13	7.8	0	0	0	0	0	0	0	0	0	0	0	20	20	0	0	0	0	0	0	0	0
无锡工艺职业技术学院	44	37	5.6	0	791	791	5	1	0	4	0	0	0	0	0	0	0	63	61	2	0	0	0	0	0	20	2
苏州健雄职业技术学院	45	18	3.9	0	78	71	0	0	0	0	0	0	0	0	0	0	0	22	22	0	0	0	0	0	0	1	1
盐城工业职业技术学院	46	77	9.6	0	440	256.88	1	0	0	1	0	0	0	0	0	0	0	29	29	0	0	0	0	0	0	21	1

续表

江苏财经职业技术学院	47	0	0	0	0	0	0	0	0	0	0	0	0	0	0	0	0	0	0	0	0	0	0	0	0	0	0
扬州工业职业技术学院	48	9	1.3	0	300	302	0	0	0	0	0	0	0	0	0	0	0	9	9	0	0	0	0	0	0	5	4
江苏城市职业学院	49	20	8	0	150	100.87	0	0	0	0	0	0	0	0	0	0	0	42	42	0	0	0	0	0	0	0	0
南京城市职业学院	50	5	0.5	0	9	0	0	0	0	0	0	0	0	0	0	0	0	5	5	0	0	0	0	0	0	0	0
南京机电职业技术学院	51	7	0.9	0	0	35.6	0	0	0	0	0	0	0	0	0	0	0	0	0	0	0	0	0	0	0	0	0
南京旅游职业学院	52	5	2	0	0	123	0	0	0	0	0	0	0	0	0	0	0	7	7	0	0	0	0	0	0	0	0
江苏卫生健康职业学院	53	1	0.4	0	0	1.5	0	0	0	0	0	0	0	0	0	0	0	0	0	0	0	0	0	0	0	0	0
苏州信息职业技术学院	54	0	0	0	0	0	0	0	0	0	0	0	0	0	0	0	0	0	0	0	0	0	0	0	0	0	0
苏州工业园区服务外包职业学院	55	14	2.6	0	208	216.3	0	0	0	0	0	0	0	0	0	0	0	10	10	0	0	0	0	0	0	1	1
徐州幼儿师范高等专科学校	56	7	1.6	0	16	18	0	0	0	0	0	0	0	0	0	0	0	20	20	0	0	0	0	0	0	0	0
徐州生物工程职业技术学院	57	0	0	0	0	0	0	0	0	0	0	0	0	0	0	0	0	0	0	0	0	0	0	0	0	0	0
江苏商贸职业学院	58	3	1.2	0	1.2	5.1	0	0	0	0	0	0	0	0	0	0	0	17	17	0	0	0	0	0	0	0	0
南通师范高等专科学校	59	0	0	0	0	0	2	0	0	2	0	0	0	0	0	0	0	12	12	0	0	0	0	0	0	0	0
江苏护理职业学院	60	0	0	0	0	0	0	0	0	0	0	0	0	0	0	0	0	0	0	0	0	0	0	0	0	0	0
江苏财会职业学院	61	0	0	0	0	0	0	0	0	0	0	0	0	0	0	0	0	0	0	0	0	0	0	0	0	0	0
江苏城乡建设职业学院	62	0	0	0	0	0	0	0	0	0	0	0	0	0	0	0	0	1	1	0	0	0	0	0	0	0	0
江苏航空职业技术学院	63	0	0	0	0	0	0	0	0	0	0	0	0	0	0	0	0	0	0	0	0	0	0	0	0	0	0
江苏安全技术职业学院	64	0	0	0	0	0	0	0	0	0	0	0	0	0	0	0	0	1	1	0	0	0	0	0	0	0	0
江苏旅游职业学院	65	0	0	0	0	0	0	0	0	0	0	0	0	0	0	0	0	0	0	0	0	0	0	0	0	0	0

3.10 历史学人文、社会科学研究与课题成果情况表

高校名称		总数					出版著作(部)							古籍整理(部)	译著(部)	发表译文(篇)	电子出版物(件)	发表论文(篇)				获奖成果数(项)				研究与咨询报告(篇)	
		课题数(项)	当年投入人数(人年)	其中：研究生(人年)	当年投入经费(千元)	当年支出经费(千元)	合计	专著	其中：被译成外文	编著教材	工具书参考书	皮书/发展报告	科普读物					合计	国内学术刊物	国外学术刊物	港、澳、台地区刊物	合计	国家级奖	部级奖	省级奖	合计	其中：被采纳数
	编号	L01	L02	L03	L04	L05	L06	L07	L08	L09	L10	L11	L12	L13	L14	L15	L16	L17	L18	L19	L20	L21	L22	L23	L24	L25	L26
合计	/	27	5.6	0	64	83.2	6	6	0	0	0	0	0	0	0	0	0	38	38	0	0	0	0	0	0	6	2
盐城幼儿师范高等专科学校	1	0	0	0	0	0	0	0	0	0	0	0	0	0	0	0	0	3	3	0	0	0	0	0	0	0	0
苏州幼儿师范高等专科学校	2	0	0	0	0	0	0	0	0	0	0	0	0	0	0	0	0	5	5	0	0	0	0	0	0	0	0
无锡职业技术学院	3	4	0.7	0	6	9.3	0	0	0	0	0	0	0	0	0	0	0	1	1	0	0	0	0	0	0	0	0
江苏建筑职业技术学院	4	0	0	0	0	0	0	0	0	0	0	0	0	0	0	0	0	0	0	0	0	0	0	0	0	0	0
南京工业职业技术学院	5	2	0.7	0	0	1	0	0	0	0	0	0	0	0	0	0	0	0	0	0	0	0	0	0	0	0	0
江苏工程职业技术学院	6	1	0.1	0	1	1	0	0	0	0	0	0	0	0	0	0	0	0	0	0	0	0	0	0	0	0	0
苏州工艺美术职业技术学院	7	0	0	0	0	0	0	0	0	0	0	0	0	0	0	0	0	0	0	0	0	0	0	0	0	0	0
连云港职业技术学院	8	0	0	0	0	0	0	0	0	0	0	0	0	0	0	0	0	0	0	0	0	0	0	0	0	0	0
镇江市高等专科学校	9	0	0	0	0	0	0	0	0	0	0	0	0	0	0	0	0	0	0	0	0	0	0	0	0	0	0
南通职业大学	10	0	0	0	0	0	0	0	0	0	0	0	0	0	0	0	0	0	0	0	0	0	0	0	0	0	0
苏州市职业大学	11	3	0.6	0	14	10.2	1	1	0	0	0	0	0	0	0	0	0	2	2	0	0	0	0	0	0	2	1
沙洲职业工学院	12	0	0	0	0	0	0	0	0	0	0	0	0	0	0	0	0	0	0	0	0	0	0	0	0	0	0
扬州市职业大学	13	4	0.8	0	5	5	0	0	0	0	0	0	0	0	0	0	0	6	6	0	0	0	0	0	0	2	0
连云港师范高等专科学校	14	0	0	0	0	0	0	0	0	0	0	0	0	0	0	0	0	1	1	0	0	0	0	0	0	1	0

续表

江苏经贸职业技术学院	15	0	0	0	0	0	0	0	0	0	0	0	0	0	0	0	0	0	0	0	0	0	0	0	0	0	0
泰州职业技术学院	16	0	0	0	0	0	0	0	0	0	0	0	0	0	0	0	0	0	0	0	0	0	0	0	0	0	0
常州信息职业技术学院	17	0	0	0	0	0	0	0	0	0	0	0	0	0	0	0	0	0	0	0	0	0	0	0	0	0	0
江苏海事职业技术学院	18	0	0	0	0	0	0	0	0	0	0	0	0	0	0	0	0	0	0	0	0	0	0	0	0	0	0
无锡科技职业学院	19	0	0	0	0	0	0	0	0	0	0	0	0	0	0	0	0	0	0	0	0	0	0	0	0	0	0
江苏医药职业学院	20	0	0	0	0	0	0	0	0	0	0	0	0	0	0	0	0	0	0	0	0	0	0	0	0	0	0
南通科技职业学院	21	0	0	0	0	0	0	0	0	0	0	0	0	0	0	0	0	0	0	0	0	0	0	0	0	0	0
苏州经贸职业技术学院	22	1	0.3	0	2	1.2	1	1	0	0	0	0	0	0	0	0	0	0	0	0	0	0	0	0	0	0	0
苏州工业职业技术学院	23	1	0.3	0	30	30	0	0	0	0	0	0	0	0	0	0	0	0	0	0	0	0	0	0	0	1	1
苏州卫生职业技术学院	24	0	0	0	0	0	0	0	0	0	0	0	0	0	0	0	0	1	1	0	0	0	0	0	0	0	0
无锡商业职业技术学院	25	0	0	0	0	0	0	0	0	0	0	0	0	0	0	0	0	0	0	0	0	0	0	0	0	0	0
南通航运职业技术学院	26	0	0	0	0	0	0	0	0	0	0	0	0	0	0	0	0	0	0	0	0	0	0	0	0	0	0
南京交通职业技术学院	27	0	0	0	0	0	0	0	0	0	0	0	0	0	0	0	0	0	0	0	0	0	0	0	0	0	0
淮安信息职业技术学院	28	1	0.3	0	0	0	1	1	0	0	0	0	0	0	0	0	0	3	3	0	0	0	0	0	0	0	0
江苏农牧科技职业学院	29	0	0	0	0	0	0	0	0	0	0	0	0	0	0	0	0	0	0	0	0	0	0	0	0	0	0
常州纺织服装职业技术学院	30	2	0.4	0	3	3	0	0	0	0	0	0	0	0	0	0	0	1	1	0	0	0	0	0	0	0	0
苏州农业职业技术学院	31	0	0	0	0	0	0	0	0	0	0	0	0	0	0	0	0	0	0	0	0	0	0	0	0	0	0
南京科技职业学院	32	0	0	0	0	0	0	0	0	0	0	0	0	0	0	0	0	0	0	0	0	0	0	0	0	0	0

续表

高校名称	编号	总数：课题数(项)	总数：当年投入人数(人年)	总数：其中：研究生(人年)	总数：当年投入经费(千元)	总数：当年支出经费(千元)	出版著作(部)：合计	出版著作(部)：专著	出版著作(部)：其中：被译成外文	出版著作(部)：编著教材	出版著作(部)：工具书参考书	出版著作(部)：皮书/发展报告	出版著作(部)：科普读物	古籍整理(部)	译著(部)	发表译文(篇)	电子出版物(件)	发表论文(篇)：合计	发表论文(篇)：国内学术刊物	发表论文(篇)：国外学术刊物	发表论文(篇)：港、澳、台地区刊物	获奖成果数(项)：合计	获奖成果数(项)：国家级奖	获奖成果数(项)：部级奖	获奖成果数(项)：省级奖	研究与咨询报告(篇)：合计	研究与咨询报告(篇)：其中：被采纳数
		L01	L02	L03	L04	L05	L06	L07	L08	L09	L10	L11	L12	L13	L14	L15	L16	L17	L18	L19	L20	L21	L22	L23	L24	L25	L26
常州轻工职业技术学院	33	0	0	0	0	0	0	0	0	0	0	0	0	0	0	0	0	0	0	0	0	0	0	0	0	0	0
常州工程职业技术学院	34	0	0	0	0	0	0	0	0	0	0	0	0	0	0	0	0	1	1	0	0	0	0	0	0	0	0
江苏农林职业技术学院	35	0	0	0	0	0	0	0	0	0	0	0	0	0	0	0	0	0	0	0	0	0	0	0	0	0	0
江苏食品药品职业技术学院	36	0	0	0	0	0	0	0	0	0	0	0	0	0	0	0	0	0	0	0	0	0	0	0	0	0	0
南京铁道职业技术学院	37	2	0.2	0	0	8	0	0	0	0	0	0	0	0	0	0	0	1	1	0	0	0	0	0	0	0	0
徐州工业职业技术学院	38	0	0	0	0	0	0	0	0	0	0	0	0	0	0	0	0	0	0	0	0	0	0	0	0	0	0
江苏信息职业技术学院	39	0	0	0	0	0	0	0	0	0	0	0	0	0	0	0	0	0	0	0	0	0	0	0	0	0	0
南京信息职业技术学院	40	0	0	0	0	0	0	0	0	0	0	0	0	0	0	0	0	0	0	0	0	0	0	0	0	0	0
常州机电职业技术学院	41	0	0	0	0	0	0	0	0	0	0	0	0	0	0	0	0	0	0	0	0	0	0	0	0	0	0
江阴职业技术学院	42	0	0	0	0	0	0	0	0	0	0	0	0	0	0	0	0	0	0	0	0	0	0	0	0	0	0
无锡城市职业技术学院	43	1	0.2	0	3	3	3	3	0	0	0	0	0	0	0	0	0	1	1	0	0	0	0	0	0	0	0
无锡工艺职业技术学院	44	0	0	0	0	0	0	0	0	0	0	0	0	0	0	0	0	0	0	0	0	0	0	0	0	0	0
苏州健雄职业技术学院	45	0	0	0	0	0	0	0	0	0	0	0	0	0	0	0	0	0	0	0	0	0	0	0	0	0	0
盐城工业职业技术学院	46	1	0.3	0	0	0.5	0	0	0	0	0	0	0	0	0	0	0	0	0	0	0	0	0	0	0	0	0

续表

江苏财经职业技术学院	47	0	0	0	0	0	0	0	0	0	0	0	0	0	0	0	0	0	0	0	0	0	0	0	0	0	0
扬州工业职业技术学院	48	0	0	0	0	0	0	0	0	0	0	0	0	0	0	0	0	1	1	0	0	0	0	0	0	0	0
江苏城市职业学院	49	1	0.2	0	0	0	0	0	0	0	0	0	0	0	0	0	0	2	2	0	0	0	0	0	0	0	0
南京城市职业学院	50	0	0	0	0	0	0	0	0	0	0	0	0	0	0	0	0	0	0	0	0	0	0	0	0	0	0
南京机电职业技术学院	51	0	0	0	0	0	0	0	0	0	0	0	0	0	0	0	0	0	0	0	0	0	0	0	0	0	0
南京旅游职业学院	52	1	0	0	0	0	0	0	0	0	0	0	0	0	0	0	0	0	0	0	0	0	0	0	0	0	0
江苏卫生健康职业学院	53	0	0	0	0	0	0	0	0	0	0	0	0	0	0	0	0	0	0	0	0	0	0	0	0	0	0
苏州信息职业技术学院	54	0	0	0	0	0	0	0	0	0	0	0	0	0	0	0	0	0	0	0	0	0	0	0	0	0	0
苏州工业园区服务外包职业学院	55	0	0	0	0	0	0	0	0	0	0	0	0	0	0	0	0	0	0	0	0	0	0	0	0	0	0
徐州幼儿师范高等专科学校	56	0	0	0	0	0	0	0	0	0	0	0	0	0	0	0	0	0	0	0	0	0	0	0	0	0	0
徐州生物工程职业技术学院	57	0	0	0	0	0	0	0	0	0	0	0	0	0	0	0	0	0	0	0	0	0	0	0	0	0	0
江苏商贸职业学院	58	0	0	0	0	0	0	0	0	0	0	0	0	0	0	0	0	1	1	0	0	0	0	0	0	0	0
南通师范高等专科学校	59	0	0	0	0	0	0	0	0	0	0	0	0	0	0	0	0	4	4	0	0	0	0	0	0	0	0
江苏护理职业学院	60	0	0	0	0	0	0	0	0	0	0	0	0	0	0	0	0	0	0	0	0	0	0	0	0	0	0
江苏财会职业学院	61	0	0	0	0	0	0	0	0	0	0	0	0	0	0	0	0	0	0	0	0	0	0	0	0	0	0
江苏城乡建设职业学院	62	2	0.5	0	0	11	0	0	0	0	0	0	0	0	0	0	0	4	4	0	0	0	0	0	0	0	0
江苏航空职业技术学院	63	0	0	0	0	0	0	0	0	0	0	0	0	0	0	0	0	0	0	0	0	0	0	0	0	0	0
江苏安全技术职业学院	64	0	0	0	0	0	0	0	0	0	0	0	0	0	0	0	0	0	0	0	0	0	0	0	0	0	0
江苏旅游职业学院	65	0	0	0	0	0	0	0	0	0	0	0	0	0	0	0	0	0	0	0	0	0	0	0	0	0	0

3.11 考古学人文、社会科学研究与课题成果情况表

高校名称		总数					出版著作(部)							古籍整理(部)	译著(部)	发表译文(篇)	电子出版物(件)	发表论文(篇)				获奖成果数(项)				研究与咨询报告(篇)	
		课题数(项)	当年投入人数(人年)	其中:研究生(人年)	当年投入经费(千元)	当年支出经费(千元)	合计	专著	其中:被译成外文	编著教材	工具书参考书	皮书/发展报告	科普读物					合计	国内学术刊物	国外学术刊物	港、澳、台地区刊物	合计	国家级奖	部级奖	省级奖	合计	其中:被采纳数
	编号	L01	L02	L03	L04	L05	L06	L07	L08	L09	L10	L11	L12	L13	L14	L15	L16	L17	L18	L19	L20	L21	L22	L23	L24	L25	L26
合计	/	2	0.5	0	0	0	0	0	0	0	0	0	0	0	0	0	0	3	3	0	0	0	0	0	0	0	0
盐城幼儿师范高等专科学校	1	0	0	0	0	0	0	0	0	0	0	0	0	0	0	0	0	0	0	0	0	0	0	0	0	0	0
苏州幼儿师范高等专科学校	2	0	0	0	0	0	0	0	0	0	0	0	0	0	0	0	0	0	0	0	0	0	0	0	0	0	0
无锡职业技术学院	3	0	0	0	0	0	0	0	0	0	0	0	0	0	0	0	0	0	0	0	0	0	0	0	0	0	0
江苏建筑职业技术学院	4	0	0	0	0	0	0	0	0	0	0	0	0	0	0	0	0	0	0	0	0	0	0	0	0	0	0
南京工业职业技术学院	5	0	0	0	0	0	0	0	0	0	0	0	0	0	0	0	0	2	2	0	0	0	0	0	0	0	0
江苏工程职业技术学院	6	0	0	0	0	0	0	0	0	0	0	0	0	0	0	0	0	0	0	0	0	0	0	0	0	0	0
苏州工艺美术职业技术学院	7	0	0	0	0	0	0	0	0	0	0	0	0	0	0	0	0	0	0	0	0	0	0	0	0	0	0
连云港职业技术学院	8	0	0	0	0	0	0	0	0	0	0	0	0	0	0	0	0	0	0	0	0	0	0	0	0	0	0
镇江市高等专科学校	9	0	0	0	0	0	0	0	0	0	0	0	0	0	0	0	0	0	0	0	0	0	0	0	0	0	0
南通职业大学	10	0	0	0	0	0	0	0	0	0	0	0	0	0	0	0	0	0	0	0	0	0	0	0	0	0	0
苏州市职业大学	11	0	0	0	0	0	0	0	0	0	0	0	0	0	0	0	0	0	0	0	0	0	0	0	0	0	0
沙洲职业工学院	12	0	0	0	0	0	0	0	0	0	0	0	0	0	0	0	0	0	0	0	0	0	0	0	0	0	0
扬州市职业大学	13	2	0.5	0	0	0	0	0	0	0	0	0	0	0	0	0	0	0	0	0	0	0	0	0	0	0	0
连云港师范高等专科学校	14	0	0	0	0	0	0	0	0	0	0	0	0	0	0	0	0	0	0	0	0	0	0	0	0	0	0

续表

江苏经贸职业技术学院	15	0	0	0	0	0	0	0	0	0	0	0	0	0	0	0	0	0	0	0	0	0	0	0	0	0	0
泰州职业技术学院	16	0	0	0	0	0	0	0	0	0	0	0	0	0	0	0	0	0	0	0	0	0	0	0	0	0	0
常州信息职业技术学院	17	0	0	0	0	0	0	0	0	0	0	0	0	0	0	0	0	0	0	0	0	0	0	0	0	0	0
江苏海事职业技术学院	18	0	0	0	0	0	0	0	0	0	0	0	0	0	0	0	0	0	0	0	0	0	0	0	0	0	0
无锡科技职业学院	19	0	0	0	0	0	0	0	0	0	0	0	0	0	0	0	0	0	0	0	0	0	0	0	0	0	0
江苏医药职业学院	20	0	0	0	0	0	0	0	0	0	0	0	0	0	0	0	0	0	0	0	0	0	0	0	0	0	0
南通科技职业学院	21	0	0	0	0	0	0	0	0	0	0	0	0	0	0	0	0	0	0	0	0	0	0	0	0	0	0
苏州经贸职业技术学院	22	0	0	0	0	0	0	0	0	0	0	0	0	0	0	0	0	0	0	0	0	0	0	0	0	0	0
苏州工业职业技术学院	23	0	0	0	0	0	0	0	0	0	0	0	0	0	0	0	0	0	0	0	0	0	0	0	0	0	0
苏州卫生职业技术学院	24	0	0	0	0	0	0	0	0	0	0	0	0	0	0	0	0	0	0	0	0	0	0	0	0	0	0
无锡商业职业技术学院	25	0	0	0	0	0	0	0	0	0	0	0	0	0	0	0	0	0	0	0	0	0	0	0	0	0	0
南通航运职业技术学院	26	0	0	0	0	0	0	0	0	0	0	0	0	0	0	0	0	0	0	0	0	0	0	0	0	0	0
南京交通职业技术学院	27	0	0	0	0	0	0	0	0	0	0	0	0	0	0	0	0	0	0	0	0	0	0	0	0	0	0
淮安信息职业技术学院	28	0	0	0	0	0	0	0	0	0	0	0	0	0	0	0	0	0	0	0	0	0	0	0	0	0	0
江苏农牧科技职业学院	29	0	0	0	0	0	0	0	0	0	0	0	0	0	0	0	0	0	0	0	0	0	0	0	0	0	0
常州纺织服装职业技术学院	30	0	0	0	0	0	0	0	0	0	0	0	0	0	0	0	0	0	0	0	0	0	0	0	0	0	0
苏州农业职业技术学院	31	0	0	0	0	0	0	0	0	0	0	0	0	0	0	0	0	0	0	0	0	0	0	0	0	0	0
南京科技职业学院	32	0	0	0	0	0	0	0	0	0	0	0	0	0	0	0	0	0	0	0	0	0	0	0	0	0	0

续表

高校名称		总数					出版著作(部)							古籍整理(部)	译著(部)	发表译文(篇)	电子出版物(件)	发表论文(篇)				获奖成果数(项)				研究与咨询报告(篇)	
		课题数(项)	当年投入人数(人年)	其中：研究生(人年)	当年投入经费(千元)	当年支出经费(千元)	合计	专著	其中：被译成外文	编著教材	工具书参考书	皮书/发展报告	科普读物					合计	国内学术刊物	国外学术刊物	港、澳、台地区刊物	合计	国家级奖	部级奖	省级奖	合计	其中：被采纳数
	编号	L01	L02	L03	L04	L05	L06	L07	L08	L09	L10	L11	L12	L13	L14	L15	L16	L17	L18	L19	L20	L21	L22	L23	L24	L25	L26
常州轻工职业技术学院	33	0	0	0	0	0	0	0	0	0	0	0	0	0	0	0	0	0	0	0	0	0	0	0	0	0	0
常州工程职业技术学院	34	0	0	0	0	0	0	0	0	0	0	0	0	0	0	0	0	0	0	0	0	0	0	0	0	0	0
江苏农林职业技术学院	35	0	0	0	0	0	0	0	0	0	0	0	0	0	0	0	0	0	0	0	0	0	0	0	0	0	0
江苏食品药品职业技术学院	36	0	0	0	0	0	0	0	0	0	0	0	0	0	0	0	0	0	0	0	0	0	0	0	0	0	0
南京铁道职业技术学院	37	0	0	0	0	0	0	0	0	0	0	0	0	0	0	0	0	0	0	0	0	0	0	0	0	0	0
徐州工业职业技术学院	38	0	0	0	0	0	0	0	0	0	0	0	0	0	0	0	0	0	0	0	0	0	0	0	0	0	0
江苏信息职业技术学院	39	0	0	0	0	0	0	0	0	0	0	0	0	0	0	0	0	0	0	0	0	0	0	0	0	0	0
南京信息职业技术学院	40	0	0	0	0	0	0	0	0	0	0	0	0	0	0	0	0	0	0	0	0	0	0	0	0	0	0
常州机电职业技术学院	41	0	0	0	0	0	0	0	0	0	0	0	0	0	0	0	0	1	1	0	0	0	0	0	0	0	0
江阴职业技术学院	42	0	0	0	0	0	0	0	0	0	0	0	0	0	0	0	0	0	0	0	0	0	0	0	0	0	0
无锡城市职业技术学院	43	0	0	0	0	0	0	0	0	0	0	0	0	0	0	0	0	0	0	0	0	0	0	0	0	0	0
无锡工艺职业技术学院	44	0	0	0	0	0	0	0	0	0	0	0	0	0	0	0	0	0	0	0	0	0	0	0	0	0	0
苏州健雄职业技术学院	45	0	0	0	0	0	0	0	0	0	0	0	0	0	0	0	0	0	0	0	0	0	0	0	0	0	0
盐城工业职业技术学院	46	0	0	0	0	0	0	0	0	0	0	0	0	0	0	0	0	0	0	0	0	0	0	0	0	0	0

续表

江苏财经职业技术学院	47	0	0	0	0	0	0	0	0	0	0	0	0	0	0	0	0	0	0	0	0	0	0	0	0	0	0
扬州工业职业技术学院	48	0	0	0	0	0	0	0	0	0	0	0	0	0	0	0	0	0	0	0	0	0	0	0	0	0	0
江苏城市职业学院	49	0	0	0	0	0	0	0	0	0	0	0	0	0	0	0	0	0	0	0	0	0	0	0	0	0	0
南京城市职业学院	50	0	0	0	0	0	0	0	0	0	0	0	0	0	0	0	0	0	0	0	0	0	0	0	0	0	0
南京机电职业技术学院	51	0	0	0	0	0	0	0	0	0	0	0	0	0	0	0	0	0	0	0	0	0	0	0	0	0	0
南京旅游职业学院	52	0	0	0	0	0	0	0	0	0	0	0	0	0	0	0	0	0	0	0	0	0	0	0	0	0	0
江苏卫生健康职业学院	53	0	0	0	0	0	0	0	0	0	0	0	0	0	0	0	0	0	0	0	0	0	0	0	0	0	0
苏州信息职业技术学院	54	0	0	0	0	0	0	0	0	0	0	0	0	0	0	0	0	0	0	0	0	0	0	0	0	0	0
苏州工业园区服务外包职业学院	55	0	0	0	0	0	0	0	0	0	0	0	0	0	0	0	0	0	0	0	0	0	0	0	0	0	0
徐州幼儿师范高等专科学校	56	0	0	0	0	0	0	0	0	0	0	0	0	0	0	0	0	0	0	0	0	0	0	0	0	0	0
徐州生物工程职业技术学院	57	0	0	0	0	0	0	0	0	0	0	0	0	0	0	0	0	0	0	0	0	0	0	0	0	0	0
江苏商贸职业学院	58	0	0	0	0	0	0	0	0	0	0	0	0	0	0	0	0	0	0	0	0	0	0	0	0	0	0
南通师范高等专科学校	59	0	0	0	0	0	0	0	0	0	0	0	0	0	0	0	0	0	0	0	0	0	0	0	0	0	0
江苏护理职业学院	60	0	0	0	0	0	0	0	0	0	0	0	0	0	0	0	0	0	0	0	0	0	0	0	0	0	0
江苏财会职业学院	61	0	0	0	0	0	0	0	0	0	0	0	0	0	0	0	0	0	0	0	0	0	0	0	0	0	0
江苏城乡建设职业学院	62	0	0	0	0	0	0	0	0	0	0	0	0	0	0	0	0	0	0	0	0	0	0	0	0	0	0
江苏航空职业技术学院	63	0	0	0	0	0	0	0	0	0	0	0	0	0	0	0	0	0	0	0	0	0	0	0	0	0	0
江苏安全技术职业学院	64	0	0	0	0	0	0	0	0	0	0	0	0	0	0	0	0	0	0	0	0	0	0	0	0	0	0
江苏旅游职业学院	65	0	0	0	0	0	0	0	0	0	0	0	0	0	0	0	0	0	0	0	0	0	0	0	0	0	0

3.12 经济学人文、社会科学研究与课题成果情况表

高校名称	编号	总数：课题数(项)	总数：当年投入人数(人年)	总数：其中：研究生(人年)	总数：当年投入经费(千元)	总数：当年支出经费(千元)	出版著作(部)：合计	出版著作(部)：专著	出版著作(部)：其中：被译成外文	出版著作(部)：编著教材	出版著作(部)：工具书参考书	出版著作(部)：皮书/发展报告	出版著作(部)：科普读物	古籍整理(部)	译著(部)	发表译文(篇)	电子出版物(件)	发表论文(篇)：合计	发表论文(篇)：国内学术刊物	发表论文(篇)：国外学术刊物	发表论文(篇)：港、澳、台地区刊物	获奖成果数(项)：合计	获奖成果数(项)：国家级奖	获奖成果数(项)：部级奖	获奖成果数(项)：省级奖	研究与咨询报告(篇)：合计	研究与咨询报告(篇)：其中：被采纳数
		L01	L02	L03	L04	L05	L06	L07	L08	L09	L10	L11	L12	L13	L14	L15	L16	L17	L18	L19	L20	L21	L22	L23	L24	L25	L26
合计	/	690	139	0	6 789.88	5 019.11	31	8	0	23	0	0	0	0	0	0	0	837	832	3	2	0	0	0	0	159	53
盐城幼儿师范高等专科学校	1	1	0.2	0	10	30	0	0	0	0	0	0	0	0	0	0	0	0	0	0	0	0	0	0	0	0	0
苏州幼儿师范高等专科学校	2	0	0	0	0	0	0	0	0	0	0	0	0	0	0	0	0	0	0	0	0	0	0	0	0	0	0
无锡职业技术学院	3	22	2.8	0	0	27.14	0	0	0	0	0	0	0	0	0	0	0	37	37	0	0	0	0	0	0	0	0
江苏建筑职业技术学院	4	18	3.1	0	0	7	0	0	0	0	0	0	0	0	0	0	0	2	2	0	0	0	0	0	0	0	0
南京工业职业技术学院	5	27	5.4	0	562.76	645.4	4	0	0	4	0	0	0	0	0	0	0	56	56	0	0	0	0	0	0	3	2
江苏工程职业技术学院	6	17	2	0	12	50	0	0	0	0	0	0	0	0	0	0	0	15	15	0	0	0	0	0	0	0	0
苏州工艺美术职业技术学院	7	0	0	0	0	0	0	0	0	0	0	0	0	0	0	0	0	0	0	0	0	0	0	0	0	0	0
连云港职业技术学院	8	8	1.6	0	5	5	0	0	0	0	0	0	0	0	0	0	0	7	7	0	0	0	0	0	0	1	1
镇江市高等专科学校	9	3	1.7	0	73	84	0	0	0	0	0	0	0	0	0	0	0	4	4	0	0	0	0	0	0	0	0
南通职业大学	10	11	2.6	0	88	53	1	0	0	1	0	0	0	0	0	0	0	3	3	0	0	0	0	0	0	1	1
苏州市职业大学	11	25	6.8	0	127	114.76	2	0	0	2	0	0	0	0	0	0	0	10	10	0	0	0	0	0	0	3	1
沙洲职业工学院	12	5	0.9	0	4	7.2	0	0	0	0	0	0	0	0	0	0	0	13	12	1	0	0	0	0	0	5	0
扬州市职业大学	13	83	17.9	0	152	152	0	0	0	0	0	0	0	0	0	0	0	38	38	0	0	0	0	0	0	63	0
连云港师范高等专科学校	14	10	1.1	0	0	0	0	0	0	0	0	0	0	0	0	0	0	0	0	0	0	0	0	0	0	3	0

续表

江苏经贸职业技术学院	15	17	3.4	0	32	25.5	4	0	0	4	0	0	0	0	0	0	0	32	32	0	0	0	0	0	0	1	1
泰州职业技术学院	16	13	2.9	0	523	156.27	0	0	0	0	0	0	0	0	0	0	0	6	6	0	0	0	0	0	0	2	2
常州信息职业技术学院	17	7	3.3	0	53	60.2	0	0	0	0	0	0	0	0	0	0	0	6	6	0	0	0	0	0	0	0	0
江苏海事职业技术学院	18	10	2.9	0	70.8	76.36	0	0	0	0	0	0	0	0	0	0	0	11	11	0	0	0	0	0	0	2	0
无锡科技职业学院	19	4	1.8	0	16	6.2	0	0	0	0	0	0	0	0	0	0	0	6	6	0	0	0	0	0	0	1	0
江苏医药职业学院	20	0	0	0	0	0	0	0	0	0	0	0	0	0	0	0	0	0	0	0	0	0	0	0	0	0	0
南通科技职业学院	21	14	4.2	0	13	20.9	1	1	0	0	0	0	0	0	0	0	0	12	12	0	0	0	0	0	0	2	2
苏州经贸职业技术学院	22	22	8	0	164	134.1	5	1	0	4	0	0	0	0	0	0	0	49	49	0	0	0	0	0	0	13	4
苏州工业职业技术学院	23	8	0.7	0	41	25.62	0	0	0	0	0	0	0	0	0	0	0	12	12	0	0	0	0	0	0	0	0
苏州卫生职业技术学院	24	2	0.4	0	20	9	0	0	0	0	0	0	0	0	0	0	0	1	1	0	0	0	0	0	0	0	0
无锡商业职业技术学院	25	29	4.2	0	742	215.66	0	0	0	0	0	0	0	0	0	0	0	47	47	0	0	0	0	0	0	1	1
南通航运职业技术学院	26	2	0.2	0	0	2	0	0	0	0	0	0	0	0	0	0	0	0	0	0	0	0	0	0	0	0	0
南京交通职业技术学院	27	5	0.5	0	13	38.57	0	0	0	0	0	0	0	0	0	0	0	0	0	0	0	0	0	0	0	0	0
淮安信息职业技术学院	28	1	0.3	0	0	0	0	0	0	0	0	0	0	0	0	0	0	0	0	0	0	0	0	0	0	0	0
江苏农牧科技职业学院	29	6	0.7	0	28	25	0	0	0	0	0	0	0	0	0	0	0	3	3	0	0	0	0	0	0	0	0
常州纺织服装职业技术学院	30	11	3	0	27	18.63	0	0	0	0	0	0	0	0	0	0	0	18	18	0	0	0	0	0	0	0	0
苏州农业职业技术学院	31	3	0.6	0	0	23	0	0	0	0	0	0	0	0	0	0	0	4	4	0	0	0	0	0	0	0	0
南京科技职业学院	32	17	3.7	0	255	219	0	0	0	0	0	0	0	0	0	0	0	14	14	0	0	0	0	0	0	1	0

续表

高校名称		总数					出版著作(部)							古籍整理(部)	译著(部)	发表译文(篇)	电子出版物(件)	发表论文(篇)				获奖成果数(项)				研究与咨询报告(篇)	
		课题数(项)	当年投入人数(人年)	其中：研究生(人年)	当年投入经费(千元)	当年支出经费(千元)	合计	专著	其中：被译成外文	编著教材	工具书参考书	皮书/发展报告	科普读物					合计	国内学术刊物	国外学术刊物	港、澳、台地区刊物	合计	国家级奖	部级奖	省级奖	合计	其中：被采纳数
	编号	L01	L02	L03	L04	L05	L06	L07	L08	L09	L10	L11	L12	L13	L14	L15	L16	L17	L18	L19	L20	L21	L22	L23	L24	L25	L26
常州轻工职业技术学院	33	0	0	0	0	0	1	0	0	1	0	0	0	0	0	0	0	0	0	0	0	0	0	0	0	0	0
常州工程职业技术学院	34	47	5.5	0	1 519.3	1 197.25	1	1	0	0	0	0	0	0	0	0	0	18	18	0	0	0	0	0	0	6	0
江苏农林职业技术学院	35	3	0.6	0	30	27	0	0	0	0	0	0	0	0	0	0	0	2	2	0	0	0	0	0	0	0	0
江苏食品药品职业技术学院	36	11	2.6	0	26	45.5	0	0	0	0	0	0	0	0	0	0	0	9	9	0	0	0	0	0	0	4	0
南京铁道职业技术学院	37	20	1.8	0	206.3	41	0	0	0	0	0	0	0	0	0	0	0	3	3	0	0	0	0	0	0	0	0
徐州工业职业技术学院	38	2	0.2	0	13	6.8	2	0	0	2	0	0	0	0	0	0	0	0	0	0	0	0	0	0	0	0	0
江苏信息职业技术学院	39	23	8.1	0	421.38	291.91	2	0	0	2	0	0	0	0	0	0	0	33	33	0	0	0	0	0	0	0	0
南京信息职业技术学院	40	6	0.6	0	34	20.2	1	0	0	1	0	0	0	0	0	0	0	8	8	0	0	0	0	0	0	0	0
常州机电职业技术学院	41	2	0.4	0	3	3	0	0	0	0	0	0	0	0	0	0	0	10	10	0	0	0	0	0	0	1	0
江阴职业技术学院	42	5	0.5	0	19	11	1	1	0	0	0	0	0	0	0	0	0	25	25	0	0	0	0	0	0	2	2
无锡城市职业技术学院	43	11	1.8	0	40.4	24	1	0	0	1	0	0	0	0	0	0	0	58	58	0	0	0	0	0	0	0	0
无锡工艺职业技术学院	44	8	0.9	0	32	32	0	0	0	0	0	0	0	0	0	0	0	5	5	0	0	0	0	0	0	2	0
苏州健雄职业技术学院	45	6	1.3	0	30	43	0	0	0	0	0	0	0	0	0	0	0	7	7	0	0	0	0	0	0	2	2
盐城工业职业技术学院	46	26	4.5	0	125.3	53.75	0	0	0	0	0	0	0	0	0	0	0	21	21	0	0	0	0	0	0	1	0

续表

江苏财经职业技术学院	47	17	1.7	0	46	26	2	2	0	0	0	0	0	0	0	0	0	56	56	0	0	0	0	0	0	5	2
扬州工业职业技术学院	48	24	2.8	0	238	228.3	0	0	0	0	0	0	0	0	0	0	0	23	23	0	0	0	0	0	0	6	6
江苏城市职业学院	49	17	5.9	0	180	115.05	0	0	0	0	0	0	0	0	0	0	0	6	6	0	0	0	0	0	0	0	0
南京城市职业学院	50	2	0.5	0	3	0	0	0	0	0	0	0	0	0	0	0	0	5	5	0	0	0	0	0	0	1	0
南京机电职业技术学院	51	0	0	0	0	0	0	0	0	0	0	0	0	0	0	0	0	0	0	0	0	0	0	0	0	0	0
南京旅游职业学院	52	12	0.8	0	0	0	0	0	0	0	0	0	0	0	0	0	0	4	4	0	0	0	0	0	0	0	0
江苏卫生健康职业学院	53	1	0.4	0	0	1	0	0	0	0	0	0	0	0	0	0	0	1	1	0	0	0	0	0	0	0	0
苏州信息职业技术学院	54	3	0.5	0	12	5.8	0	0	0	0	0	0	0	0	0	0	0	3	3	0	0	0	0	0	0	1	1
苏州工业园区服务外包职业学院	55	23	4	0	397.44	392.84	1	1	0	0	0	0	0	0	0	0	0	20	20	0	0	0	0	0	0	23	23
徐州幼儿师范高等专科学校	56	0	0	0	0	0	0	0	0	0	0	0	0	0	0	0	0	0	0	0	0	0	0	0	0	0	0
徐州生物工程职业技术学院	57	2	0.2	0	0	0	0	0	0	0	0	0	0	0	0	0	0	7	7	0	0	0	0	0	0	1	0
江苏商贸职业学院	58	8	2.5	0	20.2	14.2	0	0	0	0	0	0	0	0	0	0	0	26	26	0	0	0	0	0	0	0	0
南通师范高等专科学校	59	0	0	0	0	0	0	0	0	0	0	0	0	0	0	0	0	0	0	0	0	0	0	0	0	0	0
江苏护理职业学院	60	0	0	0	0	0	0	0	0	0	0	0	0	0	0	0	0	0	0	0	0	0	0	0	0	0	0
江苏财会职业学院	61	7	2.9	0	52	52	0	0	0	0	0	0	0	0	0	0	0	51	47	2	2	0	0	0	0	1	1
江苏城乡建设职业学院	62	3	1.1	0	310	156	0	0	0	0	0	0	0	0	0	0	0	0	0	0	0	0	0	0	0	1	1
江苏航空职业技术学院	63	0	0	0	0	0	0	0	0	0	0	0	0	0	0	0	0	0	0	0	0	0	0	0	0	0	0
江苏安全技术职业学院	64	0	0	0	0	0	0	0	0	0	0	0	0	0	0	0	0	0	0	0	0	0	0	0	0	0	0
江苏旅游职业学院	65	0	0	0	0	0	2	1	0	1	0	0	0	0	0	0	0	30	30	0	0	0	0	0	0	0	0

3.13 政治学人文、社会科学研究与课题成果情况表

高校名称	编号	总数：课题数(项)	总数：当年投入人数(人年)	总数：其中：研究生(人年)	总数：当年投入经费(千元)	总数：当年支出经费(千元)	出版著作(部)：合计	出版著作(部)：专著	出版著作(部)：其中：被译成外文	出版著作(部)：编著教材	出版著作(部)：工具书参考书	出版著作(部)：皮书/发展报告	出版著作(部)：科普读物	古籍整理(部)	译著(部)	发表译文(篇)	电子出版物(件)	发表论文(篇)：合计	发表论文(篇)：国内学术刊物	发表论文(篇)：国外学术刊物	发表论文(篇)：港、澳、台地区刊物	获奖成果数(项)：合计	获奖成果数(项)：国家级奖	获奖成果数(项)：部级奖	获奖成果数(项)：省级奖	研究与咨询报告(篇)：合计	研究与咨询报告(篇)：其中：被采纳数
		L01	L02	L03	L04	L05	L06	L07	L08	L09	L10	L11	L12	L13	L14	L15	L16	L17	L18	L19	L20	L21	L22	L23	L24	L25	L26
合计	/	74	17.7	0	263.6	180.43	2	1	0	1	0	0	0	0	0	0	0	88	88	0	0	0	0	0	0	4	3
盐城幼儿师范高等专科学校	1	0	0	0	0	0	0	0	0	0	0	0	0	0	0	0	0	0	0	0	0	0	0	0	0	0	0
苏州幼儿师范高等专科学校	2	2	0.2	0	22	5	0	0	0	0	0	0	0	0	0	0	0	1	1	0	0	0	0	0	0	0	0
无锡职业技术学院	3	3	0.8	0	40	30	0	0	0	0	0	0	0	0	0	0	0	3	3	0	0	0	0	0	0	0	0
江苏建筑职业技术学院	4	6	1.1	0	5	5.9	0	0	0	0	0	0	0	0	0	0	0	0	0	0	0	0	0	0	0	0	0
南京工业职业技术学院	5	4	1.3	0	20	20	0	0	0	0	0	0	0	0	0	0	0	11	11	0	0	0	0	0	0	0	0
江苏工程职业技术学院	6	3	0.3	0	5	2	0	0	0	0	0	0	0	0	0	0	0	1	1	0	0	0	0	0	0	0	0
苏州工艺美术职业技术学院	7	0	0	0	0	0	0	0	0	0	0	0	0	0	0	0	0	0	0	0	0	0	0	0	0	0	0
连云港职业技术学院	8	0	0	0	0	0	1	0	0	1	0	0	0	0	0	0	0	0	0	0	0	0	0	0	0	0	0
镇江市高等专科学校	9	0	0	0	0	0	0	0	0	0	0	0	0	0	0	0	0	0	0	0	0	0	0	0	0	0	0
南通职业大学	10	1	0.3	0	0	0	0	0	0	0	0	0	0	0	0	0	0	0	0	0	0	0	0	0	0	0	0
苏州市职业大学	11	1	0.5	0	4	0.2	0	0	0	0	0	0	0	0	0	0	0	1	1	0	0	0	0	0	0	0	0
沙洲职业工学院	12	0	0	0	0	0	0	0	0	0	0	0	0	0	0	0	0	1	1	0	0	0	0	0	0	0	0
扬州市职业大学	13	4	0.9	0	0	0	0	0	0	0	0	0	0	0	0	0	0	10	10	0	0	0	0	0	0	2	2
连云港师范高等专科学校	14	3	0.4	0	0	0	0	0	0	0	0	0	0	0	0	0	0	0	0	0	0	0	0	0	0	0	0

续表

江苏经贸职业技术学院	15	0	0	0	0	0	0	0	0	0	0	0	0	0	0	0	0	4	4	0	0	0	0	0	0	0	0
泰州职业技术学院	16	2	0.4	0	16	4.23	0	0	0	0	0	0	0	0	0	0	0	2	2	0	0	0	0	0	0	0	0
常州信息职业技术学院	17	3	1.3	0	15	15	0	0	0	0	0	0	0	0	0	0	0	0	0	0	0	0	0	0	0	0	0
江苏海事职业技术学院	18	0	0	0	0	0	0	0	0	0	0	0	0	0	0	0	0	0	0	0	0	0	0	0	0	0	0
无锡科技职业学院	19	0	0	0	0	0	0	0	0	0	0	0	0	0	0	0	0	0	0	0	0	0	0	0	0	0	0
江苏医药职业学院	20	0	0	0	0	0	0	0	0	0	0	0	0	0	0	0	0	0	0	0	0	0	0	0	0	0	0
南通科技职业学院	21	3	0.9	0	10	5.8	0	0	0	0	0	0	0	0	0	0	0	0	0	0	0	0	0	0	0	0	0
苏州经贸职业技术学院	22	0	0	0	0	0	0	0	0	0	0	0	0	0	0	0	0	1	1	0	0	0	0	0	0	0	0
苏州工业职业技术学院	23	0	0	0	0	0	0	0	0	0	0	0	0	0	0	0	0	3	3	0	0	0	0	0	0	0	0
苏州卫生职业技术学院	24	1	0.2	0	20	6	0	0	0	0	0	0	0	0	0	0	0	4	4	0	0	0	0	0	0	0	0
无锡商业职业技术学院	25	1	0.2	0	0	1	0	0	0	0	0	0	0	0	0	0	0	0	0	0	0	0	0	0	0	0	0
南通航运职业技术学院	26	0	0	0	0	0	0	0	0	0	0	0	0	0	0	0	0	0	0	0	0	0	0	0	0	0	0
南京交通职业技术学院	27	0	0	0	0	0	0	0	0	0	0	0	0	0	0	0	0	0	0	0	0	0	0	0	0	0	0
淮安信息职业技术学院	28	3	0.3	0	0	0	0	0	0	0	0	0	0	0	0	0	0	0	0	0	0	0	0	0	0	0	0
江苏农牧科技职业学院	29	0	0	0	0	0	0	0	0	0	0	0	0	0	0	0	0	0	0	0	0	0	0	0	0	0	0
常州纺织服装职业技术学院	30	3	0.5	0	7	1	0	0	0	0	0	0	0	0	0	0	0	4	4	0	0	0	0	0	0	0	0
苏州农业职业技术学院	31	0	0	0	0	0	0	0	0	0	0	0	0	0	0	0	0	0	0	0	0	0	0	0	0	0	0
南京科技职业学院	32	1	0.1	0	0	0	0	0	0	0	0	0	0	0	0	0	0	2	2	0	0	0	0	0	0	1	0

续表

高校名称		总数					出版著作(部)							古籍整理(部)	译著(部)	发表译文(篇)	电子出版物(件)	发表论文(篇)				获奖成果数(项)				研究与咨询报告(篇)	
		课题数(项)	当年投入人数(人年)	其中:研究生(人年)	当年投入经费(千元)	当年支出经费(千元)	合计	专著	其中:被译成外文	编著教材	工具书参考书	皮书/发展报告	科普读物					合计	国内学术刊物	国外学术刊物	港、澳、台地区刊物	合计	国家级奖	部级奖	省级奖	合计	其中:被采纳数
	编号	L01	L02	L03	L04	L05	L06	L07	L08	L09	L10	L11	L12	L13	L14	L15	L16	L17	L18	L19	L20	L21	L22	L23	L24	L25	L26
常州轻工职业技术学院	33	0	0	0	0	0	0	0	0	0	0	0	0	0	0	0	0	1	1	0	0	0	0	0	0	0	0
常州工程职业技术学院	34	0	0	0	0	0	0	0	0	0	0	0	0	0	0	0	0	2	2	0	0	0	0	0	0	0	0
江苏农林职业技术学院	35	5	0.9	0	40	36	0	0	0	0	0	0	0	0	0	0	0	4	4	0	0	0	0	0	0	0	0
江苏食品药品职业技术学院	36	3	0.8	0	15	7.5	0	0	0	0	0	0	0	0	0	0	0	5	5	0	0	0	0	0	0	0	0
南京铁道职业技术学院	37	0	0	0	0	0	0	0	0	0	0	0	0	0	0	0	0	0	0	0	0	0	0	0	0	0	0
徐州工业职业技术学院	38	1	0.1	0	10	5	0	0	0	0	0	0	0	0	0	0	0	0	0	0	0	0	0	0	0	0	0
江苏信息职业技术学院	39	4	1.4	0	10	6	0	0	0	0	0	0	0	0	0	0	0	2	2	0	0	0	0	0	0	0	0
南京信息职业技术学院	40	0	0	0	0	0	0	0	0	0	0	0	0	0	0	0	0	1	1	0	0	0	0	0	0	0	0
常州机电职业技术学院	41	0	0	0	0	0	0	0	0	0	0	0	0	0	0	0	0	3	3	0	0	0	0	0	0	0	0
江阴职业技术学院	42	0	0	0	0	0	0	0	0	0	0	0	0	0	0	0	0	1	1	0	0	0	0	0	0	0	0
无锡城市职业技术学院	43	0	0	0	0	0	0	0	0	0	0	0	0	0	0	0	0	1	1	0	0	0	0	0	0	0	0
无锡工艺职业技术学院	44	1	0.1	0	0	0	0	0	0	0	0	0	0	0	0	0	0	2	2	0	0	0	0	0	0	0	0
苏州健雄职业技术学院	45	0	0	0	0	0	0	0	0	0	0	0	0	0	0	0	0	0	0	0	0	0	0	0	0	0	0
盐城工业职业技术学院	46	0	0	0	0	0	0	0	0	0	0	0	0	0	0	0	0	0	0	0	0	0	0	0	0	0	0

续表

江苏财经职业技术学院	47	3	0.3	0	4	11	0	0	0	0	0	0	0	0	0	0	0	2	2	0	0	0	0	0	0	0	0
扬州工业职业技术学院	48	1	0.1	0	20	8	1	1	0	0	0	0	0	0	0	0	0	0	0	0	0	0	0	0	0	0	0
江苏城市职业学院	49	2	0.7	0	0	1	0	0	0	0	0	0	0	0	0	0	0	1	1	0	0	0	0	0	0	0	0
南京城市职业学院	50	0	0	0	0	0	0	0	0	0	0	0	0	0	0	0	0	0	0	0	0	0	0	0	0	0	0
南京机电职业技术学院	51	1	0.1	0	0	0	0	0	0	0	0	0	0	0	0	0	0	0	0	0	0	0	0	0	0	0	0
南京旅游职业学院	52	0	0	0	0	0	0	0	0	0	0	0	0	0	0	0	0	0	0	0	0	0	0	0	0	0	0
江苏卫生健康职业学院	53	0	0	0	0	0	0	0	0	0	0	0	0	0	0	0	0	0	0	0	0	0	0	0	0	0	0
苏州信息职业技术学院	54	0	0	0	0	0	0	0	0	0	0	0	0	0	0	0	0	0	0	0	0	0	0	0	0	0	0
苏州工业园区服务外包职业学院	55	1	0.3	0	0	1	0	0	0	0	0	0	0	0	0	0	0	1	1	0	0	0	0	0	0	1	1
徐州幼儿师范高等专科学校	56	0	0	0	0	0	0	0	0	0	0	0	0	0	0	0	0	2	2	0	0	0	0	0	0	0	0
徐州生物工程职业技术学院	57	0	0	0	0	0	0	0	0	0	0	0	0	0	0	0	0	0	0	0	0	0	0	0	0	0	0
江苏商贸职业学院	58	7	2.8	0	0.6	8.8	0	0	0	0	0	0	0	0	0	0	0	9	9	0	0	0	0	0	0	0	0
南通师范高等专科学校	59	1	0.4	0	0	0	0	0	0	0	0	0	0	0	0	0	0	0	0	0	0	0	0	0	0	0	0
江苏护理职业学院	60	0	0	0	0	0	0	0	0	0	0	0	0	0	0	0	0	0	0	0	0	0	0	0	0	0	0
江苏财会职业学院	61	0	0	0	0	0	0	0	0	0	0	0	0	0	0	0	0	0	0	0	0	0	0	0	0	0	0
江苏城乡建设职业学院	62	0	0	0	0	0	0	0	0	0	0	0	0	0	0	0	0	3	3	0	0	0	0	0	0	0	0
江苏航空职业技术学院	63	0	0	0	0	0	0	0	0	0	0	0	0	0	0	0	0	0	0	0	0	0	0	0	0	0	0
江苏安全技术职业学院	64	0	0	0	0	0	0	0	0	0	0	0	0	0	0	0	0	0	0	0	0	0	0	0	0	0	0
江苏旅游职业学院	65	0	0	0	0	0	0	0	0	0	0	0	0	0	0	0	0	0	0	0	0	0	0	0	0	0	0

3.14 法学人文、社会科学研究与课题成果情况表

高校名称		总数					出版著作(部)							古籍整理(部)	译著(部)	发表译文(篇)	电子出版物(件)	发表论文(篇)				获奖成果数(项)				研究与咨询报告(篇)	
		课题数(项)	当年投入人数(人年)	其中:研究生(人年)	当年投入经费(千元)	当年支出经费(千元)	合计	专著	其中:被译成外文	编著教材	工具书参考书	皮书/发展报告	科普读物					合计	国内学术刊物	国外学术刊物	港、澳、台地区刊物	合计	国家级奖	部级奖	省级奖	合计	其中:被采纳数
	编号	L01	L02	L03	L04	L05	L06	L07	L08	L09	L10	L11	L12	L13	L14	L15	L16	L17	L18	L19	L20	L21	L22	L23	L24	L25	L26
合计	/	54	11.9	0	262	264.32	2	2	0	0	0	0	0	0	0	0	0	70	70	0	0	0	0	0	0	5	3
盐城幼儿师范高等专科学校	1	0	0	0	0	0	0	0	0	0	0	0	0	0	0	0	0	0	0	0	0	0	0	0	0	0	0
苏州幼儿师范高等专科学校	2	1	0.1	0	0	0	0	0	0	0	0	0	0	0	0	0	0	1	1	0	0	0	0	0	0	0	0
无锡职业技术学院	3	5	0.8	0	3	17.32	0	0	0	0	0	0	0	0	0	0	0	0	0	0	0	0	0	0	0	0	0
江苏建筑职业技术学院	4	4	0.6	0	0	1	0	0	0	0	0	0	0	0	0	0	0	1	1	0	0	0	0	0	0	0	0
南京工业职业技术学院	5	2	0.9	0	10	10	0	0	0	0	0	0	0	0	0	0	0	8	8	0	0	0	0	0	0	0	0
江苏工程职业技术学院	6	0	0	0	0	0	0	0	0	0	0	0	0	0	0	0	0	2	2	0	0	0	0	0	0	0	0
苏州工艺美术职业技术学院	7	0	0	0	0	0	0	0	0	0	0	0	0	0	0	0	0	4	4	0	0	0	0	0	0	0	0
连云港职业技术学院	8	0	0	0	0	0	0	0	0	0	0	0	0	0	0	0	0	0	0	0	0	0	0	0	0	0	0
镇江市高等专科学校	9	2	0.5	0	0	2.6	0	0	0	0	0	0	0	0	0	0	0	3	3	0	0	0	0	0	0	0	0
南通职业大学	10	1	0.2	0	5	5	0	0	0	0	0	0	0	0	0	0	0	0	0	0	0	0	0	0	0	0	0
苏州市职业大学	11	2	1	0	2	2	0	0	0	0	0	0	0	0	0	0	0	4	4	0	0	0	0	0	0	0	0
沙洲职业工学院	12	0	0	0	0	0	0	0	0	0	0	0	0	0	0	0	0	0	0	0	0	0	0	0	0	0	0
扬州市职业大学	13	4	1	0	0	0	0	0	0	0	0	0	0	0	0	0	0	0	0	0	0	0	0	0	0	0	0
连云港师范高等专科学校	14	0	0	0	0	0	0	0	0	0	0	0	0	0	0	0	0	0	0	0	0	0	0	0	0	0	0

续表

江苏经贸职业技术学院	15	7	1.4	0	25	22	0	0	0	0	0	0	0	0	0	0	0	12	12	0	0	0	0	0	0	1	1
泰州职业技术学院	16	0	0	0	0	0	0	0	0	0	0	0	0	0	0	0	0	0	0	0	0	0	0	0	0	0	0
常州信息职业技术学院	17	0	0	0	0	0	0	0	0	0	0	0	0	0	0	0	0	0	0	0	0	0	0	0	0	0	0
江苏海事职业技术学院	18	1	0.5	0	30	30	0	0	0	0	0	0	0	0	0	0	0	5	5	0	0	0	0	0	0	2	0
无锡科技职业学院	19	0	0	0	0	0	0	0	0	0	0	0	0	0	0	0	0	0	0	0	0	0	0	0	0	0	0
江苏医药职业学院	20	0	0	0	0	0	0	0	0	0	0	0	0	0	0	0	0	0	0	0	0	0	0	0	0	0	0
南通科技职业学院	21	2	0.7	0	13	5	0	0	0	0	0	0	0	0	0	0	0	3	3	0	0	0	0	0	0	0	0
苏州经贸职业技术学院	22	0	0	0	0	0	0	0	0	0	0	0	0	0	0	0	0	0	0	0	0	0	0	0	0	0	0
苏州工业职业技术学院	23	2	0.4	0	24	19	0	0	0	0	0	0	0	0	0	0	0	0	0	0	0	0	0	0	0	1	1
苏州卫生职业技术学院	24	0	0	0	0	0	0	0	0	0	0	0	0	0	0	0	0	0	0	0	0	0	0	0	0	0	0
无锡商业职业技术学院	25	0	0	0	0	0	1	1	0	0	0	0	0	0	0	0	0	0	0	0	0	0	0	0	0	0	0
南通航运职业技术学院	26	5	0.7	0	0	9	0	0	0	0	0	0	0	0	0	0	0	1	1	0	0	0	0	0	0	0	0
南京交通职业技术学院	27	4	0.4	0	0	9.9	0	0	0	0	0	0	0	0	0	0	0	2	2	0	0	0	0	0	0	0	0
淮安信息职业技术学院	28	0	0	0	0	0	0	0	0	0	0	0	0	0	0	0	0	0	0	0	0	0	0	0	0	0	0
江苏农牧科技职业学院	29	0	0	0	0	0	0	0	0	0	0	0	0	0	0	0	0	0	0	0	0	0	0	0	0	0	0
常州纺织服装职业技术学院	30	0	0	0	0	0	0	0	0	0	0	0	0	0	0	0	0	0	0	0	0	0	0	0	0	0	0
苏州农业职业技术学院	31	0	0	0	0	0	0	0	0	0	0	0	0	0	0	0	0	0	0	0	0	0	0	0	0	0	0
南京科技职业学院	32	2	0.3	0	0	3	0	0	0	0	0	0	0	0	0	0	0	0	0	0	0	0	0	0	0	0	0

续表

高校名称		总数					出版著作(部)							古籍整理(部)	译著(部)	发表译文(篇)	电子出版物(件)	发表论文(篇)				获奖成果数(项)				研究与咨询报告(篇)	
		课题数(项)	当年投入人数(人年)	其中:研究生(人年)	当年投入经费(千元)	当年支出经费(千元)	合计	专著	其中:被译成外文	编著教材	工具书参考书	皮书/发展报告	科普读物					合计	国内学术刊物	国外学术刊物	港、澳、台地区刊物	合计	国家级奖	部级奖	省级奖	合计	其中:被采纳数
	编号	L01	L02	L03	L04	L05	L06	L07	L08	L09	L10	L11	L12	L13	L14	L15	L16	L17	L18	L19	L20	L21	L22	L23	L24	L25	L26
常州轻工职业技术学院	33	0	0	0	0	0	0	0	0	0	0	0	0	0	0	0	0	0	0	0	0	0	0	0	0	0	0
常州工程职业技术学院	34	0	0	0	0	0	0	0	0	0	0	0	0	0	0	0	0	1	1	0	0	0	0	0	0	0	0
江苏农林职业技术学院	35	0	0	0	0	0	0	0	0	0	0	0	0	0	0	0	0	2	2	0	0	0	0	0	0	0	0
江苏食品药品职业技术学院	36	0	0	0	0	0	0	0	0	0	0	0	0	0	0	0	0	0	0	0	0	0	0	0	0	0	0
南京铁道职业技术学院	37	0	0	0	0	0	0	0	0	0	0	0	0	0	0	0	0	0	0	0	0	0	0	0	0	0	0
徐州工业职业技术学院	38	0	0	0	0	0	0	0	0	0	0	0	0	0	0	0	0	0	0	0	0	0	0	0	0	0	0
江苏信息职业技术学院	39	0	0	0	0	0	0	0	0	0	0	0	0	0	0	0	0	0	0	0	0	0	0	0	0	0	0
南京信息职业技术学院	40	0	0	0	0	0	0	0	0	0	0	0	0	0	0	0	0	0	0	0	0	0	0	0	0	0	0
常州机电职业技术学院	41	0	0	0	0	0	0	0	0	0	0	0	0	0	0	0	0	0	0	0	0	0	0	0	0	0	0
江阴职业技术学院	42	0	0	0	0	0	0	0	0	0	0	0	0	0	0	0	0	0	0	0	0	0	0	0	0	0	0
无锡城市职业技术学院	43	0	0	0	0	0	0	0	0	0	0	0	0	0	0	0	0	0	0	0	0	0	0	0	0	0	0
无锡工艺职业技术学院	44	0	0	0	0	0	0	0	0	0	0	0	0	0	0	0	0	0	0	0	0	0	0	0	0	0	0
苏州健雄职业技术学院	45	0	0	0	0	0	0	0	0	0	0	0	0	0	0	0	0	0	0	0	0	0	0	0	0	0	0
盐城工业职业技术学院	46	1	0.1	0	0	0.5	0	0	0	0	0	0	0	0	0	0	0	0	0	0	0	0	0	0	0	0	0

续表

江苏财经职业技术学院	47	2	0.2	0	0	3	0	0	0	0	0	0	0	0	0	0	0	4	4	0	0	0	0	0	0	0	0
扬州工业职业技术学院	48	0	0	0	0	0	0	0	0	0	0	0	0	0	0	0	0	0	0	0	0	0	0	0	0	0	0
江苏城市职业学院	49	4	1.7	0	40	34	1	1	0	0	0	0	0	0	0	0	0	8	8	0	0	0	0	0	0	0	0
南京城市职业学院	50	0	0	0	0	0	0	0	0	0	0	0	0	0	0	0	0	0	0	0	0	0	0	0	0	0	0
南京机电职业技术学院	51	0	0	0	0	0	0	0	0	0	0	0	0	0	0	0	0	0	0	0	0	0	0	0	0	0	0
南京旅游职业学院	52	1	0	0	0	0	0	0	0	0	0	0	0	0	0	0	0	1	1	0	0	0	0	0	0	0	0
江苏卫生健康职业学院	53	0	0	0	0	0	0	0	0	0	0	0	0	0	0	0	0	2	2	0	0	0	0	0	0	0	0
苏州信息职业技术学院	54	0	0	0	0	0	0	0	0	0	0	0	0	0	0	0	0	0	0	0	0	0	0	0	0	0	0
苏州工业园区服务外包职业学院	55	1	0.1	0	90	90	0	0	0	0	0	0	0	0	0	0	0	2	2	0	0	0	0	0	0	1	1
徐州幼儿师范高等专科学校	56	0	0	0	0	0	0	0	0	0	0	0	0	0	0	0	0	0	0	0	0	0	0	0	0	0	0
徐州生物工程职业技术学院	57	0	0	0	0	0	0	0	0	0	0	0	0	0	0	0	0	1	1	0	0	0	0	0	0	0	0
江苏商贸职业学院	58	1	0.3	0	20	1	0	0	0	0	0	0	0	0	0	0	0	2	2	0	0	0	0	0	0	0	0
南通师范高等专科学校	59	0	0	0	0	0	0	0	0	0	0	0	0	0	0	0	0	0	0	0	0	0	0	0	0	0	0
江苏护理职业学院	60	0	0	0	0	0	0	0	0	0	0	0	0	0	0	0	0	0	0	0	0	0	0	0	0	0	0
江苏财会职业学院	61	0	0	0	0	0	0	0	0	0	0	0	0	0	0	0	0	0	0	0	0	0	0	0	0	0	0
江苏城乡建设职业学院	62	0	0	0	0	0	0	0	0	0	0	0	0	0	0	0	0	0	0	0	0	0	0	0	0	0	0
江苏航空职业技术学院	63	0	0	0	0	0	0	0	0	0	0	0	0	0	0	0	0	0	0	0	0	0	0	0	0	0	0
江苏安全技术职业学院	64	0	0	0	0	0	0	0	0	0	0	0	0	0	0	0	0	0	0	0	0	0	0	0	0	0	0
江苏旅游职业学院	65	0	0	0	0	0	0	0	0	0	0	0	0	0	0	0	0	1	1	0	0	0	0	0	0	0	0

3.15 社会学人文、社会科学研究与课题成果情况表

高校名称		总数					出版著作(部)							古籍整理(部)	译著(部)	发表译文(篇)	电子出版物(件)	发表论文(篇)				获奖成果数(项)				研究与咨询报告(篇)	
		课题数(项)	当年投入人数(人年)	其中:研究生(人年)	当年投入经费(千元)	当年支出经费(千元)	合计	专著	其中:被译成外文	编著教材	工具书参考书	皮书/发展报告	科普读物					合计	国内学术刊物	国外学术刊物	港、澳、台地区刊物	合计	国家级奖	部级奖	省级奖	合计	其中:被采纳数
	编号	L01	L02	L03	L04	L05	L06	L07	L08	L09	L10	L11	L12	L13	L14	L15	L16	L17	L18	L19	L20	L21	L22	L23	L24	L25	L26
合计	/	418	95.3	0	3 115.35	2 742.92	8	4	0	3	1	0	0	0	0	0	0	482	478	3	1	0	0	0	0	55	18
盐城幼儿师范高等专科学校	1	0	0	0	0	0	0	0	0	0	0	0	0	0	0	0	0	0	0	0	0	0	0	0	0	0	0
苏州幼儿师范高等专科学校	2	1	0.2	0	10	5	0	0	0	0	0	0	0	0	0	0	0	0	0	0	0	0	0	0	0	0	0
无锡职业技术学院	3	12	1.8	0	315	173	0	0	0	0	0	0	0	0	0	0	0	3	3	0	0	0	0	0	0	0	0
江苏建筑职业技术学院	4	25	3.3	0	7	11.1	0	0	0	0	0	0	0	0	0	0	0	2	2	0	0	0	0	0	0	0	0
南京工业职业技术学院	5	23	7.6	0	69.25	86.98	1	0	0	1	0	0	0	0	0	0	0	47	47	0	0	0	0	0	0	4	3
江苏工程职业技术学院	6	19	2.3	0	42	33.5	0	0	0	0	0	0	0	0	0	0	0	7	7	0	0	0	0	0	0	0	0
苏州工艺美术职业技术学院	7	5	1.6	0	35	14.6	0	0	0	0	0	0	0	0	0	0	0	0	0	0	0	0	0	0	0	0	0
连云港职业技术学院	8	2	1.2	0	6	2.45	0	0	0	0	0	0	0	0	0	0	0	0	0	0	0	0	0	0	0	0	0
镇江市高等专科学校	9	1	0.4	0	3	1.5	0	0	0	0	0	0	0	0	0	0	0	0	0	0	0	0	0	0	0	0	0
南通职业大学	10	29	6.9	0	129	114	0	0	0	0	0	0	0	0	0	0	0	3	3	0	0	0	0	0	0	4	4
苏州市职业大学	11	6	2.3	0	22	16.5	1	1	0	0	0	0	0	0	0	0	0	13	13	0	0	0	0	0	0	4	3
沙洲职业工学院	12	7	1	0	38	23	0	0	0	0	0	0	0	0	0	0	0	8	8	0	0	0	0	0	0	6	0
扬州市职业大学	13	22	6.3	0	50	50	0	0	0	0	0	0	0	0	0	0	0	1	1	0	0	0	0	0	0	8	1
连云港师范高等专科学校	14	23	2.4	0	31	24	0	0	0	0	0	0	0	0	0	0	0	6	6	0	0	0	0	0	0	1	0

续表

江苏经贸职业技术学院	15	5	0.9	0	35	28.5	2	1	0	0	1	0	0	0	0	0	0	1	1	0	0	0	0	0	0	0	0
泰州职业技术学院	16	1	0.2	0	0	6	0	0	0	0	0	0	0	0	0	0	0	2	2	0	0	0	0	0	0	0	0
常州信息职业技术学院	17	1	0.5	0	5	5	0	0	0	0	0	0	0	0	0	0	0	0	0	0	0	0	0	0	0	0	0
江苏海事职业技术学院	18	1	0.4	0	50	50	0	0	0	0	0	0	0	0	0	0	0	0	0	0	0	0	0	0	0	0	0
无锡科技职业学院	19	0	0	0	0	0	0	0	0	0	0	0	0	0	0	0	0	0	0	0	0	0	0	0	0	0	0
江苏医药职业学院	20	14	3.3	0	14	20.75	0	0	0	0	0	0	0	0	0	0	0	1	1	0	0	0	0	0	0	0	0
南通科技职业学院	21	8	2.3	0	17	12	0	0	0	0	0	0	0	0	0	0	0	5	5	0	0	0	0	0	0	0	0
苏州经贸职业技术学院	22	20	6.9	0	158.5	130.83	0	0	0	0	0	0	0	0	0	0	0	27	27	0	0	0	0	0	0	9	4
苏州工业职业技术学院	23	12	4.3	0	999	891.28	0	0	0	0	0	0	0	0	0	0	0	14	14	0	0	0	0	0	0	3	1
苏州卫生职业技术学院	24	14	1.8	0	108	35.9	0	0	0	0	0	0	0	0	0	0	0	18	18	0	0	0	0	0	0	0	0
无锡商业职业技术学院	25	11	3.2	0	41.5	30	0	0	0	0	0	0	0	0	0	0	0	21	21	0	0	0	0	0	0	0	0
南通航运职业技术学院	26	3	0.4	0	0	6.5	0	0	0	0	0	0	0	0	0	0	0	0	0	0	0	0	0	0	0	0	0
南京交通职业技术学院	27	16	1.7	0	32	93.5	0	0	0	0	0	0	0	0	0	0	0	2	2	0	0	0	0	0	0	0	0
淮安信息职业技术学院	28	3	0.7	0	43	27	0	0	0	0	0	0	0	0	0	0	0	1	1	0	0	0	0	0	0	0	0
江苏农牧科技职业学院	29	2	0.2	0	0	0	0	0	0	0	0	0	0	0	0	0	0	0	0	0	0	0	0	0	0	0	0
常州纺织服装职业技术学院	30	3	0.5	0	5	6.33	0	0	0	0	0	0	0	0	0	0	0	4	4	0	0	0	0	0	0	0	0
苏州农业职业技术学院	31	3	0.5	0	10	11.5	0	0	0	0	0	0	0	0	0	0	0	0	0	0	0	0	0	0	0	0	0
南京科技职业学院	32	8	1.6	0	60	48	1	1	0	0	0	0	0	0	0	0	0	1	1	0	0	0	0	0	0	0	0

续表

高校名称	编号	总数 课题数(项)	总数 当年投入人数(人年)	总数 其中：研究生(人年)	总数 当年投入经费(千元)	总数 当年支出经费(千元)	出版著作(部) 合计	出版著作(部) 专著	出版著作(部) 其中：被译成外文	出版著作(部) 编著教材	出版著作(部) 工具书参考书	出版著作(部) 皮书/发展报告	出版著作(部) 科普读物	古籍整理(部)	译著(部)	发表译文(篇)	电子出版物(件)	发表论文(篇) 合计	发表论文(篇) 国内学术刊物	发表论文(篇) 国外学术刊物	发表论文(篇) 港、澳、台地区刊物	获奖成果数(项) 合计	获奖成果数(项) 国家级奖	获奖成果数(项) 部级奖	获奖成果数(项) 省级奖	研究与咨询报告(篇) 合计	研究与咨询报告(篇) 其中：被采纳数
		L01	L02	L03	L04	L05	L06	L07	L08	L09	L10	L11	L12	L13	L14	L15	L16	L17	L18	L19	L20	L21	L22	L23	L24	L25	L26
常州轻工职业技术学院	33	2	0.8	0	0	5	0	0	0	0	0	0	0	0	0	0	0	0	0	0	0	0	0	0	0	0	0
常州工程职业技术学院	34	1	0.1	0	0	0	0	0	0	0	0	0	0	0	0	0	0	1	1	0	0	0	0	0	0	0	0
江苏农林职业技术学院	35	0	0	0	0	0	0	0	0	0	0	0	0	0	0	0	0	0	0	0	0	0	0	0	0	0	0
江苏食品药品职业技术学院	36	22	5.3	0	356	355	0	0	0	0	0	0	0	0	0	0	0	7	7	0	0	0	0	0	0	8	1
南京铁道职业技术学院	37	0	0	0	0	0	0	0	0	0	0	0	0	0	0	0	0	0	0	0	0	0	0	0	0	0	0
徐州工业职业技术学院	38	12	1.2	0	21	13.4	0	0	0	0	0	0	0	0	0	0	0	23	23	0	0	0	0	0	0	0	0
江苏信息职业技术学院	39	1	0.6	0	10	4	0	0	0	0	0	0	0	0	0	0	0	5	5	0	0	0	0	0	0	0	0
南京信息职业技术学院	40	1	0.1	0	10	5	0	0	0	0	0	0	0	0	0	0	0	1	1	0	0	0	0	0	0	0	0
常州机电职业技术学院	41	4	0.6	0	9	14	0	0	0	0	0	0	0	0	0	0	0	1	1	0	0	0	0	0	0	1	0
江阴职业技术学院	42	1	0.2	0	20	20	0	0	0	0	0	0	0	0	0	0	0	0	0	0	0	0	0	0	0	0	0
无锡城市职业技术学院	43	0	0	0	0	0	0	0	0	0	0	0	0	0	0	0	0	0	0	0	0	0	0	0	0	0	0
无锡工艺职业技术学院	44	2	0.2	0	13.5	13.5	0	0	0	0	0	0	0	0	0	0	0	8	8	0	0	0	0	0	0	1	0
苏州健雄职业技术学院	45	7	1.6	0	63	89	0	0	0	0	0	0	0	0	0	0	0	1	1	0	0	0	0	0	0	1	1
盐城工业职业技术学院	46	1	0.1	0	0	2	0	0	0	0	0	0	0	0	0	0	0	0	0	0	0	0	0	0	0	0	0

续表

江苏财经职业技术学院	47	3	0.3	0	28	8.2	1	1	0	0	0	0	0	0	0	0	0	2	2	0	0	0	0	0	0	0	0
扬州工业职业技术学院	48	9	0.9	0	12	14.1	0	0	0	0	0	0	0	0	0	0	0	1	1	0	0	0	0	0	0	0	0
江苏城市职业学院	49	1	0.6	0	0	0	0	0	0	0	0	0	0	0	0	0	0	7	7	0	0	0	0	0	0	0	0
南京城市职业学院	50	2	0.3	0	8.4	0	0	0	0	0	0	0	0	0	0	0	0	2	2	0	0	0	0	0	0	1	0
南京机电职业技术学院	51	0	0	0	0	0	0	0	0	0	0	0	0	0	0	0	0	0	0	0	0	0	0	0	0	0	0
南京旅游职业学院	52	0	0	0	0	0	0	0	0	0	0	0	0	0	0	0	0	9	9	0	0	0	0	0	0	0	0
江苏卫生健康职业学院	53	10	2.7	0	10	44.6	0	0	0	0	0	0	0	0	0	0	0	2	2	0	0	0	0	0	0	0	0
苏州信息职业技术学院	54	0	0	0	0	0	0	0	0	0	0	0	0	0	0	0	0	0	0	0	0	0	0	0	0	0	0
苏州工业园区服务外包职业学院	55	0	0	0	0	0	0	0	0	0	0	0	0	0	0	0	0	1	1	0	0	0	0	0	0	0	0
徐州幼儿师范高等专科学校	56	6	1.2	0	22	26	0	0	0	0	0	0	0	0	0	0	0	5	5	0	0	0	0	0	0	0	0
徐州生物工程职业技术学院	57	2	0.2	0	0	0	0	0	0	0	0	0	0	0	0	0	0	0	0	0	0	0	0	0	0	2	0
江苏商贸职业学院	58	3	1.4	0	50	44.2	0	0	0	0	0	0	0	0	0	0	0	3	3	0	0	0	0	0	0	0	0
南通师范高等专科学校	59	0	0	0	0	0	0	0	0	0	0	0	0	0	0	0	0	0	0	0	0	0	0	0	0	0	0
江苏护理职业学院	60	8	2.8	0	22.2	22.2	2	0	0	2	0	0	0	0	0	0	0	194	191	3	0	0	0	0	0	0	0
江苏财会职业学院	61	11	4.6	0	62	66	0	0	0	0	0	0	0	0	0	0	0	14	13	0	1	0	0	0	0	0	0
江苏城乡建设职业学院	62	8	2.4	0	57	32	0	0	0	0	0	0	0	0	0	0	0	3	3	0	0	0	0	0	0	2	0
江苏航空职业技术学院	63	0	0	0	0	0	0	0	0	0	0	0	0	0	0	0	0	0	0	0	0	0	0	0	0	0	0
江苏安全技术职业学院	64	1	0.4	0	6	6	0	0	0	0	0	0	0	0	0	0	0	5	5	0	0	0	0	0	0	0	0
江苏旅游职业学院	65	0	0	0	0	0	0	0	0	0	0	0	0	0	0	0	0	0	0	0	0	0	0	0	0	0	0

3.16 民族学与文化学人文、社会科学研究与课题成果情况表

高校名称		总数					出版著作(部)							古籍整理(部)	译著(部)	发表译文(篇)	电子出版物(件)	发表论文(篇)				获奖成果数(项)				研究与咨询报告(篇)	
		课题数(项)	当年投入人数(人年)	其中：研究生(人年)	当年投入经费(千元)	当年支出经费(千元)	合计	专著	其中：被译成外文	编著教材	工具书参考书	皮书/发展报告	科普读物					合计	国内学术刊物	国外学术刊物	港、澳、台地区刊物	合计	国家级奖	部级奖	省级奖	合计	其中：被采纳数
	编号	L01	L02	L03	L04	L05	L06	L07	L08	L09	L10	L11	L12	L13	L14	L15	L16	L17	L18	L19	L20	L21	L22	L23	L24	L25	L26
合计	/	123	21.5	0	268.4	214.3	0	0	0	0	0	0	0	0	0	0	0	87	86	1	0	0	0	0	0	26	1
盐城幼儿师范高等专科学校	1	0	0	0	0	0	0	0	0	0	0	0	0	0	0	0	0	0	0	0	0	0	0	0	0	0	0
苏州幼儿师范高等专科学校	2	0	0	0	0	0	0	0	0	0	0	0	0	0	0	0	0	1	1	0	0	0	0	0	0	0	0
无锡职业技术学院	3	3	0.3	0	0	0	0	0	0	0	0	0	0	0	0	0	0	1	1	0	0	0	0	0	0	0	0
江苏建筑职业技术学院	4	12	2.3	0	0	4.4	0	0	0	0	0	0	0	0	0	0	0	8	8	0	0	0	0	0	0	0	0
南京工业职业技术学院	5	3	0.7	0	2	2	0	0	0	0	0	0	0	0	0	0	0	1	1	0	0	0	0	0	0	0	0
江苏工程职业技术学院	6	1	0.1	0	1	1	0	0	0	0	0	0	0	0	0	0	0	0	0	0	0	0	0	0	0	0	0
苏州工艺美术职业技术学院	7	1	0.3	0	3	1	0	0	0	0	0	0	0	0	0	0	0	0	0	0	0	0	0	0	0	0	0
连云港职业技术学院	8	0	0	0	0	0	0	0	0	0	0	0	0	0	0	0	0	0	0	0	0	0	0	0	0	0	0
镇江市高等专科学校	9	2	0.4	0	4.5	3.5	0	0	0	0	0	0	0	0	0	0	0	1	1	0	0	0	0	0	0	0	0
南通职业大学	10	0	0	0	0	0	0	0	0	0	0	0	0	0	0	0	0	0	0	0	0	0	0	0	0	0	0
苏州市职业大学	11	0	0	0	0	0	0	0	0	0	0	0	0	0	0	0	0	0	0	0	0	0	0	0	0	0	0
沙洲职业工学院	12	1	0.1	0	1	1	0	0	0	0	0	0	0	0	0	0	0	1	1	0	0	0	0	0	0	0	0
扬州市职业大学	13	18	3	0	0	0	0	0	0	0	0	0	0	0	0	0	0	12	12	0	0	0	0	0	0	20	1
连云港师范高等专科学校	14	15	1.6	0	13	11	0	0	0	0	0	0	0	0	0	0	0	6	6	0	0	0	0	0	0	1	0

续表

江苏经贸职业技术学院	15	1	0.3	0	0	0	0	0	0	0	0	0	0	0	0	0	0	0	0	0	0	0	0	0	0	0	0
泰州职业技术学院	16	0	0	0	0	0	0	0	0	0	0	0	0	0	0	0	0	0	0	0	0	0	0	0	0	0	0
常州信息职业技术学院	17	1	0.4	0	5	5	0	0	0	0	0	0	0	0	0	0	0	0	0	0	0	0	0	0	0	0	0
江苏海事职业技术学院	18	1	0.3	0	6	6	0	0	0	0	0	0	0	0	0	0	0	0	0	0	0	0	0	0	0	0	0
无锡科技职业学院	19	1	0.3	0	0	0	0	0	0	0	0	0	0	0	0	0	0	0	0	0	0	0	0	0	0	0	0
江苏医药职业学院	20	0	0	0	0	0	0	0	0	0	0	0	0	0	0	0	0	0	0	0	0	0	0	0	0	0	0
南通科技职业学院	21	3	0.9	0	0	0.5	0	0	0	0	0	0	0	0	0	0	0	4	4	0	0	0	0	0	0	0	0
苏州经贸职业技术学院	22	6	1.5	0	12	8.9	0	0	0	0	0	0	0	0	0	0	0	0	0	0	0	0	0	0	0	2	0
苏州工业职业技术学院	23	0	0	0	0	0	0	0	0	0	0	0	0	0	0	0	0	6	6	0	0	0	0	0	0	0	0
苏州卫生职业技术学院	24	3	0.6	0	20	11.1	0	0	0	0	0	0	0	0	0	0	0	1	1	0	0	0	0	0	0	0	0
无锡商业职业技术学院	25	0	0	0	0	0	0	0	0	0	0	0	0	0	0	0	0	0	0	0	0	0	0	0	0	0	0
南通航运职业技术学院	26	0	0	0	0	0	0	0	0	0	0	0	0	0	0	0	0	0	0	0	0	0	0	0	0	0	0
南京交通职业技术学院	27	1	0.1	0	0	0	0	0	0	0	0	0	0	0	0	0	0	0	0	0	0	0	0	0	0	0	0
淮安信息职业技术学院	28	8	1.6	0	51	47	0	0	0	0	0	0	0	0	0	0	0	8	8	0	0	0	0	0	0	0	0
江苏农牧科技职业学院	29	0	0	0	0	0	0	0	0	0	0	0	0	0	0	0	0	0	0	0	0	0	0	0	0	0	0
常州纺织服装职业技术学院	30	2	0.3	0	3	1	0	0	0	0	0	0	0	0	0	0	0	2	2	0	0	0	0	0	0	0	0
苏州农业职业技术学院	31	0	0	0	0	0	0	0	0	0	0	0	0	0	0	0	0	0	0	0	0	0	0	0	0	0	0
南京科技职业学院	32	2	0.5	0	40	34	0	0	0	0	0	0	0	0	0	0	0	4	4	0	0	0	0	0	0	2	0

续表

高校名称		总数					出版著作(部)							古籍整理(部)	译著(部)	发表译文(篇)	电子出版物(件)	发表论文(篇)				获奖成果数(项)				研究与咨询报告(篇)	
		课题数(项)	当年投入人数(人年)	其中:研究生(人年)	当年投入经费(千元)	当年支出经费(千元)	合计	专著	其中:被译成外文	编著教材	工具书参考书	皮书/发展报告	科普读物					合计	国内学术刊物	国外学术刊物	港、澳、台地区刊物	合计	国家级奖	部级奖	省级奖	合计	其中:被采纳数
	编号	L01	L02	L03	L04	L05	L06	L07	L08	L09	L10	L11	L12	L13	L14	L15	L16	L17	L18	L19	L20	L21	L22	L23	L24	L25	L26
常州轻工职业技术学院	33	0	0	0	0	0	0	0	0	0	0	0	0	0	0	0	0	0	0	0	0	0	0	0	0	0	0
常州工程职业技术学院	34	1	0.1	0	0	0	0	0	0	0	0	0	0	0	0	0	0	2	2	0	0	0	0	0	0	0	0
江苏农林职业技术学院	35	0	0	0	0	0	0	0	0	0	0	0	0	0	0	0	0	0	0	0	0	0	0	0	0	0	0
江苏食品药品职业技术学院	36	0	0	0	0	0	0	0	0	0	0	0	0	0	0	0	0	0	0	0	0	0	0	0	0	1	0
南京铁道职业技术学院	37	4	0.4	0	16	13	0	0	0	0	0	0	0	0	0	0	0	7	7	0	0	0	0	0	0	0	0
徐州工业职业技术学院	38	4	0.4	0	13	9.7	0	0	0	0	0	0	0	0	0	0	0	1	1	0	0	0	0	0	0	0	0
江苏信息职业技术学院	39	5	1.5	0	32.5	21	0	0	0	0	0	0	0	0	0	0	0	7	7	0	0	0	0	0	0	0	0
南京信息职业技术学院	40	0	0	0	0	0	0	0	0	0	0	0	0	0	0	0	0	0	0	0	0	0	0	0	0	0	0
常州机电职业技术学院	41	0	0	0	0	0	0	0	0	0	0	0	0	0	0	0	0	0	0	0	0	0	0	0	0	0	0
江阴职业技术学院	42	0	0	0	0	0	0	0	0	0	0	0	0	0	0	0	0	0	0	0	0	0	0	0	0	0	0
无锡城市职业技术学院	43	1	0.1	0	0	1	0	0	0	0	0	0	0	0	0	0	0	0	0	0	0	0	0	0	0	0	0
无锡工艺职业技术学院	44	0	0	0	0	0	0	0	0	0	0	0	0	0	0	0	0	0	0	0	0	0	0	0	0	0	0
苏州健雄职业技术学院	45	0	0	0	0	0	0	0	0	0	0	0	0	0	0	0	0	0	0	0	0	0	0	0	0	0	0
盐城工业职业技术学院	46	0	0	0	0	0	0	0	0	0	0	0	0	0	0	0	0	0	0	0	0	0	0	0	0	0	0

续表

江苏财经职业技术学院	47	2	0.2	0	9	5	0	0	0	0	0	0	0	0	0	0	0	1	1	0	0	0	0	0	0	0	0
扬州工业职业技术学院	48	13	1.4	0	11	13.5	0	0	0	0	0	0	0	0	0	0	0	4	4	0	0	0	0	0	0	0	0
江苏城市职业学院	49	0	0	0	0	0	0	0	0	0	0	0	0	0	0	0	0	0	0	0	0	0	0	0	0	0	0
南京城市职业学院	50	0	0	0	0	0	0	0	0	0	0	0	0	0	0	0	0	0	0	0	0	0	0	0	0	0	0
南京机电职业技术学院	51	0	0	0	0	0	0	0	0	0	0	0	0	0	0	0	0	0	0	0	0	0	0	0	0	0	0
南京旅游职业学院	52	1	0	0	0	0	0	0	0	0	0	0	0	0	0	0	0	2	1	1	0	0	0	0	0	0	0
江苏卫生健康职业学院	53	1	0.3	0	10	2.2	0	0	0	0	0	0	0	0	0	0	0	1	1	0	0	0	0	0	0	0	0
苏州信息职业技术学院	54	0	0	0	0	0	0	0	0	0	0	0	0	0	0	0	0	0	0	0	0	0	0	0	0	0	0
苏州工业园区服务外包职业学院	55	0	0	0	0	0	0	0	0	0	0	0	0	0	0	0	0	1	1	0	0	0	0	0	0	0	0
徐州幼儿师范高等专科学校	56	3	0.6	0	13	11	0	0	0	0	0	0	0	0	0	0	0	0	0	0	0	0	0	0	0	0	0
徐州生物工程职业技术学院	57	0	0	0	0	0	0	0	0	0	0	0	0	0	0	0	0	0	0	0	0	0	0	0	0	0	0
江苏商贸职业学院	58	3	0.9	0	2.4	0.5	0	0	0	0	0	0	0	0	0	0	0	3	3	0	0	0	0	0	0	0	0
南通师范高等专科学校	59	0	0	0	0	0	0	0	0	0	0	0	0	0	0	0	0	2	2	0	0	0	0	0	0	0	0
江苏护理职业学院	60	0	0	0	0	0	0	0	0	0	0	0	0	0	0	0	0	0	0	0	0	0	0	0	0	0	0
江苏财会职业学院	61	0	0	0	0	0	0	0	0	0	0	0	0	0	0	0	0	0	0	0	0	0	0	0	0	0	0
江苏城乡建设职业学院	62	0	0	0	0	0	0	0	0	0	0	0	0	0	0	0	0	0	0	0	0	0	0	0	0	0	0
江苏航空职业技术学院	63	0	0	0	0	0	0	0	0	0	0	0	0	0	0	0	0	0	0	0	0	0	0	0	0	0	0
江苏安全技术职业学院	64	0	0	0	0	0	0	0	0	0	0	0	0	0	0	0	0	0	0	0	0	0	0	0	0	0	0
江苏旅游职业学院	65	0	0	0	0	0	0	0	0	0	0	0	0	0	0	0	0	0	0	0	0	0	0	0	0	0	0

3.17 新闻学与传播学人文、社会科学研究与课题成果情况表

高校名称		总数					出版著作(部)							古籍整理(部)	译著(部)	发表译文(篇)	电子出版物(件)	发表论文(篇)				获奖成果数(项)				研究与咨询报告(篇)	
		课题数(项)	当年投入人数(人年)	其中:研究生(人年)	当年投入经费(千元)	当年支出经费(千元)	合计	专著	其中:被译成外文	编著教材	工具书参考书	皮书/发展报告	科普读物					合计	国内学术刊物	国外学术刊物	港、澳、台地区刊物	合计	国家级奖	部级奖	省级奖	合计	其中:被采纳数
	编号	L01	L02	L03	L04	L05	L06	L07	L08	L09	L10	L11	L12	L13	L14	L15	L16	L17	L18	L19	L20	L21	L22	L23	L24	L25	L26
合计	/	38	9.9	0	556	296.6	0	0	0	0	0	0	0	0	0	0	0	38	38	0	0	0	0	0	0	4	2
盐城幼儿师范高等专科学校	1	0	0	0	0	0	0	0	0	0	0	0	0	0	0	0	0	0	0	0	0	0	0	0	0	0	0
苏州幼儿师范高等专科学校	2	0	0	0	0	0	0	0	0	0	0	0	0	0	0	0	0	0	0	0	0	0	0	0	0	0	0
无锡职业技术学院	3	0	0	0	0	0	0	0	0	0	0	0	0	0	0	0	0	0	0	0	0	0	0	0	0	0	0
江苏建筑职业技术学院	4	6	1.1	0	10	13.2	0	0	0	0	0	0	0	0	0	0	0	1	1	0	0	0	0	0	0	0	0
南京工业职业技术学院	5	1	0.1	0	0	0	0	0	0	0	0	0	0	0	0	0	0	5	5	0	0	0	0	0	0	0	0
江苏工程职业技术学院	6	2	0.5	0	7	2	0	0	0	0	0	0	0	0	0	0	0	3	3	0	0	0	0	0	0	0	0
苏州工艺美术职业技术学院	7	0	0	0	0	0	0	0	0	0	0	0	0	0	0	0	0	0	0	0	0	0	0	0	0	0	0
连云港职业技术学院	8	1	0.5	0	0	0	0	0	0	0	0	0	0	0	0	0	0	2	2	0	0	0	0	0	0	0	0
镇江市高等专科学校	9	0	0	0	0	0	0	0	0	0	0	0	0	0	0	0	0	1	1	0	0	0	0	0	0	0	0
南通职业大学	10	1	0.1	0	5	5	0	0	0	0	0	0	0	0	0	0	0	0	0	0	0	0	0	0	0	0	0
苏州市职业大学	11	7	3	0	332	90.2	0	0	0	0	0	0	0	0	0	0	0	1	1	0	0	0	0	0	0	0	0
沙洲职业工学院	12	1	0.1	0	1	1	0	0	0	0	0	0	0	0	0	0	0	0	0	0	0	0	0	0	0	1	0
扬州市职业大学	13	1	0.1	0	0	0	0	0	0	0	0	0	0	0	0	0	0	0	0	0	0	0	0	0	0	0	0
连云港师范高等专科学校	14	0	0	0	0	0	0	0	0	0	0	0	0	0	0	0	0	3	3	0	0	0	0	0	0	1	0

续表

江苏经贸职业技术学院	15	4	0.6	0	80	80	0	0	0	0	0	0	0	0	0	0	0	0	0	0	0	0	0	0	0	1	1
泰州职业技术学院	16	0	0	0	0	0	0	0	0	0	0	0	0	0	0	0	0	0	0	0	0	0	0	0	0	0	0
常州信息职业技术学院	17	0	0	0	0	0	0	0	0	0	0	0	0	0	0	0	0	0	0	0	0	0	0	0	0	0	0
江苏海事职业技术学院	18	1	0.4	0	50	50	0	0	0	0	0	0	0	0	0	0	0	0	0	0	0	0	0	0	0	0	0
无锡科技职业学院	19	0	0	0	0	0	0	0	0	0	0	0	0	0	0	0	0	2	2	0	0	0	0	0	0	0	0
江苏医药职业学院	20	0	0	0	0	0	0	0	0	0	0	0	0	0	0	0	0	0	0	0	0	0	0	0	0	0	0
南通科技职业学院	21	0	0	0	0	0	0	0	0	0	0	0	0	0	0	0	0	0	0	0	0	0	0	0	0	0	0
苏州经贸职业技术学院	22	1	0.5	0	0	1	0	0	0	0	0	0	0	0	0	0	0	0	0	0	0	0	0	0	0	0	0
苏州工业职业技术学院	23	0	0	0	0	0	0	0	0	0	0	0	0	0	0	0	0	1	1	0	0	0	0	0	0	0	0
苏州卫生职业技术学院	24	0	0	0	0	0	0	0	0	0	0	0	0	0	0	0	0	0	0	0	0	0	0	0	0	0	0
无锡商业职业技术学院	25	0	0	0	0	0	0	0	0	0	0	0	0	0	0	0	0	0	0	0	0	0	0	0	0	0	0
南通航运职业技术学院	26	0	0	0	0	0	0	0	0	0	0	0	0	0	0	0	0	1	1	0	0	0	0	0	0	0	0
南京交通职业技术学院	27	0	0	0	0	0	0	0	0	0	0	0	0	0	0	0	0	0	0	0	0	0	0	0	0	0	0
淮安信息职业技术学院	28	1	0.1	0	0	0	0	0	0	0	0	0	0	0	0	0	0	0	0	0	0	0	0	0	0	0	0
江苏农牧科技职业学院	29	0	0	0	0	0	0	0	0	0	0	0	0	0	0	0	0	0	0	0	0	0	0	0	0	0	0
常州纺织服装职业技术学院	30	0	0	0	0	0	0	0	0	0	0	0	0	0	0	0	0	0	0	0	0	0	0	0	0	0	0
苏州农业职业技术学院	31	0	0	0	0	0	0	0	0	0	0	0	0	0	0	0	0	0	0	0	0	0	0	0	0	0	0
南京科技职业学院	32	1	0.2	0	0	3	0	0	0	0	0	0	0	0	0	0	0	0	0	0	0	0	0	0	0	0	0

续表

高校名称	编号	总数					出版著作(部)							古籍整理(部)	译著(部)	发表译文(篇)	电子出版物(件)	发表论文(篇)				获奖成果数(项)				研究与咨询报告(篇)	
		课题数(项)	当年投入人数(人年)	其中：研究生(人年)	当年投入经费(千元)	当年支出经费(千元)	合计	专著	其中：被译成外文	编著教材	工具书参考书	皮书/发展报告	科普读物					合计	国内学术刊物	国外学术刊物	港、澳、台地区刊物	合计	国家级奖	部级奖	省级奖	合计	其中：被采纳数
	编号	L01	L02	L03	L04	L05	L06	L07	L08	L09	L10	L11	L12	L13	L14	L15	L16	L17	L18	L19	L20	L21	L22	L23	L24	L25	L26
常州轻工职业技术学院	33	0	0	0	0	0	0	0	0	0	0	0	0	0	0	0	0	0	0	0	0	0	0	0	0	0	0
常州工程职业技术学院	34	0	0	0	0	0	0	0	0	0	0	0	0	0	0	0	0	2	2	0	0	0	0	0	0	0	0
江苏农林职业技术学院	35	0	0	0	0	0	0	0	0	0	0	0	0	0	0	0	0	0	0	0	0	0	0	0	0	0	0
江苏食品药品职业技术学院	36	0	0	0	0	0	0	0	0	0	0	0	0	0	0	0	0	0	0	0	0	0	0	0	0	0	0
南京铁道职业技术学院	37	0	0	0	0	0	0	0	0	0	0	0	0	0	0	0	0	1	1	0	0	0	0	0	0	0	0
徐州工业职业技术学院	38	0	0	0	0	0	0	0	0	0	0	0	0	0	0	0	0	3	3	0	0	0	0	0	0	0	0
江苏信息职业技术学院	39	0	0	0	0	0	0	0	0	0	0	0	0	0	0	0	0	0	0	0	0	0	0	0	0	0	0
南京信息职业技术学院	40	0	0	0	0	0	0	0	0	0	0	0	0	0	0	0	0	0	0	0	0	0	0	0	0	0	0
常州机电职业技术学院	41	0	0	0	0	0	0	0	0	0	0	0	0	0	0	0	0	0	0	0	0	0	0	0	0	0	0
江阴职业技术学院	42	0	0	0	0	0	0	0	0	0	0	0	0	0	0	0	0	0	0	0	0	0	0	0	0	0	0
无锡城市职业技术学院	43	0	0	0	0	0	0	0	0	0	0	0	0	0	0	0	0	0	0	0	0	0	0	0	0	0	0
无锡工艺职业技术学院	44	2	0.3	0	20	20	0	0	0	0	0	0	0	0	0	0	0	0	0	0	0	0	0	0	0	0	0
苏州健雄职业技术学院	45	0	0	0	0	0	0	0	0	0	0	0	0	0	0	0	0	0	0	0	0	0	0	0	0	0	0
盐城工业职业技术学院	46	0	0	0	0	0	0	0	0	0	0	0	0	0	0	0	0	0	0	0	0	0	0	0	0	0	0

续表

江苏财经职业技术学院	47	0	0	0	0	0	0	0	0	0	0	0	0	0	0	0	0	0	0	0	0	0	0	0	0	0	0
扬州工业职业技术学院	48	0	0	0	0	0	0	0	0	0	0	0	0	0	0	0	0	0	0	0	0	0	0	0	0	0	0
江苏城市职业学院	49	4	1.6	0	35	23.5	0	0	0	0	0	0	0	0	0	0	0	10	10	0	0	0	0	0	0	0	0
南京城市职业学院	50	0	0	0	0	0	0	0	0	0	0	0	0	0	0	0	0	0	0	0	0	0	0	0	0	0	0
南京机电职业技术学院	51	0	0	0	0	0	0	0	0	0	0	0	0	0	0	0	0	0	0	0	0	0	0	0	0	0	0
南京旅游职业学院	52	0	0	0	0	0	0	0	0	0	0	0	0	0	0	0	0	0	0	0	0	0	0	0	0	0	0
江苏卫生健康职业学院	53	3	0.5	0	6	2	0	0	0	0	0	0	0	0	0	0	0	1	1	0	0	0	0	0	0	0	0
苏州信息职业技术学院	54	0	0	0	0	0	0	0	0	0	0	0	0	0	0	0	0	0	0	0	0	0	0	0	0	0	0
苏州工业园区服务外包职业学院	55	1	0.2	0	10	5.7	0	0	0	0	0	0	0	0	0	0	0	0	0	0	0	0	0	0	0	1	1
徐州幼儿师范高等专科学校	56	0	0	0	0	0	0	0	0	0	0	0	0	0	0	0	0	0	0	0	0	0	0	0	0	0	0
徐州生物工程职业技术学院	57	0	0	0	0	0	0	0	0	0	0	0	0	0	0	0	0	0	0	0	0	0	0	0	0	0	0
江苏商贸职业学院	58	0	0	0	0	0	0	0	0	0	0	0	0	0	0	0	0	0	0	0	0	0	0	0	0	0	0
南通师范高等专科学校	59	0	0	0	0	0	0	0	0	0	0	0	0	0	0	0	0	1	1	0	0	0	0	0	0	0	0
江苏护理职业学院	60	0	0	0	0	0	0	0	0	0	0	0	0	0	0	0	0	0	0	0	0	0	0	0	0	0	0
江苏财会职业学院	61	0	0	0	0	0	0	0	0	0	0	0	0	0	0	0	0	0	0	0	0	0	0	0	0	0	0
江苏城乡建设职业学院	62	0	0	0	0	0	0	0	0	0	0	0	0	0	0	0	0	0	0	0	0	0	0	0	0	0	0
江苏航空职业技术学院	63	0	0	0	0	0	0	0	0	0	0	0	0	0	0	0	0	0	0	0	0	0	0	0	0	0	0
江苏安全技术职业学院	64	0	0	0	0	0	0	0	0	0	0	0	0	0	0	0	0	0	0	0	0	0	0	0	0	0	0
江苏旅游职业学院	65	0	0	0	0	0	0	0	0	0	0	0	0	0	0	0	0	0	0	0	0	0	0	0	0	0	0

3.18 图书馆、情报与文献学人文、社会科学研究与课题成果情况表

高校名称	编号	总数					出版著作(部)							古籍整理(部)	译著(部)	发表译文(篇)	电子出版物(件)	发表论文(篇)				获奖成果数(项)				研究与咨询报告(篇)	
		课题数(项)	当年投入人数(人年)	其中：研究生(人年)	当年投入经费(千元)	当年支出经费(千元)	合计	专著	其中：被译成外文	编著教材	工具书参考书	皮书/发展报告	科普读物					合计	国内学术刊物	国外学术刊物	港、澳、台地区刊物	合计	国家级奖	部级奖	省级奖	合计	其中：被采纳数
	编号	L01	L02	L03	L04	L05	L06	L07	L08	L09	L10	L11	L12	L13	L14	L15	L16	L17	L18	L19	L20	L21	L22	L23	L24	L25	L26
合计	/	84	17.1	0	127.6	156.53	2	1	0	1	0	0	0	0	0	0	0	184	184	0	0	0	0	0	0	9	0
盐城幼儿师范高等专科学校	1	1	0.2	0	10	30	0	0	0	0	0	0	0	0	0	0	0	0	0	0	0	0	0	0	0	0	0
苏州幼儿师范高等专科学校	2	0	0	0	0	0	0	0	0	0	0	0	0	0	0	0	0	0	0	0	0	0	0	0	0	0	0
无锡职业技术学院	3	3	0.5	0	0	0	0	0	0	0	0	0	0	0	0	0	0	8	8	0	0	0	0	0	0	0	0
江苏建筑职业技术学院	4	3	0.5	0	0	3.5	0	0	0	0	0	0	0	0	0	0	0	5	5	0	0	0	0	0	0	0	0
南京工业职业技术学院	5	4	0.4	0	0	0	0	0	0	0	0	0	0	0	0	0	0	8	8	0	0	0	0	0	0	0	0
江苏工程职业技术学院	6	0	0	0	0	0	0	0	0	0	0	0	0	0	0	0	0	5	5	0	0	0	0	0	0	0	0
苏州工艺美术职业技术学院	7	1	0.3	0	0	0.54	0	0	0	0	0	0	0	0	0	0	0	0	0	0	0	0	0	0	0	0	0
连云港职业技术学院	8	1	0.3	0	0	0	0	0	0	0	0	0	0	0	0	0	0	6	6	0	0	0	0	0	0	0	0
镇江市高等专科学校	9	1	0.3	0	1	0.5	0	0	0	0	0	0	0	0	0	0	0	4	4	0	0	0	0	0	0	0	0
南通职业大学	10	2	0.4	0	5	5	0	0	0	0	0	0	0	0	0	0	0	3	3	0	0	0	0	0	0	0	0
苏州市职业大学	11	5	2.3	0	16.8	13	1	0	0	1	0	0	0	0	0	0	0	9	9	0	0	0	0	0	0	1	0
沙洲职业工学院	12	0	0	0	0	0	0	0	0	0	0	0	0	0	0	0	0	0	0	0	0	0	0	0	0	0	0
扬州市职业大学	13	6	1	0	0	0	0	0	0	0	0	0	0	0	0	0	0	0	0	0	0	0	0	0	0	7	0
连云港师范高等专科学校	14	4	0.4	0	0	0	0	0	0	0	0	0	0	0	0	0	0	7	7	0	0	0	0	0	0	0	0

续表

江苏经贸职业技术学院	15	6	0.8	0	7	7	0	0	0	0	0	0	0	0	0	0	0	11	11	0	0	0	0	0	0	0	0
泰州职业技术学院	16	2	0.6	0	6	2.22	0	0	0	0	0	0	0	0	0	0	0	3	3	0	0	0	0	0	0	0	0
常州信息职业技术学院	17	3	1.2	0	5	9.5	0	0	0	0	0	0	0	0	0	0	0	9	9	0	0	0	0	0	0	0	0
江苏海事职业技术学院	18	3	0.6	0	1.2	3.32	0	0	0	0	0	0	0	0	0	0	0	8	8	0	0	0	0	0	0	0	0
无锡科技职业学院	19	0	0	0	0	0	0	0	0	0	0	0	0	0	0	0	0	0	0	0	0	0	0	0	0	0	0
江苏医药职业学院	20	2	0.2	0	0	2	0	0	0	0	0	0	0	0	0	0	0	0	0	0	0	0	0	0	0	0	0
南通科技职业学院	21	1	0.1	0	0	2	0	0	0	0	0	0	0	0	0	0	0	0	0	0	0	0	0	0	0	0	0
苏州经贸职业技术学院	22	1	0.1	0	0	0.2	0	0	0	0	0	0	0	0	0	0	0	6	6	0	0	0	0	0	0	0	0
苏州工业职业技术学院	23	0	0	0	0	0	0	0	0	0	0	0	0	0	0	0	0	0	0	0	0	0	0	0	0	0	0
苏州卫生职业技术学院	24	3	0.6	0	8	8.2	0	0	0	0	0	0	0	0	0	0	0	7	7	0	0	0	0	0	0	0	0
无锡商业职业技术学院	25	0	0	0	0	0	0	0	0	0	0	0	0	0	0	0	0	0	0	0	0	0	0	0	0	0	0
南通航运职业技术学院	26	0	0	0	0	0	0	0	0	0	0	0	0	0	0	0	0	14	14	0	0	0	0	0	0	0	0
南京交通职业技术学院	27	3	0.3	0	0	3	0	0	0	0	0	0	0	0	0	0	0	7	7	0	0	0	0	0	0	0	0
淮安信息职业技术学院	28	3	0.4	0	0	0	0	0	0	0	0	0	0	0	0	0	0	1	1	0	0	0	0	0	0	0	0
江苏农牧科技职业学院	29	0	0	0	0	0	0	0	0	0	0	0	0	0	0	0	0	0	0	0	0	0	0	0	0	0	0
常州纺织服装职业技术学院	30	2	0.4	0	0	3.1	0	0	0	0	0	0	0	0	0	0	0	1	1	0	0	0	0	0	0	0	0
苏州农业职业技术学院	31	0	0	0	0	0	0	0	0	0	0	0	0	0	0	0	0	0	0	0	0	0	0	0	0	0	0
南京科技职业学院	32	0	0	0	0	0	0	0	0	0	0	0	0	0	0	0	0	0	0	0	0	0	0	0	0	0	0

续表

高校名称		总数					出版著作(部)							古籍整理(部)	译著(部)	发表译文(篇)	电子出版物(件)	发表论文(篇)				获奖成果数(项)				研究与咨询报告(篇)	
		课题数(项)	当年投入人数(人年)	其中:研究生(人年)	当年投入经费(千元)	当年支出经费(千元)	合计	专著	其中:被译成外文	编著教材	工具书参考书	皮书/发展报告	科普读物					合计	国内学术刊物	国外学术刊物	港、澳、台地区刊物	合计	国家级奖	部级奖	省级奖	合计	其中:被采纳数
	编号	L01	L02	L03	L04	L05	L06	L07	L08	L09	L10	L11	L12	L13	L14	L15	L16	L17	L18	L19	L20	L21	L22	L23	L24	L25	L26
常州轻工职业技术学院	33	0	0	0	0	0	0	0	0	0	0	0	0	0	0	0	0	0	0	0	0	0	0	0	0	0	0
常州工程职业技术学院	34	3	0.5	0	0	3	0	0	0	0	0	0	0	0	0	0	0	1	1	0	0	0	0	0	0	0	0
江苏农林职业技术学院	35	0	0	0	0	0	0	0	0	0	0	0	0	0	0	0	0	0	0	0	0	0	0	0	0	0	0
江苏食品药品职业技术学院	36	1	0.2	0	5	5	0	0	0	0	0	0	0	0	0	0	0	0	0	0	0	0	0	0	0	1	0
南京铁道职业技术学院	37	2	0.1	0	2	1	0	0	0	0	0	0	0	0	0	0	0	5	5	0	0	0	0	0	0	0	0
徐州工业职业技术学院	38	0	0	0	0	0	0	0	0	0	0	0	0	0	0	0	0	2	2	0	0	0	0	0	0	0	0
江苏信息职业技术学院	39	1	0.3	0	4	1.7	0	0	0	0	0	0	0	0	0	0	0	1	1	0	0	0	0	0	0	0	0
南京信息职业技术学院	40	1	0.1	0	5	3	0	0	0	0	0	0	0	0	0	0	0	1	1	0	0	0	0	0	0	0	0
常州机电职业技术学院	41	1	0.2	0	10	5.05	0	0	0	0	0	0	0	0	0	0	0	3	3	0	0	0	0	0	0	0	0
江阴职业技术学院	42	1	0.1	0	0	2	0	0	0	0	0	0	0	0	0	0	0	0	0	0	0	0	0	0	0	0	0
无锡城市职业技术学院	43	1	0.3	0	0	10	0	0	0	0	0	0	0	0	0	0	0	6	6	0	0	0	0	0	0	0	0
无锡工艺职业技术学院	44	0	0	0	0	0	0	0	0	0	0	0	0	0	0	0	0	8	8	0	0	0	0	0	0	0	0
苏州健雄职业技术学院	45	1	0.2	0	0	2	0	0	0	0	0	0	0	0	0	0	0	2	2	0	0	0	0	0	0	0	0
盐城工业职业技术学院	46	2	0.6	0	10	4.5	0	0	0	0	0	0	0	0	0	0	0	1	1	0	0	0	0	0	0	0	0

续表

江苏财经职业技术学院	47	0	0	0	0	0	0	0	0	0	0	0	0	0	0	0	0	5	5	0	0	0	0	0	0	0	0
扬州工业职业技术学院	48	0	0	0	0	0	0	0	0	0	0	0	0	0	0	0	0	3	3	0	0	0	0	0	0	0	0
江苏城市职业学院	49	1	0.2	0	0	2	1	1	0	0	0	0	0	0	0	0	0	8	8	0	0	0	0	0	0	0	0
南京城市职业学院	50	0	0	0	0	0	0	0	0	0	0	0	0	0	0	0	0	1	1	0	0	0	0	0	0	0	0
南京机电职业技术学院	51	0	0	0	0	0	0	0	0	0	0	0	0	0	0	0	0	0	0	0	0	0	0	0	0	0	0
南京旅游职业学院	52	0	0	0	0	0	0	0	0	0	0	0	0	0	0	0	0	3	3	0	0	0	0	0	0	0	0
江苏卫生健康职业学院	53	3	0.7	0	3	1	0	0	0	0	0	0	0	0	0	0	0	4	4	0	0	0	0	0	0	0	0
苏州信息职业技术学院	54	0	0	0	0	0	0	0	0	0	0	0	0	0	0	0	0	0	0	0	0	0	0	0	0	0	0
苏州工业园区服务外包职业学院	55	0	0	0	0	0	0	0	0	0	0	0	0	0	0	0	0	0	0	0	0	0	0	0	0	0	0
徐州幼儿师范高等专科学校	56	0	0	0	0	0	0	0	0	0	0	0	0	0	0	0	0	0	0	0	0	0	0	0	0	0	0
徐州生物工程职业技术学院	57	0	0	0	0	0	0	0	0	0	0	0	0	0	0	0	0	0	0	0	0	0	0	0	0	0	0
江苏商贸职业学院	58	2	0.4	0	2.4	1	0	0	0	0	0	0	0	0	0	0	0	8	8	0	0	0	0	0	0	0	0
南通师范高等专科学校	59	0	0	0	0	0	0	0	0	0	0	0	0	0	0	0	0	0	0	0	0	0	0	0	0	0	0
江苏护理职业学院	60	2	0.6	0	6.2	6.2	0	0	0	0	0	0	0	0	0	0	0	0	0	0	0	0	0	0	0	0	0
江苏财会职业学院	61	1	0.5	0	10	10	0	0	0	0	0	0	0	0	0	0	0	0	0	0	0	0	0	0	0	0	0
江苏城乡建设职业学院	62	1	0.2	0	10	6	0	0	0	0	0	0	0	0	0	0	0	0	0	0	0	0	0	0	0	0	0
江苏航空职业技术学院	63	0	0	0	0	0	0	0	0	0	0	0	0	0	0	0	0	0	0	0	0	0	0	0	0	0	0
江苏安全技术职业学院	64	0	0	0	0	0	0	0	0	0	0	0	0	0	0	0	0	0	0	0	0	0	0	0	0	0	0
江苏旅游职业学院	65	0	0	0	0	0	0	0	0	0	0	0	0	0	0	0	0	0	0	0	0	0	0	0	0	0	0

3.19 教育学人文、社会科学研究与课题成果情况表

高校名称		总数					出版著作(部)							古籍整理(部)	译著(部)	发表译文(篇)	电子出版物(件)	发表论文(篇)				获奖成果数(项)				研究与咨询报告(篇)	
		课题数(项)	当年投入人数(人年)	其中:研究生(人年)	当年投入经费(千元)	当年支出经费(千元)	合计	专著	其中:被译成外文	编著教材	工具书参考书	皮书/发展报告	科普读物					合计	国内学术刊物	国外学术刊物	港、澳、台地区刊物	合计	国家级奖	部级奖	省级奖	合计	其中:被采纳数
	编号	L01	L02	L03	L04	L05	L06	L07	L08	L09	L10	L11	L12	L13	L14	L15	L16	L17	L18	L19	L20	L21	L22	L23	L24	L25	L26
合计	/	3 318	685.1	0	12 597.2	10 784	88	25	0	60	0	3	0	0	8	0	0	3 793	3 781	10	2	0	0	0	0	112	49
盐城幼儿师范高等专科学校	1	27	6.4	0	158	810	0	0	0	0	0	0	0	0	0	0	0	58	58	0	0	0	0	0	0	0	0
苏州幼儿师范高等专科学校	2	42	4.8	0	656	194.9	1	0	0	1	0	0	0	0	0	0	0	32	32	0	0	0	0	0	0	2	0
无锡职业技术学院	3	69	10.1	0	856	576.3	0	0	0	0	0	0	0	0	0	0	0	96	96	0	0	0	0	0	0	0	0
江苏建筑职业技术学院	4	51	10.6	0	80	102.9	5	2	0	3	0	0	0	0	0	0	0	101	100	1	0	0	0	0	0	1	1
南京工业职业技术学院	5	83	22.4	0	1 945.14	1 329.74	6	0	0	6	0	0	0	0	1	0	0	78	78	0	0	0	0	0	0	5	5
江苏工程职业技术学院	6	78	10.2	0	115	93	1	1	0	0	0	0	0	0	0	0	0	143	143	0	0	0	0	0	0	0	0
苏州工艺美术职业技术学院	7	67	15.5	0	137	221.3	0	0	0	0	0	0	0	0	0	0	0	58	57	1	0	0	0	0	0	0	0
连云港职业技术学院	8	27	11.7	0	6.5	6.5	0	0	0	0	0	0	0	0	0	0	0	27	27	0	0	0	0	0	0	2	2
镇江市高等专科学校	9	41	10.2	0	159.2	86.5	1	0	0	1	0	0	0	0	0	0	0	17	17	0	0	0	0	0	0	0	0
南通职业大学	10	31	7	0	104	229	2	0	0	2	0	0	0	0	0	0	0	98	98	0	0	0	0	0	0	10	10
苏州市职业大学	11	41	15.9	0	252	165.96	1	1	0	0	0	0	0	0	0	0	0	54	53	1	0	0	0	0	0	2	1
沙洲职业工学院	12	20	3.2	0	30	28.5	0	0	0	0	0	0	0	0	1	0	0	33	33	0	0	0	0	0	0	0	0
扬州市职业大学	13	79	18.1	0	28	28	0	0	0	0	0	0	0	0	0	0	0	75	75	0	0	0	0	0	0	20	0
连云港师范高等专科学校	14	63	6.7	0	55.6	47.6	2	1	0	1	0	0	0	0	0	0	0	74	74	0	0	0	0	0	0	1	0

续表

江苏经贸职业技术学院	15	40	7.6	0	145	107	4	0	0	2	0	2	0	0	1	0	0	17	17	0	0	0	0	0	0	1	1
泰州职业技术学院	16	10	2.5	0	16	21.71	1	1	0	0	0	0	0	0	0	0	0	21	21	0	0	0	0	0	0	0	0
常州信息职业技术学院	17	18	7	0	74	94	0	0	0	0	0	0	0	0	0	0	0	3	3	0	0	0	0	0	0	0	0
江苏海事职业技术学院	18	35	9	0	265.2	266.39	0	0	0	0	0	0	0	0	0	0	0	48	48	0	0	0	0	0	0	2	1
无锡科技职业学院	19	14	5.5	0	41	17.2	0	0	0	0	0	0	0	0	0	0	0	1	1	0	0	0	0	0	0	0	0
江苏医药职业学院	20	112	31.3	0	163	171.8	1	0	0	1	0	0	0	0	0	0	0	86	86	0	0	0	0	0	0	2	2
南通科技职业学院	21	50	11.7	0	119	109.3	2	0	0	2	0	0	0	0	1	0	0	23	23	0	0	0	0	0	0	1	0
苏州经贸职业技术学院	22	44	17.6	0	229	200.4	2	0	0	2	0	0	0	0	0	0	0	85	85	0	0	0	0	0	0	4	2
苏州工业职业技术学院	23	14	3.4	0	309	270.08	2	2	0	0	0	0	0	0	0	0	0	27	26	1	0	0	0	0	0	5	3
苏州卫生职业技术学院	24	33	4.7	0	220	95.5	0	0	0	0	0	0	0	0	0	0	0	35	35	0	0	0	0	0	0	0	0
无锡商业职业技术学院	25	49	12.9	0	264.5	176.8	4	0	0	4	0	0	0	0	0	0	0	160	160	0	0	0	0	0	0	0	0
南通航运职业技术学院	26	152	23.9	0	770.5	401.07	0	0	0	0	0	0	0	0	0	0	0	92	92	0	0	0	0	0	0	0	0
南京交通职业技术学院	27	84	8.8	0	51	178.49	1	1	0	0	0	0	0	0	0	0	0	122	122	0	0	0	0	0	0	0	0
淮安信息职业技术学院	28	159	25.7	0	530	319	0	0	0	0	0	0	0	0	0	0	0	104	104	0	0	0	0	0	0	0	0
江苏农牧科技职业学院	29	14	1.4	0	37	20	0	0	0	0	0	0	0	0	0	0	0	8	8	0	0	0	0	0	0	0	0
常州纺织服装职业技术学院	30	118	19.8	0	225.5	165.02	1	0	0	1	0	0	0	0	0	0	0	148	148	0	0	0	0	0	0	0	0
苏州农业职业技术学院	31	16	3	0	104.5	91	0	0	0	0	0	0	0	0	0	0	0	15	15	0	0	0	0	0	0	0	0
南京科技职业学院	32	58	9.1	0	79	66	0	0	0	0	0	0	0	0	0	0	0	3	3	0	0	0	0	0	0	0	0

续表

高校名称		总数					出版著作(部)							古籍整理(部)	译著(部)	发表译文(篇)	电子出版物(件)	发表论文(篇)				获奖成果数(项)				研究与咨询报告(篇)	
		课题数(项)	当年投入人数(人年)	其中:研究生(人年)	当年投入经费(千元)	当年支出经费(千元)	合计	专著	其中:被译成外文	编著教材	工具书参考书	皮书/发展报告	科普读物					合计	国内学术刊物	国外学术刊物	港、澳、台地区刊物	合计	国家级奖	部级奖	省级奖	合计	其中:被采纳数
	编号	L01	L02	L03	L04	L05	L06	L07	L08	L09	L10	L11	L12	L13	L14	L15	L16	L17	L18	L19	L20	L21	L22	L23	L24	L25	L26
常州轻工职业技术学院	33	121	51.9	0	221	197.5	11	0	0	11	0	0	0	0	0	0	0	100	100	0	0	0	0	0	0	2	0
常州工程职业技术学院	34	33	10.5	0	58	94	3	3	0	0	0	0	0	0	1	0	0	190	190	0	0	0	0	0	0	4	0
江苏农林职业技术学院	35	3	0.6	0	30	27	0	0	0	0	0	0	0	0	0	0	0	0	0	0	0	0	0	0	0	0	0
江苏食品药品职业技术学院	36	70	15.5	0	305	279.1	7	3	0	4	0	0	0	0	0	0	0	35	35	0	0	0	0	0	0	0	0
南京铁道职业技术学院	37	100	9.9	0	280	306.6	1	1	0	0	0	0	0	0	0	0	0	69	69	0	0	0	0	0	0	1	1
徐州工业职业技术学院	38	83	9.1	0	314	264.8	2	1	0	1	0	0	0	0	0	0	0	49	49	0	0	0	0	0	0	0	0
江苏信息职业技术学院	39	26	9.4	0	65	60.85	3	0	0	3	0	0	0	0	0	0	0	64	64	0	0	0	0	0	0	0	0
南京信息职业技术学院	40	75	7.9	0	191	259.9	3	2	0	1	0	0	0	0	0	0	0	76	76	0	0	0	0	0	0	3	0
常州机电职业技术学院	41	192	32.1	0	393	402.04	0	0	0	0	0	0	0	0	1	0	0	139	139	0	0	0	0	0	0	2	0
江阴职业技术学院	42	27	2.4	0	77	52	0	0	0	0	0	0	0	0	0	0	0	69	69	0	0	0	0	0	0	0	0
无锡城市职业技术学院	43	19	3.8	0	52	48.1	0	0	0	0	0	0	0	0	0	0	0	54	54	0	0	0	0	0	0	0	0
无锡工艺职业技术学院	44	63	7.4	0	305.5	305.5	2	1	0	1	0	0	0	0	0	0	0	76	75	1	0	0	0	0	0	20	17
苏州健雄职业技术学院	45	46	9.5	0	256	155.5	0	0	0	0	0	0	0	0	0	0	0	53	52	1	0	0	0	0	0	2	0
盐城工业职业技术学院	46	18	4	0	65	46	0	0	0	0	0	0	0	0	0	0	0	46	46	0	0	0	0	0	0	2	0

续表

江苏财经职业技术学院	47	57	5.9	0	59	109.77	1	0	0	1	0	0	0	0	0	0	0	29	29	0	0	0	0	0	0	0	0
扬州工业职业技术学院	48	43	5.2	0	143	104.7	0	0	0	0	0	0	0	0	0	0	0	88	88	0	0	0	0	0	0	0	0
江苏城市职业学院	49	102	35.1	0	361	303.48	2	2	0	0	0	0	0	0	0	0	0	92	90	0	2	0	0	0	0	2	0
南京城市职业学院	50	47	5.2	0	114.4	0	0	0	0	0	0	0	0	0	0	0	0	61	61	0	0	0	0	0	0	0	0
南京机电职业技术学院	51	70	10.2	0	169	163.5	0	0	0	0	0	0	0	0	0	0	0	32	32	0	0	0	0	0	0	0	0
南京旅游职业学院	52	30	4.5	0	31	18.38	3	0	0	2	0	1	0	0	0	0	0	55	54	1	0	0	0	0	0	0	0
江苏卫生健康职业学院	53	68	14.2	0	165.5	101.65	0	0	0	0	0	0	0	0	0	0	0	32	32	0	0	0	0	0	0	2	1
苏州信息职业技术学院	54	12	2.2	0	56	18.2	0	0	0	0	0	0	0	0	0	0	0	18	18	0	0	0	0	0	0	0	0
苏州工业园区服务外包职业学院	55	27	5.7	0	115	115.1	3	3	0	0	0	0	0	0	1	0	0	51	51	0	0	0	0	0	0	1	1
徐州幼儿师范高等专科学校	56	61	11.1	0	150	128.85	1	0	0	1	0	0	0	0	1	0	0	81	81	0	0	0	0	0	0	0	0
徐州生物工程职业技术学院	57	40	4	0	21	45.9	1	0	0	1	0	0	0	0	0	0	0	26	26	0	0	0	0	0	0	9	0
江苏商贸职业学院	58	20	6.7	0	19.7	35.6	0	0	0	0	0	0	0	0	0	0	0	38	38	0	0	0	0	0	0	0	0
南通师范高等专科学校	59	7	2.1	0	19	22	4	0	0	4	0	0	0	0	0	0	0	71	71	0	0	0	0	0	0	0	0
江苏护理职业学院	60	10	3	0	39.5	39.5	2	0	0	2	0	0	0	0	0	0	0	4	4	0	0	0	0	0	0	0	0
江苏财会职业学院	61	48	20	0	126	248	1	0	0	1	0	0	0	0	0	0	0	57	54	3	0	0	0	0	0	2	0
江苏城乡建设职业学院	62	57	16.6	0	141	110.5	1	0	0	1	0	0	0	0	0	0	0	77	77	0	0	0	0	0	0	2	1
江苏航空职业技术学院	63	0	0	0	0	0	0	0	0	0	0	0	0	0	0	0	0	0	0	0	0	0	0	0	0	0	0
江苏安全技术职业学院	64	4	1.7	0	29	29	0	0	0	0	0	0	0	0	0	0	0	13	13	0	0	0	0	0	0	0	0
江苏旅游职业学院	65	0	0	0	0	0	0	0	0	0	0	0	0	0	0	0	0	6	6	0	0	0	0	0	0	0	0

3.20 统计学人文、社会科学研究与课题成果情况表

高校名称	编号	总数 课题数(项)	当年投入人数(人年)	其中:研究生(人年)	当年投入经费(千元)	当年支出经费(千元)	出版著作(部) 合计	专著	其中:被译成外文	编著教材	工具书参考书	皮书/发展报告	科普读物	古籍整理(部)	译著(部)	发表译文(篇)	电子出版物(件)	发表论文(篇) 合计	国内学术刊物	国外学术刊物	港、澳、台地区刊物	获奖成果数(项) 合计	国家级奖	部级奖	省级奖	研究与咨询报告(篇) 合计	其中:被采纳数
		L01	L02	L03	L04	L05	L06	L07	L08	L09	L10	L11	L12	L13	L14	L15	L16	L17	L18	L19	L20	L21	L22	L23	L24	L25	L26
合计	/	27	5.5	0	161	154.05	1	0	0	1	0	0	0	0	0	0	0	28	27	1	0	0	0	0	0	1	0
盐城幼儿师范高等专科学校	1	0	0	0	0	0	0	0	0	0	0	0	0	0	0	0	0	0	0	0	0	0	0	0	0	0	0
苏州幼儿师范高等专科学校	2	0	0	0	0	0	0	0	0	0	0	0	0	0	0	0	0	0	0	0	0	0	0	0	0	0	0
无锡职业技术学院	3	0	0	0	0	0	0	0	0	0	0	0	0	0	0	0	0	0	0	0	0	0	0	0	0	0	0
江苏建筑职业技术学院	4	0	0	0	0	0	0	0	0	0	0	0	0	0	0	0	0	11	11	0	0	0	0	0	0	0	0
南京工业职业技术学院	5	0	0	0	0	0	0	0	0	0	0	0	0	0	0	0	0	6	6	0	0	0	0	0	0	0	0
江苏工程职业技术学院	6	0	0	0	0	0	0	0	0	0	0	0	0	0	0	0	0	0	0	0	0	0	0	0	0	0	0
苏州工艺美术职业技术学院	7	0	0	0	0	0	0	0	0	0	0	0	0	0	0	0	0	0	0	0	0	0	0	0	0	0	0
连云港职业技术学院	8	0	0	0	0	0	0	0	0	0	0	0	0	0	0	0	0	0	0	0	0	0	0	0	0	0	0
镇江市高等专科学校	9	0	0	0	0	0	0	0	0	0	0	0	0	0	0	0	0	0	0	0	0	0	0	0	0	0	0
南通职业大学	10	0	0	0	0	0	0	0	0	0	0	0	0	0	0	0	0	0	0	0	0	0	0	0	0	0	0
苏州市职业大学	11	0	0	0	0	0	0	0	0	0	0	0	0	0	0	0	0	0	0	0	0	0	0	0	0	0	0
沙洲职业工学院	12	0	0	0	0	0	0	0	0	0	0	0	0	0	0	0	0	0	0	0	0	0	0	0	0	0	0
扬州市职业大学	13	4	1	0	0	0	0	0	0	0	0	0	0	0	0	0	0	0	0	0	0	0	0	0	0	0	0
连云港师范高等专科学校	14	0	0	0	0	0	0	0	0	0	0	0	0	0	0	0	0	0	0	0	0	0	0	0	0	0	0

续表

江苏经贸职业技术学院	15	0	0	0	0	0	0	0	0	0	0	0	0	0	0	0	0	0	0	0	0	0	0	0	0	0	0
泰州职业技术学院	16	0	0	0	0	0	0	0	0	0	0	0	0	0	0	0	0	0	0	0	0	0	0	0	0	0	0
常州信息职业技术学院	17	0	0	0	0	0	0	0	0	0	0	0	0	0	0	0	0	0	0	0	0	0	0	0	0	0	0
江苏海事职业技术学院	18	0	0	0	0	0	0	0	0	0	0	0	0	0	0	0	0	0	0	0	0	0	0	0	0	0	0
无锡科技职业学院	19	0	0	0	0	0	0	0	0	0	0	0	0	0	0	0	0	0	0	0	0	0	0	0	0	0	0
江苏医药职业学院	20	0	0	0	0	0	0	0	0	0	0	0	0	0	0	0	0	0	0	0	0	0	0	0	0	0	0
南通科技职业学院	21	1	0.2	0	0	2.5	0	0	0	0	0	0	0	0	0	0	0	0	0	0	0	0	0	0	0	0	0
苏州经贸职业技术学院	22	9	1.7	0	35	34	0	0	0	0	0	0	0	0	0	0	0	2	2	0	0	0	0	0	0	0	0
苏州工业职业技术学院	23	3	0.7	0	25	37	0	0	0	0	0	0	0	0	0	0	0	0	0	0	0	0	0	0	0	1	0
苏州卫生职业技术学院	24	0	0	0	0	0	0	0	0	0	0	0	0	0	0	0	0	0	0	0	0	0	0	0	0	0	0
无锡商业职业技术学院	25	1	0.2	0	0	5	0	0	0	0	0	0	0	0	0	0	0	0	0	0	0	0	0	0	0	0	0
南通航运职业技术学院	26	0	0	0	0	0	0	0	0	0	0	0	0	0	0	0	0	0	0	0	0	0	0	0	0	0	0
南京交通职业技术学院	27	1	0.1	0	0	0	0	0	0	0	0	0	0	0	0	0	0	0	0	0	0	0	0	0	0	0	0
淮安信息职业技术学院	28	0	0	0	0	0	0	0	0	0	0	0	0	0	0	0	0	0	0	0	0	0	0	0	0	0	0
江苏农牧科技职业学院	29	0	0	0	0	0	0	0	0	0	0	0	0	0	0	0	0	0	0	0	0	0	0	0	0	0	0
常州纺织服装职业技术学院	30	0	0	0	0	0	1	0	0	1	0	0	0	0	0	0	0	0	0	0	0	0	0	0	0	0	0
苏州农业职业技术学院	31	0	0	0	0	0	0	0	0	0	0	0	0	0	0	0	0	0	0	0	0	0	0	0	0	0	0
南京科技职业学院	32	0	0	0	0	0	0	0	0	0	0	0	0	0	0	0	0	1	1	0	0	0	0	0	0	0	0

续表

高校名称		总数					出版著作(部)							古籍整理(部)	译著(部)	发表译文(篇)	电子出版物(件)	发表论文(篇)				获奖成果数(项)				研究与咨询报告(篇)	
		课题数(项)	当年投入人数(人年)	其中:研究生(人年)	当年投入经费(千元)	当年支出经费(千元)	合计	专著	其中:被译成外文	编著教材	工具书参考书	皮书/发展报告	科普读物					合计	国内学术刊物	国外学术刊物	港、澳、台地区刊物	合计	国家级奖	部级奖	省级奖	合计	其中:被采纳数
	编号	L01	L02	L03	L04	L05	L06	L07	L08	L09	L10	L11	L12	L13	L14	L15	L16	L17	L18	L19	L20	L21	L22	L23	L24	L25	L26
常州轻工职业技术学院	33	0	0	0	0	0	0	0	0	0	0	0	0	0	0	0	0	0	0	0	0	0	0	0	0	0	0
常州工程职业技术学院	34	0	0	0	0	0	0	0	0	0	0	0	0	0	0	0	0	0	0	0	0	0	0	0	0	0	0
江苏农林职业技术学院	35	0	0	0	0	0	0	0	0	0	0	0	0	0	0	0	0	0	0	0	0	0	0	0	0	0	0
江苏食品药品职业技术学院	36	0	0	0	0	0	0	0	0	0	0	0	0	0	0	0	0	0	0	0	0	0	0	0	0	0	0
南京铁道职业技术学院	37	1	0.1	0	2	1	0	0	0	0	0	0	0	0	0	0	0	1	0	1	0	0	0	0	0	0	0
徐州工业职业技术学院	38	0	0	0	0	0	0	0	0	0	0	0	0	0	0	0	0	0	0	0	0	0	0	0	0	0	0
江苏信息职业技术学院	39	0	0	0	0	0	0	0	0	0	0	0	0	0	0	0	0	0	0	0	0	0	0	0	0	0	0
南京信息职业技术学院	40	0	0	0	0	0	0	0	0	0	0	0	0	0	0	0	0	2	2	0	0	0	0	0	0	0	0
常州机电职业技术学院	41	0	0	0	0	0	0	0	0	0	0	0	0	0	0	0	0	0	0	0	0	0	0	0	0	0	0
江阴职业技术学院	42	0	0	0	0	0	0	0	0	0	0	0	0	0	0	0	0	0	0	0	0	0	0	0	0	0	0
无锡城市职业技术学院	43	0	0	0	0	0	0	0	0	0	0	0	0	0	0	0	0	0	0	0	0	0	0	0	0	0	0
无锡工艺职业技术学院	44	0	0	0	0	0	0	0	0	0	0	0	0	0	0	0	0	0	0	0	0	0	0	0	0	0	0
苏州健雄职业技术学院	45	0	0	0	0	0	0	0	0	0	0	0	0	0	0	0	0	0	0	0	0	0	0	0	0	0	0
盐城工业职业技术学院	46	0	0	0	0	0	0	0	0	0	0	0	0	0	0	0	0	0	0	0	0	0	0	0	0	0	0

续表

江苏财经职业技术学院	47	0	0	0	0	0	0	0	0	0	0	0	0	0	0	0	0	0	0	0	0	0	0	0	0	0	0
扬州工业职业技术学院	48	1	0.1	0	10	3	0	0	0	0	0	0	0	0	0	0	0	0	0	0	0	0	0	0	0	0	0
江苏城市职业学院	49	2	0.7	0	20	11.55	0	0	0	0	0	0	0	0	0	0	0	0	0	0	0	0	0	0	0	0	0
南京城市职业学院	50	0	0	0	0	0	0	0	0	0	0	0	0	0	0	0	0	1	1	0	0	0	0	0	0	0	0
南京机电职业技术学院	51	0	0	0	0	0	0	0	0	0	0	0	0	0	0	0	0	0	0	0	0	0	0	0	0	0	0
南京旅游职业学院	52	0	0	0	0	0	0	0	0	0	0	0	0	0	0	0	0	1	1	0	0	0	0	0	0	0	0
江苏卫生健康职业学院	53	2	0.2	0	13	4	0	0	0	0	0	0	0	0	0	0	0	1	1	0	0	0	0	0	0	0	0
苏州信息职业技术学院	54	0	0	0	0	0	0	0	0	0	0	0	0	0	0	0	0	0	0	0	0	0	0	0	0	0	0
苏州工业园区服务外包职业学院	55	1	0.1	0	50	50	0	0	0	0	0	0	0	0	0	0	0	0	0	0	0	0	0	0	0	0	0
徐州幼儿师范高等专科学校	56	0	0	0	0	0	0	0	0	0	0	0	0	0	0	0	0	0	0	0	0	0	0	0	0	0	0
徐州生物工程职业技术学院	57	0	0	0	0	0	0	0	0	0	0	0	0	0	0	0	0	0	0	0	0	0	0	0	0	0	0
江苏商贸职业学院	58	0	0	0	0	0	0	0	0	0	0	0	0	0	0	0	0	0	0	0	0	0	0	0	0	0	0
南通师范高等专科学校	59	0	0	0	0	0	0	0	0	0	0	0	0	0	0	0	0	1	1	0	0	0	0	0	0	0	0
江苏护理职业学院	60	0	0	0	0	0	0	0	0	0	0	0	0	0	0	0	0	0	0	0	0	0	0	0	0	0	0
江苏财会职业学院	61	0	0	0	0	0	0	0	0	0	0	0	0	0	0	0	0	0	0	0	0	0	0	0	0	0	0
江苏城乡建设职业学院	62	0	0	0	0	0	0	0	0	0	0	0	0	0	0	0	0	0	0	0	0	0	0	0	0	0	0
江苏航空职业技术学院	63	0	0	0	0	0	0	0	0	0	0	0	0	0	0	0	0	0	0	0	0	0	0	0	0	0	0
江苏安全技术职业学院	64	1	0.4	0	6	6	0	0	0	0	0	0	0	0	0	0	0	1	1	0	0	0	0	0	0	0	0
江苏旅游职业学院	65	0	0	0	0	0	0	0	0	0	0	0	0	0	0	0	0	0	0	0	0	0	0	0	0	0	0

3.21 心理学人文、社会科学研究与课题成果情况表

高校名称		总数					出版著作(部)							古籍整理(部)	译著(部)	发表译文(篇)	电子出版物(件)	发表论文(篇)				获奖成果数(项)				研究与咨询报告(篇)	
		课题数(项)	当年投入人数(人年)	其中：研究生(人年)	当年投入经费(千元)	当年支出经费(千元)	合计	专著	其中：被译成外文	编著教材	工具书参考书	皮书/发展报告	科普读物					合计	国内学术刊物	国外学术刊物	港、澳、台地区刊物	合计	国家级奖	部级奖	省级奖	合计	其中：被采纳数
	编号	L01	L02	L03	L04	L05	L06	L07	L08	L09	L10	L11	L12	L13	L14	L15	L16	L17	L18	L19	L20	L21	L22	L23	L24	L25	L26
合计	/	115	22.9	0	504.15	405.95	1	0	0	1	0	0	0	0	0	0	0	84	84	0	0	0	0	0	0	6	3
盐城幼儿师范高等专科学校	1	1	0.2	0	10	30	0	0	0	0	0	0	0	0	0	0	0	0	0	0	0	0	0	0	0	0	0
苏州幼儿师范高等专科学校	2	0	0	0	0	0	0	0	0	0	0	0	0	0	0	0	0	0	0	0	0	0	0	0	0	0	0
无锡职业技术学院	3	2	0.3	0	0	0	0	0	0	0	0	0	0	0	0	0	0	1	1	0	0	0	0	0	0	0	0
江苏建筑职业技术学院	4	5	0.9	0	0	3.8	0	0	0	0	0	0	0	0	0	0	0	1	1	0	0	0	0	0	0	0	0
南京工业职业技术学院	5	2	0.6	0	1.25	1.25	0	0	0	0	0	0	0	0	0	0	0	1	1	0	0	0	0	0	0	0	0
江苏工程职业技术学院	6	0	0	0	0	0	0	0	0	0	0	0	0	0	0	0	0	0	0	0	0	0	0	0	0	0	0
苏州工艺美术职业技术学院	7	2	0.3	0	0	1.4	0	0	0	0	0	0	0	0	0	0	0	1	1	0	0	0	0	0	0	0	0
连云港职业技术学院	8	0	0	0	0	0	0	0	0	0	0	0	0	0	0	0	0	0	0	0	0	0	0	0	0	0	0
镇江市高等专科学校	9	0	0	0	0	0	0	0	0	0	0	0	0	0	0	0	0	0	0	0	0	0	0	0	0	0	0
南通职业大学	10	2	0.5	0	5	5	0	0	0	0	0	0	0	0	0	0	0	0	0	0	0	0	0	0	0	0	0
苏州市职业大学	11	4	0.8	0	0	1.8	0	0	0	0	0	0	0	0	0	0	0	0	0	0	0	0	0	0	0	0	0
沙洲职业工学院	12	3	0.3	0	11	3	0	0	0	0	0	0	0	0	0	0	0	4	4	0	0	0	0	0	0	1	0
扬州市职业大学	13	5	1.5	0	48.2	48.2	0	0	0	0	0	0	0	0	0	0	0	1	1	0	0	0	0	0	0	0	0
连云港师范高等专科学校	14	6	0.6	0	0	0	0	0	0	0	0	0	0	0	0	0	0	3	3	0	0	0	0	0	0	0	0

续表

江苏经贸职业技术学院	15	7	0.8	0	74	56.5	0	0	0	0	0	0	0	0	0	0	0	0	0	0	0	0	0	0	0	1	1
泰州职业技术学院	16	0	0	0	0	0	0	0	0	0	0	0	0	0	0	0	0	3	3	0	0	0	0	0	0	0	0
常州信息职业技术学院	17	1	0.4	0	4	4	0	0	0	0	0	0	0	0	0	0	0	0	0	0	0	0	0	0	0	0	0
江苏海事职业技术学院	18	1	0.5	0	50	50	0	0	0	0	0	0	0	0	0	0	0	0	0	0	0	0	0	0	0	1	0
无锡科技职业学院	19	0	0	0	0	0	0	0	0	0	0	0	0	0	0	0	0	0	0	0	0	0	0	0	0	0	0
江苏医药职业学院	20	2	0.7	0	0	4	0	0	0	0	0	0	0	0	0	0	0	6	6	0	0	0	0	0	0	0	0
南通科技职业学院	21	4	1	0	6	9.1	0	0	0	0	0	0	0	0	0	0	0	0	0	0	0	0	0	0	0	0	0
苏州经贸职业技术学院	22	2	0.6	0	0	0.7	0	0	0	0	0	0	0	0	0	0	0	0	0	0	0	0	0	0	0	0	0
苏州工业职业技术学院	23	1	0.4	0	70	55	0	0	0	0	0	0	0	0	0	0	0	0	0	0	0	0	0	0	0	1	1
苏州卫生职业技术学院	24	8	1	0	80	19.1	0	0	0	0	0	0	0	0	0	0	0	5	5	0	0	0	0	0	0	0	0
无锡商业职业技术学院	25	2	0.5	0	10	9	0	0	0	0	0	0	0	0	0	0	0	0	0	0	0	0	0	0	0	0	0
南通航运职业技术学院	26	4	0.6	0	5	5.6	0	0	0	0	0	0	0	0	0	0	0	0	0	0	0	0	0	0	0	0	0
南京交通职业技术学院	27	1	0.1	0	0	0	0	0	0	0	0	0	0	0	0	0	0	1	1	0	0	0	0	0	0	0	0
淮安信息职业技术学院	28	3	0.7	0	0	0	0	0	0	0	0	0	0	0	0	0	0	1	1	0	0	0	0	0	0	0	0
江苏农牧科技职业学院	29	0	0	0	0	0	0	0	0	0	0	0	0	0	0	0	0	0	0	0	0	0	0	0	0	0	0
常州纺织服装职业技术学院	30	4	0.5	0	5	8.7	0	0	0	0	0	0	0	0	0	0	0	4	4	0	0	0	0	0	0	0	0
苏州农业职业技术学院	31	0	0	0	0	0	0	0	0	0	0	0	0	0	0	0	0	0	0	0	0	0	0	0	0	0	0
南京科技职业学院	32	3	0.5	0	18	11	0	0	0	0	0	0	0	0	0	0	0	1	1	0	0	0	0	0	0	0	0

续表

高校名称	编号	总数					出版著作(部)							古籍整理(部)	译著(部)	发表译文(篇)	电子出版物(件)	发表论文(篇)				获奖成果数(项)				研究与咨询报告(篇)	
		课题数(项)	当年投入人数(人年)	其中：研究生(人年)	当年投入经费(千元)	当年支出经费(千元)	合计	专著	其中：被译成外文	编著教材	工具书参考书	皮书/发展报告	科普读物					合计	国内学术刊物	国外学术刊物	港、澳、台地区刊物	合计	国家级奖	部级奖	省级奖	合计	其中：被采纳数
	编号	L01	L02	L03	L04	L05	L06	L07	L08	L09	L10	L11	L12	L13	L14	L15	L16	L17	L18	L19	L20	L21	L22	L23	L24	L25	L26
常州轻工职业技术学院	33	1	0.3	0	0	0	0	0	0	0	0	0	0	0	0	0	0	1	1	0	0	0	0	0	0	0	0
常州工程职业技术学院	34	0	0	0	0	0	0	0	0	0	0	0	0	0	0	0	0	0	0	0	0	0	0	0	0	1	0
江苏农林职业技术学院	35	0	0	0	0	0	0	0	0	0	0	0	0	0	0	0	0	0	0	0	0	0	0	0	0	0	0
江苏食品药品职业技术学院	36	2	0.7	0	8	2.5	0	0	0	0	0	0	0	0	0	0	0	0	0	0	0	0	0	0	0	0	0
南京铁道职业技术学院	37	3	0.2	0	2	3	0	0	0	0	0	0	0	0	0	0	0	3	3	0	0	0	0	0	0	0	0
徐州工业职业技术学院	38	0	0	0	0	0	0	0	0	0	0	0	0	0	0	0	0	0	0	0	0	0	0	0	0	0	0
江苏信息职业技术学院	39	1	0.6	0	10	2.7	0	0	0	0	0	0	0	0	0	0	0	1	1	0	0	0	0	0	0	0	0
南京信息职业技术学院	40	8	0.8	0	33.5	22	0	0	0	0	0	0	0	0	0	0	0	7	7	0	0	0	0	0	0	0	0
常州机电职业技术学院	41	0	0	0	0	0	0	0	0	0	0	0	0	0	0	0	0	0	0	0	0	0	0	0	0	0	0
江阴职业技术学院	42	0	0	0	0	0	0	0	0	0	0	0	0	0	0	0	0	0	0	0	0	0	0	0	0	0	0
无锡城市职业技术学院	43	2	0.4	0	10	4.5	0	0	0	0	0	0	0	0	0	0	0	2	2	0	0	0	0	0	0	0	0
无锡工艺职业技术学院	44	1	0.1	0	0	0	0	0	0	0	0	0	0	0	0	0	0	0	0	0	0	0	0	0	0	0	0
苏州健雄职业技术学院	45	1	0.2	0	0	4	0	0	0	0	0	0	0	0	0	0	0	2	2	0	0	0	0	0	0	0	0
盐城工业职业技术学院	46	1	0.2	0	0	5	0	0	0	0	0	0	0	0	0	0	0	0	0	0	0	0	0	0	0	0	0

续表

江苏财经职业技术学院	47	1	0.1	0	0	0.8	0	0	0	0	0	0	0	0	0	0	0	10	10	0	0	0	0	0	0	0	0
扬州工业职业技术学院	48	0	0	0	0	0	0	0	0	0	0	0	0	0	0	0	0	0	0	0	0	0	0	0	0	0	0
江苏城市职业学院	49	0	0	0	0	0	0	0	0	0	0	0	0	0	0	0	0	0	0	0	0	0	0	0	0	0	0
南京城市职业学院	50	3	0.5	0	3.2	4.2	0	0	0	0	0	0	0	0	0	0	0	2	2	0	0	0	0	0	0	0	0
南京机电职业技术学院	51	1	0.1	0	0	0	0	0	0	0	0	0	0	0	0	0	0	1	1	0	0	0	0	0	0	0	0
南京旅游职业学院	52	3	1.3	0	0	0	0	0	0	0	0	0	0	0	0	0	0	8	8	0	0	0	0	0	0	0	0
江苏卫生健康职业学院	53	8	1.7	0	30	15.1	0	0	0	0	0	0	0	0	0	0	0	4	4	0	0	0	0	0	0	1	1
苏州信息职业技术学院	54	0	0	0	0	0	0	0	0	0	0	0	0	0	0	0	0	1	1	0	0	0	0	0	0	0	0
苏州工业园区服务外包职业学院	55	0	0	0	0	0	0	0	0	0	0	0	0	0	0	0	0	0	0	0	0	0	0	0	0	0	0
徐州幼儿师范高等专科学校	56	1	0.3	0	0	2	1	0	0	1	0	0	0	0	0	0	0	2	2	0	0	0	0	0	0	0	0
徐州生物工程职业技术学院	57	1	0.1	0	0	0	0	0	0	0	0	0	0	0	0	0	0	0	0	0	0	0	0	0	0	0	0
江苏商贸职业学院	58	1	0.6	0	0	3	0	0	0	0	0	0	0	0	0	0	0	4	4	0	0	0	0	0	0	0	0
南通师范高等专科学校	59	0	0	0	0	0	0	0	0	0	0	0	0	0	0	0	0	1	1	0	0	0	0	0	0	0	0
江苏护理职业学院	60	0	0	0	0	0	0	0	0	0	0	0	0	0	0	0	0	0	0	0	0	0	0	0	0	0	0
江苏财会职业学院	61	1	0.4	0	10	10	0	0	0	0	0	0	0	0	0	0	0	2	2	0	0	0	0	0	0	0	0
江苏城乡建设职业学院	62	0	0	0	0	0	0	0	0	0	0	0	0	0	0	0	0	0	0	0	0	0	0	0	0	0	0
江苏航空职业技术学院	63	0	0	0	0	0	0	0	0	0	0	0	0	0	0	0	0	0	0	0	0	0	0	0	0	0	0
江苏安全技术职业学院	64	0	0	0	0	0	0	0	0	0	0	0	0	0	0	0	0	0	0	0	0	0	0	0	0	0	0
江苏旅游职业学院	65	0	0	0	0	0	0	0	0	0	0	0	0	0	0	0	0	0	0	0	0	0	0	0	0	0	0

3.22 体育科学人文、社会科学研究与课题成果情况表

高校名称	编号	总数					出版著作(部)							古籍整理(部)	译著(部)	发表译文(篇)	电子出版物(件)	发表论文(篇)				获奖成果数(项)				研究与咨询报告(篇)	
		课题数(项)	当年投入人数(人年)	其中:研究生(人年)	当年投入经费(千元)	当年支出经费(千元)	合计	专著	其中:被译成外文	编著教材	工具书参考书	皮书/发展报告	科普读物					合计	国内学术刊物	国外学术刊物	港、澳、台地区刊物	合计	国家级奖	部级奖	省级奖	合计	其中:被采纳数
		L01	L02	L03	L04	L05	L06	L07	L08	L09	L10	L11	L12	L13	L14	L15	L16	L17	L18	L19	L20	L21	L22	L23	L24	L25	L26
合计	/	163	29.4	0	1 004.3	829.59	7	2	0	5	0	0	0	0	1	0	0	274	272	2	0	0	0	0	0	32	14
盐城幼儿师范高等专科学校	1	0	0	0	0	0	0	0	0	0	0	0	0	0	0	0	0	0	0	0	0	0	0	0	0	0	0
苏州幼儿师范高等专科学校	2	5	0.5	0	28	12.5	0	0	0	0	0	0	0	0	0	0	0	2	2	0	0	0	0	0	0	0	0
无锡职业技术学院	3	14	1.9	0	25	17.2	0	0	0	0	0	0	0	0	0	0	0	6	6	0	0	0	0	0	0	1	1
江苏建筑职业技术学院	4	5	0.9	0	0	1.1	0	0	0	0	0	0	0	0	0	0	0	1	1	0	0	0	0	0	0	0	0
南京工业职业技术学院	5	10	1.7	0	83.5	83.5	1	0	0	1	0	0	0	0	1	0	0	8	8	0	0	0	0	0	0	1	0
江苏工程职业技术学院	6	1	0.1	0	0	0.5	0	0	0	0	0	0	0	0	0	0	0	0	0	0	0	0	0	0	0	0	0
苏州工艺美术职业技术学院	7	0	0	0	0	0	0	0	0	0	0	0	0	0	0	0	0	21	21	0	0	0	0	0	0	0	0
连云港职业技术学院	8	0	0	0	0	0	0	0	0	0	0	0	0	0	0	0	0	1	1	0	0	0	0	0	0	0	0
镇江市高等专科学校	9	2	0.8	0	8	7	1	1	0	0	0	0	0	0	0	0	0	2	2	0	0	0	0	0	0	0	0
南通职业大学	10	2	0.4	0	8	8	0	0	0	0	0	0	0	0	0	0	0	0	0	0	0	0	0	0	0	0	0
苏州市职业大学	11	2	0.5	0	2.4	6.2	0	0	0	0	0	0	0	0	0	0	0	6	6	0	0	0	0	0	0	1	0
沙洲职业工学院	12	0	0	0	0	0	0	0	0	0	0	0	0	0	0	0	0	4	4	0	0	0	0	0	0	0	0
扬州市职业大学	13	6	1.7	0	18	18	0	0	0	0	0	0	0	0	0	0	0	20	20	0	0	0	0	0	0	5	0
连云港师范高等专科学校	14	4	0.5	0	0	0	0	0	0	0	0	0	0	0	0	0	0	1	1	0	0	0	0	0	0	0	0

续表

江苏经贸职业技术学院	15	1	0.4	0	0	0	1	0	0	1	0	0	0	0	0	0	0	8	8	0	0	0	0	0	0	0	0
泰州职业技术学院	16	1	0.3	0	6	0	0	0	0	0	0	0	0	0	0	0	0	2	2	0	0	0	0	0	0	0	0
常州信息职业技术学院	17	2	1	0	5	15	0	0	0	0	0	0	0	0	0	0	0	15	15	0	0	0	0	0	0	0	0
江苏海事职业技术学院	18	4	0.8	0	9.6	9.8	0	0	0	0	0	0	0	0	0	0	0	2	2	0	0	0	0	0	0	0	0
无锡科技职业学院	19	3	1.7	0	50	32	0	0	0	0	0	0	0	0	0	0	0	1	1	0	0	0	0	0	0	0	0
江苏医药职业学院	20	0	0	0	0	0	0	0	0	0	0	0	0	0	0	0	0	0	0	0	0	0	0	0	0	0	0
南通科技职业学院	21	1	0.3	0	0	0	1	1	0	0	0	0	0	0	0	0	0	1	1	0	0	0	0	0	0	0	0
苏州经贸职业技术学院	22	6	2.5	0	38	32.85	0	0	0	0	0	0	0	0	0	0	0	10	10	0	0	0	0	0	0	3	0
苏州工业职业技术学院	23	1	0.1	0	4	4	0	0	0	0	0	0	0	0	0	0	0	11	11	0	0	0	0	0	0	0	0
苏州卫生职业技术学院	24	1	0.1	0	0	1	0	0	0	0	0	0	0	0	0	0	0	6	6	0	0	0	0	0	0	0	0
无锡商业职业技术学院	25	0	0	0	0	0	0	0	0	0	0	0	0	0	0	0	0	0	0	0	0	0	0	0	0	0	0
南通航运职业技术学院	26	3	0.3	0	0	1.5	0	0	0	0	0	0	0	0	0	0	0	7	7	0	0	0	0	0	0	0	0
南京交通职业技术学院	27	2	0.2	0	0	7.4	0	0	0	0	0	0	0	0	0	0	0	0	0	0	0	0	0	0	0	0	0
淮安信息职业技术学院	28	0	0	0	0	0	0	0	0	0	0	0	0	0	0	0	0	4	4	0	0	0	0	0	0	0	0
江苏农牧科技职业学院	29	1	0.1	0	4	3	0	0	0	0	0	0	0	0	0	0	0	0	0	0	0	0	0	0	0	0	0
常州纺织服装职业技术学院	30	1	0.1	0	0	3	0	0	0	0	0	0	0	0	0	0	0	2	2	0	0	0	0	0	0	0	0
苏州农业职业技术学院	31	0	0	0	0	0	0	0	0	0	0	0	0	0	0	0	0	2	2	0	0	0	0	0	0	0	0
南京科技职业学院	32	3	0.3	0	0	0	0	0	0	0	0	0	0	0	0	0	0	3	3	0	0	0	0	0	0	0	0

续表

高校名称	编号	总数 课题数(项)	当年投入人数(人年)	其中：研究生(人年)	当年投入经费(千元)	当年支出经费(千元)	出版著作(部) 合计	专著	其中：被译成外文	编著教材	工具书参考书	皮书/发展报告	科普读物	古籍整理(部)	译著(部)	发表译文(篇)	电子出版物(件)	发表论文(篇) 合计	国内学术刊物	国外学术刊物	港、澳、台地区刊物	获奖成果数(项) 合计	国家级奖	部级奖	省级奖	研究与咨询报告(篇) 合计	其中：被采纳数
		L01	L02	L03	L04	L05	L06	L07	L08	L09	L10	L11	L12	L13	L14	L15	L16	L17	L18	L19	L20	L21	L22	L23	L24	L25	L26
常州轻工职业技术学院	33	0	0	0	0	0	0	0	0	0	0	0	0	0	0	0	0	0	0	0	0	0	0	0	0	0	0
常州工程职业技术学院	34	1	0.5	0	0	6	0	0	0	0	0	0	0	0	0	0	0	6	6	0	0	0	0	0	0	4	0
江苏农林职业技术学院	35	1	0.2	0	10	9	0	0	0	0	0	0	0	0	0	0	0	2	2	0	0	0	0	0	0	0	0
江苏食品药品职业技术学院	36	0	0	0	0	0	0	0	0	0	0	0	0	0	0	0	0	0	0	0	0	0	0	0	0	0	0
南京铁道职业技术学院	37	6	0.6	0	25	21.5	0	0	0	0	0	0	0	0	0	0	0	13	13	0	0	0	0	0	0	0	0
徐州工业职业技术学院	38	0	0	0	0	0	0	0	0	0	0	0	0	0	0	0	0	0	0	0	0	0	0	0	0	0	0
江苏信息职业技术学院	39	1	0.4	0	10	3.7	1	0	0	1	0	0	0	0	0	0	0	2	2	0	0	0	0	0	0	0	0
南京信息职业技术学院	40	3	0.3	0	12	8.8	1	0	0	1	0	0	0	0	0	0	0	1	1	0	0	0	0	0	0	0	0
常州机电职业技术学院	41	3	1	0	2	2.4	0	0	0	0	0	0	0	0	0	0	0	3	3	0	0	0	0	0	0	0	0
江阴职业技术学院	42	4	0.2	0	10	6	0	0	0	0	0	0	0	0	0	0	0	14	14	0	0	0	0	0	0	0	0
无锡城市职业技术学院	43	1	0.2	0	4	3.2	0	0	0	0	0	0	0	0	0	0	0	11	11	0	0	0	0	0	0	0	0
无锡工艺职业技术学院	44	6	0.8	0	62.5	62.5	1	0	0	1	0	0	0	0	0	0	0	11	11	0	0	0	0	0	0	3	3
苏州健雄职业技术学院	45	0	0	0	0	0	0	0	0	0	0	0	0	0	0	0	0	4	4	0	0	0	0	0	0	0	0
盐城工业职业技术学院	46	8	0.8	0	122.6	58.8	0	0	0	0	0	0	0	0	0	0	0	3	3	0	0	0	0	0	0	3	0

续表

江苏财经职业技术学院	47	2	0.2	0	2	1.4	0	0	0	0	0	0	0	0	0	0	0	6	6	0	0	0	0	0	0	0	0
扬州工业职业技术学院	48	7	0.8	0	162.1	161.7	0	0	0	0	0	0	0	0	0	0	0	4	4	0	0	0	0	0	0	3	2
江苏城市职业学院	49	2	0.5	0	10	5.68	0	0	0	0	0	0	0	0	0	0	0	2	2	0	0	0	0	0	0	0	0
南京城市职业学院	50	5	0.6	0	11.4	0	0	0	0	0	0	0	0	0	0	0	0	0	0	0	0	0	0	0	0	1	1
南京机电职业技术学院	51	1	0.3	0	0	1.5	0	0	0	0	0	0	0	0	0	0	0	1	1	0	0	0	0	0	0	0	0
南京旅游职业学院	52	4	0.1	0	10	0.47	0	0	0	0	0	0	0	0	0	0	0	2	2	0	0	0	0	0	0	0	0
江苏卫生健康职业学院	53	1	0.1	0	0	4	0	0	0	0	0	0	0	0	0	0	0	3	3	0	0	0	0	0	0	0	0
苏州信息职业技术学院	54	0	0	0	0	0	0	0	0	0	0	0	0	0	0	0	0	0	0	0	0	0	0	0	0	0	0
苏州工业园区服务外包职业学院	55	12	1.6	0	208.4	168.59	0	0	0	0	0	0	0	0	0	0	0	8	8	0	0	0	0	0	0	7	7
徐州幼儿师范高等专科学校	56	5	1.4	0	43	31	0	0	0	0	0	0	0	0	0	0	0	2	2	0	0	0	0	0	0	0	0
徐州生物工程职业技术学院	57	3	0.3	0	0	5.8	0	0	0	0	0	0	0	0	0	0	0	5	5	0	0	0	0	0	0	0	0
江苏商贸职业学院	58	3	0.7	0	9.8	3	0	0	0	0	0	0	0	0	0	0	0	10	10	0	0	0	0	0	0	0	0
南通师范高等专科学校	59	1	0	0	0	0	0	0	0	0	0	0	0	0	0	0	0	6	4	2	0	0	0	0	0	0	0
江苏护理职业学院	60	0	0	0	0	0	0	0	0	0	0	0	0	0	0	0	0	0	0	0	0	0	0	0	0	0	0
江苏财会职业学院	61	0	0	0	0	0	0	0	0	0	0	0	0	0	0	0	0	0	0	0	0	0	0	0	0	0	0
江苏城乡建设职业学院	62	2	0.6	0	0	1	0	0	0	0	0	0	0	0	0	0	0	5	5	0	0	0	0	0	0	0	0
江苏航空职业技术学院	63	0	0	0	0	0	0	0	0	0	0	0	0	0	0	0	0	0	0	0	0	0	0	0	0	0	0
江苏安全技术职业学院	64	0	0	0	0	0	0	0	0	0	0	0	0	0	0	0	0	4	4	0	0	0	0	0	0	0	0
江苏旅游职业学院	65	0	0	0	0	0	0	0	0	0	0	0	0	0	0	0	0	0	0	0	0	0	0	0	0	0	0

4. 民办与中外合作办学高等学校人文、社会科学研究与课题成果情况表

学科门类		总数					出版著作(部)							古籍整理(部)	译著(部)	发表译文(篇)	电子出版物(件)	发表论文(篇)				获奖成果数(项)				研究与咨询报告(篇)	
		课题数(项)	当年投入人数(人年)	其中:研究生(人年)	当年投入经费(千元)	当年支出经费(千元)	合计	专著	其中:被译成外文	编著教材	工具书参考书	皮书/发展报告	科普读物					合计	国内学术刊物	国外学术刊物	港、澳、台地区刊物	合计	国家级奖	部级奖	省级奖	合计	其中:被采纳数
	编号	L01	L02	L03	L04	L05	L06	L07	L08	L09	L10	L11	L12	L13	L14	L15	L16	L17	L18	L19	L20	L21	L22	L23	L24	L25	L26
合计	/	1 958	434.4	0	12 011.5	6 623.67	105	39	1	63	2	0	1	0	6	3	2	2 229	2 163	66	0	0	0	0	0	54	16
管理学	1	396	86.1	0	3 734.46	2 282.3	21	14	0	7	0	0	0	0	0	0	1	440	432	8	0	0	0	0	0	16	2
马克思主义	2	74	17.4	0	298	112.11	1	1	0	0	0	0	0	0	0	0	0	63	63	0	0	0	0	0	0	1	0
哲学	3	16	3.8	0	278.5	50.19	0	0	0	0	0	0	0	0	0	0	0	30	30	0	0	0	0	0	0	0	0
逻辑学	4	1	0.5	0	0	0	0	0	0	0	0	0	0	0	0	0	0	1	1	0	0	0	0	0	0	0	0
宗教学	5	0	0	0	0	0	0	0	0	0	0	0	0	0	0	0	0	0	0	0	0	0	0	0	0	0	0
语言学	6	131	25.4	0	574.8	300.87	15	6	1	9	0	0	0	0	4	1	0	204	196	8	0	0	0	0	0	0	0
中国文学	7	30	7.1	0	242.6	44.6	3	1	0	2	0	0	0	0	0	0	0	42	39	3	0	0	0	0	0	0	0
外国文学	8	23	5	0	74.67	25.66	0	0	0	0	0	0	0	0	1	2	0	22	20	2	0	0	0	0	0	0	0
艺术学	9	234	60.2	0	1 309.5	621.89	20	4	0	16	0	0	0	0	0	0	0	335	335	0	0	0	0	0	0	4	1
历史学	10	17	2.4	0	675.04	632.66	0	0	0	0	0	0	0	0	0	0	0	4	4	0	0	0	0	0	0	0	0
考古学	11	0	0	0	0	0	0	0	0	0	0	0	0	0	0	0	0	2	2	0	0	0	0	0	0	0	0
经济学	12	234	55.5	0	1 724.9	870.84	17	4	0	11	2	0	0	0	1	0	0	272	240	32	0	0	0	0	0	11	4
政治学	13	23	3.9	0	80.5	30.16	0	0	0	0	0	0	0	0	0	0	0	14	14	0	0	0	0	0	0	0	0
法学	14	32	7.5	0	294.54	167.84	0	0	0	0	0	0	0	0	0	0	0	29	28	1	0	0	0	0	0	4	1
社会学	15	71	13.4	0	259.9	208.27	1	1	0	0	0	0	0	0	0	0	0	41	39	2	0	0	0	0	0	7	4
民族学与文化学	16	9	2	0	14	33.6	1	1	0	0	0	0	0	0	0	0	0	8	8	0	0	0	0	0	0	0	0
新闻学与传播学	17	44	10.2	0	216.6	126.9	2	1	0	1	0	0	0	0	0	0	0	48	42	6	0	0	0	0	0	1	0
图书馆、情报与文献学	18	13	3.5	0	278	70.2	0	0	0	0	0	0	0	0	0	0	0	22	22	0	0	0	0	0	0	4	0
教育学	19	529	115	0	1 733.18	920.97	13	2	0	11	0	0	0	0	0	0	0	528	525	3	0	0	0	0	0	5	4
统计学	20	6	1.1	0	16	8.18	0	0	0	0	0	0	0	0	0	0	0	1	1	0	0	0	0	0	0	0	0
心理学	21	32	5.9	0	90.6	40.88	1	0	0	0	0	0	1	0	0	0	0	28	28	0	0	0	0	0	0	0	0
体育科学	22	43	8.5	0	115.7	75.55	10	4	0	6	0	0	0	0	0	0	1	95	94	1	0	0	0	0	0	1	0

八、社科研究、课题与成果(来源情况)

1. 全省高等学校人文、社会科学研究与课题成果来源情况表

		课题来源															
		合计	国家社科基金项目	国家社科基金单列学科项目	教育部人文社科研究项目	高校古籍整理研究项目	国家自然科学基金项目	中央其他部门社科专门项目	省、市、自治区社科基金项目	省教育厅社科项目	地、市、厅、局等政府部门项目	国际合作研究项目	与港、澳、台地区合作研究项目	企事业单位委托项目	学校社科项目	外资项目	其他
	编号	L01	L02	L03	L04	L05	L06	L07	L08	L09	L10	L11	L12	L13	L14	L15	L16
课题数(项)	1	33 113	1 966	181	1 656	35	557	884	2 509	7 563	5 739	42	2	5 198	6 566	7	208
当年投入人数(人年)	2	7 473	645.7	62.9	486.7	7.5	129.6	222.7	633	1 803.2	1 268.8	11.7	0.2	978.5	1 179.5	2	41
其中:研究生(人年)	3	643.1	81.3	5.7	59.2	0	36	33.1	65.5	62	89.9	4	0	126.5	75.2	0.6	4.1
当年拨入经费(千元)	4	724 673	106 786	10 003.4	27 051	276	51 443.4	28 999.2	39 421.2	33 320.9	86 860.5	4 187.52	462.25	302 832	27 296.7	2 390.7	3 342.4
其中:当年立项项目拨入经费(千元)	5	620 078	98 175	9 261	13 765	260	35 223	24 540.2	31 687.9	30 151	79 341.6	3 122.52	0	265 995	24 071.5	1 645.7	2 837.9
当年支出经费(千元)	6	623 787	88 330	7 407.89	25 869.4	201.05	45 737.6	27 636.9	37 319.3	26 687.9	68 129	4 305.22	54.66	266 309	21 820	2 134.7	1 844.1
当年新开课题数(项)	7	12 905	419	45	332	5	123	250	776	3 092	2 807	15	0	2 837	2 100	5	99
当年新开课题批准经费(千元)	8	803 771	107 660	10 690	33 279	280	56 868.1	35 646.3	40 557.5	42 951.7	94 182.8	3 688.82	0	322 958	49 320	1 903.69	3 785.4
当年完成课题数(项)	9	9 734	185	25	265	4	100	187	372	1 628	2 370	9	1	2 507	2 021	2	58

续表

			编号	课题来源															
				合计	国家社科基金项目	国家社科基金单列学科项目	教育部人文社科研究项目	高校古籍整理研究项目	国家自然科学基金项目	中央其他部门社科专门项目	省、市、自治区社科基金项目	省教育厅社科项目	地、市、厅、局等政府部门项目	国际合作研究项目	与港、澳、台地区合作研究项目	企事业单位委托项目	学校社科项目	外资项目	其他
			编号	L01	L02	L03	L04	L05	L06	L07	L08	L09	L10	L11	L12	L13	L14	L15	L16
出版著作(部)	合计		10	1 194	243	19	137	3	48	36	157	150	161	0	0	21	194	0	25
	专著	合计	11	798	185	15	112	3	32	24	127	104	104	0	0	5	78	0	9
		其中:被译成外文	12	9	4	0	1	0	2	0	1	0	0	0	0	0	1	0	0
	编著教材		13	346	50	4	20	0	12	7	26	43	52	0	0	13	104	0	15
	工具书参考书		14	7	1	0	0	0	0	1	1	0	1	0	0	0	3	0	0
	皮书/发展报告		15	15	3	0	2	0	1	2	1	1	1	0	0	2	2	0	0
	科普读物		16	28	4	0	3	0	3	2	2	2	3	0	0	1	7	0	1
古籍整理(部)			17	8	3	0	0	2	0	0	0	1	0	0	0	0	2	0	0
译著(部)			18	66	12	2	4	0	0	2	7	12	9	0	0	2	13	0	3
发表译文(篇)			19	17	7	1	1	0	0	0	1	1	0	0	0	3	3	0	0
电子出版物(件)			20	49	3	0	3	0	4	0	2	0	10	0	0	15	12	0	0
发表论文(篇)	合计		21	19 243	2 510	221	1 180	6	980	407	1 757	4 134	2 920	39	1	1 034	3 780	13	261
	国内学术刊物		22	18 453	2 398	211	1 120	6	753	362	1 697	4 088	2 867	32	1	967	3 685	12	254
	国外学术刊物		23	766	104	10	59	0	227	45	57	45	53	7	0	64	87	1	7
	港、澳、台地区刊物		24	24	8	0	1	0	0	0	3	1	0	0	0	3	8	0	0
研究与咨询报告(篇)	合计		25	2 435	64	2	27	0	18	41	59	59	699	3	0	1 396	56	3	8
	其中:被采纳数		26	1 206	50	2	21	0	10	28	37	22	184	3	0	819	23	2	5

2. 公办本科高等学校人文、社会科学研究与课题成果来源情况表

		课题来源															
		合计	国家社科基金项目	国家社科基金单列学科项目	教育部人文社科研究项目	高校古籍整理研究项目	国家自然科学基金项目	中央其他部门社科专门项目	省、市、自治区社科基金项目	省教育厅社科项目	地、市、厅、局等政府部门项目	国际合作研究项目	与港、澳、台地区合作研究项目	企事业单位委托项目	学校社科项目	外资项目	其他
	编号	L01	L02	L03	L04	L05	L06	L07	L08	L09	L10	L11	L12	L13	L14	L15	L16
课题数(项)	1	23 582	1 953	178	1 594	35	548	865	2 237	4 416	3 633	36	1	4 132	3 883	7	64
当年投入人数(人年)	2	5 431.2	642.1	61.7	462.9	7.5	126.4	218.6	568.4	1 035.8	818.6	10.6	0.1	753.8	705.1	2	17.6
其中:研究生(人年)	3	643.1	81.3	5.7	59.2	0	36	33.1	65.5	62	89.9	4	0	126.5	75.2	0.6	4.1
当年拨入经费(千元)	4	648 411	105 656	9 669.4	26 013.2	276	50 689.4	28 950.2	38 072.6	20 259.9	76 732.5	4 129.26	206	259 394	23 055	2 390.7	2 917
其中:当年立项项目拨入经费(千元)	5	547 578	97 225	8 927	13 171	260	34 846.1	24491.2	30 587	17 715.5	69 674.7	3 064.26	0	223 320	20 178	1 645.7	2 473
当年支出经费(千元)	6	565 272	87 963.8	7 275.89	24 759.2	201.05	453 54.8	27 579.2	36 239.4	17 169.7	59 751.2	4 256.64	14	232 948	18 116.9	2 134.7	1 507.9
当年新开课题数(项)	7	8 142	414	43	316	5	120	244	656	1 524	1 573	12	0	2 188	1 011	5	31
当年新开课题批准经费(千元)	8	720 962	106 660	10 330	31 839	280	56 099.1	35 592.3	39 061.8	27 477.5	82 818.8	3 630.24	0	277 768	44 341.6	1 903.69	3 160
当年完成课题数(项)	9	6 545	185	25	255	4	99	180	313	949	1 356	9	1	1 963	1 187	2	17

续表

			编号	合计	国家社科基金项目	国家社科基金单列学科项目	教育部人文社科研究项目	高校古籍整理研究项目	国家自然科学基金项目	中央其他部门社科专门项目	省、市、自治区社科基金项目	省教育厅社科项目	地、市、厅、局等政府部门项目	国际合作研究项目	与港、澳、台地区合作研究项目	企事业单位委托项目	学校社科项目	外资项目	其他
				L01	L02	L03	L04	L05	L06	L07	L08	L09	L10	L11	L12	L13	L14	L15	L16
出版著作(部)	合计		10	1 024	241	19	132	3	46	34	144	109	122	0	0	12	151	0	11
	专著	合计	11	718	183	15	109	3	30	23	117	80	87	0	0	3	65	0	3
		其中:被译成外文	12	9	4	0	1	0	2	0	1	0	0	0	0	0	1	0	0
	编著教材		13	259	50	4	18	0	12	7	23	26	30	0	0	7	75	0	7
	工具书参考书		14	6	1	0	0	0	0	1	1	0	1	0	0	0	2	0	0
	皮书/发展报告		15	13	3	0	2	0	1	1	1	1	1	0	0	1	2	0	0
	科普读物		16	28	4	0	3	0	3	2	2	2	3	0	0	1	7	0	1
古籍整理(部)			17	8	3	0	0	2	0	0	0	1	0	0	0	0	2	0	0
译著(部)			18	60	12	2	4	0	0	2	7	9	9	0	0	1	12	0	2
发表译文(篇)			19	14	7	1	1	0	0	0	1	1	0	0	0	0	3	0	0
电子出版物(件)			20	48	3	0	3	0	4	0	2	0	10	0	0	15	11	0	0
发表论文(篇)	合计		21	13 522	2 491	221	1 112	6	970	394	1 464	2 126	1 661	36	0	806	2 089	12	134
	国内学术刊物		22	12 778	2 381	211	1 053	6	747	349	1 404	2 090	1 616	32	0	742	2 006	11	130
	国外学术刊物		23	728	102	10	58	0	223	45	57	35	45	4	0	64	80	1	4
	港、澳、台地区刊物		24	16	8	0	1	0	0	0	3	1	0	0	0	0	3	0	0
研究与咨询报告(篇)	合计		25	1 554	64	2	27	0	18	41	51	37	295	3	0	968	37	3	8
	其中:被采纳数		26	900	50	2	21	0	10	28	35	14	134	3	0	580	16	2	5

2.1 南京大学人文、社会科学研究与课题成果来源情况表

		课题来源															
		合计	国家社科基金项目	国家社科基金单列学科项目	教育部人文社科研究项目	高校古籍整理研究项目	国家自然科学基金项目	中央其他部门社科专门项目	省、市、自治区社科基金项目	省教育厅社科项目	地、市、厅、局等政府部门项目	国际合作研究项目	与港、澳、台地区合作研究项目	企事业单位委托项目	学校社科项目	外资项目	其他
	编号	L01	L02	L03	L04	L05	L06	L07	L08	L09	L10	L11	L12	L13	L14	L15	L16
课题数(项)	1	1 232	348	21	174	8	74	17	190	38	22	2	0	228	110	0	0
当年投入人数(人年)	2	154.6	46.6	3.2	22.9	0.8	10.8	1.7	19.2	3.8	2.8	0.2	0	31.6	11	0	0
其中:研究生(人年)	3	26.4	9.6	0.2	5.2	0	1.4	0	0.2	0	0.6	0	0	9.2	0	0	0
当年拨入经费(千元)	4	71 144.3	17 360	990	4 846.5	30	9 995.4	284	2 440	603	580	301.86	0	33 713.5	0	0	0
其中:当年立项项目拨入经费(千元)	5	50 959.7	15 640	940	2 774	30	7 364	196	2 322	192	580	301.86	0	20 619.8	0	0	0
当年支出经费(千元)	6	61 111.1	10 920	780	3 558.9	30	8 999.4	188	1 436.4	603	580	301.86	0	33 713.5	0	0	0
当年新开课题数(项)	7	275	56	4	25	1	23	5	47	5	12	2	0	95	0	0	0
当年新开课题批准经费(千元)	8	73 058.2	16 550	1 400	6 300	30	13 430	260	2 540	480	580	301.86	0	31 186.4	0	0	0
当年完成课题数(项)	9	300	36	4	30	0	23	3	21	13	11	0	0	75	84	0	0

续表

			编号	课题来源：合计	国家社科基金项目	国家社科基金单列学科项目	教育部人文社科研究项目	高校古籍整理研究项目	国家自然科学基金项目	中央其他部门社科专门项目	省、市、自治区社科基金项目	省教育厅社科项目	地、市、厅、局等政府部门项目	国际合作研究项目	与港、澳、台地区合作研究项目	企事业单位委托项目	学校社科项目	外资项目	其他
				L01	L02	L03	L04	L05	L06	L07	L08	L09	L10	L11	L12	L13	L14	L15	L16
出版著作(部)	合计		10	84	44	0	13	0	15	0	1	0	2	0	0	1	8	0	0
	专著	合计	11	58	32	0	11	0	11	0	1	0	1	0	0	0	2	0	0
		其中:被译成外文	12	2	0	0	0	0	2	0	0	0	0	0	0	0	0	0	0
	编著教材		13	20	10	0	1	0	3	0	0	0	1	0	0	0	5	0	0
	工具书参考书		14	1	1	0	0	0	0	0	0	0	0	0	0	0	0	0	0
	皮书/发展报告		15	2	0	0	0	0	1	0	0	0	0	0	0	1	0	0	0
	科普读物		16	3	1	0	1	0	0	0	0	0	0	0	0	0	1	0	0
古籍整理(部)			17	5	2	0	0	1	0	0	0	0	0	0	0	0	2	0	0
译著(部)			18	4	4	0	0	0	0	0	0	0	0	0	0	0	0	0	0
发表译文(篇)			19	4	2	0	0	0	0	0	0	0	0	0	0	0	2	0	0
电子出版物(件)			20	0	0	0	0	0	0	0	0	0	0	0	0	0	0	0	0
发表论文(篇)	合计		21	1 281	681	12	90	1	203	27	75	18	16	6	0	2	150	0	0
	国内学术刊物		22	1 192	657	12	89	1	157	26	70	18	16	6	0	2	138	0	0
	国外学术刊物		23	83	20	0	1	0	46	1	4	0	0	0	0	0	11	0	0
	港、澳、台地区刊物		24	6	4	0	0	0	0	0	1	0	0	0	0	0	1	0	0
研究与咨询报告(篇)	合计		25	57	4	0	4	0	3	2	0	1	1	1	0	41	0	0	0
	其中:被采纳数		26	50	3	0	4	0	3	2	0	1	1	1	0	35	0	0	0

2.2 东南大学人文、社会科学研究与课题成果来源情况表

		课题来源															
		合计	国家社科基金项目	国家社科基金单列学科项目	教育部人文社科研究项目	高校古籍整理研究项目	国家自然科学基金项目	中央其他部门社科专门项目	省、市、自治区社科基金项目	省教育厅社科项目	地、市、厅、局等政府部门项目	国际合作研究项目	与港、澳、台地区合作研究项目	企事业单位委托项目	学校社科项目	外资项目	其他
	编号	L01	L02	L03	L04	L05	L06	L07	L08	L09	L10	L11	L12	L13	L14	L15	L16
课题数(项)	1	1 018	137	10	88	0	0	61	140	93	153	7	0	77	252	0	0
当年投入人数(人年)	2	389.7	51.4	4.5	42.5	0	0	24.3	63.5	35.3	60.6	2.5	0	34.4	70.7	0	0
其中:研究生(人年)	3	80.8	8.3	0.6	8.9	0	0	3.2	16.7	4.2	16.4	0.3	0	8.5	13.7	0	0
当年拨入经费(千元)	4	30 127.8	8 654	760	928	0	0	2 142	10 164.7	837	3 645.9	0	0	2 996.2	0	0	0
其中:当年立项项目拨入经费(千元)	5	22 121.7	8 160	760	250	0	0	865	6 831	264	2 235.5	0	0	2 756.2	0	0	0
当年支出经费(千元)	6	35 687.94	9 979.8	456	1 689.14	0	0	1 981.5	14 014.33	984.3	3 793.12	284.68	0	2 505.07	0	0	0
当年新开课题数(项)	7	295	34	4	7	0	0	7	30	18	42	0	0	37	116	0	0
当年新开课题批准经费(千元)	8	32 123.19	8 620	800	660	0	0	1 450	8 075	1 050	2 859	0	0	3 489.19	5 120	0	0
当年完成课题数(项)	9	277	16	1	5	0	0	8	9	21	47	0	0	35	135	0	0

续表

			编号	合计	国家社科基金项目	国家社科基金单列学科项目	教育部人文社科研究项目	高校古籍整理研究项目	国家自然科学基金项目	中央其他部门社科专门项目	省、市、自治区社科基金项目	省教育厅社科项目	地、市、厅、局等政府部门项目	国际合作研究项目	与港、澳、台地区合作研究项目	企事业单位委托项目	学校社科项目	外资项目	其他
				L01	L02	L03	L04	L05	L06	L07	L08	L09	L10	L11	L12	L13	L14	L15	L16
出版著作（部）	合计		10	53	14	5	0	0	0	3	4	0	20	0	0	1	6	0	0
	专著	合计	11	49	13	5	0	0	0	3	4	0	18	0	0	0	6	0	0
		其中：被译成外文	12	0	0	0	0	0	0	0	0	0	0	0	0	0	0	0	0
	编著教材		13	4	1	0	0	0	0	0	0	0	2	0	0	1	0	0	0
	工具书参考书		14	0	0	0	0	0	0	0	0	0	0	0	0	0	0	0	0
	皮书/发展报告		15	0	0	0	0	0	0	0	0	0	0	0	0	0	0	0	0
	科普读物		16	0	0	0	0	0	0	0	0	0	0	0	0	0	0	0	0
古籍整理(部)			17	0	0	0	0	0	0	0	0	0	0	0	0	0	0	0	0
译著(部)			18	7	3	1	0	0	0	0	0	0	2	0	0	0	1	0	0
发表译文(篇)			19	0	0	0	0	0	0	0	0	0	0	0	0	0	0	0	0
电子出版物(件)			20	0	0	0	0	0	0	0	0	0	0	0	0	0	0	0	0
发表论文（篇）	合计		21	322	50	10	10	0	0	4	48	36	77	1	0	11	75	0	0
	国内学术刊物		22	315	49	10	10	0	0	4	44	36	77	1	0	11	73	0	0
	国外学术刊物		23	7	1	0	0	0	0	0	4	0	0	0	0	0	2	0	0
	港、澳、台地区刊物		24	0	0	0	0	0	0	0	0	0	0	0	0	0	0	0	0
研究与咨询报告（篇）	合计		25	29	9	0	0	0	0	0	4	0	6	0	0	10	0	0	0
	其中：被采纳数		26	20	6	0	0	0	0	0	3	0	6	0	0	5	0	0	0

2.3 江南大学人文、社会科学研究与课题成果来源情况表

		课题来源															
		合计	国家社科基金项目	国家社科基金单列学科项目	教育部人文社科研究项目	高校古籍整理研究项目	国家自然科学基金项目	中央其他部门社科专门项目	省、市、自治区社科基金项目	省教育厅社科项目	地、市、厅、局等政府部门项目	国际合作研究项目	与港、澳、台地区合作研究项目	企事业单位委托项目	学校社科项目	外资项目	其他
	编号	L01	L02	L03	L04	L05	L06	L07	L08	L09	L10	L11	L12	L13	L14	L15	L16
课题数(项)	1	786	35	11	97	0	15	17	93	68	135	0	0	200	97	0	18
当年投入人数(人年)	2	263.8	7.6	4.2	34.1	0	5.7	5	31.1	27.2	38.8	0	0	68.1	36.9	0	5.1
其中:研究生(人年)	3	94.3	0.7	1.3	13.3	0	2.3	2.4	10.4	11.7	10.2	0	0	35.1	5.8	0	1.1
当年拨入经费(千元)	4	18 543.2	1 135	195	1 578	0	0	22	732	201	937.5	0	0	11 839.2	1 865.5	0	38
其中:当年立项项目拨入经费(千元)	5	16 068.2	1 090	180	665	0	0	22	598	201	675	0	0	11 839.2	760	0	38
当年支出经费(千元)	6	17 172.85	848	141	1 534.3	0	0	15.4	551.06	140.97	734.86	0	0	11 819.1	1 361.56	0	26.6
当年新开课题数(项)	7	343	5	1	22	0	1	2	21	6	60	0	0	200	20	0	5
当年新开课题批准经费(千元)	8	22 572.6	1 150	200	1 940	0	190	35	891	395	3 039	0	0	12 968.6	1 660	0	104
当年完成课题数(项)	9	232	1	0	0	0	0	0	0	0	1	0	0	199	26	0	5

续表

			编号	课题来源															
				合计	国家社科基金项目	国家社科基金单列学科项目	教育部人文社科研究项目	高校古籍整理研究项目	国家自然科学基金项目	中央其他部门社科专门项目	省、市、自治区社科基金项目	省教育厅社科项目	地、市、厅、局等政府部门项目	国际合作研究项目	与港、澳、台地区合作研究项目	企事业单位委托项目	学校社科项目	外资项目	其他
				L01	L02	L03	L04	L05	L06	L07	L08	L09	L10	L11	L12	L13	L14	L15	L16
出版著作(部)	合计		10	52	5	5	12	0	0	1	8	0	4	0	0	1	9	0	7
	专著	合计	11	26	1	2	9	0	0	1	3	0	1	0	0	0	7	0	2
		其中:被译成外文	12	0	0	0	0	0	0	0	0	0	0	0	0	0	0	0	0
	编著教材		13	25	4	3	3	0	0	0	4	0	3	0	0	1	2	0	5
	工具书参考书		14	1	0	0	0	0	0	0	1	0	0	0	0	0	0	0	0
	皮书/发展报告		15	0	0	0	0	0	0	0	0	0	0	0	0	0	0	0	0
	科普读物		16	0	0	0	0	0	0	0	0	0	0	0	0	0	0	0	0
古籍整理(部)			17	0	0	0	0	0	0	0	0	0	0	0	0	0	0	0	0
译著(部)			18	4	1	1	1	0	0	0	0	0	0	0	0	0	1	0	0
发表译文(篇)			19	5	2	0	1	0	0	0	0	1	0	0	0	0	1	0	0
电子出版物(件)			20	0	0	0	0	0	0	0	0	0	0	0	0	0	0	0	0
发表论文(篇)	合计		21	528	124	20	72	0	44	20	50	52	7	0	0	40	60	0	39
	国内学术刊物		22	497	117	18	70	0	31	20	47	52	7	0	0	38	58	0	39
	国外学术刊物		23	30	6	2	2	0	13	0	3	0	0	0	0	2	2	0	0
	港、澳、台地区刊物		24	1	1	0	0	0	0	0	0	0	0	0	0	0	0	0	0
研究与咨询报告(篇)	合计		25	17	1	0	1	0	0	0	0	0	0	0	0	14	0	0	1
	其中:被采纳数		26	17	1	0	1	0	0	0	0	0	0	0	0	14	0	0	1

2.4 南京农业大学人文、社会科学研究与课题成果来源情况表

		课题来源															
		合计	国家社科基金项目	国家社科基金单列学科项目	教育部人文社科研究项目	高校古籍整理研究项目	国家自然科学基金项目	中央其他部门社科专门项目	省、市、自治区社科基金项目	省教育厅社科项目	地、市、厅、局等政府部门项目	国际合作研究项目	与港、澳、台地区合作研究项目	企事业单位委托项目	学校社科项目	外资项目	其他
	编号	L01	L02	L03	L04	L05	L06	L07	L08	L09	L10	L11	L12	L13	L14	L15	L16
课题数(项)	1	1 646	45	0	48	0	77	153	73	110	270	8	0	208	654	0	0
当年投入人数(人年)	2	260.5	13.5	0	7	0	15.3	28.1	10.9	14.7	49.3	1.9	0	32.6	87.2	0	0
其中:研究生(人年)	3	70.5	3.3	0	1.4	0	4.9	10.8	2	1.8	21.5	0.6	0	10.1	14.1	0	0
当年拨入经费(千元)	4	41 014.39	2 945	0	615	0	13 993.34	6 495	543.7	729	6 825.5	0	0	6 294.85	2 573	0	0
其中:当年立项项目拨入经费(千元)	5	32 736.35	2 280	0	350	0	8 946	6 455	384	528	6 555.5	0	0	5 300.85	1 937	0	0
当年支出经费(千元)	6	38 567.77	2 858	0	573	0	12 613.72	6 418	540.7	804	6 323.5	0	0	5 830.85	2 606	0	0
当年新开课题数(项)	7	393	10	0	9	0	13	34	11	27	75	0	0	81	133	0	0
当年新开课题批准经费(千元)	8	53 566.55	2 400	0	760	0	12 699	9 598	490	1 220	10 180.3	0	0	8 758.25	7 461	0	0
当年完成课题数(项)	9	243	3	0	2	0	0	19	19	21	61	2	0	21	95	0	0

续表

			编号	课题来源 合计	国家社科基金项目	国家社科基金单列学科项目	教育部人文社科研究项目	高校古籍整理研究项目	国家自然科学基金项目	中央其他部门社科专门项目	省、市、自治区社科基金项目	省教育厅社科项目	地、市、厅、局等政府部门项目	国际合作研究项目	与港、澳、台地区合作研究项目	企事业单位委托项目	学校社科项目	外资项目	其他
				L01	L02	L03	L04	L05	L06	L07	L08	L09	L10	L11	L12	L13	L14	L15	L16
出版著作(部)	合计		10	9	1	0	1	0	0	1	0	2	0	0	0	0	4	0	0
	专著	合计	11	7	1	0	1	0	0	1	0	1	0	0	0	0	3	0	0
		其中:被译成外文	12	0	0	0	0	0	0	0	0	0	0	0	0	0	0	0	0
	编著教材		13	2	0	0	0	0	0	0	0	1	0	0	0	0	1	0	0
	工具书参考书		14	0	0	0	0	0	0	0	0	0	0	0	0	0	0	0	0
	皮书/发展报告		15	0	0	0	0	0	0	0	0	0	0	0	0	0	0	0	0
	科普读物		16	0	0	0	0	0	0	0	0	0	0	0	0	0	0	0	0
古籍整理(部)			17	0	0	0	0	0	0	0	0	0	0	0	0	0	0	0	0
译著(部)			18	0	0	0	0	0	0	0	0	0	0	0	0	0	0	0	0
发表译文(篇)			19	0	0	0	0	0	0	0	0	0	0	0	0	0	0	0	0
电子出版物(件)			20	0	0	0	0	0	0	0	0	0	0	0	0	0	0	0	0
发表论文(篇)	合计		21	497	115	1	29	0	191	24	45	30	16	1	0	0	45	0	0
	国内学术刊物		22	466	113	1	25	0	167	24	45	30	16	0	0	0	45	0	0
	国外学术刊物		23	31	2	0	4	0	24	0	0	0	0	1	0	0	0	0	0
	港、澳、台地区刊物		24	0	0	0	0	0	0	0	0	0	0	0	0	0	0	0	0
研究与咨询报告(篇)	合计		25	20	0	0	0	0	0	2	0	0	0	0	0	17	1	0	0
	其中:被采纳数		26	16	0	0	0	0	0	2	0	0	0	0	0	13	1	0	0

2.5 中国矿业大学人文、社会科学研究与课题成果来源情况表

		课题来源															
		合计	国家社科基金项目	国家社科基金单列学科项目	教育部人文社科研究项目	高校古籍整理研究项目	国家自然科学基金项目	中央其他部门社科专门项目	省、市、自治区社科基金项目	省教育厅社科项目	地、市、厅、局等政府部门项目	国际合作研究项目	与港、澳、台地区合作研究项目	企事业单位委托项目	学校社科项目	外资项目	其他
	编号	L01	L02	L03	L04	L05	L06	L07	L08	L09	L10	L11	L12	L13	L14	L15	L16
课题数(项)	1	927	31	2	70	0	39	26	52	131	164	1	0	202	209	0	0
当年投入人数(人年)	2	216.5	15	0.4	41.9	0	6.2	5.4	25.7	34.9	32.2	0.1	0	24.8	29.9	0	0
其中:研究生(人年)	3	22.2	0.5	0	9.3	0	1.1	0.2	2.9	6.2	1.2	0	0	0.8	0	0	0
当年拨入经费(千元)	4	13 530.04	532	52.5	987	0	3 281.96	24	551.2	322	965.5	0	0	6 813.88	0	0	0
其中:当年立项项目拨入经费(千元)	5	7 835.41	380	0	415	0	1 408.8	0	492	292	785	0	0	4 062.61	0	0	0
当年支出经费(千元)	6	10 372.53	750.17	52.5	907.16	0	1 707.21	24	247.89	420.7	419.62	0.2	0	5 768.46	74.62	0	0
当年新开课题数(项)	7	234	2	0	18	0	8	1	18	34	58	0	0	53	42	0	0
当年新开课题批准经费(千元)	8	21 872.7	400	0	1 440	0	2 813.29	0	1 020	960	878	0	0	9 581.41	4 780	0	0
当年完成课题数(项)	9	185	2	0	7	0	8	3	1	28	39	0	0	45	52	0	0

续表

			课题来源															
			合计	国家社科基金项目	国家社科基金单列学科项目	教育部人文社科研究项目	高校古籍整理研究项目	国家自然科学基金项目	中央其他部门社科专门项目	省、市、自治区社科基金项目	省教育厅社科项目	地、市、厅、局等政府部门项目	国际合作研究项目	与港、澳、台地区合作研究项目	企事业单位委托项目	学校社科项目	外资项目	其他
		编号	L01	L02	L03	L04	L05	L06	L07	L08	L09	L10	L11	L12	L13	L14	L15	L16
出版著作(部)	合计	10	54	2	0	10	0	6	4	2	3	3	0	0	1	23	0	0
	专著 合计	11	29	2	0	9	0	6	4	0	2	3	0	0	1	2	0	0
	专著 其中:被译成外文	12	1	0	0	1	0	0	0	0	0	0	0	0	0	0	0	0
	编著教材	13	24	0	0	1	0	0	0	2	1	0	0	0	0	20	0	0
	工具书参考书	14	1	0	0	0	0	0	0	0	0	0	0	0	0	1	0	0
	皮书/发展报告	15	0	0	0	0	0	0	0	0	0	0	0	0	0	0	0	0
	科普读物	16	0	0	0	0	0	0	0	0	0	0	0	0	0	0	0	0
古籍整理(部)		17	0	0	0	0	0	0	0	0	0	0	0	0	0	0	0	0
译著(部)		18	6	0	0	0	0	0	0	1	0	0	0	0	0	5	0	0
发表译文(篇)		19	0	0	0	0	0	0	0	0	0	0	0	0	0	0	0	0
电子出版物(件)		20	0	0	0	0	0	0	0	0	0	0	0	0	0	0	0	0
发表论文(篇)	合计	21	465	40	5	48	0	87	19	30	36	20	0	0	76	104	0	0
	国内学术刊物	22	385	38	4	38	0	57	16	28	34	20	0	0	53	97	0	0
	国外学术刊物	23	80	2	1	10	0	30	3	2	2	0	0	0	23	7	0	0
	港、澳、台地区刊物	24	0	0	0	0	0	0	0	0	0	0	0	0	0	0	0	0
研究与咨询报告(篇)	合计	25	56	2	0	0	0	6	0	0	0	29	0	0	19	0	0	0
	其中:被采纳数	26	19	0	0	0	0	0	0	0	0	0	0	0	19	0	0	0

2.6 河海大学人文、社会科学研究与课题成果来源情况表

		课题来源															
		合计	国家社科基金项目	国家社科基金单列学科项目	教育部人文社科研究项目	高校古籍整理研究项目	国家自然科学基金项目	中央其他部门社科专门项目	省、市、自治区社科基金项目	省教育厅社科项目	地、市、厅、局等政府部门项目	国际合作研究项目	与港、澳、台地区合作研究项目	企事业单位委托项目	学校社科项目	外资项目	其他
	编号	L01	L02	L03	L04	L05	L06	L07	L08	L09	L10	L11	L12	L13	L14	L15	L16
课题数(项)	1	672	63	3	34	0	49	30	77	39	82	17	0	90	169	5	14
当年投入人数(人年)	2	219.2	20.1	0.6	10.4	0	13.7	12.8	19.8	14	28.4	5.7	0	31.6	55.3	1.4	5.4
其中:研究生(人年)	3	101.7	6.4	0.1	4	0	3.2	7.1	4.8	6.6	14.4	3.1	0	16.6	31.8	0.6	3
当年拨入经费(千元)	4	53 548.61	4 465	190	901	0	3 999.5	7 668.22	665	586	12 314.39	3 827.4	0	15 277.9	0	2 381.2	1 273
其中:当年立项项目拨入经费(千元)	5	40 710.11	4 330	190	430	0	2 954	6 070.22	520	196	9 651.39	2 762.4	0	11 015.9	0	1 636.2	954
当年支出经费(千元)	6	53 821.93	4 653.25	161	849.47	0	4 136.5	7 392.22	620.6	539	11 624.39	3 643.9	0	17 032.4	0	2 129.2	1 040
当年新开课题数(项)	7	292	20	1	13	0	10	18	15	14	40	10	0	38	105	3	5
当年新开课题批准经费(千元)	8	56 213.6	4 890	200	1 410	0	4 520	7 131	870	610	11 270.38	3 328.38	0	12 828.65	6 116	1 894.19	1 145
当年完成课题数(项)	9	222	7	0	5	0	7	10	10	7	42	7	0	52	64	2	9

续表

			编号	课题来源															
				合计	国家社科基金项目	国家社科基金单列学科项目	教育部人文社科研究项目	高校古籍整理研究项目	国家自然科学基金项目	中央其他部门社科专门项目	省、市、自治区社科基金项目	省教育厅社科项目	地、市、厅、局等政府部门项目	国际合作研究项目	与港、澳、台地区合作研究项目	企事业单位委托项目	学校社科项目	外资项目	其他
			编号	L01	L02	L03	L04	L05	L06	L07	L08	L09	L10	L11	L12	L13	L14	L15	L16
出版著作(部)	合计		10	70	12	0	7	0	6	5	8	8	6	0	0	1	14	0	3
	专著	合计	11	28	5	0	4	0	3	2	4	4	2	0	0	1	3	0	0
		其中:被译成外文	12	2	1	0	0	0	0	0	1	0	0	0	0	0	0	0	0
	编著教材		13	9	2	0	1	0	0	0	1	1	0	0	0	0	2	0	2
	工具书参考书		14	3	0	0	0	0	0	1	0	0	1	0	0	0	1	0	0
	皮书/发展报告		15	7	2	0	0	0	0	0	1	1	1	0	0	0	2	0	0
	科普读物		16	23	3	0	2	0	3	2	2	2	2	0	0	0	6	0	1
古籍整理(部)			17	0	0	0	0	0	0	0	0	0	0	0	0	0	0	0	0
译著(部)			18	2	0	0	0	0	0	0	0	0	0	0	0	0	1	0	1
发表译文(篇)			19	1	0	0	0	0	0	0	1	0	0	0	0	0	0	0	0
电子出版物(件)			20	44	3	0	2	0	4	0	2	0	9	0	0	13	11	0	0
发表论文(篇)	合计		21	1 035	124	5	57	0	85	48	145	73	119	25	0	112	210	9	23
	国内学术刊物		22	879	94	4	41	0	64	37	129	65	107	22	0	100	189	8	19
	国外学术刊物		23	156	30	1	16	0	21	11	16	8	12	3	0	12	21	1	4
	港、澳、台地区刊物		24	0	0	0	0	0	0	0	0	0	0	0	0	0	0	0	0
研究与咨询报告(篇)	合计		25	236	27	2	14	0	7	14	15	10	29	2	0	84	24	3	5
	其中:被采纳数		26	193	24	2	12	0	5	12	13	6	23	2	0	74	15	2	3

2.7 南京理工大学人文、社会科学研究与课题成果来源情况表

		课题来源															
		合计	国家社科基金项目	国家社科基金单列学科项目	教育部人文社科研究项目	高校古籍整理研究项目	国家自然科学基金项目	中央其他部门社科专门项目	省、市、自治区社科基金项目	省教育厅社科项目	地、市、厅、局等政府部门项目	国际合作研究项目	与港、澳、台地区合作研究项目	企事业单位委托项目	学校社科项目	外资项目	其他
	编号	L01	L02	L03	L04	L05	L06	L07	L08	L09	L10	L11	L12	L13	L14	L15	L16
课题数(项)	1	486	37	1	39	0	45	27	68	23	60	0	0	96	90	0	0
当年投入人数(人年)	2	115.2	11.2	0.3	10.5	0	11.1	5.5	14.7	4	13.8	0	0	22.6	21.5	0	0
其中:研究生(人年)	3	15.6	2.4	0	0.3	0	1.8	0.6	1.5	0.4	3.4	0	0	3.6	1.6	0	0
当年拨入经费(千元)	4	16 277.54	1 340	180	585	0	4 080.49	1 348	794	144	2 498.88	0	0	4 442.17	865	0	0
其中:当年立项项目拨入经费(千元)	5	14 051.85	1 280	180	490	0	3 265.8	1 128	544	144	2 345.88	0	0	4 244.17	430	0	0
当年支出经费(千元)	6	12 494.12	1 264.65	100	455.79	0	3 300.5	1 133.96	494.31	220	1 505.28	0	0	3 224.15	795.48	0	0
当年新开课题数(项)	7	201	6	1	14	0	16	13	17	8	39	0	0	58	29	0	0
当年新开课题批准经费(千元)	8	20 840.6	1 350	200	1 050	0	7 254.8	1 850	700	260	2 694.9	0	0	4 575.9	905	0	0
当年完成课题数(项)	9	131	5	0	9	0	8	10	9	1	22	0	0	42	25	0	0

续表

			编号	课题来源															
				合计	国家社科基金项目	国家社科基金单列学科项目	教育部人文社科研究项目	高校古籍整理研究项目	国家自然科学基金项目	中央其他部门社科专门项目	省、市、自治区社科基金项目	省教育厅社科项目	地、市、厅、局等政府部门项目	国际合作研究项目	与港、澳、台地区合作研究项目	企事业单位委托项目	学校社科项目	外资项目	其他
				L01	L02	L03	L04	L05	L06	L07	L08	L09	L10	L11	L12	L13	L14	L15	L16
出版著作(部)	合计		10	28	4	0	4	0	3	1	0	0	8	0	0	1	7	0	0
	专著	合计	11	18	3	0	2	0	3	0	0	0	6	0	0	0	4	0	0
		其中:被译成外文	12	0	0	0	0	0	0	0	0	0	0	0	0	0	0	0	0
	编著教材		13	9	1	0	2	0	0	1	0	0	2	0	0	0	3	0	0
	工具书参考书		14	0	0	0	0	0	0	0	0	0	0	0	0	0	0	0	0
	皮书/发展报告		15	0	0	0	0	0	0	0	0	0	0	0	0	0	0	0	0
	科普读物		16	1	0	0	0	0	0	0	0	0	0	0	0	1	0	0	0
古籍整理(部)			17	0	0	0	0	0	0	0	0	0	0	0	0	0	0	0	0
译著(部)			18	0	0	0	0	0	0	0	0	0	0	0	0	0	0	0	0
发表译文(篇)			19	0	0	0	0	0	0	0	0	0	0	0	0	0	0	0	0
电子出版物(件)			20	0	0	0	0	0	0	0	0	0	0	0	0	0	0	0	0
发表论文(篇)	合计		21	217	40	0	16	0	42	14	17	10	32	0	0	25	21	0	0
	国内学术刊物		22	180	36	0	14	0	16	12	17	10	31	0	0	25	19	0	0
	国外学术刊物		23	37	4	0	2	0	26	2	0	0	1	0	0	0	2	0	0
	港、澳、台地区刊物		24	0	0	0	0	0	0	0	0	0	0	0	0	0	0	0	0
研究与咨询报告(篇)	合计		25	20	0	0	0	0	0	3	1	0	8	0	0	8	0	0	0
	其中:被采纳数		26	5	0	0	0	0	0	2	1	0	1	0	0	1	0	0	0

2.8 南京航空航天大学人文、社会科学研究与课题成果来源情况表

		课题来源															
		合计	国家社科基金项目	国家社科基金单列学科项目	教育部人文社科研究项目	高校古籍整理研究项目	国家自然科学基金项目	中央其他部门社科专门项目	省、市、自治区社科基金项目	省教育厅社科项目	地、市、厅、局等政府部门项目	国际合作研究项目	与港、澳、台地区合作研究项目	企事业单位委托项目	学校社科项目	外资项目	其他
	编号	L01	L02	L03	L04	L05	L06	L07	L08	L09	L10	L11	L12	L13	L14	L15	L16
课题数(项)	1	299	45	3	26	0	26	9	48	52	31	0	0	28	31	0	0
当年投入人数(人年)	2	79.2	13.3	0.7	6	0	6.5	1.7	9.9	8.1	4.8	0	0	15.3	12.9	0	0
其中:研究生(人年)	3	12.1	0	0	0	0	0	0	0.2	0	0.4	0	0	6	5.5	0	0
当年拨入经费(千元)	4	11 701.3	1 756	375	328	0	2 685	100	434.8	404	488.5	0	0	3 480	1 650	0	0
其中:当年立项项目拨入经费(千元)	5	10 137.5	1 710	360	145	0	1 800	100	424	306	480.5	0	0	3 162	1 650	0	0
当年支出经费(千元)	6	11 459.24	2 090.9	376.5	302	0	2 573.5	84	406.4	357.6	485.5	0	0	3 198.84	1 584	0	0
当年新开课题数(项)	7	80	9	2	6	0	10	3	11	9	8	0	0	10	12	0	0
当年新开课题批准经费(千元)	8	13 555	1 800	400	470	0	3 000	100	550	690	605	0	0	4 140	1 800	0	0
当年完成课题数(项)	9	85	3	1	5	0	4	3	4	20	11	0	0	16	18	0	0

续表

			课题来源															
			合计	国家社科基金项目	国家社科基金单列学科项目	教育部人文社科研究项目	高校古籍整理研究项目	国家自然科学基金项目	中央其他部门社科专门项目	省、市、自治区社科基金项目	省教育厅社科项目	地、市、厅、局等政府部门项目	国际合作研究项目	与港、澳、台地区合作研究项目	企事业单位委托项目	学校社科项目	外资项目	其他
		编号	L01	L02	L03	L04	L05	L06	L07	L08	L09	L10	L11	L12	L13	L14	L15	L16
出版著作(部)	合计	10	27	2	1	3	0	6	1	3	3	1	0	0	0	7	0	0
	专著 合计	11	22	2	1	2	0	5	1	3	3	0	0	0	0	5	0	0
	专著 其中:被译成外文	12	1	0	0	0	0	0	0	0	0	0	0	0	0	1	0	0
	编著教材	13	5	0	0	1	0	1	0	0	0	1	0	0	0	2	0	0
	工具书参考书	14	0	0	0	0	0	0	0	0	0	0	0	0	0	0	0	0
	皮书/发展报告	15	0	0	0	0	0	0	0	0	0	0	0	0	0	0	0	0
	科普读物	16	0	0	0	0	0	0	0	0	0	0	0	0	0	0	0	0
古籍整理(部)		17	0	0	0	0	0	0	0	0	0	0	0	0	0	0	0	0
译著(部)		18	1	1	0	0	0	0	0	0	0	0	0	0	0	0	0	0
发表译文(篇)		19	0	0	0	0	0	0	0	0	0	0	0	0	0	0	0	0
电子出版物(件)		20	0	0	0	0	0	0	0	0	0	0	0	0	0	0	0	0
发表论文(篇)	合计	21	212	39	4	15	0	44	2	21	25	10	0	0	1	51	0	0
	国内学术刊物	22	166	35	4	12	0	23	2	20	22	6	0	0	0	42	0	0
	国外学术刊物	23	46	4	0	3	0	21	0	1	3	4	0	0	1	9	0	0
	港、澳、台地区刊物	24	0	0	0	0	0	0	0	0	0	0	0	0	0	0	0	0
研究与咨询报告(篇)	合计	25	14	2	0	1	0	0	0	0	2	0	0	0	9	0	0	0
	其中:被采纳数	26	10	1	0	1	0	0	0	0	0	0	0	0	8	0	0	0

2.9 中国药科大学人文、社会科学研究与课题成果来源情况表

		课题来源															
		合计	国家社科基金项目	国家社科基金单列学科项目	教育部人文社科研究项目	高校古籍整理研究项目	国家自然科学基金项目	中央其他部门社科专门项目	省、市、自治区社科基金项目	省教育厅社科项目	地、市、厅、局等政府部门项目	国际合作研究项目	与港、澳、台地区合作研究项目	企事业单位委托项目	学校社科项目	外资项目	其他
	编号	L01	L02	L03	L04	L05	L06	L07	L08	L09	L10	L11	L12	L13	L14	L15	L16
课题数(项)	1	359	3	0	4	0	4	50	15	47	46	0	0	156	34	0	0
当年投入人数(人年)	2	64.8	2	0	1.4	0	1.7	10.5	3	6.5	7	0	0	28.1	4.6	0	0
其中:研究生(人年)	3	4.9	0	0	0	0	0	1.1	0.5	0	0.3	0	0	3	0	0	0
当年拨入经费(千元)	4	9 860	0	0	40	0	65	2 231	253	180	1 032	0	0	5 903	156	0	0
其中:当年立项项目拨入经费(千元)	5	8 978	0	0	20	0	65	2 231	253	180	1 018	0	0	5 055	156	0	0
当年支出经费(千元)	6	8 876.06	80	0	40.4	0	215	1 970.39	313	180	1 211.72	0	0	4 709.55	156	0	0
当年新开课题数(项)	7	131	0	0	1	0	1	26	4	30	15	0	0	37	17	0	0
当年新开课题批准经费(千元)	8	14 189.71	0	0	80	0	65	3 503	263	180	1 078.71	0	0	8 864	156	0	0
当年完成课题数(项)	9	184	0	0	0	0	0	19	7	4	29	0	0	98	27	0	0

续表

				课题来源															
				合计	国家社科基金项目	国家社科基金单列学科项目	教育部人文社科研究项目	高校古籍整理研究项目	国家自然科学基金项目	中央其他部门社科专门项目	省、市、自治区社科基金项目	省教育厅社科项目	地、市、厅、局等政府部门项目	国际合作研究项目	与港、澳、台地区合作研究项目	企事业单位委托项目	学校社科项目	外资项目	其他
			编号	L01	L02	L03	L04	L05	L06	L07	L08	L09	L10	L11	L12	L13	L14	L15	L16
出版著作(部)	合计		10	3	0	0	0	0	0	0	0	1	0	0	0	0	2	0	0
	专著	合计	11	2	0	0	0	0	0	0	0	1	0	0	0	0	1	0	0
		其中:被译成外文	12	0	0	0	0	0	0	0	0	0	0	0	0	0	0	0	0
	编著教材		13	1	0	0	0	0	0	0	0	0	0	0	0	0	1	0	0
	工具书参考书		14	0	0	0	0	0	0	0	0	0	0	0	0	0	0	0	0
	皮书/发展报告		15	0	0	0	0	0	0	0	0	0	0	0	0	0	0	0	0
	科普读物		16	0	0	0	0	0	0	0	0	0	0	0	0	0	0	0	0
古籍整理(部)			17	0	0	0	0	0	0	0	0	0	0	0	0	0	0	0	0
译著(部)			18	0	0	0	0	0	0	0	0	0	0	0	0	0	0	0	0
发表译文(篇)			19	0	0	0	0	0	0	0	0	0	0	0	0	0	0	0	0
电子出版物(件)			20	0	0	0	0	0	0	0	0	0	0	0	0	0	0	0	0
发表论文(篇)	合计		21	104	12	0	4	0	9	18	10	8	12	0	0	17	14	0	0
	国内学术刊物		22	98	11	0	4	0	7	16	10	8	12	0	0	16	14	0	0
	国外学术刊物		23	6	1	0	0	0	2	2	0	0	0	0	0	1	0	0	0
	港、澳、台地区刊物		24	0	0	0	0	0	0	0	0	0	0	0	0	0	0	0	0
研究与咨询报告(篇)	合计		25	25	0	0	0	0	0	2	0	0	2	0	0	21	0	0	0
	其中:被采纳数		26	25	0	0	0	0	0	2	0	0	2	0	0	21	0	0	0

2.10 南京森林警察学院人文、社会科学研究与课题成果来源情况表

		课题来源															
		合计	国家社科基金项目	国家社科基金单列学科项目	教育部人文社科研究项目	高校古籍整理研究项目	国家自然科学基金项目	中央其他部门社科专门项目	省、市、自治区社科基金项目	省教育厅社科项目	地、市、厅、局等政府部门项目	国际合作研究项目	与港、澳、台地区合作研究项目	企事业单位委托项目	学校社科项目	外资项目	其他
	编号	L01	L02	L03	L04	L05	L06	L07	L08	L09	L10	L11	L12	L13	L14	L15	L16
课题数(项)	1	98	3	0	5	0	0	16	7	17	13	0	0	19	18	0	0
当年投入人数(人年)	2	22.9	0.8	0	1.3	0	0	3.9	1.5	4.7	2.5	0	0	3.8	4.4	0	0
其中:研究生(人年)	3	0	0	0	0	0	0	0	0	0	0	0	0	0	0	0	0
当年拨入经费(千元)	4	818	190	0	0	0	0	140	0	170	0	0	0	0	318	0	0
其中:当年立项项目拨入经费(千元)	5	778	190	0	0	0	0	100	0	170	0	0	0	0	318	0	0
当年支出经费(千元)	6	1 079.26	180	0	27.58	0	0	365.13	40	32.4	9.57	0	0	106.58	318	0	0
当年新开课题数(项)	7	38	1	0	0	0	0	3	0	11	3	0	0	2	18	0	0
当年新开课题批准经费(千元)	8	1151	200	0	0	0	0	100	0	290	243	0	0	0	318	0	0
当年完成课题数(项)	9	28	0	0	0	0	0	0	2	2	3	0	0	3	18	0	0

续表

			课题来源															
			合计	国家社科基金项目	国家社科基金单列学科项目	教育部人文社科研究项目	高校古籍整理研究项目	国家自然科学基金项目	中央其他部门社科专门项目	省、市、自治区社科基金项目	省教育厅社科项目	地、市、厅、局等政府部门项目	国际合作研究项目	与港、澳、台地区合作研究项目	企事业单位委托项目	学校社科项目	外资项目	其他
		编号	L01	L02	L03	L04	L05	L06	L07	L08	L09	L10	L11	L12	L13	L14	L15	L16
出版著作(部)	合计	10	2	0	0	0	0	0	0	0	0	0	0	0	0	2	0	0
	专著 合计	11	2	0	0	0	0	0	0	0	0	0	0	0	0	2	0	0
	专著 其中:被译成外文	12	0	0	0	0	0	0	0	0	0	0	0	0	0	0	0	0
	编著教材	13	0	0	0	0	0	0	0	0	0	0	0	0	0	0	0	0
	工具书参考书	14	0	0	0	0	0	0	0	0	0	0	0	0	0	0	0	0
	皮书/发展报告	15	0	0	0	0	0	0	0	0	0	0	0	0	0	0	0	0
	科普读物	16	0	0	0	0	0	0	0	0	0	0	0	0	0	0	0	0
古籍整理(部)		17	0	0	0	0	0	0	0	0	0	0	0	0	0	0	0	0
译著(部)		18	0	0	0	0	0	0	0	0	0	0	0	0	0	0	0	0
发表译文(篇)		19	0	0	0	0	0	0	0	0	0	0	0	0	0	0	0	0
电子出版物(件)		20	0	0	0	0	0	0	0	0	0	0	0	0	0	0	0	0
发表论文(篇)	合计	21	97	5	0	5	0	0	29	2	6	5	0	0	2	43	0	0
	国内学术刊物	22	80	4	0	5	0	0	14	2	6	5	0	0	2	42	0	0
	国外学术刊物	23	17	1	0	0	0	0	15	0	0	0	0	0	0	1	0	0
	港、澳、台地区刊物	24	0	0	0	0	0	0	0	0	0	0	0	0	0	0	0	0
研究与咨询报告(篇)	合计	25	2	0	0	0	0	0	0	0	0	0	0	0	2	0	0	0
	其中:被采纳数	26	0	0	0	0	0	0	0	0	0	0	0	0	0	0	0	0

2.11 苏州大学人文、社会科学研究与课题成果来源情况表

		课题来源															
		合计	国家社科基金项目	国家社科基金单列学科项目	教育部人文社科研究项目	高校古籍整理研究项目	国家自然科学基金项目	中央其他部门社科专门项目	省、市、自治区社科基金项目	省教育厅社科项目	地、市、厅、局等政府部门项目	国际合作研究项目	与港、澳、台地区合作研究项目	企事业单位委托项目	学校社科项目	外资项目	其他
	编号	L01	L02	L03	L04	L05	L06	L07	L08	L09	L10	L11	L12	L13	L14	L15	L16
课题数(项)	1	808	144	15	85	5	27	31	64	110	123	0	0	167	37	0	0
当年投入人数(人年)	2	117.4	33.7	3.4	12.1	0.5	4.9	3.6	8.4	12.9	15	0	0	19.1	3.8	0	0
其中:研究生(人年)	3	9.9	6.9	0.7	0.7	0	0.4	0	0.1	0.1	0.7	0	0	0.1	0.2	0	0
当年拨入经费(千元)	4	24 991.48	6 532	408.9	1 168	150	2 276	308	991.7	465	3 490.88	0	0	8 078	1 123	0	0
其中:当年立项项目拨入经费(千元)	5	23 768.68	6 430	342	580	150	2 004	308	830.8	432	3 490.88	0	0	8 078	1 123	0	0
当年支出经费(千元)	6	22 360.18	5 299.9	393.5	1 419.5	101.5	1 563.4	387.3	747.2	460.8	3 213.98	0	0	7 872.1	901	0	0
当年新开课题数(项)	7	267	28	2	12	2	7	12	14	31	46	0	0	87	26	0	0
当年新开课题批准经费(千元)	8	27 740.08	7 000	380	1 300	160	3 340	353	970	650	3 944.78	0	0	8 489.22	1 153.08	0	0
当年完成课题数(项)	9	237	11	0	21	1	9	12	8	45	39	0	0	73	18	0	0

续表

			编号	课题来源															
				合计	国家社科基金项目	国家社科基金单列学科项目	教育部人文社科研究项目	高校古籍整理研究项目	国家自然科学基金项目	中央其他部门社科专门项目	省、市、自治区社科基金项目	省教育厅社科项目	地、市、厅、局等政府部门项目	国际合作研究项目	与港、澳、台地区合作研究项目	企事业单位委托项目	学校社科项目	外资项目	其他
			编号	L01	L02	L03	L04	L05	L06	L07	L08	L09	L10	L11	L12	L13	L14	L15	L16
出版著作(部)	合计		10	97	23	0	10	2	1	1	39	8	11	0	0	2	0	0	0
	专著	合计	11	83	18	0	8	2	0	1	38	7	8	0	0	1	0	0	0
		其中:被译成外文	12	1	1	0	0	0	0	0	0	0	0	0	0	0	0	0	0
	编著教材		13	14	5	0	2	0	1	0	1	1	3	0	0	1	0	0	0
	工具书参考书		14	0	0	0	0	0	0	0	0	0	0	0	0	0	0	0	0
	皮书/发展报告		15	0	0	0	0	0	0	0	0	0	0	0	0	0	0	0	0
	科普读物		16	0	0	0	0	0	0	0	0	0	0	0	0	0	0	0	0
古籍整理(部)			17	1	1	0	0	0	0	0	0	0	0	0	0	0	0	0	0
译著(部)			18	10	1	0	2	0	0	0	2	1	4	0	0	0	0	0	0
发表译文(篇)			19	0	0	0	0	0	0	0	0	0	0	0	0	0	0	0	0
电子出版物(件)			20	0	0	0	0	0	0	0	0	0	0	0	0	0	0	0	0
发表论文(篇)	合计		21	704	101	3	80	1	15	16	189	86	108	0	0	76	29	0	0
	国内学术刊物		22	678	97	1	74	1	12	13	189	82	106	0	0	75	28	0	0
	国外学术刊物		23	24	3	2	5	0	3	3	0	4	2	0	0	1	1	0	0
	港、澳、台地区刊物		24	2	1	0	1	0	0	0	0	0	0	0	0	0	0	0	0
研究与咨询报告(篇)	合计		25	29	0	0	0	0	0	2	1	0	4	0	0	22	0	0	0
	其中:被采纳数		26	20	0	0	0	0	0	1	1	0	2	0	0	16	0	0	0

2.12 江苏科技大学人文、社会科学研究与课题成果来源情况表

		课题来源															
		合计	国家社科基金项目	国家社科基金单列学科项目	教育部人文社科研究项目	高校古籍整理研究项目	国家自然科学基金项目	中央其他部门社科专门项目	省、市、自治区社科基金项目	省教育厅社科项目	地、市、厅、局等政府部门项目	国际合作研究项目	与港、澳、台地区合作研究项目	企事业单位委托项目	学校社科项目	外资项目	其他
	编号	L01	L02	L03	L04	L05	L06	L07	L08	L09	L10	L11	L12	L13	L14	L15	L16
课题数(项)	1	319	14	0	31	0	20	6	18	119	71	0	0	16	24	0	0
当年投入人数(人年)	2	122.9	13.1	0	11	0	25	1.4	5	37.4	20.3	0	0	3	6.7	0	0
其中:研究生(人年)	3	30.8	5.2	0	2.3	0	18.2	0	0.4	3	1.5	0	0	0.2	0	0	0
当年拨入经费(千元)	4	4 526.1	570	0	354	0	282	15	184	596	1 043	0	0	1 482.1	0	0	0
其中:当年立项项目拨入经费(千元)	5	4 217.1	570	0	45	0	282	15	184	596	1 043	0	0	1 482.1	0	0	0
当年支出经费(千元)	6	4 869.29	781	0	327	0	793	36	136.14	516.9	1 259.75	0	0	981	38.5	0	0
当年新开课题数(项)	7	94	3	0	3	0	1	1	5	40	25	0	0	16	0	0	0
当年新开课题批准经费(千元)	8	4 850.2	600	0	270	0	470	15	230	740	1 043	0	0	1 482.2	0	0	0
当年完成课题数(项)	9	108	0	0	5	0	6	4	3	19	51	0	0	4	16	0	0

续表

			编号	课题来源															
				合计	国家社科基金项目	国家社科基金单列学科项目	教育部人文社科研究项目	高校古籍整理研究项目	国家自然科学基金项目	中央其他部门社科专门项目	省、市、自治区社科基金项目	省教育厅社科项目	地、市、厅、局等政府部门项目	国际合作研究项目	与港、澳、台地区合作研究项目	企事业单位委托项目	学校社科项目	外资项目	其他
			编号	L01	L02	L03	L04	L05	L06	L07	L08	L09	L10	L11	L12	L13	L14	L15	L16
出版著作(部)	合计		10	11	1	0	5	0	0	0	1	3	1	0	0	0	0	0	0
	专著	合计	11	11	1	0	5	0	0	0	1	3	1	0	0	0	0	0	0
		其中:被译成外文	12	0	0	0	0	0	0	0	0	0	0	0	0	0	0	0	0
	编著教材		13	0	0	0	0	0	0	0	0	0	0	0	0	0	0	0	0
	工具书参考书		14	0	0	0	0	0	0	0	0	0	0	0	0	0	0	0	0
	皮书/发展报告		15	0	0	0	0	0	0	0	0	0	0	0	0	0	0	0	0
	科普读物		16	0	0	0	0	0	0	0	0	0	0	0	0	0	0	0	0
古籍整理(部)			17	0	0	0	0	0	0	0	0	0	0	0	0	0	0	0	0
译著(部)			18	0	0	0	0	0	0	0	0	0	0	0	0	0	0	0	0
发表译文(篇)			19	0	0	0	0	0	0	0	0	0	0	0	0	0	0	0	0
电子出版物(件)			20	0	0	0	0	0	0	0	0	0	0	0	0	0	0	0	0
发表论文(篇)	合计		21	187	12	0	33	0	19	2	13	62	44	0	0	0	2	0	0
	国内学术刊物		22	180	11	0	31	0	19	2	12	59	44	0	0	0	2	0	0
	国外学术刊物		23	7	1	0	2	0	0	0	1	3	0	0	0	0	0	0	0
	港、澳、台地区刊物		24	0	0	0	0	0	0	0	0	0	0	0	0	0	0	0	0
研究与咨询报告(篇)	合计		25	12	0	0	0	0	0	0	0	0	0	0	0	12	0	0	0
	其中:被采纳数		26	12	0	0	0	0	0	0	0	0	0	0	0	12	0	0	0

2.13 南京工业大学人文、社会科学研究与课题成果来源情况表

		课题来源															
		合计	国家社科基金项目	国家社科基金单列学科项目	教育部人文社科研究项目	高校古籍整理研究项目	国家自然科学基金项目	中央其他部门社科专门项目	省、市、自治区社科基金项目	省教育厅社科项目	地、市、厅、局等政府部门项目	国际合作研究项目	与港、澳、台地区合作研究项目	企事业单位委托项目	学校社科项目	外资项目	其他
	编号	L01	L02	L03	L04	L05	L06	L07	L08	L09	L10	L11	L12	L13	L14	L15	L16
课题数(项)	1	485	20	0	15	0	11	18	33	111	128	0	0	17	132	0	0
当年投入人数(人年)	2	74.3	8.1	0	4	0	2.3	2.7	7.4	13.9	18.6	0	0	3.1	14.2	0	0
其中:研究生(人年)	3	8.1	2.1	0	0.4	0	0.6	0.3	1.1	0.5	2.4	0	0	0.3	0.4	0	0
当年拨入经费(千元)	4	7 752.6	1 430	0	308	0	750	646	517.6	398	1 914	0	0	1 075	714	0	0
其中:当年立项项目拨入经费(千元)	5	6 423.5	1 330	0	160	0	390	532	488	388	1 371.5	0	0	1 055	709	0	0
当年支出经费(千元)	6	11 476.09	1 867.07	0	410.5	0	1 104.62	701	628.4	460.5	4 066.09	0	0	1 268.36	969.55	0	0
当年新开课题数(项)	7	202	7	0	5	0	3	4	19	51	46	0	0	4	63	0	0
当年新开课题批准经费(千元)	8	8 388.5	1 400	0	420	0	811	620	870	700	1 793.5	0	0	1 065	709	0	0
当年完成课题数(项)	9	190	2	0	1	0	3	11	4	18	74	0	0	12	65	0	0

续表

			编号	课题来源															
				合计	国家社科基金项目	国家社科基金单列学科项目	教育部人文社科研究项目	高校古籍整理研究项目	国家自然科学基金项目	中央其他部门社科专门项目	省、市、自治区社科基金项目	省教育厅社科项目	地、市、厅、局等政府部门项目	国际合作研究项目	与港、澳、台地区合作研究项目	企事业单位委托项目	学校社科项目	外资项目	其他
				L01	L02	L03	L04	L05	L06	L07	L08	L09	L10	L11	L12	L13	L14	L15	L16
出版著作(部)	合计		10	19	2	0	1	0	1	0	3	2	7	0	0	0	3	0	0
	专著	合计	11	14	2	0	1	0	1	0	2	2	3	0	0	0	3	0	0
		其中:被译成外文	12	0	0	0	0	0	0	0	0	0	0	0	0	0	0	0	0
	编著教材		13	5	0	0	0	0	0	0	1	0	4	0	0	0	0	0	0
	工具书参考书		14	0	0	0	0	0	0	0	0	0	0	0	0	0	0	0	0
	皮书/发展报告		15	0	0	0	0	0	0	0	0	0	0	0	0	0	0	0	0
	科普读物		16	0	0	0	0	0	0	0	0	0	0	0	0	0	0	0	0
古籍整理(部)			17	0	0	0	0	0	0	0	0	0	0	0	0	0	0	0	0
译著(部)			18	1	0	0	0	0	0	0	0	0	1	0	0	0	0	0	0
发表译文(篇)			19	0	0	0	0	0	0	0	0	0	0	0	0	0	0	0	0
电子出版物(件)			20	0	0	0	0	0	0	0	0	0	0	0	0	0	0	0	0
发表论文(篇)	合计		21	343	80	0	18	0	25	4	17	47	105	0	0	1	46	0	0
	国内学术刊物		22	323	72	0	17	0	19	3	16	46	103	0	0	1	46	0	0
	国外学术刊物		23	19	8	0	1	0	6	1	0	1	2	0	0	0	0	0	0
	港、澳、台地区刊物		24	1	0	0	0	0	0	0	1	0	0	0	0	0	0	0	0
研究与咨询报告(篇)	合计		25	9	0	0	0	0	0	0	1	0	2	0	0	6	0	0	0
	其中:被采纳数		26	6	0	0	0	0	0	0	1	0	2	0	0	3	0	0	0

2.14 常州大学人文、社会科学研究与课题成果来源情况表

		课题来源															
		合计	国家社科基金项目	国家社科基金单列学科项目	教育部人文社科研究项目	高校古籍整理研究项目	国家自然科学基金项目	中央其他部门社科专门项目	省、市、自治区社科基金项目	省教育厅社科项目	地、市、厅、局等政府部门项目	国际合作研究项目	与港、澳、台地区合作研究项目	企事业单位委托项目	学校社科项目	外资项目	其他
	编号	L01	L02	L03	L04	L05	L06	L07	L08	L09	L10	L11	L12	L13	L14	L15	L16
课题数(项)	1	401	48	3	27	0	0	7	57	118	88	0	0	37	16	0	0
当年投入人数(人年)	2	132.5	25.2	1.4	11.3	0	0	2.3	17.6	34.4	25.9	0	0	11	3.4	0	0
其中:研究生(人年)	3	0.6	0.3	0	0	0	0	0	0	0.3	0	0	0	0	0	0	0
当年拨入经费(千元)	4	8 387.8	2 960	380	492	0	0	60	879.9	190	1 483.9	0	0	1 878	64	0	0
其中:当年立项项目拨入经费(千元)	5	7 482.9	2 940	380	107	0	0	60	667	150	1 390.9	0	0	1 788	0	0	0
当年支出经费(千元)	6	6 243.5	1 793	53	568	0	0	23.5	511.6	203.2	1 447.2	0	0	1 580	64	0	0
当年新开课题数(项)	7	164	14	2	4	0	0	4	20	40	65	0	0	15	0	0	0
当年新开课题批准经费(千元)	8	8 348.1	3 100	400	202	0	0	60	813	220	1 765.1	0	0	1 788	0	0	0
当年完成课题数(项)	9	134	3	0	13	0	0	3	10	16	46	0	0	28	15	0	0

续表

			课题来源															
			合计	国家社科基金项目	国家社科基金单列学科项目	教育部人文社科研究项目	高校古籍整理研究项目	国家自然科学基金项目	中央其他部门社科专门项目	省、市、自治区社科基金项目	省教育厅社科项目	地、市、厅、局等政府部门项目	国际合作研究项目	与港、澳、台地区合作研究项目	企事业单位委托项目	学校社科项目	外资项目	其他
		编号	L01	L02	L03	L04	L05	L06	L07	L08	L09	L10	L11	L12	L13	L14	L15	L16
出版著作(部)	合计	10	13	3	0	2	0	0	0	5	1	2	0	0	0	0	0	0
	专著 合计	11	11	2	0	2	0	0	0	4	1	2	0	0	0	0	0	0
	专著 其中:被译成外文	12	0	0	0	0	0	0	0	0	0	0	0	0	0	0	0	0
	编著教材	13	2	1	0	0	0	0	0	1	0	0	0	0	0	0	0	0
	工具书参考书	14	0	0	0	0	0	0	0	0	0	0	0	0	0	0	0	0
	皮书/发展报告	15	0	0	0	0	0	0	0	0	0	0	0	0	0	0	0	0
	科普读物	16	0	0	0	0	0	0	0	0	0	0	0	0	0	0	0	0
古籍整理(部)		17	0	0	0	0	0	0	0	0	0	0	0	0	0	0	0	0
译著(部)		18	1	0	0	0	0	0	0	0	1	0	0	0	0	0	0	0
发表译文(篇)		19	0	0	0	0	0	0	0	0	0	0	0	0	0	0	0	0
电子出版物(件)		20	0	0	0	0	0	0	0	0	0	0	0	0	0	0	0	0
发表论文(篇)	合计	21	240	17	4	10	0	0	3	34	38	119	0	0	0	15	0	0
	国内学术刊物	22	235	17	4	10	0	0	3	32	38	116	0	0	0	15	0	0
	国外学术刊物	23	5	0	0	0	0	0	0	2	0	3	0	0	0	0	0	0
	港、澳、台地区刊物	24	0	0	0	0	0	0	0	0	0	0	0	0	0	0	0	0
研究与咨询报告(篇)	合计	25	41	3	0	0	0	0	0	2	0	4	0	0	32	0	0	0
	其中:被采纳数	26	34	2	0	0	0	0	0	2	0	4	0	0	26	0	0	0

2.15 南京邮电大学人文、社会科学研究与课题成果来源情况表

		课题来源															
		合计	国家社科基金项目	国家社科基金单列学科项目	教育部人文社科研究项目	高校古籍整理研究项目	国家自然科学基金项目	中央其他部门社科专门项目	省、市、自治区社科基金项目	省教育厅社科项目	地、市、厅、局等政府部门项目	国际合作研究项目	与港、澳、台地区合作研究项目	企事业单位委托项目	学校社科项目	外资项目	其他
	编号	L01	L02	L03	L04	L05	L06	L07	L08	L09	L10	L11	L12	L13	L14	L15	L16
课题数(项)	1	585	40	0	44	0	9	13	45	163	75	0	0	66	130	0	0
当年投入人数(人年)	2	144.1	21.3	0	14.6	0	4	2.4	14.5	41.2	19.7	0	0	9.8	16.6	0	0
其中:研究生(人年)	3	29.9	4.8	0	3.9	0	1.2	0.6	4.2	8.6	6	0	0	0.6	0	0	0
当年拨入经费(千元)	4	12 011.81	1 747	0	546	0	686	24	590	949	815	0	0	6 634.81	20	0	0
其中:当年立项项目拨入经费(千元)	5	10 572.11	1 710	0	252	0	546	24	590	726	737	0	0	5 987.11	0	0	0
当年支出经费(千元)	6	9 946.97	1 150	0	406	0	438.56	24	676	452.1	759	0	0	5 466.81	574.5	0	0
当年新开课题数(项)	7	151	9	0	9	0	3	1	11	51	26	0	0	41	0	0	0
当年新开课题批准经费(千元)	8	15 437.74	1 800	0	760	0	676	30	700	1 110	872	0	0	9 489.74	0	0	0
当年完成课题数(项)	9	131	8	0	4	0	0	1	4	37	23	0	0	38	16	0	0

续表

			课题来源															
			合计	国家社科基金项目	国家社科基金单列学科项目	教育部人文社科研究项目	高校古籍整理研究项目	国家自然科学基金项目	中央其他部门社科专门项目	省、市、自治区社科基金项目	省教育厅社科项目	地、市、厅、局等政府部门项目	国际合作研究项目	与港、澳、台地区合作研究项目	企事业单位委托项目	学校社科项目	外资项目	其他
		编号	L01	L02	L03	L04	L05	L06	L07	L08	L09	L10	L11	L12	L13	L14	L15	L16
出版著作(部)	合计	10	10	1	0	2	0	0	1	1	2	0	0	0	0	3	0	0
出版著作(部)	专著 合计	11	8	0	0	2	0	0	1	1	2	0	0	0	0	2	0	0
出版著作(部)	专著 其中:被译成外文	12	0	0	0	0	0	0	0	0	0	0	0	0	0	0	0	0
出版著作(部)	编著教材	13	2	1	0	0	0	0	0	0	0	0	0	0	0	1	0	0
出版著作(部)	工具书参考书	14	0	0	0	0	0	0	0	0	0	0	0	0	0	0	0	0
出版著作(部)	皮书/发展报告	15	0	0	0	0	0	0	0	0	0	0	0	0	0	0	0	0
出版著作(部)	科普读物	16	0	0	0	0	0	0	0	0	0	0	0	0	0	0	0	0
古籍整理(部)		17	0	0	0	0	0	0	0	0	0	0	0	0	0	0	0	0
译著(部)		18	0	0	0	0	0	0	0	0	0	0	0	0	0	0	0	0
发表译文(篇)		19	0	0	0	0	0	0	0	0	0	0	0	0	0	0	0	0
电子出版物(件)		20	2	0	0	0	0	0	0	0	0	0	0	0	2	0	0	0
发表论文(篇)	合计	21	149	8	0	23	0	5	0	23	56	11	0	0	0	23	0	0
发表论文(篇)	国内学术刊物	22	149	8	0	23	0	5	0	23	56	11	0	0	0	23	0	0
发表论文(篇)	国外学术刊物	23	0	0	0	0	0	0	0	0	0	0	0	0	0	0	0	0
发表论文(篇)	港、澳、台地区刊物	24	0	0	0	0	0	0	0	0	0	0	0	0	0	0	0	0
研究与咨询报告(篇)	合计	25	46	0	0	0	0	0	0	0	0	0	0	0	46	0	0	0
研究与咨询报告(篇)	其中:被采纳数	26	35	0	0	0	0	0	0	0	0	0	0	0	35	0	0	0

2.16 南京林业大学人文、社会科学研究与课题成果来源情况表

		课题来源															
		合计	国家社科基金项目	国家社科基金单列学科项目	教育部人文社科研究项目	高校古籍整理研究项目	国家自然科学基金项目	中央其他部门社科专门项目	省、市、自治区社科基金项目	省教育厅社科项目	地、市、厅、局等政府部门项目	国际合作研究项目	与港、澳、台地区合作研究项目	企事业单位委托项目	学校社科项目	外资项目	其他
	编号	L01	L02	L03	L04	L05	L06	L07	L08	L09	L10	L11	L12	L13	L14	L15	L16
课题数(项)	1	330	10	3	29	0	5	4	26	122	30	0	0	4	97	0	0
当年投入人数(人年)	2	37	2.9	0.6	3.3	0	0.5	0.4	3.4	12.7	3.1	0	0	0.4	9.7	0	0
其中:研究生(人年)	3	0	0	0	0	0	0	0	0	0	0	0	0	0	0	0	0
当年拨入经费(千元)	4	2 529.08	570	0	661	0	0	0	189.6	603.48	39	0	0	430	36	0	0
其中:当年立项项目拨入经费(千元)	5	1 965	570	0	198	0	0	0	160	532	39	0	0	430	36	0	0
当年支出经费(千元)	6	2 213	330.7	97.2	404.92	0	132.7	54.4	244.8	568.62	142.14	0	0	114.49	123.03	0	0
当年新开课题数(项)	7	75	3	0	9	0	0	0	5	38	8	0	0	2	10	0	0
当年新开课题批准经费(千元)	8	2 595	600	0	670	0	0	0	160	660	39	0	0	430	36	0	0
当年完成课题数(项)	9	39	1	0	4	0	1	0	2	23	8	0	0	0	0	0	0

续表

			编号	课题来源															
				合计	国家社科基金项目	国家社科基金单列学科项目	教育部人文社科研究项目	高校古籍整理研究项目	国家自然科学基金项目	中央其他部门社科专门项目	省、市、自治区社科基金项目	省教育厅社科项目	地、市、厅、局等政府部门项目	国际合作研究项目	与港、澳、台地区合作研究项目	企事业单位委托项目	学校社科项目	外资项目	其他
			编号	L01	L02	L03	L04	L05	L06	L07	L08	L09	L10	L11	L12	L13	L14	L15	L16
出版著作(部)	合计		10	13	2	0	3	0	0	0	2	6	0	0	0	0	0	0	0
	专著	合计	11	12	2	0	2	0	0	0	2	6	0	0	0	0	0	0	0
		其中:被译成外文	12	0	0	0	0	0	0	0	0	0	0	0	0	0	0	0	0
	编著教材		13	1	0	0	1	0	0	0	0	0	0	0	0	0	0	0	0
	工具书参考书		14	0	0	0	0	0	0	0	0	0	0	0	0	0	0	0	0
	皮书/发展报告		15	0	0	0	0	0	0	0	0	0	0	0	0	0	0	0	0
	科普读物		16	0	0	0	0	0	0	0	0	0	0	0	0	0	0	0	0
古籍整理(部)			17	0	0	0	0	0	0	0	0	0	0	0	0	0	0	0	0
译著(部)			18	1	0	0	0	0	0	1	0	0	0	0	0	0	0	0	0
发表译文(篇)			19	0	0	0	0	0	0	0	0	0	0	0	0	0	0	0	0
电子出版物(件)			20	0	0	0	0	0	0	0	0	0	0	0	0	0	0	0	0
发表论文(篇)	合计		21	291	20	2	33	0	17	7	73	59	44	0	0	11	25	0	0
	国内学术刊物		22	291	20	2	33	0	17	7	73	59	44	0	0	11	25	0	0
	国外学术刊物		23	0	0	0	0	0	0	0	0	0	0	0	0	0	0	0	0
	港、澳、台地区刊物		24	0	0	0	0	0	0	0	0	0	0	0	0	0	0	0	0
研究与咨询报告(篇)	合计		25	0	0	0	0	0	0	0	0	0	0	0	0	0	0	0	0
	其中:被采纳数		26	0	0	0	0	0	0	0	0	0	0	0	0	0	0	0	0

2.17 江苏大学人文、社会科学研究与课题成果来源情况表

		课题来源															
		合计	国家社科基金项目	国家社科基金单列学科项目	教育部人文社科研究项目	高校古籍整理研究项目	国家自然科学基金项目	中央其他部门社科专门项目	省、市、自治区社科基金项目	省教育厅社科项目	地、市、厅、局等政府部门项目	国际合作研究项目	与港、澳、台地区合作研究项目	企事业单位委托项目	学校社科项目	外资项目	其他
	编号	L01	L02	L03	L04	L05	L06	L07	L08	L09	L10	L11	L12	L13	L14	L15	L16
课题数(项)	1	781	45	4	53	0	27	25	92	105	74	0	0	289	67	0	0
当年投入人数(人年)	2	128.3	8.5	0.8	7.7	0	2.7	4.8	20.4	16.4	11.1	0	0	49.2	6.7	0	0
其中:研究生(人年)	3	50.1	3	0.3	2.6	0	0.4	2.1	9.4	4.2	3.5	0	0	23.3	1.3	0	0
当年拨入经费(千元)	4	11 252.2	2 060	210	673	0	0	171	1 719	562	476	0	0	5 381.2	0	0	0
其中:当年立项项目拨入经费(千元)	5	11 135.2	2 060	200	580	0	0	171	1 714	553	476	0	0	5 381.2	0	0	0
当年支出经费(千元)	6	11 252.2	2 030	190	683	0	30	151	1 759	562	466	0	0	5 381.2	0	0	0
当年新开课题数(项)	7	158	9	1	7	0	0	7	31	18	18	0	0	67	0	0	0
当年新开课题批准经费(千元)	8	11 849.2	2 100	200	640	0	0	363	1 800	633	476	0	0	5 637.2	0	0	0
当年完成课题数(项)	9	162	6	2	12	0	4	9	20	29	16	0	0	48	16	0	0

续表

			编号	课题来源															
				合计	国家社科基金项目	国家社科基金单列学科项目	教育部人文社科研究项目	高校古籍整理研究项目	国家自然科学基金项目	中央其他部门社科专门项目	省、市、自治区社科基金项目	省教育厅社科项目	地、市、厅、局等政府部门项目	国际合作研究项目	与港、澳、台地区合作研究项目	企事业单位委托项目	学校社科项目	外资项目	其他
				L01	L02	L03	L04	L05	L06	L07	L08	L09	L10	L11	L12	L13	L14	L15	L16
出版著作(部)	合计		10	5	3	1	1	0	0	0	0	0	0	0	0	0	0	0	0
	专著	合计	11	5	3	1	1	0	0	0	0	0	0	0	0	0	0	0	0
		其中：被译成外文	12	0	0	0	0	0	0	0	0	0	0	0	0	0	0	0	0
	编著教材		13	0	0	0	0	0	0	0	0	0	0	0	0	0	0	0	0
	工具书参考书		14	0	0	0	0	0	0	0	0	0	0	0	0	0	0	0	0
	皮书/发展报告		15	0	0	0	0	0	0	0	0	0	0	0	0	0	0	0	0
	科普读物		16	0	0	0	0	0	0	0	0	0	0	0	0	0	0	0	0
古籍整理(部)			17	0	0	0	0	0	0	0	0	0	0	0	0	0	0	0	0
译著(部)			18	0	0	0	0	0	0	0	0	0	0	0	0	0	0	0	0
发表译文(篇)			19	0	0	0	0	0	0	0	0	0	0	0	0	0	0	0	0
电子出版物(件)			20	0	0	0	0	0	0	0	0	0	0	0	0	0	0	0	0
发表论文(篇)	合计		21	191	55	6	17	0	49	13	19	14	0	0	0	14	4	0	0
	国内学术刊物		22	190	55	6	17	0	48	13	19	14	0	0	0	14	4	0	0
	国外学术刊物		23	1	0	0	0	0	1	0	0	0	0	0	0	0	0	0	0
	港、澳、台地区刊物		24	0	0	0	0	0	0	0	0	0	0	0	0	0	0	0	0
研究与咨询报告(篇)	合计		25	24	0	0	0	0	0	0	0	0	0	0	0	24	0	0	0
	其中：被采纳数		26	12	0	0	0	0	0	0	0	0	0	0	0	12	0	0	0

2.18 南京信息工程大学人文、社会科学研究与课题成果来源情况表

		课题来源															
		合计	国家社科基金项目	国家社科基金单列学科项目	教育部人文社科研究项目	高校古籍整理研究项目	国家自然科学基金项目	中央其他部门社科专门项目	省、市、自治区社科基金项目	省教育厅社科项目	地、市、厅、局等政府部门项目	国际合作研究项目	与港、澳、台地区合作研究项目	企事业单位委托项目	学校社科项目	外资项目	其他
	编号	L01	L02	L03	L04	L05	L06	L07	L08	L09	L10	L11	L12	L13	L14	L15	L16
课题数(项)	1	591	64	0	57	1	32	80	59	154	81	0	0	63	0	0	0
当年投入人数(人年)	2	179.2	21	0	18	0.1	7.3	26.4	17.4	44.2	23.4	0	0	21.4	0	0	0
其中:研究生(人年)	3	4.8	2.1	0	0.6	0	0	0.3	1.5	0	0	0	0	0.3	0	0	0
当年拨入经费(千元)	4	8 387.4	1 725	0	273	0	1 951.4	457	1 270	217	403	0	0	2 091	0	0	0
其中:当年立项项目拨入经费(千元)	5	6 109	1 710	0	250	0	720	195	930	217	248	0	0	1 839	0	0	0
当年支出经费(千元)	6	8 228.06	2 027.38	0	423.34	0	1 607.2	738.59	751.31	222.91	468.02	0	0	1 989.31	0	0	0
当年新开课题数(项)	7	169	9	0	10	0	5	20	17	51	20	0	0	37	0	0	0
当年新开课题批准经费(千元)	8	9 727.8	1 800	0	860	0	1 200	425	1 340	1 195	309	0	0	2 598.8	0	0	0
当年完成课题数(项)	9	112	1	0	11	0	0	25	3	33	22	0	0	17	0	0	0

续表

			编号	课题来源 合计	国家社科基金项目	国家社科基金单列学科项目	教育部人文社科研究项目	高校古籍整理研究项目	国家自然科学基金项目	中央其他部门社科专门项目	省、市、自治区社科基金项目	省教育厅社科项目	地、市、厅、局等政府部门项目	国际合作研究项目	与港、澳、台地区合作研究项目	企事业单位委托项目	学校社科项目	外资项目	其他
				L01	L02	L03	L04	L05	L06	L07	L08	L09	L10	L11	L12	L13	L14	L15	L16
出版著作(部)	合计		10	9	2	0	5	0	0	0	1	1	0	0	0	0	0	0	0
	专著	合计	11	4	2	0	2	0	0	0	0	0	0	0	0	0	0	0	0
		其中:被译成外文	12	0	0	0	0	0	0	0	0	0	0	0	0	0	0	0	0
	编著教材		13	3	0	0	1	0	0	0	1	1	0	0	0	0	0	0	0
	工具书参考书		14	0	0	0	0	0	0	0	0	0	0	0	0	0	0	0	0
	皮书/发展报告		15	2	0	0	2	0	0	0	0	0	0	0	0	0	0	0	0
	科普读物		16	0	0	0	0	0	0	0	0	0	0	0	0	0	0	0	0
古籍整理(部)			17	1	0	0	0	0	0	0	0	1	0	0	0	0	0	0	0
译著(部)			18	4	0	0	1	0	0	0	1	1	1	0	0	0	0	0	0
发表译文(篇)			19	0	0	0	0	0	0	0	0	0	0	0	0	0	0	0	0
电子出版物(件)			20	0	0	0	0	0	0	0	0	0	0	0	0	0	0	0	0
发表论文(篇)	合计		21	362	72	0	74	0	38	4	35	77	59	0	0	2	1	0	0
	国内学术刊物		22	340	69	0	72	0	25	4	32	77	58	0	0	2	1	0	0
	国外学术刊物		23	21	3	0	2	0	13	0	2	0	1	0	0	0	0	0	0
	港、澳、台地区刊物		24	1	0	0	0	0	0	0	1	0	0	0	0	0	0	0	0
研究与咨询报告(篇)	合计		25	62	8	0	3	0	2	13	2	2	0	0	0	32	0	0	0
	其中:被采纳数		26	46	7	0	3	0	2	4	2	2	0	0	0	26	0	0	0

2.19 南通大学人文、社会科学研究与课题成果来源情况表

		课题来源															
		合计	国家社科基金项目	国家社科基金单列学科项目	教育部人文社科研究项目	高校古籍整理研究项目	国家自然科学基金项目	中央其他部门社科专门项目	省、市、自治区社科基金项目	省教育厅社科项目	地、市、厅、局等政府部门项目	国际合作研究项目	与港、澳、台地区合作研究项目	企事业单位委托项目	学校社科项目	外资项目	其他
	编号	L01	L02	L03	L04	L05	L06	L07	L08	L09	L10	L11	L12	L13	L14	L15	L16
课题数(项)	1	640	52	3	58	4	0	17	62	162	171	0	0	35	76	0	0
当年投入人数(人年)	2	124.5	15.6	0.9	16.5	0.7	0	3.7	15.8	37.6	20.8	0	0	3.9	9	0	0
其中:研究生(人年)	3	1.7	0.4	0	0.5	0	0	0.1	0.2	0.5	0	0	0	0	0	0	0
当年拨入经费(千元)	4	11 966.1	1 925	37	660	16	0	810	529	528	3 451.8	0	0	3 584.3	425	0	0
其中:当年立项项目拨入经费(千元)	5	11 596.1	1 850	0	528	0	0	810	424	528	3 451.8	0	0	3 584.3	420	0	0
当年支出经费(千元)	6	12 502.44	2 655.77	37	814.13	16	0	597	619.94	559.5	3 149.8	0	0	3 584.3	469	0	0
当年新开课题数(项)	7	236	9	0	10	0	0	4	10	44	100	0	0	28	31	0	0
当年新开课题批准经费(千元)	8	12 622.4	1 950	0	880	0	0	1 086.3	530	720	3 451.8	0	0	3 584.3	420	0	0
当年完成课题数(项)	9	198	3	2	16	1	0	5	11	21	98	0	0	35	6	0	0

续表

				课题来源															
				合计	国家社科基金项目	国家社科基金单列学科项目	教育部人文社科研究项目	高校古籍整理研究项目	国家自然科学基金项目	中央其他部门社科专门项目	省、市、自治区社科基金项目	省教育厅社科项目	地、市、厅、局等政府部门项目	国际合作研究项目	与港、澳、台地区合作研究项目	企事业单位委托项目	学校社科项目	外资项目	其他
			编号	L01	L02	L03	L04	L05	L06	L07	L08	L09	L10	L11	L12	L13	L14	L15	L16
出版著作(部)	合计		10	25	4	3	4	0	0	0	3	2	4	0	0	0	5	0	0
	专著	合计	11	22	3	2	4	0	0	0	3	2	3	0	0	0	5	0	0
		其中:被译成外文	12	1	1	0	0	0	0	0	0	0	0	0	0	0	0	0	0
	编著教材		13	1	0	1	0	0	0	0	0	0	0	0	0	0	0	0	0
	工具书参考书		14	0	0	0	0	0	0	0	0	0	0	0	0	0	0	0	0
	皮书/发展报告		15	1	1	0	0	0	0	0	0	0	0	0	0	0	0	0	0
	科普读物		16	1	0	0	0	0	0	0	0	0	1	0	0	0	0	0	0
古籍整理(部)			17	1	0	0	0	1	0	0	0	0	0	0	0	0	0	0	0
译著(部)			18	2	0	0	0	0	0	0	0	0	0	0	0	1	1	0	0
发表译文(篇)			19	0	0	0	0	0	0	0	0	0	0	0	0	0	0	0	0
电子出版物(件)			20	0	0	0	0	0	0	0	0	0	0	0	0	0	0	0	0
发表论文(篇)	合计		21	304	42	0	19	0	0	8	46	47	82	0	0	23	37	0	0
	国内学术刊物		22	292	40	0	18	0	0	5	41	47	82	0	0	23	36	0	0
	国外学术刊物		23	11	2	0	1	0	0	3	5	0	0	0	0	0	0	0	0
	港、澳、台地区刊物		24	1	0	0	0	0	0	0	0	0	0	0	0	0	1	0	0
研究与咨询报告(篇)	合计		25	44	0	0	0	0	0	0	0	0	18	0	0	26	0	0	0
	其中:被采纳数		26	25	0	0	0	0	0	0	0	0	8	0	0	17	0	0	0

2.20 盐城工学院人文、社会科学研究与课题成果来源情况表

		课题来源															
		合计	国家社科基金项目	国家社科基金单列学科项目	教育部人文社科研究项目	高校古籍整理研究项目	国家自然科学基金项目	中央其他部门社科专门项目	省、市、自治区社科基金项目	省教育厅社科项目	地、市、厅、局等政府部门项目	国际合作研究项目	与港、澳、台地区合作研究项目	企事业单位委托项目	学校社科项目	外资项目	其他
	编号	L01	L02	L03	L04	L05	L06	L07	L08	L09	L10	L11	L12	L13	L14	L15	L16
课题数(项)	1	285	6	2	11	0	0	4	31	105	62	0	0	36	28	0	0
当年投入人数(人年)	2	37.4	1.7	0.2	1.1	0	0	0.4	4.2	13.5	8.6	0	0	4.3	3.4	0	0
其中:研究生(人年)	3	0	0	0	0	0	0	0	0	0	0	0	0	0	0	0	0
当年拨入经费(千元)	4	3 417	230	0	100	0	0	30	213	454	174	0	0	2 165.5	50.5	0	0
其中:当年立项项目拨入经费(千元)	5	3 377	190	0	100	0	0	30	213	454	174	0	0	2 165.5	50.5	0	0
当年支出经费(千元)	6	3 163.6	255	59	100	0	0	36	188	482	202.6	0	0	1 790.5	50.5	0	0
当年新开课题数(项)	7	124	1	0	4	0	0	1	11	41	22	0	0	21	23	0	0
当年新开课题批准经费(千元)	8	3 707	200	0	220	0	0	30	263	454	174	0	0	2 315.5	50.5	0	0
当年完成课题数(项)	9	142	2	0	0	0	0	1	7	39	49	0	0	23	21	0	0

续表

	编号	课题来源															
		合计	国家社科基金项目	国家社科基金单列学科项目	教育部人文社科研究项目	高校古籍整理研究项目	国家自然科学基金项目	中央其他部门社科专门项目	省、市、自治区社科基金项目	省教育厅社科项目	地、市、厅、局等政府部门项目	国际合作研究项目	与港、澳、台地区合作研究项目	企事业单位委托项目	学校社科项目	外资项目	其他
		L01	L02	L03	L04	L05	L06	L07	L08	L09	L10	L11	L12	L13	L14	L15	L16
出版著作(部) 合计	10	7	1	0	0	0	0	0	2	2	1	0	0	0	1	0	0
出版著作(部) 专著 合计	11	7	1	0	0	0	0	0	2	2	1	0	0	0	1	0	0
出版著作(部) 专著 其中:被译成外文	12	0	0	0	0	0	0	0	0	0	0	0	0	0	0	0	0
出版著作(部) 编著教材	13	0	0	0	0	0	0	0	0	0	0	0	0	0	0	0	0
出版著作(部) 工具书参考书	14	0	0	0	0	0	0	0	0	0	0	0	0	0	0	0	0
出版著作(部) 皮书/发展报告	15	0	0	0	0	0	0	0	0	0	0	0	0	0	0	0	0
出版著作(部) 科普读物	16	0	0	0	0	0	0	0	0	0	0	0	0	0	0	0	0
古籍整理(部)	17	0	0	0	0	0	0	0	0	0	0	0	0	0	0	0	0
译著(部)	18	0	0	0	0	0	0	0	0	0	0	0	0	0	0	0	0
发表译文(篇)	19	0	0	0	0	0	0	0	0	0	0	0	0	0	0	0	0
电子出版物(件)	20	0	0	0	0	0	0	0	0	0	0	0	0	0	0	0	0
发表论文(篇) 合计	21	144	7	5	4	0	0	1	22	41	31	0	0	0	33	0	0
发表论文(篇) 国内学术刊物	22	141	7	4	3	0	0	1	22	41	30	0	0	0	33	0	0
发表论文(篇) 国外学术刊物	23	3	0	1	1	0	0	0	0	0	1	0	0	0	0	0	0
发表论文(篇) 港、澳、台地区刊物	24	0	0	0	0	0	0	0	0	0	0	0	0	0	0	0	0
研究与咨询报告(篇) 合计	25	20	0	0	0	0	0	0	0	0	6	0	0	14	0	0	0
研究与咨询报告(篇) 其中:被采纳数	26	20	0	0	0	0	0	0	0	0	6	0	0	14	0	0	0

2.21 南京医科大学人文、社会科学研究与课题成果来源情况表

		课题来源															
		合计	国家社科基金项目	国家社科基金单列学科项目	教育部人文社科研究项目	高校古籍整理研究项目	国家自然科学基金项目	中央其他部门社科专门项目	省、市、自治区社科基金项目	省教育厅社科项目	地、市、厅、局等政府部门项目	国际合作研究项目	与港、澳、台地区合作研究项目	企事业单位委托项目	学校社科项目	外资项目	其他
	编号	L01	L02	L03	L04	L05	L06	L07	L08	L09	L10	L11	L12	L13	L14	L15	L16
课题数(项)	1	137	5	0	4	0	3	6	2	42	2	0	0	0	71	0	2
当年投入人数(人年)	2	20.3	1.9	0	1.1	0	0.9	0.6	0.4	7.4	0.2	0	0	0	7.5	0	0.3
其中:研究生(人年)	3	0	0	0	0	0	0	0	0	0	0	0	0	0	0	0	0
当年拨入经费(千元)	4	585	0	0	34	0	0	74	0	290	0	0	0	0	164	0	23
其中:当年立项项目拨入经费(千元)	5	551	0	0	0	0	0	74	0	290	0	0	0	0	164	0	23
当年支出经费(千元)	6	716.5	120	0	42	0	62	45	50	45.5	2	0	0	0	338	0	12
当年新开课题数(项)	7	52	0	0	0	0	0	6	0	22	0	0	0	0	22	0	2
当年新开课题批准经费(千元)	8	760	0	0	0	0	0	235	0	290	0	0	0	0	210	0	25
当年完成课题数(项)	9	36	0	0	0	0	0	0	1	4	0	0	0	0	31	0	0

续表

			编号	课题来源															
				合计	国家社科基金项目	国家社科基金单列学科项目	教育部人文社科研究项目	高校古籍整理研究项目	国家自然科学基金项目	中央其他部门社科专门项目	省、市、自治区社科基金项目	省教育厅社科项目	地、市、厅、局等政府部门项目	国际合作研究项目	与港、澳、台地区合作研究项目	企事业单位委托项目	学校社科项目	外资项目	其他
			编号	L01	L02	L03	L04	L05	L06	L07	L08	L09	L10	L11	L12	L13	L14	L15	L16
出版著作(部)	合计		10	14	0	0	0	0	2	0	0	6	1	0	0	0	5	0	0
	专著	合计	11	5	0	0	0	0	0	0	0	3	0	0	0	0	2	0	0
		其中:被译成外文	12	0	0	0	0	0	0	0	0	0	0	0	0	0	0	0	0
	编著教材		13	9	0	0	0	0	2	0	0	3	1	0	0	0	3	0	0
	工具书参考书		14	0	0	0	0	0	0	0	0	0	0	0	0	0	0	0	0
	皮书/发展报告		15	0	0	0	0	0	0	0	0	0	0	0	0	0	0	0	0
	科普读物		16	0	0	0	0	0	0	0	0	0	0	0	0	0	0	0	0
古籍整理(部)			17	0	0	0	0	0	0	0	0	0	0	0	0	0	0	0	0
译著(部)			18	0	0	0	0	0	0	0	0	0	0	0	0	0	0	0	0
发表译文(篇)			19	0	0	0	0	0	0	0	0	0	0	0	0	0	0	0	0
电子出版物(件)			20	0	0	0	0	0	0	0	0	0	0	0	0	0	0	0	0
发表论文(篇)	合计		21	119	2	0	15	0	8	17	5	28	2	0	0	0	41	0	1
	国内学术刊物		22	119	2	0	15	0	8	17	5	28	2	0	0	0	41	0	1
	国外学术刊物		23	0	0	0	0	0	0	0	0	0	0	0	0	0	0	0	0
	港、澳、台地区刊物		24	0	0	0	0	0	0	0	0	0	0	0	0	0	0	0	0
研究与咨询报告(篇)	合计		25	0	0	0	0	0	0	0	0	0	0	0	0	0	0	0	0
	其中:被采纳数		26	0	0	0	0	0	0	0	0	0	0	0	0	0	0	0	0

2.22 徐州医学院人文、社会科学研究与课题成果来源情况表

		课题来源															
		合计	国家社科基金项目	国家社科基金单列学科项目	教育部人文社科研究项目	高校古籍整理研究项目	国家自然科学基金项目	中央其他部门社科专门项目	省、市、自治区社科基金项目	省教育厅社科项目	地、市、厅、局等政府部门项目	国际合作研究项目	与港、澳、台地区合作研究项目	企事业单位委托项目	学校社科项目	外资项目	其他
	编号	L01	L02	L03	L04	L05	L06	L07	L08	L09	L10	L11	L12	L13	L14	L15	L16
课题数(项)	1	88	0	0	2	0	0	0	1	79	6	0	0	0	0	0	0
当年投入人数(人年)	2	23.3	0	0	0.5	0	0	0	0.3	21.2	1.3	0	0	0	0	0	0
其中:研究生(人年)	3	0	0	0	0	0	0	0	0	0	0	0	0	0	0	0	0
当年拨入经费(千元)	4	315	0	0	0	0	0	0	0	303	12	0	0	0	0	0	0
其中:当年立项项目拨入经费(千元)	5	315	0	0	0	0	0	0	0	303	12	0	0	0	0	0	0
当年支出经费(千元)	6	222.7	0	0	20.5	0	0	0	9.5	188.3	4.4	0	0	0	0	0	0
当年新开课题数(项)	7	47	0	0	0	0	0	0	0	41	6	0	0	0	0	0	0
当年新开课题批准经费(千元)	8	315	0	0	0	0	0	0	0	303	12	0	0	0	0	0	0
当年完成课题数(项)	9	13	0	0	0	0	0	0	0	13	0	0	0	0	0	0	0

续表

			编号	课题来源 合计	国家社科基金项目	国家社科基金单列学科项目	教育部人文社科研究项目	高校古籍整理研究项目	国家自然科学基金项目	中央其他部门社科专门项目	省、市、自治区社科基金项目	省教育厅社科项目	地、市、厅、局等政府部门项目	国际合作研究项目	与港、澳、台地区合作研究项目	企事业单位委托项目	学校社科项目	外资项目	其他
				L01	L02	L03	L04	L05	L06	L07	L08	L09	L10	L11	L12	L13	L14	L15	L16
出版著作（部）	合计		10	0	0	0	0	0	0	0	0	0	0	0	0	0	0	0	0
	专著	合计	11	0	0	0	0	0	0	0	0	0	0	0	0	0	0	0	0
		其中：被译成外文	12	0	0	0	0	0	0	0	0	0	0	0	0	0	0	0	0
	编著教材		13	0	0	0	0	0	0	0	0	0	0	0	0	0	0	0	0
	工具书参考书		14	0	0	0	0	0	0	0	0	0	0	0	0	0	0	0	0
	皮书/发展报告		15	0	0	0	0	0	0	0	0	0	0	0	0	0	0	0	0
	科普读物		16	0	0	0	0	0	0	0	0	0	0	0	0	0	0	0	0
古籍整理（部）			17	0	0	0	0	0	0	0	0	0	0	0	0	0	0	0	0
译著（部）			18	0	0	0	0	0	0	0	0	0	0	0	0	0	0	0	0
发表译文（篇）			19	0	0	0	0	0	0	0	0	0	0	0	0	0	0	0	0
电子出版物（件）			20	0	0	0	0	0	0	0	0	0	0	0	0	0	0	0	0
发表论文（篇）	合计		21	28	0	0	0	0	0	0	0	24	0	0	0	0	4	0	0
	国内学术刊物		22	25	0	0	0	0	0	0	0	23	0	0	0	0	2	0	0
	国外学术刊物		23	3	0	0	0	0	0	0	0	1	0	0	0	0	2	0	0
	港、澳、台地区刊物		24	0	0	0	0	0	0	0	0	0	0	0	0	0	0	0	0
研究与咨询报告（篇）	合计		25	0	0	0	0	0	0	0	0	0	0	0	0	0	0	0	0
	其中：被采纳数		26	0	0	0	0	0	0	0	0	0	0	0	0	0	0	0	0

2.23 南京中医药大学人文、社会科学研究与课题成果来源情况表

		课题来源															
		合计	国家社科基金项目	国家社科基金单列学科项目	教育部人文社科研究项目	高校古籍整理研究项目	国家自然科学基金项目	中央其他部门社科专门项目	省、市、自治区社科基金项目	省教育厅社科项目	地、市、厅、局等政府部门项目	国际合作研究项目	与港、澳、台地区合作研究项目	企事业单位委托项目	学校社科项目	外资项目	其他
	编号	L01	L02	L03	L04	L05	L06	L07	L08	L09	L10	L11	L12	L13	L14	L15	L16
课题数(项)	1	225	10	1	13	1	2	29	26	104	9	0	0	15	15	0	0
当年投入人数(人年)	2	88.8	4.6	0.6	7	0.6	0.6	13.2	9.8	44	1.9	0	0	3.8	2.7	0	0
其中:研究生(人年)	3	2.2	0	0	0.3	0	0	0.9	0	0.4	0.6	0	0	0	0	0	0
当年拨入经费(千元)	4	3 750.16	1 140	0	164	0	118.16	1 115	120	400	6	0	0	687	0	0	0
其中:当年立项项目拨入经费(千元)	5	3 590	1 140	0	20	0	108	1 115	120	400	0	0	0	687	0	0	0
当年支出经费(千元)	6	2 591.13	348.1	17	284	0	66.16	872.64	252.98	272	37.25	0	0	425	16	0	0
当年新开课题数(项)	7	69	3	0	1	0	1	12	3	40	0	0	0	9	0	0	0
当年新开课题批准经费(千元)	8	4 154	1 200	0	80	0	180	1 115	150	400	0	0	0	1 029	0	0	0
当年完成课题数(项)	9	36	1	0	4	0	0	3	4	15	1	0	0	6	2	0	0

续表

			编号	课题来源															
				合计	国家社科基金项目	国家社科基金单列学科项目	教育部人文社科研究项目	高校古籍整理研究项目	国家自然科学基金项目	中央其他部门社科专门项目	省、市、自治区社科基金项目	省教育厅社科项目	地、市、厅、局等政府部门项目	国际合作研究项目	与港、澳、台地区合作研究项目	企事业单位委托项目	学校社科项目	外资项目	其他
			编号	L01	L02	L03	L04	L05	L06	L07	L08	L09	L10	L11	L12	L13	L14	L15	L16
出版著作(部)	合计		10	4	0	0	0	0	0	2	0	1	1	0	0	0	0	0	0
	专著	合计	11	1	0	0	0	0	0	0	0	1	0	0	0	0	0	0	0
		其中:被译成外文	12	0	0	0	0	0	0	0	0	0	0	0	0	0	0	0	0
	编著教材		13	3	0	0	0	0	0	2	0	0	1	0	0	0	0	0	0
	工具书参考书		14	0	0	0	0	0	0	0	0	0	0	0	0	0	0	0	0
	皮书/发展报告		15	0	0	0	0	0	0	0	0	0	0	0	0	0	0	0	0
	科普读物		16	0	0	0	0	0	0	0	0	0	0	0	0	0	0	0	0
古籍整理(部)			17	0	0	0	0	0	0	0	0	0	0	0	0	0	0	0	0
译著(部)			18	0	0	0	0	0	0	0	0	0	0	0	0	0	0	0	0
发表译文(篇)			19	0	0	0	0	0	0	0	0	0	0	0	0	0	0	0	0
电子出版物(件)			20	0	0	0	0	0	0	0	0	0	0	0	0	0	0	0	0
发表论文(篇)	合计		21	57	7	0	8	1	1	6	10	17	3	0	0	0	4	0	0
	国内学术刊物		22	56	6	0	8	1	1	6	10	17	3	0	0	0	4	0	0
	国外学术刊物		23	1	1	0	0	0	0	0	0	0	0	0	0	0	0	0	0
	港、澳、台地区刊物		24	0	0	0	0	0	0	0	0	0	0	0	0	0	0	0	0
研究与咨询报告(篇)	合计		25	5	0	0	0	0	0	0	0	0	0	0	0	5	0	0	0
	其中:被采纳数		26	5	0	0	0	0	0	0	0	0	0	0	0	5	0	0	0

2.24 南京师范大学人文、社会科学研究与课题成果来源情况表

		课题来源															
		合计	国家社科基金项目	国家社科基金单列学科项目	教育部人文社科研究项目	高校古籍整理研究项目	国家自然科学基金项目	中央其他部门社科专门项目	省、市、自治区社科基金项目	省教育厅社科项目	地、市、厅、局等政府部门项目	国际合作研究项目	与港、澳、台地区合作研究项目	企事业单位委托项目	学校社科项目	外资项目	其他
	编号	L01	L02	L03	L04	L05	L06	L07	L08	L09	L10	L11	L12	L13	L14	L15	L16
课题数(项)	1	1 050	210	17	110	4	0	40	139	187	87	0	1	196	48	0	11
当年投入人数(人年)	2	203.9	84.7	2.8	29.7	0.4	0	7.9	18.2	24.2	10.4	0	0.1	20	4.4	0	1.1
其中:研究生(人年)	3	22.1	10.8	1	4.6	0	0	1.5	0.5	2.5	0.9	0	0	0.1	0.2	0	0
当年拨入经费(千元)	4	38 161.82	9 791	180	2 048.6	0	0	410	1 454	389	2 775.85	0	206	19 477.87	61.5	0	1 368
其中:当年立项项目拨入经费(千元)	5	33 339.82	7 980	180	1 236	0	0	410	1 409	387	2 641.85	0	0	17 832.97	20	0	1 243
当年支出经费(千元)	6	28 255.08	10 025.07	400	1 331	0	0	480	1 184	597	783.05	0	14	12 999.76	50.4	0	390.8
当年新开课题数(项)	7	284	43	1	18	0	0	11	39	27	16	0	0	119	1	0	9
当年新开课题批准经费(千元)	8	43 413.05	10 850	200	1 720	0	0	1 240	2 180	890	2 955.84	0	0	21 697.21	20	0	1 660
当年完成课题数(项)	9	205	14	0	15	0	0	0	18	33	10	0	1	103	9	0	2

续表

			编号	课题来源															
				合计	国家社科基金项目	国家社科基金单列学科项目	教育部人文社科研究项目	高校古籍整理研究项目	国家自然科学基金项目	中央其他部门社科专门项目	省、市、自治区社科基金项目	省教育厅社科项目	地、市、厅、局等政府部门项目	国际合作研究项目	与港、澳、台地区合作研究项目	企事业单位委托项目	学校社科项目	外资项目	其他
				L01	L02	L03	L04	L05	L06	L07	L08	L09	L10	L11	L12	L13	L14	L15	L16
出版著作(部)	合计		10	45	21	1	6	0	0	3	5	4	2	0	0	0	3	0	0
	专著	合计	11	34	19	1	6	0	0	1	3	3	0	0	0	0	1	0	0
		其中:被译成外文	12	0	0	0	0	0	0	0	0	0	0	0	0	0	0	0	0
	编著教材		13	11	2	0	0	0	0	2	2	1	2	0	0	0	2	0	0
	工具书参考书		14	0	0	0	0	0	0	0	0	0	0	0	0	0	0	0	0
	皮书/发展报告		15	0	0	0	0	0	0	0	0	0	0	0	0	0	0	0	0
	科普读物		16	0	0	0	0	0	0	0	0	0	0	0	0	0	0	0	0
古籍整理(部)			17	0	0	0	0	0	0	0	0	0	0	0	0	0	0	0	0
译著(部)			18	5	1	0	0	0	0	0	2	1	0	0	0	0	1	0	0
发表译文(篇)			19	4	3	1	0	0	0	0	0	0	0	0	0	0	0	0	0
电子出版物(件)			20	1	0	0	1	0	0	0	0	0	0	0	0	0	0	0	0
发表论文(篇)	合计		21	509	229	29	44	1	29	27	55	45	18	2	0	3	27	0	0
	国内学术刊物		22	474	224	29	41	1	22	26	45	44	17	2	0	3	20	0	0
	国外学术刊物		23	34	5	0	3	0	7	1	10	0	1	0	0	0	7	0	0
	港、澳、台地区刊物		24	1	0	0	0	0	0	0	0	1	0	0	0	0	0	0	0
研究与咨询报告(篇)	合计		25	12	2	0	0	0	0	0	0	1	3	0	0	4	0	0	2
	其中:被采纳数		26	10	2	0	0	0	0	0	0	1	3	0	0	3	0	0	1

2.25 江苏师范大学人文、社会科学研究与课题成果来源情况表

		课题来源															
		合计	国家社科基金项目	国家社科基金单列学科项目	教育部人文社科研究项目	高校古籍整理研究项目	国家自然科学基金项目	中央其他部门社科专门项目	省、市、自治区社科基金项目	省教育厅社科项目	地、市、厅、局等政府部门项目	国际合作研究项目	与港、澳、台地区合作研究项目	企事业单位委托项目	学校社科项目	外资项目	其他
	编号	L01	L02	L03	L04	L05	L06	L07	L08	L09	L10	L11	L12	L13	L14	L15	L16
课题数(项)	1	705	148	21	60	7	0	36	110	163	63	0	0	20	77	0	0
当年投入人数(人年)	2	344.2	83.7	11.3	27.8	2.8	0	13	57.6	82.9	23.9	0	0	5.7	35.5	0	0
其中:研究生(人年)	3	22.7	7.7	1.1	0	0	0	1.4	5.9	5.9	0.6	0	0	0	0.1	0	0
当年拨入经费(千元)	4	43 940.8	12 420	1 093	496	0	0	582	1 168.3	512	17 354.5	0	0	4 416	5 899	0	0
其中:当年立项项目拨入经费(千元)	5	42 654	11 890	780	330	0	0	537	968	497	17 337	0	0	4 416	5 899	0	0
当年支出经费(千元)	6	18 047.34	6 697.8	593.95	486.6	19.85	0	330.22	882.84	690.45	4 470.57	0	0	1 035.21	2 839.85	0	0
当年新开课题数(项)	7	158	22	2	7	0	0	8	19	45	16	0	0	19	20	0	0
当年新开课题批准经费(千元)	8	44 754	12 600	800	760	0	0	590	1 110	1 095	17 344	0	0	4 476	5 979	0	0
当年完成课题数(项)	9	153	23	8	15	2	0	5	25	30	23	0	0	0	22	0	0

续表

			编号	合计	国家社科基金项目	国家社科基金单列学科项目	教育部人文社科研究项目	高校古籍整理研究项目	国家自然科学基金项目	中央其他部门社科专门项目	省、市、自治区社科基金项目	省教育厅社科项目	地、市、厅、局等政府部门项目	国际合作研究项目	与港、澳、台地区合作研究项目	企事业单位委托项目	学校社科项目	外资项目	其他
				L01	L02	L03	L04	L05	L06	L07	L08	L09	L10	L11	L12	L13	L14	L15	L16
出版著作（部）	合计		10	18	12	1	3	0	0	0	1	0	0	0	0	0	1	0	0
	专著	合计	11	17	11	1	3	0	0	0	1	0	0	0	0	0	1	0	0
		其中：被译成外文	12	0	0	0	0	0	0	0	0	0	0	0	0	0	0	0	0
	编著教材		13	1	1	0	0	0	0	0	0	0	0	0	0	0	0	0	0
	工具书参考书		14	0	0	0	0	0	0	0	0	0	0	0	0	0	0	0	0
	皮书/发展报告		15	0	0	0	0	0	0	0	0	0	0	0	0	0	0	0	0
	科普读物		16	0	0	0	0	0	0	0	0	0	0	0	0	0	0	0	0
古籍整理(部)			17	0	0	0	0	0	0	0	0	0	0	0	0	0	0	0	0
译著(部)			18	0	0	0	0	0	0	0	0	0	0	0	0	0	0	0	0
发表译文(篇)			19	0	0	0	0	0	0	0	0	0	0	0	0	0	0	0	0
电子出版物(件)			20	0	0	0	0	0	0	0	0	0	0	0	0	0	0	0	0
发表论文（篇）	合计		21	469	163	41	37	2	0	8	51	89	19	0	0	0	59	0	0
	国内学术刊物		22	467	161	41	37	2	0	8	51	89	19	0	0	0	59	0	0
	国外学术刊物		23	0	0	0	0	0	0	0	0	0	0	0	0	0	0	0	0
	港、澳、台地区刊物		24	2	2	0	0	0	0	0	0	0	0	0	0	0	0	0	0
研究与咨询报告（篇）	合计		25	13	0	0	0	0	0	1	3	0	9	0	0	0	0	0	0
	其中：被采纳数		26	12	0	0	0	0	0	1	3	0	8	0	0	0	0	0	0

2.26 淮阴师范学院人文、社会科学研究与课题成果来源情况表

	编号	课题来源 合计	国家社科基金项目	国家社科基金单列学科项目	教育部人文社科研究项目	高校古籍整理研究项目	国家自然科学基金项目	中央其他部门社科专门项目	省、市、自治区社科基金项目	省教育厅社科项目	地、市、厅、局等政府部门项目	国际合作研究项目	与港、澳、台地区合作研究项目	企事业单位委托项目	学校社科项目	外资项目	其他
		L01	L02	L03	L04	L05	L06	L07	L08	L09	L10	L11	L12	L13	L14	L15	L16
课题数(项)	1	562	23	0	24	1	0	5	54	102	114	0	0	209	30	0	0
当年投入人数(人年)	2	86.1	4	0	5.7	0.4	0	0.9	9.6	15.3	15	0	0	31.3	3.9	0	0
其中:研究生(人年)	3	0	0	0	0	0	0	0	0	0	0	0	0	0	0	0	0
当年拨入经费(千元)	4	12 613.87	690	0	370	0	0	80	1 222	903	1 693	0	0	6 373.87	1 282	0	0
其中:当年立项项目拨入经费(千元)	5	11 763.87	690	0	280	0	0	80	922	703	1 663	0	0	6 143.87	1 282	0	0
当年支出经费(千元)	6	11 790.12	892	0	624	3	0	85.1	967.8	699	1 512.8	0	0	6 397.42	609	0	0
当年新开课题数(项)	7	302	6	0	5	0	0	1	23	39	50	0	0	149	29	0	0
当年新开课题批准经费(千元)	8	24 459.37	1 200	0	460	0	0	200	965	925	1 783	0	0	17 616.37	1 310	0	0
当年完成课题数(项)	9	127	5	0	5	0	0	3	11	22	45	0	0	36	0	0	0

续表

				课题来源															
				合计	国家社科基金项目	国家社科基金单列学科项目	教育部人文社科研究项目	高校古籍整理研究项目	国家自然科学基金项目	中央其他部门社科专门项目	省、市、自治区社科基金项目	省教育厅社科项目	地、市、厅、局等政府部门项目	国际合作研究项目	与港、澳、台地区合作研究项目	企事业单位委托项目	学校社科项目	外资项目	其他
			编号	L01	L02	L03	L04	L05	L06	L07	L08	L09	L10	L11	L12	L13	L14	L15	L16
出版著作（部）	合计		10	18	2	0	6	1	0	0	4	2	3	0	0	0	0	0	0
	专著	合计	11	13	2	0	6	1	0	0	3	1	0	0	0	0	0	0	0
		其中：被译成外文	12	0	0	0	0	0	0	0	0	0	0	0	0	0	0	0	0
	编著教材		13	5	0	0	0	0	0	0	1	1	3	0	0	0	0	0	0
	工具书参考书		14	0	0	0	0	0	0	0	0	0	0	0	0	0	0	0	0
	皮书/发展报告		15	0	0	0	0	0	0	0	0	0	0	0	0	0	0	0	0
	科普读物		16	0	0	0	0	0	0	0	0	0	0	0	0	0	0	0	0
古籍整理（部）			17	0	0	0	0	0	0	0	0	0	0	0	0	0	0	0	0
译著（部）			18	0	0	0	0	0	0	0	0	0	0	0	0	0	0	0	0
发表译文（篇）			19	0	0	0	0	0	0	0	0	0	0	0	0	0	0	0	0
电子出版物（件）			20	0	0	0	0	0	0	0	0	0	0	0	0	0	0	0	0
发表论文（篇）	合计		21	296	25	6	29	0	0	1	36	64	53	0	0	3	79	0	0
	国内学术刊物		22	291	25	6	29	0	0	1	34	64	52	0	0	3	77	0	0
	国外学术刊物		23	5	0	0	0	0	0	0	2	0	1	0	0	0	2	0	0
	港、澳、台地区刊物		24	0	0	0	0	0	0	0	0	0	0	0	0	0	0	0	0
研究与咨询报告（篇）	合计		25	7	0	0	0	0	0	0	0	0	0	0	0	7	0	0	0
	其中：被采纳数		26	2	0	0	0	0	0	0	0	0	0	0	0	2	0	0	0

2.27 盐城师范学院人文、社会科学研究与课题成果来源情况表

		课题来源															
		合计	国家社科基金项目	国家社科基金单列学科项目	教育部人文社科研究项目	高校古籍整理研究项目	国家自然科学基金项目	中央其他部门社科专门项目	省、市、自治区社科基金项目	省教育厅社科项目	地、市、厅、局等政府部门项目	国际合作研究项目	与港、澳、台地区合作研究项目	企事业单位委托项目	学校社科项目	外资项目	其他
	编号	L01	L02	L03	L04	L05	L06	L07	L08	L09	L10	L11	L12	L13	L14	L15	L16
课题数(项)	1	510	33	5	17	0	0	3	47	105	35	0	0	206	59	0	0
当年投入人数(人年)	2	186.8	19.3	3.4	8.5	0	0	1.7	21.4	42.4	13.1	0	0	54.8	22.2	0	0
其中:研究生(人年)	3	0	0	0	0	0	0	0	0	0	0	0	0	0	0	0	0
当年拨入经费(千元)	4	31 879.62	2 420	560	190	0	0	80	544	528	385	0	0	26 992.62	180	0	0
其中:当年立项项目拨入经费(千元)	5	31 619.62	2 280	560	70	0	0	80	544	528	385	0	0	26 992.62	180	0	0
当年支出经费(千元)	6	28 131.14	2 046	401	235	0	0	54	615.5	419.8	314.9	0	0	23 892.54	152.4	0	0
当年新开课题数(项)	7	255	12	3	3	0	0	1	13	44	21	0	0	122	36	0	0
当年新开课题批准经费(千元)	8	32 297.62	2 400	600	260	0	0	80	680	720	385	0	0	26 992.62	180	0	0
当年完成课题数(项)	9	176	7	0	5	0	0	2	9	32	14	0	0	84	23	0	0

续表

			编号	课题来源															
				合计	国家社科基金项目	国家社科基金单列学科项目	教育部人文社科研究项目	高校古籍整理研究项目	国家自然科学基金项目	中央其他部门社科专门项目	省、市、自治区社科基金项目	省教育厅社科项目	地、市、厅、局等政府部门项目	国际合作研究项目	与港、澳、台地区合作研究项目	企事业单位委托项目	学校社科项目	外资项目	其他
			编号	L01	L02	L03	L04	L05	L06	L07	L08	L09	L10	L11	L12	L13	L14	L15	L16
出版著作(部)	合计		10	36	12	0	6	0	0	0	6	7	2	0	0	0	3	0	0
	专著	合计	11	26	9	0	6	0	0	0	5	6	0	0	0	0	0	0	0
		其中:被译成外文	12	0	0	0	0	0	0	0	0	0	0	0	0	0	0	0	0
	编著教材		13	10	3	0	0	0	0	0	1	1	2	0	0	0	3	0	0
	工具书参考书		14	0	0	0	0	0	0	0	0	0	0	0	0	0	0	0	0
	皮书/发展报告		15	0	0	0	0	0	0	0	0	0	0	0	0	0	0	0	0
	科普读物		16	0	0	0	0	0	0	0	0	0	0	0	0	0	0	0	0
古籍整理(部)			17	0	0	0	0	0	0	0	0	0	0	0	0	0	0	0	0
译著(部)			18	0	0	0	0	0	0	0	0	0	0	0	0	0	0	0	0
发表译文(篇)			19	0	0	0	0	0	0	0	0	0	0	0	0	0	0	0	0
电子出版物(件)			20	0	0	0	0	0	0	0	0	0	0	0	0	0	0	0	0
发表论文(篇)	合计		21	430	45	5	29	0	0	5	70	114	51	0	0	0	111	0	0
	国内学术刊物		22	423	43	4	28	0	0	5	67	114	51	0	0	0	111	0	0
	国外学术刊物		23	7	2	1	1	0	0	0	3	0	0	0	0	0	0	0	0
	港、澳、台地区刊物		24	0	0	0	0	0	0	0	0	0	0	0	0	0	0	0	0
研究与咨询报告(篇)	合计		25	89	0	0	0	0	0	0	0	1	0	0	0	88	0	0	0
	其中:被采纳数		26	76	0	0	0	0	0	0	0	1	0	0	0	75	0	0	0

2.28 南京财经大学人文、社会科学研究与课题成果来源情况表

		课题来源															
		合计	国家社科基金项目	国家社科基金单列学科项目	教育部人文社科研究项目	高校古籍整理研究项目	国家自然科学基金项目	中央其他部门社科专门项目	省、市、自治区社科基金项目	省教育厅社科项目	地、市、厅、局等政府部门项目	国际合作研究项目	与港、澳、台地区合作研究项目	企事业单位委托项目	学校社科项目	外资项目	其他
	编号	L01	L02	L03	L04	L05	L06	L07	L08	L09	L10	L11	L12	L13	L14	L15	L16
课题数(项)	1	804	58	0	43	0	79	3	80	136	39	0	0	353	13	0	0
当年投入人数(人年)	2	73.5	9.9	0	5.8	0	5.7	0.5	12.1	10.3	6.1	0	0	20	3.1	0	0
其中:研究生(人年)	3	7.8	0.1	0	0.3	0	0.5	0	1.2	1.7	0.5	0	0	3.5	0	0	0
当年拨入经费(千元)	4	26 985.31	2 788	0	725	0	6 525.12	1 747	2 978.4	694	1 205	0	0	10 322.79	0	0	0
其中:当年立项项目拨入经费(千元)	5	24 173.29	2 610	0	315	0	4 992.5	1 747	2 332	649	1 205	0	0	10 322.79	0	0	0
当年支出经费(千元)	6	24 647.32	2 884.4	0	688.7	0	5 991.37	1 289.9	2 484.3	716.8	921.8	0	0	9 670.05	0	0	0
当年新开课题数(项)	7	269	15	0	11	0	18	1	40	56	23	0	0	105	0	0	0
当年新开课题批准经费(千元)	8	28 173.82	3 400	0	979	0	5 450	2 090	2 790	1 330	1 615	0	0	10 519.82	0	0	0
当年完成课题数(项)	9	343	7	0	8	0	25	0	7	51	2	0	0	242	1	0	0

续表

				课题来源															
				合计	国家社科基金项目	国家社科基金单列学科项目	教育部人文社科研究项目	高校古籍整理研究项目	国家自然科学基金项目	中央其他部门社科专门项目	省、市、自治区社科基金项目	省教育厅社科项目	地、市、厅、局等政府部门项目	国际合作研究项目	与港、澳、台地区合作研究项目	企事业单位委托项目	学校社科项目	外资项目	其他
			编号	L01	L02	L03	L04	L05	L06	L07	L08	L09	L10	L11	L12	L13	L14	L15	L16
出版著作（部）	合计		10	41	28	0	0	0	6	0	4	3	0	0	0	0	0	0	0
	专著	合计	11	20	15	0	0	0	1	0	3	1	0	0	0	0	0	0	0
		其中：被译成外文	12	0	0	0	0	0	0	0	0	0	0	0	0	0	0	0	0
	编著教材		13	21	13	0	0	0	5	0	1	2	0	0	0	0	0	0	0
	工具书参考书		14	0	0	0	0	0	0	0	0	0	0	0	0	0	0	0	0
	皮书/发展报告		15	0	0	0	0	0	0	0	0	0	0	0	0	0	0	0	0
	科普读物		16	0	0	0	0	0	0	0	0	0	0	0	0	0	0	0	0
古籍整理（部）			17	0	0	0	0	0	0	0	0	0	0	0	0	0	0	0	0
译著（部）			18	1	1	0	0	0	0	0	0	0	0	0	0	0	0	0	0
发表译文（篇）			19	0	0	0	0	0	0	0	0	0	0	0	0	0	0	0	0
电子出版物（件）			20	0	0	0	0	0	0	0	0	0	0	0	0	0	0	0	0
发表论文（篇）	合计		21	487	68	11	42	0	58	0	16	40	4	0	0	248	0	0	0
	国内学术刊物		22	440	63	10	39	0	48	0	16	36	4	0	0	224	0	0	0
	国外学术刊物		23	47	5	1	3	0	10	0	0	4	0	0	0	24	0	0	0
	港、澳、台地区刊物		24	0	0	0	0	0	0	0	0	0	0	0	0	0	0	0	0
研究与咨询报告（篇）	合计		25	8	1	0	0	0	0	0	1	0	0	0	0	6	0	0	0
	其中：被采纳数		26	7	1	0	0	0	0	0	1	0	0	0	0	5	0	0	0

2.29 江苏警官学院人文、社会科学研究与课题成果来源情况表

		课题来源															
		合计	国家社科基金项目	国家社科基金单列学科项目	教育部人文社科研究项目	高校古籍整理研究项目	国家自然科学基金项目	中央其他部门社科专门项目	省、市、自治区社科基金项目	省教育厅社科项目	地、市、厅、局等政府部门项目	国际合作研究项目	与港、澳、台地区合作研究项目	企事业单位委托项目	学校社科项目	外资项目	其他
	编号	L01	L02	L03	L04	L05	L06	L07	L08	L09	L10	L11	L12	L13	L14	L15	L16
课题数(项)	1	343	4	0	4	0	1	14	16	67	83	0	0	3	140	0	11
当年投入人数(人年)	2	62	3.2	0	1.8	0	0.4	4.8	3.7	9.6	14.9	0	0	0.4	20.8	0	2.4
其中:研究生(人年)	3	0	0	0	0	0	0	0	0	0	0	0	0	0	0	0	0
当年拨入经费(千元)	4	3 001.8	0	0	30	0	0	10	124.8	1 041	828	0	0	0	968	0	0
其中:当年立项项目拨入经费(千元)	5	2 900.8	0	0	30	0	0	0	44.8	1 033	825	0	0	0	968	0	0
当年支出经费(千元)	6	763.48	97	0	11.1	0	0	128	59.5	150.34	100.17	0	0	27.8	179.07	0	10.5
当年新开课题数(项)	7	147	0	0	1	0	0	6	6	39	29	0	0	0	64	0	2
当年新开课题批准经费(千元)	8	4 146.8	0	0	208	0	0	840	225.8	1 033	865	0	0	0	964	0	11
当年完成课题数(项)	9	58	0	0	1	0	0	1	2	12	21	0	0	0	20	0	1

续表

			编号	课题来源 合计	国家社科基金项目	国家社科基金单列学科项目	教育部人文社科研究项目	高校古籍整理研究项目	国家自然科学基金项目	中央其他部门社科专门项目	省、市、自治区社科基金项目	省教育厅社科项目	地、市、厅、局等政府部门项目	国际合作研究项目	与港、澳、台地区合作研究项目	企事业单位委托项目	学校社科项目	外资项目	其他
				L01	L02	L03	L04	L05	L06	L07	L08	L09	L10	L11	L12	L13	L14	L15	L16
出版著作（部）	合计		10	7	0	0	2	0	0	0	0	1	2	0	0	0	1	0	1
	专著	合计	11	7	0	0	2	0	0	0	0	1	2	0	0	0	1	0	1
		其中：被译成外文	12	0	0	0	0	0	0	0	0	0	0	0	0	0	0	0	0
	编著教材		13	0	0	0	0	0	0	0	0	0	0	0	0	0	0	0	0
	工具书参考书		14	0	0	0	0	0	0	0	0	0	0	0	0	0	0	0	0
	皮书/发展报告		15	0	0	0	0	0	0	0	0	0	0	0	0	0	0	0	0
	科普读物		16	0	0	0	0	0	0	0	0	0	0	0	0	0	0	0	0
古籍整理(部)			17	0	0	0	0	0	0	0	0	0	0	0	0	0	0	0	0
译著(部)			18	0	0	0	0	0	0	0	0	0	0	0	0	0	0	0	0
发表译文(篇)			19	0	0	0	0	0	0	0	0	0	0	0	0	0	0	0	0
电子出版物(件)			20	0	0	0	0	0	0	0	0	0	0	0	0	0	0	0	0
发表论文（篇）	合计		21	176	8	0	1	0	0	3	10	40	7	0	0	0	51	0	56
	国内学术刊物		22	173	8	0	1	0	0	3	10	40	7	0	0	0	48	0	56
	国外学术刊物		23	3	0	0	0	0	0	0	0	0	0	0	0	0	3	0	0
	港、澳、台地区刊物		24	0	0	0	0	0	0	0	0	0	0	0	0	0	0	0	0
研究与咨询报告（篇）	合计		25	0	0	0	0	0	0	0	0	0	0	0	0	0	0	0	0
	其中：被采纳数		26	0	0	0	0	0	0	0	0	0	0	0	0	0	0	0	0

2.30 南京体育学院人文、社会科学研究与课题成果来源情况表

		课题来源															
		合计	国家社科基金项目	国家社科基金单列学科项目	教育部人文社科研究项目	高校古籍整理研究项目	国家自然科学基金项目	中央其他部门社科专门项目	省、市、自治区社科基金项目	省教育厅社科项目	地、市、厅、局等政府部门项目	国际合作研究项目	与港、澳、台地区合作研究项目	企事业单位委托项目	学校社科项目	外资项目	其他
	编号	L01	L02	L03	L04	L05	L06	L07	L08	L09	L10	L11	L12	L13	L14	L15	L16
课题数(项)	1	92	5	0	3	0	0	5	6	25	19	0	0	0	29	0	0
当年投入人数(人年)	2	17.2	1.7	0	0.8	0	0	0.6	1.3	4.6	3.9	0	0	0	4.3	0	0
其中:研究生(人年)	3	1.5	0.2	0	0.2	0	0	0	0.4	0.4	0.3	0	0	0	0	0	0
当年拨入经费(千元)	4	811.4	380	0	50	0	0	90	46.4	67	123	0	0	0	55	0	0
其中:当年立项项目拨入经费(千元)	5	756.4	380	0	50	0	0	90	46.4	67	123	0	0	0	0	0	0
当年支出经费(千元)	6	213.07	2.53	0	0	0	0	59.3	13.6	35.38	32.08	0	0	0	70.18	0	0
当年新开课题数(项)	7	29	2	0	1	0	0	4	4	15	3	0	0	0	0	0	0
当年新开课题批准经费(千元)	8	1 213	400	0	100	0	0	90	190	220	213	0	0	0	0	0	0
当年完成课题数(项)	9	12	0	0	0	0	0	0	1	2	0	0	0	0	9	0	0

续表

			课题来源															
			合计	国家社科基金项目	国家社科基金单列学科项目	教育部人文社科研究项目	高校古籍整理研究项目	国家自然科学基金项目	中央其他部门社科专门项目	省、市、自治区社科基金项目	省教育厅社科项目	地、市、厅、局等政府部门项目	国际合作研究项目	与港、澳、台地区合作研究项目	企事业单位委托项目	学校社科项目	外资项目	其他
		编号	L01	L02	L03	L04	L05	L06	L07	L08	L09	L10	L11	L12	L13	L14	L15	L16
出版著作(部)	合计	10	4	1	0	0	0	0	1	0	2	0	0	0	0	0	0	0
	专著 合计	11	3	0	0	0	0	0	1	0	2	0	0	0	0	0	0	0
	专著 其中:被译成外文	12	0	0	0	0	0	0	0	0	0	0	0	0	0	0	0	0
	编著教材	13	1	1	0	0	0	0	0	0	0	0	0	0	0	0	0	0
	工具书参考书	14	0	0	0	0	0	0	0	0	0	0	0	0	0	0	0	0
	皮书/发展报告	15	0	0	0	0	0	0	0	0	0	0	0	0	0	0	0	0
	科普读物	16	0	0	0	0	0	0	0	0	0	0	0	0	0	0	0	0
古籍整理(部)		17	0	0	0	0	0	0	0	0	0	0	0	0	0	0	0	0
译著(部)		18	0	0	0	0	0	0	0	0	0	0	0	0	0	0	0	0
发表译文(篇)		19	0	0	0	0	0	0	0	0	0	0	0	0	0	0	0	0
电子出版物(件)		20	0	0	0	0	0	0	0	0	0	0	0	0	0	0	0	0
发表论文(篇)	合计	21	26	4	0	1	0	0	4	4	8	1	0	0	0	4	0	0
	国内学术刊物	22	25	4	0	1	0	0	4	4	7	1	0	0	0	4	0	0
	国外学术刊物	23	1	0	0	0	0	0	0	0	1	0	0	0	0	0	0	0
	港、澳、台地区刊物	24	0	0	0	0	0	0	0	0	0	0	0	0	0	0	0	0
研究与咨询报告(篇)	合计	25	2	0	0	0	0	0	0	0	0	0	0	0	0	2	0	0
	其中:被采纳数	26	0	0	0	0	0	0	0	0	0	0	0	0	0	0	0	0

2.31 南京艺术学院人文、社会科学研究与课题成果来源情况表

		课题来源															
		合计	国家社科基金项目	国家社科基金单列学科项目	教育部人文社科研究项目	高校古籍整理研究项目	国家自然科学基金项目	中央其他部门社科专门项目	省、市、自治区社科基金项目	省教育厅社科项目	地、市、厅、局等政府部门项目	国际合作研究项目	与港、澳、台地区合作研究项目	企事业单位委托项目	学校社科项目	外资项目	其他
	编号	L01	L02	L03	L04	L05	L06	L07	L08	L09	L10	L11	L12	L13	L14	L15	L16
课题数(项)	1	385	2	24	14	0	0	32	22	84	39	0	0	35	133	0	0
当年投入人数(人年)	2	93.7	1.2	13.2	6	0	0	10.5	6.8	20.1	8.4	0	0	5.9	21.6	0	0
其中:研究生(人年)	3	1.4	0	0	0.1	0	0	0.1	0	0.7	0	0	0	0	0.5	0	0
当年拨入经费(千元)	4	4 111.56	0	1 435	228	0	0	260	360.16	386	204.4	0	0	1 238	0	0	0
其中:当年立项项目拨入经费(千元)	5	3 931	0	1 435	150	0	0	260	260	386	202	0	0	1 238	0	0	0
当年支出经费(千元)	6	2 864.11	0	1 063.26	271.76	0	0	622.88	164.94	220.79	111.65	0	0	318.81	90.02	0	0
当年新开课题数(项)	7	69	0	6	5	0	0	4	7	27	5	0	0	15	0	0	0
当年新开课题批准经费(千元)	8	5 095	0	1 950	460	0	0	260	350	530	205	0	0	1 340	0	0	0
当年完成课题数(项)	9	70	0	4	4	0	0	3	1	23	3	0	0	3	29	0	0

续表

			课题来源															
			合计	国家社科基金项目	国家社科基金单列学科项目	教育部人文社科研究项目	高校古籍整理研究项目	国家自然科学基金项目	中央其他部门社科专门项目	省、市、自治区社科基金项目	省教育厅社科项目	地、市、厅、局等政府部门项目	国际合作研究项目	与港、澳、台地区合作研究项目	企事业单位委托项目	学校社科项目	外资项目	其他
		编号	L01	L02	L03	L04	L05	L06	L07	L08	L09	L10	L11	L12	L13	L14	L15	L16
出版著作(部)	合计	10	3	0	0	1	0	0	1	0	1	0	0	0	0	0	0	0
	专著 合计	11	1	0	0	0	0	0	1	0	0	0	0	0	0	0	0	0
	专著 其中:被译成外文	12	0	0	0	0	0	0	0	0	0	0	0	0	0	0	0	0
	编著教材	13	2	0	0	1	0	0	0	0	1	0	0	0	0	0	0	0
	工具书参考书	14	0	0	0	0	0	0	0	0	0	0	0	0	0	0	0	0
	皮书/发展报告	15	0	0	0	0	0	0	0	0	0	0	0	0	0	0	0	0
	科普读物	16	0	0	0	0	0	0	0	0	0	0	0	0	0	0	0	0
古籍整理(部)		17	0	0	0	0	0	0	0	0	0	0	0	0	0	0	0	0
译著(部)		18	3	0	0	0	0	0	1	0	2	0	0	0	0	0	0	0
发表译文(篇)		19	0	0	0	0	0	0	0	0	0	0	0	0	0	0	0	0
电子出版物(件)		20	0	0	0	0	0	0	0	0	0	0	0	0	0	0	0	0
发表论文(篇)	合计	21	152	2	30	4	0	0	3	4	60	6	0	0	2	41	0	0
	国内学术刊物	22	151	2	29	4	0	0	3	4	60	6	0	0	2	41	0	0
	国外学术刊物	23	1	0	1	0	0	0	0	0	0	0	0	0	0	0	0	0
	港、澳、台地区刊物	24	0	0	0	0	0	0	0	0	0	0	0	0	0	0	0	0
研究与咨询报告(篇)	合计	25	0	0	0	0	0	0	0	0	0	0	0	0	0	0	0	0
	其中:被采纳数	26	0	0	0	0	0	0	0	0	0	0	0	0	0	0	0	0

2.32 苏州科技大学人文、社会科学研究与课题成果来源情况表

		课题来源															
		合计	国家社科基金项目	国家社科基金单列学科项目	教育部人文社科研究项目	高校古籍整理研究项目	国家自然科学基金项目	中央其他部门社科专门项目	省、市、自治区社科基金项目	省教育厅社科项目	地、市、厅、局等政府部门项目	国际合作研究项目	与港、澳、台地区合作研究项目	企事业单位委托项目	学校社科项目	外资项目	其他
	编号	L01	L02	L03	L04	L05	L06	L07	L08	L09	L10	L11	L12	L13	L14	L15	L16
课题数(项)	1	456	33	4	18	0	0	3	39	121	150	0	0	64	24	0	0
当年投入人数(人年)	2	114.2	9.3	1.9	6.4	0	0	0.7	12.7	34.3	35.1	0	0	9.7	4.1	0	0
其中:研究生(人年)	3	11.8	2.1	0	0	0	0	0	0.4	2.2	4.2	0	0	2.9	0	0	0
当年拨入经费(千元)	4	13 209.87	2 330	190	190	0	0	950	384	240	1 700.6	0	0	7 225.27	0	0	0
其中:当年立项项目拨入经费(千元)	5	6 299.5	2 330	190	190	0	0	350	384	240	1 126	0	0	1 489.5	0	0	0
当年支出经费(千元)	6	12 379.87	2 177	250	170	0	0	800	347	210	1 700.6	0	0	6 725.27	0	0	0
当年新开课题数(项)	7	156	11	1	6	0	0	2	12	46	63	0	0	15	0	0	0
当年新开课题批准经费(千元)	8	7 155.5	2 450	200	560	0	0	350	480	480	1 146	0	0	1 489.5	0	0	0
当年完成课题数(项)	9	124	2	0	2	0	0	0	3	27	61	0	0	23	6	0	0

续表

			编号	课题来源															
				合计	国家社科基金项目	国家社科基金单列学科项目	教育部人文社科研究项目	高校古籍整理研究项目	国家自然科学基金项目	中央其他部门社科专门项目	省、市、自治区社科基金项目	省教育厅社科项目	地、市、厅、局等政府部门项目	国际合作研究项目	与港、澳、台地区合作研究项目	企事业单位委托项目	学校社科项目	外资项目	其他
			编号	L01	L02	L03	L04	L05	L06	L07	L08	L09	L10	L11	L12	L13	L14	L15	L16
出版著作(部)	合计		10	24	7	0	0	0	0	0	9	4	1	0	0	2	1	0	0
	专著	合计	11	14	7	0	0	0	0	0	4	2	1	0	0	0	0	0	0
		其中:被译成外文	12	1	1	0	0	0	0	0	0	0	0	0	0	0	0	0	0
	编著教材		13	10	0	0	0	0	0	0	5	2	0	0	0	2	1	0	0
	工具书参考书		14	0	0	0	0	0	0	0	0	0	0	0	0	0	0	0	0
	皮书/发展报告		15	0	0	0	0	0	0	0	0	0	0	0	0	0	0	0	0
	科普读物		16	0	0	0	0	0	0	0	0	0	0	0	0	0	0	0	0
古籍整理(部)			17	0	0	0	0	0	0	0	0	0	0	0	0	0	0	0	0
译著(部)			18	1	0	0	0	0	0	0	0	1	0	0	0	0	0	0	0
发表译文(篇)			19	0	0	0	0	0	0	0	0	0	0	0	0	0	0	0	0
电子出版物(件)			20	1	0	0	0	0	0	0	0	0	1	0	0	0	0	0	0
发表论文(篇)	合计		21	257	38	3	13	0	0	0	33	74	60	0	0	7	29	0	0
	国内学术刊物		22	254	38	3	13	0	0	0	33	72	59	0	0	7	29	0	0
	国外学术刊物		23	3	0	0	0	0	0	0	0	2	1	0	0	0	0	0	0
	港、澳、台地区刊物		24	0	0	0	0	0	0	0	0	0	0	0	0	0	0	0	0
研究与咨询报告(篇)	合计		25	18	0	0	0	0	0	0	0	0	0	0	0	18	0	0	0
	其中:被采纳数		26	14	0	0	0	0	0	0	0	0	0	0	0	14	0	0	0

2.33 常熟理工学院人文、社会科学研究与课题成果来源情况表

		课题来源															
		合计	国家社科基金项目	国家社科基金单列学科项目	教育部人文社科研究项目	高校古籍整理研究项目	国家自然科学基金项目	中央其他部门社科专门项目	省、市、自治区社科基金项目	省教育厅社科项目	地、市、厅、局等政府部门项目	国际合作研究项目	与港、澳、台地区合作研究项目	企事业单位委托项目	学校社科项目	外资项目	其他
	编号	L01	L02	L03	L04	L05	L06	L07	L08	L09	L10	L11	L12	L13	L14	L15	L16
课题数(项)	1	337	11	0	15	0	0	6	17	99	55	0	0	134	0	0	0
当年投入人数(人年)	2	73.2	5.7	0	7.2	0	0	1.3	5	25	8.8	0	0	20.2	0	0	0
其中:研究生(人年)	3	0	0	0	0	0	0	0	0	0	0	0	0	0	0	0	0
当年拨入经费(千元)	4	12 568.94	101.27	0	85	0	0	0	210	558	386	0	0	11 228.67	0	0	0
其中:当年立项项目拨入经费(千元)	5	12 140.07	0	0	85	0	0	0	210	528	366	0	0	10 951.07	0	0	0
当年支出经费(千元)	6	11 932.95	573.6	0	231.95	0	0	20	128	228.3	397.8	0	0	10 353.3	0	0	0
当年新开课题数(项)	7	231	0	0	4	0	0	3	5	44	47	0	0	128	0	0	0
当年新开课题批准经费(千元)	8	13 629.47	0	0	400	0	0	0	250	720	391	0	0	11 868.47	0	0	0
当年完成课题数(项)	9	180	0	0	0	0	0	0	1	25	34	0	0	120	0	0	0

续表

			课题来源															
			合计	国家社科基金项目	国家社科基金单列学科项目	教育部人文社科研究项目	高校古籍整理研究项目	国家自然科学基金项目	中央其他部门社科专门项目	省、市、自治区社科基金项目	省教育厅社科项目	地、市、厅、局等政府部门项目	国际合作研究项目	与港、澳、台地区合作研究项目	企事业单位委托项目	学校社科项目	外资项目	其他
		编号	L01	L02	L03	L04	L05	L06	L07	L08	L09	L10	L11	L12	L13	L14	L15	L16
出版著作(部)	合计	10	4	1	0	0	0	0	1	0	1	0	0	0	1	0	0	0
	专著 合计	11	3	1	0	0	0	0	1	0	1	0	0	0	0	0	0	0
	专著 其中：被译成外文	12	0	0	0	0	0	0	0	0	0	0	0	0	0	0	0	0
	编著教材	13	1	0	0	0	0	0	0	0	0	0	0	0	1	0	0	0
	工具书参考书	14	0	0	0	0	0	0	0	0	0	0	0	0	0	0	0	0
	皮书/发展报告	15	0	0	0	0	0	0	0	0	0	0	0	0	0	0	0	0
	科普读物	16	0	0	0	0	0	0	0	0	0	0	0	0	0	0	0	0
古籍整理(部)		17	0	0	0	0	0	0	0	0	0	0	0	0	0	0	0	0
译著(部)		18	0	0	0	0	0	0	0	0	0	0	0	0	0	0	0	0
发表译文(篇)		19	0	0	0	0	0	0	0	0	0	0	0	0	0	0	0	0
电子出版物(件)		20	0	0	0	0	0	0	0	0	0	0	0	0	0	0	0	0
发表论文(篇)	合计	21	116	9	0	13	0	0	1	16	65	12	0	0	0	0	0	0
	国内学术刊物	22	114	9	0	13	0	0	1	16	63	12	0	0	0	0	0	0
	国外学术刊物	23	2	0	0	0	0	0	0	0	2	0	0	0	0	0	0	0
	港、澳、台地区刊物	24	0	0	0	0	0	0	0	0	0	0	0	0	0	0	0	0
研究与咨询报告(篇)	合计	25	90	0	0	0	0	0	0	0	0	38	0	0	52	0	0	0
	其中：被采纳数	26	43	0	0	0	0	0	0	0	0	38	0	0	5	0	0	0

2.34 淮阴工学院人文、社会科学研究与课题成果来源情况表

		课题来源															
		合计	国家社科基金项目	国家社科基金单列学科项目	教育部人文社科研究项目	高校古籍整理研究项目	国家自然科学基金项目	中央其他部门社科专门项目	省、市、自治区社科基金项目	省教育厅社科项目	地、市、厅、局等政府部门项目	国际合作研究项目	与港、澳、台地区合作研究项目	企事业单位委托项目	学校社科项目	外资项目	其他
	编号	L01	L02	L03	L04	L05	L06	L07	L08	L09	L10	L11	L12	L13	L14	L15	L16
课题数(项)	1	563	7	0	4	0	0	9	39	120	148	0	0	199	37	0	0
当年投入人数(人年)	2	96.7	2.4	0	1.6	0	0	1.4	9.6	22.6	18.9	0	0	36.5	3.7	0	0
其中:研究生(人年)	3	0	0	0	0	0	0	0	0	0	0	0	0	0	0	0	0
当年拨入经费(千元)	4	18 168.7	760	0	300	0	0	28	590	900	1 593	0	0	13 427.7	570	0	0
其中:当年立项项目拨入经费(千元)	5	18 124.7	760	0	300	0	0	20	590	900	1 557	0	0	13 427.7	570	0	0
当年支出经费(千元)	6	18 049.77	621	0	188.68	0	0	36.66	696.13	743.55	1 472.05	0	0	13 861.7	430	0	0
当年新开课题数(项)	7	336	4	0	3	0	0	2	11	49	112	0	0	136	19	0	0
当年新开课题批准经费(千元)	8	18 482.9	800	0	300	0	0	20	590	900	1 557	0	0	13 565.9	750	0	0
当年完成课题数(项)	9	374	1	0	0	0	0	5	18	57	80	0	0	180	33	0	0

续表

			编号	合计	国家社科基金项目	国家社科基金单列学科项目	教育部人文社科研究项目	高校古籍整理研究项目	国家自然科学基金项目	中央其他部门社科专门项目	省、市、自治区社科基金项目	省教育厅社科项目	地、市、厅、局等政府部门项目	国际合作研究项目	与港、澳、台地区合作研究项目	企事业单位委托项目	学校社科项目	外资项目	其他
				课题来源															
				L01	L02	L03	L04	L05	L06	L07	L08	L09	L10	L11	L12	L13	L14	L15	L16
出版著作(部)	合计		10	18	1	0	0	0	0	0	7	4	6	0	0	0	0	0	0
	专著	合计	11	15	1	0	0	0	0	0	5	4	5	0	0	0	0	0	0
		其中:被译成外文	12	0	0	0	0	0	0	0	0	0	0	0	0	0	0	0	0
	编著教材		13	3	0	0	0	0	0	0	2	0	1	0	0	0	0	0	0
	工具书参考书		14	0	0	0	0	0	0	0	0	0	0	0	0	0	0	0	0
	皮书/发展报告		15	0	0	0	0	0	0	0	0	0	0	0	0	0	0	0	0
	科普读物		16	0	0	0	0	0	0	0	0	0	0	0	0	0	0	0	0
古籍整理(部)			17	0	0	0	0	0	0	0	0	0	0	0	0	0	0	0	0
译著(部)			18	1	0	0	0	0	0	0	0	0	1	0	0	0	0	0	0
发表译文(篇)			19	0	0	0	0	0	0	0	0	0	0	0	0	0	0	0	0
电子出版物(件)			20	0	0	0	0	0	0	0	0	0	0	0	0	0	0	0	0
发表论文(篇)	合计		21	309	3	0	7	0	0	15	46	63	120	0	0	41	14	0	0
	国内学术刊物		22	288	3	0	7	0	0	12	44	59	108	0	0	41	14	0	0
	国外学术刊物		23	21	0	0	0	0	0	3	2	4	12	0	0	0	0	0	0
	港、澳、台地区刊物		24	0	0	0	0	0	0	0	0	0	0	0	0	0	0	0	0
研究与咨询报告(篇)	合计		25	52	1	0	0	0	0	0	9	1	1	0	0	40	0	0	0
	其中:被采纳数		26	9	1	0	0	0	0	0	7	1	0	0	0	0	0	0	0

2.35 常州工学院人文、社会科学研究与课题成果来源情况表

		课题来源															
		合计	国家社科基金项目	国家社科基金单列学科项目	教育部人文社科研究项目	高校古籍整理研究项目	国家自然科学基金项目	中央其他部门社科专门项目	省、市、自治区社科基金项目	省教育厅社科项目	地、市、厅、局等政府部门项目	国际合作研究项目	与港、澳、台地区合作研究项目	企事业单位委托项目	学校社科项目	外资项目	其他
	编号	L01	L02	L03	L04	L05	L06	L07	L08	L09	L10	L11	L12	L13	L14	L15	L16
课题数(项)	1	368	0	1	18	0	0	1	16	92	107	1	0	57	75	0	0
当年投入人数(人年)	2	60.8	0	0.2	3.5	0	0	0.2	2.5	18.3	17.3	0.2	0	11	7.6	0	0
其中:研究生(人年)	3	0	0	0	0	0	0	0	0	0	0	0	0	0	0	0	0
当年拨入经费(千元)	4	4 532.3	0	180	206	0	0	0	214.8	96	512.4	0	0	3 323.1	0	0	0
其中:当年立项项目拨入经费(千元)	5	4 403.1	0	180	106	0	0	0	196	96	502	0	0	3 323.1	0	0	0
当年支出经费(千元)	6	2 394.43	0	51	211.4	0	0	7.8	151.3	78.5	306.5	26	0	1 390.83	171.1	0	0
当年新开课题数(项)	7	148	0	1	5	0	0	0	5	37	58	0	0	42	0	0	0
当年新开课题批准经费(千元)	8	4 846.6	0	200	350	0	0	0	220	240	513	0	0	3 323.6	0	0	0
当年完成课题数(项)	9	92	0	0	3	0	0	0	3	9	45	0	0	8	24	0	0

续表

			课题来源															
			合计	国家社科基金项目	国家社科基金单列学科项目	教育部人文社科研究项目	高校古籍整理研究项目	国家自然科学基金项目	中央其他部门社科专门项目	省、市、自治区社科基金项目	省教育厅社科项目	地、市、厅、局等政府部门项目	国际合作研究项目	与港、澳、台地区合作研究项目	企事业单位委托项目	学校社科项目	外资项目	其他
		编号	L01	L02	L03	L04	L05	L06	L07	L08	L09	L10	L11	L12	L13	L14	L15	L16
出版著作(部)	合计	10	13	0	0	0	0	0	0	0	0	13	0	0	0	0	0	0
	专著 合计	11	13	0	0	0	0	0	0	0	0	13	0	0	0	0	0	0
	专著 其中:被译成外文	12	0	0	0	0	0	0	0	0	0	0	0	0	0	0	0	0
	编著教材	13	0	0	0	0	0	0	0	0	0	0	0	0	0	0	0	0
	工具书参考书	14	0	0	0	0	0	0	0	0	0	0	0	0	0	0	0	0
	皮书/发展报告	15	0	0	0	0	0	0	0	0	0	0	0	0	0	0	0	0
	科普读物	16	0	0	0	0	0	0	0	0	0	0	0	0	0	0	0	0
古籍整理(部)		17	0	0	0	0	0	0	0	0	0	0	0	0	0	0	0	0
译著(部)		18	0	0	0	0	0	0	0	0	0	0	0	0	0	0	0	0
发表译文(篇)		19	0	0	0	0	0	0	0	0	0	0	0	0	0	0	0	0
电子出版物(件)		20	0	0	0	0	0	0	0	0	0	0	0	0	0	0	0	0
发表论文(篇)	合计	21	272	0	1	18	0	0	0	16	92	77	1	0	0	67	0	0
	国内学术刊物	22	271	0	1	18	0	0	0	16	92	77	1	0	0	66	0	0
	国外学术刊物	23	1	0	0	0	0	0	0	0	0	0	0	0	0	1	0	0
	港、澳、台地区刊物	24	0	0	0	0	0	0	0	0	0	0	0	0	0	0	0	0
研究与咨询报告(篇)	合计	25	76	0	0	0	0	0	0	1	0	17	0	0	55	3	0	0
	其中:被采纳数	26	7	0	0	0	0	0	0	0	0	5	0	0	2	0	0	0

2.36 扬州大学人文、社会科学研究与课题成果来源情况表

		课题来源															
		合计	国家社科基金项目	国家社科基金单列学科项目	教育部人文社科研究项目	高校古籍整理研究项目	国家自然科学基金项目	中央其他部门社科专门项目	省、市、自治区社科基金项目	省教育厅社科项目	地、市、厅、局等政府部门项目	国际合作研究项目	与港、澳、台地区合作研究项目	企事业单位委托项目	学校社科项目	外资项目	其他
	编号	L01	L02	L03	L04	L05	L06	L07	L08	L09	L10	L11	L12	L13	L14	L15	L16
课题数(项)	1	844	97	11	78	1	0	14	63	170	80	0	0	106	224	0	0
当年投入人数(人年)	2	138	29.7	3.5	15.5	0.2	0	2.1	12.2	23.7	10.2	0	0	18.5	22.4	0	0
其中:研究生(人年)	3	8.2	4.3	0.4	0	0	0	0.2	0.8	0	0.2	0	0	2.3	0	0	0
当年拨入经费(千元)	4	15 090.64	4 969	950	865	40	0	25	1 058	850	346.8	0	0	5 949.34	37.5	0	0
其中:当年立项项目拨入经费(千元)	5	14 442.34	4 865	950	464	40	0	3	998	850	323	0	0	5 949.34	0	0	0
当年支出经费(千元)	6	14 419.02	4 745.23	699	953.86	18.5	0	105.4	728	669.56	351.33	0	0	5 949.34	198.8	0	0
当年新开课题数(项)	7	259	23	5	14	1	0	1	28	50	31	0	0	106	0	0	0
当年新开课题批准经费(千元)	8	15 805.34	5 150	1 000	1 240	50	0	3	1 240	850	323	0	0	5 949.34	0	0	0
当年完成课题数(项)	9	203	5	0	13	0	0	1	5	29	17	0	0	106	27	0	0

续表

			编号	合计	国家社科基金项目	国家社科基金单列学科项目	教育部人文社科研究项目	高校古籍整理研究项目	国家自然科学基金项目	中央其他部门社科专门项目	省、市、自治区社科基金项目	省教育厅社科项目	地、市、厅、局等政府部门项目	国际合作研究项目	与港、澳、台地区合作研究项目	企事业单位委托项目	学校社科项目	外资项目	其他
				课题来源															
			编号	L01	L02	L03	L04	L05	L06	L07	L08	L09	L10	L11	L12	L13	L14	L15	L16
出版著作（部）	合计		10	51	15	1	8	0	0	3	4	8	6	0	0	0	6	0	0
	专著	合计	11	40	14	1	5	0	0	1	4	6	4	0	0	0	5	0	0
		其中：被译成外文	12	0	0	0	0	0	0	0	0	0	0	0	0	0	0	0	0
	编著教材		13	11	1	0	3	0	0	2	0	2	2	0	0	0	1	0	0
	工具书参考书		14	0	0	0	0	0	0	0	0	0	0	0	0	0	0	0	0
	皮书/发展报告		15	0	0	0	0	0	0	0	0	0	0	0	0	0	0	0	0
	科普读物		16	0	0	0	0	0	0	0	0	0	0	0	0	0	0	0	0
古籍整理（部）			17	0	0	0	0	0	0	0	0	0	0	0	0	0	0	0	0
译著（部）			18	1	0	0	0	0	0	0	0	1	0	0	0	0	0	0	0
发表译文（篇）			19	0	0	0	0	0	0	0	0	0	0	0	0	0	0	0	0
电子出版物（件）			20	0	0	0	0	0	0	0	0	0	0	0	0	0	0	0	0
发表论文（篇）	合计		21	600	119	11	78	0	0	5	40	137	31	0	0	24	154	1	0
	国内学术刊物		22	599	118	11	78	0	0	5	40	137	31	0	0	24	154	1	0
	国外学术刊物		23	1	1	0	0	0	0	0	0	0	0	0	0	0	0	0	0
	港、澳、台地区刊物		24	0	0	0	0	0	0	0	0	0	0	0	0	0	0	0	0
研究与咨询报告（篇）	合计		25	65	0	0	0	0	0	0	0	0	0	0	0	65	0	0	0
	其中：被采纳数		26	46	0	0	0	0	0	0	0	0	0	0	0	46	0	0	0

2.37 南京工程学院人文、社会科学研究与课题成果来源情况表

		课题来源															
		合计	国家社科基金项目	国家社科基金单列学科项目	教育部人文社科研究项目	高校古籍整理研究项目	国家自然科学基金项目	中央其他部门社科专门项目	省、市、自治区社科基金项目	省教育厅社科项目	地、市、厅、局等政府部门项目	国际合作研究项目	与港、澳、台地区合作研究项目	企事业单位委托项目	学校社科项目	外资项目	其他
	编号	L01	L02	L03	L04	L05	L06	L07	L08	L09	L10	L11	L12	L13	L14	L15	L16
课题数(项)	1	213	3	0	13	0	0	3	9	86	11	0	0	32	56	0	0
当年投入人数(人年)	2	23.3	0.3	0	1.5	0	0	0.3	1	9.5	1.2	0	0	4.7	4.8	0	0
其中:研究生(人年)	3	0	0	0	0	0	0	0	0	0	0	0	0	0	0	0	0
当年拨入经费(千元)	4	3 693.7	220	0	412	0	0	0	114	550.4	118	0	0	1 887.8	391.5	0	0
其中:当年立项项目拨入经费(千元)	5	2 564.3	190	0	162	0	0	0	80	464	118	0	0	1 437.8	112.5	0	0
当年支出经费(千元)	6	2 709.92	142.65	0	335.15	0	0	19.2	85.2	425.67	81.45	0	0	1 274.88	345.72	0	0
当年新开课题数(项)	7	96	1	0	5	0	0	0	5	42	9	0	0	18	16	0	0
当年新开课题批准经费(千元)	8	3 903.8	200	0	360	0	0	0	100	560	121	0	0	2 037.8	525	0	0
当年完成课题数(项)	9	62	0	0	4	0	0	3	1	21	5	0	0	11	17	0	0

续表

				课题来源															
				合计	国家社科基金项目	国家社科基金单列学科项目	教育部人文社科研究项目	高校古籍整理研究项目	国家自然科学基金项目	中央其他部门社科专门项目	省、市、自治区社科基金项目	省教育厅社科项目	地、市、厅、局等政府部门项目	国际合作研究项目	与港、澳、台地区合作研究项目	企事业单位委托项目	学校社科项目	外资项目	其他
			编号	L01	L02	L03	L04	L05	L06	L07	L08	L09	L10	L11	L12	L13	L14	L15	L16
出版著作（部）	合计		10	4	0	0	0	0	0	0	0	1	0	0	0	1	2	0	0
	专著	合计	11	2	0	0	0	0	0	0	0	1	0	0	0	0	1	0	0
		其中：被译成外文	12	0	0	0	0	0	0	0	0	0	0	0	0	0	0	0	0
	编著教材		13	2	0	0	0	0	0	0	0	0	0	0	0	1	1	0	0
	工具书参考书		14	0	0	0	0	0	0	0	0	0	0	0	0	0	0	0	0
	皮书/发展报告		15	0	0	0	0	0	0	0	0	0	0	0	0	0	0	0	0
	科普读物		16	0	0	0	0	0	0	0	0	0	0	0	0	0	0	0	0
古籍整理（部）			17	0	0	0	0	0	0	0	0	0	0	0	0	0	0	0	0
译著（部）			18	0	0	0	0	0	0	0	0	0	0	0	0	0	0	0	0
发表译文（篇）			19	0	0	0	0	0	0	0	0	0	0	0	0	0	0	0	0
电子出版物（件）			20	0	0	0	0	0	0	0	0	0	0	0	0	0	0	0	0
发表论文（篇）	合计		21	67	2	2	7	0	0	0	3	11	2	0	0	4	36	0	0
	国内学术刊物		22	66	2	2	7	0	0	0	3	11	2	0	0	4	35	0	0
	国外学术刊物		23	1	0	0	0	0	0	0	0	0	0	0	0	0	1	0	0
	港、澳、台地区刊物		24	0	0	0	0	0	0	0	0	0	0	0	0	0	0	0	0
研究与咨询报告（篇）	合计		25	13	0	0	0	0	0	0	0	1	1	0	0	11	0	0	0
	其中：被采纳数		26	12	0	0	0	0	0	0	0	1	1	0	0	10	0	0	0

2.38 南京审计大学人文、社会科学研究与课题成果来源情况表

	编号	课题来源															
		合计	国家社科基金项目	国家社科基金单列学科项目	教育部人文社科研究项目	高校古籍整理研究项目	国家自然科学基金项目	中央其他部门社科专门项目	省、市、自治区社科基金项目	省教育厅社科项目	地、市、厅、局等政府部门项目	国际合作研究项目	与港、澳、台地区合作研究项目	企事业单位委托项目	学校社科项目	外资项目	其他
		L01	L02	L03	L04	L05	L06	L07	L08	L09	L10	L11	L12	L13	L14	L15	L16
课题数(项)	1	428	58	1	53	1	0	27	64	136	45	0	0	43	0	0	0
当年投入人数(人年)	2	151.7	27.7	0.2	27.2	0.3	0	8.4	20.5	48.3	8.9	0	0	10.2	0	0	0
其中:研究生(人年)	3	1	0.1	0	0.3	0	0	0.2	0.2	0.1	0.1	0	0	0	0	0	0
当年拨入经费(千元)	4	10 626.18	4 540.68	60	1 318.1	0	0	168	992	614	357.8	0	0	2 575.6	0	0	0
其中:当年立项项目拨入经费(千元)	5	6 727.2	3 890	0	230	0	0	92	792	546	196	0	0	981.2	0	0	0
当年支出经费(千元)	6	5 342.33	1 088.4	165	993.28	2.2	0	92.98	273.28	238.75	346.98	0	0	2 141.46	0	0	0
当年新开课题数(项)	7	141	17	0	9	0	0	11	28	42	16	0	0	18	0	0	0
当年新开课题批准经费(千元)	8	9 817	4 100	0	760	0	0	370	1 540	810	299	0	0	1 938	0	0	0
当年完成课题数(项)	9	77	4	0	10	0	0	6	5	21	8	0	0	23	0	0	0

续表

			编号	课题来源 合计	国家社科基金项目	国家社科基金单列学科项目	教育部人文社科研究项目	高校古籍整理研究项目	国家自然科学基金项目	中央其他部门社科专门项目	省、市、自治区社科基金项目	省教育厅社科项目	地、市、厅、局等政府部门项目	国际合作研究项目	与港、澳、台地区合作研究项目	企事业单位委托项目	学校社科项目	外资项目	其他
				L01	L02	L03	L04	L05	L06	L07	L08	L09	L10	L11	L12	L13	L14	L15	L16
出版著作(部)	合计		10	4	1	0	1	0	0	1	0	1	0	0	0	0	0	0	0
	专著	合计	11	4	1	0	1	0	0	1	0	1	0	0	0	0	0	0	0
		其中:被译成外文	12	0	0	0	0	0	0	0	0	0	0	0	0	0	0	0	0
	编著教材		13	0	0	0	0	0	0	0	0	0	0	0	0	0	0	0	0
	工具书参考书		14	0	0	0	0	0	0	0	0	0	0	0	0	0	0	0	0
	皮书/发展报告		15	0	0	0	0	0	0	0	0	0	0	0	0	0	0	0	0
	科普读物		16	0	0	0	0	0	0	0	0	0	0	0	0	0	0	0	0
古籍整理(部)			17	0	0	0	0	0	0	0	0	0	0	0	0	0	0	0	0
译著(部)			18	2	0	0	0	0	0	0	1	1	0	0	0	0	0	0	0
发表译文(篇)			19	0	0	0	0	0	0	0	0	0	0	0	0	0	0	0	0
电子出版物(件)			20	0	0	0	0	0	0	0	0	0	0	0	0	0	0	0	0
发表论文(篇)	合计		21	208	66	1	38	0	0	25	20	37	20	0	0	1	0	0	0
	国内学术刊物		22	208	66	1	38	0	0	25	20	37	20	0	0	1	0	0	0
	国外学术刊物		23	0	0	0	0	0	0	0	0	0	0	0	0	0	0	0	0
	港、澳、台地区刊物		24	0	0	0	0	0	0	0	0	0	0	0	0	0	0	0	0
研究与咨询报告(篇)	合计		25	30	1	0	0	0	0	2	0	0	2	0	0	25	0	0	0
	其中:被采纳数		26	5	1	0	0	0	0	2	0	0	2	0	0	0	0	0	0

2.39 南京晓庄学院人文、社会科学研究与课题成果来源情况表

		课题来源															
		合计	国家社科基金项目	国家社科基金单列学科项目	教育部人文社科研究项目	高校古籍整理研究项目	国家自然科学基金项目	中央其他部门社科专门项目	省、市、自治区社科基金项目	省教育厅社科项目	地、市、厅、局等政府部门项目	国际合作研究项目	与港、澳、台地区合作研究项目	企事业单位委托项目	学校社科项目	外资项目	其他
	编号	L01	L02	L03	L04	L05	L06	L07	L08	L09	L10	L11	L12	L13	L14	L15	L16
课题数(项)	1	236	10	1	14	0	0	0	41	93	25	0	0	1	51	0	0
当年投入人数(人年)	2	64	3.9	0.5	5.8	0	0	0	10.5	24.7	5.8	0	0	0.3	12.5	0	0
其中:研究生(人年)	3	0	0	0	0	0	0	0	0	0	0	0	0	0	0	0	0
当年拨入经费(千元)	4	5 068.5	1 900	190	215	0	0	0	819.5	261.5	137.5	0	0	0	1 545	0	0
其中:当年立项项目拨入经费(千元)	5	3 372	760	190	104	0	0	0	380	261.5	137.5	0	0	0	1 539	0	0
当年支出经费(千元)	6	3 048.5	1 189.9	90	198.1	0	0	0	504.5	301	78.5	0	0	83	603.5	0	0
当年新开课题数(项)	7	118	4	1	4	0	0	0	12	36	22	0	0	0	39	0	0
当年新开课题批准经费(千元)	8	3 955	800	200	290	0	0	0	440	261.5	398.5	0	0	0	1 565	0	0
当年完成课题数(项)	9	28	1	0	2	0	0	0	5	16	0	0	0	0	4	0	0

续表

			编号	课题来源															
				合计	国家社科基金项目	国家社科基金单列学科项目	教育部人文社科研究项目	高校古籍整理研究项目	国家自然科学基金项目	中央其他部门社科专门项目	省、市、自治区社科基金项目	省教育厅社科项目	地、市、厅、局等政府部门项目	国际合作研究项目	与港、澳、台地区合作研究项目	企事业单位委托项目	学校社科项目	外资项目	其他
			编号	L01	L02	L03	L04	L05	L06	L07	L08	L09	L10	L11	L12	L13	L14	L15	L16
出版著作(部)	合计		10	36	3	0	0	0	0	0	0	6	2	0	0	0	25	0	0
	专著	合计	11	0	0	0	0	0	0	0	0	0	0	0	0	0	0	0	0
		其中:被译成外文	12	0	0	0	0	0	0	0	0	0	0	0	0	0	0	0	0
	编著教材		13	36	3	0	0	0	0	0	0	6	2	0	0	0	25	0	0
	工具书参考书		14	0	0	0	0	0	0	0	0	0	0	0	0	0	0	0	0
	皮书/发展报告		15	0	0	0	0	0	0	0	0	0	0	0	0	0	0	0	0
	科普读物		16	0	0	0	0	0	0	0	0	0	0	0	0	0	0	0	0
古籍整理(部)			17	0	0	0	0	0	0	0	0	0	0	0	0	0	0	0	0
译著(部)			18	2	0	0	0	0	0	0	0	0	0	0	0	0	2	0	0
发表译文(篇)			19	0	0	0	0	0	0	0	0	0	0	0	0	0	0	0	0
电子出版物(件)			20	0	0	0	0	0	0	0	0	0	0	0	0	0	0	0	0
发表论文(篇)	合计		21	315	7	0	5	0	0	0	8	49	26	0	0	0	220	0	0
	国内学术刊物		22	311	7	0	5	0	0	0	8	49	25	0	0	0	217	0	0
	国外学术刊物		23	4	0	0	0	0	0	0	0	0	1	0	0	0	3	0	0
	港、澳、台地区刊物		24	0	0	0	0	0	0	0	0	0	0	0	0	0	0	0	0
研究与咨询报告(篇)	合计		25	1	1	0	0	0	0	0	0	0	0	0	0	0	0	0	0
	其中:被采纳数		26	1	1	0	0	0	0	0	0	0	0	0	0	0	0	0	0

2.40 江苏理工学院人文、社会科学研究与课题成果来源情况表

		课题来源															
		合计	国家社科基金项目	国家社科基金单列学科项目	教育部人文社科研究项目	高校古籍整理研究项目	国家自然科学基金项目	中央其他部门社科专门项目	省、市、自治区社科基金项目	省教育厅社科项目	地、市、厅、局等政府部门项目	国际合作研究项目	与港、澳、台地区合作研究项目	企事业单位委托项目	学校社科项目	外资项目	其他
	编号	L01	L02	L03	L04	L05	L06	L07	L08	L09	L10	L11	L12	L13	L14	L15	L16
课题数(项)	1	616	14	5	47	0	0	5	45	122	110	0	0	195	72	1	0
当年投入人数(人年)	2	135.1	5.3	0.8	9.4	0	0	1	7.7	26.5	28.9	0	0	46.2	9.1	0.2	0
其中:研究生(人年)	3	0	0	0	0	0	0	0	0	0	0	0	0	0	0	0	0
当年拨入经费(千元)	4	16 415.71	610	668	1 060	0	0	88	642	160	745	0	0	11 874.21	560	8.5	0
其中:当年立项项目拨入经费(千元)	5	14 901.41	570	560	350	0	0	83	576	160	689	0	0	11 344.91	560	8.5	0
当年支出经费(千元)	6	17 619.17	1 107.64	330.54	1 155.37	0	0	84.89	656.31	356.53	976.84	0	0	12 363.17	583.38	4.5	0
当年新开课题数(项)	7	265	3	3	14	0	0	2	16	42	67	0	0	109	8	1	0
当年新开课题批准经费(千元)	8	17 932.07	600	600	1 300	0	0	830	728	160	729	0	0	12 416.57	560	8.5	0
当年完成课题数(项)	9	230	2	2	9	0	0	2	5	32	78	0	0	70	30	0	0

续表

			编号	课题来源															
				合计	国家社科基金项目	国家社科基金单列学科项目	教育部人文社科研究项目	高校古籍整理研究项目	国家自然科学基金项目	中央其他部门社科专门项目	省、市、自治区社科基金项目	省教育厅社科项目	地、市、厅、局等政府部门项目	国际合作研究项目	与港、澳、台地区合作研究项目	企事业单位委托项目	学校社科项目	外资项目	其他
			编号	L01	L02	L03	L04	L05	L06	L07	L08	L09	L10	L11	L12	L13	L14	L15	L16
出版著作(部)	合计		10	25	4	1	5	0	0	3	8	2	2	0	0	0	0	0	0
	专著	合计	11	25	4	1	5	0	0	3	8	2	2	0	0	0	0	0	0
		其中:被译成外文	12	0	0	0	0	0	0	0	0	0	0	0	0	0	0	0	0
	编著教材		13	0	0	0	0	0	0	0	0	0	0	0	0	0	0	0	0
	工具书参考书		14	0	0	0	0	0	0	0	0	0	0	0	0	0	0	0	0
	皮书/发展报告		15	0	0	0	0	0	0	0	0	0	0	0	0	0	0	0	0
	科普读物		16	0	0	0	0	0	0	0	0	0	0	0	0	0	0	0	0
古籍整理(部)			17	0	0	0	0	0	0	0	0	0	0	0	0	0	0	0	0
译著(部)			18	0	0	0	0	0	0	0	0	0	0	0	0	0	0	0	0
发表译文(篇)			19	0	0	0	0	0	0	0	0	0	0	0	0	0	0	0	0
电子出版物(件)			20	0	0	0	0	0	0	0	0	0	0	0	0	0	0	0	0
发表论文(篇)	合计		21	280	8	2	30	0	0	2	33	81	42	0	0	40	40	2	0
	国内学术刊物		22	280	8	2	30	0	0	2	33	81	42	0	0	40	40	2	0
	国外学术刊物		23	0	0	0	0	0	0	0	0	0	0	0	0	0	0	0	0
	港、澳、台地区刊物		24	0	0	0	0	0	0	0	0	0	0	0	0	0	0	0	0
研究与咨询报告(篇)	合计		25	106	0	0	0	0	0	0	0	0	41	0	0	65	0	0	0
	其中:被采纳数		26	50	0	0	0	0	0	0	0	0	16	0	0	34	0	0	0

2.41 淮海工学院人文、社会科学研究与课题成果来源情况表

		课题来源															
		合计	国家社科基金项目	国家社科基金单列学科项目	教育部人文社科研究项目	高校古籍整理研究项目	国家自然科学基金项目	中央其他部门社科专门项目	省、市、自治区社科基金项目	省教育厅社科项目	地、市、厅、局等政府部门项目	国际合作研究项目	与港、澳、台地区合作研究项目	企事业单位委托项目	学校社科项目	外资项目	其他
	编号	L01	L02	L03	L04	L05	L06	L07	L08	L09	L10	L11	L12	L13	L14	L15	L16
课题数(项)	1	515	6	0	4	0	0	0	79	66	100	0	0	103	157	0	0
当年投入人数(人年)	2	52.9	0.7	0	0.5	0	0	0	8.1	6.6	9.8	0	0	10.4	16.8	0	0
其中:研究生(人年)	3	0	0	0	0	0	0	0	0	0	0	0	0	0	0	0	0
当年拨入经费(千元)	4	6 399.7	380	0	147	0	0	0	410.2	127	1 537	0	0	2 910	888.5	0	0
其中:当年立项项目拨入经费(千元)	5	6 119	380	0	0	0	0	0	356	127	1 471	0	0	2 910	875	0	0
当年支出经费(千元)	6	4 240.55	279	0	83	0	0	0	357.85	150.2	1 100.15	0	0	1 548.35	722	0	0
当年新开课题数(项)	7	256	2	0	0	0	0	0	37	20	65	0	0	88	44	0	0
当年新开课题批准经费(千元)	8	8 502.5	400	0	0	0	0	0	628	175	2 492.5	0	0	3 904	903	0	0
当年完成课题数(项)	9	196	0	0	1	0	0	0	22	19	58	0	0	27	69	0	0

续表

			课题来源															
			合计	国家社科基金项目	国家社科基金单列学科项目	教育部人文社科研究项目	高校古籍整理研究项目	国家自然科学基金项目	中央其他部门社科专门项目	省、市、自治区社科基金项目	省教育厅社科项目	地、市、厅、局等政府部门项目	国际合作研究项目	与港、澳、台地区合作研究项目	企事业单位委托项目	学校社科项目	外资项目	其他
		编号	L01	L02	L03	L04	L05	L06	L07	L08	L09	L10	L11	L12	L13	L14	L15	L16
出版著作(部)	合计	10	18	1	0	2	0	0	0	4	3	4	0	0	0	4	0	0
	专著 合计	11	18	1	0	2	0	0	0	4	3	4	0	0	0	4	0	0
	专著 其中:被译成外文	12	0	0	0	0	0	0	0	0	0	0	0	0	0	0	0	0
	编著教材	13	0	0	0	0	0	0	0	0	0	0	0	0	0	0	0	0
	工具书参考书	14	0	0	0	0	0	0	0	0	0	0	0	0	0	0	0	0
	皮书/发展报告	15	0	0	0	0	0	0	0	0	0	0	0	0	0	0	0	0
	科普读物	16	0	0	0	0	0	0	0	0	0	0	0	0	0	0	0	0
古籍整理(部)		17	0	0	0	0	0	0	0	0	0	0	0	0	0	0	0	0
译著(部)		18	0	0	0	0	0	0	0	0	0	0	0	0	0	0	0	0
发表译文(篇)		19	0	0	0	0	0	0	0	0	0	0	0	0	0	0	0	0
电子出版物(件)		20	0	0	0	0	0	0	0	0	0	0	0	0	0	0	0	0
发表论文(篇)	合计	21	217	6	0	3	0	0	0	40	45	52	0	0	0	71	0	0
	国内学术刊物	22	211	6	0	3	0	0	0	40	45	51	0	0	0	66	0	0
	国外学术刊物	23	6	0	0	0	0	0	0	0	0	1	0	0	0	5	0	0
	港、澳、台地区刊物	24	0	0	0	0	0	0	0	0	0	0	0	0	0	0	0	0
研究与咨询报告(篇)	合计	25	37	0	0	0	0	0	0	0	0	7	0	0	27	3	0	0
	其中:被采纳数	26	32	0	0	0	0	0	0	0	0	5	0	0	27	0	0	0

2.42 徐州工程学院人文、社会科学研究与课题成果来源情况表

		课题来源															
		合计	国家社科基金项目	国家社科基金单列学科项目	教育部人文社科研究项目	高校古籍整理研究项目	国家自然科学基金项目	中央其他部门社科专门项目	省、市、自治区社科基金项目	省教育厅社科项目	地、市、厅、局等政府部门项目	国际合作研究项目	与港、澳、台地区合作研究项目	企事业单位委托项目	学校社科项目	外资项目	其他
	编号	L01	L02	L03	L04	L05	L06	L07	L08	L09	L10	L11	L12	L13	L14	L15	L16
课题数(项)	1	653	6	1	10	1	0	1	23	87	303	0	0	24	196	1	0
当年投入人数(人年)	2	265.6	2.6	0.4	3.7	0.5	0	0.5	8.8	34.7	136.4	0	0	10.1	67.5	0.4	0
其中:研究生(人年)	3	0	0	0	0	0	0	0	0	0	0	0	0	0	0	0	0
当年拨入经费(千元)	4	2 797.5	950	0	117	0	0	0	178	317	662.5	0	0	406	166	1	0
其中:当年立项项目拨入经费(千元)	5	2 736.5	950	0	80	0	0	0	160	317	662.5	0	0	406	160	1	0
当年支出经费(千元)	6	2 697.27	473	0	97.92	10	0	0	209	394.75	688.55	0	0	365.2	457.85	1	0
当年新开课题数(项)	7	255	5	0	4	0	0	0	7	40	136	0	0	12	50	1	0
当年新开课题批准经费(千元)	8	3 085.5	1 000	0	220	0	0	0	200	386	688.5	0	0	416	174	1	0
当年完成课题数(项)	9	244	0	0	2	0	0	0	3	25	124	0	0	3	87	0	0

续表

				课题来源															
				合计	国家社科基金项目	国家社科基金单列学科项目	教育部人文社科研究项目	高校古籍整理研究项目	国家自然科学基金项目	中央其他部门社科专门项目	省、市、自治区社科基金项目	省教育厅社科项目	地、市、厅、局等政府部门项目	国际合作研究项目	与港、澳、台地区合作研究项目	企事业单位委托项目	学校社科项目	外资项目	其他
			编号	L01	L02	L03	L04	L05	L06	L07	L08	L09	L10	L11	L12	L13	L14	L15	L16
出版著作(部)	合计		10	39	5	0	6	0	0	0	9	8	7	0	0	0	4	0	0
	专著	合计	11	35	4	0	5	0	0	0	9	6	7	0	0	0	4	0	0
		其中：被译成外文	12	0	0	0	0	0	0	0	0	0	0	0	0	0	0	0	0
	编著教材		13	4	1	0	1	0	0	0	0	2	0	0	0	0	0	0	0
	工具书参考书		14	0	0	0	0	0	0	0	0	0	0	0	0	0	0	0	0
	皮书/发展报告		15	0	0	0	0	0	0	0	0	0	0	0	0	0	0	0	0
	科普读物		16	0	0	0	0	0	0	0	0	0	0	0	0	0	0	0	0
古籍整理(部)			17	0	0	0	0	0	0	0	0	0	0	0	0	0	0	0	0
译著(部)			18	1	0	0	0	0	0	0	0	0	0	0	0	0	0	0	1
发表译文(篇)			19	0	0	0	0	0	0	0	0	0	0	0	0	0	0	0	0
电子出版物(件)			20	0	0	0	0	0	0	0	0	0	0	0	0	0	0	0	0
发表论文(篇)	合计		21	159	9	0	7	0	0	0	8	16	83	0	0	14	22	0	0
	国内学术刊物		22	158	9	0	7	0	0	0	8	16	83	0	0	14	21	0	0
	国外学术刊物		23	0	0	0	0	0	0	0	0	0	0	0	0	0	0	0	0
	港、澳、台地区刊物		24	1	0	0	0	0	0	0	0	0	0	0	0	0	1	0	0
研究与咨询报告(篇)	合计		25	121	2	0	4	0	0	0	9	18	67	0	0	17	4	0	0
	其中：被采纳数		26	2	0	0	0	0	0	0	0	1	1	0	0	0	0	0	0

2.43 南京特殊教育师范学院人文、社会科学研究与课题成果来源情况表

	编号	课题来源															
		合计	国家社科基金项目	国家社科基金单列学科项目	教育部人文社科研究项目	高校古籍整理研究项目	国家自然科学基金项目	中央其他部门社科专门项目	省、市、自治区社科基金项目	省教育厅社科项目	地、市、厅、局等政府部门项目	国际合作研究项目	与港、澳、台地区合作研究项目	企事业单位委托项目	学校社科项目	外资项目	其他
		L01	L02	L03	L04	L05	L06	L07	L08	L09	L10	L11	L12	L13	L14	L15	L16
课题数(项)	1	94	2	2	6	0	0	10	5	56	11	0	0	2	0	0	0
当年投入人数(人年)	2	16.3	0.5	0.4	0.8	0	0	1.6	0.8	10.2	1.8	0	0	0.2	0	0	0
其中:研究生(人年)	3	0	0	0	0	0	0	0	0	0	0	0	0	0	0	0	0
当年拨入经费(千元)	4	1 463.5	380	370	134	0	0	78	80	310.5	61	0	0	50	0	0	0
其中:当年立项项目拨入经费(千元)	5	1 232	380	370	0	0	0	48	80	310	44	0	0	0	0	0	0
当年支出经费(千元)	6	967.68	160	164.7	120.1	0	0	66.7	71.8	213.68	41.1	0	0	129.6	0	0	0
当年新开课题数(项)	7	39	2	2	0	0	0	2	2	25	6	0	0	0	0	0	0
当年新开课题批准经费(千元)	8	1 396	400	400	0	0	0	70	100	358	68	0	0	0	0	0	0
当年完成课题数(项)	9	9	0	0	0	0	0	0	0	7	1	0	0	1	0	0	0

续表

			课题来源															
			合计	国家社科基金项目	国家社科基金单列学科项目	教育部人文社科研究项目	高校古籍整理研究项目	国家自然科学基金项目	中央其他部门社科专门项目	省、市、自治区社科基金项目	省教育厅社科项目	地、市、厅、局等政府部门项目	国际合作研究项目	与港、澳、台地区合作研究项目	企事业单位委托项目	学校社科项目	外资项目	其他
		编号	L01	L02	L03	L04	L05	L06	L07	L08	L09	L10	L11	L12	L13	L14	L15	L16
出版著作(部)	合计	10	4	1	0	2	0	0	1	0	0	0	0	0	0	0	0	0
	专著 合计	11	3	1	0	2	0	0	0	0	0	0	0	0	0	0	0	0
	专著 其中:被译成外文	12	0	0	0	0	0	0	0	0	0	0	0	0	0	0	0	0
	编著教材	13	0	0	0	0	0	0	0	0	0	0	0	0	0	0	0	0
	工具书参考书	14	0	0	0	0	0	0	0	0	0	0	0	0	0	0	0	0
	皮书/发展报告	15	1	0	0	0	0	0	1	0	0	0	0	0	0	0	0	0
	科普读物	16	0	0	0	0	0	0	0	0	0	0	0	0	0	0	0	0
古籍整理(部)		17	0	0	0	0	0	0	0	0	0	0	0	0	0	0	0	0
译著(部)		18	0	0	0	0	0	0	0	0	0	0	0	0	0	0	0	0
发表译文(篇)		19	0	0	0	0	0	0	0	0	0	0	0	0	0	0	0	0
电子出版物(件)		20	0	0	0	0	0	0	0	0	0	0	0	0	0	0	0	0
发表论文(篇)	合计	21	77	3	2	11	0	0	8	7	35	5	0	0	6	0	0	0
	国内学术刊物	22	76	3	2	10	0	0	8	7	35	5	0	0	6	0	0	0
	国外学术刊物	23	1	0	0	1	0	0	0	0	0	0	0	0	0	0	0	0
	港、澳、台地区刊物	24	0	0	0	0	0	0	0	0	0	0	0	0	0	0	0	0
研究与咨询报告(篇)	合计	25	0	0	0	0	0	0	0	0	0	0	0	0	0	0	0	0
	其中:被采纳数	26	0	0	0	0	0	0	0	0	0	0	0	0	0	0	0	0

2.44 泰州学院人文、社会科学研究与课题成果来源情况表

		课题来源															
		合计	国家社科基金项目	国家社科基金单列学科项目	教育部人文社科研究项目	高校古籍整理研究项目	国家自然科学基金项目	中央其他部门社科专门项目	省、市、自治区社科基金项目	省教育厅社科项目	地、市、厅、局等政府部门项目	国际合作研究项目	与港、澳、台地区合作研究项目	企事业单位委托项目	学校社科项目	外资项目	其他
	编号	L01	L02	L03	L04	L05	L06	L07	L08	L09	L10	L11	L12	L13	L14	L15	L16
课题数(项)	1	170	0	2	2	1	2	0	6	59	31	0	0	4	55	0	8
当年投入人数(人年)	2	57.4	0	0.8	0.9	0.2	0.9	0	2.6	22.9	11.1	0	0	1.5	13.2	0	3.3
其中:研究生(人年)	3	0	0	0	0	0	0	0	0	0	0	0	0	0	0	0	0
当年拨入经费(千元)	4	1 006	0	15	40	40	0	0	60	330	100	0	0	0	206	0	215
其中:当年立项项目拨入经费(千元)	5	941	0	0	40	40	0	0	60	330	50	0	0	0	206	0	215
当年支出经费(千元)	6	395.93	0	112.91	6	0	0	0	43	92.5	62.92	0	0	43.6	7	0	28
当年新开课题数(项)	7	59	0	0	2	1	0	0	2	33	7	0	0	0	6	0	8
当年新开课题批准经费(千元)	8	1 271	0	0	160	40	0	0	70	330	50	0	0	0	406	0	215
当年完成课题数(项)	9	22	0	1	0	0	1	0	0	3	2	0	0	0	15	0	0

续表

			编号	课题来源															
				合计	国家社科基金项目	国家社科基金单列学科项目	教育部人文社科研究项目	高校古籍整理研究项目	国家自然科学基金项目	中央其他部门社科专门项目	省、市、自治区社科基金项目	省教育厅社科项目	地、市、厅、局等政府部门项目	国际合作研究项目	与港、澳、台地区合作研究项目	企事业单位委托项目	学校社科项目	外资项目	其他
				L01	L02	L03	L04	L05	L06	L07	L08	L09	L10	L11	L12	L13	L14	L15	L16
出版著作（部）	合计		10	1	0	0	0	0	0	0	0	0	0	0	0	0	1	0	0
	专著	合计	11	0	0	0	0	0	0	0	0	0	0	0	0	0	0	0	0
		其中：被译成外文	12	0	0	0	0	0	0	0	0	0	0	0	0	0	0	0	0
	编著教材		13	1	0	0	0	0	0	0	0	0	0	0	0	0	1	0	0
	工具书参考书		14	0	0	0	0	0	0	0	0	0	0	0	0	0	0	0	0
	皮书/发展报告		15	0	0	0	0	0	0	0	0	0	0	0	0	0	0	0	0
	科普读物		16	0	0	0	0	0	0	0	0	0	0	0	0	0	0	0	0
古籍整理（部）			17	0	0	0	0	0	0	0	0	0	0	0	0	0	0	0	0
译著（部）			18	0	0	0	0	0	0	0	0	0	0	0	0	0	0	0	0
发表译文（篇）			19	0	0	0	0	0	0	0	0	0	0	0	0	0	0	0	0
电子出版物（件）			20	0	0	0	0	0	0	0	0	0	0	0	0	0	0	0	0
发表论文（篇）	合计		21	32	0	0	1	0	0	0	3	7	1	0	0	0	11	0	9
	国内学术刊物		22	32	0	0	1	0	0	0	3	7	1	0	0	0	11	0	9
	国外学术刊物		23	0	0	0	0	0	0	0	0	0	0	0	0	0	0	0	0
	港、澳、台地区刊物		24	0	0	0	0	0	0	0	0	0	0	0	0	0	0	0	0
研究与咨询报告（篇）	合计		25	0	0	0	0	0	0	0	0	0	0	0	0	0	0	0	0
	其中：被采纳数		26	0	0	0	0	0	0	0	0	0	0	0	0	0	0	0	0

2.45 金陵科技学院人文、社会科学研究与课题成果来源情况表

		课题来源															
		合计	国家社科基金项目	国家社科基金单列学科项目	教育部人文社科研究项目	高校古籍整理研究项目	国家自然科学基金项目	中央其他部门社科专门项目	省、市、自治区社科基金项目	省教育厅社科项目	地、市、厅、局等政府部门项目	国际合作研究项目	与港、澳、台地区合作研究项目	企事业单位委托项目	学校社科项目	外资项目	其他
	编号	L01	L02	L03	L04	L05	L06	L07	L08	L09	L10	L11	L12	L13	L14	L15	L16
课题数(项)	1	238	8	0	16	0	1	1	11	50	48	0	0	91	12	0	0
当年投入人数(人年)	2	36	1.4	0	3.9	0	0.2	0.1	2.2	5	8.5	0	0	13.3	1.4	0	0
其中:研究生(人年)	3	0	0	0	0	0	0	0	0	0	0	0	0	0	0	0	0
当年拨入经费(千元)	4	7 079.95	190	0	453	0	0	0	268.8	144	1 195	0	0	4 779.15	50	0	0
其中:当年立项项目拨入经费(千元)	5	5 308.15	190	0	240	0	0	0	234	144	1 194	0	0	3 256.15	50	0	0
当年支出经费(千元)	6	6 671.56	260	0	376	0	20	15	167.5	112.01	1 977	0	0	3 666.05	78	0	0
当年新开课题数(项)	7	101	1	0	6	0	0	0	5	24	18	0	0	46	1	0	0
当年新开课题批准经费(千元)	8	5 721.14	200	0	540	0	0	0	280	144	1 251	0	0	3 256.14	50	0	0
当年完成课题数(项)	9	99	1	0	1	0	0	0	3	8	30	0	0	52	4	0	0

续表

			课题来源															
			合计	国家社科基金项目	国家社科基金单列学科项目	教育部人文社科研究项目	高校古籍整理研究项目	国家自然科学基金项目	中央其他部门社科专门项目	省、市、自治区社科基金项目	省教育厅社科项目	地、市、厅、局等政府部门项目	国际合作研究项目	与港、澳、台地区合作研究项目	企事业单位委托项目	学校社科项目	外资项目	其他
		编号	L01	L02	L03	L04	L05	L06	L07	L08	L09	L10	L11	L12	L13	L14	L15	L16
出版著作(部)	合计	10	1	0	0	0	0	0	0	0	0	0	0	0	0	1	0	0
	专著 合计	11	0	0	0	0	0	0	0	0	0	0	0	0	0	0	0	0
	专著 其中:被译成外文	12	0	0	0	0	0	0	0	0	0	0	0	0	0	0	0	0
	编著教材	13	1	0	0	0	0	0	0	0	0	0	0	0	0	1	0	0
	工具书参考书	14	0	0	0	0	0	0	0	0	0	0	0	0	0	0	0	0
	皮书/发展报告	15	0	0	0	0	0	0	0	0	0	0	0	0	0	0	0	0
	科普读物	16	0	0	0	0	0	0	0	0	0	0	0	0	0	0	0	0
古籍整理(部)		17	0	0	0	0	0	0	0	0	0	0	0	0	0	0	0	0
译著(部)		18	0	0	0	0	0	0	0	0	0	0	0	0	0	0	0	0
发表译文(篇)		19	0	0	0	0	0	0	0	0	0	0	0	0	0	0	0	0
电子出版物(件)		20	0	0	0	0	0	0	0	0	0	0	0	0	0	0	0	0
发表论文(篇)	合计	21	99	5	0	10	0	1	0	12	24	39	0	0	0	8	0	0
	国内学术刊物	22	97	5	0	10	0	1	0	12	24	37	0	0	0	8	0	0
	国外学术刊物	23	2	0	0	0	0	0	0	0	0	2	0	0	0	0	0	0
	港、澳、台地区刊物	24	0	0	0	0	0	0	0	0	0	0	0	0	0	0	0	0
研究与咨询报告(篇)	合计	25	45	0	0	0	0	0	0	1	0	0	0	0	44	0	0	0
	其中:被采纳数	26	1	0	0	0	0	0	0	0	0	0	0	0	1	0	0	0

2.46 江苏第二师范学院人文、社会科学研究与课题成果来源情况表

		课题来源															
		合计	国家社科基金项目	国家社科基金单列学科项目	教育部人文社科研究项目	高校古籍整理研究项目	国家自然科学基金项目	中央其他部门社科专门项目	省、市、自治区社科基金项目	省教育厅社科项目	地、市、厅、局等政府部门项目	国际合作研究项目	与港、澳、台地区合作研究项目	企事业单位委托项目	学校社科项目	外资项目	其他
	编号	L01	L02	L03	L04	L05	L06	L07	L08	L09	L10	L11	L12	L13	L14	L15	L16
课题数(项)	1	202	10	1	7	0	0	1	27	78	34	0	0	6	38	0	0
当年投入人数(人年)	2	62.2	5.8	0.5	2.7	0	0	0.3	9.6	24.1	10.1	0	0	1	8.1	0	0
其中:研究生(人年)	3	0	0	0	0	0	0	0	0	0	0	0	0	0	0	0	0
当年拨入经费(千元)	4	2 346.85	570	0	92	0	0	190	371	150	114.4	0	0	688.45	171	0	0
其中:当年立项项目拨入经费(千元)	5	1 649	570	0	0	0	0	190	276	150	96	0	0	364	3	0	0
当年支出经费(千元)	6	1 262.95	218.89	40.83	149.57	0	0	42.16	208.45	148.83	16.58	0	0	348.8	88.84	0	0
当年新开课题数(项)	7	79	3	0	0	0	0	1	10	32	19	0	0	3	11	0	0
当年新开课题批准经费(千元)	8	2 267	600	0	0	0	0	200	480	150	117	0	0	659	61	0	0
当年完成课题数(项)	9	36	2	0	1	0	0	0	6	16	2	0	0	1	8	0	0

续表

			编号	课题来源															
				合计	国家社科基金项目	国家社科基金单列学科项目	教育部人文社科研究项目	高校古籍整理研究项目	国家自然科学基金项目	中央其他部门社科专门项目	省、市、自治区社科基金项目	省教育厅社科项目	地、市、厅、局等政府部门项目	国际合作研究项目	与港、澳、台地区合作研究项目	企事业单位委托项目	学校社科项目	外资项目	其他
			编号	L01	L02	L03	L04	L05	L06	L07	L08	L09	L10	L11	L12	L13	L14	L15	L16
出版著作(部)	合计		10	1	0	0	1	0	0	0	0	0	0	0	0	0	0	0	0
	专著	合计	11	1	0	0	1	0	0	0	0	0	0	0	0	0	0	0	0
		其中:被译成外文	12	0	0	0	0	0	0	0	0	0	0	0	0	0	0	0	0
	编著教材		13	0	0	0	0	0	0	0	0	0	0	0	0	0	0	0	0
	工具书参考书		14	0	0	0	0	0	0	0	0	0	0	0	0	0	0	0	0
	皮书/发展报告		15	0	0	0	0	0	0	0	0	0	0	0	0	0	0	0	0
	科普读物		16	0	0	0	0	0	0	0	0	0	0	0	0	0	0	0	0
古籍整理(部)			17	0	0	0	0	0	0	0	0	0	0	0	0	0	0	0	0
译著(部)			18	0	0	0	0	0	0	0	0	0	0	0	0	0	0	0	0
发表译文(篇)			19	0	0	0	0	0	0	0	0	0	0	0	0	0	0	0	0
电子出版物(件)			20	0	0	0	0	0	0	0	0	0	0	0	0	0	0	0	0
发表论文(篇)	合计		21	92	19	0	4	0	0	1	4	40	10	0	0	0	8	0	6
	国内学术刊物		22	92	19	0	4	0	0	1	4	40	10	0	0	0	8	0	6
	国外学术刊物		23	0	0	0	0	0	0	0	0	0	0	0	0	0	0	0	0
	港、澳、台地区刊物		24	0	0	0	0	0	0	0	0	0	0	0	0	0	0	0	0
研究与咨询报告(篇)	合计		25	1	0	0	0	0	0	0	1	0	0	0	0	0	0	0	0
	其中:被采纳数		26	1	0	0	0	0	0	0	1	0	0	0	0	0	0	0	0

3. 公办专科高等学校人文、社会科学研究与课题成果来源情况表

		课题来源															
		合计	国家社科基金项目	国家社科基金单列学科项目	教育部人文社科研究项目	高校古籍整理研究项目	国家自然科学基金项目	中央其他部门社科专门项目	省、市、自治区社科基金项目	省教育厅社科项目	地、市、厅、局等政府部门项目	国际合作研究项目	与港、澳、台地区合作研究项目	企事业单位委托项目	学校社科项目	外资项目	其他
	编号	L01	L02	L03	L04	L05	L06	L07	L08	L09	L10	L11	L12	L13	L14	L15	L16
课题数(项)	1	7 573	5	2	48	0	1	13	203	2 166	1 779	2	0	985	2 257	0	112
当年投入人数(人年)	2	1 607.4	1	0.8	19.1	0	0.1	2.3	47.2	529.1	382	0.2	0	209.1	398.6	0	17.9
其中:研究生(人年)	3	0	0	0	0	0	0	0	0	0	0	0	0	0	0	0	0
当年拨入经费(千元)	4	64 250.4	190	190	839	0	0	19	721.2	9 116.4	7 959.82	9	0	41 305.3	3 694.2	0	206.5
其中:当年立项项目拨入经费(千元)	5	62 006.5	190	190	509	0	0	19	565.2	8 720.7	7 575.92	9	0	40 557.5	3 512.7	0	157.5
当年支出经费(千元)	6	51 891.1	226.2	115	966.82	0	38	28	904.2	7 729.84	6 711.07	0	0	31 729.4	3 237.82	0	204.69
当年新开课题数(项)	7	3 715	1	1	13	0	0	5	80	1 012	1 018	2	0	598	944	0	41
当年新开课题批准经费(千元)	8	69 426.9	200	200	1 240	0	0	24	850	10 853.4	8 180.95	9	0	43 002.2	4 485	0	382.35
当年完成课题数(项)	9	2 698	0	0	8	0	1	5	53	507	872	0	0	504	714	0	34

续表

				课题来源															
				合计	国家社科基金项目	国家社科基金单列学科项目	教育部人文社科研究项目	高校古籍整理研究项目	国家自然科学基金项目	中央其他部门社科专门项目	省、市、自治区社科基金项目	省教育厅社科项目	地、市、厅、局等政府部门项目	国际合作研究项目	与港、澳、台地区合作研究项目	企事业单位委托项目	学校社科项目	外资项目	其他
			编号	L01	L02	L03	L04	L05	L06	L07	L08	L09	L10	L11	L12	L13	L14	L15	L16
出版著作(部)	合计		10	137	1	0	5	0	0	2	10	30	35	0	0	8	35	0	11
	专著	合计	11	65	1	0	3	0	0	1	7	17	17	0	0	1	13	0	5
		其中:被译成外文	12	0	0	0	0	0	0	0	0	0	0	0	0	0	0	0	0
	编著教材		13	69	0	0	2	0	0	0	3	13	18	0	0	6	21	0	6
	工具书参考书		14	1	0	0	0	0	0	0	0	0	0	0	0	0	1	0	0
	皮书/发展报告		15	2	0	0	0	0	0	1	0	0	0	0	0	1	0	0	0
	科普读物		16	0	0	0	0	0	0	0	0	0	0	0	0	0	0	0	0
古籍整理(部)			17	0	0	0	0	0	0	0	0	0	0	0	0	0	0	0	0
译著(部)			18	6	0	0	0	0	0	0	0	3	0	0	0	1	1	0	1
发表译文(篇)			19	2	0	0	0	0	0	0	0	0	0	0	0	2	0	0	0
电子出版物(件)			20	0	0	0	0	0	0	0	0	0	0	0	0	0	0	0	0
发表论文(篇)	合计		21	4 666	10	0	58	0	1	9	224	1 499	1 080	2	1	204	1 472	1	105
	国内学术刊物		22	4 636	10	0	57	0	1	9	224	1 495	1 073	0	1	201	1 462	1	102
	国外学术刊物		23	22	0	0	1	0	0	0	0	4	7	2	0	0	5	0	3
	港、澳、台地区刊物		24	8	0	0	0	0	0	0	0	0	0	0	0	3	5	0	0
研究与咨询报告(篇)	合计		25	828	0	0	0	0	0	0	6	20	379	0	0	405	18	0	0
	其中:被采纳数		26	290	0	0	0	0	0	0	0	7	44	0	0	233	6	0	0

3.1 盐城幼儿师范高等专科学校人文、社会科学研究与课题成果来源情况表

		课题来源															
		合计	国家社科基金项目	国家社科基金单列学科项目	教育部人文社科研究项目	高校古籍整理研究项目	国家自然科学基金项目	中央其他部门社科专门项目	省、市、自治区社科基金项目	省教育厅社科项目	地、市、厅、局等政府部门项目	国际合作研究项目	与港、澳、台地区合作研究项目	企事业单位委托项目	学校社科项目	外资项目	其他
	编号	L01	L02	L03	L04	L05	L06	L07	L08	L09	L10	L11	L12	L13	L14	L15	L16
课题数(项)	1	34	0	0	0	0	0	0	1	20	11	0	0	1	0	0	1
当年投入人数(人年)	2	7.8	0	0	0	0	0	0	0.2	4.8	2.2	0	0	0.2	0	0	0.4
其中:研究生(人年)	3	0	0	0	0	0	0	0	0	0	0	0	0	0	0	0	0
当年拨入经费(千元)	4	248	0	0	0	0	0	0	0	196	50	0	0	2	0	0	0
其中:当年立项项目拨入经费(千元)	5	248	0	0	0	0	0	0	0	196	50	0	0	2	0	0	0
当年支出经费(千元)	6	1 020	0	0	0	0	0	0	30	600	330	0	0	30	0	0	30
当年新开课题数(项)	7	23	0	0	0	0	0	0	0	20	1	0	0	1	0	0	1
当年新开课题批准经费(千元)	8	288	0	0	0	0	0	0	0	196	50	0	0	2	0	0	40
当年完成课题数(项)	9	0	0	0	0	0	0	0	0	0	0	0	0	0	0	0	0

续表

			编号	课题来源															
				合计	国家社科基金项目	国家社科基金单列学科项目	教育部人文社科研究项目	高校古籍整理研究项目	国家自然科学基金项目	中央其他部门社科专门项目	省、市、自治区社科基金项目	省教育厅社科项目	地、市、厅、局等政府部门项目	国际合作研究项目	与港、澳、台地区合作研究项目	企事业单位委托项目	学校社科项目	外资项目	其他
			编号	L01	L02	L03	L04	L05	L06	L07	L08	L09	L10	L11	L12	L13	L14	L15	L16
出版著作(部)	合计		10	0	0	0	0	0	0	0	0	0	0	0	0	0	0	0	0
	专著	合计	11	0	0	0	0	0	0	0	0	0	0	0	0	0	0	0	0
		其中:被译成外文	12	0	0	0	0	0	0	0	0	0	0	0	0	0	0	0	0
	编著教材		13	0	0	0	0	0	0	0	0	0	0	0	0	0	0	0	0
	工具书参考书		14	0	0	0	0	0	0	0	0	0	0	0	0	0	0	0	0
	皮书/发展报告		15	0	0	0	0	0	0	0	0	0	0	0	0	0	0	0	0
	科普读物		16	0	0	0	0	0	0	0	0	0	0	0	0	0	0	0	0
古籍整理(部)			17	0	0	0	0	0	0	0	0	0	0	0	0	0	0	0	0
译著(部)			18	0	0	0	0	0	0	0	0	0	0	0	0	0	0	0	0
发表译文(篇)			19	0	0	0	0	0	0	0	0	0	0	0	0	0	0	0	0
电子出版物(件)			20	0	0	0	0	0	0	0	0	0	0	0	0	0	0	0	0
发表论文(篇)	合计		21	11	0	0	0	0	0	0	0	7	2	0	0	0	0	0	2
	国内学术刊物		22	11	0	0	0	0	0	0	0	7	2	0	0	0	0	0	2
	国外学术刊物		23	0	0	0	0	0	0	0	0	0	0	0	0	0	0	0	0
	港、澳、台地区刊物		24	0	0	0	0	0	0	0	0	0	0	0	0	0	0	0	0
研究与咨询报告(篇)	合计		25	0	0	0	0	0	0	0	0	0	0	0	0	0	0	0	0
	其中:被采纳数		26	0	0	0	0	0	0	0	0	0	0	0	0	0	0	0	0

3.2 苏州幼儿师范高等专科学校人文、社会科学研究与课题成果来源情况表

		课题来源															
		合计	国家社科基金项目	国家社科基金单列学科项目	教育部人文社科研究项目	高校古籍整理研究项目	国家自然科学基金项目	中央其他部门社科专门项目	省、市、自治区社科基金项目	省教育厅社科项目	地、市、厅、局等政府部门项目	国际合作研究项目	与港、澳、台地区合作研究项目	企事业单位委托项目	学校社科项目	外资项目	其他
	编号	L01	L02	L03	L04	L05	L06	L07	L08	L09	L10	L11	L12	L13	L14	L15	L16
课题数(项)	1	60	0	0	0	0	0	0	0	23	24	0	0	3	0	0	10
当年投入人数(人年)	2	6.9	0	0	0	0	0	0	0	2.5	3.1	0	0	0.3	0	0	1
其中:研究生(人年)	3	0	0	0	0	0	0	0	0	0	0	0	0	0	0	0	0
当年拨入经费(千元)	4	736	0	0	0	0	0	0	0	478	228	0	0	30	0	0	0
其中:当年立项项目拨入经费(千元)	5	728	0	0	0	0	0	0	0	478	220	0	0	30	0	0	0
当年支出经费(千元)	6	223.4	0	0	0	0	0	0	0	126.4	82.5	0	0	14.5	0	0	0
当年新开课题数(项)	7	31	0	0	0	0	0	0	0	23	5	0	0	3	0	0	0
当年新开课题批准经费(千元)	8	816	0	0	0	0	0	0	0	506	220	0	0	90	0	0	0
当年完成课题数(项)	9	0	0	0	0	0	0	0	0	0	0	0	0	0	0	0	0

续表

			编号	课题来源															
				合计	国家社科基金项目	国家社科基金单列学科项目	教育部人文社科研究项目	高校古籍整理研究项目	国家自然科学基金项目	中央其他部门社科专门项目	省、市、自治区社科基金项目	省教育厅社科项目	地、市、厅、局等政府部门项目	国际合作研究项目	与港、澳、台地区合作研究项目	企事业单位委托项目	学校社科项目	外资项目	其他
				L01	L02	L03	L04	L05	L06	L07	L08	L09	L10	L11	L12	L13	L14	L15	L16
出版著作(部)	合计		10	0	0	0	0	0	0	0	0	0	0	0	0	0	0	0	0
	专著	合计	11	0	0	0	0	0	0	0	0	0	0	0	0	0	0	0	0
		其中:被译成外文	12	0	0	0	0	0	0	0	0	0	0	0	0	0	0	0	0
	编著教材		13	0	0	0	0	0	0	0	0	0	0	0	0	0	0	0	0
	工具书参考书		14	0	0	0	0	0	0	0	0	0	0	0	0	0	0	0	0
	皮书/发展报告		15	0	0	0	0	0	0	0	0	0	0	0	0	0	0	0	0
	科普读物		16	0	0	0	0	0	0	0	0	0	0	0	0	0	0	0	0
古籍整理(部)			17	0	0	0	0	0	0	0	0	0	0	0	0	0	0	0	0
译著(部)			18	0	0	0	0	0	0	0	0	0	0	0	0	0	0	0	0
发表译文(篇)			19	0	0	0	0	0	0	0	0	0	0	0	0	0	0	0	0
电子出版物(件)			20	0	0	0	0	0	0	0	0	0	0	0	0	0	0	0	0
发表论文(篇)	合计		21	22	0	0	0	0	0	0	2	5	13	0	0	1	0	0	1
	国内学术刊物		22	22	0	0	0	0	0	0	2	5	13	0	0	1	0	0	1
	国外学术刊物		23	0	0	0	0	0	0	0	0	0	0	0	0	0	0	0	0
	港、澳、台地区刊物		24	0	0	0	0	0	0	0	0	0	0	0	0	0	0	0	0
研究与咨询报告(篇)	合计		25	0	0	0	0	0	0	0	0	0	0	0	0	0	0	0	0
	其中:被采纳数		26	0	0	0	0	0	0	0	0	0	0	0	0	0	0	0	0

3.3 无锡职业技术学院人文、社会科学研究与课题成果来源情况表

		课题来源															
		合计	国家社科基金项目	国家社科基金单列学科项目	教育部人文社科研究项目	高校古籍整理研究项目	国家自然科学基金项目	中央其他部门社科专门项目	省、市、自治区社科基金项目	省教育厅社科项目	地、市、厅、局等政府部门项目	国际合作研究项目	与港、澳、台地区合作研究项目	企事业单位委托项目	学校社科项目	外资项目	其他
	编号	L01	L02	L03	L04	L05	L06	L07	L08	L09	L10	L11	L12	L13	L14	L15	L16
课题数(项)	1	179	2	0	9	0	0	3	4	60	53	0	0	0	48	0	0
当年投入人数(人年)	2	26.9	0.5	0	2.6	0	0	0.8	0.8	11	5.8	0	0	0	5.4	0	0
其中:研究生(人年)	3	0	0	0	0	0	0	0	0	0	0	0	0	0	0	0	0
当年拨入经费(千元)	4	1 375	190	0	100	0	0	3	5	146	603	0	0	0	328	0	0
其中:当年立项项目拨入经费(千元)	5	1 375	190	0	100	0	0	3	5	146	603	0	0	0	328	0	0
当年支出经费(千元)	6	1 048.37	106.2	0	148.25	0	0	3	26.22	149.3	395	0	0	0	220.4	0	0
当年新开课题数(项)	7	102	1	0	4	0	0	2	1	32	38	0	0	0	24	0	0
当年新开课题批准经费(千元)	8	1 827	200	0	340	0	0	8	20	320	611	0	0	0	328	0	0
当年完成课题数(项)	9	30	0	0	0	0	0	0	0	13	12	0	0	0	5	0	0

续表

			编号	合计	国家社科基金项目	国家社科基金单列学科项目	教育部人文社科研究项目	高校古籍整理研究项目	国家自然科学基金项目	中央其他部门社科专门项目	省、市、自治区社科基金项目	省教育厅社科项目	地、市、厅、局等政府部门项目	国际合作研究项目	与港、澳、台地区合作研究项目	企事业单位委托项目	学校社科项目	外资项目	其他
				课题来源															
				L01	L02	L03	L04	L05	L06	L07	L08	L09	L10	L11	L12	L13	L14	L15	L16
出版著作(部)	合计		10	1	0	0	0	0	0	0	1	0	0	0	0	0	0	0	0
	专著	合计	11	1	0	0	0	0	0	0	1	0	0	0	0	0	0	0	0
		其中:被译成外文	12	0	0	0	0	0	0	0	0	0	0	0	0	0	0	0	0
	编著教材		13	0	0	0	0	0	0	0	0	0	0	0	0	0	0	0	0
	工具书参考书		14	0	0	0	0	0	0	0	0	0	0	0	0	0	0	0	0
	皮书/发展报告		15	0	0	0	0	0	0	0	0	0	0	0	0	0	0	0	0
	科普读物		16	0	0	0	0	0	0	0	0	0	0	0	0	0	0	0	0
古籍整理(部)			17	0	0	0	0	0	0	0	0	0	0	0	0	0	0	0	0
译著(部)			18	0	0	0	0	0	0	0	0	0	0	0	0	0	0	0	0
发表译文(篇)			19	0	0	0	0	0	0	0	0	0	0	0	0	0	0	0	0
电子出版物(件)			20	0	0	0	0	0	0	0	0	0	0	0	0	0	0	0	0
发表论文(篇)	合计		21	113	7	0	8	0	0	1	7	34	25	0	0	0	31	0	0
	国内学术刊物		22	113	7	0	8	0	0	1	7	34	25	0	0	0	31	0	0
	国外学术刊物		23	0	0	0	0	0	0	0	0	0	0	0	0	0	0	0	0
	港、澳、台地区刊物		24	0	0	0	0	0	0	0	0	0	0	0	0	0	0	0	0
研究与咨询报告(篇)	合计		25	1	0	0	0	0	0	0	0	0	1	0	0	0	0	0	0
	其中:被采纳数		26	1	0	0	0	0	0	0	0	0	1	0	0	0	0	0	0

3.4 江苏建筑职业技术学院人文、社会科学研究与课题成果来源情况表

		课题来源															
		合计	国家社科基金项目	国家社科基金单列学科项目	教育部人文社科研究项目	高校古籍整理研究项目	国家自然科学基金项目	中央其他部门社科专门项目	省、市、自治区社科基金项目	省教育厅社科项目	地、市、厅、局等政府部门项目	国际合作研究项目	与港、澳、台地区合作研究项目	企事业单位委托项目	学校社科项目	外资项目	其他
	编号	L01	L02	L03	L04	L05	L06	L07	L08	L09	L10	L11	L12	L13	L14	L15	L16
课题数(项)	1	221	0	0	2	0	0	0	8	52	99	0	0	6	54	0	0
当年投入人数(人年)	2	44.1	0	0	0.4	0	0	0	1	14.2	18.6	0	0	1.7	8.2	0	0
其中:研究生(人年)	3	0	0	0	0	0	0	0	0	0	0	0	0	0	0	0	0
当年拨入经费(千元)	4	774	0	0	30	0	0	0	0	32	39	0	0	673	0	0	0
其中:当年立项项目拨入经费(千元)	5	744	0	0	0	0	0	0	0	32	39	0	0	673	0	0	0
当年支出经费(千元)	6	784.1	0	0	33.5	0	0	0	1.5	54.6	35.5	0	0	603	56	0	0
当年新开课题数(项)	7	99	0	0	0	0	0	0	0	23	70	0	0	6	0	0	0
当年新开课题批准经费(千元)	8	744	0	0	0	0	0	0	0	32	39	0	0	673	0	0	0
当年完成课题数(项)	9	84	0	0	0	0	0	0	3	16	21	0	0	5	39	0	0

续表

			课题来源															
			合计	国家社科基金项目	国家社科基金单列学科项目	教育部人文社科研究项目	高校古籍整理研究项目	国家自然科学基金项目	中央其他部门社科专门项目	省、市、自治区社科基金项目	省教育厅社科项目	地、市、厅、局等政府部门项目	国际合作研究项目	与港、澳、台地区合作研究项目	企事业单位委托项目	学校社科项目	外资项目	其他
		编号	L01	L02	L03	L04	L05	L06	L07	L08	L09	L10	L11	L12	L13	L14	L15	L16
出版著作(部)	合计	10	12	0	0	1	0	0	0	0	5	4	0	0	1	1	0	0
	专著 合计	11	6	0	0	1	0	0	0	0	2	3	0	0	0	0	0	0
	专著 其中:被译成外文	12	0	0	0	0	0	0	0	0	0	0	0	0	0	0	0	0
	编著教材	13	6	0	0	0	0	0	0	0	3	1	0	0	1	1	0	0
	工具书参考书	14	0	0	0	0	0	0	0	0	0	0	0	0	0	0	0	0
	皮书/发展报告	15	0	0	0	0	0	0	0	0	0	0	0	0	0	0	0	0
	科普读物	16	0	0	0	0	0	0	0	0	0	0	0	0	0	0	0	0
古籍整理(部)		17	0	0	0	0	0	0	0	0	0	0	0	0	0	0	0	0
译著(部)		18	0	0	0	0	0	0	0	0	0	0	0	0	0	0	0	0
发表译文(篇)		19	0	0	0	0	0	0	0	0	0	0	0	0	0	0	0	0
电子出版物(件)		20	0	0	0	0	0	0	0	0	0	0	0	0	0	0	0	0
发表论文(篇)	合计	21	226	0	0	0	0	0	0	1	48	122	0	0	2	53	0	0
	国内学术刊物	22	224	0	0	0	0	0	0	1	48	120	0	0	2	53	0	0
	国外学术刊物	23	2	0	0	0	0	0	0	0	0	2	0	0	0	0	0	0
	港、澳、台地区刊物	24	0	0	0	0	0	0	0	0	0	0	0	0	0	0	0	0
研究与咨询报告(篇)	合计	25	6	0	0	0	0	0	0	0	0	0	0	0	6	0	0	0
	其中:被采纳数	26	6	0	0	0	0	0	0	0	0	0	0	0	6	0	0	0

3.5 南京工业职业技术学院人文、社会科学研究与课题成果来源情况表

		课题来源															
		合计	国家社科基金项目	国家社科基金单列学科项目	教育部人文社科研究项目	高校古籍整理研究项目	国家自然科学基金项目	中央其他部门社科专门项目	省、市、自治区社科基金项目	省教育厅社科项目	地、市、厅、局等政府部门项目	国际合作研究项目	与港、澳、台地区合作研究项目	企事业单位委托项目	学校社科项目	外资项目	其他
	编号	L01	L02	L03	L04	L05	L06	L07	L08	L09	L10	L11	L12	L13	L14	L15	L16
课题数(项)	1	305	0	0	2	0	1	0	5	51	40	0	0	85	119	0	2
当年投入人数(人年)	2	99.2	0	0	0.8	0	0.1	0	1.5	16.2	9.4	0	0	29.4	41.4	0	0.4
其中:研究生(人年)	3	0	0	0	0	0	0	0	0	0	0	0	0	0	0	0	0
当年拨入经费(千元)	4	3 363.5	0	0	72	0	0	0	120	632	213.26	0	0	2 119.74	201.5	0	5
其中:当年立项项目拨入经费(千元)	5	3 009.5	0	0	40	0	0	0	80	632	205.26	0	0	1 929.74	122.5	0	0
当年支出经费(千元)	6	3 415.9	0	0	72	0	38	0	120	653.28	257.26	0	0	2 051.86	218.5	0	5
当年新开课题数(项)	7	119	0	0	1	0	0	0	2	17	25	0	0	44	30	0	0
当年新开课题批准经费(千元)	8	4 887.49	0	0	100	0	0	0	100	690	289.25	0	0	3 460.74	247.5	0	0
当年完成课题数(项)	9	98	0	0	1	0	1	0	2	21	8	0	0	16	48	0	1

续表

			编号	课题来源 合计	国家社科基金项目	国家社科基金单列学科项目	教育部人文社科研究项目	高校古籍整理研究项目	国家自然科学基金项目	中央其他部门社科专门项目	省、市、自治区社科基金项目	省教育厅社科项目	地、市、厅、局等政府部门项目	国际合作研究项目	与港、澳、台地区合作研究项目	企事业单位委托项目	学校社科项目	外资项目	其他
				L01	L02	L03	L04	L05	L06	L07	L08	L09	L10	L11	L12	L13	L14	L15	L16
出版著作(部)	合计		10	12	0	0	1	0	0	0	1	1	0	0	0	0	9	0	0
	专著	合计	11	0	0	0	0	0	0	0	0	0	0	0	0	0	0	0	0
		其中:被译成外文	12	0	0	0	0	0	0	0	0	0	0	0	0	0	0	0	0
	编著教材		13	12	0	0	1	0	0	0	1	1	0	0	0	0	9	0	0
	工具书参考书		14	0	0	0	0	0	0	0	0	0	0	0	0	0	0	0	0
	皮书/发展报告		15	0	0	0	0	0	0	0	0	0	0	0	0	0	0	0	0
	科普读物		16	0	0	0	0	0	0	0	0	0	0	0	0	0	0	0	0
古籍整理(部)			17	0	0	0	0	0	0	0	0	0	0	0	0	0	0	0	0
译著(部)			18	1	0	0	0	0	0	0	0	0	0	0	0	0	1	0	0
发表译文(篇)			19	0	0	0	0	0	0	0	0	0	0	0	0	0	0	0	0
电子出版物(件)			20	0	0	0	0	0	0	0	0	0	0	0	0	0	0	0	0
发表论文(篇)	合计		21	103	0	0	2	0	1	0	7	26	12	0	0	1	53	0	1
	国内学术刊物		22	103	0	0	2	0	1	0	7	26	12	0	0	1	53	0	1
	国外学术刊物		23	0	0	0	0	0	0	0	0	0	0	0	0	0	0	0	0
	港、澳、台地区刊物		24	0	0	0	0	0	0	0	0	0	0	0	0	0	0	0	0
研究与咨询报告(篇)	合计		25	20	0	0	0	0	0	0	0	0	0	0	0	18	2	0	0
	其中:被采纳数		26	17	0	0	0	0	0	0	0	0	0	0	0	17	0	0	0

3.6 江苏工程职业技术学院人文、社会科学研究与课题成果来源情况表

		课题来源															
		合计	国家社科基金项目	国家社科基金单列学科项目	教育部人文社科研究项目	高校古籍整理研究项目	国家自然科学基金项目	中央其他部门社科专门项目	省、市、自治区社科基金项目	省教育厅社科项目	地、市、厅、局等政府部门项目	国际合作研究项目	与港、澳、台地区合作研究项目	企事业单位委托项目	学校社科项目	外资项目	其他
	编号	L01	L02	L03	L04	L05	L06	L07	L08	L09	L10	L11	L12	L13	L14	L15	L16
课题数(项)	1	151	0	0	0	0	0	0	1	37	45	0	0	0	68	0	0
当年投入人数(人年)	2	19.3	0	0	0	0	0	0	0.1	5.3	6.4	0	0	0	7.5	0	0
其中:研究生(人年)	3	0	0	0	0	0	0	0	0	0	0	0	0	0	0	0	0
当年拨入经费(千元)	4	219	0	0	0	0	0	0	10	48	71	0	0	0	90	0	0
其中:当年立项项目拨入经费(千元)	5	219	0	0	0	0	0	0	10	48	71	0	0	0	90	0	0
当年支出经费(千元)	6	215	0	0	0	0	0	0	4	64	84.5	0	0	0	62.5	0	0
当年新开课题数(项)	7	78	0	0	0	0	0	0	1	20	30	0	0	0	27	0	0
当年新开课题批准经费(千元)	8	249	0	0	0	0	0	0	40	48	71	0	0	0	90	0	0
当年完成课题数(项)	9	48	0	0	0	0	0	0	0	2	18	0	0	0	28	0	0

续表

		编号	课题来源 合计	国家社科基金项目	国家社科基金单列学科项目	教育部人文社科研究项目	高校古籍整理研究项目	国家自然科学基金项目	中央其他部门社科专门项目	省、市、自治区社科基金项目	省教育厅社科项目	地、市、厅、局等政府部门项目	国际合作研究项目	与港、澳、台地区合作研究项目	企事业单位委托项目	学校社科项目	外资项目	其他
			L01	L02	L03	L04	L05	L06	L07	L08	L09	L10	L11	L12	L13	L14	L15	L16
出版著作（部）	合计	10	4	0	0	0	0	0	0	0	0	1	0	0	0	3	0	0
出版著作（部）	专著 合计	11	4	0	0	0	0	0	0	0	0	1	0	0	0	3	0	0
出版著作（部）	专著 其中：被译成外文	12	0	0	0	0	0	0	0	0	0	0	0	0	0	0	0	0
出版著作（部）	编著教材	13	0	0	0	0	0	0	0	0	0	0	0	0	0	0	0	0
出版著作（部）	工具书参考书	14	0	0	0	0	0	0	0	0	0	0	0	0	0	0	0	0
出版著作（部）	皮书/发展报告	15	0	0	0	0	0	0	0	0	0	0	0	0	0	0	0	0
出版著作（部）	科普读物	16	0	0	0	0	0	0	0	0	0	0	0	0	0	0	0	0
古籍整理（部）		17	0	0	0	0	0	0	0	0	0	0	0	0	0	0	0	0
译著（部）		18	0	0	0	0	0	0	0	0	0	0	0	0	0	0	0	0
发表译文（篇）		19	0	0	0	0	0	0	0	0	0	0	0	0	0	0	0	0
电子出版物（件）		20	0	0	0	0	0	0	0	0	0	0	0	0	0	0	0	0
发表论文（篇）	合计	21	152	0	0	0	0	0	0	0	43	57	0	1	0	51	0	0
发表论文（篇）	国内学术刊物	22	152	0	0	0	0	0	0	0	43	57	0	1	0	51	0	0
发表论文（篇）	国外学术刊物	23	0	0	0	0	0	0	0	0	0	0	0	0	0	0	0	0
发表论文（篇）	港、澳、台地区刊物	24	0	0	0	0	0	0	0	0	0	0	0	0	0	0	0	0
研究与咨询报告（篇）	合计	25	0	0	0	0	0	0	0	0	0	0	0	0	0	0	0	0
研究与咨询报告（篇）	其中：被采纳数	26	0	0	0	0	0	0	0	0	0	0	0	0	0	0	0	0

3.7 苏州工艺美术职业技术学院人文、社会科学研究与课题成果来源情况表

		课题来源															
		合计	国家社科基金项目	国家社科基金单列学科项目	教育部人文社科研究项目	高校古籍整理研究项目	国家自然科学基金项目	中央其他部门社科专门项目	省、市、自治区社科基金项目	省教育厅社科项目	地、市、厅、局等政府部门项目	国际合作研究项目	与港、澳、台地区合作研究项目	企事业单位委托项目	学校社科项目	外资项目	其他
	编号	L01	L02	L03	L04	L05	L06	L07	L08	L09	L10	L11	L12	L13	L14	L15	L16
课题数(项)	1	132	0	0	1	0	0	0	0	54	42	0	0	9	21	0	5
当年投入人数(人年)	2	30.1	0	0	0.2	0	0	0	0	13.8	7.6	0	0	2.8	4.5	0	1.2
其中:研究生(人年)	3	0	0	0	0	0	0	0	0	0	0	0	0	0	0	0	0
当年拨入经费(千元)	4	876	0	0	32	0	0	0	0	217	30	0	0	575	0	0	22
其中:当年立项项目拨入经费(千元)	5	834	0	0	0	0	0	0	0	207	30	0	0	575	0	0	22
当年支出经费(千元)	6	956.44	0	0	28	0	0	0	0	231.7	73.44	0	0	575	36.3	0	12
当年新开课题数(项)	7	38	0	0	0	0	0	0	0	20	5	0	0	9	0	0	4
当年新开课题批准经费(千元)	8	902	0	0	0	0	0	0	0	270	30	0	0	575	0	0	27
当年完成课题数(项)	9	40	0	0	0	0	0	0	0	10	13	0	0	9	8	0	0

续表

			课题来源															
			合计	国家社科基金项目	国家社科基金单列学科项目	教育部人文社科研究项目	高校古籍整理研究项目	国家自然科学基金项目	中央其他部门社科专门项目	省、市、自治区社科基金项目	省教育厅社科项目	地、市、厅、局等政府部门项目	国际合作研究项目	与港、澳、台地区合作研究项目	企事业单位委托项目	学校社科项目	外资项目	其他
		编号	L01	L02	L03	L04	L05	L06	L07	L08	L09	L10	L11	L12	L13	L14	L15	L16
出版著作(部)	合计	10	0	0	0	0	0	0	0	0	0	0	0	0	0	0	0	0
	专著 合计	11	0	0	0	0	0	0	0	0	0	0	0	0	0	0	0	0
	专著 其中:被译成外文	12	0	0	0	0	0	0	0	0	0	0	0	0	0	0	0	0
	编著教材	13	0	0	0	0	0	0	0	0	0	0	0	0	0	0	0	0
	工具书参考书	14	0	0	0	0	0	0	0	0	0	0	0	0	0	0	0	0
	皮书/发展报告	15	0	0	0	0	0	0	0	0	0	0	0	0	0	0	0	0
	科普读物	16	0	0	0	0	0	0	0	0	0	0	0	0	0	0	0	0
古籍整理(部)		17	0	0	0	0	0	0	0	0	0	0	0	0	0	0	0	0
译著(部)		18	0	0	0	0	0	0	0	0	0	0	0	0	0	0	0	0
发表译文(篇)		19	0	0	0	0	0	0	0	0	0	0	0	0	0	0	0	0
电子出版物(件)		20	0	0	0	0	0	0	0	0	0	0	0	0	0	0	0	0
发表论文(篇)	合计	21	67	0	0	0	0	0	0	0	14	27	0	0	4	10	0	12
	国内学术刊物	22	62	0	0	0	0	0	0	0	14	25	0	0	1	10	0	12
	国外学术刊物	23	2	0	0	0	0	0	0	0	0	2	0	0	0	0	0	0
	港、澳、台地区刊物	24	3	0	0	0	0	0	0	0	0	0	0	0	3	0	0	0
研究与咨询报告(篇)	合计	25	0	0	0	0	0	0	0	0	0	0	0	0	0	0	0	0
	其中:被采纳数	26	0	0	0	0	0	0	0	0	0	0	0	0	0	0	0	0

3.8 连云港职业技术学院人文、社会科学研究与课题成果来源情况表

	编号	课题来源 合计	国家社科基金项目	国家社科基金单列学科项目	教育部人文社科研究项目	高校古籍整理研究项目	国家自然科学基金项目	中央其他部门社科专门项目	省、市、自治区社科基金项目	省教育厅社科项目	地、市、厅、局等政府部门项目	国际合作研究项目	与港、澳、台地区合作研究项目	企事业单位委托项目	学校社科项目	外资项目	其他
		L01	L02	L03	L04	L05	L06	L07	L08	L09	L10	L11	L12	L13	L14	L15	L16
课题数(项)	1	79	0	0	1	0	0	1	8	27	20	0	0	6	16	0	0
当年投入人数(人年)	2	27.2	0	0	0.6	0	0	0.3	2.4	13.5	5.3	0	0	1.5	3.6	0	0
其中:研究生(人年)	3	0	0	0	0	0	0	0	0	0	0	0	0	0	0	0	0
当年拨入经费(千元)	4	48.5	0	0	0	0	0	0	11	11	5	0	0	15.5	6	0	0
其中:当年立项项目拨入经费(千元)	5	32	0	0	0	0	0	0	3	11	5	0	0	11.5	1.5	0	0
当年支出经费(千元)	6	48.95	0	0	0	0	0	0	11	11.45	5	0	0	15.5	6	0	0
当年新开课题数(项)	7	40	0	0	0	0	0	0	6	16	10	0	0	5	3	0	0
当年新开课题批准经费(千元)	8	88.1	0	0	0	0	0	0	8	24	23	0	0	29.1	4	0	0
当年完成课题数(项)	9	35	0	0	0	0	0	1	2	7	11	0	0	4	10	0	0

续表

			编号	课题来源															
				合计	国家社科基金项目	国家社科基金单列学科项目	教育部人文社科研究项目	高校古籍整理研究项目	国家自然科学基金项目	中央其他部门社科专门项目	省、市、自治区社科基金项目	省教育厅社科项目	地、市、厅、局等政府部门项目	国际合作研究项目	与港、澳、台地区合作研究项目	企事业单位委托项目	学校社科项目	外资项目	其他
				L01	L02	L03	L04	L05	L06	L07	L08	L09	L10	L11	L12	L13	L14	L15	L16
出版著作(部)	合计		10	2	0	0	0	0	0	0	0	0	1	0	0	0	1	0	0
	专著	合计	11	1	0	0	0	0	0	0	0	0	1	0	0	0	0	0	0
		其中:被译成外文	12	0	0	0	0	0	0	0	0	0	0	0	0	0	0	0	0
	编著教材		13	0	0	0	0	0	0	0	0	0	0	0	0	0	0	0	0
	工具书参考书		14	1	0	0	0	0	0	0	0	0	0	0	0	0	1	0	0
	皮书/发展报告		15	0	0	0	0	0	0	0	0	0	0	0	0	0	0	0	0
	科普读物		16	0	0	0	0	0	0	0	0	0	0	0	0	0	0	0	0
古籍整理(部)			17	0	0	0	0	0	0	0	0	0	0	0	0	0	0	0	0
译著(部)			18	0	0	0	0	0	0	0	0	0	0	0	0	0	0	0	0
发表译文(篇)			19	0	0	0	0	0	0	0	0	0	0	0	0	0	0	0	0
电子出版物(件)			20	0	0	0	0	0	0	0	0	0	0	0	0	0	0	0	0
发表论文(篇)	合计		21	44	1	0	0	0	0	0	5	21	9	0	0	0	8	0	0
	国内学术刊物		22	44	1	0	0	0	0	0	5	21	9	0	0	0	8	0	0
	国外学术刊物		23	0	0	0	0	0	0	0	0	0	0	0	0	0	0	0	0
	港、澳、台地区刊物		24	0	0	0	0	0	0	0	0	0	0	0	0	0	0	0	0
研究与咨询报告(篇)	合计		25	5	0	0	0	0	0	0	0	0	1	0	0	4	0	0	0
	其中:被采纳数		26	5	0	0	0	0	0	0	0	0	1	0	0	4	0	0	0

3.9 镇江市高等专科学校人文、社会科学研究与课题成果来源情况表

		课题来源															
		合计	国家社科基金项目	国家社科基金单列学科项目	教育部人文社科研究项目	高校古籍整理研究项目	国家自然科学基金项目	中央其他部门社科专门项目	省、市、自治区社科基金项目	省教育厅社科项目	地、市、厅、局等政府部门项目	国际合作研究项目	与港、澳、台地区合作研究项目	企事业单位委托项目	学校社科项目	外资项目	其他
	编号	L01	L02	L03	L04	L05	L06	L07	L08	L09	L10	L11	L12	L13	L14	L15	L16
课题数(项)	1	111	0	0	0	0	0	0	3	20	30	0	0	8	46	0	4
当年投入人数(人年)	2	31	0	0	0	0	0	0	1.2	6.5	10.6	0	0	2.2	9.7	0	0.8
其中:研究生(人年)	3	0	0	0	0	0	0	0	0	0	0	0	0	0	0	0	0
当年拨入经费(千元)	4	741.1	0	0	0	0	0	0	42	125	291	0	0	148.2	125.9	0	9
其中:当年立项项目拨入经费(千元)	5	479.1	0	0	0	0	0	0	10	72	139	0	0	123.2	125.9	0	9
当年支出经费(千元)	6	637.8	0	0	0	0	0	0	44	148.5	281	0	0	91.3	67.5	0	5.5
当年新开课题数(项)	7	71	0	0	0	0	0	0	2	10	21	0	0	4	30	0	4
当年新开课题批准经费(千元)	8	751.7	0	0	0	0	0	0	10	130	141	0	0	323.2	131.5	0	16
当年完成课题数(项)	9	49	0	0	0	0	0	0	0	7	27	0	0	4	10	0	1

续表

		编号	合计	国家社科基金项目	国家社科基金单列学科项目	教育部人文社科研究项目	高校古籍整理研究项目	国家自然科学基金项目	中央其他部门社科专门项目	省、市、自治区社科基金项目	省教育厅社科项目	地、市、厅、局等政府部门项目	国际合作研究项目	与港、澳、台地区合作研究项目	企事业单位委托项目	学校社科项目	外资项目	其他
			L01	L02	L03	L04	L05	L06	L07	L08	L09	L10	L11	L12	L13	L14	L15	L16
出版著作(部)	合计	10	4	0	0	0	0	0	0	0	0	3	0	0	0	0	0	1
出版著作(部)	专著 合计	11	1	0	0	0	0	0	0	0	0	1	0	0	0	0	0	0
出版著作(部)	专著 其中:被译成外文	12	0	0	0	0	0	0	0	0	0	0	0	0	0	0	0	0
出版著作(部)	编著教材	13	3	0	0	0	0	0	0	0	0	2	0	0	0	0	0	1
出版著作(部)	工具书参考书	14	0	0	0	0	0	0	0	0	0	0	0	0	0	0	0	0
出版著作(部)	皮书/发展报告	15	0	0	0	0	0	0	0	0	0	0	0	0	0	0	0	0
出版著作(部)	科普读物	16	0	0	0	0	0	0	0	0	0	0	0	0	0	0	0	0
古籍整理(部)		17	0	0	0	0	0	0	0	0	0	0	0	0	0	0	0	0
译著(部)		18	0	0	0	0	0	0	0	0	0	0	0	0	0	0	0	0
发表译文(篇)		19	0	0	0	0	0	0	0	0	0	0	0	0	0	0	0	0
电子出版物(件)		20	0	0	0	0	0	0	0	0	0	0	0	0	0	0	0	0
发表论文(篇)	合计	21	102	0	0	0	0	0	0	10	19	38	0	0	6	22	0	7
发表论文(篇)	国内学术刊物	22	102	0	0	0	0	0	0	10	19	38	0	0	6	22	0	7
发表论文(篇)	国外学术刊物	23	0	0	0	0	0	0	0	0	0	0	0	0	0	0	0	0
发表论文(篇)	港、澳、台地区刊物	24	0	0	0	0	0	0	0	0	0	0	0	0	0	0	0	0
研究与咨询报告(篇)	合计	25	0	0	0	0	0	0	0	0	0	0	0	0	0	0	0	0
研究与咨询报告(篇)	其中:被采纳数	26	0	0	0	0	0	0	0	0	0	0	0	0	0	0	0	0

3.10 南通职业大学人文、社会科学研究与课题成果来源情况表

		课题来源															
		合计	国家社科基金项目	国家社科基金单列学科项目	教育部人文社科研究项目	高校古籍整理研究项目	国家自然科学基金项目	中央其他部门社科专门项目	省、市、自治区社科基金项目	省教育厅社科项目	地、市、厅、局等政府部门项目	国际合作研究项目	与港、澳、台地区合作研究项目	企事业单位委托项目	学校社科项目	外资项目	其他
	编号	L01	L02	L03	L04	L05	L06	L07	L08	L09	L10	L11	L12	L13	L14	L15	L16
课题数(项)	1	102	0	0	0	0	0	0	0	27	51	0	0	7	17	0	0
当年投入人数(人年)	2	23.6	0	0	0	0	0	0	0	6.2	12.3	0	0	1.8	3.3	0	0
其中:研究生(人年)	3	0	0	0	0	0	0	0	0	0	0	0	0	0	0	0	0
当年拨入经费(千元)	4	557	0	0	0	0	0	0	0	90	143	0	0	280	44	0	0
其中:当年立项项目拨入经费(千元)	5	557	0	0	0	0	0	0	0	90	143	0	0	280	44	0	0
当年支出经费(千元)	6	557	0	0	0	0	0	0	0	90	163	0	0	260	44	0	0
当年新开课题数(项)	7	69	0	0	0	0	0	0	0	18	31	0	0	6	14	0	0
当年新开课题批准经费(千元)	8	557	0	0	0	0	0	0	0	90	143	0	0	280	44	0	0
当年完成课题数(项)	9	40	0	0	0	0	0	0	0	9	27	0	0	1	3	0	0

续表

			编号	课题来源 合计	国家社科基金项目	国家社科基金单列学科项目	教育部人文社科研究项目	高校古籍整理研究项目	国家自然科学基金项目	中央其他部门社科专门项目	省、市、自治区社科基金项目	省教育厅社科项目	地、市、厅、局等政府部门项目	国际合作研究项目	与港、澳、台地区合作研究项目	企事业单位委托项目	学校社科项目	外资项目	其他
				L01	L02	L03	L04	L05	L06	L07	L08	L09	L10	L11	L12	L13	L14	L15	L16
出版著作(部)	合计		10	0	0	0	0	0	0	0	0	0	0	0	0	0	0	0	0
	专著	合计	11	0	0	0	0	0	0	0	0	0	0	0	0	0	0	0	0
		其中:被译成外文	12	0	0	0	0	0	0	0	0	0	0	0	0	0	0	0	0
	编著教材		13	0	0	0	0	0	0	0	0	0	0	0	0	0	0	0	0
	工具书参考书		14	0	0	0	0	0	0	0	0	0	0	0	0	0	0	0	0
	皮书/发展报告		15	0	0	0	0	0	0	0	0	0	0	0	0	0	0	0	0
	科普读物		16	0	0	0	0	0	0	0	0	0	0	0	0	0	0	0	0
古籍整理(部)			17	0	0	0	0	0	0	0	0	0	0	0	0	0	0	0	0
译著(部)			18	0	0	0	0	0	0	0	0	0	0	0	0	0	0	0	0
发表译文(篇)			19	0	0	0	0	0	0	0	0	0	0	0	0	0	0	0	0
电子出版物(件)			20	0	0	0	0	0	0	0	0	0	0	0	0	0	0	0	0
发表论文(篇)	合计		21	53	0	0	0	0	0	0	0	18	19	0	0	3	13	0	0
	国内学术刊物		22	53	0	0	0	0	0	0	0	18	19	0	0	3	13	0	0
	国外学术刊物		23	0	0	0	0	0	0	0	0	0	0	0	0	0	0	0	0
	港、澳、台地区刊物		24	0	0	0	0	0	0	0	0	0	0	0	0	0	0	0	0
研究与咨询报告(篇)	合计		25	15	0	0	0	0	0	0	0	0	12	0	0	3	0	0	0
	其中:被采纳数		26	15	0	0	0	0	0	0	0	0	12	0	0	3	0	0	0

3.11 苏州市职业大学人文、社会科学研究与课题成果来源情况表

		课题来源															
		合计	国家社科基金项目	国家社科基金单列学科项目	教育部人文社科研究项目	高校古籍整理研究项目	国家自然科学基金项目	中央其他部门社科专门项目	省、市、自治区社科基金项目	省教育厅社科项目	地、市、厅、局等政府部门项目	国际合作研究项目	与港、澳、台地区合作研究项目	企事业单位委托项目	学校社科项目	外资项目	其他
	编号	L01	L02	L03	L04	L05	L06	L07	L08	L09	L10	L11	L12	L13	L14	L15	L16
课题数(项)	1	176	0	0	2	0	0	0	5	40	45	0	0	38	46	0	0
当年投入人数(人年)	2	59	0	0	0.7	0	0	0	1.7	18.1	17.4	0	0	6.5	14.6	0	0
其中:研究生(人年)	3	0	0	0	0	0	0	0	0	0	0	0	0	0	0	0	0
当年拨入经费(千元)	4	947.5	0	0	24	0	0	0	0	146	499.8	0	0	190.2	87.5	0	0
其中:当年立项项目拨入经费(千元)	5	923.5	0	0	0	0	0	0	0	146	499.8	0	0	190.2	87.5	0	0
当年支出经费(千元)	6	699.14	0	0	44	0	0	0	14.4	76.5	246.54	0	0	268.37	49.33	0	0
当年新开课题数(项)	7	65	0	0	0	0	0	0	0	14	23	0	0	15	13	0	0
当年新开课题批准经费(千元)	8	1 087	0	0	0	0	0	0	0	218	511.3	0	0	265.2	92.5	0	0
当年完成课题数(项)	9	103	0	0	1	0	0	0	2	16	27	0	0	28	29	0	0

续表

				课题来源															
				合计	国家社科基金项目	国家社科基金单列学科项目	教育部人文社科研究项目	高校古籍整理研究项目	国家自然科学基金项目	中央其他部门社科专门项目	省、市、自治区社科基金项目	省教育厅社科项目	地、市、厅、局等政府部门项目	国际合作研究项目	与港、澳、台地区合作研究项目	企事业单位委托项目	学校社科项目	外资项目	其他
			编号	L01	L02	L03	L04	L05	L06	L07	L08	L09	L10	L11	L12	L13	L14	L15	L16
出版著作(部)	合计		10	11	0	0	0	0	0	0	1	2	8	0	0	0	0	0	0
	专著	合计	11	5	0	0	0	0	0	0	1	2	2	0	0	0	0	0	0
		其中:被译成外文	12	0	0	0	0	0	0	0	0	0	0	0	0	0	0	0	0
	编著教材		13	6	0	0	0	0	0	0	0	0	6	0	0	0	0	0	0
	工具书参考书		14	0	0	0	0	0	0	0	0	0	0	0	0	0	0	0	0
	皮书/发展报告		15	0	0	0	0	0	0	0	0	0	0	0	0	0	0	0	0
	科普读物		16	0	0	0	0	0	0	0	0	0	0	0	0	0	0	0	0
古籍整理(部)			17	0	0	0	0	0	0	0	0	0	0	0	0	0	0	0	0
译著(部)			18	0	0	0	0	0	0	0	0	0	0	0	0	0	0	0	0
发表译文(篇)			19	0	0	0	0	0	0	0	0	0	0	0	0	0	0	0	0
电子出版物(件)			20	0	0	0	0	0	0	0	0	0	0	0	0	0	0	0	0
发表论文(篇)	合计		21	112	0	0	3	0	0	0	2	24	41	0	0	4	38	0	0
	国内学术刊物		22	108	0	0	2	0	0	0	2	24	40	0	0	4	36	0	0
	国外学术刊物		23	3	0	0	1	0	0	0	0	0	1	0	0	0	1	0	0
	港、澳、台地区刊物		24	1	0	0	0	0	0	0	0	0	0	0	0	0	1	0	0
研究与咨询报告(篇)	合计		25	23	0	0	0	0	0	0	0	0	15	0	0	8	0	0	0
	其中:被采纳数		26	10	0	0	0	0	0	0	0	0	6	0	0	4	0	0	0

3.12 沙洲职业工学院人文、社会科学研究与课题成果来源情况表

		课题来源															
		合计	国家社科基金项目	国家社科基金单列学科项目	教育部人文社科研究项目	高校古籍整理研究项目	国家自然科学基金项目	中央其他部门社科专门项目	省、市、自治区社科基金项目	省教育厅社科项目	地、市、厅、局等政府部门项目	国际合作研究项目	与港、澳、台地区合作研究项目	企事业单位委托项目	学校社科项目	外资项目	其他
	编号	L01	L02	L03	L04	L05	L06	L07	L08	L09	L10	L11	L12	L13	L14	L15	L16
课题数(项)	1	46	0	0	0	0	0	0	7	20	19	0	0	0	0	0	0
当年投入人数(人年)	2	6.7	0	0	0	0	0	0	1.1	2.7	2.9	0	0	0	0	0	0
其中:研究生(人年)	3	0	0	0	0	0	0	0	0	0	0	0	0	0	0	0	0
当年拨入经费(千元)	4	103	0	0	0	0	0	0	20	40	43	0	0	0	0	0	0
其中:当年立项项目拨入经费(千元)	5	103	0	0	0	0	0	0	20	40	43	0	0	0	0	0	0
当年支出经费(千元)	6	72.95	0	0	0	0	0	0	11.25	31.2	30.5	0	0	0	0	0	0
当年新开课题数(项)	7	27	0	0	0	0	0	0	4	8	15	0	0	0	0	0	0
当年新开课题批准经费(千元)	8	163	0	0	0	0	0	0	40	80	43	0	0	0	0	0	0
当年完成课题数(项)	9	21	0	0	0	0	0	0	1	6	14	0	0	0	0	0	0

续表

			编号	课题来源															
				合计	国家社科基金项目	国家社科基金单列学科项目	教育部人文社科研究项目	高校古籍整理研究项目	国家自然科学基金项目	中央其他部门社科专门项目	省、市、自治区社科基金项目	省教育厅社科项目	地、市、厅、局等政府部门项目	国际合作研究项目	与港、澳、台地区合作研究项目	企事业单位委托项目	学校社科项目	外资项目	其他
				L01	L02	L03	L04	L05	L06	L07	L08	L09	L10	L11	L12	L13	L14	L15	L16
出版著作(部)	合计		10	0	0	0	0	0	0	0	0	0	0	0	0	0	0	0	0
	专著	合计	11	0	0	0	0	0	0	0	0	0	0	0	0	0	0	0	0
		其中:被译成外文	12	0	0	0	0	0	0	0	0	0	0	0	0	0	0	0	0
	编著教材		13	0	0	0	0	0	0	0	0	0	0	0	0	0	0	0	0
	工具书参考书		14	0	0	0	0	0	0	0	0	0	0	0	0	0	0	0	0
	皮书/发展报告		15	0	0	0	0	0	0	0	0	0	0	0	0	0	0	0	0
	科普读物		16	0	0	0	0	0	0	0	0	0	0	0	0	0	0	0	0
古籍整理(部)			17	0	0	0	0	0	0	0	0	0	0	0	0	0	0	0	0
译著(部)			18	0	0	0	0	0	0	0	0	0	0	0	0	0	0	0	0
发表译文(篇)			19	0	0	0	0	0	0	0	0	0	0	0	0	0	0	0	0
电子出版物(件)			20	0	0	0	0	0	0	0	0	0	0	0	0	0	0	0	0
发表论文(篇)	合计		21	20	0	0	0	0	0	0	1	8	11	0	0	0	0	0	0
	国内学术刊物		22	20	0	0	0	0	0	0	1	8	11	0	0	0	0	0	0
	国外学术刊物		23	0	0	0	0	0	0	0	0	0	0	0	0	0	0	0	0
	港、澳、台地区刊物		24	0	0	0	0	0	0	0	0	0	0	0	0	0	0	0	0
研究与咨询报告(篇)	合计		25	15	0	0	0	0	0	0	0	0	15	0	0	0	0	0	0
	其中:被采纳数		26	0	0	0	0	0	0	0	0	0	0	0	0	0	0	0	0

3.13 扬州市职业大学人文、社会科学研究与课题成果来源情况表

		课题来源															
		合计	国家社科基金项目	国家社科基金单列学科项目	教育部人文社科研究项目	高校古籍整理研究项目	国家自然科学基金项目	中央其他部门社科专门项目	省、市、自治区社科基金项目	省教育厅社科项目	地、市、厅、局等政府部门项目	国际合作研究项目	与港、澳、台地区合作研究项目	企事业单位委托项目	学校社科项目	外资项目	其他
	编号	L01	L02	L03	L04	L05	L06	L07	L08	L09	L10	L11	L12	L13	L14	L15	L16
课题数(项)	1	323	0	0	1	0	0	0	3	37	236	0	0	40	6	0	0
当年投入人数(人年)	2	71.2	0	0	0.3	0	0	0	0.9	11.6	48.2	0	0	8.9	1.3	0	0
其中:研究生(人年)	3	0	0	0	0	0	0	0	0	0	0	0	0	0	0	0	0
当年拨入经费(千元)	4	416.2	0	0	30	0	0	0	10	11	28	0	0	337.2	0	0	0
其中:当年立项项目拨入经费(千元)	5	395.2	0	0	30	0	0	0	0	0	28	0	0	337.2	0	0	0
当年支出经费(千元)	6	416.2	0	0	30	0	0	0	10	11	28	0	0	337.2	0	0	0
当年新开课题数(项)	7	155	0	0	1	0	0	0	0	20	116	0	0	18	0	0	0
当年新开课题批准经费(千元)	8	445.2	0	0	80	0	0	0	0	0	28	0	0	337.2	0	0	0
当年完成课题数(项)	9	258	0	0	0	0	0	0	1	5	213	0	0	39	0	0	0

续表

				课题来源															
				合计	国家社科基金项目	国家社科基金单列学科项目	教育部人文社科研究项目	高校古籍整理研究项目	国家自然科学基金项目	中央其他部门社科专门项目	省、市、自治区社科基金项目	省教育厅社科项目	地、市、厅、局等政府部门项目	国际合作研究项目	与港、澳、台地区合作研究项目	企事业单位委托项目	学校社科项目	外资项目	其他
			编号	L01	L02	L03	L04	L05	L06	L07	L08	L09	L10	L11	L12	L13	L14	L15	L16
出版著作(部)	合计		10	0	0	0	0	0	0	0	0	0	0	0	0	0	0	0	0
	专著	合计	11	0	0	0	0	0	0	0	0	0	0	0	0	0	0	0	0
		其中:被译成外文	12	0	0	0	0	0	0	0	0	0	0	0	0	0	0	0	0
	编著教材		13	0	0	0	0	0	0	0	0	0	0	0	0	0	0	0	0
	工具书参考书		14	0	0	0	0	0	0	0	0	0	0	0	0	0	0	0	0
	皮书/发展报告		15	0	0	0	0	0	0	0	0	0	0	0	0	0	0	0	0
	科普读物		16	0	0	0	0	0	0	0	0	0	0	0	0	0	0	0	0
古籍整理(部)			17	0	0	0	0	0	0	0	0	0	0	0	0	0	0	0	0
译著(部)			18	0	0	0	0	0	0	0	0	0	0	0	0	0	0	0	0
发表译文(篇)			19	0	0	0	0	0	0	0	0	0	0	0	0	0	0	0	0
电子出版物(件)			20	0	0	0	0	0	0	0	0	0	0	0	0	0	0	0	0
发表论文(篇)	合计		21	112	0	0	5	0	0	0	3	35	69	0	0	0	0	0	0
	国内学术刊物		22	112	0	0	5	0	0	0	3	35	69	0	0	0	0	0	0
	国外学术刊物		23	0	0	0	0	0	0	0	0	0	0	0	0	0	0	0	0
	港、澳、台地区刊物		24	0	0	0	0	0	0	0	0	0	0	0	0	0	0	0	0
研究与咨询报告(篇)	合计		25	242	0	0	0	0	0	0	1	1	203	0	0	37	0	0	0
	其中:被采纳数		26	5	0	0	0	0	0	0	0	0	5	0	0	0	0	0	0

3.14 连云港师范高等专科学校人文、社会科学研究与课题成果来源情况表

		课题来源															
		合计	国家社科基金项目	国家社科基金单列学科项目	教育部人文社科研究项目	高校古籍整理研究项目	国家自然科学基金项目	中央其他部门社科专门项目	省、市、自治区社科基金项目	省教育厅社科项目	地、市、厅、局等政府部门项目	国际合作研究项目	与港、澳、台地区合作研究项目	企事业单位委托项目	学校社科项目	外资项目	其他
	编号	L01	L02	L03	L04	L05	L06	L07	L08	L09	L10	L11	L12	L13	L14	L15	L16
课题数(项)	1	204	0	0	2	0	0	0	31	29	35	0	0	0	107	0	0
当年投入人数(人年)	2	21	0	0	0.4	0	0	0	3.3	2.8	3.8	0	0	0	10.7	0	0
其中:研究生(人年)	3	0	0	0	0	0	0	0	0	0	0	0	0	0	0	0	0
当年拨入经费(千元)	4	126.6	0	0	0	0	0	0	14	4	48.6	0	0	0	60	0	0
其中:当年立项项目拨入经费(千元)	5	122.6	0	0	0	0	0	0	14	0	48.6	0	0	0	60	0	0
当年支出经费(千元)	6	99.6	0	0	0	0	0	0	11	5	37.6	0	0	0	46	0	0
当年新开课题数(项)	7	94	0	0	0	0	0	0	14	14	21	0	0	0	45	0	0
当年新开课题批准经费(千元)	8	323.6	0	0	0	0	0	0	71	56	86.6	0	0	0	110	0	0
当年完成课题数(项)	9	49	0	0	1	0	0	0	6	5	20	0	0	0	17	0	0

续表

			编号	课题来源：合计	国家社科基金项目	国家社科基金单列学科项目	教育部人文社科研究项目	高校古籍整理研究项目	国家自然科学基金项目	中央其他部门社科专门项目	省、市、自治区社科基金项目	省教育厅社科项目	地、市、厅、局等政府部门项目	国际合作研究项目	与港、澳、台地区合作研究项目	企事业单位委托项目	学校社科项目	外资项目	其他
				L01	L02	L03	L04	L05	L06	L07	L08	L09	L10	L11	L12	L13	L14	L15	L16
出版著作(部)	合计		10	3	0	0	0	0	0	0	0	0	0	0	0	0	3	0	0
	专著	合计	11	2	0	0	0	0	0	0	0	0	0	0	0	0	2	0	0
		其中:被译成外文	12	0	0	0	0	0	0	0	0	0	0	0	0	0	0	0	0
	编著教材		13	1	0	0	0	0	0	0	0	0	0	0	0	0	1	0	0
	工具书参考书		14	0	0	0	0	0	0	0	0	0	0	0	0	0	0	0	0
	皮书/发展报告		15	0	0	0	0	0	0	0	0	0	0	0	0	0	0	0	0
	科普读物		16	0	0	0	0	0	0	0	0	0	0	0	0	0	0	0	0
古籍整理(部)			17	0	0	0	0	0	0	0	0	0	0	0	0	0	0	0	0
译著(部)			18	0	0	0	0	0	0	0	0	0	0	0	0	0	0	0	0
发表译文(篇)			19	0	0	0	0	0	0	0	0	0	0	0	0	0	0	0	0
电子出版物(件)			20	0	0	0	0	0	0	0	0	0	0	0	0	0	0	0	0
发表论文(篇)	合计		21	53	0	0	5	0	0	0	4	10	0	0	0	0	34	0	0
	国内学术刊物		22	53	0	0	5	0	0	0	4	10	0	0	0	0	34	0	0
	国外学术刊物		23	0	0	0	0	0	0	0	0	0	0	0	0	0	0	0	0
	港、澳、台地区刊物		24	0	0	0	0	0	0	0	0	0	0	0	0	0	0	0	0
研究与咨询报告(篇)	合计		25	14	0	0	0	0	0	0	0	0	14	0	0	0	0	0	0
	其中:被采纳数		26	0	0	0	0	0	0	0	0	0	0	0	0	0	0	0	0

3.15 江苏经贸职业技术学院人文、社会科学研究与课题成果来源情况表

		课题来源															
		合计	国家社科基金项目	国家社科基金单列学科项目	教育部人文社科研究项目	高校古籍整理研究项目	国家自然科学基金项目	中央其他部门社科专门项目	省、市、自治区社科基金项目	省教育厅社科项目	地、市、厅、局等政府部门项目	国际合作研究项目	与港、澳、台地区合作研究项目	企事业单位委托项目	学校社科项目	外资项目	其他
	编号	L01	L02	L03	L04	L05	L06	L07	L08	L09	L10	L11	L12	L13	L14	L15	L16
课题数(项)	1	185	1	0	0	0	0	0	6	43	13	0	0	45	76	0	1
当年投入人数(人年)	2	31.7	0.1	0	0	0	0	0	1.8	7.2	2.1	0	0	5.3	15.1	0	0.1
其中:研究生(人年)	3	0	0	0	0	0	0	0	0	0	0	0	0	0	0	0	0
当年拨入经费(千元)	4	22 611	0	0	0	0	0	0	0	190	13	0	0	22 254	130	0	24
其中:当年立项项目拨入经费(千元)	5	22 581	0	0	0	0	0	0	0	190	13	0	0	22 224	130	0	24
当年支出经费(千元)	6	15 288	0	0	0	0	0	0	0	158	13	0	0	14 999	118	0	0
当年新开课题数(项)	7	97	0	0	0	0	0	0	0	19	5	0	0	37	35	0	1
当年新开课题批准经费(千元)	8	22 637	0	0	0	0	0	0	0	190	13	0	0	22 224	130	0	80
当年完成课题数(项)	9	50	0	0	0	0	0	0	2	7	1	0	0	31	9	0	0

续表

			编号	课题来源：合计	国家社科基金项目	国家社科基金单列学科项目	教育部人文社科研究项目	高校古籍整理研究项目	国家自然科学基金项目	中央其他部门社科专门项目	省、市、自治区社科基金项目	省教育厅社科项目	地、市、厅、局等政府部门项目	国际合作研究项目	与港、澳、台地区合作研究项目	企事业单位委托项目	学校社科项目	外资项目	其他
				L01	L02	L03	L04	L05	L06	L07	L08	L09	L10	L11	L12	L13	L14	L15	L16
出版著作（部）	合计		10	1	1	0	0	0	0	0	0	0	0	0	0	0	0	0	0
	专著	合计	11	1	1	0	0	0	0	0	0	0	0	0	0	0	0	0	0
		其中：被译成外文	12	0	0	0	0	0	0	0	0	0	0	0	0	0	0	0	0
	编著教材		13	0	0	0	0	0	0	0	0	0	0	0	0	0	0	0	0
	工具书参考书		14	0	0	0	0	0	0	0	0	0	0	0	0	0	0	0	0
	皮书/发展报告		15	0	0	0	0	0	0	0	0	0	0	0	0	0	0	0	0
	科普读物		16	0	0	0	0	0	0	0	0	0	0	0	0	0	0	0	0
古籍整理（部）			17	0	0	0	0	0	0	0	0	0	0	0	0	0	0	0	0
译著（部）			18	0	0	0	0	0	0	0	0	0	0	0	0	0	0	0	0
发表译文（篇）			19	0	0	0	0	0	0	0	0	0	0	0	0	0	0	0	0
电子出版物（件）			20	0	0	0	0	0	0	0	0	0	0	0	0	0	0	0	0
发表论文（篇）	合计		21	65	0	0	1	0	0	0	5	25	14	0	0	0	20	0	0
	国内学术刊物		22	65	0	0	1	0	0	0	5	25	14	0	0	0	20	0	0
	国外学术刊物		23	0	0	0	0	0	0	0	0	0	0	0	0	0	0	0	0
	港、澳、台地区刊物		24	0	0	0	0	0	0	0	0	0	0	0	0	0	0	0	0
研究与咨询报告（篇）	合计		25	36	0	0	0	0	0	0	0	0	0	0	0	35	1	0	0
	其中：被采纳数		26	36	0	0	0	0	0	0	0	0	0	0	0	35	1	0	0

3.16 泰州职业技术学院人文、社会科学研究与课题成果来源情况表

		课题来源															
		合计	国家社科基金项目	国家社科基金单列学科项目	教育部人文社科研究项目	高校古籍整理研究项目	国家自然科学基金项目	中央其他部门社科专门项目	省、市、自治区社科基金项目	省教育厅社科项目	地、市、厅、局等政府部门项目	国际合作研究项目	与港、澳、台地区合作研究项目	企事业单位委托项目	学校社科项目	外资项目	其他
	编号	L01	L02	L03	L04	L05	L06	L07	L08	L09	L10	L11	L12	L13	L14	L15	L16
课题数(项)	1	48	0	0	0	0	0	0	0	14	7	0	0	2	25	0	0
当年投入人数(人年)	2	11.4	0	0	0	0	0	0	0	2.9	1.7	0	0	0.6	6.2	0	0
其中:研究生(人年)	3	0	0	0	0	0	0	0	0	0	0	0	0	0	0	0	0
当年拨入经费(千元)	4	639	0	0	0	0	0	0	0	90	45	0	0	430	74	0	0
其中:当年立项项目拨入经费(千元)	5	239	0	0	0	0	0	0	0	90	45	0	0	30	74	0	0
当年支出经费(千元)	6	285.22	0	0	0	0	0	0	0	13.64	53.23	0	0	150.27	68.08	0	0
当年新开课题数(项)	7	24	0	0	0	0	0	0	0	9	3	0	0	1	11	0	0
当年新开课题批准经费(千元)	8	239	0	0	0	0	0	0	0	90	45	0	0	30	74	0	0
当年完成课题数(项)	9	8	0	0	0	0	0	0	0	0	4	0	0	0	4	0	0

续表

			编号	课题来源															
				合计	国家社科基金项目	国家社科基金单列学科项目	教育部人文社科研究项目	高校古籍整理研究项目	国家自然科学基金项目	中央其他部门社科专门项目	省、市、自治区社科基金项目	省教育厅社科项目	地、市、厅、局等政府部门项目	国际合作研究项目	与港、澳、台地区合作研究项目	企事业单位委托项目	学校社科项目	外资项目	其他
			编号	L01	L02	L03	L04	L05	L06	L07	L08	L09	L10	L11	L12	L13	L14	L15	L16
出版著作(部)	合计		10	1	0	0	0	0	0	0	0	0	0	0	0	0	1	0	0
	专著	合计	11	1	0	0	0	0	0	0	0	0	0	0	0	0	1	0	0
		其中:被译成外文	12	0	0	0	0	0	0	0	0	0	0	0	0	0	0	0	0
	编著教材		13	0	0	0	0	0	0	0	0	0	0	0	0	0	0	0	0
	工具书参考书		14	0	0	0	0	0	0	0	0	0	0	0	0	0	0	0	0
	皮书/发展报告		15	0	0	0	0	0	0	0	0	0	0	0	0	0	0	0	0
	科普读物		16	0	0	0	0	0	0	0	0	0	0	0	0	0	0	0	0
古籍整理(部)			17	0	0	0	0	0	0	0	0	0	0	0	0	0	0	0	0
译著(部)			18	0	0	0	0	0	0	0	0	0	0	0	0	0	0	0	0
发表译文(篇)			19	0	0	0	0	0	0	0	0	0	0	0	0	0	0	0	0
电子出版物(件)			20	0	0	0	0	0	0	0	0	0	0	0	0	0	0	0	0
发表论文(篇)	合计		21	32	0	0	0	0	0	0	0	6	0	0	0	1	25	0	0
	国内学术刊物		22	31	0	0	0	0	0	0	0	6	0	0	0	1	24	0	0
	国外学术刊物		23	1	0	0	0	0	0	0	0	0	0	0	0	0	1	0	0
	港、澳、台地区刊物		24	0	0	0	0	0	0	0	0	0	0	0	0	0	0	0	0
研究与咨询报告(篇)	合计		25	4	0	0	0	0	0	0	0	0	4	0	0	0	0	0	0
	其中:被采纳数		26	4	0	0	0	0	0	0	0	0	4	0	0	0	0	0	0

3.17 常州信息职业技术学院人文、社会科学研究与课题成果来源情况表

		课题来源															
		合计	国家社科基金项目	国家社科基金单列学科项目	教育部人文社科研究项目	高校古籍整理研究项目	国家自然科学基金项目	中央其他部门社科专门项目	省、市、自治区社科基金项目	省教育厅社科项目	地、市、厅、局等政府部门项目	国际合作研究项目	与港、澳、台地区合作研究项目	企事业单位委托项目	学校社科项目	外资项目	其他
	编号	L01	L02	L03	L04	L05	L06	L07	L08	L09	L10	L11	L12	L13	L14	L15	L16
课题数(项)	1	57	0	0	3	0	0	0	0	37	11	0	0	0	6	0	0
当年投入人数(人年)	2	25.3	0	0	2	0	0	0	0	14.5	5.5	0	0	0	3.3	0	0
其中:研究生(人年)	3	0	0	0	0	0	0	0	0	0	0	0	0	0	0	0	0
当年拨入经费(千元)	4	451	0	0	140	0	0	0	0	191	84	0	0	0	36	0	0
其中:当年立项项目拨入经费(千元)	5	451	0	0	140	0	0	0	0	191	84	0	0	0	36	0	0
当年支出经费(千元)	6	517.1	0	0	150	0	0	0	0	247.1	84	0	0	0	36	0	0
当年新开课题数(项)	7	38	0	0	1	0	0	0	0	20	11	0	0	0	6	0	0
当年新开课题批准经费(千元)	8	644	0	0	200	0	0	0	0	270	84	0	0	0	90	0	0
当年完成课题数(项)	9	19	0	0	2	0	0	0	0	6	11	0	0	0	0	0	0

续表

			编号	课题来源															
				合计	国家社科基金项目	国家社科基金单列学科项目	教育部人文社科研究项目	高校古籍整理研究项目	国家自然科学基金项目	中央其他部门社科专门项目	省、市、自治区社科基金项目	省教育厅社科项目	地、市、厅、局等政府部门项目	国际合作研究项目	与港、澳、台地区合作研究项目	企事业单位委托项目	学校社科项目	外资项目	其他
			编号	L01	L02	L03	L04	L05	L06	L07	L08	L09	L10	L11	L12	L13	L14	L15	L16
出版著作(部)	合计		10	2	0	0	0	0	0	0	0	2	0	0	0	0	0	0	0
	专著	合计	11	2	0	0	0	0	0	0	0	2	0	0	0	0	0	0	0
		其中:被译成外文	12	0	0	0	0	0	0	0	0	0	0	0	0	0	0	0	0
	编著教材		13	0	0	0	0	0	0	0	0	0	0	0	0	0	0	0	0
	工具书参考书		14	0	0	0	0	0	0	0	0	0	0	0	0	0	0	0	0
	皮书/发展报告		15	0	0	0	0	0	0	0	0	0	0	0	0	0	0	0	0
	科普读物		16	0	0	0	0	0	0	0	0	0	0	0	0	0	0	0	0
古籍整理(部)			17	0	0	0	0	0	0	0	0	0	0	0	0	0	0	0	0
译著(部)			18	1	0	0	0	0	0	0	0	1	0	0	0	0	0	0	0
发表译文(篇)			19	0	0	0	0	0	0	0	0	0	0	0	0	0	0	0	0
电子出版物(件)			20	0	0	0	0	0	0	0	0	0	0	0	0	0	0	0	0
发表论文(篇)	合计		21	42	0	0	1	0	0	0	0	25	11	0	0	0	5	0	0
	国内学术刊物		22	42	0	0	1	0	0	0	0	25	11	0	0	0	5	0	0
	国外学术刊物		23	0	0	0	0	0	0	0	0	0	0	0	0	0	0	0	0
	港、澳、台地区刊物		24	0	0	0	0	0	0	0	0	0	0	0	0	0	0	0	0
研究与咨询报告(篇)	合计		25	3	0	0	0	0	0	0	0	0	3	0	0	0	0	0	0
	其中:被采纳数		26	0	0	0	0	0	0	0	0	0	0	0	0	0	0	0	0

3.18 江苏海事职业技术学院人文、社会科学研究与课题成果来源情况表

		课题来源															
		合计	国家社科基金项目	国家社科基金单列学科项目	教育部人文社科研究项目	高校古籍整理研究项目	国家自然科学基金项目	中央其他部门社科专门项目	省、市、自治区社科基金项目	省教育厅社科项目	地、市、厅、局等政府部门项目	国际合作研究项目	与港、澳、台地区合作研究项目	企事业单位委托项目	学校社科项目	外资项目	其他
	编号	L01	L02	L03	L04	L05	L06	L07	L08	L09	L10	L11	L12	L13	L14	L15	L16
课题数(项)	1	105	0	0	0	0	0	0	13	40	14	0	0	38	0	0	0
当年投入人数(人年)	2	30.3	0	0	0	0	0	0	3	9.8	4.3	0	0	13.2	0	0	0
其中:研究生(人年)	3	0	0	0	0	0	0	0	0	0	0	0	0	0	0	0	0
当年拨入经费(千元)	4	1 997.36	0	0	0	0	0	0	62.2	99.6	373.76	0	0	1 461.8	0	0	0
其中:当年立项项目拨入经费(千元)	5	1 907.76	0	0	0	0	0	0	32.2	66	355.56	0	0	1 454	0	0	0
当年支出经费(千元)	6	2 009.59	0	0	0	0	0	0	62.48	112.86	371.47	0	0	1 462.78	0	0	0
当年新开课题数(项)	7	61	0	0	0	0	0	0	11	13	8	0	0	29	0	0	0
当年新开课题批准经费(千元)	8	2 729.6	0	0	0	0	0	0	51	236	592.6	0	0	1 850	0	0	0
当年完成课题数(项)	9	44	0	0	0	0	0	0	1	14	1	0	0	28	0	0	0

续表

			编号	课题来源															
				合计	国家社科基金项目	国家社科基金单列学科项目	教育部人文社科研究项目	高校古籍整理研究项目	国家自然科学基金项目	中央其他部门社科专门项目	省、市、自治区社科基金项目	省教育厅社科项目	地、市、厅、局等政府部门项目	国际合作研究项目	与港、澳、台地区合作研究项目	企事业单位委托项目	学校社科项目	外资项目	其他
				L01	L02	L03	L04	L05	L06	L07	L08	L09	L10	L11	L12	L13	L14	L15	L16
出版著作(部)	合计		10	0	0	0	0	0	0	0	0	0	0	0	0	0	0	0	0
	专著	合计	11	0	0	0	0	0	0	0	0	0	0	0	0	0	0	0	0
		其中:被译成外文	12	0	0	0	0	0	0	0	0	0	0	0	0	0	0	0	0
	编著教材		13	0	0	0	0	0	0	0	0	0	0	0	0	0	0	0	0
	工具书参考书		14	0	0	0	0	0	0	0	0	0	0	0	0	0	0	0	0
	皮书/发展报告		15	0	0	0	0	0	0	0	0	0	0	0	0	0	0	0	0
	科普读物		16	0	0	0	0	0	0	0	0	0	0	0	0	0	0	0	0
古籍整理(部)			17	0	0	0	0	0	0	0	0	0	0	0	0	0	0	0	0
译著(部)			18	0	0	0	0	0	0	0	0	0	0	0	0	0	0	0	0
发表译文(篇)			19	2	0	0	0	0	0	0	0	0	0	0	0	2	0	0	0
电子出版物(件)			20	0	0	0	0	0	0	0	0	0	0	0	0	0	0	0	0
发表论文(篇)	合计		21	29	0	0	0	0	0	0	5	22	2	0	0	0	0	0	0
	国内学术刊物		22	29	0	0	0	0	0	0	5	22	2	0	0	0	0	0	0
	国外学术刊物		23	0	0	0	0	0	0	0	0	0	0	0	0	0	0	0	0
	港、澳、台地区刊物		24	0	0	0	0	0	0	0	0	0	0	0	0	0	0	0	0
研究与咨询报告(篇)	合计		25	13	0	0	0	0	0	0	0	0	0	0	0	13	0	0	0
	其中:被采纳数		26	4	0	0	0	0	0	0	0	0	0	0	0	4	0	0	0

3.19　无锡科技职业学院人文、社会科学研究与课题成果来源情况表

		课题来源															
		合计	国家社科基金项目	国家社科基金单列学科项目	教育部人文社科研究项目	高校古籍整理研究项目	国家自然科学基金项目	中央其他部门社科专门项目	省、市、自治区社科基金项目	省教育厅社科项目	地、市、厅、局等政府部门项目	国际合作研究项目	与港、澳、台地区合作研究项目	企事业单位委托项目	学校社科项目	外资项目	其他
	编号	L01	L02	L03	L04	L05	L06	L07	L08	L09	L10	L11	L12	L13	L14	L15	L16
课题数(项)	1	62	0	0	1	0	0	0	0	39	5	0	0	17	0	0	0
当年投入人数(人年)	2	27.4	0	0	0.6	0	0	0	0	19.1	2.6	0	0	5.1	0	0	0
其中:研究生(人年)	3	0	0	0	0	0	0	0	0	0	0	0	0	0	0	0	0
当年拨入经费(千元)	4	272	0	0	0	0	0	0	0	90	20	0	0	162	0	0	0
其中:当年立项项目拨入经费(千元)	5	272	0	0	0	0	0	0	0	90	20	0	0	162	0	0	0
当年支出经费(千元)	6	221	0	0	10	0	0	0	0	45.8	15.8	0	0	149.4	0	0	0
当年新开课题数(项)	7	23	0	0	0	0	0	0	0	15	2	0	0	6	0	0	0
当年新开课题批准经费(千元)	8	272	0	0	0	0	0	0	0	90	20	0	0	162	0	0	0
当年完成课题数(项)	9	24	0	0	0	0	0	0	0	9	3	0	0	12	0	0	0

续表

			编号	合计	国家社科基金项目	国家社科基金单列学科项目	教育部人文社科研究项目	高校古籍整理研究项目	国家自然科学基金项目	中央其他部门社科专门项目	省、市、自治区社科基金项目	省教育厅社科项目	地、市、厅、局等政府部门项目	国际合作研究项目	与港、澳、台地区合作研究项目	企事业单位委托项目	学校社科项目	外资项目	其他
				L01	L02	L03	L04	L05	L06	L07	L08	L09	L10	L11	L12	L13	L14	L15	L16
出版著作(部)	合计		10	0	0	0	0	0	0	0	0	0	0	0	0	0	0	0	0
	专著	合计	11	0	0	0	0	0	0	0	0	0	0	0	0	0	0	0	0
		其中：被译成外文	12	0	0	0	0	0	0	0	0	0	0	0	0	0	0	0	0
	编著教材		13	0	0	0	0	0	0	0	0	0	0	0	0	0	0	0	0
	工具书参考书		14	0	0	0	0	0	0	0	0	0	0	0	0	0	0	0	0
	皮书/发展报告		15	0	0	0	0	0	0	0	0	0	0	0	0	0	0	0	0
	科普读物		16	0	0	0	0	0	0	0	0	0	0	0	0	0	0	0	0
古籍整理(部)			17	0	0	0	0	0	0	0	0	0	0	0	0	0	0	0	0
译著(部)			18	0	0	0	0	0	0	0	0	0	0	0	0	0	0	0	0
发表译文(篇)			19	0	0	0	0	0	0	0	0	0	0	0	0	0	0	0	0
电子出版物(件)			20	0	0	0	0	0	0	0	0	0	0	0	0	0	0	0	0
发表论文(篇)	合计		21	33	0	0	1	0	0	0	0	21	3	0	0	8	0	0	0
	国内学术刊物		22	33	0	0	1	0	0	0	0	21	3	0	0	8	0	0	0
	国外学术刊物		23	0	0	0	0	0	0	0	0	0	0	0	0	0	0	0	0
	港、澳、台地区刊物		24	0	0	0	0	0	0	0	0	0	0	0	0	0	0	0	0
研究与咨询报告(篇)	合计		25	10	0	0	0	0	0	0	0	0	0	0	0	10	0	0	0
	其中：被采纳数		26	0	0	0	0	0	0	0	0	0	0	0	0	0	0	0	0

3.20 江苏医药职业学院人文、社会科学研究与课题成果来源情况表

	编号	课题来源															
		合计	国家社科基金项目	国家社科基金单列学科项目	教育部人文社科研究项目	高校古籍整理研究项目	国家自然科学基金项目	中央其他部门社科专门项目	省、市、自治区社科基金项目	省教育厅社科项目	地、市、厅、局等政府部门项目	国际合作研究项目	与港、澳、台地区合作研究项目	企事业单位委托项目	学校社科项目	外资项目	其他
		L01	L02	L03	L04	L05	L06	L07	L08	L09	L10	L11	L12	L13	L14	L15	L16
课题数(项)	1	184	0	0	0	0	0	0	4	34	50	0	0	2	94	0	0
当年投入人数(人年)	2	44.6	0	0	0	0	0	0	1.2	8.7	10.4	0	0	0.4	23.9	0	0
其中:研究生(人年)	3	0	0	0	0	0	0	0	0	0	0	0	0	0	0	0	0
当年拨入经费(千元)	4	411	0	0	0	0	0	0	0	140	55	0	0	30	186	0	0
其中:当年立项项目拨入经费(千元)	5	396	0	0	0	0	0	0	0	140	47	0	0	30	179	0	0
当年支出经费(千元)	6	280.65	0	0	0	0	0	0	32.6	27.6	73.25	0	0	30	117.2	0	0
当年新开课题数(项)	7	68	0	0	0	0	0	0	0	14	14	0	0	1	39	0	0
当年新开课题批准经费(千元)	8	396	0	0	0	0	0	0	0	140	47	0	0	30	179	0	0
当年完成课题数(项)	9	61	0	0	0	0	0	0	1	10	20	0	0	1	29	0	0

续表

			课题来源															
			合计	国家社科基金项目	国家社科基金单列学科项目	教育部人文社科研究项目	高校古籍整理研究项目	国家自然科学基金项目	中央其他部门社科专门项目	省、市、自治区社科基金项目	省教育厅社科项目	地、市、厅、局等政府部门项目	国际合作研究项目	与港、澳、台地区合作研究项目	企事业单位委托项目	学校社科项目	外资项目	其他
		编号	L01	L02	L03	L04	L05	L06	L07	L08	L09	L10	L11	L12	L13	L14	L15	L16
出版著作（部）	合计	10	2	0	0	0	0	0	0	1	0	0	0	0	1	0	0	0
	专著 合计	11	1	0	0	0	0	0	0	1	0	0	0	0	0	0	0	0
	专著 其中：被译成外文	12	0	0	0	0	0	0	0	0	0	0	0	0	0	0	0	0
	编著教材	13	1	0	0	0	0	0	0	0	0	0	0	0	1	0	0	0
	工具书 参考书	14	0	0	0	0	0	0	0	0	0	0	0	0	0	0	0	0
	皮书/发展报告	15	0	0	0	0	0	0	0	0	0	0	0	0	0	0	0	0
	科普读物	16	0	0	0	0	0	0	0	0	0	0	0	0	0	0	0	0
古籍整理(部)		17	0	0	0	0	0	0	0	0	0	0	0	0	0	0	0	0
译著(部)		18	0	0	0	0	0	0	0	0	0	0	0	0	0	0	0	0
发表译文(篇)		19	0	0	0	0	0	0	0	0	0	0	0	0	0	0	0	0
电子出版物(件)		20	0	0	0	0	0	0	0	0	0	0	0	0	0	0	0	0
发表论文（篇）	合计	21	40	0	0	0	0	0	0	0	13	20	0	0	0	7	0	0
	国内学术刊物	22	40	0	0	0	0	0	0	0	13	20	0	0	0	7	0	0
	国外学术刊物	23	0	0	0	0	0	0	0	0	0	0	0	0	0	0	0	0
	港、澳、台地区刊物	24	0	0	0	0	0	0	0	0	0	0	0	0	0	0	0	0
研究与咨询报告（篇）	合计	25	0	0	0	0	0	0	0	0	0	0	0	0	0	0	0	0
	其中：被采纳数	26	0	0	0	0	0	0	0	0	0	0	0	0	0	0	0	0

3.21 南通科技职业学院人文、社会科学研究与课题成果来源情况表

		课题来源															
		合计	国家社科基金项目	国家社科基金单列学科项目	教育部人文社科研究项目	高校古籍整理研究项目	国家自然科学基金项目	中央其他部门社科专门项目	省、市、自治区社科基金项目	省教育厅社科项目	地、市、厅、局等政府部门项目	国际合作研究项目	与港、澳、台地区合作研究项目	企事业单位委托项目	学校社科项目	外资项目	其他
	编号	L01	L02	L03	L04	L05	L06	L07	L08	L09	L10	L11	L12	L13	L14	L15	L16
课题数(项)	1	115	0	0	0	0	0	0	6	47	9	0	0	31	22	0	0
当年投入人数(人年)	2	30.3	0	0	0	0	0	0	1.8	16	2.4	0	0	4.9	5.2	0	0
其中:研究生(人年)	3	0	0	0	0	0	0	0	0	0	0	0	0	0	0	0	0
当年拨入经费(千元)	4	289	0	0	0	0	0	0	22	200	4	0	0	43	20	0	0
其中:当年立项项目拨入经费(千元)	5	277	0	0	0	0	0	0	22	190	3	0	0	42	20	0	0
当年支出经费(千元)	6	241.05	0	0	0	0	0	0	18	120.3	8.95	0	0	64.3	29.5	0	0
当年新开课题数(项)	7	47	0	0	0	0	0	0	6	19	1	0	0	11	10	0	0
当年新开课题批准经费(千元)	8	309	0	0	0	0	0	0	29	190	3	0	0	67	20	0	0
当年完成课题数(项)	9	16	0	0	0	0	0	0	1	7	1	0	0	2	5	0	0

续表

			课题来源															
			合计	国家社科基金项目	国家社科基金单列学科项目	教育部人文社科研究项目	高校古籍整理研究项目	国家自然科学基金项目	中央其他部门社科专门项目	省、市、自治区社科基金项目	省教育厅社科项目	地、市、厅、局等政府部门项目	国际合作研究项目	与港、澳、台地区合作研究项目	企事业单位委托项目	学校社科项目	外资项目	其他
		编号	L01	L02	L03	L04	L05	L06	L07	L08	L09	L10	L11	L12	L13	L14	L15	L16
出版著作(部)	合计	10	2	0	0	0	0	0	0	0	1	1	0	0	0	0	0	0
	专著 合计	11	2	0	0	0	0	0	0	0	1	1	0	0	0	0	0	0
	专著 其中:被译成外文	12	0	0	0	0	0	0	0	0	0	0	0	0	0	0	0	0
	编著教材	13	0	0	0	0	0	0	0	0	0	0	0	0	0	0	0	0
	工具书参考书	14	0	0	0	0	0	0	0	0	0	0	0	0	0	0	0	0
	皮书/发展报告	15	0	0	0	0	0	0	0	0	0	0	0	0	0	0	0	0
	科普读物	16	0	0	0	0	0	0	0	0	0	0	0	0	0	0	0	0
古籍整理(部)		17	0	0	0	0	0	0	0	0	0	0	0	0	0	0	0	0
译著(部)		18	1	0	0	0	0	0	0	0	1	0	0	0	0	0	0	0
发表译文(篇)		19	0	0	0	0	0	0	0	0	0	0	0	0	0	0	0	0
电子出版物(件)		20	0	0	0	0	0	0	0	0	0	0	0	0	0	0	0	0
发表论文(篇)	合计	21	57	0	0	0	0	0	0	1	31	5	0	0	11	9	0	0
	国内学术刊物	22	57	0	0	0	0	0	0	1	31	5	0	0	11	9	0	0
	国外学术刊物	23	0	0	0	0	0	0	0	0	0	0	0	0	0	0	0	0
	港、澳、台地区刊物	24	0	0	0	0	0	0	0	0	0	0	0	0	0	0	0	0
研究与咨询报告(篇)	合计	25	3	0	0	0	0	0	0	0	0	1	0	0	2	0	0	0
	其中:被采纳数	26	2	0	0	0	0	0	0	0	0	0	0	0	2	0	0	0

3.22 苏州经贸职业技术学院人文、社会科学研究与课题成果来源情况表

		课题来源															
		合计	国家社科基金项目	国家社科基金单列学科项目	教育部人文社科研究项目	高校古籍整理研究项目	国家自然科学基金项目	中央其他部门社科专门项目	省、市、自治区社科基金项目	省教育厅社科项目	地、市、厅、局等政府部门项目	国际合作研究项目	与港、澳、台地区合作研究项目	企事业单位委托项目	学校社科项目	外资项目	其他
	编号	L01	L02	L03	L04	L05	L06	L07	L08	L09	L10	L11	L12	L13	L14	L15	L16
课题数(项)	1	205	0	0	9	0	0	0	1	51	82	0	0	23	39	0	0
当年投入人数(人年)	2	76	0	0	6.2	0	0	0	0.3	25.8	29.4	0	0	6.8	7.5	0	0
其中:研究生(人年)	3	0	0	0	0	0	0	0	0	0	0	0	0	0	0	0	0
当年拨入经费(千元)	4	1 951.5	0	0	167	0	0	0	40	41	1 220.5	0	0	443	40	0	0
其中:当年立项项目拨入经费(千元)	5	1 800	0	0	40	0	0	0	40	41	1 196	0	0	443	40	0	0
当年支出经费(千元)	6	1 570.5	0	0	173	0	0	0	26	70	954.15	0	0	319.35	28	0	0
当年新开课题数(项)	7	138	0	0	1	0	0	0	1	19	80	0	0	17	20	0	0
当年新开课题批准经费(千元)	8	1 907	0	0	80	0	0	0	50	95	1 199	0	0	443	40	0	0
当年完成课题数(项)	9	113	0	0	0	0	0	0	0	16	67	0	0	12	18	0	0

续表

			编号	合计	国家社科基金项目	国家社科基金单列学科项目	教育部人文社科研究项目	高校古籍整理研究项目	国家自然科学基金项目	中央其他部门社科专门项目	省、市、自治区社科基金项目	省教育厅社科项目	地、市、厅、局等政府部门项目	国际合作研究项目	与港、澳、台地区合作研究项目	企事业单位委托项目	学校社科项目	外资项目	其他
				课题来源															
				L01	L02	L03	L04	L05	L06	L07	L08	L09	L10	L11	L12	L13	L14	L15	L16
出版著作(部)	合计		10	6	0	0	2	0	0	0	0	0	2	0	0	1	1	0	0
	专著	合计	11	5	0	0	1	0	0	0	0	0	2	0	0	1	1	0	0
		其中:被译成外文	12	0	0	0	0	0	0	0	0	0	0	0	0	0	0	0	0
	编著教材		13	1	0	0	1	0	0	0	0	0	0	0	0	0	0	0	0
	工具书参考书		14	0	0	0	0	0	0	0	0	0	0	0	0	0	0	0	0
	皮书/发展报告		15	0	0	0	0	0	0	0	0	0	0	0	0	0	0	0	0
	科普读物		16	0	0	0	0	0	0	0	0	0	0	0	0	0	0	0	0
古籍整理(部)			17	0	0	0	0	0	0	0	0	0	0	0	0	0	0	0	0
译著(部)			18	0	0	0	0	0	0	0	0	0	0	0	0	0	0	0	0
发表译文(篇)			19	0	0	0	0	0	0	0	0	0	0	0	0	0	0	0	0
电子出版物(件)			20	0	0	0	0	0	0	0	0	0	0	0	0	0	0	0	0
发表论文(篇)	合计		21	80	0	0	2	0	0	0	1	40	29	0	0	0	8	0	0
	国内学术刊物		22	80	0	0	2	0	0	0	1	40	29	0	0	0	8	0	0
	国外学术刊物		23	0	0	0	0	0	0	0	0	0	0	0	0	0	0	0	0
	港、澳、台地区刊物		24	0	0	0	0	0	0	0	0	0	0	0	0	0	0	0	0
研究与咨询报告(篇)	合计		25	101	0	0	0	0	0	0	0	0	67	0	0	34	0	0	0
	其中:被采纳数		26	27	0	0	0	0	0	0	0	0	11	0	0	16	0	0	0

3.23 苏州工业职业技术学院人文、社会科学研究与课题成果来源情况表

		课题来源															
		合计	国家社科基金项目	国家社科基金单列学科项目	教育部人文社科研究项目	高校古籍整理研究项目	国家自然科学基金项目	中央其他部门社科专门项目	省、市、自治区社科基金项目	省教育厅社科项目	地、市、厅、局等政府部门项目	国际合作研究项目	与港、澳、台地区合作研究项目	企事业单位委托项目	学校社科项目	外资项目	其他
	编号	L01	L02	L03	L04	L05	L06	L07	L08	L09	L10	L11	L12	L13	L14	L15	L16
课题数(项)	1	94	0	0	0	0	0	0	2	19	21	0	0	45	7	0	0
当年投入人数(人年)	2	21.3	0	0	0	0	0	0	0.3	3.1	3.7	0	0	13.1	1.1	0	0
其中:研究生(人年)	3	0	0	0	0	0	0	0	0	0	0	0	0	0	0	0	0
当年拨入经费(千元)	4	2 839	0	0	0	0	0	0	0	80	843	0	0	1 852	64	0	0
其中:当年立项项目拨入经费(千元)	5	2 839	0	0	0	0	0	0	0	80	843	0	0	1 852	64	0	0
当年支出经费(千元)	6	2 373.3	0	0	0	0	0	0	18.2	53.54	454.69	0	0	1 801.57	45.3	0	0
当年新开课题数(项)	7	71	0	0	0	0	0	0	0	8	20	0	0	36	7	0	0
当年新开课题批准经费(千元)	8	2 839	0	0	0	0	0	0	0	80	843	0	0	1 852	64	0	0
当年完成课题数(项)	9	60	0	0	0	0	0	0	0	7	16	0	0	35	2	0	0

续表

		编号	课题来源															
			合计	国家社科基金项目	国家社科基金单列学科项目	教育部人文社科研究项目	高校古籍整理研究项目	国家自然科学基金项目	中央其他部门社科专门项目	省、市、自治区社科基金项目	省教育厅社科项目	地、市、厅、局等政府部门项目	国际合作研究项目	与港、澳、台地区合作研究项目	企事业单位委托项目	学校社科项目	外资项目	其他
			L01	L02	L03	L04	L05	L06	L07	L08	L09	L10	L11	L12	L13	L14	L15	L16
出版著作(部)	合计	10	1	0	0	0	0	0	0	0	0	1	0	0	0	0	0	0
专著	合计	11	1	0	0	0	0	0	0	0	0	1	0	0	0	0	0	0
专著	其中:被译成外文	12	0	0	0	0	0	0	0	0	0	0	0	0	0	0	0	0
	编著教材	13	0	0	0	0	0	0	0	0	0	0	0	0	0	0	0	0
	工具书参考书	14	0	0	0	0	0	0	0	0	0	0	0	0	0	0	0	0
	皮书/发展报告	15	0	0	0	0	0	0	0	0	0	0	0	0	0	0	0	0
	科普读物	16	0	0	0	0	0	0	0	0	0	0	0	0	0	0	0	0
古籍整理(部)		17	0	0	0	0	0	0	0	0	0	0	0	0	0	0	0	0
译著(部)		18	0	0	0	0	0	0	0	0	0	0	0	0	0	0	0	0
发表译文(篇)		19	0	0	0	0	0	0	0	0	0	0	0	0	0	0	0	0
电子出版物(件)		20	0	0	0	0	0	0	0	0	0	0	0	0	0	0	0	0
发表论文(篇)	合计	21	25	0	0	0	0	0	0	3	7	7	0	0	7	1	0	0
	国内学术刊物	22	25	0	0	0	0	0	0	3	7	7	0	0	7	1	0	0
	国外学术刊物	23	0	0	0	0	0	0	0	0	0	0	0	0	0	0	0	0
	港、澳、台地区刊物	24	0	0	0	0	0	0	0	0	0	0	0	0	0	0	0	0
研究与咨询报告(篇)	合计	25	35	0	0	0	0	0	0	0	0	0	0	0	35	0	0	0
	其中:被采纳数	26	30	0	0	0	0	0	0	0	0	0	0	0	30	0	0	0

3.24 苏州卫生职业技术学院人文、社会科学研究与课题成果来源情况表

		课题来源															
		合计	国家社科基金项目	国家社科基金单列学科项目	教育部人文社科研究项目	高校古籍整理研究项目	国家自然科学基金项目	中央其他部门社科专门项目	省、市、自治区社科基金项目	省教育厅社科项目	地、市、厅、局等政府部门项目	国际合作研究项目	与港、澳、台地区合作研究项目	企事业单位委托项目	学校社科项目	外资项目	其他
	编号	L01	L02	L03	L04	L05	L06	L07	L08	L09	L10	L11	L12	L13	L14	L15	L16
课题数(项)	1	67	0	0	0	0	0	1	0	33	26	0	0	0	7	0	0
当年投入人数(人年)	2	9.7	0	0	0	0	0	0.1	0	5	3.9	0	0	0	0.7	0	0
其中:研究生(人年)	3	0	0	0	0	0	0	0	0	0	0	0	0	0	0	0	0
当年拨入经费(千元)	4	496	0	0	0	0	0	0	0	370	92	0	0	0	34	0	0
其中:当年立项项目拨入经费(千元)	5	486	0	0	0	0	0	0	0	360	92	0	0	0	34	0	0
当年支出经费(千元)	6	192.8	0	0	0	0	0	0	0	116.8	60.5	0	0	0	15.5	0	0
当年新开课题数(项)	7	31	0	0	0	0	0	0	0	18	9	0	0	0	4	0	0
当年新开课题批准经费(千元)	8	486	0	0	0	0	0	0	0	360	92	0	0	0	34	0	0
当年完成课题数(项)	9	22	0	0	0	0	0	0	0	5	14	0	0	0	3	0	0

续表

			编号	课题来源															
				合计	国家社科基金项目	国家社科基金单列学科项目	教育部人文社科研究项目	高校古籍整理研究项目	国家自然科学基金项目	中央其他部门社科专门项目	省、市、自治区社科基金项目	省教育厅社科项目	地、市、厅、局等政府部门项目	国际合作研究项目	与港、澳、台地区合作研究项目	企事业单位委托项目	学校社科项目	外资项目	其他
				L01	L02	L03	L04	L05	L06	L07	L08	L09	L10	L11	L12	L13	L14	L15	L16
出版著作(部)	合计		10	0	0	0	0	0	0	0	0	0	0	0	0	0	0	0	0
	专著	合计	11	0	0	0	0	0	0	0	0	0	0	0	0	0	0	0	0
		其中:被译成外文	12	0	0	0	0	0	0	0	0	0	0	0	0	0	0	0	0
	编著教材		13	0	0	0	0	0	0	0	0	0	0	0	0	0	0	0	0
	工具书参考书		14	0	0	0	0	0	0	0	0	0	0	0	0	0	0	0	0
	皮书/发展报告		15	0	0	0	0	0	0	0	0	0	0	0	0	0	0	0	0
	科普读物		16	0	0	0	0	0	0	0	0	0	0	0	0	0	0	0	0
古籍整理(部)			17	0	0	0	0	0	0	0	0	0	0	0	0	0	0	0	0
译著(部)			18	0	0	0	0	0	0	0	0	0	0	0	0	0	0	0	0
发表译文(篇)			19	0	0	0	0	0	0	0	0	0	0	0	0	0	0	0	0
电子出版物(件)			20	0	0	0	0	0	0	0	0	0	0	0	0	0	0	0	0
发表论文(篇)	合计		21	36	0	0	0	0	0	0	0	21	12	0	0	0	3	0	0
	国内学术刊物		22	36	0	0	0	0	0	0	0	21	12	0	0	0	3	0	0
	国外学术刊物		23	0	0	0	0	0	0	0	0	0	0	0	0	0	0	0	0
	港、澳、台地区刊物		24	0	0	0	0	0	0	0	0	0	0	0	0	0	0	0	0
研究与咨询报告(篇)	合计		25	0	0	0	0	0	0	0	0	0	0	0	0	0	0	0	0
	其中:被采纳数		26	0	0	0	0	0	0	0	0	0	0	0	0	0	0	0	0

3.25 无锡商业职业技术学院人文、社会科学研究与课题成果来源情况表

		课题来源															
		合计	国家社科基金项目	国家社科基金单列学科项目	教育部人文社科研究项目	高校古籍整理研究项目	国家自然科学基金项目	中央其他部门社科专门项目	省、市、自治区社科基金项目	省教育厅社科项目	地、市、厅、局等政府部门项目	国际合作研究项目	与港、澳、台地区合作研究项目	企事业单位委托项目	学校社科项目	外资项目	其他
	编号	L01	L02	L03	L04	L05	L06	L07	L08	L09	L10	L11	L12	L13	L14	L15	L16
课题数(项)	1	127	0	1	2	0	0	0	13	61	9	0	0	32	9	0	0
当年投入人数(人年)	2	28.9	0	0.5	0.6	0	0	0	3.9	16.4	2.4	0	0	3.3	1.8	0	0
其中:研究生(人年)	3	0	0	0	0	0	0	0	0	0	0	0	0	0	0	0	0
当年拨入经费(千元)	4	1 343.55	0	0	90	0	0	0	19	230	33	0	0	907.55	64	0	0
其中:当年立项项目拨入经费(千元)	5	1 303.55	0	0	50	0	0	0	19	230	33	0	0	907.55	64	0	0
当年支出经费(千元)	6	646.7	0	20	30	0	0	0	56	170.6	15	0	0	313.1	42	0	0
当年新开课题数(项)	7	63	0	0	1	0	0	0	4	19	7	0	0	28	4	0	0
当年新开课题批准经费(千元)	8	1 391.55	0	0	100	0	0	0	57	230	33	0	0	907.55	64	0	0
当年完成课题数(项)	9	49	0	0	0	0	0	0	9	29	2	0	0	4	5	0	0

续表

			课题来源															
			合计	国家社科基金项目	国家社科基金单列学科项目	教育部人文社科研究项目	高校古籍整理研究项目	国家自然科学基金项目	中央其他部门社科专门项目	省、市、自治区社科基金项目	省教育厅社科项目	地、市、厅、局等政府部门项目	国际合作研究项目	与港、澳、台地区合作研究项目	企事业单位委托项目	学校社科项目	外资项目	其他
		编号	L01	L02	L03	L04	L05	L06	L07	L08	L09	L10	L11	L12	L13	L14	L15	L16
出版著作(部)	合计	10	0	0	0	0	0	0	0	0	0	0	0	0	0	0	0	0
	专著 合计	11	0	0	0	0	0	0	0	0	0	0	0	0	0	0	0	0
	专著 其中:被译成外文	12	0	0	0	0	0	0	0	0	0	0	0	0	0	0	0	0
	编著教材	13	0	0	0	0	0	0	0	0	0	0	0	0	0	0	0	0
	工具书参考书	14	0	0	0	0	0	0	0	0	0	0	0	0	0	0	0	0
	皮书/发展报告	15	0	0	0	0	0	0	0	0	0	0	0	0	0	0	0	0
	科普读物	16	0	0	0	0	0	0	0	0	0	0	0	0	0	0	0	0
古籍整理(部)		17	0	0	0	0	0	0	0	0	0	0	0	0	0	0	0	0
译著(部)		18	0	0	0	0	0	0	0	0	0	0	0	0	0	0	0	0
发表译文(篇)		19	0	0	0	0	0	0	0	0	0	0	0	0	0	0	0	0
电子出版物(件)		20	0	0	0	0	0	0	0	0	0	0	0	0	0	0	0	0
发表论文(篇)	合计	21	151	2	0	12	0	0	0	25	43	13	0	0	0	56	0	0
	国内学术刊物	22	151	2	0	12	0	0	0	25	43	13	0	0	0	56	0	0
	国外学术刊物	23	0	0	0	0	0	0	0	0	0	0	0	0	0	0	0	0
	港、澳、台地区刊物	24	0	0	0	0	0	0	0	0	0	0	0	0	0	0	0	0
研究与咨询报告(篇)	合计	25	4	0	0	0	0	0	0	0	0	0	0	0	4	0	0	0
	其中:被采纳数	26	4	0	0	0	0	0	0	0	0	0	0	0	4	0	0	0

3.26 南通航运职业技术学院人文、社会科学研究与课题成果来源情况表

		课题来源															
		合计	国家社科基金项目	国家社科基金单列学科项目	教育部人文社科研究项目	高校古籍整理研究项目	国家自然科学基金项目	中央其他部门社科专门项目	省、市、自治区社科基金项目	省教育厅社科项目	地、市、厅、局等政府部门项目	国际合作研究项目	与港、澳、台地区合作研究项目	企事业单位委托项目	学校社科项目	外资项目	其他
	编号	L01	L02	L03	L04	L05	L06	L07	L08	L09	L10	L11	L12	L13	L14	L15	L16
课题数(项)	1	209	0	0	0	0	0	0	4	55	69	0	0	15	66	0	0
当年投入人数(人年)	2	33.1	0	0	0	0	0	0	0.4	9.3	10.4	0	0	2	11	0	0
其中:研究生(人年)	3	0	0	0	0	0	0	0	0	0	0	0	0	0	0	0	0
当年拨入经费(千元)	4	968	0	0	0	0	0	0	0	339	359	0	0	0	270	0	0
其中:当年立项项目拨入经费(千元)	5	968	0	0	0	0	0	0	0	339	359	0	0	0	270	0	0
当年支出经费(千元)	6	532.52	0	0	0	0	0	0	4.5	238.02	174.9	0	0	13.3	101.8	0	0
当年新开课题数(项)	7	108	0	0	0	0	0	0	0	23	44	0	0	0	41	0	0
当年新开课题批准经费(千元)	8	968	0	0	0	0	0	0	0	339	359	0	0	0	270	0	0
当年完成课题数(项)	9	41	0	0	0	0	0	0	0	16	11	0	0	5	9	0	0

续表

		编号	课题来源 合计	国家社科基金项目	国家社科基金单列学科项目	教育部人文社科研究项目	高校古籍整理研究项目	国家自然科学基金项目	中央其他部门社科专门项目	省、市、自治区社科基金项目	省教育厅社科项目	地、市、厅、局等政府部门项目	国际合作研究项目	与港、澳、台地区合作研究项目	企事业单位委托项目	学校社科项目	外资项目	其他
			L01	L02	L03	L04	L05	L06	L07	L08	L09	L10	L11	L12	L13	L14	L15	L16
出版著作(部)	合计	10	0	0	0	0	0	0	0	0	0	0	0	0	0	0	0	0
	专著 合计	11	0	0	0	0	0	0	0	0	0	0	0	0	0	0	0	0
	专著 其中:被译成外文	12	0	0	0	0	0	0	0	0	0	0	0	0	0	0	0	0
	编著教材	13	0	0	0	0	0	0	0	0	0	0	0	0	0	0	0	0
	工具书参考书	14	0	0	0	0	0	0	0	0	0	0	0	0	0	0	0	0
	皮书/发展报告	15	0	0	0	0	0	0	0	0	0	0	0	0	0	0	0	0
	科普读物	16	0	0	0	0	0	0	0	0	0	0	0	0	0	0	0	0
古籍整理(部)		17	0	0	0	0	0	0	0	0	0	0	0	0	0	0	0	0
译著(部)		18	0	0	0	0	0	0	0	0	0	0	0	0	0	0	0	0
发表译文(篇)		19	0	0	0	0	0	0	0	0	0	0	0	0	0	0	0	0
电子出版物(件)		20	0	0	0	0	0	0	0	0	0	0	0	0	0	0	0	0
发表论文(篇)	合计	21	133	0	0	0	0	0	0	12	44	15	0	0	1	60	1	0
	国内学术刊物	22	133	0	0	0	0	0	0	12	44	15	0	0	1	60	1	0
	国外学术刊物	23	0	0	0	0	0	0	0	0	0	0	0	0	0	0	0	0
	港、澳、台地区刊物	24	0	0	0	0	0	0	0	0	0	0	0	0	0	0	0	0
研究与咨询报告(篇)	合计	25	3	0	0	0	0	0	0	0	0	3	0	0	0	0	0	0
	其中:被采纳数	26	0	0	0	0	0	0	0	0	0	0	0	0	0	0	0	0

3.27 南京交通职业技术学院人文、社会科学研究与课题成果来源情况表

		课题来源															
		合计	国家社科基金项目	国家社科基金单列学科项目	教育部人文社科研究项目	高校古籍整理研究项目	国家自然科学基金项目	中央其他部门社科专门项目	省、市、自治区社科基金项目	省教育厅社科项目	地、市、厅、局等政府部门项目	国际合作研究项目	与港、澳、台地区合作研究项目	企事业单位委托项目	学校社科项目	外资项目	其他
	编号	L01	L02	L03	L04	L05	L06	L07	L08	L09	L10	L11	L12	L13	L14	L15	L16
课题数(项)	1	173	0	0	2	0	0	0	0	49	36	0	0	14	72	0	0
当年投入人数(人年)	2	18.5	0	0	0.2	0	0	0	0	4.9	4.5	0	0	1.7	7.2	0	0
其中:研究生(人年)	3	0	0	0	0	0	0	0	0	0	0	0	0	0	0	0	0
当年拨入经费(千元)	4	131	0	0	25	0	0	0	0	64	12	0	0	20	10	0	0
其中:当年立项项目拨入经费(千元)	5	90	0	0	0	0	0	0	0	64	6	0	0	20	0	0	0
当年支出经费(千元)	6	780.71	0	0	51.17	0	0	0	0	150.7	189.24	0	0	275.1	114.5	0	0
当年新开课题数(项)	7	63	0	0	0	0	0	0	0	20	19	0	0	4	20	0	0
当年新开课题批准经费(千元)	8	316	0	0	0	0	0	0	0	160	16	0	0	20	120	0	0
当年完成课题数(项)	9	50	0	0	1	0	0	0	0	10	10	0	0	5	24	0	0

续表

			编号	课题来源															
				合计	国家社科基金项目	国家社科基金单列学科项目	教育部人文社科研究项目	高校古籍整理研究项目	国家自然科学基金项目	中央其他部门社科专门项目	省、市、自治区社科基金项目	省教育厅社科项目	地、市、厅、局等政府部门项目	国际合作研究项目	与港、澳、台地区合作研究项目	企事业单位委托项目	学校社科项目	外资项目	其他
				L01	L02	L03	L04	L05	L06	L07	L08	L09	L10	L11	L12	L13	L14	L15	L16
出版著作(部)	合计		10	1	0	0	1	0	0	0	0	0	0	0	0	0	0	0	0
	专著	合计	11	1	0	0	1	0	0	0	0	0	0	0	0	0	0	0	0
		其中:被译成外文	12	0	0	0	0	0	0	0	0	0	0	0	0	0	0	0	0
	编著教材		13	0	0	0	0	0	0	0	0	0	0	0	0	0	0	0	0
	工具书参考书		14	0	0	0	0	0	0	0	0	0	0	0	0	0	0	0	0
	皮书/发展报告		15	0	0	0	0	0	0	0	0	0	0	0	0	0	0	0	0
	科普读物		16	0	0	0	0	0	0	0	0	0	0	0	0	0	0	0	0
古籍整理(部)			17	0	0	0	0	0	0	0	0	0	0	0	0	0	0	0	0
译著(部)			18	0	0	0	0	0	0	0	0	0	0	0	0	0	0	0	0
发表译文(篇)			19	0	0	0	0	0	0	0	0	0	0	0	0	0	0	0	0
电子出版物(件)			20	0	0	0	0	0	0	0	0	0	0	0	0	0	0	0	0
发表论文(篇)	合计		21	107	0	0	3	0	0	0	0	29	22	0	0	0	53	0	0
	国内学术刊物		22	107	0	0	3	0	0	0	0	29	22	0	0	0	53	0	0
	国外学术刊物		23	0	0	0	0	0	0	0	0	0	0	0	0	0	0	0	0
	港、澳、台地区刊物		24	0	0	0	0	0	0	0	0	0	0	0	0	0	0	0	0
研究与咨询报告(篇)	合计		25	4	0	0	0	0	0	0	0	0	0	0	0	4	0	0	0
	其中:被采纳数		26	0	0	0	0	0	0	0	0	0	0	0	0	0	0	0	0

3.28 淮安信息职业技术学院人文、社会科学研究与课题成果来源情况表

		课题来源															
		合计	国家社科基金项目	国家社科基金单列学科项目	教育部人文社科研究项目	高校古籍整理研究项目	国家自然科学基金项目	中央其他部门社科专门项目	省、市、自治区社科基金项目	省教育厅社科项目	地、市、厅、局等政府部门项目	国际合作研究项目	与港、澳、台地区合作研究项目	企事业单位委托项目	学校社科项目	外资项目	其他
	编号	L01	L02	L03	L04	L05	L06	L07	L08	L09	L10	L11	L12	L13	L14	L15	L16
课题数(项)	1	199	0	0	0	0	0	0	0	39	55	0	0	7	98	0	0
当年投入人数(人年)	2	34.1	0	0	0	0	0	0	0	11.5	11.9	0	0	0.7	10	0	0
其中:研究生(人年)	3	0	0	0	0	0	0	0	0	0	0	0	0	0	0	0	0
当年拨入经费(千元)	4	708	0	0	0	0	0	0	0	330	256	0	0	0	122	0	0
其中:当年立项项目拨入经费(千元)	5	678	0	0	0	0	0	0	0	300	256	0	0	0	122	0	0
当年支出经费(千元)	6	453	0	0	0	0	0	0	0	206	177	0	0	0	70	0	0
当年新开课题数(项)	7	70	0	0	0	0	0	0	0	15	24	0	0	0	31	0	0
当年新开课题批准经费(千元)	8	690	0	0	0	0	0	0	0	300	269	0	0	0	121	0	0
当年完成课题数(项)	9	62	0	0	0	0	0	0	0	11	24	0	0	0	27	0	0

续表

			课题来源															
			合计	国家社科基金项目	国家社科基金单列学科项目	教育部人文社科研究项目	高校古籍整理研究项目	国家自然科学基金项目	中央其他部门社科专门项目	省、市、自治区社科基金项目	省教育厅社科项目	地、市、厅、局等政府部门项目	国际合作研究项目	与港、澳、台地区合作研究项目	企事业单位委托项目	学校社科项目	外资项目	其他
		编号	L01	L02	L03	L04	L05	L06	L07	L08	L09	L10	L11	L12	L13	L14	L15	L16
出版著作(部)	合计	10	3	0	0	0	0	0	0	0	2	1	0	0	0	0	0	0
	专著 合计	11	3	0	0	0	0	0	0	0	2	1	0	0	0	0	0	0
	专著 其中:被译成外文	12	0	0	0	0	0	0	0	0	0	0	0	0	0	0	0	0
	编著教材	13	0	0	0	0	0	0	0	0	0	0	0	0	0	0	0	0
	工具书参考书	14	0	0	0	0	0	0	0	0	0	0	0	0	0	0	0	0
	皮书/发展报告	15	0	0	0	0	0	0	0	0	0	0	0	0	0	0	0	0
	科普读物	16	0	0	0	0	0	0	0	0	0	0	0	0	0	0	0	0
古籍整理(部)		17	0	0	0	0	0	0	0	0	0	0	0	0	0	0	0	0
译著(部)		18	0	0	0	0	0	0	0	0	0	0	0	0	0	0	0	0
发表译文(篇)		19	0	0	0	0	0	0	0	0	0	0	0	0	0	0	0	0
电子出版物(件)		20	0	0	0	0	0	0	0	0	0	0	0	0	0	0	0	0
发表论文(篇)	合计	21	124	0	0	0	0	0	0	0	49	37	0	0	1	37	0	0
	国内学术刊物	22	124	0	0	0	0	0	0	0	49	37	0	0	1	37	0	0
	国外学术刊物	23	0	0	0	0	0	0	0	0	0	0	0	0	0	0	0	0
	港、澳、台地区刊物	24	0	0	0	0	0	0	0	0	0	0	0	0	0	0	0	0
研究与咨询报告(篇)	合计	25	0	0	0	0	0	0	0	0	0	0	0	0	0	0	0	0
	其中:被采纳数	26	0	0	0	0	0	0	0	0	0	0	0	0	0	0	0	0

3.29 江苏农牧科技职业学院人文、社会科学研究与课题成果来源情况表

		课题来源															
		合计	国家社科基金项目	国家社科基金单列学科项目	教育部人文社科研究项目	高校古籍整理研究项目	国家自然科学基金项目	中央其他部门社科专门项目	省、市、自治区社科基金项目	省教育厅社科项目	地、市、厅、局等政府部门项目	国际合作研究项目	与港、澳、台地区合作研究项目	企事业单位委托项目	学校社科项目	外资项目	其他
	编号	L01	L02	L03	L04	L05	L06	L07	L08	L09	L10	L11	L12	L13	L14	L15	L16
课题数(项)	1	25	0	0	0	0	0	0	0	23	0	0	0	0	0	0	2
当年投入人数(人年)	2	2.5	0	0	0	0	0	0	0	2.5	0	0	0	0	0	0	0
其中:研究生(人年)	3	0	0	0	0	0	0	0	0	0	0	0	0	0	0	0	0
当年拨入经费(千元)	4	73	0	0	0	0	0	0	0	68	0	0	0	0	0	0	5
其中:当年立项项目拨入经费(千元)	5	5	0	0	0	0	0	0	0	0	0	0	0	0	0	0	5
当年支出经费(千元)	6	52	0	0	0	0	0	0	0	50	0	0	0	0	0	0	2
当年新开课题数(项)	7	2	0	0	0	0	0	0	0	0	0	0	0	0	0	0	2
当年新开课题批准经费(千元)	8	5	0	0	0	0	0	0	0	0	0	0	0	0	0	0	5
当年完成课题数(项)	9	6	0	0	0	0	0	0	0	6	0	0	0	0	0	0	0

续表

			编号	合计	国家社科基金项目	国家社科基金单列学科项目	教育部人文社科研究项目	高校古籍整理研究项目	国家自然科学基金项目	中央其他部门社科专门项目	省、市、自治区社科基金项目	省教育厅社科项目	地、市、厅、局等政府部门项目	国际合作研究项目	与港、澳、台地区合作研究项目	企事业单位委托项目	学校社科项目	外资项目	其他
				L01	L02	L03	L04	L05	L06	L07	L08	L09	L10	L11	L12	L13	L14	L15	L16
出版著作(部)	合计		10	0	0	0	0	0	0	0	0	0	0	0	0	0	0	0	0
	专著	合计	11	0	0	0	0	0	0	0	0	0	0	0	0	0	0	0	0
		其中:被译成外文	12	0	0	0	0	0	0	0	0	0	0	0	0	0	0	0	0
	编著教材		13	0	0	0	0	0	0	0	0	0	0	0	0	0	0	0	0
	工具书参考书		14	0	0	0	0	0	0	0	0	0	0	0	0	0	0	0	0
	皮书/发展报告		15	0	0	0	0	0	0	0	0	0	0	0	0	0	0	0	0
	科普读物		16	0	0	0	0	0	0	0	0	0	0	0	0	0	0	0	0
古籍整理(部)			17	0	0	0	0	0	0	0	0	0	0	0	0	0	0	0	0
译著(部)			18	0	0	0	0	0	0	0	0	0	0	0	0	0	0	0	0
发表译文(篇)			19	0	0	0	0	0	0	0	0	0	0	0	0	0	0	0	0
电子出版物(件)			20	0	0	0	0	0	0	0	0	0	0	0	0	0	0	0	0
发表论文(篇)	合计		21	13	0	0	0	0	0	0	0	13	0	0	0	0	0	0	0
	国内学术刊物		22	13	0	0	0	0	0	0	0	13	0	0	0	0	0	0	0
	国外学术刊物		23	0	0	0	0	0	0	0	0	0	0	0	0	0	0	0	0
	港、澳、台地区刊物		24	0	0	0	0	0	0	0	0	0	0	0	0	0	0	0	0
研究与咨询报告(篇)	合计		25	0	0	0	0	0	0	0	0	0	0	0	0	0	0	0	0
	其中:被采纳数		26	0	0	0	0	0	0	0	0	0	0	0	0	0	0	0	0

3.30 常州纺织服装职业技术学院人文、社会科学研究与课题成果来源情况表

		课题来源															
		合计	国家社科基金项目	国家社科基金单列学科项目	教育部人文社科研究项目	高校古籍整理研究项目	国家自然科学基金项目	中央其他部门社科专门项目	省、市、自治区社科基金项目	省教育厅社科项目	地、市、厅、局等政府部门项目	国际合作研究项目	与港、澳、台地区合作研究项目	企事业单位委托项目	学校社科项目	外资项目	其他
	编号	L01	L02	L03	L04	L05	L06	L07	L08	L09	L10	L11	L12	L13	L14	L15	L16
课题数(项)	1	185	0	0	0	0	0	0	1	29	46	2	0	7	100	0	0
当年投入人数(人年)	2	33	0	0	0	0	0	0	0.1	6.4	8.6	0.2	0	1.9	15.8	0	0
其中:研究生(人年)	3	0	0	0	0	0	0	0	0	0	0	0	0	0	0	0	0
当年拨入经费(千元)	4	336.5	0	0	0	0	0	0	0	0	113.5	9	0	10	204	0	0
其中:当年立项项目拨入经费(千元)	5	336.5	0	0	0	0	0	0	0	0	113.5	9	0	10	204	0	0
当年支出经费(千元)	6	301.42	0	0	0	0	0	0	0	49.35	67.99	0	0	35.43	148.65	0	0
当年新开课题数(项)	7	87	0	0	0	0	0	0	0	16	29	2	0	2	38	0	0
当年新开课题批准经费(千元)	8	396	0	0	0	0	0	0	0	0	167	9	0	10	210	0	0
当年完成课题数(项)	9	60	0	0	0	0	0	0	1	8	15	0	0	2	34	0	0

续表

			编号	课题来源															
				合计	国家社科基金项目	国家社科基金单列学科项目	教育部人文社科研究项目	高校古籍整理研究项目	国家自然科学基金项目	中央其他部门社科专门项目	省、市、自治区社科基金项目	省教育厅社科项目	地、市、厅、局等政府部门项目	国际合作研究项目	与港、澳、台地区合作研究项目	企事业单位委托项目	学校社科项目	外资项目	其他
				L01	L02	L03	L04	L05	L06	L07	L08	L09	L10	L11	L12	L13	L14	L15	L16
出版著作(部)	合计		10	4	0	0	0	0	0	0	0	0	1	0	0	0	3	0	0
	专著	合计	11	1	0	0	0	0	0	0	0	0	0	0	0	0	1	0	0
		其中:被译成外文	12	0	0	0	0	0	0	0	0	0	0	0	0	0	0	0	0
	编著教材		13	3	0	0	0	0	0	0	0	0	1	0	0	0	2	0	0
	工具书参考书		14	0	0	0	0	0	0	0	0	0	0	0	0	0	0	0	0
	皮书/发展报告		15	0	0	0	0	0	0	0	0	0	0	0	0	0	0	0	0
	科普读物		16	0	0	0	0	0	0	0	0	0	0	0	0	0	0	0	0
古籍整理(部)			17	0	0	0	0	0	0	0	0	0	0	0	0	0	0	0	0
译著(部)			18	0	0	0	0	0	0	0	0	0	0	0	0	0	0	0	0
发表译文(篇)			19	0	0	0	0	0	0	0	0	0	0	0	0	0	0	0	0
电子出版物(件)			20	0	0	0	0	0	0	0	0	0	0	0	0	0	0	0	0
发表论文(篇)	合计		21	242	0	0	0	0	0	0	2	16	36	2	0	0	186	0	0
	国内学术刊物		22	240	0	0	0	0	0	0	2	16	36	0	0	0	186	0	0
	国外学术刊物		23	2	0	0	0	0	0	0	0	0	0	2	0	0	0	0	0
	港、澳、台地区刊物		24	0	0	0	0	0	0	0	0	0	0	0	0	0	0	0	0
研究与咨询报告(篇)	合计		25	2	0	0	0	0	0	0	0	0	0	0	0	2	0	0	0
	其中:被采纳数		26	1	0	0	0	0	0	0	0	0	0	0	0	1	0	0	0

3.31 苏州农业职业技术学院人文、社会科学研究与课题成果来源情况表

		课题来源															
		合计	国家社科基金项目	国家社科基金单列学科项目	教育部人文社科研究项目	高校古籍整理研究项目	国家自然科学基金项目	中央其他部门社科专门项目	省、市、自治区社科基金项目	省教育厅社科项目	地、市、厅、局等政府部门项目	国际合作研究项目	与港、澳、台地区合作研究项目	企事业单位委托项目	学校社科项目	外资项目	其他
	编号	L01	L02	L03	L04	L05	L06	L07	L08	L09	L10	L11	L12	L13	L14	L15	L16
课题数(项)	1	25	0	0	0	0	0	0	3	12	8	0	0	0	2	0	0
当年投入人数(人年)	2	5	0	0	0	0	0	0	0.3	2.7	1.2	0	0	0	0.8	0	0
其中:研究生(人年)	3	0	0	0	0	0	0	0	0	0	0	0	0	0	0	0	0
当年拨入经费(千元)	4	134.5	0	0	0	0	0	0	0	104.5	30	0	0	0	0	0	0
其中:当年立项项目拨入经费(千元)	5	130	0	0	0	0	0	0	0	100	30	0	0	0	0	0	0
当年支出经费(千元)	6	136	0	0	0	0	0	0	23	67.5	45.5	0	0	0	0	0	0
当年新开课题数(项)	7	17	0	0	0	0	0	0	0	11	6	0	0	0	0	0	0
当年新开课题批准经费(千元)	8	175	0	0	0	0	0	0	0	110	65	0	0	0	0	0	0
当年完成课题数(项)	9	9	0	0	0	0	0	0	3	1	3	0	0	0	2	0	0

续表

			编号	课题来源															
				合计	国家社科基金项目	国家社科基金单列学科项目	教育部人文社科研究项目	高校古籍整理研究项目	国家自然科学基金项目	中央其他部门社科专门项目	省、市、自治区社科基金项目	省教育厅社科项目	地、市、厅、局等政府部门项目	国际合作研究项目	与港、澳、台地区合作研究项目	企事业单位委托项目	学校社科项目	外资项目	其他
			编号	L01	L02	L03	L04	L05	L06	L07	L08	L09	L10	L11	L12	L13	L14	L15	L16
出版著作(部)	合计		10	0	0	0	0	0	0	0	0	0	0	0	0	0	0	0	0
	专著	合计	11	0	0	0	0	0	0	0	0	0	0	0	0	0	0	0	0
		其中:被译成外文	12	0	0	0	0	0	0	0	0	0	0	0	0	0	0	0	0
	编著教材		13	0	0	0	0	0	0	0	0	0	0	0	0	0	0	0	0
	工具书参考书		14	0	0	0	0	0	0	0	0	0	0	0	0	0	0	0	0
	皮书/发展报告		15	0	0	0	0	0	0	0	0	0	0	0	0	0	0	0	0
	科普读物		16	0	0	0	0	0	0	0	0	0	0	0	0	0	0	0	0
古籍整理(部)			17	0	0	0	0	0	0	0	0	0	0	0	0	0	0	0	0
译著(部)			18	0	0	0	0	0	0	0	0	0	0	0	0	0	0	0	0
发表译文(篇)			19	0	0	0	0	0	0	0	0	0	0	0	0	0	0	0	0
电子出版物(件)			20	0	0	0	0	0	0	0	0	0	0	0	0	0	0	0	0
发表论文(篇)	合计		21	31	0	0	0	0	0	0	1	22	8	0	0	0	0	0	0
	国内学术刊物		22	31	0	0	0	0	0	0	1	22	8	0	0	0	0	0	0
	国外学术刊物		23	0	0	0	0	0	0	0	0	0	0	0	0	0	0	0	0
	港、澳、台地区刊物		24	0	0	0	0	0	0	0	0	0	0	0	0	0	0	0	0
研究与咨询报告(篇)	合计		25	0	0	0	0	0	0	0	0	0	0	0	0	0	0	0	0
	其中:被采纳数		26	0	0	0	0	0	0	0	0	0	0	0	0	0	0	0	0

3.32 南京科技职业学院人文、社会科学研究与课题成果来源情况表

		课题来源															
		合计	国家社科基金项目	国家社科基金单列学科项目	教育部人文社科研究项目	高校古籍整理研究项目	国家自然科学基金项目	中央其他部门社科专门项目	省、市、自治区社科基金项目	省教育厅社科项目	地、市、厅、局等政府部门项目	国际合作研究项目	与港、澳、台地区合作研究项目	企事业单位委托项目	学校社科项目	外资项目	其他
	编号	L01	L02	L03	L04	L05	L06	L07	L08	L09	L10	L11	L12	L13	L14	L15	L16
课题数(项)	1	111	0	0	0	0	0	0	0	52	19	0	0	23	16	0	1
当年投入人数(人年)	2	19.4	0	0	0	0	0	0	0	9.3	3.2	0	0	4.9	1.8	0	0.2
其中:研究生(人年)	3	0	0	0	0	0	0	0	0	0	0	0	0	0	0	0	0
当年拨入经费(千元)	4	575	0	0	0	0	0	0	0	117	69	0	0	385	0	0	4
其中:当年立项项目拨入经费(千元)	5	575	0	0	0	0	0	0	0	117	69	0	0	385	0	0	4
当年支出经费(千元)	6	487	0	0	0	0	0	0	0	104	45	0	0	335	0	0	3
当年新开课题数(项)	7	43	0	0	0	0	0	0	0	19	12	0	0	11	0	0	1
当年新开课题批准经费(千元)	8	581	0	0	0	0	0	0	0	123	69	0	0	385	0	0	4
当年完成课题数(项)	9	39	0	0	0	0	0	0	0	14	1	0	0	12	12	0	0

续表

			编号	课题来源															
				合计	国家社科基金项目	国家社科基金单列学科项目	教育部人文社科研究项目	高校古籍整理研究项目	国家自然科学基金项目	中央其他部门社科专门项目	省、市、自治区社科基金项目	省教育厅社科项目	地、市、厅、局等政府部门项目	国际合作研究项目	与港、澳、台地区合作研究项目	企事业单位委托项目	学校社科项目	外资项目	其他
				L01	L02	L03	L04	L05	L06	L07	L08	L09	L10	L11	L12	L13	L14	L15	L16
出版著作（部）	合计		10	3	0	0	0	0	0	0	0	0	0	0	0	0	0	0	3
	专著	合计	11	3	0	0	0	0	0	0	0	0	0	0	0	0	0	0	3
		其中：被译成外文	12	0	0	0	0	0	0	0	0	0	0	0	0	0	0	0	0
	编著教材		13	0	0	0	0	0	0	0	0	0	0	0	0	0	0	0	0
	工具书参考书		14	0	0	0	0	0	0	0	0	0	0	0	0	0	0	0	0
	皮书/发展报告		15	0	0	0	0	0	0	0	0	0	0	0	0	0	0	0	0
	科普读物		16	0	0	0	0	0	0	0	0	0	0	0	0	0	0	0	0
古籍整理（部）			17	0	0	0	0	0	0	0	0	0	0	0	0	0	0	0	0
译著（部）			18	0	0	0	0	0	0	0	0	0	0	0	0	0	0	0	0
发表译文（篇）			19	0	0	0	0	0	0	0	0	0	0	0	0	0	0	0	0
电子出版物（件）			20	0	0	0	0	0	0	0	0	0	0	0	0	0	0	0	0
发表论文（篇）	合计		21	42	0	0	0	0	0	0	0	17	8	0	0	3	13	0	1
	国内学术刊物		22	42	0	0	0	0	0	0	0	17	8	0	0	3	13	0	1
	国外学术刊物		23	0	0	0	0	0	0	0	0	0	0	0	0	0	0	0	0
	港、澳、台地区刊物		24	0	0	0	0	0	0	0	0	0	0	0	0	0	0	0	0
研究与咨询报告（篇）	合计		25	5	0	0	0	0	0	0	0	0	0	0	0	5	0	0	0
	其中：被采纳数		26	0	0	0	0	0	0	0	0	0	0	0	0	0	0	0	0

3.33 常州轻工职业技术学院人文、社会科学研究与课题成果来源情况表

		课题来源															
		合计	国家社科基金项目	国家社科基金单列学科项目	教育部人文社科研究项目	高校古籍整理研究项目	国家自然科学基金项目	中央其他部门社科专门项目	省、市、自治区社科基金项目	省教育厅社科项目	地、市、厅、局等政府部门项目	国际合作研究项目	与港、澳、台地区合作研究项目	企事业单位委托项目	学校社科项目	外资项目	其他
	编号	L01	L02	L03	L04	L05	L06	L07	L08	L09	L10	L11	L12	L13	L14	L15	L16
课题数(项)	1	139	0	0	0	0	0	0	1	41	29	0	0	41	20	0	7
当年投入人数(人年)	2	61.3	0	0	0	0	0	0	0.4	19.2	14.7	0	0	16.6	7.2	0	3.2
其中:研究生(人年)	3	0	0	0	0	0	0	0	0	0	0	0	0	0	0	0	0
当年拨入经费(千元)	4	261	0	0	0	0	0	0	0	41	33	0	0	155	30	0	2
其中:当年立项项目拨入经费(千元)	5	259	0	0	0	0	0	0	0	41	33	0	0	155	30	0	0
当年支出经费(千元)	6	255.5	0	0	0	0	0	0	2	71	31	0	0	142	9.5	0	0
当年新开课题数(项)	7	57	0	0	0	0	0	0	0	27	8	0	0	12	10	0	0
当年新开课题批准经费(千元)	8	259	0	0	0	0	0	0	0	41	33	0	0	155	30	0	0
当年完成课题数(项)	9	25	0	0	0	0	0	0	1	7	5	0	0	6	2	0	4

续表

			编号	课题来源															
				合计	国家社科基金项目	国家社科基金单列学科项目	教育部人文社科研究项目	高校古籍整理研究项目	国家自然科学基金项目	中央其他部门社科专门项目	省、市、自治区社科基金项目	省教育厅社科项目	地、市、厅、局等政府部门项目	国际合作研究项目	与港、澳、台地区合作研究项目	企事业单位委托项目	学校社科项目	外资项目	其他
			编号	L01	L02	L03	L04	L05	L06	L07	L08	L09	L10	L11	L12	L13	L14	L15	L16
出版著作(部)	合计		10	9	0	0	0	0	0	0	0	3	0	0	0	4	2	0	0
	专著	合计	11	0	0	0	0	0	0	0	0	0	0	0	0	0	0	0	0
		其中:被译成外文	12	0	0	0	0	0	0	0	0	0	0	0	0	0	0	0	0
	编著教材		13	9	0	0	0	0	0	0	0	3	0	0	0	4	2	0	0
	工具书参考书		14	0	0	0	0	0	0	0	0	0	0	0	0	0	0	0	0
	皮书/发展报告		15	0	0	0	0	0	0	0	0	0	0	0	0	0	0	0	0
	科普读物		16	0	0	0	0	0	0	0	0	0	0	0	0	0	0	0	0
古籍整理(部)			17	0	0	0	0	0	0	0	0	0	0	0	0	0	0	0	0
译著(部)			18	0	0	0	0	0	0	0	0	0	0	0	0	0	0	0	0
发表译文(篇)			19	0	0	0	0	0	0	0	0	0	0	0	0	0	0	0	0
电子出版物(件)			20	0	0	0	0	0	0	0	0	0	0	0	0	0	0	0	0
发表论文(篇)	合计		21	77	0	0	0	0	0	0	0	20	12	0	0	19	20	0	6
	国内学术刊物		22	77	0	0	0	0	0	0	0	20	12	0	0	19	20	0	6
	国外学术刊物		23	0	0	0	0	0	0	0	0	0	0	0	0	0	0	0	0
	港、澳、台地区刊物		24	0	0	0	0	0	0	0	0	0	0	0	0	0	0	0	0
研究与咨询报告(篇)	合计		25	4	0	0	0	0	0	0	0	0	1	0	0	2	1	0	0
	其中:被采纳数		26	0	0	0	0	0	0	0	0	0	0	0	0	0	0	0	0

3.34 常州工程职业技术学院人文、社会科学研究与课题成果来源情况表

		课题来源															
		合计	国家社科基金项目	国家社科基金单列学科项目	教育部人文社科研究项目	高校古籍整理研究项目	国家自然科学基金项目	中央其他部门社科专门项目	省、市、自治区社科基金项目	省教育厅社科项目	地、市、厅、局等政府部门项目	国际合作研究项目	与港、澳、台地区合作研究项目	企事业单位委托项目	学校社科项目	外资项目	其他
	编号	L01	L02	L03	L04	L05	L06	L07	L08	L09	L10	L11	L12	L13	L14	L15	L16
课题数(项)	1	111	0	0	0	0	0	0	9	45	26	0	0	23	8	0	0
当年投入人数(人年)	2	21.2	0	0	0	0	0	0	2.3	11.6	3.2	0	0	2.3	1.8	0	0
其中:研究生(人年)	3	0	0	0	0	0	0	0	0	0	0	0	0	0	0	0	0
当年拨入经费(千元)	4	1 587.3	0	0	0	0	0	0	0	310	259	0	0	1 018.3	0	0	0
其中:当年立项项目拨入经费(千元)	5	1 587.3	0	0	0	0	0	0	0	310	259	0	0	1 018.3	0	0	0
当年支出经费(千元)	6	1 343.25	0	0	0	0	0	0	17	220	68	0	0	1 018.3	19.95	0	0
当年新开课题数(项)	7	66	0	0	0	0	0	0	0	21	22	0	0	23	0	0	0
当年新开课题批准经费(千元)	8	1 587.3	0	0	0	0	0	0	0	310	259	0	0	1 018.3	0	0	0
当年完成课题数(项)	9	30	0	0	0	0	0	0	0	14	16	0	0	0	0	0	0

续表

			编号	课题来源															
				合计	国家社科基金项目	国家社科基金单列学科项目	教育部人文社科研究项目	高校古籍整理研究项目	国家自然科学基金项目	中央其他部门社科专门项目	省、市、自治区社科基金项目	省教育厅社科项目	地、市、厅、局等政府部门项目	国际合作研究项目	与港、澳、台地区合作研究项目	企事业单位委托项目	学校社科项目	外资项目	其他
				L01	L02	L03	L04	L05	L06	L07	L08	L09	L10	L11	L12	L13	L14	L15	L16
出版著作(部)	合计		10	5	0	0	0	0	0	0	2	1	0	0	0	0	0	0	2
	专著	合计	11	5	0	0	0	0	0	0	2	1	0	0	0	0	0	0	2
		其中:被译成外文	12	0	0	0	0	0	0	0	0	0	0	0	0	0	0	0	0
	编著教材		13	0	0	0	0	0	0	0	0	0	0	0	0	0	0	0	0
	工具书参考书		14	0	0	0	0	0	0	0	0	0	0	0	0	0	0	0	0
	皮书/发展报告		15	0	0	0	0	0	0	0	0	0	0	0	0	0	0	0	0
	科普读物		16	0	0	0	0	0	0	0	0	0	0	0	0	0	0	0	0
古籍整理(部)			17	0	0	0	0	0	0	0	0	0	0	0	0	0	0	0	0
译著(部)			18	1	0	0	0	0	0	0	0	0	0	0	0	0	0	0	1
发表译文(篇)			19	0	0	0	0	0	0	0	0	0	0	0	0	0	0	0	0
电子出版物(件)			20	0	0	0	0	0	0	0	0	0	0	0	0	0	0	0	0
发表论文(篇)	合计		21	240	0	0	0	0	0	0	65	65	53	0	0	0	57	0	0
	国内学术刊物		22	240	0	0	0	0	0	0	65	65	53	0	0	0	57	0	0
	国外学术刊物		23	0	0	0	0	0	0	0	0	0	0	0	0	0	0	0	0
	港、澳、台地区刊物		24	0	0	0	0	0	0	0	0	0	0	0	0	0	0	0	0
研究与咨询报告(篇)	合计		25	15	0	0	0	0	0	0	0	0	0	0	0	15	0	0	0
	其中:被采纳数		26	0	0	0	0	0	0	0	0	0	0	0	0	0	0	0	0

3.35 江苏农林职业技术学院人文、社会科学研究与课题成果来源情况表

		课题来源															
		合计	国家社科基金项目	国家社科基金单列学科项目	教育部人文社科研究项目	高校古籍整理研究项目	国家自然科学基金项目	中央其他部门社科专门项目	省、市、自治区社科基金项目	省教育厅社科项目	地、市、厅、局等政府部门项目	国际合作研究项目	与港、澳、台地区合作研究项目	企事业单位委托项目	学校社科项目	外资项目	其他
	编号	L01	L02	L03	L04	L05	L06	L07	L08	L09	L10	L11	L12	L13	L14	L15	L16
课题数(项)	1	17	0	0	0	0	0	0	0	17	0	0	0	0	0	0	0
当年投入人数(人年)	2	3.2	0	0	0	0	0	0	0	3.2	0	0	0	0	0	0	0
其中:研究生(人年)	3	0	0	0	0	0	0	0	0	0	0	0	0	0	0	0	0
当年拨入经费(千元)	4	150	0	0	0	0	0	0	0	150	0	0	0	0	0	0	0
其中:当年立项项目拨入经费(千元)	5	150	0	0	0	0	0	0	0	150	0	0	0	0	0	0	0
当年支出经费(千元)	6	135	0	0	0	0	0	0	0	135	0	0	0	0	0	0	0
当年新开课题数(项)	7	15	0	0	0	0	0	0	0	15	0	0	0	0	0	0	0
当年新开课题批准经费(千元)	8	150	0	0	0	0	0	0	0	150	0	0	0	0	0	0	0
当年完成课题数(项)	9	0	0	0	0	0	0	0	0	0	0	0	0	0	0	0	0

续表

			课题来源															
			合计	国家社科基金项目	国家社科基金单列学科项目	教育部人文社科研究项目	高校古籍整理研究项目	国家自然科学基金项目	中央其他部门社科专门项目	省、市、自治区社科基金项目	省教育厅社科项目	地、市、厅、局等政府部门项目	国际合作研究项目	与港、澳、台地区合作研究项目	企事业单位委托项目	学校社科项目	外资项目	其他
		编号	L01	L02	L03	L04	L05	L06	L07	L08	L09	L10	L11	L12	L13	L14	L15	L16
出版著作(部)	合计	10	0	0	0	0	0	0	0	0	0	0	0	0	0	0	0	0
出版著作(部)	专著 合计	11	0	0	0	0	0	0	0	0	0	0	0	0	0	0	0	0
出版著作(部)	专著 其中:被译成外文	12	0	0	0	0	0	0	0	0	0	0	0	0	0	0	0	0
出版著作(部)	编著教材	13	0	0	0	0	0	0	0	0	0	0	0	0	0	0	0	0
出版著作(部)	工具书参考书	14	0	0	0	0	0	0	0	0	0	0	0	0	0	0	0	0
出版著作(部)	皮书/发展报告	15	0	0	0	0	0	0	0	0	0	0	0	0	0	0	0	0
出版著作(部)	科普读物	16	0	0	0	0	0	0	0	0	0	0	0	0	0	0	0	0
古籍整理(部)		17	0	0	0	0	0	0	0	0	0	0	0	0	0	0	0	0
译著(部)		18	0	0	0	0	0	0	0	0	0	0	0	0	0	0	0	0
发表译文(篇)		19	0	0	0	0	0	0	0	0	0	0	0	0	0	0	0	0
电子出版物(件)		20	0	0	0	0	0	0	0	0	0	0	0	0	0	0	0	0
发表论文(篇)	合计	21	17	0	0	0	0	0	0	0	17	0	0	0	0	0	0	0
发表论文(篇)	国内学术刊物	22	17	0	0	0	0	0	0	0	17	0	0	0	0	0	0	0
发表论文(篇)	国外学术刊物	23	0	0	0	0	0	0	0	0	0	0	0	0	0	0	0	0
发表论文(篇)	港、澳、台地区刊物	24	0	0	0	0	0	0	0	0	0	0	0	0	0	0	0	0
研究与咨询报告(篇)	合计	25	0	0	0	0	0	0	0	0	0	0	0	0	0	0	0	0
研究与咨询报告(篇)	其中:被采纳数	26	0	0	0	0	0	0	0	0	0	0	0	0	0	0	0	0

3.36 江苏食品药品职业技术学院人文、社会科学研究与课题成果来源情况表

		课题来源															
		合计	国家社科基金项目	国家社科基金单列学科项目	教育部人文社科研究项目	高校古籍整理研究项目	国家自然科学基金项目	中央其他部门社科专门项目	省、市、自治区社科基金项目	省教育厅社科项目	地、市、厅、局等政府部门项目	国际合作研究项目	与港、澳、台地区合作研究项目	企事业单位委托项目	学校社科项目	外资项目	其他
	编号	L01	L02	L03	L04	L05	L06	L07	L08	L09	L10	L11	L12	L13	L14	L15	L16
课题数(项)	1	112	0	0	0	0	0	0	1	51	34	0	0	0	26	0	0
当年投入人数(人年)	2	25.8	0	0	0	0	0	0	0.3	11.9	8	0	0	0	5.6	0	0
其中:研究生(人年)	3	0	0	0	0	0	0	0	0	0	0	0	0	0	0	0	0
当年拨入经费(千元)	4	725	0	0	0	0	0	0	50	218	403	0	0	0	54	0	0
其中:当年立项项目拨入经费(千元)	5	725	0	0	0	0	0	0	50	218	403	0	0	0	54	0	0
当年支出经费(千元)	6	703.1	0	0	0	0	0	0	50	204	421.7	0	0	0	27.4	0	0
当年新开课题数(项)	7	65	0	0	0	0	0	0	1	23	26	0	0	0	15	0	0
当年新开课题批准经费(千元)	8	745	0	0	0	0	0	0	50	238	403	0	0	0	54	0	0
当年完成课题数(项)	9	40	0	0	0	0	0	0	1	13	21	0	0	0	5	0	0

续表

				课题来源															
				合计	国家社科基金项目	国家社科基金单列学科项目	教育部人文社科研究项目	高校古籍整理研究项目	国家自然科学基金项目	中央其他部门社科专门项目	省、市、自治区社科基金项目	省教育厅社科项目	地、市、厅、局等政府部门项目	国际合作研究项目	与港、澳、台地区合作研究项目	企事业单位委托项目	学校社科项目	外资项目	其他
			编号	L01	L02	L03	L04	L05	L06	L07	L08	L09	L10	L11	L12	L13	L14	L15	L16
出版著作(部)	合计		10	7	0	0	0	0	0	0	2	3	1	0	0	0	1	0	0
	专著	合计	11	3	0	0	0	0	0	0	2	1	0	0	0	0	0	0	0
		其中:被译成外文	12	0	0	0	0	0	0	0	0	0	0	0	0	0	0	0	0
	编著教材		13	4	0	0	0	0	0	0	0	2	1	0	0	0	1	0	0
	工具书参考书		14	0	0	0	0	0	0	0	0	0	0	0	0	0	0	0	0
	皮书/发展报告		15	0	0	0	0	0	0	0	0	0	0	0	0	0	0	0	0
	科普读物		16	0	0	0	0	0	0	0	0	0	0	0	0	0	0	0	0
古籍整理(部)			17	0	0	0	0	0	0	0	0	0	0	0	0	0	0	0	0
译著(部)			18	0	0	0	0	0	0	0	0	0	0	0	0	0	0	0	0
发表译文(篇)			19	0	0	0	0	0	0	0	0	0	0	0	0	0	0	0	0
电子出版物(件)			20	0	0	0	0	0	0	0	0	0	0	0	0	0	0	0	0
发表论文(篇)	合计		21	50	0	0	0	0	0	0	0	28	7	0	0	0	15	0	0
	国内学术刊物		22	50	0	0	0	0	0	0	0	28	7	0	0	0	15	0	0
	国外学术刊物		23	0	0	0	0	0	0	0	0	0	0	0	0	0	0	0	0
	港、澳、台地区刊物		24	0	0	0	0	0	0	0	0	0	0	0	0	0	0	0	0
研究与咨询报告(篇)	合计		25	16	0	0	0	0	0	0	0	0	16	0	0	0	0	0	0
	其中:被采纳数		26	1	0	0	0	0	0	0	0	0	1	0	0	0	0	0	0

3.37 南京铁道职业技术学院人文、社会科学研究与课题成果来源情况表

		课题来源															
		合计	国家社科基金项目	国家社科基金单列学科项目	教育部人文社科研究项目	高校古籍整理研究项目	国家自然科学基金项目	中央其他部门社科专门项目	省、市、自治区社科基金项目	省教育厅社科项目	地、市、厅、局等政府部门项目	国际合作研究项目	与港、澳、台地区合作研究项目	企事业单位委托项目	学校社科项目	外资项目	其他
	编号	L01	L02	L03	L04	L05	L06	L07	L08	L09	L10	L11	L12	L13	L14	L15	L16
课题数(项)	1	186	0	0	0	0	0	0	1	56	9	0	0	6	110	0	4
当年投入人数(人年)	2	18.5	0	0	0	0	0	0	0.1	5.6	0.9	0	0	0.7	10.6	0	0.6
其中:研究生(人年)	3	0	0	0	0	0	0	0	0	0	0	0	0	0	0	0	0
当年拨入经费(千元)	4	732.8	0	0	0	0	0	0	20	190	31	0	0	300.8	173	0	18
其中:当年立项项目拨入经费(千元)	5	726.8	0	0	0	0	0	0	20	190	25	0	0	300.8	173	0	18
当年支出经费(千元)	6	510.6	0	0	0	0	0	0	0	277	54.6	0	0	43	120	0	16
当年新开课题数(项)	7	113	0	0	0	0	0	0	1	19	4	0	0	6	79	0	4
当年新开课题批准经费(千元)	8	726.8	0	0	0	0	0	0	20	190	25	0	0	300.8	173	0	18
当年完成课题数(项)	9	46	0	0	0	0	0	0	0	12	4	0	0	1	27	0	2

续表

			编号	课题来源															
				合计	国家社科基金项目	国家社科基金单列学科项目	教育部人文社科研究项目	高校古籍整理研究项目	国家自然科学基金项目	中央其他部门社科专门项目	省、市、自治区社科基金项目	省教育厅社科项目	地、市、厅、局等政府部门项目	国际合作研究项目	与港、澳、台地区合作研究项目	企事业单位委托项目	学校社科项目	外资项目	其他
				L01	L02	L03	L04	L05	L06	L07	L08	L09	L10	L11	L12	L13	L14	L15	L16
出版著作(部)	合计		10	1	0	0	0	0	0	0	0	1	0	0	0	0	0	0	0
	专著	合计	11	1	0	0	0	0	0	0	0	1	0	0	0	0	0	0	0
		其中:被译成外文	12	0	0	0	0	0	0	0	0	0	0	0	0	0	0	0	0
	编著教材		13	0	0	0	0	0	0	0	0	0	0	0	0	0	0	0	0
	工具书参考书		14	0	0	0	0	0	0	0	0	0	0	0	0	0	0	0	0
	皮书/发展报告		15	0	0	0	0	0	0	0	0	0	0	0	0	0	0	0	0
	科普读物		16	0	0	0	0	0	0	0	0	0	0	0	0	0	0	0	0
古籍整理(部)			17	0	0	0	0	0	0	0	0	0	0	0	0	0	0	0	0
译著(部)			18	0	0	0	0	0	0	0	0	0	0	0	0	0	0	0	0
发表译文(篇)			19	0	0	0	0	0	0	0	0	0	0	0	0	0	0	0	0
电子出版物(件)			20	0	0	0	0	0	0	0	0	0	0	0	0	0	0	0	0
发表论文(篇)	合计		21	134	0	0	0	0	0	0	0	50	2	0	0	0	81	0	1
	国内学术刊物		22	131	0	0	0	0	0	0	0	48	2	0	0	0	80	0	1
	国外学术刊物		23	3	0	0	0	0	0	0	0	2	0	0	0	0	1	0	0
	港、澳、台地区刊物		24	0	0	0	0	0	0	0	0	0	0	0	0	0	0	0	0
研究与咨询报告(篇)	合计		25	1	0	0	0	0	0	0	0	0	0	0	0	1	0	0	0
	其中:被采纳数		26	1	0	0	0	0	0	0	0	0	0	0	0	1	0	0	0

3.38 徐州工业职业技术学院人文、社会科学研究与课题成果来源情况表

		课题来源															
		合计	国家社科基金项目	国家社科基金单列学科项目	教育部人文社科研究项目	高校古籍整理研究项目	国家自然科学基金项目	中央其他部门社科专门项目	省、市、自治区社科基金项目	省教育厅社科项目	地、市、厅、局等政府部门项目	国际合作研究项目	与港、澳、台地区合作研究项目	企事业单位委托项目	学校社科项目	外资项目	其他
	编号	L01	L02	L03	L04	L05	L06	L07	L08	L09	L10	L11	L12	L13	L14	L15	L16
课题数(项)	1	121	0	0	0	0	0	0	1	45	13	0	0	20	26	0	16
当年投入人数(人年)	2	12.9	0	0	0	0	0	0	0.1	5	1.3	0	0	2.3	2.6	0	1.6
其中:研究生(人年)	3	0	0	0	0	0	0	0	0	0	0	0	0	0	0	0	0
当年拨入经费(千元)	4	407	0	0	0	0	0	0	0	180	39	0	0	74	108	0	6
其中:当年立项项目拨入经费(千元)	5	401	0	0	0	0	0	0	0	180	39	0	0	74	108	0	0
当年支出经费(千元)	6	342.7	0	0	0	0	0	0	3	142.6	45.4	0	0	39.5	73.9	0	38.3
当年新开课题数(项)	7	60	0	0	0	0	0	0	0	18	4	0	0	20	18	0	0
当年新开课题批准经费(千元)	8	401	0	0	0	0	0	0	0	180	39	0	0	74	108	0	0
当年完成课题数(项)	9	31	0	0	0	0	0	0	0	10	8	0	0	0	3	0	10

续表

			编号	课题来源															
				合计	国家社科基金项目	国家社科基金单列学科项目	教育部人文社科研究项目	高校古籍整理研究项目	国家自然科学基金项目	中央其他部门社科专门项目	省、市、自治区社科基金项目	省教育厅社科项目	地、市、厅、局等政府部门项目	国际合作研究项目	与港、澳、台地区合作研究项目	企事业单位委托项目	学校社科项目	外资项目	其他
			编号	L01	L02	L03	L04	L05	L06	L07	L08	L09	L10	L11	L12	L13	L14	L15	L16
出版著作(部)	合计		10	0	0	0	0	0	0	0	0	0	0	0	0	0	0	0	0
	专著	合计	11	0	0	0	0	0	0	0	0	0	0	0	0	0	0	0	0
		其中:被译成外文	12	0	0	0	0	0	0	0	0	0	0	0	0	0	0	0	0
	编著教材		13	0	0	0	0	0	0	0	0	0	0	0	0	0	0	0	0
	工具书参考书		14	0	0	0	0	0	0	0	0	0	0	0	0	0	0	0	0
	皮书/发展报告		15	0	0	0	0	0	0	0	0	0	0	0	0	0	0	0	0
	科普读物		16	0	0	0	0	0	0	0	0	0	0	0	0	0	0	0	0
古籍整理(部)			17	0	0	0	0	0	0	0	0	0	0	0	0	0	0	0	0
译著(部)			18	0	0	0	0	0	0	0	0	0	0	0	0	0	0	0	0
发表译文(篇)			19	0	0	0	0	0	0	0	0	0	0	0	0	0	0	0	0
电子出版物(件)			20	0	0	0	0	0	0	0	0	0	0	0	0	0	0	0	0
发表论文(篇)	合计		21	60	0	0	0	0	0	0	2	20	15	0	0	12	5	0	6
	国内学术刊物		22	60	0	0	0	0	0	0	2	20	15	0	0	12	5	0	6
	国外学术刊物		23	0	0	0	0	0	0	0	0	0	0	0	0	0	0	0	0
	港、澳、台地区刊物		24	0	0	0	0	0	0	0	0	0	0	0	0	0	0	0	0
研究与咨询报告(篇)	合计		25	0	0	0	0	0	0	0	0	0	0	0	0	0	0	0	0
	其中:被采纳数		26	0	0	0	0	0	0	0	0	0	0	0	0	0	0	0	0

3.39 江苏信息职业技术学院人文、社会科学研究与课题成果来源情况表

		课题来源															
		合计	国家社科基金项目	国家社科基金单列学科项目	教育部人文社科研究项目	高校古籍整理研究项目	国家自然科学基金项目	中央其他部门社科专门项目	省、市、自治区社科基金项目	省教育厅社科项目	地、市、厅、局等政府部门项目	国际合作研究项目	与港、澳、台地区合作研究项目	企事业单位委托项目	学校社科项目	外资项目	其他
	编号	L01	L02	L03	L04	L05	L06	L07	L08	L09	L10	L11	L12	L13	L14	L15	L16
课题数(项)	1	77	0	0	0	0	0	0	0	42	11	0	0	20	4	0	0
当年投入人数(人年)	2	27.6	0	0	0	0	0	0	0	15.9	3.8	0	0	6.6	1.3	0	0
其中:研究生(人年)	3	0	0	0	0	0	0	0	0	0	0	0	0	0	0	0	0
当年拨入经费(千元)	4	689.88	0	0	0	0	0	0	0	160	11.5	0	0	498.38	20	0	0
其中:当年立项项目拨入经费(千元)	5	669.88	0	0	0	0	0	0	0	160	11.5	0	0	498.38	0	0	0
当年支出经费(千元)	6	509.71	0	0	0	0	0	0	0	104.4	18.05	0	0	367.26	20	0	0
当年新开课题数(项)	7	42	0	0	0	0	0	0	0	18	4	0	0	20	0	0	0
当年新开课题批准经费(千元)	8	679.88	0	0	0	0	0	0	0	170	11.5	0	0	498.38	0	0	0
当年完成课题数(项)	9	36	0	0	0	0	0	0	0	7	8	0	0	17	4	0	0

续表

			编号	课题来源															
				合计	国家社科基金项目	国家社科基金单列学科项目	教育部人文社科研究项目	高校古籍整理研究项目	国家自然科学基金项目	中央其他部门社科专门项目	省、市、自治区社科基金项目	省教育厅社科项目	地、市、厅、局等政府部门项目	国际合作研究项目	与港、澳、台地区合作研究项目	企事业单位委托项目	学校社科项目	外资项目	其他
			编号	L01	L02	L03	L04	L05	L06	L07	L08	L09	L10	L11	L12	L13	L14	L15	L16
出版著作(部)	合计		10	2	0	0	0	0	0	0	0	1	1	0	0	0	0	0	0
	专著	合计	11	0	0	0	0	0	0	0	0	0	0	0	0	0	0	0	0
		其中:被译成外文	12	0	0	0	0	0	0	0	0	0	0	0	0	0	0	0	0
	编著教材		13	2	0	0	0	0	0	0	0	1	1	0	0	0	0	0	0
	工具书参考书		14	0	0	0	0	0	0	0	0	0	0	0	0	0	0	0	0
	皮书/发展报告		15	0	0	0	0	0	0	0	0	0	0	0	0	0	0	0	0
	科普读物		16	0	0	0	0	0	0	0	0	0	0	0	0	0	0	0	0
古籍整理(部)			17	0	0	0	0	0	0	0	0	0	0	0	0	0	0	0	0
译著(部)			18	0	0	0	0	0	0	0	0	0	0	0	0	0	0	0	0
发表译文(篇)			19	0	0	0	0	0	0	0	0	0	0	0	0	0	0	0	0
电子出版物(件)			20	0	0	0	0	0	0	0	0	0	0	0	0	0	0	0	0
发表论文(篇)	合计		21	57	0	0	0	0	0	0	0	29	12	0	0	12	4	0	0
	国内学术刊物		22	57	0	0	0	0	0	0	0	29	12	0	0	12	4	0	0
	国外学术刊物		23	0	0	0	0	0	0	0	0	0	0	0	0	0	0	0	0
	港、澳、台地区刊物		24	0	0	0	0	0	0	0	0	0	0	0	0	0	0	0	0
研究与咨询报告(篇)	合计		25	0	0	0	0	0	0	0	0	0	0	0	0	0	0	0	0
	其中:被采纳数		26	0	0	0	0	0	0	0	0	0	0	0	0	0	0	0	0

3.40 南京信息职业技术学院人文、社会科学研究与课题成果来源情况表

		课题来源															
		合计	国家社科基金项目	国家社科基金单列学科项目	教育部人文社科研究项目	高校古籍整理研究项目	国家自然科学基金项目	中央其他部门社科专门项目	省、市、自治区社科基金项目	省教育厅社科项目	地、市、厅、局等政府部门项目	国际合作研究项目	与港、澳、台地区合作研究项目	企事业单位委托项目	学校社科项目	外资项目	其他
	编号	L01	L02	L03	L04	L05	L06	L07	L08	L09	L10	L11	L12	L13	L14	L15	L16
课题数(项)	1	188	0	1	0	0	0	1	11	50	25	0	0	3	97	0	0
当年投入人数(人年)	2	20.4	0	0.3	0	0	0	0.3	1.7	5.2	2.9	0	0	0.3	9.7	0	0
其中:研究生(人年)	3	0	0	0	0	0	0	0	0	0	0	0	0	0	0	0	0
当年拨入经费(千元)	4	598	0	190	0	0	0	0	62	230	39	0	0	30	47	0	0
其中:当年立项项目拨入经费(千元)	5	578	0	190	0	0	0	0	42	230	39	0	0	30	47	0	0
当年支出经费(千元)	6	629.1	0	95	0	0	0	0	43.6	323.2	43.6	0	0	30	93.7	0	0
当年新开课题数(项)	7	80	0	1	0	0	0	0	6	20	13	0	0	3	37	0	0
当年新开课题批准经费(千元)	8	698	0	200	0	0	0	0	72	290	59	0	0	30	47	0	0
当年完成课题数(项)	9	60	0	0	0	0	0	1	1	12	7	0	0	3	36	0	0

续表

			编号	合计	国家社科基金项目	国家社科基金单列学科项目	教育部人文社科研究项目	高校古籍整理研究项目	国家自然科学基金项目	中央其他部门社科专门项目	省、市、自治区社科基金项目	省教育厅社科项目	地、市、厅、局等政府部门项目	国际合作研究项目	与港、澳、台地区合作研究项目	企事业单位委托项目	学校社科项目	外资项目	其他
				L01	L02	L03	L04	L05	L06	L07	L08	L09	L10	L11	L12	L13	L14	L15	L16
出版著作(部)	合计		10	3	0	0	0	0	0	0	2	1	0	0	0	0	0	0	0
	专著	合计	11	1	0	0	0	0	0	0	0	1	0	0	0	0	0	0	0
		其中:被译成外文	12	0	0	0	0	0	0	0	0	0	0	0	0	0	0	0	0
	编著教材		13	2	0	0	0	0	0	0	2	0	0	0	0	0	0	0	0
	工具书参考书		14	0	0	0	0	0	0	0	0	0	0	0	0	0	0	0	0
	皮书/发展报告		15	0	0	0	0	0	0	0	0	0	0	0	0	0	0	0	0
	科普读物		16	0	0	0	0	0	0	0	0	0	0	0	0	0	0	0	0
古籍整理(部)			17	0	0	0	0	0	0	0	0	0	0	0	0	0	0	0	0
译著(部)			18	0	0	0	0	0	0	0	0	0	0	0	0	0	0	0	0
发表译文(篇)			19	0	0	0	0	0	0	0	0	0	0	0	0	0	0	0	0
电子出版物(件)			20	0	0	0	0	0	0	0	0	0	0	0	0	0	0	0	0
发表论文(篇)	合计		21	71	0	0	0	0	0	1	7	34	5	0	0	0	24	0	0
	国内学术刊物		22	71	0	0	0	0	0	1	7	34	5	0	0	0	24	0	0
	国外学术刊物		23	0	0	0	0	0	0	0	0	0	0	0	0	0	0	0	0
	港、澳、台地区刊物		24	0	0	0	0	0	0	0	0	0	0	0	0	0	0	0	0
研究与咨询报告(篇)	合计		25	3	0	0	0	0	0	0	0	0	0	0	0	3	0	0	0
	其中:被采纳数		26	0	0	0	0	0	0	0	0	0	0	0	0	0	0	0	0

3.41 常州机电职业技术学院人文、社会科学研究与课题成果来源情况表

		课题来源															
		合计	国家社科基金项目	国家社科基金单列学科项目	教育部人文社科研究项目	高校古籍整理研究项目	国家自然科学基金项目	中央其他部门社科专门项目	省、市、自治区社科基金项目	省教育厅社科项目	地、市、厅、局等政府部门项目	国际合作研究项目	与港、澳、台地区合作研究项目	企事业单位委托项目	学校社科项目	外资项目	其他
	编号	L01	L02	L03	L04	L05	L06	L07	L08	L09	L10	L11	L12	L13	L14	L15	L16
课题数(项)	1	225	0	0	1	0	0	0	0	49	51	0	0	31	83	0	10
当年投入人数(人年)	2	38.9	0	0	0.7	0	0	0	0	14.2	8.7	0	0	5	9.1	0	1.2
其中:研究生(人年)	3	0	0	0	0	0	0	0	0	0	0	0	0	0	0	0	0
当年拨入经费(千元)	4	438	0	0	0	0	0	0	0	173	99	0	0	80	86	0	0
其中:当年立项项目拨入经费(千元)	5	438	0	0	0	0	0	0	0	173	99	0	0	80	86	0	0
当年支出经费(千元)	6	501.49	0	0	50	0	0	0	0	168.45	114.65	0	0	63.71	101.28	0	3.4
当年新开课题数(项)	7	81	0	0	0	0	0	0	0	18	27	0	0	7	29	0	0
当年新开课题批准经费(千元)	8	443	0	0	0	0	0	0	0	173	104	0	0	80	86	0	0
当年完成课题数(项)	9	91	0	0	1	0	0	0	0	15	20	0	0	1	54	0	0

续表

				课题来源															
				合计	国家社科基金项目	国家社科基金单列学科项目	教育部人文社科研究项目	高校古籍整理研究项目	国家自然科学基金项目	中央其他部门社科专门项目	省、市、自治区社科基金项目	省教育厅社科项目	地、市、厅、局等政府部门项目	国际合作研究项目	与港、澳、台地区合作研究项目	企事业单位委托项目	学校社科项目	外资项目	其他
			编号	L01	L02	L03	L04	L05	L06	L07	L08	L09	L10	L11	L12	L13	L14	L15	L16
出版著作(部)	合计		10	0	0	0	0	0	0	0	0	0	0	0	0	0	0	0	0
	专著	合计	11	0	0	0	0	0	0	0	0	0	0	0	0	0	0	0	0
		其中:被译成外文	12	0	0	0	0	0	0	0	0	0	0	0	0	0	0	0	0
	编著教材		13	0	0	0	0	0	0	0	0	0	0	0	0	0	0	0	0
	工具书参考书		14	0	0	0	0	0	0	0	0	0	0	0	0	0	0	0	0
	皮书/发展报告		15	0	0	0	0	0	0	0	0	0	0	0	0	0	0	0	0
	科普读物		16	0	0	0	0	0	0	0	0	0	0	0	0	0	0	0	0
古籍整理(部)			17	0	0	0	0	0	0	0	0	0	0	0	0	0	0	0	0
译著(部)			18	1	0	0	0	0	0	0	0	1	0	0	0	0	0	0	0
发表译文(篇)			19	0	0	0	0	0	0	0	0	0	0	0	0	0	0	0	0
电子出版物(件)			20	0	0	0	0	0	0	0	0	0	0	0	0	0	0	0	0
发表论文(篇)	合计		21	86	0	0	2	0	0	2	0	28	18	0	0	13	20	0	3
	国内学术刊物		22	86	0	0	2	0	0	2	0	28	18	0	0	13	20	0	3
	国外学术刊物		23	0	0	0	0	0	0	0	0	0	0	0	0	0	0	0	0
	港、澳、台地区刊物		24	0	0	0	0	0	0	0	0	0	0	0	0	0	0	0	0
研究与咨询报告(篇)	合计		25	14	0	0	0	0	0	0	0	0	14	0	0	0	0	0	0
	其中:被采纳数		26	0	0	0	0	0	0	0	0	0	0	0	0	0	0	0	0

3.42 江阴职业技术学院人文、社会科学研究与课题成果来源情况表

		课题来源															
		合计	国家社科基金项目	国家社科基金单列学科项目	教育部人文社科研究项目	高校古籍整理研究项目	国家自然科学基金项目	中央其他部门社科专门项目	省、市、自治区社科基金项目	省教育厅社科项目	地、市、厅、局等政府部门项目	国际合作研究项目	与港、澳、台地区合作研究项目	企事业单位委托项目	学校社科项目	外资项目	其他
	编号	L01	L02	L03	L04	L05	L06	L07	L08	L09	L10	L11	L12	L13	L14	L15	L16
课题数(项)	1	45	0	0	0	0	0	1	0	11	3	0	0	3	27	0	0
当年投入人数(人年)	2	4.2	0	0	0	0	0	0.1	0	1.1	0.3	0	0	0.4	2.3	0	0
其中:研究生(人年)	3	0	0	0	0	0	0	0	0	0	0	0	0	0	0	0	0
当年拨入经费(千元)	4	148	0	0	0	0	0	3	0	70	8	0	0	40	27	0	0
其中:当年立项项目拨入经费(千元)	5	148	0	0	0	0	0	3	0	70	8	0	0	40	27	0	0
当年支出经费(千元)	6	123	0	0	0	0	0	1	0	37	8	0	0	40	37	0	0
当年新开课题数(项)	7	21	0	0	0	0	0	1	0	7	1	0	0	3	9	0	0
当年新开课题批准经费(千元)	8	168	0	0	0	0	0	3	0	70	8	0	0	60	27	0	0
当年完成课题数(项)	9	18	0	0	0	0	0	0	0	1	2	0	0	2	13	0	0

续表

			课题来源															
			合计	国家社科基金项目	国家社科基金单列学科项目	教育部人文社科研究项目	高校古籍整理研究项目	国家自然科学基金项目	中央其他部门社科专门项目	省、市、自治区社科基金项目	省教育厅社科项目	地、市、厅、局等政府部门项目	国际合作研究项目	与港、澳、台地区合作研究项目	企事业单位委托项目	学校社科项目	外资项目	其他
		编号	L01	L02	L03	L04	L05	L06	L07	L08	L09	L10	L11	L12	L13	L14	L15	L16
出版著作(部)	合计	10	0	0	0	0	0	0	0	0	0	0	0	0	0	0	0	0
	专著 合计	11	0	0	0	0	0	0	0	0	0	0	0	0	0	0	0	0
	专著 其中:被译成外文	12	0	0	0	0	0	0	0	0	0	0	0	0	0	0	0	0
	编著教材	13	0	0	0	0	0	0	0	0	0	0	0	0	0	0	0	0
	工具书参考书	14	0	0	0	0	0	0	0	0	0	0	0	0	0	0	0	0
	皮书/发展报告	15	0	0	0	0	0	0	0	0	0	0	0	0	0	0	0	0
	科普读物	16	0	0	0	0	0	0	0	0	0	0	0	0	0	0	0	0
古籍整理(部)		17	0	0	0	0	0	0	0	0	0	0	0	0	0	0	0	0
译著(部)		18	0	0	0	0	0	0	0	0	0	0	0	0	0	0	0	0
发表译文(篇)		19	0	0	0	0	0	0	0	0	0	0	0	0	0	0	0	0
电子出版物(件)		20	0	0	0	0	0	0	0	0	0	0	0	0	0	0	0	0
发表论文(篇)	合计	21	35	0	0	0	0	0	2	0	10	5	0	0	1	17	0	0
	国内学术刊物	22	35	0	0	0	0	0	2	0	10	5	0	0	1	17	0	0
	国外学术刊物	23	0	0	0	0	0	0	0	0	0	0	0	0	0	0	0	0
	港、澳、台地区刊物	24	0	0	0	0	0	0	0	0	0	0	0	0	0	0	0	0
研究与咨询报告(篇)	合计	25	5	0	0	0	0	0	0	0	1	0	0	0	2	2	0	0
	其中:被采纳数	26	5	0	0	0	0	0	0	0	1	0	0	0	2	2	0	0

3.43 无锡城市职业技术学院人文、社会科学研究与课题成果来源情况表

		课题来源															
		合计	国家社科基金项目	国家社科基金单列学科项目	教育部人文社科研究项目	高校古籍整理研究项目	国家自然科学基金项目	中央其他部门社科专门项目	省、市、自治区社科基金项目	省教育厅社科项目	地、市、厅、局等政府部门项目	国际合作研究项目	与港、澳、台地区合作研究项目	企事业单位委托项目	学校社科项目	外资项目	其他
	编号	L01	L02	L03	L04	L05	L06	L07	L08	L09	L10	L11	L12	L13	L14	L15	L16
课题数(项)	1	70	0	0	1	0	0	0	1	40	15	0	0	0	13	0	0
当年投入人数(人年)	2	14	0	0	0.2	0	0	0	0.3	8.6	2.4	0	0	0	2.5	0	0
其中:研究生(人年)	3	0	0	0	0	0	0	0	0	0	0	0	0	0	0	0	0
当年拨入经费(千元)	4	180.4	0	0	0	0	0	0	0	90	22.4	0	0	0	68	0	0
其中:当年立项项目拨入经费(千元)	5	180.4	0	0	0	0	0	0	0	90	22.4	0	0	0	68	0	0
当年支出经费(千元)	6	147	0	0	2.5	0	0	0	10	75.1	14.2	0	0	0	45.2	0	0
当年新开课题数(项)	7	40	0	0	0	0	0	0	0	18	9	0	0	0	13	0	0
当年新开课题批准经费(千元)	8	180.4	0	0	0	0	0	0	0	90	22.4	0	0	0	68	0	0
当年完成课题数(项)	9	19	0	0	0	0	0	0	0	7	12	0	0	0	0	0	0

续表

			编号	合计	国家社科基金项目	国家社科基金单列学科项目	教育部人文社科研究项目	高校古籍整理研究项目	国家自然科学基金项目	中央其他部门社科专门项目	省、市、自治区社科基金项目	省教育厅社科项目	地、市、厅、局等政府部门项目	国际合作研究项目	与港、澳、台地区合作研究项目	企事业单位委托项目	学校社科项目	外资项目	其他
				课题来源															
				L01	L02	L03	L04	L05	L06	L07	L08	L09	L10	L11	L12	L13	L14	L15	L16
出版著作(部)	合计		10	2	0	0	0	0	0	0	0	0	2	0	0	0	0	0	0
	专著	合计	11	2	0	0	0	0	0	0	0	0	2	0	0	0	0	0	0
		其中:被译成外文	12	0	0	0	0	0	0	0	0	0	0	0	0	0	0	0	0
	编著教材		13	0	0	0	0	0	0	0	0	0	0	0	0	0	0	0	0
	工具书参考书		14	0	0	0	0	0	0	0	0	0	0	0	0	0	0	0	0
	皮书/发展报告		15	0	0	0	0	0	0	0	0	0	0	0	0	0	0	0	0
	科普读物		16	0	0	0	0	0	0	0	0	0	0	0	0	0	0	0	0
古籍整理(部)			17	0	0	0	0	0	0	0	0	0	0	0	0	0	0	0	0
译著(部)			18	0	0	0	0	0	0	0	0	0	0	0	0	0	0	0	0
发表译文(篇)			19	0	0	0	0	0	0	0	0	0	0	0	0	0	0	0	0
电子出版物(件)			20	0	0	0	0	0	0	0	0	0	0	0	0	0	0	0	0
发表论文(篇)	合计		21	103	0	0	1	0	0	0	3	50	44	0	0	0	5	0	0
	国内学术刊物		22	101	0	0	1	0	0	0	3	48	44	0	0	0	5	0	0
	国外学术刊物		23	2	0	0	0	0	0	0	0	2	0	0	0	0	0	0	0
	港、澳、台地区刊物		24	0	0	0	0	0	0	0	0	0	0	0	0	0	0	0	0
研究与咨询报告(篇)	合计		25	0	0	0	0	0	0	0	0	0	0	0	0	0	0	0	0
	其中:被采纳数		26	0	0	0	0	0	0	0	0	0	0	0	0	0	0	0	0

3.44　无锡工艺职业技术学院人文、社会科学研究与课题成果来源情况表

		课题来源															
		合计	国家社科基金项目	国家社科基金单列学科项目	教育部人文社科研究项目	高校古籍整理研究项目	国家自然科学基金项目	中央其他部门社科专门项目	省、市、自治区社科基金项目	省教育厅社科项目	地、市、厅、局等政府部门项目	国际合作研究项目	与港、澳、台地区合作研究项目	企事业单位委托项目	学校社科项目	外资项目	其他
	编号	L01	L02	L03	L04	L05	L06	L07	L08	L09	L10	L11	L12	L13	L14	L15	L16
课题数(项)	1	142	0	0	0	0	0	0	0	34	0	0	0	44	51	0	13
当年投入人数(人年)	2	18	0	0	0	0	0	0	0	3.6	0	0	0	8	5.1	0	1.3
其中:研究生(人年)	3	0	0	0	0	0	0	0	0	0	0	0	0	0	0	0	0
当年拨入经费(千元)	4	1 412.5	0	0	0	0	0	0	0	101	0	0	0	1 229.5	54	0	28
其中:当年立项项目拨入经费(千元)	5	1 266.5	0	0	0	0	0	0	0	0	0	0	0	1 229.5	13	0	24
当年支出经费(千元)	6	1 412.5	0	0	0	0	0	0	0	101	0	0	0	1 229.5	54	0	28
当年新开课题数(项)	7	97	0	0	0	0	0	0	0	18	0	0	0	42	29	0	8
当年新开课题批准经费(千元)	8	1 520.85	0	0	0	0	0	0	0	180	0	0	0	1 229.5	67	0	44.35
当年完成课题数(项)	9	88	0	0	0	0	0	0	0	14	0	0	0	44	25	0	5

续表

			编号	课题来源															
				合计	国家社科基金项目	国家社科基金单列学科项目	教育部人文社科研究项目	高校古籍整理研究项目	国家自然科学基金项目	中央其他部门社科专门项目	省、市、自治区社科基金项目	省教育厅社科项目	地、市、厅、局等政府部门项目	国际合作研究项目	与港、澳、台地区合作研究项目	企事业单位委托项目	学校社科项目	外资项目	其他
			编号	L01	L02	L03	L04	L05	L06	L07	L08	L09	L10	L11	L12	L13	L14	L15	L16
出版著作(部)	合计		10	6	0	0	0	0	0	0	0	3	0	0	0	0	2	0	1
	专著	合计	11	2	0	0	0	0	0	0	0	1	0	0	0	0	1	0	0
		其中:被译成外文	12	0	0	0	0	0	0	0	0	0	0	0	0	0	0	0	0
	编著教材		13	4	0	0	0	0	0	0	0	2	0	0	0	0	1	0	1
	工具书参考书		14	0	0	0	0	0	0	0	0	0	0	0	0	0	0	0	0
	皮书/发展报告		15	0	0	0	0	0	0	0	0	0	0	0	0	0	0	0	0
	科普读物		16	0	0	0	0	0	0	0	0	0	0	0	0	0	0	0	0
古籍整理(部)			17	0	0	0	0	0	0	0	0	0	0	0	0	0	0	0	0
译著(部)			18	0	0	0	0	0	0	0	0	0	0	0	0	0	0	0	0
发表译文(篇)			19	0	0	0	0	0	0	0	0	0	0	0	0	0	0	0	0
电子出版物(件)			20	0	0	0	0	0	0	0	0	0	0	0	0	0	0	0	0
发表论文(篇)	合计		21	127	0	0	0	0	0	0	0	56	0	0	0	0	53	0	18
	国内学术刊物		22	124	0	0	0	0	0	0	0	56	0	0	0	0	53	0	15
	国外学术刊物		23	3	0	0	0	0	0	0	0	0	0	0	0	0	0	0	3
	港、澳、台地区刊物		24	0	0	0	0	0	0	0	0	0	0	0	0	0	0	0	0
研究与咨询报告(篇)	合计		25	47	0	0	0	0	0	0	0	12	0	0	0	32	3	0	0
	其中:被采纳数		26	23	0	0	0	0	0	0	0	5	0	0	0	15	3	0	0

3.45 苏州健雄职业技术学院人文、社会科学研究与课题成果来源情况表

		课题来源															
		合计	国家社科基金项目	国家社科基金单列学科项目	教育部人文社科研究项目	高校古籍整理研究项目	国家自然科学基金项目	中央其他部门社科专门项目	省、市、自治区社科基金项目	省教育厅社科项目	地、市、厅、局等政府部门项目	国际合作研究项目	与港、澳、台地区合作研究项目	企事业单位委托项目	学校社科项目	外资项目	其他
	编号	L01	L02	L03	L04	L05	L06	L07	L08	L09	L10	L11	L12	L13	L14	L15	L16
课题数(项)	1	108	0	0	1	0	0	0	0	38	40	0	0	14	15	0	0
当年投入人数(人年)	2	22.7	0	0	0.4	0	0	0	0	7.8	8.2	0	0	3.3	3	0	0
其中：研究生(人年)	3	0	0	0	0	0	0	0	0	0	0	0	0	0	0	0	0
当年拨入经费(千元)	4	621	0	0	0	0	0	0	0	133	235	0	0	178	75	0	0
其中：当年立项项目拨入经费(千元)	5	517	0	0	0	0	0	0	0	130	174	0	0	138	75	0	0
当年支出经费(千元)	6	514.5	0	0	2	0	0	0	0	104	175.5	0	0	203	30	0	0
当年新开课题数(项)	7	53	0	0	0	0	0	0	0	13	15	0	0	10	15	0	0
当年新开课题批准经费(千元)	8	517	0	0	0	0	0	0	0	130	174	0	0	138	75	0	0
当年完成课题数(项)	9	43	0	0	0	0	0	0	0	10	19	0	0	14	0	0	0

续表

			课题来源															
			合计	国家社科基金项目	国家社科基金单列学科项目	教育部人文社科研究项目	高校古籍整理研究项目	国家自然科学基金项目	中央其他部门社科专门项目	省、市、自治区社科基金项目	省教育厅社科项目	地、市、厅、局等政府部门项目	国际合作研究项目	与港、澳、台地区合作研究项目	企事业单位委托项目	学校社科项目	外资项目	其他
		编号	L01	L02	L03	L04	L05	L06	L07	L08	L09	L10	L11	L12	L13	L14	L15	L16
出版著作(部)	合计	10	1	0	0	0	0	0	0	0	1	0	0	0	0	0	0	0
	专著 合计	11	1	0	0	0	0	0	0	0	1	0	0	0	0	0	0	0
	专著 其中:被译成外文	12	0	0	0	0	0	0	0	0	0	0	0	0	0	0	0	0
	编著教材	13	0	0	0	0	0	0	0	0	0	0	0	0	0	0	0	0
	工具书参考书	14	0	0	0	0	0	0	0	0	0	0	0	0	0	0	0	0
	皮书/发展报告	15	0	0	0	0	0	0	0	0	0	0	0	0	0	0	0	0
	科普读物	16	0	0	0	0	0	0	0	0	0	0	0	0	0	0	0	0
古籍整理(部)		17	0	0	0	0	0	0	0	0	0	0	0	0	0	0	0	0
译著(部)		18	0	0	0	0	0	0	0	0	0	0	0	0	0	0	0	0
发表译文(篇)		19	0	0	0	0	0	0	0	0	0	0	0	0	0	0	0	0
电子出版物(件)		20	0	0	0	0	0	0	0	0	0	0	0	0	0	0	0	0
发表论文(篇)	合计	21	120	0	0	3	0	0	0	6	54	28	0	0	7	22	0	0
	国内学术刊物	22	119	0	0	3	0	0	0	6	54	27	0	0	7	22	0	0
	国外学术刊物	23	1	0	0	0	0	0	0	0	0	1	0	0	0	0	0	0
	港、澳、台地区刊物	24	0	0	0	0	0	0	0	0	0	0	0	0	0	0	0	0
研究与咨询报告(篇)	合计	25	11	0	0	0	0	0	0	0	0	2	0	0	9	0	0	0
	其中:被采纳数	26	7	0	0	0	0	0	0	0	0	1	0	0	6	0	0	0

3.46 盐城工业职业技术学院人文、社会科学研究与课题成果来源情况表

		课题来源															
		合计	国家社科基金项目	国家社科基金单列学科项目	教育部人文社科研究项目	高校古籍整理研究项目	国家自然科学基金项目	中央其他部门社科专门项目	省、市、自治区社科基金项目	省教育厅社科项目	地、市、厅、局等政府部门项目	国际合作研究项目	与港、澳、台地区合作研究项目	企事业单位委托项目	学校社科项目	外资项目	其他
	编号	L01	L02	L03	L04	L05	L06	L07	L08	L09	L10	L11	L12	L13	L14	L15	L16
课题数(项)	1	210	0	0	2	0	0	1	2	35	29	0	0	109	27	0	5
当年投入人数(人年)	2	32.2	0	0	0.3	0	0	0.1	0.6	6.5	6.3	0	0	13.9	3.5	0	1
其中:研究生(人年)	3	0	0	0	0	0	0	0	0	0	0	0	0	0	0	0	0
当年拨入经费(千元)	4	1 615.7	0	0	0	0	0	10	0	130	74.3	0	0	1 356.4	45	0	0
其中:当年立项项目拨入经费(千元)	5	1 600.7	0	0	0	0	0	10	0	130	74.3	0	0	1 341.4	45	0	0
当年支出经费(千元)	6	701.83	0	0	6	0	0	2	12	94.5	58.45	0	0	490.88	34	0	4
当年新开课题数(项)	7	83	0	0	0	0	0	1	0	13	15	0	0	45	9	0	0
当年新开课题批准经费(千元)	8	1 720.7	0	0	0	0	0	10	0	130	74.3	0	0	1 456.4	50	0	0
当年完成课题数(项)	9	92	0	0	1	0	0	0	0	11	8	0	0	56	13	0	3

续表

			课题来源															
			合计	国家社科基金项目	国家社科基金单列学科项目	教育部人文社科研究项目	高校古籍整理研究项目	国家自然科学基金项目	中央其他部门社科专门项目	省、市、自治区社科基金项目	省教育厅社科项目	地、市、厅、局等政府部门项目	国际合作研究项目	与港、澳、台地区合作研究项目	企事业单位委托项目	学校社科项目	外资项目	其他
		编号	L01	L02	L03	L04	L05	L06	L07	L08	L09	L10	L11	L12	L13	L14	L15	L16
出版著作(部)	合计	10	1	0	0	0	0	0	0	0	0	1	0	0	0	0	0	0
	专著 合计	11	1	0	0	0	0	0	0	0	0	1	0	0	0	0	0	0
	专著 其中:被译成外文	12	0	0	0	0	0	0	0	0	0	0	0	0	0	0	0	0
	编著教材	13	0	0	0	0	0	0	0	0	0	0	0	0	0	0	0	0
	工具书参考书	14	0	0	0	0	0	0	0	0	0	0	0	0	0	0	0	0
	皮书/发展报告	15	0	0	0	0	0	0	0	0	0	0	0	0	0	0	0	0
	科普读物	16	0	0	0	0	0	0	0	0	0	0	0	0	0	0	0	0
古籍整理(部)		17	0	0	0	0	0	0	0	0	0	0	0	0	0	0	0	0
译著(部)		18	1	0	0	0	0	0	0	0	0	0	0	0	1	0	0	0
发表译文(篇)		19	0	0	0	0	0	0	0	0	0	0	0	0	0	0	0	0
电子出版物(件)		20	0	0	0	0	0	0	0	0	0	0	0	0	0	0	0	0
发表论文(篇)	合计	21	98	0	0	2	0	0	0	2	28	18	0	0	29	15	0	4
	国内学术刊物	22	98	0	0	2	0	0	0	2	28	18	0	0	29	15	0	4
	国外学术刊物	23	0	0	0	0	0	0	0	0	0	0	0	0	0	0	0	0
	港、澳、台地区刊物	24	0	0	0	0	0	0	0	0	0	0	0	0	0	0	0	0
研究与咨询报告(篇)	合计	25	35	0	0	0	0	0	0	0	0	0	0	0	35	0	0	0
	其中:被采纳数	26	2	0	0	0	0	0	0	0	0	0	0	0	2	0	0	0

3.47 江苏财经职业技术学院人文、社会科学研究与课题成果来源情况表

		课题来源															
		合计	国家社科基金项目	国家社科基金单列学科项目	教育部人文社科研究项目	高校古籍整理研究项目	国家自然科学基金项目	中央其他部门社科专门项目	省、市、自治区社科基金项目	省教育厅社科项目	地、市、厅、局等政府部门项目	国际合作研究项目	与港、澳、台地区合作研究项目	企事业单位委托项目	学校社科项目	外资项目	其他
	编号	L01	L02	L03	L04	L05	L06	L07	L08	L09	L10	L11	L12	L13	L14	L15	L16
课题数(项)	1	165	0	0	0	0	0	1	1	40	17	0	0	27	79	0	0
当年投入人数(人年)	2	17.5	0	0	0	0	0	0.1	0.1	4.4	1.8	0	0	3.2	7.9	0	0
其中:研究生(人年)	3	0	0	0	0	0	0	0	0	0	0	0	0	0	0	0	0
当年拨入经费(千元)	4	349	0	0	0	0	0	0	0	102	61	0	0	132	54	0	0
其中:当年立项项目拨入经费(千元)	5	349	0	0	0	0	0	0	0	102	61	0	0	132	54	0	0
当年支出经费(千元)	6	352.97	0	0	0	0	0	7	23	119.4	43.67	0	0	96.9	63	0	0
当年新开课题数(项)	7	64	0	0	0	0	0	0	0	17	13	0	0	12	22	0	0
当年新开课题批准经费(千元)	8	349	0	0	0	0	0	0	0	102	61	0	0	132	54	0	0
当年完成课题数(项)	9	61	0	0	0	0	0	1	0	11	11	0	0	5	33	0	0

续表

			编号	课题来源															
				合计	国家社科基金项目	国家社科基金单列学科项目	教育部人文社科研究项目	高校古籍整理研究项目	国家自然科学基金项目	中央其他部门社科专门项目	省、市、自治区社科基金项目	省教育厅社科项目	地、市、厅、局等政府部门项目	国际合作研究项目	与港、澳、台地区合作研究项目	企事业单位委托项目	学校社科项目	外资项目	其他
			编号	L01	L02	L03	L04	L05	L06	L07	L08	L09	L10	L11	L12	L13	L14	L15	L16
出版著作(部)	合计		10	4	0	0	0	0	0	0	0	2	0	0	0	0	2	0	0
	专著	合计	11	3	0	0	0	0	0	0	0	1	0	0	0	0	2	0	0
		其中:被译成外文	12	0	0	0	0	0	0	0	0	0	0	0	0	0	0	0	0
	编著教材		13	1	0	0	0	0	0	0	0	1	0	0	0	0	0	0	0
	工具书参考书		14	0	0	0	0	0	0	0	0	0	0	0	0	0	0	0	0
	皮书/发展报告		15	0	0	0	0	0	0	0	0	0	0	0	0	0	0	0	0
	科普读物		16	0	0	0	0	0	0	0	0	0	0	0	0	0	0	0	0
古籍整理(部)			17	0	0	0	0	0	0	0	0	0	0	0	0	0	0	0	0
译著(部)			18	0	0	0	0	0	0	0	0	0	0	0	0	0	0	0	0
发表译文(篇)			19	0	0	0	0	0	0	0	0	0	0	0	0	0	0	0	0
电子出版物(件)			20	0	0	0	0	0	0	0	0	0	0	0	0	0	0	0	0
发表论文(篇)	合计		21	150	0	0	0	0	0	3	0	26	18	0	0	37	66	0	0
	国内学术刊物		22	150	0	0	0	0	0	3	0	26	18	0	0	37	66	0	0
	国外学术刊物		23	0	0	0	0	0	0	0	0	0	0	0	0	0	0	0	0
	港、澳、台地区刊物		24	0	0	0	0	0	0	0	0	0	0	0	0	0	0	0	0
研究与咨询报告(篇)	合计		25	6	0	0	0	0	0	0	0	1	4	0	0	1	0	0	0
	其中:被采纳数		26	3	0	0	0	0	0	0	0	0	2	0	0	1	0	0	0

3.48 扬州工业职业技术学院人文、社会科学研究与课题成果来源情况表

		课题来源															
		合计	国家社科基金项目	国家社科基金单列学科项目	教育部人文社科研究项目	高校古籍整理研究项目	国家自然科学基金项目	中央其他部门社科专门项目	省、市、自治区社科基金项目	省教育厅社科项目	地、市、厅、局等政府部门项目	国际合作研究项目	与港、澳、台地区合作研究项目	企事业单位委托项目	学校社科项目	外资项目	其他
	编号	L01	L02	L03	L04	L05	L06	L07	L08	L09	L10	L11	L12	L13	L14	L15	L16
课题数(项)	1	139	0	0	0	0	0	0	2	47	61	0	0	28	0	0	1
当年投入人数(人年)	2	16.6	0	0	0	0	0	0	0.3	5.9	6.2	0	0	4.1	0	0	0.1
其中:研究生(人年)	3	0	0	0	0	0	0	0	0	0	0	0	0	0	0	0	0
当年拨入经费(千元)	4	1 295.1	0	0	0	0	0	0	20	203	141	0	0	928.1	0	0	3
其中:当年立项项目拨入经费(千元)	5	1 295.1	0	0	0	0	0	0	20	203	141	0	0	928.1	0	0	3
当年支出经费(千元)	6	1 174.3	0	0	0	0	0	0	22	128.3	94.4	0	0	928.1	0	0	1.5
当年新开课题数(项)	7	110	0	0	0	0	0	0	1	20	60	0	0	28	0	0	1
当年新开课题批准经费(千元)	8	1 308.1	0	0	0	0	0	0	20	203	154	0	0	928.1	0	0	3
当年完成课题数(项)	9	90	0	0	0	0	0	0	0	14	48	0	0	28	0	0	0

续表

			编号	课题来源															
				合计	国家社科基金项目	国家社科基金单列学科项目	教育部人文社科研究项目	高校古籍整理研究项目	国家自然科学基金项目	中央其他部门社科专门项目	省、市、自治区社科基金项目	省教育厅社科项目	地、市、厅、局等政府部门项目	国际合作研究项目	与港、澳、台地区合作研究项目	企事业单位委托项目	学校社科项目	外资项目	其他
				L01	L02	L03	L04	L05	L06	L07	L08	L09	L10	L11	L12	L13	L14	L15	L16
出版著作(部)	合计		10	2	0	0	0	0	0	0	0	1	1	0	0	0	0	0	0
	专著	合计	11	2	0	0	0	0	0	0	0	1	1	0	0	0	0	0	0
		其中:被译成外文	12	0	0	0	0	0	0	0	0	0	0	0	0	0	0	0	0
	编著教材		13	0	0	0	0	0	0	0	0	0	0	0	0	0	0	0	0
	工具书参考书		14	0	0	0	0	0	0	0	0	0	0	0	0	0	0	0	0
	皮书/发展报告		15	0	0	0	0	0	0	0	0	0	0	0	0	0	0	0	0
	科普读物		16	0	0	0	0	0	0	0	0	0	0	0	0	0	0	0	0
古籍整理(部)			17	0	0	0	0	0	0	0	0	0	0	0	0	0	0	0	0
译著(部)			18	0	0	0	0	0	0	0	0	0	0	0	0	0	0	0	0
发表译文(篇)			19	0	0	0	0	0	0	0	0	0	0	0	0	0	0	0	0
电子出版物(件)			20	0	0	0	0	0	0	0	0	0	0	0	0	0	0	0	0
发表论文(篇)	合计		21	86	0	0	0	0	0	0	2	40	34	0	0	9	0	0	1
	国内学术刊物		22	86	0	0	0	0	0	0	2	40	34	0	0	9	0	0	1
	国外学术刊物		23	0	0	0	0	0	0	0	0	0	0	0	0	0	0	0	0
	港、澳、台地区刊物		24	0	0	0	0	0	0	0	0	0	0	0	0	0	0	0	0
研究与咨询报告(篇)	合计		25	20	0	0	0	0	0	0	0	0	0	0	0	20	0	0	0
	其中:被采纳数		26	18	0	0	0	0	0	0	0	0	0	0	0	18	0	0	0

3.49 江苏城市职业学院人文、社会科学研究与课题成果来源情况表

		课题来源															
		合计	国家社科基金项目	国家社科基金单列学科项目	教育部人文社科研究项目	高校古籍整理研究项目	国家自然科学基金项目	中央其他部门社科专门项目	省、市、自治区社科基金项目	省教育厅社科项目	地、市、厅、局等政府部门项目	国际合作研究项目	与港、澳、台地区合作研究项目	企事业单位委托项目	学校社科项目	外资项目	其他
	编号	L01	L02	L03	L04	L05	L06	L07	L08	L09	L10	L11	L12	L13	L14	L15	L16
课题数(项)	1	207	0	0	2	0	0	1	17	69	6	0	0	8	104	0	0
当年投入人数(人年)	2	74.6	0	0	0.6	0	0	0.2	7.4	27.5	1.4	0	0	1.9	35.6	0	0
其中:研究生(人年)	3	0	0	0	0	0	0	0	0	0	0	0	0	0	0	0	0
当年拨入经费(千元)	4	1 177	0	0	60	0	0	0	100	637	30	0	0	60	290	0	0
其中:当年立项项目拨入经费(千元)	5	1 137	0	0	60	0	0	0	100	597	30	0	0	60	290	0	0
当年支出经费(千元)	6	870.9	0	0	43.4	0	0	4	103.9	378.32	19	0	0	35	287.28	0	0
当年新开课题数(项)	7	79	0	0	2	0	0	0	2	42	2	0	0	3	28	0	0
当年新开课题批准经费(千元)	8	2 105	0	0	180	0	0	0	100	1 155	30	0	0	60	580	0	0
当年完成课题数(项)	9	26	0	0	0	0	0	0	3	10	2	0	0	0	11	0	0

续表

			编号	课题来源 合计	国家社科基金项目	国家社科基金单列学科项目	教育部人文社科研究项目	高校古籍整理研究项目	国家自然科学基金项目	中央其他部门社科专门项目	省、市、自治区社科基金项目	省教育厅社科项目	地、市、厅、局等政府部门项目	国际合作研究项目	与港、澳、台地区合作研究项目	企事业单位委托项目	学校社科项目	外资项目	其他
				L01	L02	L03	L04	L05	L06	L07	L08	L09	L10	L11	L12	L13	L14	L15	L16
出版著作(部)	合计		10	3	0	0	0	0	0	1	0	0	0	0	0	0	2	0	0
	专著	合计	11	3	0	0	0	0	0	1	0	0	0	0	0	0	2	0	0
		其中:被译成外文	12	0	0	0	0	0	0	0	0	0	0	0	0	0	0	0	0
	编著教材		13	0	0	0	0	0	0	0	0	0	0	0	0	0	0	0	0
	工具书参考书		14	0	0	0	0	0	0	0	0	0	0	0	0	0	0	0	0
	皮书/发展报告		15	0	0	0	0	0	0	0	0	0	0	0	0	0	0	0	0
	科普读物		16	0	0	0	0	0	0	0	0	0	0	0	0	0	0	0	0
古籍整理(部)			17	0	0	0	0	0	0	0	0	0	0	0	0	0	0	0	0
译著(部)			18	0	0	0	0	0	0	0	0	0	0	0	0	0	0	0	0
发表译文(篇)			19	0	0	0	0	0	0	0	0	0	0	0	0	0	0	0	0
电子出版物(件)			20	0	0	0	0	0	0	0	0	0	0	0	0	0	0	0	0
发表论文(篇)	合计		21	119	0	0	1	0	0	0	9	42	8	0	0	1	58	0	0
	国内学术刊物		22	117	0	0	1	0	0	0	9	42	8	0	0	1	56	0	0
	国外学术刊物		23	0	0	0	0	0	0	0	0	0	0	0	0	0	0	0	0
	港、澳、台地区刊物		24	2	0	0	0	0	0	0	0	0	0	0	0	0	2	0	0
研究与咨询报告(篇)	合计		25	1	0	0	0	0	0	0	0	0	0	0	0	0	1	0	0
	其中:被采纳数		26	0	0	0	0	0	0	0	0	0	0	0	0	0	0	0	0

3.50 南京城市职业学院人文、社会科学研究与课题成果来源情况表

		课题来源															
		合计	国家社科基金项目	国家社科基金单列学科项目	教育部人文社科研究项目	高校古籍整理研究项目	国家自然科学基金项目	中央其他部门社科专门项目	省、市、自治区社科基金项目	省教育厅社科项目	地、市、厅、局等政府部门项目	国际合作研究项目	与港、澳、台地区合作研究项目	企事业单位委托项目	学校社科项目	外资项目	其他
	编号	L01	L02	L03	L04	L05	L06	L07	L08	L09	L10	L11	L12	L13	L14	L15	L16
课题数(项)	1	84	0	0	0	0	0	0	1	28	0	0	0	0	55	0	0
当年投入人数(人年)	2	10	0	0	0	0	0	0	0.4	3.5	0	0	0	0	6.1	0	0
其中:研究生(人年)	3	0	0	0	0	0	0	0	0	0	0	0	0	0	0	0	0
当年拨入经费(千元)	4	170.6	0	0	0	0	0	0	0	101.6	0	0	0	0	69	0	0
其中:当年立项项目拨入经费(千元)	5	153	0	0	0	0	0	0	0	84	0	0	0	0	69	0	0
当年支出经费(千元)	6	8.6	0	0	0	0	0	0	0	8.6	0	0	0	0	0	0	0
当年新开课题数(项)	7	63	0	0	0	0	0	0	0	14	0	0	0	0	49	0	0
当年新开课题批准经费(千元)	8	255	0	0	0	0	0	0	0	140	0	0	0	0	115	0	0
当年完成课题数(项)	9	7	0	0	0	0	0	0	0	7	0	0	0	0	0	0	0

续表

			课题来源															
			合计	国家社科基金项目	国家社科基金单列学科项目	教育部人文社科研究项目	高校古籍整理研究项目	国家自然科学基金项目	中央其他部门社科专门项目	省、市、自治区社科基金项目	省教育厅社科项目	地、市、厅、局等政府部门项目	国际合作研究项目	与港、澳、台地区合作研究项目	企事业单位委托项目	学校社科项目	外资项目	其他
		编号	L01	L02	L03	L04	L05	L06	L07	L08	L09	L10	L11	L12	L13	L14	L15	L16
出版著作（部）	合计	10	0	0	0	0	0	0	0	0	0	0	0	0	0	0	0	0
	专著 合计	11	0	0	0	0	0	0	0	0	0	0	0	0	0	0	0	0
	专著 其中：被译成外文	12	0	0	0	0	0	0	0	0	0	0	0	0	0	0	0	0
	编著教材	13	0	0	0	0	0	0	0	0	0	0	0	0	0	0	0	0
	工具书参考书	14	0	0	0	0	0	0	0	0	0	0	0	0	0	0	0	0
	皮书/发展报告	15	0	0	0	0	0	0	0	0	0	0	0	0	0	0	0	0
	科普读物	16	0	0	0	0	0	0	0	0	0	0	0	0	0	0	0	0
古籍整理（部）		17	0	0	0	0	0	0	0	0	0	0	0	0	0	0	0	0
译著（部）		18	0	0	0	0	0	0	0	0	0	0	0	0	0	0	0	0
发表译文（篇）		19	0	0	0	0	0	0	0	0	0	0	0	0	0	0	0	0
电子出版物（件）		20	0	0	0	0	0	0	0	0	0	0	0	0	0	0	0	0
发表论文（篇）	合计	21	19	0	0	0	0	0	0	2	7	0	0	0	0	10	0	0
	国内学术刊物	22	19	0	0	0	0	0	0	2	7	0	0	0	0	10	0	0
	国外学术刊物	23	0	0	0	0	0	0	0	0	0	0	0	0	0	0	0	0
	港、澳、台地区刊物	24	0	0	0	0	0	0	0	0	0	0	0	0	0	0	0	0
研究与咨询报告（篇）	合计	25	5	0	0	0	0	0	0	0	5	0	0	0	0	0	0	0
	其中：被采纳数	26	1	0	0	0	0	0	0	0	1	0	0	0	0	0	0	0

3.51 南京机电职业技术学院人文、社会科学研究与课题成果来源情况表

		课题来源															
		合计	国家社科基金项目	国家社科基金单列学科项目	教育部人文社科研究项目	高校古籍整理研究项目	国家自然科学基金项目	中央其他部门社科专门项目	省、市、自治区社科基金项目	省教育厅社科项目	地、市、厅、局等政府部门项目	国际合作研究项目	与港、澳、台地区合作研究项目	企事业单位委托项目	学校社科项目	外资项目	其他
	编号	L01	L02	L03	L04	L05	L06	L07	L08	L09	L10	L11	L12	L13	L14	L15	L16
课题数(项)	1	102	0	0	0	0	0	0	0	23	0	0	0	3	61	0	15
当年投入人数(人年)	2	15.2	0	0	0	0	0	0	0	6.1	0	0	0	0.4	6.9	0	1.8
其中:研究生(人年)	3	0	0	0	0	0	0	0	0	0	0	0	0	0	0	0	0
当年拨入经费(千元)	4	171	0	0	0	0	0	0	0	124	0	0	0	2	0	0	45
其中:当年立项项目拨入经费(千元)	5	171	0	0	0	0	0	0	0	124	0	0	0	2	0	0	45
当年支出经费(千元)	6	250	0	0	0	0	0	0	0	68.5	0	0	0	34	127	0	20.5
当年新开课题数(项)	7	53	0	0	0	0	0	0	0	13	0	0	0	1	28	0	11
当年新开课题批准经费(千元)	8	306	0	0	0	0	0	0	0	124	0	0	0	2	91	0	89
当年完成课题数(项)	9	32	0	0	0	0	0	0	0	1	0	0	0	3	27	0	1

续表

	编号	课题来源：合计	国家社科基金项目	国家社科基金单列学科项目	教育部人文社科研究项目	高校古籍整理研究项目	国家自然科学基金项目	中央其他部门社科专门项目	省、市、自治区社科基金项目	省教育厅社科项目	地、市、厅、局等政府部门项目	国际合作研究项目	与港、澳、台地区合作研究项目	企事业单位委托项目	学校社科项目	外资项目	其他
		L01	L02	L03	L04	L05	L06	L07	L08	L09	L10	L11	L12	L13	L14	L15	L16
出版著作(部) 合计	10	0	0	0	0	0	0	0	0	0	0	0	0	0	0	0	0
出版著作(部) 专著 合计	11	0	0	0	0	0	0	0	0	0	0	0	0	0	0	0	0
出版著作(部) 专著 其中：被译成外文	12	0	0	0	0	0	0	0	0	0	0	0	0	0	0	0	0
出版著作(部) 编著教材	13	0	0	0	0	0	0	0	0	0	0	0	0	0	0	0	0
出版著作(部) 工具书参考书	14	0	0	0	0	0	0	0	0	0	0	0	0	0	0	0	0
出版著作(部) 皮书/发展报告	15	0	0	0	0	0	0	0	0	0	0	0	0	0	0	0	0
出版著作(部) 科普读物	16	0	0	0	0	0	0	0	0	0	0	0	0	0	0	0	0
古籍整理(部)	17	0	0	0	0	0	0	0	0	0	0	0	0	0	0	0	0
译著(部)	18	0	0	0	0	0	0	0	0	0	0	0	0	0	0	0	0
发表译文(篇)	19	0	0	0	0	0	0	0	0	0	0	0	0	0	0	0	0
电子出版物(件)	20	0	0	0	0	0	0	0	0	0	0	0	0	0	0	0	0
发表论文(篇) 合计	21	38	0	0	0	0	0	0	0	3	0	0	0	3	31	0	1
发表论文(篇) 国内学术刊物	22	38	0	0	0	0	0	0	0	3	0	0	0	3	31	0	1
发表论文(篇) 国外学术刊物	23	0	0	0	0	0	0	0	0	0	0	0	0	0	0	0	0
发表论文(篇) 港、澳、台地区刊物	24	0	0	0	0	0	0	0	0	0	0	0	0	0	0	0	0
研究与咨询报告(篇) 合计	25	0	0	0	0	0	0	0	0	0	0	0	0	0	0	0	0
研究与咨询报告(篇) 其中：被采纳数	26	0	0	0	0	0	0	0	0	0	0	0	0	0	0	0	0

3.52 南京旅游职业学院人文、社会科学研究与课题成果来源情况表

		课题来源															
		合计	国家社科基金项目	国家社科基金单列学科项目	教育部人文社科研究项目	高校古籍整理研究项目	国家自然科学基金项目	中央其他部门社科专门项目	省、市、自治区社科基金项目	省教育厅社科项目	地、市、厅、局等政府部门项目	国际合作研究项目	与港、澳、台地区合作研究项目	企事业单位委托项目	学校社科项目	外资项目	其他
	编号	L01	L02	L03	L04	L05	L06	L07	L08	L09	L10	L11	L12	L13	L14	L15	L16
课题数(项)	1	120	2	0	0	0	0	1	2	48	12	0	0	13	33	0	9
当年投入人数(人年)	2	16.2	0.4	0	0	0	0	0	0.5	6.7	2.1	0	0	2.3	3.4	0	0.8
其中:研究生(人年)	3	0	0	0	0	0	0	0	0	0	0	0	0	0	0	0	0
当年拨入经费(千元)	4	62	0	0	0	0	0	0	4	35	0	0	0	0	19	0	4
其中:当年立项项目拨入经费(千元)	5	50	0	0	0	0	0	0	4	35	0	0	0	0	11	0	0
当年支出经费(千元)	6	213.81	120	0	0	0	0	0	2	13.73	1.29	0	0	60.14	12.66	0	3.99
当年新开课题数(项)	7	37	0	0	0	0	0	0	1	18	1	0	0	0	15	0	2
当年新开课题批准经费(千元)	8	327.4	0	0	0	0	0	0	12	155.4	5	0	0	0	105	0	50
当年完成课题数(项)	9	29	0	0	0	0	0	1	1	9	3	0	0	4	7	0	4

续表

			编号	合计	国家社科基金项目	国家社科基金单列学科项目	教育部人文社科研究项目	高校古籍整理研究项目	国家自然科学基金项目	中央其他部门社科专门项目	省、市、自治区社科基金项目	省教育厅社科项目	地、市、厅、局等政府部门项目	国际合作研究项目	与港、澳、台地区合作研究项目	企事业单位委托项目	学校社科项目	外资项目	其他
				课题来源															
				L01	L02	L03	L04	L05	L06	L07	L08	L09	L10	L11	L12	L13	L14	L15	L16
出版著作（部）	合计		10	2	0	0	0	0	0	1	0	0	0	0	0	0	0	0	1
	专著	合计	11	0	0	0	0	0	0	0	0	0	0	0	0	0	0	0	0
		其中：被译成外文	12	0	0	0	0	0	0	0	0	0	0	0	0	0	0	0	0
	编著教材		13	1	0	0	0	0	0	0	0	0	0	0	0	0	0	0	1
	工具书参考书		14	0	0	0	0	0	0	0	0	0	0	0	0	0	0	0	0
	皮书/发展报告		15	1	0	0	0	0	0	1	0	0	0	0	0	0	0	0	0
	科普读物		16	0	0	0	0	0	0	0	0	0	0	0	0	0	0	0	0
古籍整理（部）			17	0	0	0	0	0	0	0	0	0	0	0	0	0	0	0	0
译著（部）			18	0	0	0	0	0	0	0	0	0	0	0	0	0	0	0	0
发表译文（篇）			19	0	0	0	0	0	0	0	0	0	0	0	0	0	0	0	0
电子出版物（件）			20	0	0	0	0	0	0	0	0	0	0	0	0	0	0	0	0
发表论文（篇）	合计		21	62	0	0	0	0	0	0	1	15	4	0	0	6	14	0	22
	国内学术刊物		22	61	0	0	0	0	0	0	1	15	4	0	0	6	13	0	22
	国外学术刊物		23	1	0	0	0	0	0	0	0	0	0	0	0	0	1	0	0
	港、澳、台地区刊物		24	0	0	0	0	0	0	0	0	0	0	0	0	0	0	0	0
研究与咨询报告（篇）	合计		25	0	0	0	0	0	0	0	0	0	0	0	0	0	0	0	0
	其中：被采纳数		26	0	0	0	0	0	0	0	0	0	0	0	0	0	0	0	0

3.53 江苏卫生健康职业学院人文、社会科学研究与课题成果来源情况表

		课题来源															
		合计	国家社科基金项目	国家社科基金单列学科项目	教育部人文社科研究项目	高校古籍整理研究项目	国家自然科学基金项目	中央其他部门社科专门项目	省、市、自治区社科基金项目	省教育厅社科项目	地、市、厅、局等政府部门项目	国际合作研究项目	与港、澳、台地区合作研究项目	企事业单位委托项目	学校社科项目	外资项目	其他
	编号	L01	L02	L03	L04	L05	L06	L07	L08	L09	L10	L11	L12	L13	L14	L15	L16
课题数(项)	1	110	0	0	0	0	0	0	6	24	16	0	0	3	61	0	0
当年投入人数(人年)	2	24.4	0	0	0	0	0	0	0.9	5.4	4.7	0	0	0.9	12.5	0	0
其中:研究生(人年)	3	0	0	0	0	0	0	0	0	0	0	0	0	0	0	0	0
当年拨入经费(千元)	4	282.5	0	0	0	0	0	0	18	150	8	0	0	0	106.5	0	0
其中:当年立项项目拨入经费(千元)	5	282.5	0	0	0	0	0	0	18	150	8	0	0	0	106.5	0	0
当年支出经费(千元)	6	199.05	0	0	0	0	0	0	22.75	58.1	35.7	0	0	6	76.5	0	0
当年新开课题数(项)	7	45	0	0	0	0	0	0	3	15	1	0	0	0	26	0	0
当年新开课题批准经费(千元)	8	294.5	0	0	0	0	0	0	30	150	8	0	0	0	106.5	0	0
当年完成课题数(项)	9	35	0	0	0	0	0	0	2	5	8	0	0	3	17	0	0

续表

				课题来源															
				合计	国家社科基金项目	国家社科基金单列学科项目	教育部人文社科研究项目	高校古籍整理研究项目	国家自然科学基金项目	中央其他部门社科专门项目	省、市、自治区社科基金项目	省教育厅社科项目	地、市、厅、局等政府部门项目	国际合作研究项目	与港、澳、台地区合作研究项目	企事业单位委托项目	学校社科项目	外资项目	其他
			编号	L01	L02	L03	L04	L05	L06	L07	L08	L09	L10	L11	L12	L13	L14	L15	L16
出版著作(部)	合计		10	0	0	0	0	0	0	0	0	0	0	0	0	0	0	0	0
	专著	合计	11	0	0	0	0	0	0	0	0	0	0	0	0	0	0	0	0
		其中:被译成外文	12	0	0	0	0	0	0	0	0	0	0	0	0	0	0	0	0
	编著教材		13	0	0	0	0	0	0	0	0	0	0	0	0	0	0	0	0
	工具书参考书		14	0	0	0	0	0	0	0	0	0	0	0	0	0	0	0	0
	皮书/发展报告		15	0	0	0	0	0	0	0	0	0	0	0	0	0	0	0	0
	科普读物		16	0	0	0	0	0	0	0	0	0	0	0	0	0	0	0	0
古籍整理(部)			17	0	0	0	0	0	0	0	0	0	0	0	0	0	0	0	0
译著(部)			18	0	0	0	0	0	0	0	0	0	0	0	0	0	0	0	0
发表译文(篇)			19	0	0	0	0	0	0	0	0	0	0	0	0	0	0	0	0
电子出版物(件)			20	0	0	0	0	0	0	0	0	0	0	0	0	0	0	0	0
发表论文(篇)	合计		21	58	0	0	0	0	0	0	5	15	11	0	0	0	27	0	0
	国内学术刊物		22	58	0	0	0	0	0	0	5	15	11	0	0	0	27	0	0
	国外学术刊物		23	0	0	0	0	0	0	0	0	0	0	0	0	0	0	0	0
	港、澳、台地区刊物		24	0	0	0	0	0	0	0	0	0	0	0	0	0	0	0	0
研究与咨询报告(篇)	合计		25	3	0	0	0	0	0	0	0	0	0	0	0	3	0	0	0
	其中:被采纳数		26	2	0	0	0	0	0	0	0	0	0	0	0	2	0	0	0

3.54 苏州信息职业技术学院人文、社会科学研究与课题成果来源情况表

		课题来源															
		合计	国家社科基金项目	国家社科基金单列学科项目	教育部人文社科研究项目	高校古籍整理研究项目	国家自然科学基金项目	中央其他部门社科专门项目	省、市、自治区社科基金项目	省教育厅社科项目	地、市、厅、局等政府部门项目	国际合作研究项目	与港、澳、台地区合作研究项目	企事业单位委托项目	学校社科项目	外资项目	其他
	编号	L01	L02	L03	L04	L05	L06	L07	L08	L09	L10	L11	L12	L13	L14	L15	L16
课题数(项)	1	19	0	0	0	0	0	0	1	12	5	0	0	1	0	0	0
当年投入人数(人年)	2	3.4	0	0	0	0	0	0	0.3	2	0.9	0	0	0.2	0	0	0
其中:研究生(人年)	3	0	0	0	0	0	0	0	0	0	0	0	0	0	0	0	0
当年拨入经费(千元)	4	68	0	0	0	0	0	0	0	50	16	0	0	2	0	0	0
其中:当年立项项目拨入经费(千元)	5	68	0	0	0	0	0	0	0	50	16	0	0	2	0	0	0
当年支出经费(千元)	6	29.7	0	0	0	0	0	0	2.1	20.7	4.9	0	0	2	0	0	0
当年新开课题数(项)	7	8	0	0	0	0	0	0	0	5	2	0	0	1	0	0	0
当年新开课题批准经费(千元)	8	68	0	0	0	0	0	0	0	50	16	0	0	2	0	0	0
当年完成课题数(项)	9	7	0	0	0	0	0	0	0	3	3	0	0	1	0	0	0

续表

		编号	合计	国家社科基金项目	国家社科基金单列学科项目	教育部人文社科研究项目	高校古籍整理研究项目	国家自然科学基金项目	中央其他部门社科专门项目	省、市、自治区社科基金项目	省教育厅社科项目	地、市、厅、局等政府部门项目	国际合作研究项目	与港、澳、台地区合作研究项目	企事业单位委托项目	学校社科项目	外资项目	其他
			课题来源															
			L01	L02	L03	L04	L05	L06	L07	L08	L09	L10	L11	L12	L13	L14	L15	L16
出版著作（部）	合计	10	0	0	0	0	0	0	0	0	0	0	0	0	0	0	0	0
	专著 合计	11	0	0	0	0	0	0	0	0	0	0	0	0	0	0	0	0
	专著 其中：被译成外文	12	0	0	0	0	0	0	0	0	0	0	0	0	0	0	0	0
	编著教材	13	0	0	0	0	0	0	0	0	0	0	0	0	0	0	0	0
	工具书 参考书	14	0	0	0	0	0	0	0	0	0	0	0	0	0	0	0	0
	皮书/发展报告	15	0	0	0	0	0	0	0	0	0	0	0	0	0	0	0	0
	科普读物	16	0	0	0	0	0	0	0	0	0	0	0	0	0	0	0	0
古籍整理（部）		17	0	0	0	0	0	0	0	0	0	0	0	0	0	0	0	0
译著（部）		18	0	0	0	0	0	0	0	0	0	0	0	0	0	0	0	0
发表译文（篇）		19	0	0	0	0	0	0	0	0	0	0	0	0	0	0	0	0
电子出版物（件）		20	0	0	0	0	0	0	0	0	0	0	0	0	0	0	0	0
发表论文（篇）	合计	21	10	0	0	0	0	0	0	0	7	3	0	0	0	0	0	0
	国内学术刊物	22	10	0	0	0	0	0	0	0	7	3	0	0	0	0	0	0
	国外学术刊物	23	0	0	0	0	0	0	0	0	0	0	0	0	0	0	0	0
	港、澳、台地区刊物	24	0	0	0	0	0	0	0	0	0	0	0	0	0	0	0	0
研究与咨询报告（篇）	合计	25	1	0	0	0	0	0	0	0	0	0	0	0	1	0	0	0
	其中：被采纳数	26	1	0	0	0	0	0	0	0	0	0	0	0	1	0	0	0

3.55 苏州工业园区服务外包职业学院人文、社会科学研究与课题成果来源情况表

		课题来源															
		合计	国家社科基金项目	国家社科基金单列学科项目	教育部人文社科研究项目	高校古籍整理研究项目	国家自然科学基金项目	中央其他部门社科专门项目	省、市、自治区社科基金项目	省教育厅社科项目	地、市、厅、局等政府部门项目	国际合作研究项目	与港、澳、台地区合作研究项目	企事业单位委托项目	学校社科项目	外资项目	其他
	编号	L01	L02	L03	L04	L05	L06	L07	L08	L09	L10	L11	L12	L13	L14	L15	L16
课题数(项)	1	146	0	0	0	0	0	0	0	31	28	0	0	53	34	0	0
当年投入人数(人年)	2	27.7	0	0	0	0	0	0	0	7.3	5.9	0	0	6.5	8	0	0
其中:研究生(人年)	3	0	0	0	0	0	0	0	0	0	0	0	0	0	0	0	0
当年拨入经费(千元)	4	2 698.71	0	0	0	0	0	0	0	215	190	0	0	2 268.71	25	0	0
其中:当年立项项目拨入经费(千元)	5	2 698.71	0	0	0	0	0	0	0	215	190	0	0	2 268.71	25	0	0
当年支出经费(千元)	6	2 604.76	0	0	0	0	0	0	0	184	195.2	0	0	2 111.87	113.69	0	0
当年新开课题数(项)	7	103	0	0	0	0	0	0	0	21	22	0	0	53	7	0	0
当年新开课题批准经费(千元)	8	2 713.71	0	0	0	0	0	0	0	230	190	0	0	2 268.71	25	0	0
当年完成课题数(项)	9	83	0	0	0	0	0	0	0	8	13	0	0	47	15	0	0

续表

				课题来源															
				合计	国家社科基金项目	国家社科基金单列学科项目	教育部人文社科研究项目	高校古籍整理研究项目	国家自然科学基金项目	中央其他部门社科专门项目	省、市、自治区社科基金项目	省教育厅社科项目	地、市、厅、局等政府部门项目	国际合作研究项目	与港、澳、台地区合作研究项目	企事业单位委托项目	学校社科项目	外资项目	其他
			编号	L01	L02	L03	L04	L05	L06	L07	L08	L09	L10	L11	L12	L13	L14	L15	L16
出版著作(部)	合计		10	0	0	0	0	0	0	0	0	0	0	0	0	0	0	0	0
	专著	合计	11	0	0	0	0	0	0	0	0	0	0	0	0	0	0	0	0
		其中:被译成外文	12	0	0	0	0	0	0	0	0	0	0	0	0	0	0	0	0
	编著教材		13	0	0	0	0	0	0	0	0	0	0	0	0	0	0	0	0
	工具书参考书		14	0	0	0	0	0	0	0	0	0	0	0	0	0	0	0	0
	皮书/发展报告		15	0	0	0	0	0	0	0	0	0	0	0	0	0	0	0	0
	科普读物		16	0	0	0	0	0	0	0	0	0	0	0	0	0	0	0	0
古籍整理(部)			17	0	0	0	0	0	0	0	0	0	0	0	0	0	0	0	0
译著(部)			18	0	0	0	0	0	0	0	0	0	0	0	0	0	0	0	0
发表译文(篇)			19	0	0	0	0	0	0	0	0	0	0	0	0	0	0	0	0
电子出版物(件)			20	0	0	0	0	0	0	0	0	0	0	0	0	0	0	0	0
发表论文(篇)	合计		21	68	0	0	0	0	0	0	10	28	10	0	0	0	20	0	0
	国内学术刊物		22	68	0	0	0	0	0	0	10	28	10	0	0	0	20	0	0
	国外学术刊物		23	0	0	0	0	0	0	0	0	0	0	0	0	0	0	0	0
	港、澳、台地区刊物		24	0	0	0	0	0	0	0	0	0	0	0	0	0	0	0	0
研究与咨询报告(篇)	合计		25	52	0	0	0	0	0	0	0	0	0	0	0	52	0	0	0
	其中:被采纳数		26	52	0	0	0	0	0	0	0	0	0	0	0	52	0	0	0

3.56 徐州幼儿师范高等专科学校人文、社会科学研究与课题成果来源情况表

		课题来源															
		合计	国家社科基金项目	国家社科基金单列学科项目	教育部人文社科研究项目	高校古籍整理研究项目	国家自然科学基金项目	中央其他部门社科专门项目	省、市、自治区社科基金项目	省教育厅社科项目	地、市、厅、局等政府部门项目	国际合作研究项目	与港、澳、台地区合作研究项目	企事业单位委托项目	学校社科项目	外资项目	其他
	编号	L01	L02	L03	L04	L05	L06	L07	L08	L09	L10	L11	L12	L13	L14	L15	L16
课题数(项)	1	90	0	0	2	0	0	1	0	36	42	0	0	0	9	0	0
当年投入人数(人年)	2	18.1	0	0	0.7	0	0	0.2	0	8.7	7.6	0	0	0	0.9	0	0
其中:研究生(人年)	3	0	0	0	0	0	0	0	0	0	0	0	0	0	0	0	0
当年拨入经费(千元)	4	295	0	0	45	0	0	0	0	130	105	0	0	0	15	0	0
其中:当年立项项目拨入经费(千元)	5	275	0	0	25	0	0	0	0	130	105	0	0	0	15	0	0
当年支出经费(千元)	6	255.35	0	0	43	0	0	10	0	101	93.85	0	0	0	7.5	0	0
当年新开课题数(项)	7	44	0	0	1	0	0	0	0	13	21	0	0	0	9	0	0
当年新开课题批准经费(千元)	8	330	0	0	80	0	0	0	0	130	105	0	0	0	15	0	0
当年完成课题数(项)	9	23	0	0	0	0	0	1	0	4	18	0	0	0	0	0	0

续表

			课题来源															
			合计	国家社科基金项目	国家社科基金单列学科项目	教育部人文社科研究项目	高校古籍整理研究项目	国家自然科学基金项目	中央其他部门社科专门项目	省、市、自治区社科基金项目	省教育厅社科项目	地、市、厅、局等政府部门项目	国际合作研究项目	与港、澳、台地区合作研究项目	企事业单位委托项目	学校社科项目	外资项目	其他
		编号	L01	L02	L03	L04	L05	L06	L07	L08	L09	L10	L11	L12	L13	L14	L15	L16
出版著作(部)	合计	10	3	0	0	0	0	0	0	0	0	3	0	0	0	0	0	0
	专著 合计	11	0	0	0	0	0	0	0	0	0	0	0	0	0	0	0	0
	专著 其中:被译成外文	12	0	0	0	0	0	0	0	0	0	0	0	0	0	0	0	0
	编著教材	13	3	0	0	0	0	0	0	0	0	3	0	0	0	0	0	0
	工具书参考书	14	0	0	0	0	0	0	0	0	0	0	0	0	0	0	0	0
	皮书/发展报告	15	0	0	0	0	0	0	0	0	0	0	0	0	0	0	0	0
	科普读物	16	0	0	0	0	0	0	0	0	0	0	0	0	0	0	0	0
古籍整理(部)		17	0	0	0	0	0	0	0	0	0	0	0	0	0	0	0	0
译著(部)		18	0	0	0	0	0	0	0	0	0	0	0	0	0	0	0	0
发表译文(篇)		19	0	0	0	0	0	0	0	0	0	0	0	0	0	0	0	0
电子出版物(件)		20	0	0	0	0	0	0	0	0	0	0	0	0	0	0	0	0
发表论文(篇)	合计	21	84	0	0	2	0	0	0	4	35	25	0	0	0	18	0	0
	国内学术刊物	22	84	0	0	2	0	0	0	4	35	25	0	0	0	18	0	0
	国外学术刊物	23	0	0	0	0	0	0	0	0	0	0	0	0	0	0	0	0
	港、澳、台地区刊物	24	0	0	0	0	0	0	0	0	0	0	0	0	0	0	0	0
研究与咨询报告(篇)	合计	25	0	0	0	0	0	0	0	0	0	0	0	0	0	0	0	0
	其中:被采纳数	26	0	0	0	0	0	0	0	0	0	0	0	0	0	0	0	0

3.57 徐州生物工程职业技术学院人文、社会科学研究与课题成果来源情况表

		课题来源															
		合计	国家社科基金项目	国家社科基金单列学科项目	教育部人文社科研究项目	高校古籍整理研究项目	国家自然科学基金项目	中央其他部门社科专门项目	省、市、自治区社科基金项目	省教育厅社科项目	地、市、厅、局等政府部门项目	国际合作研究项目	与港、澳、台地区合作研究项目	企事业单位委托项目	学校社科项目	外资项目	其他
	编号	L01	L02	L03	L04	L05	L06	L07	L08	L09	L10	L11	L12	L13	L14	L15	L16
课题数(项)	1	50	0	0	0	0	0	1	7	5	11	0	0	0	26	0	0
当年投入人数(人年)	2	5	0	0	0	0	0	0.1	0.7	0.5	1.1	0	0	0	2.6	0	0
其中:研究生(人年)	3	0	0	0	0	0	0	0	0	0	0	0	0	0	0	0	0
当年拨入经费(千元)	4	21	0	0	0	0	0	3	8	0	0	0	0	0	10	0	0
其中:当年立项项目拨入经费(千元)	5	21	0	0	0	0	0	3	8	0	0	0	0	0	10	0	0
当年支出经费(千元)	6	51.7	0	0	0	0	0	1	1.7	0	15.3	0	0	0	33.7	0	0
当年新开课题数(项)	7	16	0	0	0	0	0	1	7	5	1	0	0	0	2	0	0
当年新开课题批准经费(千元)	8	23	0	0	0	0	0	3	10	0	0	0	0	0	10	0	0
当年完成课题数(项)	9	13	0	0	0	0	0	0	5	0	0	0	0	0	8	0	0

续表

			编号	课题来源															
				合计	国家社科基金项目	国家社科基金单列学科项目	教育部人文社科研究项目	高校古籍整理研究项目	国家自然科学基金项目	中央其他部门社科专门项目	省、市、自治区社科基金项目	省教育厅社科项目	地、市、厅、局等政府部门项目	国际合作研究项目	与港、澳、台地区合作研究项目	企事业单位委托项目	学校社科项目	外资项目	其他
				L01	L02	L03	L04	L05	L06	L07	L08	L09	L10	L11	L12	L13	L14	L15	L16
出版著作(部)	合计		10	1	0	0	0	0	0	0	0	0	1	0	0	0	0	0	0
	专著	合计	11	0	0	0	0	0	0	0	0	0	0	0	0	0	0	0	0
		其中:被译成外文	12	0	0	0	0	0	0	0	0	0	0	0	0	0	0	0	0
	编著教材		13	1	0	0	0	0	0	0	0	0	1	0	0	0	0	0	0
	工具书参考书		14	0	0	0	0	0	0	0	0	0	0	0	0	0	0	0	0
	皮书/发展报告		15	0	0	0	0	0	0	0	0	0	0	0	0	0	0	0	0
	科普读物		16	0	0	0	0	0	0	0	0	0	0	0	0	0	0	0	0
古籍整理(部)			17	0	0	0	0	0	0	0	0	0	0	0	0	0	0	0	0
译著(部)			18	0	0	0	0	0	0	0	0	0	0	0	0	0	0	0	0
发表译文(篇)			19	0	0	0	0	0	0	0	0	0	0	0	0	0	0	0	0
电子出版物(件)			20	0	0	0	0	0	0	0	0	0	0	0	0	0	0	0	0
发表论文(篇)	合计		21	12	0	0	0	0	0	0	0	0	4	0	0	0	8	0	0
	国内学术刊物		22	12	0	0	0	0	0	0	0	0	4	0	0	0	8	0	0
	国外学术刊物		23	0	0	0	0	0	0	0	0	0	0	0	0	0	0	0	0
	港、澳、台地区刊物		24	0	0	0	0	0	0	0	0	0	0	0	0	0	0	0	0
研究与咨询报告(篇)	合计		25	13	0	0	0	0	0	0	5	0	0	0	0	0	8	0	0
	其中:被采纳数		26	0	0	0	0	0	0	0	0	0	0	0	0	0	0	0	0

3.58 江苏商贸职业学院人文、社会科学研究与课题成果来源情况表

		课题来源															
		合计	国家社科基金项目	国家社科基金单列学科项目	教育部人文社科研究项目	高校古籍整理研究项目	国家自然科学基金项目	中央其他部门社科专门项目	省、市、自治区社科基金项目	省教育厅社科项目	地、市、厅、局等政府部门项目	国际合作研究项目	与港、澳、台地区合作研究项目	企事业单位委托项目	学校社科项目	外资项目	其他
	编号	L01	L02	L03	L04	L05	L06	L07	L08	L09	L10	L11	L12	L13	L14	L15	L16
课题数(项)	1	83	0	0	0	0	0	0	1	18	13	0	0	12	39	0	0
当年投入人数(人年)	2	28.2	0	0	0	0	0	0	0.1	7.9	6.1	0	0	4	10.1	0	0
其中:研究生(人年)	3	0	0	0	0	0	0	0	0	0	0	0	0	0	0	0	0
当年拨入经费(千元)	4	169.7	0	0	0	0	0	0	0	0	5	0	0	117.9	46.8	0	0
其中:当年立项项目拨入经费(千元)	5	163.7	0	0	0	0	0	0	0	0	5	0	0	117.9	40.8	0	0
当年支出经费(千元)	6	160.35	0	0	0	0	0	0	1	35	16.9	0	0	68.95	38.5	0	0
当年新开课题数(项)	7	40	0	0	0	0	0	0	0	9	7	0	0	7	17	0	0
当年新开课题批准经费(千元)	8	188.98	0	0	0	0	0	0	0	0	15	0	0	122.98	51	0	0
当年完成课题数(项)	9	32	0	0	0	0	0	0	1	5	3	0	0	6	17	0	0

续表

			编号	课题来源															
				合计	国家社科基金项目	国家社科基金单列学科项目	教育部人文社科研究项目	高校古籍整理研究项目	国家自然科学基金项目	中央其他部门社科专门项目	省、市、自治区社科基金项目	省教育厅社科项目	地、市、厅、局等政府部门项目	国际合作研究项目	与港、澳、台地区合作研究项目	企事业单位委托项目	学校社科项目	外资项目	其他
				L01	L02	L03	L04	L05	L06	L07	L08	L09	L10	L11	L12	L13	L14	L15	L16
出版著作(部)	合计		10	3	0	0	0	0	0	0	0	0	1	0	0	0	2	0	0
	专著	合计	11	0	0	0	0	0	0	0	0	0	0	0	0	0	0	0	0
		其中:被译成外文	12	0	0	0	0	0	0	0	0	0	0	0	0	0	0	0	0
	编著教材		13	3	0	0	0	0	0	0	0	0	1	0	0	0	2	0	0
	工具书参考书		14	0	0	0	0	0	0	0	0	0	0	0	0	0	0	0	0
	皮书/发展报告		15	0	0	0	0	0	0	0	0	0	0	0	0	0	0	0	0
	科普读物		16	0	0	0	0	0	0	0	0	0	0	0	0	0	0	0	0
古籍整理(部)			17	0	0	0	0	0	0	0	0	0	0	0	0	0	0	0	0
译著(部)			18	0	0	0	0	0	0	0	0	0	0	0	0	0	0	0	0
发表译文(篇)			19	0	0	0	0	0	0	0	0	0	0	0	0	0	0	0	0
电子出版物(件)			20	0	0	0	0	0	0	0	0	0	0	0	0	0	0	0	0
发表论文(篇)	合计		21	46	0	0	0	0	0	0	2	10	7	0	0	0	27	0	0
	国内学术刊物		22	46	0	0	0	0	0	0	2	10	7	0	0	0	27	0	0
	国外学术刊物		23	0	0	0	0	0	0	0	0	0	0	0	0	0	0	0	0
	港、澳、台地区刊物		24	0	0	0	0	0	0	0	0	0	0	0	0	0	0	0	0
研究与咨询报告(篇)	合计		25	1	0	0	0	0	0	0	0	0	0	0	0	1	0	0	0
	其中:被采纳数		26	1	0	0	0	0	0	0	0	0	0	0	0	1	0	0	0

3.59 南通师范高等专科学校人文、社会科学研究与课题成果来源情况表

		课题来源															
		合计	国家社科基金项目	国家社科基金单列学科项目	教育部人文社科研究项目	高校古籍整理研究项目	国家自然科学基金项目	中央其他部门社科专门项目	省、市、自治区社科基金项目	省教育厅社科项目	地、市、厅、局等政府部门项目	国际合作研究项目	与港、澳、台地区合作研究项目	企事业单位委托项目	学校社科项目	外资项目	其他
	编号	L01	L02	L03	L04	L05	L06	L07	L08	L09	L10	L11	L12	L13	L14	L15	L16
课题数(项)	1	12	0	0	1	0	0	0	2	6	3	0	0	0	0	0	0
当年投入人数(人年)	2	3	0	0	0.3	0	0	0	0.6	1.2	0.9	0	0	0	0	0	0
其中:研究生(人年)	3	0	0	0	0	0	0	0	0	0	0	0	0	0	0	0	0
当年拨入经费(千元)	4	19	0	0	0	0	0	0	4	0	15	0	0	0	0	0	0
其中:当年立项项目拨入经费(千元)	5	10	0	0	0	0	0	0	0	0	10	0	0	0	0	0	0
当年支出经费(千元)	6	38	0	0	16	0	0	0	4	3	15	0	0	0	0	0	0
当年新开课题数(项)	7	2	0	0	0	0	0	0	0	0	2	0	0	0	0	0	0
当年新开课题批准经费(千元)	8	20	0	0	0	0	0	0	0	0	20	0	0	0	0	0	0
当年完成课题数(项)	9	2	0	0	0	0	0	0	0	2	0	0	0	0	0	0	0

续表

			编号	课题来源															
				合计	国家社科基金项目	国家社科基金单列学科项目	教育部人文社科研究项目	高校古籍整理研究项目	国家自然科学基金项目	中央其他部门社科专门项目	省、市、自治区社科基金项目	省教育厅社科项目	地、市、厅、局等政府部门项目	国际合作研究项目	与港、澳、台地区合作研究项目	企事业单位委托项目	学校社科项目	外资项目	其他
				L01	L02	L03	L04	L05	L06	L07	L08	L09	L10	L11	L12	L13	L14	L15	L16
出版著作(部)	合计		10	0	0	0	0	0	0	0	0	0	0	0	0	0	0	0	0
	专著	合计	11	0	0	0	0	0	0	0	0	0	0	0	0	0	0	0	0
		其中:被译成外文	12	0	0	0	0	0	0	0	0	0	0	0	0	0	0	0	0
	编著教材		13	0	0	0	0	0	0	0	0	0	0	0	0	0	0	0	0
	工具书参考书		14	0	0	0	0	0	0	0	0	0	0	0	0	0	0	0	0
	皮书/发展报告		15	0	0	0	0	0	0	0	0	0	0	0	0	0	0	0	0
	科普读物		16	0	0	0	0	0	0	0	0	0	0	0	0	0	0	0	0
古籍整理(部)			17	0	0	0	0	0	0	0	0	0	0	0	0	0	0	0	0
译著(部)			18	0	0	0	0	0	0	0	0	0	0	0	0	0	0	0	0
发表译文(篇)			19	0	0	0	0	0	0	0	0	0	0	0	0	0	0	0	0
电子出版物(件)			20	0	0	0	0	0	0	0	0	0	0	0	0	0	0	0	0
发表论文(篇)	合计		21	15	0	0	3	0	0	0	0	3	6	0	0	0	3	0	0
	国内学术刊物		22	15	0	0	3	0	0	0	0	3	6	0	0	0	3	0	0
	国外学术刊物		23	0	0	0	0	0	0	0	0	0	0	0	0	0	0	0	0
	港、澳、台地区刊物		24	0	0	0	0	0	0	0	0	0	0	0	0	0	0	0	0
研究与咨询报告(篇)	合计		25	0	0	0	0	0	0	0	0	0	0	0	0	0	0	0	0
	其中:被采纳数		26	0	0	0	0	0	0	0	0	0	0	0	0	0	0	0	0

3.60 江苏护理职业学院人文、社会科学研究与课题成果来源情况表

		课题来源															
		合计	国家社科基金项目	国家社科基金单列学科项目	教育部人文社科研究项目	高校古籍整理研究项目	国家自然科学基金项目	中央其他部门社科专门项目	省、市、自治区社科基金项目	省教育厅社科项目	地、市、厅、局等政府部门项目	国际合作研究项目	与港、澳、台地区合作研究项目	企事业单位委托项目	学校社科项目	外资项目	其他
	编号	L01	L02	L03	L04	L05	L06	L07	L08	L09	L10	L11	L12	L13	L14	L15	L16
课题数(项)	1	21	0	0	0	0	0	0	0	17	4	0	0	0	0	0	0
当年投入人数(人年)	2	6.6	0	0	0	0	0	0	0	5.6	1	0	0	0	0	0	0
其中:研究生(人年)	3	0	0	0	0	0	0	0	0	0	0	0	0	0	0	0	0
当年拨入经费(千元)	4	72.9	0	0	0	0	0	0	0	51.7	21.2	0	0	0	0	0	0
其中:当年立项项目拨入经费(千元)	5	51.7	0	0	0	0	0	0	0	51.7	0	0	0	0	0	0	0
当年支出经费(千元)	6	72.9	0	0	0	0	0	0	0	51.7	21.2	0	0	0	0	0	0
当年新开课题数(项)	7	17	0	0	0	0	0	0	0	17	0	0	0	0	0	0	0
当年新开课题批准经费(千元)	8	170	0	0	0	0	0	0	0	170	0	0	0	0	0	0	0
当年完成课题数(项)	9	0	0	0	0	0	0	0	0	0	0	0	0	0	0	0	0

续表

			编号	课题来源															
				合计	国家社科基金项目	国家社科基金单列学科项目	教育部人文社科研究项目	高校古籍整理研究项目	国家自然科学基金项目	中央其他部门社科专门项目	省、市、自治区社科基金项目	省教育厅社科项目	地、市、厅、局等政府部门项目	国际合作研究项目	与港、澳、台地区合作研究项目	企事业单位委托项目	学校社科项目	外资项目	其他
			编号	L01	L02	L03	L04	L05	L06	L07	L08	L09	L10	L11	L12	L13	L14	L15	L16
出版著作（部）	合计		10	5	0	0	0	0	0	0	0	0	0	0	0	0	2	0	3
	专著	合计	11	0	0	0	0	0	0	0	0	0	0	0	0	0	0	0	0
		其中：被译成外文	12	0	0	0	0	0	0	0	0	0	0	0	0	0	0	0	0
	编著教材		13	5	0	0	0	0	0	0	0	0	0	0	0	0	2	0	3
	工具书参考书		14	0	0	0	0	0	0	0	0	0	0	0	0	0	0	0	0
	皮书/发展报告		15	0	0	0	0	0	0	0	0	0	0	0	0	0	0	0	0
	科普读物		16	0	0	0	0	0	0	0	0	0	0	0	0	0	0	0	0
古籍整理（部）			17	0	0	0	0	0	0	0	0	0	0	0	0	0	0	0	0
译著（部）			18	0	0	0	0	0	0	0	0	0	0	0	0	0	0	0	0
发表译文（篇）			19	0	0	0	0	0	0	0	0	0	0	0	0	0	0	0	0
电子出版物（件）			20	0	0	0	0	0	0	0	0	0	0	0	0	0	0	0	0
发表论文（篇）	合计		21	5	0	0	0	0	0	0	0	5	0	0	0	0	0	0	0
	国内学术刊物		22	5	0	0	0	0	0	0	0	5	0	0	0	0	0	0	0
	国外学术刊物		23	0	0	0	0	0	0	0	0	0	0	0	0	0	0	0	0
	港、澳、台地区刊物		24	0	0	0	0	0	0	0	0	0	0	0	0	0	0	0	0
研究与咨询报告（篇）	合计		25	0	0	0	0	0	0	0	0	0	0	0	0	0	0	0	0
	其中：被采纳数		26	0	0	0	0	0	0	0	0	0	0	0	0	0	0	0	0

3.61 江苏财会职业学院人文、社会科学研究与课题成果来源情况表

		课题来源															
		合计	国家社科基金项目	国家社科基金单列学科项目	教育部人文社科研究项目	高校古籍整理研究项目	国家自然科学基金项目	中央其他部门社科专门项目	省、市、自治区社科基金项目	省教育厅社科项目	地、市、厅、局等政府部门项目	国际合作研究项目	与港、澳、台地区合作研究项目	企事业单位委托项目	学校社科项目	外资项目	其他
	编号	L01	L02	L03	L04	L05	L06	L07	L08	L09	L10	L11	L12	L13	L14	L15	L16
课题数(项)	1	82	0	0	0	0	0	0	5	15	29	0	0	4	24	0	5
当年投入人数(人年)	2	34.3	0	0	0	0	0	0	2	5.9	13.3	0	0	1.5	9.8	0	1.8
其中:研究生(人年)	3	0	0	0	0	0	0	0	0	0	0	0	0	0	0	0	0
当年拨入经费(千元)	4	291.5	0	0	0	0	0	0	48	81	131	0	0	0	20	0	11.5
其中:当年立项项目拨入经费(千元)	5	249.5	0	0	0	0	0	0	36	81	111	0	0	0	18	0	3.5
当年支出经费(千元)	6	445.5	0	0	0	0	0	0	48	159	175	0	0	17	35	0	11.5
当年新开课题数(项)	7	46	0	0	0	0	0	0	4	9	20	0	0	0	11	0	2
当年新开课题批准经费(千元)	8	303	0	0	0	0	0	0	48	99	117	0	0	0	33	0	6
当年完成课题数(项)	9	32	0	0	0	0	0	0	1	1	13	0	0	4	11	0	2

续表

			编号	课题来源															
				合计	国家社科基金项目	国家社科基金单列学科项目	教育部人文社科研究项目	高校古籍整理研究项目	国家自然科学基金项目	中央其他部门社科专门项目	省、市、自治区社科基金项目	省教育厅社科项目	地、市、厅、局等政府部门项目	国际合作研究项目	与港、澳、台地区合作研究项目	企事业单位委托项目	学校社科项目	外资项目	其他
				L01	L02	L03	L04	L05	L06	L07	L08	L09	L10	L11	L12	L13	L14	L15	L16
出版著作(部)	合计		10	0	0	0	0	0	0	0	0	0	0	0	0	0	0	0	0
	专著	合计	11	0	0	0	0	0	0	0	0	0	0	0	0	0	0	0	0
		其中:被译成外文	12	0	0	0	0	0	0	0	0	0	0	0	0	0	0	0	0
	编著教材		13	0	0	0	0	0	0	0	0	0	0	0	0	0	0	0	0
	工具书参考书		14	0	0	0	0	0	0	0	0	0	0	0	0	0	0	0	0
	皮书/发展报告		15	0	0	0	0	0	0	0	0	0	0	0	0	0	0	0	0
	科普读物		16	0	0	0	0	0	0	0	0	0	0	0	0	0	0	0	0
古籍整理(部)			17	0	0	0	0	0	0	0	0	0	0	0	0	0	0	0	0
译著(部)			18	0	0	0	0	0	0	0	0	0	0	0	0	0	0	0	0
发表译文(篇)			19	0	0	0	0	0	0	0	0	0	0	0	0	0	0	0	0
电子出版物(件)			20	0	0	0	0	0	0	0	0	0	0	0	0	0	0	0	0
发表论文(篇)	合计		21	55	0	0	0	0	0	0	3	9	22	0	0	1	13	0	7
	国内学术刊物		22	51	0	0	0	0	0	0	3	9	21	0	0	1	10	0	7
	国外学术刊物		23	2	0	0	0	0	0	0	0	0	1	0	0	0	1	0	0
	港、澳、台地区刊物		24	2	0	0	0	0	0	0	0	0	0	0	0	0	2	0	0
研究与咨询报告(篇)	合计		25	3	0	0	0	0	0	0	0	0	0	0	0	3	0	0	0
	其中:被采纳数		26	1	0	0	0	0	0	0	0	0	0	0	0	1	0	0	0

3.62 江苏城乡建设职业学院人文、社会科学研究与课题成果来源情况表

		课题来源															
		合计	国家社科基金项目	国家社科基金单列学科项目	教育部人文社科研究项目	高校古籍整理研究项目	国家自然科学基金项目	中央其他部门社科专门项目	省、市、自治区社科基金项目	省教育厅社科项目	地、市、厅、局等政府部门项目	国际合作研究项目	与港、澳、台地区合作研究项目	企事业单位委托项目	学校社科项目	外资项目	其他
	编号	L01	L02	L03	L04	L05	L06	L07	L08	L09	L10	L11	L12	L13	L14	L15	L16
课题数(项)	1	87	0	0	1	0	0	0	0	19	16	0	0	15	36	0	0
当年投入人数(人年)	2	26.7	0	0	0.3	0	0	0	0	6.8	5.9	0	0	5.5	8.2	0	0
其中:研究生(人年)	3	0	0	0	0	0	0	0	0	0	0	0	0	0	0	0	0
当年拨入经费(千元)	4	742	0	0	24	0	0	0	0	140	62	0	0	465	51	0	0
其中:当年立项项目拨入经费(千元)	5	662	0	0	24	0	0	0	0	140	17	0	0	430	51	0	0
当年支出经费(千元)	6	729.5	0	0	34	0	0	0	0	88.5	68	0	0	507	32	0	0
当年新开课题数(项)	7	50	0	0	1	0	0	0	0	14	12	0	0	8	15	0	0
当年新开课题批准经费(千元)	8	726	0	0	80	0	0	0	0	140	25	0	0	430	51	0	0
当年完成课题数(项)	9	15	0	0	0	0	0	0	0	1	5	0	0	4	5	0	0

续表

			编号	课题来源															
				合计	国家社科基金项目	国家社科基金单列学科项目	教育部人文社科研究项目	高校古籍整理研究项目	国家自然科学基金项目	中央其他部门社科专门项目	省、市、自治区社科基金项目	省教育厅社科项目	地、市、厅、局等政府部门项目	国际合作研究项目	与港、澳、台地区合作研究项目	企事业单位委托项目	学校社科项目	外资项目	其他
			编号	L01	L02	L03	L04	L05	L06	L07	L08	L09	L10	L11	L12	L13	L14	L15	L16
出版著作(部)	合计		10	2	0	0	0	0	0	0	0	0	1	0	0	1	0	0	0
	专著	合计	11	0	0	0	0	0	0	0	0	0	0	0	0	0	0	0	0
		其中:被译成外文	12	0	0	0	0	0	0	0	0	0	0	0	0	0	0	0	0
	编著教材		13	1	0	0	0	0	0	0	0	0	1	0	0	0	0	0	0
	工具书参考书		14	0	0	0	0	0	0	0	0	0	0	0	0	0	0	0	0
	皮书/发展报告		15	1	0	0	0	0	0	0	0	0	0	0	0	1	0	0	0
	科普读物		16	0	0	0	0	0	0	0	0	0	0	0	0	0	0	0	0
古籍整理(部)			17	0	0	0	0	0	0	0	0	0	0	0	0	0	0	0	0
译著(部)			18	0	0	0	0	0	0	0	0	0	0	0	0	0	0	0	0
发表译文(篇)			19	0	0	0	0	0	0	0	0	0	0	0	0	0	0	0	0
电子出版物(件)			20	0	0	0	0	0	0	0	0	0	0	0	0	0	0	0	0
发表论文(篇)	合计		21	73	0	0	1	0	0	0	0	9	21	0	0	1	41	0	0
	国内学术刊物		22	73	0	0	1	0	0	0	0	9	21	0	0	1	41	0	0
	国外学术刊物		23	0	0	0	0	0	0	0	0	0	0	0	0	0	0	0	0
	港、澳、台地区刊物		24	0	0	0	0	0	0	0	0	0	0	0	0	0	0	0	0
研究与咨询报告(篇)	合计		25	8	0	0	0	0	0	0	0	0	3	0	0	5	0	0	0
	其中:被采纳数		26	5	0	0	0	0	0	0	0	0	0	0	0	5	0	0	0

3.63 江苏航空职业技术学院人文、社会科学研究与课题成果来源情况表

		课题来源															
		合计	国家社科基金项目	国家社科基金单列学科项目	教育部人文社科研究项目	高校古籍整理研究项目	国家自然科学基金项目	中央其他部门社科专门项目	省、市、自治区社科基金项目	省教育厅社科项目	地、市、厅、局等政府部门项目	国际合作研究项目	与港、澳、台地区合作研究项目	企事业单位委托项目	学校社科项目	外资项目	其他
	编号	L01	L02	L03	L04	L05	L06	L07	L08	L09	L10	L11	L12	L13	L14	L15	L16
课题数(项)	1	0	0	0	0	0	0	0	0	0	0	0	0	0	0	0	0
当年投入人数(人年)	2	0	0	0	0	0	0	0	0	0	0	0	0	0	0	0	0
其中:研究生(人年)	3	0	0	0	0	0	0	0	0	0	0	0	0	0	0	0	0
当年拨入经费(千元)	4	0	0	0	0	0	0	0	0	0	0	0	0	0	0	0	0
其中:当年立项项目拨入经费(千元)	5	0	0	0	0	0	0	0	0	0	0	0	0	0	0	0	0
当年支出经费(千元)	6	0	0	0	0	0	0	0	0	0	0	0	0	0	0	0	0
当年新开课题数(项)	7	0	0	0	0	0	0	0	0	0	0	0	0	0	0	0	0
当年新开课题批准经费(千元)	8	0	0	0	0	0	0	0	0	0	0	0	0	0	0	0	0
当年完成课题数(项)	9	0	0	0	0	0	0	0	0	0	0	0	0	0	0	0	0

续表

			编号	课题来源															
				合计	国家社科基金项目	国家社科基金单列学科项目	教育部人文社科研究项目	高校古籍整理研究项目	国家自然科学基金项目	中央其他部门社科专门项目	省、市、自治区社科基金项目	省教育厅社科项目	地、市、厅、局等政府部门项目	国际合作研究项目	与港、澳、台地区合作研究项目	企事业单位委托项目	学校社科项目	外资项目	其他
			编号	L01	L02	L03	L04	L05	L06	L07	L08	L09	L10	L11	L12	L13	L14	L15	L16
出版著作(部)	合计		10	0	0	0	0	0	0	0	0	0	0	0	0	0	0	0	0
	专著	合计	11	0	0	0	0	0	0	0	0	0	0	0	0	0	0	0	0
		其中:被译成外文	12	0	0	0	0	0	0	0	0	0	0	0	0	0	0	0	0
	编著教材		13	0	0	0	0	0	0	0	0	0	0	0	0	0	0	0	0
	工具书参考书		14	0	0	0	0	0	0	0	0	0	0	0	0	0	0	0	0
	皮书/发展报告		15	0	0	0	0	0	0	0	0	0	0	0	0	0	0	0	0
	科普读物		16	0	0	0	0	0	0	0	0	0	0	0	0	0	0	0	0
古籍整理(部)			17	0	0	0	0	0	0	0	0	0	0	0	0	0	0	0	0
译著(部)			18	0	0	0	0	0	0	0	0	0	0	0	0	0	0	0	0
发表译文(篇)			19	0	0	0	0	0	0	0	0	0	0	0	0	0	0	0	0
电子出版物(件)			20	0	0	0	0	0	0	0	0	0	0	0	0	0	0	0	0
发表论文(篇)	合计		21	0	0	0	0	0	0	0	0	0	0	0	0	0	0	0	0
	国内学术刊物		22	0	0	0	0	0	0	0	0	0	0	0	0	0	0	0	0
	国外学术刊物		23	0	0	0	0	0	0	0	0	0	0	0	0	0	0	0	0
	港、澳、台地区刊物		24	0	0	0	0	0	0	0	0	0	0	0	0	0	0	0	0
研究与咨询报告(篇)	合计		25	0	0	0	0	0	0	0	0	0	0	0	0	0	0	0	0
	其中:被采纳数		26	0	0	0	0	0	0	0	0	0	0	0	0	0	0	0	0

3.64 江苏安全技术职业学院人文、社会科学研究与课题成果来源情况表

		课题来源															
		合计	国家社科基金项目	国家社科基金单列学科项目	教育部人文社科研究项目	高校古籍整理研究项目	国家自然科学基金项目	中央其他部门社科专门项目	省、市、自治区社科基金项目	省教育厅社科项目	地、市、厅、局等政府部门项目	国际合作研究项目	与港、澳、台地区合作研究项目	企事业单位委托项目	学校社科项目	外资项目	其他
	编号	L01	L02	L03	L04	L05	L06	L07	L08	L09	L10	L11	L12	L13	L14	L15	L16
课题数(项)	1	6	0	0	0	0	0	0	2	0	1	0	0	0	2	0	1
当年投入人数(人年)	2	2.5	0	0	0	0	0	0	0.8	0	0.6	0	0	0	0.7	0	0.4
其中:研究生(人年)	3	0	0	0	0	0	0	0	0	0	0	0	0	0	0	0	0
当年拨入经费(千元)	4	41	0	0	0	0	0	0	12	0	5	0	0	0	4	0	20
其中:当年立项项目拨入经费(千元)	5	17	0	0	0	0	0	0	12	0	5	0	0	0	0	0	0
当年支出经费(千元)	6	41	0	0	0	0	0	0	12	0	5	0	0	0	4	0	20
当年新开课题数(项)	7	3	0	0	0	0	0	0	2	0	1	0	0	0	0	0	0
当年新开课题批准经费(千元)	8	32	0	0	0	0	0	0	12	0	20	0	0	0	0	0	0
当年完成课题数(项)	9	4	0	0	0	0	0	0	2	0	0	0	0	0	1	0	1

续表

			编号	课题来源															
				合计	国家社科基金项目	国家社科基金单列学科项目	教育部人文社科研究项目	高校古籍整理研究项目	国家自然科学基金项目	中央其他部门社科专门项目	省、市、自治区社科基金项目	省教育厅社科项目	地、市、厅、局等政府部门项目	国际合作研究项目	与港、澳、台地区合作研究项目	企事业单位委托项目	学校社科项目	外资项目	其他
			编号	L01	L02	L03	L04	L05	L06	L07	L08	L09	L10	L11	L12	L13	L14	L15	L16
出版著作(部)	合计		10	0	0	0	0	0	0	0	0	0	0	0	0	0	0	0	0
	专著	合计	11	0	0	0	0	0	0	0	0	0	0	0	0	0	0	0	0
		其中:被译成外文	12	0	0	0	0	0	0	0	0	0	0	0	0	0	0	0	0
	编著教材		13	0	0	0	0	0	0	0	0	0	0	0	0	0	0	0	0
	工具书参考书		14	0	0	0	0	0	0	0	0	0	0	0	0	0	0	0	0
	皮书/发展报告		15	0	0	0	0	0	0	0	0	0	0	0	0	0	0	0	0
	科普读物		16	0	0	0	0	0	0	0	0	0	0	0	0	0	0	0	0
古籍整理(部)			17	0	0	0	0	0	0	0	0	0	0	0	0	0	0	0	0
译著(部)			18	0	0	0	0	0	0	0	0	0	0	0	0	0	0	0	0
发表译文(篇)			19	0	0	0	0	0	0	0	0	0	0	0	0	0	0	0	0
电子出版物(件)			20	0	0	0	0	0	0	0	0	0	0	0	0	0	0	0	0
发表论文(篇)	合计		21	4	0	0	0	0	0	0	1	0	1	0	0	0	2	0	0
	国内学术刊物		22	4	0	0	0	0	0	0	1	0	1	0	0	0	2	0	0
	国外学术刊物		23	0	0	0	0	0	0	0	0	0	0	0	0	0	0	0	0
	港、澳、台地区刊物		24	0	0	0	0	0	0	0	0	0	0	0	0	0	0	0	0
研究与咨询报告(篇)	合计		25	0	0	0	0	0	0	0	0	0	0	0	0	0	0	0	0
	其中:被采纳数		26	0	0	0	0	0	0	0	0	0	0	0	0	0	0	0	0

3.65 江苏旅游职业学院人文、社会科学研究与课题成果来源情况表

		课题来源															
		合计	国家社科基金项目	国家社科基金单列学科项目	教育部人文社科研究项目	高校古籍整理研究项目	国家自然科学基金项目	中央其他部门社科专门项目	省、市、自治区社科基金项目	省教育厅社科项目	地、市、厅、局等政府部门项目	国际合作研究项目	与港、澳、台地区合作研究项目	企事业单位委托项目	学校社科项目	外资项目	其他
	编号	L01	L02	L03	L04	L05	L06	L07	L08	L09	L10	L11	L12	L13	L14	L15	L16
课题数(项)	1	0	0	0	0	0	0	0	0	0	0	0	0	0	0	0	0
当年投入人数(人年)	2	0	0	0	0	0	0	0	0	0	0	0	0	0	0	0	0
其中:研究生(人年)	3	0	0	0	0	0	0	0	0	0	0	0	0	0	0	0	0
当年拨入经费(千元)	4	0	0	0	0	0	0	0	0	0	0	0	0	0	0	0	0
其中:当年立项项目拨入经费(千元)	5	0	0	0	0	0	0	0	0	0	0	0	0	0	0	0	0
当年支出经费(千元)	6	0	0	0	0	0	0	0	0	0	0	0	0	0	0	0	0
当年新开课题数(项)	7	0	0	0	0	0	0	0	0	0	0	0	0	0	0	0	0
当年新开课题批准经费(千元)	8	0	0	0	0	0	0	0	0	0	0	0	0	0	0	0	0
当年完成课题数(项)	9	0	0	0	0	0	0	0	0	0	0	0	0	0	0	0	0

续表

				课题来源															
				合计	国家社科基金项目	国家社科基金单列学科项目	教育部人文社科研究项目	高校古籍整理研究项目	国家自然科学基金项目	中央其他部门社科专门项目	省、市、自治区社科基金项目	省教育厅社科项目	地、市、厅、局等政府部门项目	国际合作研究项目	与港、澳、台地区合作研究项目	企事业单位委托项目	学校社科项目	外资项目	其他
			编号	L01	L02	L03	L04	L05	L06	L07	L08	L09	L10	L11	L12	L13	L14	L15	L16
出版著作(部)	合计		10	0	0	0	0	0	0	0	0	0	0	0	0	0	0	0	0
	专著	合计	11	0	0	0	0	0	0	0	0	0	0	0	0	0	0	0	0
		其中:被译成外文	12	0	0	0	0	0	0	0	0	0	0	0	0	0	0	0	0
	编著教材		13	0	0	0	0	0	0	0	0	0	0	0	0	0	0	0	0
	工具书参考书		14	0	0	0	0	0	0	0	0	0	0	0	0	0	0	0	0
	皮书/发展报告		15	0	0	0	0	0	0	0	0	0	0	0	0	0	0	0	0
	科普读物		16	0	0	0	0	0	0	0	0	0	0	0	0	0	0	0	0
古籍整理(部)			17	0	0	0	0	0	0	0	0	0	0	0	0	0	0	0	0
译著(部)			18	0	0	0	0	0	0	0	0	0	0	0	0	0	0	0	0
发表译文(篇)			19	0	0	0	0	0	0	0	0	0	0	0	0	0	0	0	0
电子出版物(件)			20	0	0	0	0	0	0	0	0	0	0	0	0	0	0	0	0
发表论文(篇)	合计		21	15	0	0	0	0	0	0	3	0	0	0	0	0	0	0	12
	国内学术刊物		22	15	0	0	0	0	0	0	3	0	0	0	0	0	0	0	12
	国外学术刊物		23	0	0	0	0	0	0	0	0	0	0	0	0	0	0	0	0
	港、澳、台地区刊物		24	0	0	0	0	0	0	0	0	0	0	0	0	0	0	0	0
研究与咨询报告(篇)	合计		25	0	0	0	0	0	0	0	0	0	0	0	0	0	0	0	0
	其中:被采纳数		26	0	0	0	0	0	0	0	0	0	0	0	0	0	0	0	0

4. 民办及中外合作办学高等学校人文、社会科学研究与课题成果来源情况表

		课题来源															
		合计	国家社科基金项目	国家社科基金单列学科项目	教育部人文社科研究项目	高校古籍整理研究项目	国家自然科学基金项目	中央其他部门社科专门项目	省、市、自治区社科基金项目	省教育厅社科项目	地、市、厅、局等政府部门项目	国际合作研究项目	与港、澳、台地区合作研究项目	企事业单位委托项目	学校社科项目	外资项目	其他
	编号	L01	L02	L03	L04	L05	L06	L07	L08	L09	L10	L11	L12	L13	L14	L15	L16
课题数(项)	1	1 958	8	1	14	0	8	6	69	981	327	4	1	81	426	0	32
当年投入人数(人年)	2	434.4	2.6	0.4	4.7	0	3.1	1.8	17.4	238.3	68.2	0.9	0.1	15.6	75.8	0	5.5
其中:研究生(人年)	3	0	0	0	0	0	0	0	0	0	0	0	0	0	0	0	0
当年拨入经费(千元)	4	12 011.49	940	144	198.8	0	754	30	627.47	3 944.63	2 168.2	49.26	256.25	2 132.5	547.48	0	218.9
其中:当年立项项目拨入经费(千元)	5	10 492.84	760	144	85	0	376.9	30	535.67	3 714.83	2 091	49.26	0	2 118	380.78	0	207.4
当年支出经费(千元)	6	6 623.67	140.03	17	143.4	0	344.74	29.7	175.76	1 788.34	1 666.72	48.58	40.66	1 631.95	465.3	0	131.49
当年新开课题数(项)	7	1 048	4	1	3	0	3	1	40	556	216	1	0	51	145	0	27
当年新开课题批准经费(千元)	8	13 382.46	800	160	200	0	769	30	645.67	4 620.83	3 183	49.58	0	2 188	493.38	0	243
当年完成课题数(项)	9	491	0	0	2	0	0	2	6	172	142	0	0	40	120	0	7

续表

		编号	合计	国家社科基金项目	国家社科基金单列学科项目	教育部人文社科研究项目	高校古籍整理研究项目	国家自然科学基金项目	中央其他部门社科专门项目	省、市、自治区社科基金项目	省教育厅社科项目	地、市、厅、局等政府部门项目	国际合作研究项目	与港、澳、台地区合作研究项目	企事业单位委托项目	学校社科项目	外资项目	其他
			L01	L02	L03	L04	L05	L06	L07	L08	L09	L10	L11	L12	L13	L14	L15	L16
出版著作(部)	合计	10	33	1	0	0	0	2	0	3	11	4	0	0	1	8	0	3
出版著作(部)	专著 合计	11	15	1	0	0	0	2	0	3	7	0	0	0	1	0	0	1
出版著作(部)	专著 其中:被译成外文	12	0	0	0	0	0	0	0	0	0	0	0	0	0	0	0	0
出版著作(部)	编著教材	13	18	0	0	0	0	0	0	0	4	4	0	0	0	8	0	2
出版著作(部)	工具书参考书	14	0	0	0	0	0	0	0	0	0	0	0	0	0	0	0	0
出版著作(部)	皮书/发展报告	15	0	0	0	0	0	0	0	0	0	0	0	0	0	0	0	0
出版著作(部)	科普读物	16	0	0	0	0	0	0	0	0	0	0	0	0	0	0	0	0
古籍整理(部)		17	0	0	0	0	0	0	0	0	0	0	0	0	0	0	0	0
译著(部)		18	0	0	0	0	0	0	0	0	0	0	0	0	0	0	0	0
发表译文(篇)		19	1	0	0	0	0	0	0	0	0	0	0	0	1	0	0	0
电子出版物(件)		20	1	0	0	0	0	0	0	0	0	0	0	0	0	1	0	0
发表论文(篇)	合计	21	1 055	9	0	10	0	9	4	69	509	179	1	0	24	219	0	22
发表论文(篇)	国内学术刊物	22	1 039	7	0	10	0	5	4	69	503	178	0	0	24	217	0	22
发表论文(篇)	国外学术刊物	23	16	2	0	0	0	4	0	0	6	1	1	0	0	2	0	0
发表论文(篇)	港、澳、台地区刊物	24	0	0	0	0	0	0	0	0	0	0	0	0	0	0	0	0
研究与咨询报告(篇)	合计	25	53	0	0	0	0	0	0	2	2	25	0	0	23	1	0	0
研究与咨询报告(篇)	其中:被采纳数	26	16	0	0	0	0	0	0	2	1	6	0	0	6	1	0	0

九、社科研究成果获奖

成果名称		合计	成果形式	主要作者	课题来源	奖励名称	奖励等级	备注
	编号	L01	L02	L03	L04	L05	L06	L07
合计	/	/	/	/	/	/	/	/
南京大学	001	/	/	/	/	/	/	/
经济转型与发展之中国道路	1	/	专著	洪银兴	国家社科基金项目	第七届吴玉章人文社会科学奖	一等	/
日本独居老年人的孤独死感知——基于日本内阁	2	/	论文	朱安新	无依托项目研究成果	孙平化日本学学术奖励基金	一等	/
苏州大学	002	/	/	/	/	/	/	/
《永乐大典》小学书辑佚与研究	1	/	专著	丁治民	国家社科基金项目	第七届吴玉章人文社会科学奖	其他	/
南京师范大学	003	/	/	/	/	/	/	/
公民身份认同与学校公民教育	1	/	专著	冯建军	教育部人文社科研究项目	第七届吴玉章人文社会科学研究成果奖	其他	/
教育改革的“中国问题”	2	/	专著	吴康宁	教育部人文社科研究项目	第七届吴玉章人文社会科学研究成果奖	一等	/

十、社科学术交流

1. 全省高等学校人文、社会科学学术交流情况表

学术交流类别	编号	校办学术会议		参加学术会议			受聘讲学		社科考察		进修学习		合作研究		
		本校独办数	与外单位合办数	参加人次		提交论文（篇）	派出人次	来校人次	派出人次	来校人次	派出人次	来校人次	派出人次	来校人次	课题数（项）
				合计	其中：赴境外人次										
		L01	L02	L03	L04	L05	L06	L07	L08	L09	L10	L11	L12	L13	L14
合计	/	663	293	13 169	948	10 052	2 399	4 341	3 813	3 469	5 211	2 903	1 176	1 094	742
国际学术交流	1	74	73	1 814	779	1 423	232	925	641	806	870	676	104	106	72
国内学术交流	2	574	204	10 972	0	8 388	2 039	3 259	3 002	2 451	4 002	2 155	1 037	963	657
与港、澳、台地区学校交流	3	15	16	383	169	241	128	157	170	212	339	72	35	25	13

2. 公办本科高等学校人文、社会科学学术交流情况表

学术交流类别	编号	校办学术会议		参加学术会议			受聘讲学		社科考察		进修学习		合作研究		
		本校独办数	与外单位合办数	参加人次		提交论文（篇）	派出人次	来校人次	派出人次	来校人次	派出人次	来校人次	派出人次	来校人次	课题数（项）
				合计	其中：赴境外人次										
		L01	L02	L03	L04	L05	L06	L07	L08	L09	L10	L11	L12	L13	L14
合计	/	554	246	11 844	789	9 205	2 151	3 564	2 723	2 566	2 246	1 378	881	793	578
南京大学	001	53	55	1 664	141	1 071	313	338	214	132	56	15	136	145	54
国际学术交流	1	13	14	265	112	163	42	99	52	20	27	2	34	53	18
国内学术交流	2	38	36	1 358	0	876	247	211	150	106	26	10	79	78	31

续表

与港、澳、台地区学校交流	3	2	5	41	29	32	24	28	12	6	3	3	23	14	5
东南大学	002	24	6	703	59	546	26	51	23	22	18	1	4	12	15
国际学术交流	1	3	2	55	55	69	0	18	8	8	10	1	2	0	4
国内学术交流	2	20	4	643	0	473	24	31	14	13	7	0	2	12	11
与港、澳、台地区学校交流	3	1	0	5	4	4	2	2	1	1	1	0	0	0	0
江南大学	003	16	15	356	31	354	71	361	258	126	21	23	52	10	44
国际学术交流	1	4	13	27	21	20	14	199	58	19	19	23	26	5	22
国内学术交流	2	10	0	319	0	324	57	156	200	69	0	0	22	2	20
与港、澳、台地区学校交流	3	2	2	10	10	10	0	6	0	38	2	0	4	3	2
南京农业大学	004	18	11	541	25	155	42	98	163	86	54	2	40	42	21
国际学术交流	1	4	5	70	23	44	3	27	11	13	35	0	2	11	3
国内学术交流	2	13	6	467	0	110	39	71	150	73	18	2	38	31	18
与港、澳、台地区学校交流	3	1	0	4	2	1	0	0	2	0	1	0	0	0	0
中国矿业大学	005	7	3	332	11	308	24	44	72	37	31	9	1	0	1
国际学术交流	1	2	0	50	8	35	4	9	12	12	16	0	1	0	1
国内学术交流	2	5	3	279	0	270	20	35	60	25	15	9	0	0	0
与港、澳、台地区学校交流	3	0	0	3	3	3	0	0	0	0	0	0	0	0	0
河海大学	006	12	11	467	56	367	64	113	129	108	43	34	91	72	68
国际学术交流	1	4	4	116	56	74	8	13	26	16	12	11	12	9	11
国内学术交流	2	8	6	343	0	289	53	98	96	86	26	19	77	62	55
与港、澳、台地区学校交流	3	0	1	8	0	4	3	2	7	6	5	4	2	1	2
南京理工大学	007	14	5	85	7	52	56	118	85	54	64	0	45	56	33
国际学术交流	1	1	0	7	7	7	6	5	7	6	16	0	0	0	0
国内学术交流	2	13	5	78	0	45	50	113	78	48	48	0	45	56	33
与港、澳、台地区学校交流	3	0	0	0	0	0	0	0	0	0	0	0	0	0	0

续表

学术交流类别	编号	校办学术会议		参加学术会议			受聘讲学		社科考察		进修学习		合作研究		
		本校独办数	与外单位合办数	参加人次		提交论文（篇）	派出人次	来校人次	派出人次	来校人次	派出人次	来校人次	派出人次	来校人次	课题数（项）
				合计	其中：赴境外人次										
		L01	L02	L03	L04	L05	L06	L07	L08	L09	L10	L11	L12	L13	L14
南京航空航天大学	008	4	3	145	63	134	15	114	0	0	5	0	2	4	4
国际学术交流	1	1	2	63	60	59	2	44	0	0	0	0	0	0	0
国内学术交流	2	3	1	79	0	72	12	68	0	0	5	0	2	4	4
与港、澳、台地区学校交流	3	0	0	3	3	3	1	2	0	0	0	0	0	0	0
中国药科大学	009	7	1	64	4	41	30	26	27	20	24	8	15	11	3
国际学术交流	1	0	0	3	3	2	0	8	2	6	6	0	0	0	0
国内学术交流	2	7	1	58	0	38	29	18	25	14	18	8	15	11	3
与港、澳、台地区学校交流	3	0	0	3	1	1	1	0	0	0	0	0	0	0	0
南京森林警察学院	010	0	0	17	0	15	0	0	0	0	0	0	0	0	0
国际学术交流	1	0	0	0	0	0	0	0	0	0	0	0	0	0	0
国内学术交流	2	0	0	17	0	15	0	0	0	0	0	0	0	0	0
与港、澳、台地区学校交流	3	0	0	0	0	0	0	0	0	0	0	0	0	0	0
苏州大学	011	46	8	717	72	739	162	394	51	400	117	111	47	30	9
国际学术交流	1	2	1	75	26	81	15	25	7	29	11	10	0	0	0
国内学术交流	2	42	6	546	0	557	106	302	40	320	88	84	47	30	9
与港、澳、台地区学校交流	3	2	1	96	46	101	41	67	4	51	18	17	0	0	0
江苏科技大学	012	0	0	38	5	28	5	11	26	19	15	2	0	0	0
国际学术交流	1	0	0	15	3	13	0	0	0	0	15	2	0	0	0
国内学术交流	2	0	0	21	0	15	5	11	26	19	0	0	0	0	0

续表

与港、澳、台地区学校交流	3	0	0	2	2	0	0	0	0	0	0	0	0	0	0
南京工业大学	013	1	1	40	4	36	0	0	8	17	2	0	8	9	3
国际学术交流	1	0	0	4	4	0	0	0	0	0	0	0	0	0	0
国内学术交流	2	1	1	36	0	36	0	0	8	17	2	0	8	9	3
与港、澳、台地区学校交流	3	0	0	0	0	0	0	0	0	0	0	0	0	0	0
常州大学	014	7	16	160	16	135	55	79	173	141	78	12	3	4	3
国际学术交流	1	0	2	32	16	32	0	6	77	29	53	2	0	0	0
国内学术交流	2	7	14	128	0	103	55	73	96	112	25	10	3	4	3
与港、澳、台地区学校交流	3	0	0	0	0	0	0	0	0	0	0	0	0	0	0
南京邮电大学	015	2	2	58	4	63	26	59	21	15	44	28	0	0	0
国际学术交流	1	0	0	7	4	7	0	2	5	7	6	2	0	0	0
国内学术交流	2	2	2	51	0	56	26	57	16	8	38	26	0	0	0
与港、澳、台地区学校交流	3	0	0	0	0	0	0	0	0	0	0	0	0	0	0
南京林业大学	016	3	2	86	13	84	15	41	44	36	42	0	5	10	4
国际学术交流	1	0	1	28	13	27	6	18	8	31	37	0	0	0	0
国内学术交流	2	3	1	58	0	57	8	22	36	4	4	0	5	10	4
与港、澳、台地区学校交流	3	0	0	0	0	0	1	1	0	1	1	0	0	0	0
江苏大学	017	0	0	8	2	8	0	0	0	0	0	0	0	2	2
国际学术交流	1	0	0	4	2	4	0	0	0	0	0	0	0	0	0
国内学术交流	2	0	0	4	0	4	0	0	0	0	0	0	0	2	2
与港、澳、台地区学校交流	3	0	0	0	0	0	0	0	0	0	0	0	0	0	0
南京信息工程大学	018	10	1	424	31	342	52	106	113	88	119	95	18	14	4
国际学术交流	1	1	1	75	31	71	6	35	21	7	24	0	0	0	0
国内学术交流	2	9	0	332	0	268	46	71	92	81	87	95	18	14	4
与港、澳、台地区学校交流	3	0	0	17	0	3	0	0	0	0	8	0	0	0	0

续表

学术交流类别	编号	校办学术会议		参加学术会议			受聘讲学		社科考察		进修学习		合作研究		
		本校独办数	与外单位合办数	参加人次		提交论文(篇)	派出人次	来校人次	派出人次	来校人次	派出人次	来校人次	派出人次	来校人次	课题数(项)
				合计	其中:赴境外人次										
		L01	L02	L03	L04	L05	L06	L07	L08	L09	L10	L11	L12	L13	L14
南通大学	019	3	2	137	49	102	83	174	221	183	134	326	34	15	3
国际学术交流	1	1	0	65	33	43	44	141	18	76	28	221	0	0	0
国内学术交流	2	2	1	44	0	44	23	24	191	84	89	79	34	15	3
与港、澳、台地区学校交流	3	0	1	28	16	15	16	9	12	23	17	26	0	0	0
盐城工学院	020	0	25	24	1	22	2	7	10	3	11	3	0	0	0
国际学术交流	1	0	5	5	1	4	0	0	0	0	0	0	0	0	0
国内学术交流	2	0	20	19	0	18	2	7	10	3	11	3	0	0	0
与港、澳、台地区学校交流	3	0	0	0	0	0	0	0	0	0	0	0	0	0	0
南京医科大学	021	3	0	3	0	3	3	6	3	4	4	0	0	0	0
国际学术交流	1	0	0	0	0	0	0	0	0	0	1	0	0	0	0
国内学术交流	2	3	0	3	0	3	3	6	3	4	3	0	0	0	0
与港、澳、台地区学校交流	3	0	0	0	0	0	0	0	0	0	0	0	0	0	0
徐州医科大学	022	0	0	18	0	28	10	15	12	8	10	0	0	0	0
国际学术交流	1	0	0	2	0	2	10	2	0	0	5	0	0	0	0
国内学术交流	2	0	0	16	0	26	0	13	12	8	5	0	0	0	0
与港、澳、台地区学校交流	3	0	0	0	0	0	0	0	0	0	0	0	0	0	0
南京中医药大学	023	4	4	106	0	107	0	0	25	0	16	0	0	0	0
国际学术交流	1	1	0	15	0	15	0	0	0	0	0	0	0	0	0
国内学术交流	2	3	4	91	0	92	0	0	25	0	16	0	0	0	0

续表

与港、澳、台地区学校交流	3	0	0	0	0	0	0	0	0	0	0	0	0	0	0
南京师范大学	024	62	16	862	56	464	40	56	59	88	247	247	24	32	19
国际学术交流	1	21	7	185	49	141	16	14	14	23	128	158	15	22	6
国内学术交流	2	38	8	652	0	311	18	36	45	65	112	82	3	6	11
与港、澳、台地区学校交流	3	3	1	25	7	12	6	6	0	0	7	7	6	4	2
江苏师范大学	025	31	16	967	47	750	81	397	170	129	178	144	0	0	0
国际学术交流	1	7	3	152	39	162	16	12	36	25	57	95	0	0	0
国内学术交流	2	24	13	750	0	580	58	380	120	101	89	44	0	0	0
与港、澳、台地区学校交流	3	0	0	65	8	8	7	5	14	3	32	5	0	0	0
淮阴师范学院	026	7	0	586	24	565	81	132	92	58	134	22	0	0	0
国际学术交流	1	0	0	26	24	25	4	22	36	18	44	10	0	0	0
国内学术交流	2	7	0	560	0	540	77	110	56	40	90	12	0	0	0
与港、澳、台地区学校交流	3	0	0	0	0	0	0	0	0	0	0	0	0	0	0
盐城师范学院	027	3	0	207	14	207	68	102	69	47	89	43	39	32	29
国际学术交流	1	0	0	27	14	27	0	0	0	0	0	0	0	0	0
国内学术交流	2	3	0	180	0	180	68	102	69	47	89	43	39	32	29
与港、澳、台地区学校交流	3	0	0	0	0	0	0	0	0	0	0	0	0	0	0
南京财经大学	028	120	10	560	0	320	560	210	10	22	212	50	230	200	200
国际学术交流	1	0	0	0	0	0	0	0	0	0	0	0	0	0	0
国内学术交流	2	120	10	560	0	320	560	210	10	22	212	50	230	200	200
与港、澳、台地区学校交流	3	0	0	0	0	0	0	0	0	0	0	0	0	0	0
江苏警官学院	029	12	0	265	12	228	6	61	8	25	12	0	0	3	3
国际学术交流	1	0	0	26	12	11	0	0	0	8	3	0	0	0	0
国内学术交流	2	12	0	239	0	217	6	61	8	17	9	0	0	3	3
与港、澳、台地区学校交流	3	0	0	0	0	0	0	0	0	0	0	0	0	0	0
南京体育学院	030	2	0	25	2	25	19	8	56	14	2	0	9	5	2

续表

学术交流类别	编号	校办学术会议		参加学术会议			受聘讲学		社科考察		进修学习		合作研究		
		本校独办数	与外单位合办数	参加人次		提交论文（篇）	派出人次	来校人次	派出人次	来校人次	派出人次	来校人次	派出人次	来校人次	课题数（项）
				合计	其中:赴境外人次										
		L01	L02	L03	L04	L05	L06	L07	L08	L09	L10	L11	L12	L13	L14
国际学术交流	1	0	0	2	2	2	0	0	0	0	2	0	0	0	0
国内学术交流	2	2	0	23	0	23	19	8	56	14	0	0	9	5	2
与港、澳、台地区学校交流	3	0	0	0	0	0	0	0	0	0	0	0	0	0	0
南京艺术学院	031	4	1	391	15	370	56	64	35	52	14	15	27	32	14
国际学术交流	1	0	0	20	13	18	4	10	10	10	8	7	0	0	0
国内学术交流	2	4	1	369	0	351	50	53	22	40	5	8	27	32	14
与港、澳、台地区学校交流	3	0	0	2	2	1	2	1	3	2	1	0	0	0	0
苏州科技大学	032	0	3	135	0	100	16	19	17	19	19	15	0	0	0
国际学术交流	1	0	1	30	0	21	8	9	7	6	5	6	0	0	0
国内学术交流	2	0	2	105	0	79	8	10	10	13	14	9	0	0	0
与港、澳、台地区学校交流	3	0	0	0	0	0	0	0	0	0	0	0	0	0	0
常熟理工学院	033	3	2	21	5	18	12	14	18	12	16	5	0	0	0
国际学术交流	1	0	0	7	4	4	0	2	0	0	4	0	0	0	0
国内学术交流	2	3	2	12	0	12	12	10	18	12	12	5	0	0	0
与港、澳、台地区学校交流	3	0	0	2	1	2	0	2	0	0	0	0	0	0	0
淮阴工学院	034	1	0	185	2	148	3	25	20	0	13	0	0	0	0
国际学术交流	1	0	0	2	2	23	2	0	10	0	9	0	0	0	0
国内学术交流	2	1	0	183	0	125	1	25	0	0	0	0	0	0	0
与港、澳、台地区学校交流	3	0	0	0	0	0	0	0	10	0	4	0	0	0	0
常州工学院	035	1	1	58	0	48	16	42	52	72	42	10	4	3	3
国际学术交流	1	0	0	0	0	0	2	8	9	21	16	2	2	2	1

续表

国内学术交流	2	1	0	53	0	43	9	28	36	41	17	6	2	1	2
与港、澳、台地区学校交流	3	0	1	5	0	5	5	6	7	10	9	2	0	0	0
扬州大学	036	19	6	267	8	293	38	71	69	40	36	48	9	10	5
国际学术交流	1	3	1	21	8	18	4	6	3	4	24	2	0	0	0
国内学术交流	2	16	5	246	0	275	34	65	66	35	12	46	9	10	5
与港、澳、台地区学校交流	3	0	0	0	0	0	0	0	0	0	0	0	0	0	0
南京工程学院	037	0	0	20	0	18	0	0	23	20	28	16	0	0	0
国际学术交流	1	0	0	0	0	0	0	0	0	0	0	0	0	0	0
国内学术交流	2	0	0	20	0	18	0	0	23	20	28	16	0	0	0
与港、澳、台地区学校交流	3	0	0	0	0	0	0	0	0	0	0	0	0	0	0
南京审计大学	038	14	7	108	4	96	5	8	98	218	111	10	0	0	0
国际学术交流	1	0	1	22	4	20	2	8	87	193	9	9	0	0	0
国内学术交流	2	14	6	84	0	75	0	0	0	0	102	0	0	0	0
与港、澳、台地区学校交流	3	0	0	2	0	1	3	0	11	25	0	1	0	0	0
南京晓庄学院	039	0	7	435	0	313	0	0	0	0	0	0	0	0	0
国际学术交流	1	0	1	90	0	69	0	0	0	0	0	0	0	0	0
国内学术交流	2	0	6	345	0	244	0	0	0	0	0	0	0	0	0
与港、澳、台地区学校交流	3	0	0	0	0	0	0	0	0	0	0	0	0	0	0
江苏理工学院	040	2	0	150	0	155	26	65	28	46	23	26	22	26	27
国际学术交流	1	0	0	0	0	0	0	0	0	0	0	0	0	0	0
国内学术交流	2	2	0	150	0	155	26	65	28	46	23	26	22	26	27
与港、澳、台地区学校交流	3	0	0	0	0	0	0	0	0	0	0	0	0	0	0
淮海工学院	041	5	0	205	0	176	6	12	15	10	20	21	0	0	0
国际学术交流	1	1	0	55	0	46	0	0	0	0	0	0	0	0	0
国内学术交流	2	4	0	150	0	130	6	12	15	10	20	21	0	0	0
与港、澳、台地区学校交流	3	0	0	0	0	0	0	0	0	0	0	0	0	0	0

续表

学术交流类别	编号	校办学术会议		参加学术会议			受聘讲学		社科考察		进修学习		合作研究		
		本校独办数	与外单位合办数	参加人次		提交论文(篇)	派出人次	来校人次	派出人次	来校人次	派出人次	来校人次	派出人次	来校人次	课题数(项)
				合计	其中:赴境外人次										
		L01	L02	L03	L04	L05	L06	L07	L08	L09	L10	L11	L12	L13	L14
徐州工程学院	042	3	3	75	0	70	5	20	40	32	70	0	8	8	3
国际学术交流	1	0	0	0	0	0	0	0	0	0	0	0	0	0	0
国内学术交流	2	3	3	75	0	70	5	20	40	32	70	0	8	8	3
与港、澳、台地区学校交流	3	0	0	0	0	0	0	0	0	0	0	0	0	0	0
南京特殊教育师范学院	043	3	2	26	4	18	19	30	13	8	10	4	0	0	0
国际学术交流	1	0	0	6	4	4	0	3	0	0	0	0	0	0	0
国内学术交流	2	3	2	17	0	12	15	24	6	3	6	3	0	0	0
与港、澳、台地区学校交流	3	0	0	3	0	2	4	3	7	5	4	1	0	0	0
泰州学院	044	0	0	34	1	13	37	43	146	155	33	32	8	6	2
国际学术交流	1	0	0	3	1	1	1	1	12	28	3	0	0	0	0
国内学术交流	2	0	0	31	0	12	36	42	134	127	28	32	8	6	2
与港、澳、台地区学校交流	3	0	0	0	0	0	0	0	0	0	2	0	0	0	0
金陵科技学院	045	27	1	52	1	53	3	27	1	0	21	0	0	0	0
国际学术交流	1	0	1	8	1	7	0	0	0	0	0	0	0	0	0
国内学术交流	2	27	0	44	0	46	3	27	0	0	21	0	0	0	0
与港、澳、台地区学校交流	3	0	0	0	0	0	0	0	1	0	0	0	0	0	0
江苏第二师范学院	046	1	0	17	0	17	0	3	6	0	8	1	0	0	0
国际学术交流	1	0	0	0	0	0	0	0	6	0	7	0	0	0	0
国内学术交流	2	1	0	17	0	17	0	3	0	0	0	1	0	0	0
与港、澳、台地区学校交流	3	0	0	0	0	0	0	0	0	0	1	0	0	0	0

3. 公办专科高等学校人文、社会科学学术交流情况表

学术交流类别	编号	校办学术会议		参加学术会议			受聘讲学		社科考察		进修学习		合作研究		
		本校独办数	与外单位合办数	参加人次		提交论文（篇）	派出人次	来校人次	派出人次	来校人次	派出人次	来校人次	派出人次	来校人次	课题数（项）
				合计	其中：赴境外人次										
		L01	L02	L03	L04	L05	L06	L07	L08	L09	L10	L11	L12	L13	L14
合计	/	81	36	1 001	64	644	205	394	869	654	2 549	1 294	206	237	131
无锡职业技术学院	001	1	0	4	1	2	0	2	27	31	24	0	0	0	0
国际学术交流	1	0	0	2	1	1	0	0	9	13	3	0	0	0	0
国内学术交流	2	1	0	2	0	1	0	2	16	13	21	0	0	0	0
与港、澳、台地区学校交流	3	0	0	0	0	0	0	0	2	0	0	0	0	0	0
江苏建筑职业技术学院	002	1	3	14	0	14	11	13	15	20	19	20	22	18	14
国际学术交流	1	0	0	0	0	0	0	0	0	0	0	0	0	0	0
国内学术交流	2	1	3	14	0	14	11	13	15	20	19	20	22	18	14
与港、澳、台地区学校交流	3	0	0	0	0	0	0	0	0	0	0	0	0	0	0
南京工业职业技术学院	003	6	16	18	0	16	40	50	50	0	46	162	26	57	19
国际学术交流	1	0	0	0	0	0	0	0	15	0	23	0	0	0	0
国内学术交流	2	6	16	18	0	16	40	50	35	0	23	162	26	57	19
与港、澳、台地区学校交流	3	0	0	0	0	0	0	0	0	0	0	0	0	0	0
江苏工程职业技术学院	004	2	0	9	0	9	4	18	5	2	32	20	8	5	5
国际学术交流	1	0	0	0	0	0	0	0	0	0	0	0	0	0	0
国内学术交流	2	2	0	9	0	9	4	18	5	2	32	20	8	5	5
与港、澳、台地区学校交流	3	0	0	0	0	0	0	0	0	0	0	0	0	0	0

续表

学术交流类别	编号	校办学术会议		参加学术会议			受聘讲学		社科考察		进修学习		合作研究		
		本校独办数	与外单位合办数	参加人次		提交论文(篇)	派出人次	来校人次	派出人次	来校人次	派出人次	来校人次	派出人次	来校人次	课题数(项)
				合计	其中:赴境外人次										
		L01	L02	L03	L04	L05	L06	L07	L08	L09	L10	L11	L12	L13	L14
苏州工艺美术职业技术学院	005	1	1	22	0	23	5	2	14	19	41	68	59	101	6
国际学术交流	1	0	0	0	0	0	0	0	0	0	0	0	0	0	0
国内学术交流	2	1	1	22	0	23	5	2	14	19	41	68	59	101	6
与港、澳、台地区学校交流	3	0	0	0	0	0	0	0	0	0	0	0	0	0	0
连云港职业技术学院	006	0	0	67	0	15	0	0	0	0	2	0	0	0	0
国际学术交流	1	0	0	2	0	2	0	0	0	0	2	0	0	0	0
国内学术交流	2	0	0	65	0	13	0	0	0	0	0	0	0	0	0
与港、澳、台地区学校交流	3	0	0	0	0	0	0	0	0	0	0	0	0	0	0
镇江市高等专科学校	007	0	0	0	0	0	0	0	21	0	63	0	0	0	0
国际学术交流	1	0	0	0	0	0	0	0	0	0	2	0	0	0	0
国内学术交流	2	0	0	0	0	0	0	0	21	0	61	0	0	0	0
与港、澳、台地区学校交流	3	0	0	0	0	0	0	0	0	0	0	0	0	0	0
南通职业大学	008	0	0	6	0	6	0	3	7	2	6	0	0	0	0
国际学术交流	1	0	0	0	0	0	0	0	0	0	0	0	0	0	0
国内学术交流	2	0	0	6	0	6	0	3	7	2	6	0	0	0	0
与港、澳、台地区学校交流	3	0	0	0	0	0	0	0	0	0	0	0	0	0	0
苏州市职业大学	009	0	0	3	0	3	0	0	0	0	144	1	0	0	0
国际学术交流	1	0	0	0	0	0	0	0	0	0	1	0	0	0	0

续表

国内学术交流	2	0	0	3	0	3	0	0	0	0	143	1	0	0	0
与港、澳、台地区学校交流	3	0	0	0	0	0	0	0	0	0	0	0	0	0	0
沙洲职业工学院	010	0	7	10	0	8	0	0	15	0	51	0	7	0	3
国际学术交流	1	0	7	0	0	0	0	0	0	0	0	0	0	0	0
国内学术交流	2	0	0	10	0	8	0	0	15	0	51	0	7	0	3
与港、澳、台地区学校交流	3	0	0	0	0	0	0	0	0	0	0	0	0	0	0
扬州市职业大学	011	0	0	15	0	16	5	11	15	23	118	0	12	8	23
国际学术交流	1	0	0	0	0	0	0	0	0	0	0	0	0	0	0
国内学术交流	2	0	0	15	0	16	5	11	15	23	118	0	12	8	23
与港、澳、台地区学校交流	3	0	0	0	0	0	0	0	0	0	0	0	0	0	0
连云港师范高等专科学校	012	0	1	2	0	1	4	5	2	0	3	0	0	0	0
国际学术交流	1	0	0	0	0	0	0	0	0	0	0	0	0	0	0
国内学术交流	2	0	1	2	0	1	4	5	2	0	3	0	0	0	0
与港、澳、台地区学校交流	3	0	0	0	0	0	0	0	0	0	0	0	0	0	0
江苏经贸职业技术学院	013	17	0	80	0	85	9	20	18	12	170	0	25	11	10
国际学术交流	1	0	0	0	0	0	0	0	0	0	0	0	0	0	0
国内学术交流	2	17	0	80	0	85	9	20	18	12	170	0	25	11	10
与港、澳、台地区学校交流	3	0	0	0	0	0	0	0	0	0	0	0	0	0	0
泰州职业技术学院	014	0	0	2	0	2	1	1	33	28	46	0	0	0	0
国际学术交流	1	0	0	0	0	0	0	1	18	5	1	0	0	0	0
国内学术交流	2	0	0	2	0	2	1	0	1	17	30	0	0	0	0
与港、澳、台地区学校交流	3	0	0	0	0	0	0	0	14	6	15	0	0	0	0

续表

学术交流类别	编号	校办学术会议		参加学术会议			受聘讲学		社科考察		进修学习		合作研究		
		本校独办数	与外单位合办数	参加人次		提交论文(篇)	派出人次	来校人次	派出人次	来校人次	派出人次	来校人次	派出人次	来校人次	课题数(项)
				合计	其中:赴境外人次										
		L01	L02	L03	L04	L05	L06	L07	L08	L09	L10	L11	L12	L13	L14
常州信息职业技术学院	015	9	0	0	0	0	0	0	0	0	10	8	0	0	0
国际学术交流	1	0	0	0	0	0	0	0	0	0	0	0	0	0	0
国内学术交流	2	9	0	0	0	0	0	0	0	0	10	8	0	0	0
与港、澳、台地区学校交流	3	0	0	0	0	0	0	0	0	0	0	0	0	0	0
江苏海事职业技术学院	016	0	0	21	0	21	7	13	12	16	15	10	0	0	0
国际学术交流	1	0	0	3	0	3	2	5	4	5	7	4	0	0	0
国内学术交流	2	0	0	18	0	18	5	8	8	11	8	6	0	0	0
与港、澳、台地区学校交流	3	0	0	0	0	0	0	0	0	0	0	0	0	0	0
江苏医药职业学院	017	1	1	19	0	15	0	0	0	0	25	0	0	0	0
国际学术交流	1	0	0	0	0	0	0	0	0	0	2	0	0	0	0
国内学术交流	2	1	1	19	0	15	0	0	0	0	23	0	0	0	0
与港、澳、台地区学校交流	3	0	0	0	0	0	0	0	0	0	0	0	0	0	0
南通科技职业学院	018	0	0	4	1	4	10	6	27	45	18	12	0	0	0
国际学术交流	1	0	0	1	1	1	0	1	13	32	2	0	0	0	0
国内学术交流	2	0	0	3	0	3	9	3	13	4	15	12	0	0	0
与港、澳、台地区学校交流	3	0	0	0	0	0	1	2	1	9	1	0	0	0	0
苏州经贸职业技术学院	019	0	0	4	0	2	0	0	0	0	78	0	0	0	0
国际学术交流	1	0	0	0	0	0	0	0	0	0	0	0	0	0	0
国内学术交流	2	0	0	4	0	2	0	0	0	0	78	0	0	0	0

续表

与港、澳、台地区学校交流	3	0	0	0	0	0	0	0	0	0	0	0	0	0	0
苏州工业职业技术学院	020	0	0	0	0	0	0	0	0	0	0	0	0	0	0
国际学术交流	1	0	0	0	0	0	0	0	0	0	0	0	0	0	0
国内学术交流	2	0	0	0	0	0	0	0	0	0	0	0	0	0	0
与港、澳、台地区学校交流	3	0	0	0	0	0	0	0	0	0	0	0	0	0	0
苏州卫生职业技术学院	021	0	0	3	0	3	0	0	2	0	32	3	0	0	0
国际学术交流	1	0	0	0	0	0	0	0	1	0	2	0	0	0	0
国内学术交流	2	0	0	3	0	3	0	0	1	0	30	3	0	0	0
与港、澳、台地区学校交流	3	0	0	0	0	0	0	0	0	0	0	0	0	0	0
无锡商业职业技术学院	022	1	0	98	0	79	0	0	16	0	71	0	0	0	0
国际学术交流	1	0	0	0	0	0	0	0	0	0	0	0	0	0	0
国内学术交流	2	1	0	98	0	79	0	0	16	0	71	0	0	0	0
与港、澳、台地区学校交流	3	0	0	0	0	0	0	0	0	0	0	0	0	0	0
南通航运职业技术学院	023	10	0	101	0	0	15	18	153	65	123	0	0	0	0
国际学术交流	1	0	0	0	0	0	0	0	0	0	0	0	0	0	0
国内学术交流	2	10	0	101	0	0	15	18	153	65	123	0	0	0	0
与港、澳、台地区学校交流	3	0	0	0	0	0	0	0	0	0	0	0	0	0	0
南京交通职业技术学院	024	0	0	6	0	6	3	18	21	23	94	0	0	0	0
国际学术交流	1	0	0	0	0	0	0	0	0	0	3	0	0	0	0
国内学术交流	2	0	0	6	0	6	3	15	21	23	32	0	0	0	0
与港、澳、台地区学校交流	3	0	0	0	0	0	0	3	0	0	59	0	0	0	0
淮安信息职业技术学院	025	2	0	40	0	30	3	10	25	30	282	32	6	6	7

续表

学术交流类别	编号	校办学术会议		参加学术会议			受聘讲学		社科考察		进修学习		合作研究		
		本校独办数	与外单位合办数	参加人次		提交论文（篇）	派出人次	来校人次	派出人次	来校人次	派出人次	来校人次	派出人次	来校人次	课题数（项）
				合计	其中：赴境外人次										
		L01	L02	L03	L04	L05	L06	L07	L08	L09	L10	L11	L12	L13	L14
国际学术交流	1	0	0	0	0	0	0	0	0	0	0	0	0	0	0
国内学术交流	2	2	0	40	0	30	3	10	25	30	282	32	6	6	7
与港、澳、台地区学校交流	3	0	0	0	0	0	0	0	0	0	0	0	0	0	0
江苏农牧科技职业学院	026	0	1	2	0	1	0	0	8	3	2	0	0	0	0
国际学术交流	1	0	0	0	0	0	0	0	0	0	0	0	0	0	0
国内学术交流	2	0	1	2	0	1	0	0	8	3	2	0	0	0	0
与港、澳、台地区学校交流	3	0	0	0	0	0	0	0	0	0	0	0	0	0	0
常州纺织服装职业技术学院	027	5	0	67	2	49	0	3	25	23	205	0	18	17	4
国际学术交流	1	3	0	2	2	1	0	0	0	0	18	0	0	4	2
国内学术交流	2	2	0	65	0	48	0	2	25	23	187	0	18	13	2
与港、澳、台地区学校交流	3	0	0	0	0	0	0	1	0	0	0	0	0	0	0
南京科技职业学院	028	0	0	6	0	5	3	4	0	0	2	0	5	0	4
国际学术交流	1	0	0	0	0	0	0	0	0	0	0	0	0	0	0
国内学术交流	2	0	0	6	0	5	3	4	0	0	2	0	5	0	4
与港、澳、台地区学校交流	3	0	0	0	0	0	0	0	0	0	0	0	0	0	0
常州轻工职业技术学院	029	0	0	6	0	0	2	3	3	3	6	0	0	0	0
国际学术交流	1	0	0	0	0	0	0	0	0	0	0	0	0	0	0
国内学术交流	2	0	0	6	0	0	2	3	3	3	6	0	0	0	0
与港、澳、台地区学校交流	3	0	0	0	0	0	0	0	0	0	0	0	0	0	0

续表

常州工程职业技术学院	030	2	2	12	1	7	3	10	6	11	2	280	2	2	24
国际学术交流	1	0	0	2	1	1	0	0	0	0	0	0	0	0	0
国内学术交流	2	2	2	10	0	6	3	10	6	11	2	280	2	2	24
与港、澳、台地区学校交流	3	0	0	0	0	0	0	0	0	0	0	0	0	0	0
江苏农林职业技术学院	031	0	0	4	0	3	0	0	0	0	32	0	0	0	0
国际学术交流	1	0	0	0	0	0	0	0	0	0	7	0	0	0	0
国内学术交流	2	0	0	4	0	3	0	0	0	0	25	0	0	0	0
与港、澳、台地区学校交流	3	0	0	0	0	0	0	0	0	0	0	0	0	0	0
江苏食品药品职业技术学院	032	0	0	23	4	19	16	13	26	22	28	21	0	0	0
国际学术交流	1	0	0	4	3	3	1	2	7	9	4	2	0	0	0
国内学术交流	2	0	0	15	0	15	12	9	12	9	15	15	0	0	0
与港、澳、台地区学校交流	3	0	0	4	1	1	3	2	7	4	9	4	0	0	0
南京铁道职业技术学院	033	6	1	31	18	10	5	17	39	62	34	364	0	6	1
国际学术交流	1	0	0	6	3	2	0	1	0	20	0	0	0	0	0
国内学术交流	2	6	1	10	0	5	5	16	20	40	15	364	0	6	1
与港、澳、台地区学校交流	3	0	0	15	15	3	0	0	19	2	19	0	0	0	0
徐州工业职业技术学院	034	3	0	11	0	3	3	10	15	20	18	12	3	4	2
国际学术交流	1	0	0	0	0	0	0	0	0	0	0	0	0	0	0
国内学术交流	2	3	0	11	0	3	3	10	15	20	18	12	3	4	2
与港、澳、台地区学校交流	3	0	0	0	0	0	0	0	0	0	0	0	0	0	0
南京信息职业技术学院	035	1	0	17	5	15	11	19	85	124	99	80	0	0	0
国际学术交流	1	0	0	5	5	3	0	0	18	38	33	21	0	0	0
国内学术交流	2	1	0	12	0	12	8	14	60	78	57	59	0	0	0
与港、澳、台地区学校交流	3	0	0	0	0	0	3	5	7	8	9	0	0	0	0

续表

学术交流类别	编号	校办学术会议		参加学术会议			受聘讲学		社科考察		进修学习		合作研究		
		本校独办数	与外单位合办数	参加人次		提交论文（篇）	派出人次	来校人次	派出人次	来校人次	派出人次	来校人次	派出人次	来校人次	课题数（项）
				合计	其中：赴境外人次										
		L01	L02	L03	L04	L05	L06	L07	L08	L09	L10	L11	L12	L13	L14
常州机电职业技术学院	036	0	0	5	0	3	0	0	0	0	0	0	0	0	0
国际学术交流	1	0	0	0	0	0	0	0	0	0	0	0	0	0	0
国内学术交流	2	0	0	5	0	3	0	0	0	0	0	0	0	0	0
与港、澳、台地区学校交流	3	0	0	0	0	0	0	0	0	0	0	0	0	0	0
江阴职业技术学院	037	0	0	15	0	15	5	10	5	0	17	0	0	0	0
国际学术交流	1	0	0	0	0	0	0	0	0	0	2	0	0	0	0
国内学术交流	2	0	0	15	0	15	5	10	5	0	15	0	0	0	0
与港、澳、台地区学校交流	3	0	0	0	0	0	0	0	0	0	0	0	0	0	0
无锡城市职业技术学院	038	0	0	0	0	0	0	10	20	0	62	0	0	0	0
国际学术交流	1	0	0	0	0	0	0	0	0	0	0	0	0	0	0
国内学术交流	2	0	0	0	0	0	0	10	16	0	35	0	0	0	0
与港、澳、台地区学校交流	3	0	0	0	0	0	0	0	4	0	27	0	0	0	0
无锡工艺职业技术学院	039	2	2	8	1	3	2	10	32	21	75	92	0	0	0
国际学术交流	1	1	1	1	1	1	0	4	6	3	32	80	0	0	0
国内学术交流	2	1	1	6	0	1	2	6	20	16	18	12	0	0	0
与港、澳、台地区学校交流	3	0	0	1	0	1	0	0	6	2	25	0	0	0	0
苏州健雄职业技术学院	040	0	0	6	0	6	0	0	0	0	12	0	0	0	0
国际学术交流	1	0	0	0	0	0	0	0	0	0	0	0	0	0	0
国内学术交流	2	0	0	6	0	6	0	0	0	0	12	0	0	0	0
与港、澳、台地区学校交流	3	0	0	0	0	0	0	0	0	0	0	0	0	0	0

续表

盐城工业职业技术学院	041	0	0	10	0	10	0	0	12	0	0	0	0	0	0
国际学术交流	1	0	0	0	0	0	0	0	0	0	0	0	0	0	0
国内学术交流	2	0	0	10	0	10	0	0	12	0	0	0	0	0	0
与港、澳、台地区学校交流	3	0	0	0	0	0	0	0	0	0	0	0	0	0	0
江苏财经职业技术学院	042	6	0	13	0	13	18	25	39	7	96	82	7	0	7
国际学术交流	1	0	0	0	0	0	0	0	0	0	0	0	0	0	0
国内学术交流	2	6	0	13	0	13	18	25	39	7	96	82	7	0	7
与港、澳、台地区学校交流	3	0	0	0	0	0	0	0	0	0	0	0	0	0	0
扬州工业职业技术学院	043	0	0	7	0	5	0	3	5	4	0	0	0	0	0
国际学术交流	1	0	0	0	0	0	0	0	0	0	0	0	0	0	0
国内学术交流	2	0	0	7	0	5	0	3	5	4	0	0	0	0	0
与港、澳、台地区学校交流	3	0	0	0	0	0	0	0	0	0	0	0	0	0	0
江苏城市职业学院	044	2	0	49	17	39	6	9	5	8	80	0	0	0	0
国际学术交流	1	0	0	15	15	12	0	1	0	0	42	0	0	0	0
国内学术交流	2	2	0	32	0	25	6	8	5	8	38	0	0	0	0
与港、澳、台地区学校交流	3	0	0	2	2	2	0	0	0	0	0	0	0	0	0
南京城市职业学院	045	0	0	0	0	0	0	0	0	0	10	0	0	0	0
国际学术交流	1	0	0	0	0	0	0	0	0	0	0	0	0	0	0
国内学术交流	2	0	0	0	0	0	0	0	0	0	10	0	0	0	0
与港、澳、台地区学校交流	3	0	0	0	0	0	0	0	0	0	0	0	0	0	0
南京机电职业技术学院	046	0	0	0	0	0	0	0	0	0	38	0	0	0	0
国际学术交流	1	0	0	0	0	0	0	0	0	0	0	0	0	0	0
国内学术交流	2	0	0	0	0	0	0	0	0	0	38	0	0	0	0

续表

学术交流类别	编号	校办学术会议		参加学术会议			受聘讲学		社科考察		进修学习		合作研究		
		本校独办数	与外单位合办数	参加人次		提交论文（篇）	派出人次	来校人次	派出人次	来校人次	派出人次	来校人次	派出人次	来校人次	课题数（项）
				合计	其中：赴境外人次										
		L01	L02	L03	L04	L05	L06	L07	L08	L09	L10	L11	L12	L13	L14
与港、澳、台地区学校交流	3	0	0	0	0	0	0	0	0	0	0	0	0	0	0
南京旅游职业学院	047	0	0	4	0	4	0	0	0	0	0	0	0	0	0
国际学术交流	1	0	0	0	0	0	0	0	0	0	0	0	0	0	0
国内学术交流	2	0	0	4	0	4	0	0	0	0	0	0	0	0	0
与港、澳、台地区学校交流	3	0	0	0	0	0	0	0	0	0	0	0	0	0	0
江苏卫生健康职业学院	048	0	1	5	0	3	0	1	3	2	6	5	0	0	0
国际学术交流	1	0	0	0	0	0	0	1	3	2	0	0	0	0	0
国内学术交流	2	0	1	5	0	3	0	0	0	0	6	5	0	0	0
与港、澳、台地区学校交流	3	0	0	0	0	0	0	0	0	0	0	0	0	0	0
苏州工业园区服务外包职业学院	049	0	0	4	0	4	0	12	0	0	22	0	0	0	0
国际学术交流	1	0	0	0	0	0	0	0	0	0	0	0	0	0	0
国内学术交流	2	0	0	4	0	4	0	12	0	0	22	0	0	0	0
与港、澳、台地区学校交流	3	0	0	0	0	0	0	0	0	0	0	0	0	0	0
徐州幼儿师范高等专科学校	050	1	0	106	14	42	6	36	51	18	72	22	0	0	0
国际学术交流	1	0	0	10	4	0	0	0	4	0	6	0	0	0	0
国内学术交流	2	1	0	86	0	37	6	36	32	18	26	22	0	0	0
与港、澳、台地区学校交流	3	0	0	10	10	5	0	0	15	0	40	0	0	0	0
徐州生物工程职业技术学院	051	0	0	0	0	0	1	2	7	10	10	0	0	0	0
国际学术交流	1	0	0	0	0	0	0	0	0	4	0	0	0	0	0

续表

国内学术交流	2	0	0	0	0	0	1	2	7	6	10	0	0	0	0
与港、澳、台地区学校交流	3	0	0	0	0	0	0	0	0	0	0	0	0	0	0
江苏商贸职业学院	052	1	0	6	0	6	0	5	1	0	66	0	1	0	1
国际学术交流	1	0	0	0	0	0	0	0	0	0	20	0	0	0	0
国内学术交流	2	1	0	6	0	6	0	5	1	0	46	0	1	0	1
与港、澳、台地区学校交流	3	0	0	0	0	0	0	0	0	0	0	0	0	0	0
南通师范高等专科学校	053	0	0	0	0	0	0	0	0	0	39	0	0	0	0
国际学术交流	1	0	0	0	0	0	0	0	0	0	5	0	0	0	0
国内学术交流	2	0	0	0	0	0	0	0	0	0	34	0	0	0	0
与港、澳、台地区学校交流	3	0	0	0	0	0	0	0	0	0	0	0	0	0	0
江苏护理职业学院	054	0	0	4	0	0	0	0	0	0	0	0	0	0	0
国际学术交流	1	0	0	1	0	0	0	0	0	0	0	0	0	0	0
国内学术交流	2	0	0	2	0	0	0	0	0	0	0	0	0	0	0
与港、澳、台地区学校交流	3	0	0	1	0	0	0	0	0	0	0	0	0	0	0
江苏财会职业学院	055	0	0	1	0	1	1	0	0	0	1	0	0	0	0
国际学术交流	1	0	0	1	0	1	0	0	0	0	1	0	0	0	0
国内学术交流	2	0	0	0	0	0	1	0	0	0	0	0	0	0	0
与港、澳、台地区学校交流	3	0	0	0	0	0	0	0	0	0	0	0	0	0	0
江苏城乡建设职业学院	056	1	0	31	0	18	6	2	2	0	2	0	5	2	1
国际学术交流	1	0	0	0	0	0	0	0	0	0	0	0	0	0	0
国内学术交流	2	1	0	31	0	18	6	2	2	0	2	0	5	2	1
与港、澳、台地区学校交流	3	0	0	0	0	0	0	0	0	0	0	0	0	0	0

注：此表删除了各项交流均为 0 的学校。

4. 民办及中外合作办学高等学校人文、社会科学学术交流情况表

学术交流类别	编号	校办学术会议		参加学术会议			受聘讲学		社科考察		进修学习		合作研究		
		本校独办数	与外单位合办数	参加人次		提交论文（篇）	派出人次	来校人次	派出人次	来校人次	派出人次	来校人次	派出人次	来校人次	课题数（项）
				合计	其中：赴境外人次										
		L01	L02	L03	L04	L05	L06	L07	L08	L09	L10	L11	L12	L13	L14
合计	/	28	11	324	95	203	43	383	221	249	416	231	89	64	33
三江学院	001	3	0	32	1	32	3	0	16	25	3	0	3	3	1
国际学术交流	1	0	0	2	1	2	0	0	0	0	3	0	0	0	0
国内学术交流	2	3	0	30	0	30	0	0	16	25	0	0	3	3	1
与港、澳、台地区学校交流	3	0	0	0	0	0	3	0	0	0	0	0	0	0	0
九州职业技术学院	002	0	0	6	0	4	14	17	62	43	88	165	7	5	5
国际学术交流	1	0	0	0	0	0	0	0	0	0	0	0	0	0	0
国内学术交流	2	0	0	6	0	4	14	17	62	43	88	165	7	5	5
与港、澳、台地区学校交流	3	0	0	0	0	0	0	0	0	0	0	0	0	0	0
南通理工学院	003	0	0	0	0	0	0	0	6	0	3	0	0	0	0
国际学术交流	1	0	0	0	0	0	0	0	0	0	0	0	0	0	0
国内学术交流	2	0	0	0	0	0	0	0	6	0	3	0	0	0	0
与港、澳、台地区学校交流	3	0	0	0	0	0	0	0	0	0	0	0	0	0	0
硅湖职业技术学院	004	0	1	8	0	8	3	4	10	5	8	0	15	13	9
国际学术交流	1	0	0	2	0	2	0	0	0	0	0	0	0	0	0
国内学术交流	2	0	1	3	0	3	3	4	10	5	8	0	15	10	7
与港、澳、台地区学校交流	3	0	0	3	0	3	0	0	0	0	0	0	0	3	2
应天职业技术学院	005	0	0	6	0	3	0	3	4	0	4	0	3	0	1
国际学术交流	1	0	0	0	0	0	0	0	0	0	0	0	0	0	0

续表

国内学术交流	2	0	0	6	0	3	0	3	4	0	4	0	3	0	1
与港、澳、台地区学校交流	3	0	0	0	0	0	0	0	0	0	0	0	0	0	0
苏州托普信息职业技术学院	006	2	0	1	0	1	0	0	0	0	1	0	0	0	1
国际学术交流	1	0	0	0	0	0	0	0	0	0	0	0	0	0	0
国内学术交流	2	2	0	1	0	1	0	0	0	0	1	0	0	0	1
与港、澳、台地区学校交流	3	0	0	0	0	0	0	0	0	0	0	0	0	0	0
东南大学成贤学院	007	9	7	18	3	11	5	10	10	18	18	12	5	10	2
国际学术交流	1	0	0	3	1	1	0	0	1	3	2	0	0	0	0
国内学术交流	2	6	5	10	0	7	3	6	5	5	13	10	5	10	2
与港、澳、台地区学校交流	3	3	2	5	2	3	2	4	4	10	3	2	0	0	0
正德职业技术学院	008	0	0	0	0	0	0	0	0	0	1	0	0	0	0
国际学术交流	1	0	0	0	0	0	0	0	0	0	0	0	0	0	0
国内学术交流	2	0	0	0	0	0	0	0	0	0	1	0	0	0	0
与港、澳、台地区学校交流	3	0	0	0	0	0	0	0	0	0	0	0	0	0	0
钟山职业技术学院	009	0	0	0	0	0	0	0	0	0	1	0	0	0	0
国际学术交流	1	0	0	0	0	0	0	0	0	0	0	0	0	0	0
国内学术交流	2	0	0	0	0	0	0	0	0	0	0	0	0	0	0
与港、澳、台地区学校交流	3	0	0	0	0	0	0	0	0	0	1	0	0	0	0
江南影视艺术职业学院	010	1	0	25	0	21	2	28	3	0	26	0	0	0	0
国际学术交流	1	0	0	0	0	0	0	0	0	0	0	0	0	0	0
国内学术交流	2	1	0	25	0	21	2	28	3	0	26	0	0	0	0
与港、澳、台地区学校交流	3	0	0	0	0	0	0	0	0	0	0	0	0	0	0
金肯职业技术学院	011	0	0	1	0	1	0	0	0	0	3	0	0	0	0
国际学术交流	1	0	0	0	0	0	0	0	0	0	0	0	0	0	0
国内学术交流	2	0	0	1	0	1	0	0	0	0	3	0	0	0	0

续表

学术交流类别	编号	校办学术会议		参加学术会议			受聘讲学		社科考察		进修学习		合作研究		
		本校独办数	与外单位合办数	参加人次		提交论文（篇）	派出人次	来校人次	派出人次	来校人次	派出人次	来校人次	派出人次	来校人次	课题数（项）
				合计	其中：赴境外人次										
		L01	L02	L03	L04	L05	L06	L07	L08	L09	L10	L11	L12	L13	L14
与港、澳、台地区学校交流	3	0	0	0	0	0	0	0	0	0	0	0	0	0	0
建东职业技术学院	012	0	0	0	0	0	0	0	0	0	25	0	0	0	0
国际学术交流	1	0	0	0	0	0	0	0	0	0	0	0	0	0	0
国内学术交流	2	0	0	0	0	0	0	0	0	0	25	0	0	0	0
与港、澳、台地区学校交流	3	0	0	0	0	0	0	0	0	0	0	0	0	0	0
江海职业技术学院	013	2	0	4	0	4	0	0	0	0	2	0	0	0	0
国际学术交流	1	0	0	0	0	0	0	0	0	0	0	0	0	0	0
国内学术交流	2	2	0	4	0	4	0	0	0	0	2	0	0	0	0
与港、澳、台地区学校交流	3	0	0	0	0	0	0	0	0	0	0	0	0	0	0
南京大学金陵学院	014	0	0	3	1	3	0	3	0	0	16	0	0	0	0
国际学术交流	1	0	0	1	1	1	0	0	0	0	0	0	0	0	0
国内学术交流	2	0	0	2	0	2	0	3	0	0	16	0	0	0	0
与港、澳、台地区学校交流	3	0	0	0	0	0	0	0	0	0	0	0	0	0	0
南京理工大学紫金学院	015	0	0	0	0	0	0	0	0	0	2	0	0	0	0
国际学术交流	1	0	0	0	0	0	0	0	0	0	0	0	0	0	0
国内学术交流	2	0	0	0	0	0	0	0	0	0	0	0	0	0	0
与港、澳、台地区学校交流	3	0	0	0	0	0	0	0	0	0	2	0	0	0	0
中国传媒大学南广学院	016	0	0	30	0	30	0	0	1	0	11	0	0	0	0
国际学术交流	1	0	0	0	0	0	0	0	0	0	0	0	0	0	0
国内学术交流	2	0	0	30	0	30	0	0	1	0	11	0	0	0	0

续表

与港、澳、台地区学校交流	3	0	0	0	0	0	0	0	0	0	0	0	0	0	0
南京理工大学泰州科技学院	017	1	0	23	0	15	2	15	3	5	20	18	4	2	2
国际学术交流	1	0	0	0	0	0	0	0	0	0	0	0	0	0	0
国内学术交流	2	1	0	23	0	15	2	15	3	5	20	18	4	2	2
与港、澳、台地区学校交流	3	0	0	0	0	0	0	0	0	0	0	0	0	0	0
南京师范大学泰州学院	018	0	0	1	0	1	0	0	0	0	0	0	0	0	0
国际学术交流	1	0	0	0	0	0	0	0	0	0	0	0	0	0	0
国内学术交流	2	0	0	1	0	1	0	0	0	0	0	0	0	0	0
与港、澳、台地区学校交流	3	0	0	0	0	0	0	0	0	0	0	0	0	0	0
南京工业大学浦江学院	019	0	0	1	0	1	0	0	0	0	0	0	0	0	0
国际学术交流	1	0	0	1	0	1	0	0	0	0	0	0	0	0	0
国内学术交流	2	0	0	0	0	0	0	0	0	0	0	0	0	0	0
与港、澳、台地区学校交流	3	0	0	0	0	0	0	0	0	0	0	0	0	0	0
苏州百年职业学院	020	2	1	0	0	0	0	15	7	50	12	15	0	0	0
国际学术交流	1	0	0	0	0	0	0	0	0	0	0	0	0	0	0
国内学术交流	2	2	1	0	0	0	0	15	7	50	12	15	0	0	0
与港、澳、台地区学校交流	3	0	0	0	0	0	0	0	0	0	0	0	0	0	0
昆山登云科技职业学院	021	2	2	12	0	12	0	0	0	0	15	0	0	0	0
国际学术交流	1	0	0	0	0	0	0	0	0	0	2	0	0	0	0
国内学术交流	2	1	0	0	0	0	0	0	0	0	0	0	0	0	0
与港、澳、台地区学校交流	3	1	2	12	0	12	0	0	0	0	13	0	0	0	0
南京视觉艺术职业学院	022	0	0	0	0	0	0	0	0	0	41	6	0	0	0
国际学术交流	1	0	0	0	0	0	0	0	0	0	4	6	0	0	0
国内学术交流	2	0	0	0	0	0	0	0	0	0	37	0	0	0	0
与港、澳、台地区学校交流	3	0	0	0	0	0	0	0	0	0	0	0	0	0	0
苏州大学文正学院	023	0	0	7	0	7	0	0	0	0	0	0	0	0	0

续表

学术交流类别	编号	校办学术会议		参加学术会议			受聘讲学		社科考察		进修学习		合作研究		
		本校独办数	与外单位合办数	参加人次		提交论文（篇）	派出人次	来校人次	派出人次	来校人次	派出人次	来校人次	派出人次	来校人次	课题数（项）
				合计	其中：赴境外人次										
		L01	L02	L03	L04	L05	L06	L07	L08	L09	L10	L11	L12	L13	L14
国际学术交流	1	0	0	0	0	0	0	0	0	0	0	0	0	0	0
国内学术交流	2	0	0	7	0	7	0	0	0	0	0	0	0	0	0
与港、澳、台地区学校交流	3	0	0	0	0	0	0	0	0	0	0	0	0	0	0
苏州大学应用技术学院	024	0	0	0	0	0	0	0	0	0	6	0	5	5	4
国际学术交流	1	0	0	0	0	0	0	0	0	0	0	0	0	0	0
国内学术交流	2	0	0	0	0	0	0	0	0	0	6	0	5	5	4
与港、澳、台地区学校交流	3	0	0	0	0	0	0	0	0	0	0	0	0	0	0
苏州科技大学天平学院	025	0	0	3	0	3	0	3	0	0	5	0	0	0	0
国际学术交流	1	0	0	0	0	0	0	0	0	0	0	0	0	0	0
国内学术交流	2	0	0	3	0	3	0	3	0	0	5	0	0	0	0
与港、澳、台地区学校交流	3	0	0	0	0	0	0	0	0	0	0	0	0	0	0
江苏师范大学科文学院	026	0	0	5	0	2	0	0	0	0	15	0	0	0	0
国际学术交流	1	0	0	0	0	0	0	0	0	0	0	0	0	0	0
国内学术交流	2	0	0	5	0	2	0	0	0	0	15	0	0	0	0
与港、澳、台地区学校交流	3	0	0	0	0	0	0	0	0	0	0	0	0	0	0
南京财经大学红山学院	027	0	0	1	1	0	0	0	0	0	0	0	0	0	0
国际学术交流	1	0	0	1	1	0	0	0	0	0	0	0	0	0	0
国内学术交流	2	0	0	0	0	0	0	0	0	0	0	0	0	0	0
与港、澳、台地区学校交流	3	0	0	0	0	0	0	0	0	0	0	0	0	0	0
南通大学杏林学院	028	0	0	3	0	0	0	0	3	0	0	0	0	0	0

续表

国际学术交流	1	0	0	0	0	0	0	0	0	0	0	0	0	0
国内学术交流	2	0	0	3	0	0	0	0	3	0	0	0	0	0	0
与港、澳、台地区学校交流	3	0	0	0	0	0	0	0	0	0	0	0	0	0	0
南京审计大学金审学院	029	0	0	11	0	10	0	13	3	0	50	0	27	16	2
国际学术交流	1	0	0	0	0	0	0	0	0	0	1	0	0	0	0
国内学术交流	2	0	0	11	0	10	0	13	3	0	49	0	27	16	2
与港、澳、台地区学校交流	3	0	0	0	0	0	0	0	0	0	0	0	0	0	0
宿迁学院	030	0	0	5	0	5	0	0	38	0	15	0	0	0	0
国际学术交流	1	0	0	0	0	0	0	0	0	0	0	0	0	0	0
国内学术交流	2	0	0	5	0	5	0	0	38	0	15	0	0	0	0
与港、澳、台地区学校交流	3	0	0	0	0	0	0	0	0	0	0	0	0	0	0
苏州高博软件技术职业学院	031	2	0	2	0	1	0	8	45	96	25	15	0	0	0
国际学术交流	1	0	0	0	0	0	0	0	0	52	0	0	0	0	0
国内学术交流	2	2	0	2	0	1	0	8	45	44	25	15	0	0	0
与港、澳、台地区学校交流	3	0	0	0	0	0	0	0	0	0	0	0	0	0	0
西交利物浦大学	032	4	0	91	74	20	3	249	0	0	0	0	20	10	6
国际学术交流	1	1	0	74	74	10	3	156	0	0	0	0	10	0	4
国内学术交流	2	3	0	16	0	9	0	93	0	0	0	0	10	10	2
与港、澳、台地区学校交流	3	0	0	1	0	1	0	0	0	0	0	0	0	0	0
昆山杜克大学	033	0	0	25	15	8	11	10	10	7	0	0	0	0	0
国际学术交流	1	0	0	10	10	4	7	7	0	0	0	0	0	0	0
国内学术交流	2	0	0	10	0	2	4	3	10	7	0	0	0	0	0
与港、澳、台地区学校交流	3	0	0	5	5	2	0	0	0	0	0	0	0	0	0

注：此表删除了各项交流均为 0 的学校。

十一、社科专利

1. 全省高等学校人文、社会科学专利情况表

指标名称	专利申请数（件）	其中：发明专利数（件）	有效发明专利数（件）	专利所有权转让及许可数（件）	专利所有权转让与许可收入（百元）	专利授权数（件）	其中：发明专利数（件）	集成电路布图设计登记数（件）	植物新品种权授予数（项）	形成国家或行业标准数（项）
合计	2 349	288	138	0	50	954	174	0	0	0

2. 公办本科高等学校人文、社会科学专利情况表

指标名称	编号	专利申请数（件）	其中：发明专利数（件）	有效发明专利数（件）	专利所有权转让及许可数（件）	专利所有权转让与许可收入（百元）	专利授权数（件）	其中：发明专利数（件）	集成电路布图设计登记数（件）	植物新品种权授予数（项）	形成国家或行业标准数（项）
合计	/	1 855	278	36	0	50	532	170	0	0	0
南京大学	1	10	6	4	0	0	6	4	0	0	0
东南大学	2	3	1	0	0	0	9	4	0	0	0
江南大学	3	1 536	232	0	0	0	305	150	0	0	0
河海大学	4	54	15	16	0	50	30	7	0	0	0
南京理工大学	5	28	13	11	0	0	5	0	0	0	0
苏州大学	6	28	5	0	0	0	20	2	0	0	0
江苏师范大学	7	8	4	1	0	0	7	1	0	0	0
淮阴师范学院	8	77	0	0	0	0	65	0	0	0	0
南京体育学院	9	4	0	0	0	0	2	0	0	0	0
南京艺术学院	10	11	0	0	0	0	3	0	0	0	0
淮阴工学院	11	27	0	0	0	0	23	0	0	0	0

续表

徐州工程学院	12	25	0	0	0	0	23	0	0	0	0
南京特殊教育师范学院	13	3	0	0	0	0	0	0	0	0	0
金陵科技学院	14	41	2	4	0	0	34	2	0	0	0

注:此表删除了各类专利数均为0的高校(下同)。

3. 公办专科高等学校人文、社会科学专利情况表

指标名称	编号	专利申请数(件)	其中:发明专利数(件)	有效发明专利数(件)	专利所有权转让及许可数(件)	专利所有权转让与许可收入(百元)	专利授权数(件)	其中:发明专利数(件)	集成电路布图设计登记数(件)	植物新品种权授予数(项)	形成国家或行业标准数(项)
合计	/	330	8	99	0	0	211	3	0	0	0
苏州幼儿师范高等专科学校	1	1	1	0	0	0	0	0	0	0	0
无锡职业技术学院	2	10	0	0	0	0	7	0	0	0	0
南京工业职业技术学院	3	36	0	0	0	0	26	0	0	0	0
苏州工艺美术职业技术学院	4	107	4	65	0	0	64	1	0	0	0
连云港职业技术学院	5	5	0	0	0	0	4	0	0	0	0
南通职业大学	6	7	0	0	0	0	7	0	0	0	0
苏州市职业大学	7	8	3	2	0	0	5	2	0	0	0
泰州职业技术学院	8	10	0	0	0	0	1	0	0	0	0
江苏海事职业技术学院	9	5	0	0	0	0	4	0	0	0	0
南通科技职业学院	10	5	0	0	0	0	5	0	0	0	0
南京交通职业技术学院	11	16	0	0	0	0	14	0	0	0	0
常州纺织服装职业技术学院	12	11	0	0	0	0	8	0	0	0	0
常州机电职业技术学院	13	12	0	0	0	0	7	0	0	0	0
无锡城市职业技术学院	14	22	0	22	0	0	0	0	0	0	0

续表

指标名称	编号	专利申请数（件）	其中：发明专利数（件）	有效发明专利数（件）	专利所有权转让及许可数（件）	专利所有权转让与许可收入（百元）	专利授权数（件）	其中：发明专利数（件）	集成电路布图设计登记数（件）	植物新品种权授予数（项）	形成国家或行业标准数（项）
无锡工艺职业技术学院	15	42	0	0	0	0	41	0	0	0	0
江苏财经职业技术学院	16	6	0	0	0	0	6	0	0	0	0
南京旅游职业学院	17	15	0	0	0	0	0	0	0	0	0
南通师范高等专科学校	18	2	0	0	0	0	2	0	0	0	0
江苏财会职业学院	19	10	0	10	0	0	10	0	0	0	0

4. 民办及中外合作办学高等学校人文、社会科学专利情况表

指标名称	编号	专利申请数（件）	其中：发明专利数（件）	有效发明专利数（件）	专利所有权转让及许可数（件）	专利所有权转让与许可收入（百元）	专利授权数（件）	其中：发明专利数（件）	集成电路布图设计登记数（件）	植物新品种权授予数（项）	形成国家或行业标准数（项）
合计	/	164	2	3	0	0	211	1	0	0	0
硅湖职业技术学院	1	14	1	0	0	0	15	0	0	0	0
金肯职业技术学院	2	5	0	3	0	0	3	0	0	0	0
中国传媒大学南广学院	3	130	0	0	0	0	180	0	0	0	0
南京理工大学泰州科技学院	4	8	0	0	0	0	6	0	0	0	0
南京师范大学泰州学院	5	1	1	0	0	0	1	1	0	0	0
苏州高博软件技术职业学院	6	6	0	0	0	0	6	0	0	0	0